국내 MIS분야 최고 전문가 17인이 집필한

Management Information Systems

경영정보 시스템 원론

제3판

이재규·권순범·임규건 편저

법영사

제 3 판을 내면서

경영정보시스템은 새로운 정보통신 기술의 출현과 경영환경의 요구에 따라 지속적으로 발달해 왔다. 지난 2005년에 제2판을 출간한 이후 가장 괄목할 변화는 페이스북이 선도하는 소셜네트워크의 확산과 수억의 고객을 대상으로 하는 소셜커머스의 출현과 애플이 아이폰과 아이패드을 성공적으로 출시함으로 인한 모바일 환경의 통합과 모바일커머스의 성장이라고 할 것이다. 이 변화를 수용하면서 경영정보시스템 분야의 주제별 변화를 반영한 제3판을 출간하게 되었다.

기업의 정보시스템은 업무처리 효율성 향상을 위한 주요한 수단으로서의 역할을 담당하였고 '비용절감'이라는 명시적 성과를 이루었다. 이에 머물지 않고 그 다음 단계로 기업의 비즈니스의 가치증대와 전략적 우위확보를 위한 도구로 경영정보시스템이 활용되었다. 그런데 변화의 시대에 정보시스템의 개발과 유지 보수라는 실현의 어려움은 끊임없는 도전이었다. 이 과정에서 기업들이 깨닫게 된 것은 정보시스템은 자체 개발보다는 외부의 전문기업에 의지하는 것이 더 유익하다는 것이었다. 그러므로 전사적 자원관리시스템에 대한 이해가 더욱 중요하게 되었고, ERP의 도입과 통합이 정보시스템 구현의 중요한 단계가 되었다.

한편 정보의 형태는 문자중심의 데이터의 관리에서 멀티미디어 지식의 경영차원으로 확대되었고, 인터넷기반의 전자상거래는 기업과 소비자의 일상생활의 도구가 되었다. 그리하여 정보시스템은 의사결정을 지원하고 고객관계관리 및 공급자 관계관리의 수단으로 발전하였다.

본서는 이러한 경영정보시스템의 새로운 역할과 변화요구를 반영하기 위하여 3판을 출간하게 되었다. 본서가 세상에 처음 나왔을 때 정보기술 발전의 속도가 빠르고 그 영향력이 광범위하여 어느 한 전문가가 모든 분야에 대해서 정통하기 쉽지 않다는 점을 인지하고 각 분야의 최고 전문가들이 해당 주제의 장을 집필하는 체제를 국내 최초로 도입하였다. 이러한 체제는 개정판을 거쳐 이제 발간되는 3판에도 그대로 유지되어 마치 기업이 경영변화에 유연하게 대응하듯이 장과 절을 개편하고 새롭게 부상하는 중요한 주제에 대해서 새로운 집필진을 초대할 수 있었다. 그러나 제 3판은 책의 정신과 골격은 그대로 유지하여 기업 입장에서 정보시스템을 기획(plan), 구현(do), 평가(see)하는 경영의 기본프로세스에 따라서 내용을 구성 전개하였다. 제 1편에서 경영정보시스템의 기초 지식을 다루었고, 제2편이 기획, 3편과 4편이 구현, 그리고 5편이 평가로 구성되어 있다. 기업의 실무자나 미래 경영자로서 경영정보시스템을 배우는 학생 모두 이러한 전체적 사고의 틀을 갖추는 것이 바람직하기 때문이다.

제1편은 '기업과 정보시스템(MIS Concept)'으로 기업경영에서 정보시스템이 왜 중요하고 경쟁력 제고에 어떻게 기여할 수 있는가를 설명하였다. 1장에서 '경영정보시스템'이라는 용어를 구성하고 있는 '경영', '정보', '시스템'의 개념과 이들 간의 관계를, 2장에서는 기업의 중요한 자원인 정보와 지식을 어떻게 잘 관리해야 하는가를, 3장에서는 경쟁우위확보를 위한 정보시스템의 전략적 역할을, 4장에서는 정보시스템 기반의 프로세스 혁신과 비즈니스리엔지니어링을 설명하였다.

제2편은 '경영정보시스템의 기획(MIS Plan)'으로, 5장에서는 정보시스템을 도입하기 위해서 기업이 고려해야 할 여러 가지 기술적 대안을 살펴보는 정보시스템 기획을, 6장에서는 어떻게 정보시스템 분석, 설계하는 가의 방법을, 7장에서는 정보시스템 구현에 있어서 주요 방법들과 최근 정보시스템 도입의 주요 방법 중의 하나인 아웃소싱에 의한 구현계획을 다루었다. 특히 정보시스템의 획득과 구현에 있어서 IaaS(Infrastructure As A Service), SaaS(Software As A Service), 클라우드 컴퓨팅 기술과 관련된 주제를 보강하였다.

제3편은 '경영정보시스템의 구현(MIS Do)' 중에서 정보시스템 인프라에 해당하는 요소를 설명하였다. 8장에서는 데이터베이스 시스템을, 9장에서는 기업의 업무처리 통합 소프트웨어 패키지로 각광 받고 있는 전사적 자원관리(ERP) 시스템을, 10장에서는 그 중요성이 새롭게 부상하는 모바일과 유비쿼터스 인프라를 다루었다.

제4편은 '경영정보시스템의 구현(MIS Do)' 중에서 응용시스템에 해당하는 요소를 설명하였다. 11장에서는 웹기반 의사소통과 의사결정지원의 기본적 사항을, 12장에서는 지식을 활용한 지능형 시스템이 경영정보시스템에 어떻게 기여할 수 있는가를 다

루었다. 13장에서는 인터넷을 바탕으로 한 전자상거래, 기업경영에 응용된 e-비즈니스, 모바일 환경에서의 모바일 커머스, 그리고 소셜미디어를 이용한 홍보 전략을 다루었다. 제14장은 전자상거래의 뒷받침을 담당하는 공급망 관리(SCM)과 고객관계 관리(CRM)의 개념과 추진 방안을 설명하였다.

제5편은 '정보시스템 통제(MIS See)'로, 15장에서는 인터넷과 정보시스템기술로 기업의 성과측정과 관리를 전략적으로 통제하고자 하는 비즈니스 인텔리전스와 정보시스템 통제, 감사, 정보보호 관리를 설명하였다.

본서는 대학과 대학원의 경영학과, 경영정보학과, 정보관리학과, 산업공학과, 전자상거래학과에서 「경영정보시스템」 과목의 강의 교재로 사용될 목적으로 집필하였으며, 기업의 기획 · 전산 · 구매 · 마케팅 · 물류를 포함하여 정보시스템을 활용하는 부서의 업무를 담당하는 분들도 활용할 수 있다. 기본적인 개념소개와 이론적 내용 설명을 목적으로 하였지만 경영현장에서 개념과 이론이 어떻게 적용되는 가를 보이기 위하여 각 장에서 다양한 사례를 충분히 제공하고 있다. 대학교재로서 학습을 위해서 연습문제, 토론/프로젝트 문제를 제공하며 참고문헌과 사이트를 각 장의 말미에 정리하고 있다. 본서는 대학에서의 학습 목적 이외에도 실무에서 정보시스템 관련 기획, 구현, 평가 업무 수행을 위한 지침이자 이론서로 유익하리라 기대한다.

각 주제에 대한 최고 전문가인 열여섯명의 공동 저자에게 깊은 감사와 존경과 우정을 보낸다. 특히 좋은 책을 만들어 주신 법영사의 고준영 사장님과 담당 직원 분들에게 감사드린다. 귀한 분들과 함께 일할 수 있는 여건을 허락하신 하나님께 감사올린다.

2011년 8월

공동 편집자 올림
이재규 (KAIST 경영대학 교수)
권순범 (국민대학교 경영정보학부 교수)
임규건 (한양대학교 경영대학 교수)

차 례

제 1 편 기업과 정보시스템

제 2 편 경영정보시스템 기획(MIS PLAN)

제 4 편 경영정보시스템 구현(MIS DO) - 응용시스템

제 5 편 경영정보시스템 통제(MIS SEE)

제 3 판

경영정보시스템원론

제 1 편
기업과 정보시스템

CONTENTS

CHAPTER 1

경영정보시스템의 기초

권순범 교수

국민대학교 경영정보학부, sbkwon@kookmin.ac.kr

CONTENTS

학습목표

- 데이터, 정보, 지식의 차이를 이해한다.
- 시스템과 정보시스템의 개념을 이해한다.
- 경영의 기본 활동과 정보시스템간의 관계를 이해하여 정보기술이 기업경영 개선에 어떻게 기여할 수 있는가를 생각한다.
- 최근의 기업 경영 환경의 변화를 이해하고, 기업이 변화된 경영환경에 적응하여 경쟁력을 유지하는 데에 정보시스템이 어떤 역할을 하는 가를 생각해 본다.

최근에는 정보와 지식이 자금이나 인력에 못지않게 관리되어야 할 기업의 중요한 자원 중의 하나로 인식되고 있다. 실제로 기업이 정보를 얼마나 잘 관리하는가의 여부가 기업 경쟁의 주요 요인으로 되고 있는 것이다. 기업의 중요 자원인 정보와 지식을 관리하는 수단이자 방법이 바로 경영정보시스템이고, 결국 경영정보시스템의 경쟁력이 기업의 생존과 발전에 주요 요인이 되고 있다.

본 장에서는 경영정보시스템의 기초가 되는 개념들인 정보, 시스템, 기업경영 각각에 대한 이해와 각 개념들 간의 관계에 대해서 살펴본다. 이러한 기본 개념과 이들 간의 관계에 대한 이해가 필요한 이유는 경영정보시스템이 정보기술을 이용하여 기업의 경영을 효율화하고 기업의 경영성과와 가치를 제고하는 데에 그 목적이 있으며 기업의 업무처리나 의사결정을 위한 기능적 시스템으로 구현되기 때문이다. 따라서 정보기술, 정보시스템, 기업경영의 개념과 이들 간의 관계에 대해서 이해해야 경영정보시스템에 대한 올바른 접근을 할 수 있다. 이러한 이해를 바탕으로 본 장에서는 정보기술에 의해 기업이 당면하고 있는 기회와 도전에 대해서 살펴보고, 기업이 이러한 기회와 도전에 어떻게 대응해야 할 것인가를 생각해 보도록 한다.

1.1 정 보(Information)

1.1.1 정보의 개념과 특성

정보가 기업의 주요자원으로 관리되어야 할 대상인 것은 이미 알고 있는 사실이다. 기업 조직에서 경영자나 관리자의 일과는 업무와 관련된 정보를 모으고, 이용하고, 판단하고, 처리하는 일이라고도 할 수 있다. 따라서 관리의 대상인 정보가 어떤 특성을 지니고 있는가에 대한 이해를 바탕으로 정보시스템이 구축되어야 정보시스템 개발의 목적을 달성할 수 있다. 우선, 정보의 개념을 데이터, 지식과의 차이를 통해 이해하도록 하자.

데이터(data)는 기본적인 사실이나 숫자, 관찰치, 측정치 등을 의미한다. 누가 어떤 상황에서 무슨 이유로 이러한 사실이나 숫자가 필요하다는 배경에 대한 설명이나 이해 없이 사실이나 숫자를 있는 그대로 나열한 것이다. 예를 들면, 석유화학 공장에서 각 공정의 센서에서 통제실로 전송되는 데이터는 12:31, 1.0012, 14000, 30.2R, 102.234F, 56% 등의 숫자이다. 이 수치는 각 화학 공정에서의 기온, 습도, 압력 등을 나타내는 것으로 단순 데이터 형태이다.

반면에 정보(information)는 처리된 데이터(processed data)인데, 여기에서 처리는 특정한 목적에 맞도록 데이터를 재구성, 정렬, 필터링, 새로운 형태로의 포맷, 요약, 분석 등을 하는 과정을 의미한다. 앞서의 화학공장에서의 데이터는 12시 31분에 통제실로 보내진 것으로 각 수치가 시간별로 정렬되며, 만약 통제범위를 벗어나는 데이터가 전송된다면, 통제실 화면에 나타나고 경보음이 울리게 된다. 이와 같이 어떤 상황에서 특정 목적에 맞게 처리되어 해석된 형태의 데이터가 정보이다. 만약 통제실에 전체 화학 공정에서 발생하는 데이터를 일목요연하게 관찰할 수 있는 전자 상황판을 갖추고 있다면, 공정의 위치와 처리상태에 대한 정보가 함께 제공되어 보다 양질의 정보가 전달될 수 있다.

지식(knowledge)은 정보를 보다 일반화한 것으로, 정보로부터 어떤 대상 자체나 대상의 행위에 대한 이해나 모델이라고 할 수 있다. Machlup은 지식을 정보들의 상호 관련적 체계로써 기본적으로 인과적 구조가 갖추어진 형태로 정의하고 있다. 즉, 정보로부터 얻어지는 체계로서 주로 인과관계를 나타내는 것으로 이해할 수 있다. 앞서의 화학공장에서 통제범위를 벗어나는 일이 언제 어디서 어떤 상황에서 주로 일어나는지를 분석하면 일반화된 패턴을 찾을 수 있는데, 이것이 바로 인과관계 해석이 가능하게 하는 지식이다. 따라서 지식은 정보를 어떻게 해석해야 하는가에 대한 구조를 제공한다고 할 수 있다. 앞서의 예처럼 대개의 경우 시간의 흐름이나 지역의 확대에 따른 정보의 축적에 의해서 지식이 획득된다. [그림 1-1]은 데이터와 정보 그리고 지식의 차이를 설명하고 있다. 2장 '기업의 정보와 지식관리'에서 데이터, 정보, 지식 간의 차이에 대해서 좀 더 설명할 것이다.

[그림 1-1] 데이터, 정보, 지식의 차이

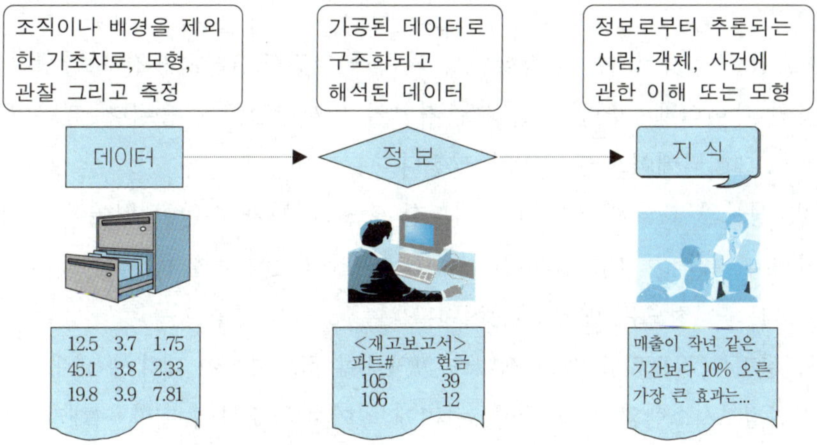

정보의 중요한 특성을 살펴보면 다음과 같다.

첫째, 정보는 소유권의 개념보다는 사용권의 개념에 더 가깝다. 과거에 비해서 정보에 대한 소유권을 인정하는 경우가 증가하고 있다. 그러나 물리적 자산에 비해서 상대적으로 소유권의 인정과 증명이 어렵기 때문에, 소유권 중심으로 만들어진 자산에 적용되던 경제적, 법적 개념이 잘 적용되지 않는다.

둘째, 물리적 자산에 비해서 정보는 낮은 비용으로 무한히 확대 재생산할 수 있다. 물론 최초로 정보를 획득, 생산하는 데에는 많은 노력과 비용이 들 수 있지만, 이후의 정보의 복제와 확산에 드는 비용은 미미하기 때문에 확대 재생산이 용이하다. 뿐만 아니라, 기업 환경 내에서 정보와 지식은 필요로 하는 구성원에게 나누어주면 줄수록 그

가치가 증대하게 된다. 정보의 이러한 특성 때문에 최근 기업에서는 정보시스템과 지식관리시스템의 구축에 많은 투자를 하고 있다.

셋째, 정보의 가치는 모든 사람에게 동일하지 않다. 즉, 어떤 정보가 A라는 사람에게는 엄청난 가치가 있지만, 동일한 정보에 대해서 B라는 사람이 느끼는 가치는 쓸모없는 수준일 수도 있다는 것이다. 따라서 정보의 제공자는 사용자의 필요성을 잘 평가하여야 하며, 상업적으로 정보를 제공하는 정보재(information good)의 판매자는 고객이 느끼는 가치에 따라서 정보재의 가격을 차별화하는 것이 최대의 이익을 얻을 수 있음을 이해하여야 한다.

넷째, 정보의 가치는 대개의 경우 시간에 크게 영향을 받는다. 물리적 자산과 마찬가지로 시간이 지날수록 정보의 가치는 감소한다. 그러나 그 감소의 폭이 물리적 자산에 대한 회계처리에서와 같이 일정하게 정할 수 없고 어떤 경우는 급격하게 감소하기도 한다.

다섯째, 정보는 축적되어 저장될수록 가치가 커진다. 대개의 경우 발생된(획득된) 정보는 기업의 데이터베이스에 저장되어 기업의 의사결정에 사용된다. 많은 정보가 쌓여 있을수록 데이터베이스의 가치가 커진다.

여섯째, 정보의 교환과 전달에는 어떠한 전달 매체와 수단이 있어야 한다. 정보는 어떠한 매체(예: 목소리, 전파, 문자)와 전달 수단(예: 인터넷, 신문, 전화, TV)을 통해서만 확산 전파될 수 있다. 즉, 정보는 매체 의존적이다.

위에서 살펴본 정보의 특성을 제대로 파악해야 정보사회에 대해서 제대로 이해할 수 있으며, 기업정보시스템의 계획, 구축, 관리에 있어서도 정보에 대한 이해가 요구된다.

사실 우리는 인터넷에서 수많은 정보를 얻을 수 있다. 그러나 그 많은 정보 중에서 좋은 정보는 얼마나 될까? 좋은 정보란 어떤 특성을 지닌 정보인가를 생각해 보자. 앞서의 정보의 특성을 이해하면 좋은 정보란 어떤 정보인가의 답을 얻을 수 있다.

1) 정 확 성

정보가 추출된 데이터 자체의 오류가 얼마나 적은가의 기준이다. 데이터는 여러가지 이유로 오류가 포함될 수 있다. 데이터 수집단계나 혹은 처리단계에서 오류가 포함될 수 있다.

2) 신 뢰 성

데이터가 올바른 방법으로 수집되었는가의 문제이다. 예를 들면, 설문조사에 있어서 이메일 응답으로 데이터를 수집했다면, 컴퓨터를 사용할 수 있는 사람으로 응답자가 한정된다. 그렇기 때문에 이들에게서 정확한 데이터를 수집했다 하더라도 이 정보로 얻어진 결과를 일반 국민에 대한 의견으로 보는 데에는 문제가 있다. 즉, 신뢰성 있는 정보라고 할 수 없는 것이다.

3) 유용성 혹은 적절성

정보를 요구하는 사람이 느끼는 유용성에 따라 좋은 정보일 수도 있고 아닐 수도 있다. 이는 주관적 기준으로 주식 분석 정보는 투자자에게는 유용한 정보이지만, 유치원생에게는 숫자의 나열에 불과하다.

1.1.2 기업경영에 있어서 정보의 중요성

기업 경영에 있어서 정보의 중요성이 점점 커지고 있고, 기업 정보시스템이 기업 경영의 성패를 좌우하는 일이 많아지고 있다. 과거에 비해서 기업경영에 있어서 정보와 정보시스템이 중요해진 기업환경적 원인을 살펴보면 다음과 같다.

- **정보화/지식화 사회**

과거 산업사회에서의 주요자원은 토지, 노동, 자본이었다. 그러나 정보화 사회는 정보가 이에 못지않은 중요한 자원이며, 정보의 생산, 저장, 분배가 가치를 창출하는 주요 사회활동이 되는 사회이다. 현재 우리는 정보사회에 살고 있으며, 정보사회에서 기업의 활동도 당연히 정보의 생산, 저장, 분배에서 주요 가치를 창출하고 있다.

정보사회로 진입한 증거는 여러 가지를 들 수 있는데, 미국은 1970년대 중반에 이미 사무직 노동자가 육체노동자 수를 넘어섰다. 또한, 정보와 지식 집약적인 제품, 예를 들면 컴퓨터 소프트웨어 제품이나 정보제공 서비스 제품이 전체 산업에서 차지하는 비중이 커지고 있다. 전통적인 제품에 있어서도 정보와 지식의 활용이 증가하고 있다. 산업사회의 대표적인 산업인 자동차산업에서도 자동차의 설계, 제작, 생산, 공급자 관리, 마케팅과 애프터서비스 등 많은 부분을 정보기술에 의존하고 있음을 볼 수 있다. 정보시스템은 기업의 거의 모든 업무활동을 통합하고, 정보와 지식의 활용을 최적화하여 기업경쟁력을 높이는데 기여하고 있다. 더구나 전기자동차가 등장하면서 이제는 IT 기업인 애플이나 구글이 기존 자동차업체들의 경쟁자로 등장함을 예상하게 되었다.

이와 같이 사회전체가 정보사회로 진입함에 따라서 정보기술과 정보시스템의 역할과 중요성이 커지고 있고, 기업 활동에 있어서도 내부 업무처리뿐만 아니라 외부 관련자와의 의사소통을 위한 중요수단으로 정보시스템이 중요한 역할을 하고 있다.

● 글로벌화(Globalization)

기업 활동의 글로벌화는 이미 거스를 수 없는 대세가 되었는데, 이는 기업이 경쟁력을 확보하기 위해서 전 세계에서 가장 경쟁력 있는 요소를 확보하여 사업을 펼치기 때문이다. 예를 들면, 우리나라의 대표적인 기업인 삼성전자의 경우, 전 세계 수십 곳에 생산공장을 두어 노동력과 생산설비를 이용하고 있으며, 전 세계에 수십 개의 현지 판매법인을 가지고 전 세계 시장을 대상으로 마케팅 활동을 펼치고 있다. 자본은 전 세계의 투자자로부터 유치하고 있으며, 기술 개발에 있어서는 전 세계의 수많은 기업과 제휴관계를 맺으면서 펼치고 있다. 부품 조달에 있어서도 전 세계에서 가장 싸고 품질 좋은 기업을 인터넷을 이용하여 글로벌 소싱하고(global sourcing) 있다.

따라서 기업이 글로벌화 될수록 전 세계에서 발생하는 생산, 판매, 시장에 관한 정보를 효율적으로 수집, 분석, 배포하는 체계가 사업의 기본이며 이러한 일을 얼마나 효율적으로 하는지가 경쟁의 관건이 되었다. 오늘날 정보시스템은 인터넷과 같은 데이터 네트워크를 통해서 실시간으로 정보를 주고받고 분석할 수 있는 실시간 기업체계(RTE : Real Time Enterprise)를 갖추고 있다. 그래서 기업은 정보시스템을 이용해서 전 세계의 부품공급자, 유통업자, 협력업체와 정보의 교환과 이용의 체계를 구축하여 경쟁력을 높이고 있다.

● 경쟁의 심화

과거 공급이 수요를 따라가지 못하던 시절에 기업은 경쟁력의 확보보다는 제품의 생산성 향상이 주요 관심사였다. 그러나 최근에 규제가 완화되고, 새로운 경쟁자가 시장에 쉽게 진입할 수 있으며 지역의 경계가 허물어지는 글로벌 시장이 되어 가면서 모든 기업이 더 이상 경쟁에서 자유로울 수 없게 되었다. 다시 말해 치열한 경쟁에서 살아남는 기업만이 계속기업으로 생존할 수 있게 된 것이다.

정보기술은 이러한 경쟁을 촉발한 주요 요인 중의 하나일 수도 있으며(예를 들면, 금융산업은 정보기술의 발달로 전 금융산업의 경계가 허물어지고 있으며, 은행, 보험, 증권, 투자자문 회사가 서로 경쟁하는 무한경쟁 체제로 진입하였다.), 동시에 이러한 경쟁에서 경쟁우위를 확보할 수 있는 주요 수단이 되기도 한다.

● 전자상거래(Electronic Commerce)의 활성화

인터넷을 이용한 전자상거래의 활성화로 기업의 업무처리와 고객서비스에 있어서 정보시스템의 중요도가 더욱 커지고 있다. 포털 사이트(portal site) 같은 순수 인터넷 기업은 물론이고, 전통적 기업에게도 전자상거래가 고객이나 부품공급업체, 유통업체와의 효율적인 채널로서의 역할을 하고 있기 때문에 기업에게 새로운 기회인 동시에 위협요소가 되었다. 조만간 전자적 거래와 업무처리 능력을 갖춘 기업만이 비즈니스 기회를 가질 수 있는 환경이 도래할 수도 있다. 실제로 기업들 간의 거래가 인터넷 입찰이나 인터넷 구매, 인터넷 경매와 같이 비용이 적게 들고 효율적 거래 정보처리가 가능한 e-마켓플레이스에서 이루어지는 비중이 커지고 있다. 기업 간 거래뿐만 아니라 일반 소비자를 대상으로 하는 판매, 애프터서비스도 인터넷 채널을 통한 전자상거래를 이용하여 고객만족을 제고하는 기업이 늘어나고 있다. 적은 인원으로 엄청난 기업가치를 창출한 구글이나 페이스북의 사례를 통해 e-비즈니스가 더 이상 기업의 업무처리 효율화를 위한 수단만이 아니라 소비자의 새로운 니즈를 창출하고 채워주는 부의 창출과 사업의 원천이 되고 있음을 알 수 있다.

e-비즈니스 기능은 기업의 정보시스템을 통해 구현되는 것으로, 기업의 전자적 거래 비중이 높아질수록 소비자의 인터넷 사용이 증가할수록 정보시스템의 구축과 운용, 그리고 전자거래에서 발생하는 정보의 처리와 저장이 기업경영의 기본적인 업무처리가 된다.

● 스피드 경영

경쟁격화의 양상 중의 하나가 기업 간의 속도 경쟁이다. 예를 들면, 새로운 자동차를 개발하는 데 4년이 걸리는 회사와 1년 반이 걸리는 회사는 경쟁이 될 수 없다는 것이다. 전 세계 PC 판매 수위를 차지하고 있는 델 컴퓨터의 경쟁력을 이야기 할 때 가장 많이 언급하는 경영지표가 상품 재고 수준으로 낮은 재고 수준을 유지한다는 것은 상품회전이 빠르다는 것을 의미한다.

자본, 상품, 기계, 사람, 정보의 회전율을 높이는 것이 경쟁의 관건이 된 것이다. 가격경쟁, 품질경쟁에 이어 시간경쟁에서 기업의 성패가 좌우되고 있으며, 스피드를 높일 수 있는 주요 수단 또한 정보시스템이 된다. 정보시스템은 기업 경영활동에서 지금까지의 지리적 제약을 극복할 수 있게 하며, 실시간(real-time)으로 데이터를 입력, 저장, 처리할 수 있게 하여 스피드 경영을 가능케 한다.

순수 인터넷 기업의 경우 아이디어를 비즈니스 모델로 재빨리 구현하고 사업화 하여 최초 진입자(first mover)로 시장을 선점하는 것이 경쟁에서 우위를 점할 수 있는 중요 요소가 되고 있다. 얼마나 빨리 아이디어를 구현한 제품과 서비스를 시장에 내어 놓는가의 경쟁, 즉 'time to market'의 경쟁인 것이다. 기술의 진보와 변화가 빠르고 경쟁의 구도가 급격히 변하는 인터넷 시장에서는 현재 자신의 비즈니스 모델을 환경의 변화에 맞게 빠르게 변화시킬 수 있는 능력 또한 주요 경쟁력이다.

1.1.3 정보기술(Information Technology)

정보기술은 정보를 처리, 저장, 분배, 공유하는 기술로 컴퓨터를 이용한 전산(electronic computing)기술과 통신(communication)기술을 통칭하는 것이다. 기업 환경에서 정보기술은 기업이 필요로 하는 정보를 제공하기 위해서 정보를 저장, 처리, 전송, 분배하는 모든 컴퓨터기반의 도구를 의미한다. 즉, 컴퓨터와 통신장비 같은 하드웨어와 운영체계 같은 시스템 소프트웨어, 데이터베이스와 데이터베이스관리 시스템, 그리고 회계처리 소프트웨어 같은 응용소프트웨어 모두를 의미한다. 한때 국내 기업에서 자사의 광고에 C&C(Computer and Communication)이란 문구를 넣어 정보기술의 핵심인 컴퓨터와 통신기술을 선도하는 기업이라는 이미지를 제고하고자 했던 적이 있었다.

기업이 정보기술을 이용한 것은 1950년대 회계 데이터를 저장하고 처리하기 위해서 컴퓨터를 사용하는 것에서부터 시작하였다. 이후 약 40여 년간 정보기술은 기업에서 보조적인 기능을 제공하는 역할로 인식되어 왔다. 그래서 초기에는 정보기술 부서와 정보기술을 담당하는 최고담당자가 하부 부서의 과장급이었다. 그러나 점차 기업에서 정보기술의 중요성이 커지면서 전산부에서 MIS부로, 그리고 최근에는 생산, 마케팅과 동일한 비중의 부서로 커졌다. 담당자도 부장에서 이사급으로 격상되었고, 최근에는 정보담당이사(CIO: Chief Information Officer)가 최고경영자(CEO: Chief Executive Officer)로 승진하는 경우가 많아지고 있다(사례I 참조).

정보기술은 기업경영을 위해서 여러 가지 목적으로 이용될 수 있는데, 첫째는 당연히 기업의 정보처리업무를 구현 혹은 지원하는 역할을 한다. 예를 들어 전 세계적으로 영업을 하는 특송회사인 FedEx는 고객 서비스 수준을 향상시키기 위해서 그리고, 화물의 올바른 운송을 점검하기 위한 관리목적으로 다양한 정보기술을 이용하여 화물추적 시스템을 구축하였다. 최초 화물의 접수업무 담당자나 혹은 화물을 가져가는 트럭의 운전기사가 휴대용 컴퓨터(hand-held computer)에 화물과 관련된 정보를 입력하고 동시에 바코드를 화물에 부착한다. 접수된 화물이 어떤 처리단계를 거칠 때마다 바코드리더가 화물에 부착된 바코드를 읽어서 해당 정보를 중앙의 컴퓨터로 전송한다. 즉, 창고에 입고되거나 출고될 때, 비행기나 트럭에 실리거나 내릴 때에 화물의 위치가 자동으로 입력된다. 또한 트럭에 실린 화물은 트럭에 장착된 위치추적시스템에 의해서 위치를 실시간으로 중앙의 컴퓨터로 전송하게 된다. 전송된 화물의 위치정보는 웹사이트를 통해서 고객이 화물 접수번호를 입력하면 바로 확인할 수 있다. 이렇게 실시간으로 전송된 화물의 위치정보는 화물의 배송을 관리하는 업무담당자에게 유용한 정보로 제공될 뿐만 아니라, 배달을 의뢰한 고객에게도 필요한 정보이다. 이상의 FedEx의 예에서 우리는 다양한 정보의 입력, 저장, 출력, 전달과 관련된 정보기술이 업무처리를 위해 사용되었음을 알 수 있다.

둘째는 정보기술이 경영혁신의 주요 도구가 된다는 것이다. 기업은 정보기술을 업무처리의 보조적 수단으로만 사용하는 것이 아니라, 눈부시게 발전한 정보기술을 활용하여 경영혁신을 수행하고 있다. 오늘날 정보기술의 도입으로 기업의 근본적인 사업전략과 경쟁의 구도가 달라지고 있는 대표적인 산업이 금융 산업이다. 금융 산업은 근본적인 성격이 물리적 상품이 아닌 정보를 다루는 서비스 산업이다. 보험, 예금, 투자신탁과 자문, 증권거래 등 모든 금융상품이 물리적인 실체가 있는 것이 아니라 정보를 다루는 것이다. 우리나라 증권거래에 있어서 이미 1999년에 인터넷을 이용한 사이버 증권거래가 50%를 넘어섰고, 최근에 80%를 넘었다. 증권거래 서비스의 제공에 있어서 과감한 정보기술 투자로 사이버 거래서비스 제공에 앞서 나간 증권사가 많은 실적을 올리고 경쟁에서도 앞선 것은 정보기술의 혁신적 성격을 설명한다. 증권거래뿐만 아니라 모든 금융 서비스간의 경계가 허물어지고 보험, 은행, 증권, 투자회사가 무한경쟁 체제로 진입하게 된 배경도 정보기술의 혁신성에 기인한다.

이와 같이 정보기술은 기업에서 매일매일 처리해야 하는 업무의 효율성 향상과 보다 근본적인 목적의 기업혁신 수단으로서의 역할을 하는 기업경영에 있어서 중요한 요소가 되었다. 그런데 어떤 정보기술을 어떻게 구성하여 기업경영 혹은 경영혁신에 이용할 것인가는 다음과 같은 기업의 여러 요소와 관련되어 있다. 기업의 관리구조(예: 계층구조, 분권형 조직 등), 경영환경(급변하는 환경, 안정적 환경), 분산처리 필요성(지역적 분산된 조직, 글로벌 경영환경) 등의 여러 요인이 기업의 정보기술 인프라 구조에 영향을 미친다. 그리고 이러한 인프라 구조 위에 기업경영에 이용되는 다양한 기업 응용 프로그램이 작동되게 되는 것이다. 기업의 정보기술 인프라 구조를 어떻게 구성, 계획하는가의 문제는 본서 2편, 정보시스템 기획 부분에서 자세히 다루게 된다.

사례(1) : 정보담당이사(CIO) 위상의 변화

최근 미국에서는 중견기업의 CIO가 벤처기업이나 같은 규모 기업의 최고경영자(CEO)로 승진하는 경우가 늘고 있다고 한다. 과거에는 보조적인 기능으로 인식되었던 정보 부서가 기업경영의 핵심업무로 등장함에 따라서 CIO의 위상도 높아진 것이다.

CIO가 CEO로 승진하는 경우가 늘어나는 이유로 다음과 같은 점을 들 수 있다.

- 기업경영이 과거에 비해서 정보기술에 의존하는 경향이 점점 커지고 있다. 기업의 대부분의 업무처리가 정보시스템에 의해서 이루어지기 때문에 업무처리는 정보기술과 밀접하게 통합되게 되었다. 따라서 정보기술을 관장하는 CIO의 권한과 위상이 높아졌다.
- 성공적인 CEO가 갖추어야 할 특성이 CIO가 갖추어야 할 특성과 점점 유사해 지고 있다.
- CEO를 제외하고 기업의 사업에 대해서 전체적으로 통일된 시각을 지니고 있는 사람이 CIO이다. Ford같이 대기업의 CIO는 Ford의 글로벌 비즈니스, 주요 프로세스, 그리고 정보기술에 대해서 모두 이해하고 있다.
- CEO가 기업의 혁신을 리드하고 비전을 제시하는 역할이라면, 제시된 비전과 혁신을 실질적으로 구현하는 일은 CIO가 추진한다. 실제로 프로세스 혁신이나 리엔지니어링의 주요 수단으로 정보기술을 이용하고 있다.
- 기업에 투자하는 투자자들이 기술을 잘 이해하고 고객 지향적인 성향을 갖는 CIO를 선호한다.

- 전자상거래와 e비즈니스가 활성화되면서 전자적 거래와 서비스 처리의 비중이 커지게 되었고 따라서 CIO의 위상이 높아지고 있다.

이러한 중요성의 증대로 기업의 정보기술 책임자(IT Manager)에 대한 급여는 상승하고 것으로 조사되고 있다. 다음사이트는 CIO로 성공하기 위해서 갖추어야 할 점 등을 정리해 놓은 잡지의 기사이다. 여러분도 연봉 10만 달러를 받을만한 기업의 정보담당 책임자로서의 자질을 갖추고 있는가를 점검해 보기 바란다.

- What it takes to be a CIO, http://www.informationweek.com/702/02prcio.htm
- CIO as a Chief Cost Cutter: It's Not Enough, http://www.informationweek.com/news/global-cio/interviews/showArticle.jhtml?articleID=214600043
- Reinveting the CIO, http://www.informationweek.com/768/cio.htm

1.2 정보와 시스템

경영정보시스템은 가장 넓게 보면 하나의 시스템이다. 국가 시스템, 교육시스템, 사회시스템, 자동창고 시스템, 컴퓨터시스템, 기업의 재무관리 시스템 등 크고 작은 많은 시스템들이 우리의 사회를 구성하고 있는 기본적인 구조들이다. 그리고 경영정보시스템의 상위 개념이자 연구와 구현의 대상인 기업도 하나의 시스템이다. 따라서 일반적인 시스템의 개념에 대한 이해와 정보시스템이 일반적 시스템의 개념에 비하여 어떤 특징을 가지고 있는가를 살펴볼 필요가 있다.

본 절에서는 어떤 조직의 문제를 해결하기 위해서 대상을 시스템으로 보고 시스템적으로 접근하여 분석하고 문제를 해결하는 시스템적 사고, 시스템적 접근법을 이해하며 기업의 정보시스템 설계, 구축, 운용, 개선에 있어서 시스템적 접근법의 사용의 필요성을 이해한다.

1.2.1 시스템의 개념

시스템에 대한 개념은 일반시스템이론(general system theory)에 이론적 근거를 두고 있다. 일반시스템이론은 일반적 시스템의 분석, 설계, 개선분야를 다루는 학문분야로, 시스템과 시스템적 사고의 개념, 방법, 지식을 포함한다. 복합 학문적(interdisciplinary)이고 전체적(holistic)인 성격을 띠고 있다(Van Gigch, 1978).

이 이론에 의하면 시스템은 다음과 같이 정의될 수 있다. 서로 상호작용하면서 통일된 개체를 형성하는 사람, 자원, 개념, 절차와 같은 구성요소의 집합이며, 이들 구성요소는 개체의 목적을 달성하기 위해서 특정한 기능을 수행한다. 이 정의에 의하면 다음과 같이 시스템이 갖추어야 할 조건을 추출할 수 있다.

1) 구성요소의 집합

시스템은 하나 이상의 요소를 갖추고 있어야 한다.

2) 상호작용

시스템을 구성하는 요소는 모두 상호작용 하는 관계가 있어야 한다. 다른 요소와 아무런 관계없는 요소는 시스템의 구성요소가 아니다. 예를 들면, 컴퓨터를 구성하는 모든 부품은 상호작용 한다.

3) 공통된 목표와 기능

시스템이 존재하는 이유는 하나 혹은 그 이상의 목표를 달성하기 위한 것이며, 시스템을 구성하는 모든 요소는 이 목표달성에 기여하는 방향으로 기능해야 한다. 기업시스템의 경우 기업가치의 제고라는 목표가 있고 모든 하위 부서는 이 목표를 달성하기 위해서 기능하고 있다고 할 수 있다.

이러한 정의를 만족하는 개체는 우리 사회에 무수히 존재한다. 물리적인 시스템으로는 태양계의 행성시스템, 기업시스템, 학교 주차관리 시스템, 자동창고 시스템 등이 있고, 추상적인 시스템으로는 흔히 체계라고 부르는 학문체계, 사고체계를 들 수 있다. 추상적 체계도 '상호 종속적인 생각이나 개념들의 정리된 배열'로 보고 시스템적 성격을 갖는 것으로 이해할 수 있다.

시스템을 기능적으로 보면, 일반적으로 외부환경에서 제공받은 입력을 하위 구성요소(하위시스템)가 처리하여 시스템의 목적에 맞게 출력으로 전환하여 다시 환경에 제공하는 기능을 수행한다. 구성요소들은 이러한 기능을 효과적이고 효율적으로 수행하는 방향으로 통제되고 목표의 달성여부에 의해서 평가받는다. 예를 들면, 기업시스템은 인력 · 원료 · 자금 · 외부의 정보를 입력받아 제품이나 서비스를 생산하여 다시 환경으로 제공하여 이익을 창출하고 기업의 가치를 높이는 목표 달성을 추구한다. 이 과정에서 생산 · 재무 · 회계 등의 기능부서는 통제와 평가를 받는다. [그림 1-2]는 시스템의 모형을 기능위주로 표현한 것이다.

1.2.2 시스템의 구성요소와 특징

1) 시스템의 구성요소

시스템의 정의에서 살펴보았던 요소 이외에 [그림 1-2]에서 나타난 시스템의 구성요소를 살펴보면 다음과 같다.

[그림 1-2] 시스템 모형

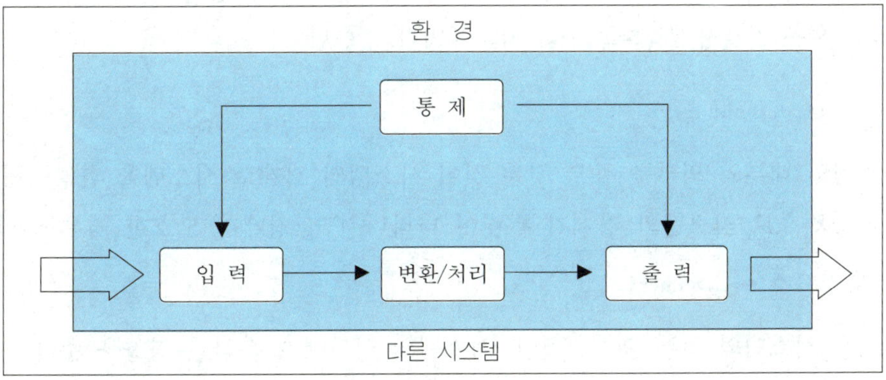

● **입력요소**(input)

외부 환경에서 제공받아 시스템의 경계로 유입되는 요소로 기업의 경우에는 원자재·에너지·인력 등의 유·무형 요소들을 말한다.

● **처리요소**(process)

입력요소를 출력요소로 변환하는 과정을 말한다. 각 하위 요소는 서로 연결되어 상호작용하면서 처리과정의 일부를 담당하게 된다. 하위 요소간의 연결과 상호작용은 물질·자금·정보의 흐름으로 이해될 수 있다.

● **출력요소**(output)

처리과정에서 변환된 산출물을 필요로 하는 부분이나 시스템 외부에 전달해 주는 기능을 한다.

● **피드백요소**(feed-back)

피드백은 처리결과, 즉 시스템의 성과에 대한 자료이며, 시스템은 이 자료를 통제 활동을 위해서 사용하게 된다.

● **통제요소**(control)

통제는 시스템 성과가 목표와 차이가 나거나, 입력을 출력으로 변환하는 과정이 바람직하지 않을 경우 이를 교정하는 기능을 의미한다. 목표를 달성하도록 입력요소나 처리요소를 조정하여 원하는 산출물이 생산되도록 한다. 피드백과 통제요소를 갖고 있어서 시스템 스스로 교정하고 통제할 수 있는 시스템을 특히 사이버네틱스(cybernetics) 혹은 자율통제(self-regulating) 시스템이라고 한다.

● **경계요소**(boundary)

시스템의 내부와 외부를 구분 짓는 것이 시스템의 경계로 시스템을 환경에서 분리한다. 일반적으로 시스템의 경계가 뚜렷이 나타나지만, 경계가 모호한 경우도 있다.

● **환경요소**(environment)

환경은 시스템의 외부 요소이지만, 시스템의 성과에 계속적인 영향을 준다. 시스템의 목적에 영향을 주지만, 시스템의 의사결정자나 관리자가 조작할 수 없는 것이 환경적 요소이다. 사회적·정치적·기술적·법적인 요소들이 이 범주에 주로 속한다.

2) 시스템의 특징

시스템의 정의에서 살펴보았던 특징 이외에 시스템은 다음과 같은 특징을 갖는다.

● **계층적 구조**(hierarchical structure)

하나의 시스템은 몇 개의 하위의 부분시스템(하위시스템: sub-system)을 가질 수 있다. 하위시스템은 위에서 정의한 시스템의 성격과 특징을 갖는 하나의 완벽한 시스템일 수 있고, 또 다시 자신의 하위시스템을 가질 수 있는 계층적 구조를 갖는다. 예를 들면, 기업시스템은 생산시스템, 마케팅시스템 등의 하위시스템을 가질 수 있고, 하위시스템 중 생산시스템은 다시 자재관리시스템, 작업관리시스템 등의 하위시스템으로 구성될 수 있다. 이와 같이 시스템은 하위시스템으로 계속해서 분해해 나갈 수 있으므로, 분석의 대상으로 삼고자 하는 적절한 수준의 대상 계층 시스템을 설정하는 것이 중요하다.

● **시너지 효과**(synergy effect)

하위시스템 간의 상호작용은 시너지 효과를 발휘할 수 있도록 구성, 관리, 통제되어야 한다. 시너지 효과는 전체의 산출이 각각 부분의 산출의 합보다 많을 때 '시너지 효과가 있다'라고 말한다. 즉, 하위시스템간이 상호작용으로 서로에게 도움을 주어서 혼자 기능할 때보다 생산성이 좋아지는 현상이다. 시스템이 최대의 성과를 내기 위해서는 하위시스템을 구성할 때, 시너지 효과가 발생할 수 있는가에 대한 분석이 필요하다.

● **엔트로피 감소**(negative entropy)

시스템의 성과는 보통 시간이 지날수록 감소하는 경향을 보인다. 처리에 관여하는 기계설비나 물적 자원의 노후나 기능의 쇠약이 원인일 수 있고, 시스템을 구성하는 구성원의 이직이나 사기저하가 원인일 수도 있다. 시스템이 안정된 균형상태에서 쇠약해져서 기능이 정지되는 방향으로의 진행을 '엔트로피가 증가한다'라고 표현한다. 엔트로피는 시스템의 무질서나 불균형 정도를 의미한다. 따라서 시스템이 계속 존재하고 원하는 성과를 내기 위해서는 엔트로피가 증가하는 것을 억제하는 활동이나 입력이 필요한데, 이것을 '엔트로피 감소활동'이라고 한다. 신규사원의 채용이나 새로운 기계설비의 도입 등이 예가 될 수 있다. 앞에서 살펴본 피드백과 통제활동은 결국은 엔트로피 감소활동의 일환이라고 할 수 있다.

● 시스템 성과의 측정

시스템의 성과를 측정하는 개념으로 효과성(effectiveness)과 효율성(efficiency)의 두 가지 차원이 있다. 효과성은 얼마나 올바른 목적을 달성했는가(doing the right thing)의 차원이다. 반면에 효율성은 목적 달성을 위해서 얼마나 일을 잘했는가(doing the thing right)의 차원이다. 효율성은 투입 대비 산출의 비율로 측정하는 것으로 적은 투입으로 얼마나 많은 산출을 내었는가의 문제이다. 판매원이 고객에게 좋지 않은 강압적 방법으로 판매실적을 많이 올리면 효율성은 높게 평가받을 수 있지만, 기업가치 제고나 고객만족 같은 목적에 맞지 않기 때문에 효과성은 낮은 것으로 평가된다.

1.2.3 시스템의 종류

시스템은 물리적 형태 여부, 환경과의 영향을 주고받는 가의 여부, 시스템 구성요소의 특성 등 여러 가지 요인에 의해서 구분해 볼 수 있다. 시스템을 어떻게 보는가의 시각에 의해서 시스템의 구성과 운영방식을 달리할 수 있고 그에 따라서 시스템의 성과가 달라질 수 있다.

● 물리적 시스템과 추상적 시스템

사고체계나 학문체계 등의 개념과 생각의 논리적 구성의 시스템을 추상적 시스템(abstract system)이라고 하며, 컴퓨터시스템과 같은 물리적 요소로 구성된 시스템을 물리적 시스템(physical system)이라고 한다.

● 개방형 시스템과 폐쇄형 시스템

환경이나 외부의 다른 시스템과 상호작용을 하는 시스템이 개방형 시스템(open system)이다. 생명체나 기업은 외부의 환경과 에너지, 정보, 물질을 서로 주고받는다. 반면에 일정한 시간이 지나면 주기적으로 시간만을 알려주는 시계는 폐쇄형 시스템(closed system)의 예이다.

● 확정적 시스템과 확률적 시스템

입력과 처리과정에 따라 출력을 정확히 예측할 수 있는 시스템은 확정적 시스템

(deterministic system)이다. 예를 들어 컴퓨터 계산에서 숫자를 입력하면 미리 정의된 사칙연산의 논리회로에 의해서 정해진 결과를 산출한다. 확률적 시스템(probabilistic system)은 입력과 처리에 의해서 결과를 확률적으로 예측할 수 있는 시스템이다. 생산 공정에서 원재료와 가공처리과정을 거치면 몇 %의 불량률로 제품이 생산된다는 것을 확률적으로 예측할 수 있다. 반면에 무작위 시스템(random system)은 결과를 확률적으로도 전혀 예측할 수 없는 시스템이다.

- **적응시스템과 비적응시스템**

적응시스템(adaptive system)은 환경이나 다른 시스템의 영향을 받아서 자신을 변화시킬 수 있는 능력이 있거나, 자신의 산출로 환경을 변화시킬 수 있는 시스템이다. 신호시스템 중에는 교통량을 감지하여 스스로 신호의 주기를 변화시키고 교통소통을 원활하게 하는 시스템이 있는데 이는 대표적인 환경 적응 시스템이다. 반면에 환경 변화에 적응할 수 없는 시스템이 비적응시스템(non-adaptive system)이다.

- **인간시스템과 기계시스템**

시스템의 구성요소로 인간이 참여하는 가에 따라서 인간시스템(human system)과 기계시스템(machine system)으로 나눌 수 있다. 사람의 관여 없이 스스로 움직이는 자동제어 시스템은 기계시스템이고, 경영정보시스템과 같이 정보기술과 정보기술을 이용, 운용하는 사람이 함께 관여하는 시스템은 인간 기계시스템(human-machine system)이다.

만약, 경영정보시스템을 기계시스템으로 본다면, 컴퓨터와 통신장비 같은 하드웨어 위주로 시스템을 구축하고 운영할 것이다. 그러나 경영정보시스템은 기업의 업무처리 담당자가 사용해야 하는 시스템이므로 인간을 고려하지 않고 계획, 구축된 시스템은 실패할 확률이 매우 높을 것이다. 또한 기업의 외부 사업 파트너와 고객에게 그들이 원하는 정보를 제때에 정확히 제공해야 하고, 외부에서 발생하는 정보를 잘 취합하여 경영 의사결정에 반영해야 하는 개방형 시스템적 성격이 고려되어야만 성공적인 경영정보시스템이 될 수 있다.

1.2.4 시스템적 접근법(System's approach)

시스템적 접근법은 관심의 대상을 시스템으로 보고 분석하는 기법이다. 대상을 시스템으로 본다는 의미는 대상을 위에서 살펴본 특징과 구성요소를 갖는 시스템 개체로 보고 분석한다는 것이다. 환경요소는 무엇인지, 하위시스템은 무엇이고 그들 간의 상호작용은 어떠하며, 이러한 기능과 작용이 시스템의 전체 목적에 맞게 작동되고 있는가, 입력과 출력, 처리, 통제와 피드백 요소는 무엇이고 제대로 작동하고 있는 지 등의 관점으로 분석을 행하는 것이다. 시스템적 접근법의 장점은 대상을 분석하는 틀을 제공하는 것으로, 구성요소의 개별 활동뿐만 아니라 전체 시스템의 활동을 동시에 고려하여 부분과 전체를 조화롭게 분석할 수 있게 하는 것이다.

기업의 경영활동에 있어서도 어떤 문제나 의사결정, 혹은 구현하고자 하는 시스템을 좀 더 바람직하게 해결하기 위한 방법으로 시스템적 접근법을 이용한다. 기능별 조직으로 구성되어 있는 기업의 경우 대개 기능부서는 부서의 하부 목적을 달성하기 위해서 전체 목적을 훼손하는 경우가 종종 발생한다. 예를 들면 생산부서는 적은 투입으로 많은 제품을 생산해 내는 것이 목적이므로 경기침체로 감산을 해야 하는 경우나, 불량률을 줄이기 위해서 생산과정을 통제하는 것을 꺼려할 수도 있다. 그러나 기업전체의 목적을 위해서는 부분최적화(sub optimization)를 포기하는 것이 올바른 방향인 것이다. 이같이 전체 시스템을 구성하는 하위시스템들의 역할을 분석하여, 하위시스템이 시스템 전체 목적에 얼마나 기여하고 있는가와 다른 하위시스템과의 조화를 이루어 시너지 효과를 내고 있는 가를 살펴보아야 한다. 결국, 시스템적 접근법은 기업이라는 복잡한 시스템을 쉽게 분석할 수 있는 틀을 제공하는 것이다.

기업 분석을 위한 시스템적 접근법의 단계적 절차는 다음과 같이 예를 들 수 있다. 우선, 기업을 하나의 전체시스템으로 보고, 주주, 정부, 지역사회, 노동시장 등의 환경적 요소를 이해한다. 그리고 기업의 하위시스템을 분석한다. 하위시스템은 기업조직의 기능적 하위조직으로 나눌 수도 있고, 계층적 분류나 프로세스로 하위시스템을 분석할 수도 있다. 그러고 나서 시스템의 특징을 하나하나 적용해 보고 시스템의 바람직한 특징을 제대로 발휘하고 있는지를 분석한다. 이 단계에서 계층적 분석을 수행하여 상위시스템에서 하위시스템 수준으로 적절한 수준까지 하향식(top-down)으로 분석한다. 모든 하위시스템이 통합되어 원활하게 운영되고 있는지, 전체 시스템의 목표달성에 기여하는 방향으로 작동하고 있는지를 검토한다. 하위시스템이 문제가 있다고 판단되면, 시스템의 구성요소 중에서 어떤 부분이 문제인가를 파악하여 개선토록한다. 개선을 위한 조치는 여러 가지 대안을 구성하여 대안의 평가를 거쳐서 적절한 대안을 선택하도록 한다. 대안의 평가 역시 어떤 대안이 시스템의 목표달성에 가장 적합한가를 기준으로 한다.

1.2.5 정보시스템

지금까지 일반적인 시스템에 대해서 살펴보았다. 정보시스템도 일반적 시스템의 한 종류이므로 시스템 분석의 틀로 이해하여 보도록 하자. 정보시스템은 데이터를 입력받아 처리하여 정보를 산출하는 시스템이다. 기업의 정보시스템은 업무처리(예: 주문처리, 은행에서 입금이나 출금)나 경영 의사결정(예: 공장입지선정, 새로운 사업 분야 진출)에 필요한 데이터를 수집, 저장, 가공, 배분하는 시스템이다. 정보시스템은 업무처리나 의사결정 외에도 사원간의 의사소통이나 협력증진, 혹은 통제의 목적으로도 사용된다. 위와 같은 기능은 컴퓨터 없이 구현할 수 있으나, 기업에서 경쟁력 있는 정보시스템을 구축하기 위해서는 컴퓨터와 통신장비 없이는 불가능하므로, 정보시스템은 컴퓨터를 기반으로 하는 인간 기계시스템이라 할 수 있다.

기업의 정보시스템은 기업시스템의 하위시스템으로도 이해할 수 있다. 오늘날 경영자는 재무, 인사, 생산에 대한 지식과 이해 외에도 정보시스템에 대해서 올바르게 이해하고 있어야 한다. 더 이상 정보시스템은 기업경영의 보조적인 역할만을 하는 하위시스템이 아니라, 프로세스 개선을 통해서 고객서비스나 외부파트너와의 협력의 정도를 제고하는 등의 기업혁신을 가능하게 하는 중요한 하위시스템이기 때문이다. 기업시스템의 하위시스템으로서 정보시스템은 기업시스템의 목표 달성을 효과적 효율적으로 달성하도록 지원하고 구현하는 목적을 가지고 있다.

[그림 1-3]은 정보시스템의 구조를 나타낸 그림으로 데이터를 입력, 저장, 처리하여 정보를 산출 배분하는 기능을 나타내고 있다. 물론 피드백과 통제의 요소도 가지고 있어서 적절한 정보가 산출되도록 관리된다. 그런데 정보시스템이 이러한 기능을 수행하기 위해서는 필요한 자원으로 하드웨어, 소프트웨어, 데이터, 그리고 인적 자원이 소요된다. 여기서는 정보시스템의 기능요소와 소요되는 자원 구성요소를 모두 살펴보도록 한다.

[그림 1-3] 정보시스템 구조

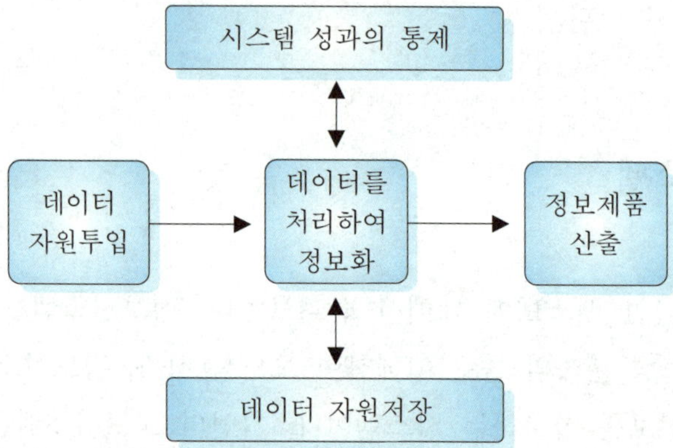

1) 정보시스템의 기능요소

● 입 력

정보시스템의 입력은 데이터가 발생되는 곳에서 주로 일어난다. 예를 들면, 대형 할인점의 계산대에서 판매된 물건이 바코드 리더기로 읽혀질 때, 데이터의 입력이 일어난다. 은행창구에서 입금할 때, 통장 정보는 마그네틱 리더기로 읽혀지고 입금액은 수동으로 은행원에 의해서 입력된다. 인터넷 쇼핑몰에서 물건을 선택하여 주문하면 주문정보는 인터넷을 통해서 판매 쇼핑몰의 웹서버에 입력된다.

● 처 리

처리는 사용자가 원하는 형태로 데이터를 가공하는 것으로 저장, 검색, 추출, 정렬, 비교, 계산, 전달 등이 처리의 예이다. 은행 창구에서 입력된 데이터는 곧바로 은행의 중앙 컴퓨터로 보내져 고객의 계정에 저장된다. 그리고 고객이 전화나 인터넷 뱅킹으로 잔액조회를 요구하면 저장된 데이터를 검색, 추출하여 고객에게 전달 제공하는 처리과정을 수행한다. 따라서 처리는 컴퓨터와 통신 기능에 대부분 의존하고 있다.

● 출 력

출력은 보통 문서나 보고서의 형태로 사용자에게 제공하는 것을 말한다. 은행의 통장정리기는 발생되었던 처리 결과를 한꺼번에 고객의 통장에 출력해 주는 정보시스템 출력기기 이다. 오늘날 통신장비와 네트워크의 발달로, 문서형태의 출력보다 정보기기(PC, 노트북, 스마트폰)의 스크린에 바로 출력해 주는 경우가 늘어나고 있다.

● 지 장

처리에 속하는 기능으로도 볼 수 있으나, 정보시스템에서 추후의 사용을 위해서 데이터의 저장이 필수적인 기능이므로 [그림 1-3]과 같이 따로 분리된 기능으로 볼 수 있다. 정보의 특성에서도 보았듯이 데이터는 축적될수록 가치를 더하므로 기업 내에서 발생한 중요 데이터는 데이터베이스에 저장하여 둔다.

● 통제와 피드백

산출된 정보가 정확치 않거나 원하는 형태로 제공되지 않을 때, 입력이나 처리과정을 조정하는 과정이 필요하다. 입력 데이터 자체에 문제가 있거나, 처리과정의 알고리즘이나 프로그램의 오류가 있을 수 있다. 정보시스템의 통제와 피드백은 어느 정도 시스템의 도움을 받을 수 있으나 대개의 경우는 정보시스템 전문가에 의해서 진단받고 처리된다.

2) 정보시스템의 자원요소

정보시스템은 다음과 같은 자원들이 투입되어 기능하게 된다.

● 하드웨어 자원

정보의 입력, 처리, 저장, 배분에 사용되는 모든 정보처리 기기와 물자를 의미한다. 주요 하드웨어 자원은 컴퓨터 본체와 주변기기 그리고 통신장비와 네트워크 등이며, 상황에 따라서 특수한 입출력 장비도 이에 포함된다. 과거에는 정보시스템을 설계, 구현할 때 하드웨어 장비의 가격이 전체 정보시스템에서 대부분의 비용을 차지했으나, 최근에는 기술의 진보로 전체 비용에서 하드웨어 자원이 차지하는 비중이 줄어들고 있는 추세이다.

● 소프트웨어 자원

정보처리에 필요한 모든 알고리즘과 업무처리 절차로, 프로그램으로 구현되어서 소프트웨어의 형태로 존재하여 기능한다. 하드웨어 자원을 통제하고 이용하는 프로그램(예: 운영체계)과 업무처리를 위한 프로그램(예: 재고관리 프로그램), 그리고 사원들 간의 의사소통을 위한 프로그램(예: 그룹웨어, 이메일 프로그램) 등이 있다.

● 데이터 자원

정보시스템의 입력요소로, 데이터가 기업이 관리해야 할 중요한 자원이라는 시각은 다음 장에서 자세히 설명된다. 넓은 의미로는 처리된 정보와 정보로부터 추출된 지식 모두를 데이터 자원으로 보고 데이터베이스나 지식베이스에 저장하여 관리한다.

● 인적 자원

정보시스템은 인간 기계시스템이다. 정보를 이용하여 경영 의사결정 하는 것도 업무처리 담당자이고, 정보 입력의 일부를 담당하는 것도 사람이다. 또한 기업의 정보시스템을 계획, 구현, 통제, 관리하는 일도 역시 사람이 담당하고 있다. 따라서 정보시스템을 설계할 때, 사람과의 편리한 인터페이스를 고려해야 한다.

1.3 기업경영과 정보시스템

지금까지 정보, 시스템, 그리고 정보시스템에 대해서 살펴보았다. 앞서의 설명에서 대부분 기업의 예로 정보와 시스템, 그리고 정보시스템을 설명했지만, 이제 본격적으로 경영 활동의 개념과 성격을 이해하도록 하자. 경영활동에 대해 이해함으로써 경영활동에서 어떤 정보가 필요하고 어떤 정보시스템이 경영활동을 지원하는 역할을 수행할 수 있는지 이해할 수 있게 된다.

과거에는 기업에서 정보시스템을 최첨단 시스템으로 도입하고도 경영 효율의 개선에 크게 효과를 보지 못한 경우가 있었다. 이는 정보시스템의 도입을 기획할 때, 경영측면을 고려하지 않고 정보시스템을 하드웨어 위주로 취급하였기 때문이다. 누가(어떤 팀이) 어떤 업무에(단위 업무, 프로세스) 어떻게(단순 업무처리 혹은 분석, 정보의 저장 혹은 분배) 사용할 것인가에 대한 계획, 즉 정보시스템을 경영과 결합하여 고려하지 않았기 때문이다. 정보시스템은 기업시스템의 하위시스템으로 기업의 목적에 기여하는 방향으로 설계, 구현, 관리되어야 함을 잊지 않아야 한다.

1.3.1 경영활동과 정보시스템

기업의 경영활동을 이해하는 데에는 여러 가지 접근방법이 있다. 경영활동을 (1) 과정의 관점에서 접근할 수도 있고, (2) 계층의 관점으로도 접근할 수 있으며, (3) 의사결정(decision making) 활동으로 보고 접근할 수도 있다. 본 절에서는 세 가지 시각을 차례로 살펴보면서 각각의 경영활동의 분석에서 정보 혹은 정보시스템이 어떤 역할을 하는지 살펴보도록 한다.

1) 과정의 관점

경영 또는 관리란 기업의 목적을 달성하기 위해서 계획(plan), 집행(do), 통제(see)의 연속된 활동으로 볼 수 있다. 조직(organize)의 과정을 추가하여 계획, 조직, 집행, 통제로 보기도 하는 데, 기업이 보유한 여러 가지 자원을 기업의 목적에 맞게 조직화하는 기능도 경영의 주요한 기능이다. 각각의 과정에서 주로 어떤 일이 이루어지고, 그 일에 정보시스템이 어떻게 기여하는 지를 살펴보도록 하자.

● **계 획**

기업의 비전과 목표를 설정하고 그에 부합하는 장, 단기 계획을 수립하는 일은 경영의 가장 기본적인 활동이다. 계획 활동은 기업차원에서 뿐만 아니라 하위부서와 팀에 이르기까지 수행하는 활동이자 과정으로, 하위부서는 상위부서의 계획에 일치하는 구체적인 계획을 세우게 된다. 기업 수준에서의 계획은 주로 세계, 국내 경제의 동향과 산업 환경의 변화, 정부의 정책이나 새로운 기술의 등장 등과 같은 외부 정보를 필요로 하게 된다. 또한 사업부의 신설과 합병, 공장의 증설, 해외 판매법인의 신설과 같은 자원배분 계획을 세움에 있어서는 부서별, 사업부별 실적과 전망, 수요의 변화, 시장조사결과, 투자자금에 대한 자료 등의 내부 정보도 필요로 한다. 계획에서 필요로 하는 정보는 주로 과거 정보의 축적을 바탕으로 한 예측정보와 외부기관에 의한 정보, 그리고 자원배분 결정의 바탕이 되는 내부정보를 필요로 한다.

● 조 직

뒤에서 살펴보게 될 경영의 조직구조 관점과 관련이 깊은 경영활동으로, 계획단계에서 설정한 목표를 달성하기 위해서 업무의 단위를 나누고, 여러 수준의 업무에 대한 책임자와 부서원을 할당하고, 권한을 이양하고, 기능을 정의하고, 예산을 할당하는 경영활동이다. 예를 들면, 최근에 기업에서 기능조직(생산, 재무, 마케팅, 인사, 등) 외에 프로젝트 팀제를 동시에 운영하는 경우가 많은데, 프로젝트 팀을 구성하기 위해서는 사원에 대한 전공, 경력, 프로젝트 수행경험, 입사년도, 직급, 연봉, 인사고과기록, 희망부서와 업무 등에 대한 정보가 필요하다. 대부분의 기업은 인사정보시스템에서 개개인의 경력관리 프로그램을 가지고 있어서 필요로 하는 인재를 바로 선발하여 배치하는 것이 가능하게 되었다.

● 집 행

각각의 부서와 팀이 할당된 일을 계획에 맞추어 수행하는 경영활동이 집행이다. 경영계층에 따라서 집행의 기능이 달라지는데, 상위 계층일수록 지휘, 감독, 조정, 관리가 집행의 기능이 되고 하위 계층일수록 실제로 업무처리를 수행하는 기능을 하게 된다. 기능별로 구축된 정보시스템(회계정보시스템, 생산관리시스템 등)이나 통합된 정보시스템인 전사적 자원관리 시스템(ERP: Enterprise Resource Planning)이 집행을 실제로 수행하는 시스템으로 역할을 하고 있다. 기업에 정보시스템을 도입한 기업이라면, 대부분의 경우 업무처리는 컴퓨터에서 정보시스템으로 처리하게 되는데, 정보기술의 발달로 정보시스템이 처리해 주는 일의 비중이 점점 커지고 있다.

● 통 제

통제활동은 집행의 결과로 발생한 산출이 계획대로 이루어지고 있는가를 검토하고, 만약 문제가 있으면 계획에 맞도록 계획, 조직, 집행을 조정하는 활동이다. 대개의 경우 이러한 통제기능은 경영의 상위 계층이 담당하게 되는데, 사업부, 부서, 지역, 팀별로 실시간 실적을 점검하고 계획과 대비하면서 계획과 차이를 발생시킨 원인을 쉽게 찾아볼 수 있도록 한 중역정보시스템(EIS: Executive Information System)이 통제기능을 제공하는 대표적인 정보시스템이다. 통제활동에 대한 정보시스템의 기여가 다른 활동에 비해서 크지 않았는데, 최근에 BI(Business Intelligence), BSC(Balanced Score Card) 등의 개념과 이러한 개념을 지원하는 정보시스템이 구현되는 추세이어서 통제활동을 지원하는 정보시스템의 개발과 구현이 활발히 이루어지고 있다.

2) 계층의 관점

경영활동은 계층에 따라서 수직적으로 세분화 할 수 있는데, 전략기획(strategic planning), 관리통제(management control), 운영통제(operational control), 그리고 운영(operation) 활동으로 나누어 볼 수 있다. 이렇게 경영활동을 수직적으로 나눈 것은 [그림 1-4]와 같이 경영계층을 수직적으로 나누고 각각의 경영계층이 주로 수행하는 일로 구분한 것이다. 최고경영층은 경영자라고 부를 수 있는 회장, 사장, 부사장, 이사급을 의미하고, 중간관리층은 부장, 차장, 과장 등의 관리자를 의미한다. 하부관리층은 직장, 계장, 반장 등의 감독자를 의미한다. 가장 하부에 있는 운영요원 층은 직접 제품이나 서비스를 창출하거나 일상 업무를 처리하는 사원들이다.

[그림 1-4] 경영계층과 경영활동

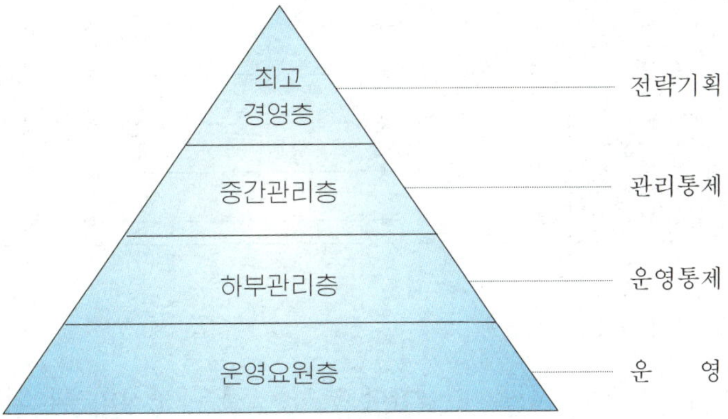

그러나 계층에 따라 수행하는 일을 정확하게 구분할 수 있는 것은 아니며, 최고경영층이 주로 전략기획 활동의 비중이 높다는 의미이다. 전략기획 활동은 사업 방향의 설정, 시장전략 등과 같이 기획업무 중에서 경쟁력 제고나 경쟁구도에 영향을 미치는 활동을 의미한다. 관리통제 활동은 계획에서 마련된 목표와 일치하는 방향으로 자원의 획득과 조직, 업무의 구조화, 사원의 채용과 교육과 같은 활동이 예가 된다. 운영통제 활동은 기능 부서별로 작업의 효율성을 측정하고 개선하는 활동으로 현장에서 현업을 직접 관리하는 감독자에 의해서 수행된다.

각 경영계층에서 수행하는 경영활동의 성격이 차이가 나기 때문에 이들이 필요로 하는 정보의 성격도 차이가 난다. [그림 1-5]는 경영계층과 이들이 주로 필요로 하고 활용하는 정보의 성격을 비교한 것이다. 따라서 정보시스템은 경영계층에 따라서 다른 성격의 정보를 상이한 형태와 주기, 인터페이스로 제공해야 함을 의미한다. 하부 관리층이 요구하는 정보는 구체적인 사실에 입각한 정확한 세부 정보로 주로 기업의 내부에서 얻어지는 정보이다. 반면에 최고경영층은 광범위한 범위에 걸치는 요약된 형태의 정보로 외부에서 얻어지는 비중이 상대적으로 높다.

이와 같은 요구정보의 특성차이는 결국 경영정보시스템이 경영활동 계층을 기준으로 4개의 하위시스템으로 분할될 수 있음을 시사한다.

[그림 1-5] 경영계층과 요구되는 정보

조직계층 / 정보의 성격	하부관리층	중간관리층	최고경영층
출 처	내부자료	←→	외부자료
범 위	좁고명확함	←→	광범위함
압 축 도	구 체 적	←→	압 축 적
시간지향도	과거지향적	←→	미래지향적
정 확 도	높 음	←→	낮 음
이 용 빈 도	매우 높음	←→	낮 음
사 실 성	높 음	←→	낮 음

● 전략계획 정보시스템

어떤 조직에 있어 전략계획을 수립한다고 하는 것은 조직의 내 외부를 막론하고 매우 광범위한 정보를 필요로 하는 경우가 많다. 더욱이 어떤 정보가 필요한지 조차도 잘 모르거나, 필요한 정보의 상당부분이 계량화될 수 없는 성질의 것인 경우도 많다. 또한 전략계획과 관련된 활동 중 신규 사업 참여 여부라든가 공장설비의 확장 여부와 같은 결정사항들은 극히 비정기적으로 발생되는 까닭에 이러한 활동을 지원하기 위한 정보시스템을 사전에 구축한다는 것은 매우 어려운 일이다. 그래서 어떤 학자들은 전략기획 정보시스템이란 존재할 수 없는 것이라고 주장하기도 한다.

그러나 다른 한 편에서는 관리통제 정보시스템이나 운영통제 정보시스템이 완전할 수 없듯이 완벽한 전략기획 정보시스템을 구축한다는 것도 불가능한 것이지만 정보시스템이 전략기획의 과정에 어느 정도 실질적인 도움을 주고 있다고 이야기한다. 전략기획에 필요한 정보 중 조직내부의 정보는 보다 미래 지향적인 자료분석을 통해서, 그리고 조직외부와 관련된 정보는 주요 외부자료를 조직 내의 데이터베이스에 포함시킨다든가 아니면 외부의 정보제공 전문업체와 제휴하는 등의 방법을 통해서 조직의 전략기획 정보시스템에 공급할 수 있다.

● 관리통제 정보시스템

관리통제 활동을 위한 정보는 주로 각 부서의 성과 측정 및 통제, 부서원의 업무수행규칙의 결정 등과 직접 관련을 맺고 있다. 따라서 관리통제 정보시스템은 거래처리 관련자료 이외에 예산이나 각종 표준, 계획 등과 관계된 자료를 실제성과와 비교함으로써 문제점을 찾아내고, 발견된 문제점을 분석하여 가능한 통제방법을 모색하는 데 도움을 줄 수 있어야 한다. 이 때 경우에 따라서는 조직외부의 자료를 활용하기도 하거나 여러 가지 의사결정모형이나 분석모형을 도입하기도 한다. 관리통제 정보시스템을 통해서 보고되는 정보의 예로는 특정제품 매출에 관한 정보요구에 부응하는 가시적인 보고서, 제품, 판매원, 판매지역에 따른 매출실적을 평가하는 주기적인 매출분석 보고서, 어떤 상품에 대한 일정기간 동안 매출실적이 예외적으로 부진한 경우 자동적으로 보고되는 예외 보고서 등이 있다.

● 운영통제 정보시스템

운영통제 활동은 조직의 말단에서 이루어지는 거래처리 업무가 효율적 및 효과적으로 수행될 수 있도록 통제하는 활동으로, 업무의 대부분이 정형적, 구조적인 특성을 갖는다. 운영통제 정보시스템에서의 자료처리 유형은 크게 보고서처리와 조회처리의 두 가지로 형태가 대부분이며, 최근에 BRM(Business Rule Management)시스템의 도움으로 정보시스템이 운영통제 기능의 상당부분을 자동으로 처리하고 예외상황이나 이상 징후 등에 대해서만 담당자가 처리하는 형태로 변화하고 있다. 운영통제 정보시스템에서 이용되는 데이터는 주로 거래처리와 관련된 자료이다.

● 거래처리 시스템

[그림 1-4]에 의하면 운영정보 시스템이라고 해야 하나, 실제 기업의 업무처리를 수행하는 시스템을 거래처리 시스템(TPS : Transaction Processing System)이라는 이름으로 불리

고 있다. 거래처리는 조직의 기본적인 활동이므로, 거래처리 시스템 역시 경영정보시스템의 기본이 되는 시스템이다. 거래처리 시스템은 기업의 거래내용 또는 결과에 관한 자료를 기록하고 처리하는 것으로 그 전형적인 예로서 매출, 구매, 재고상의 변화를 처리하는 것 등이 있다. 또한 재무, 회계 그리고 기타 매일의 업무 활동을 수행하는 조직은 일상적이고 반복적인 과업들에 직면하고 있고, 이러한 성격의 업무 프로세스를 지원하고자 하는 것이 거래처리 시스템이다. 따라서 효과적인 거래처리 시스템의 기반을 구축했을 때 상위의 경영 활동인 운영통제, 경영통제 및 전략계획을 지원하기 위한 정보시스템도 제대로 구축, 운영할 수 있다.

3) 의사결정의 관점

경영활동은 경영자나 관리자의 의사결정 활동의 연속으로 이해할 수 있다. 앞서 살펴본 과정 관점의 경영활동을 되돌아보자. 계획활동은 내외부의 정보를 이용하여 기업의 목표를 설정하는 미래지향적 의사결정 행위이다. 조직활동은 기업활동을 어떻게 구조화, 조직화 할 것인가의 의사결정이다. 집행은 의사결정의 측면이 가장 적은 활동이기는 하지만, 업무 담당자는 업무수행에 있어서 계속되는 의사결정을 한다. 통제활동 역시 어떻게 목표에 도달하게 할 것인가의 의사결정 행위이다. 따라서 경영활동은 의사결정활동이라고 말해도 무리는 아니다.

의사결정은 대상 문제에 따라서 구조적(structured), 반구조적(semi-structured), 비구조적(unstructured) 의사결정으로 나눌 수 있다. 구조적 의사결정은 결과를 미리 예상할 수 있어서 정해진 절차대로 처리할 수 있는 문제이다. 군대에서 FM(Field Manual)대로 처리할 수 있는 문제는 구조적 의사결정 문제이다. 기업에서는 반복적, 일상적으로 발생하는 의사결정 문제가 이에 해당한다. 반대로 비구조적 의사결정은 미리 결과를 예상할 수 없고 어떤 과정으로 어떻게 일을 처리해야 할지를 미리 정할 수 없는 문제로 조건과 환경이 자주 바뀌어서 의사결정 과정을 공식화할 수 없는 문제이다. 요구되는 정보가 어떤 것인지 불명확하고 정확한 정보를 구할 수도 없는 불규칙적인 문제이다. 반구조적 의사결정은 중간적 성격을 띠는 문제에 대한 의사결정이다.

앞서 실펴본 경영계층에서 수행하는 경영활동을 [그림 1-6]과 같이 의사결정유형과 대비함으로써 경영활동을 보다 잘 이해할 수 있다. Gory와 Morton의 논문에 의하면 경영활동은 계층에 따라서 다른 활동을 하는데 그 활동의 구분이 의사결정유형 구분과 일치한다는 것이다. 최고경영층의 전략기획 활동은 비구조적인 의사결정문제이고, 하부관리층의 운영통제 활동은 구조적인 의사결정문제이다.

<표 1-1>은 x축에 경영계층의 활동을, y축에 의사결정 유형을 두어 대비하면서 기업경영활동의 구체적인 예를 대입한 것이다. <표 1-1>에 의하면 전략기획활동도 구조적인 문제가 있을 수 있고, 운영통제활동에도 비구조적인 문제가 있을 수 있다. 그러나 대부분의 전략기획 문제는 [그림 1-6]과 같이 비구조적인 문제이고, 운영통제 활동은 구조적인 문제가 대부분이다.

[그림 1-6] 경영계층과 의사결정유형

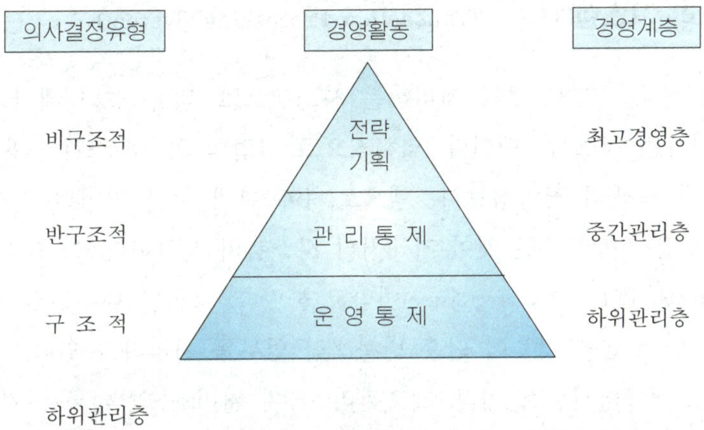

<표 1-1> 경영계층활동과 의사결정유형의 구체적인 문제

경영활동유형 / 의사결정유형	운영통제	관리통제	전략기획
구 조 적	외상매출금관리 주문입력	예산분석 단기예측 인사고과 보고서	투자관리 공장입지 선정 유통채널 기획
반구조적	생산일정관리 재고통제	신용평가 예산작성 공장 레이아웃 프로젝트 일정관리	공장신축 인수합병 신제품 기획 품질보증 기획
비구조적	소프트웨어 구매 대출승인	중역채용 하드웨어 구매 로비활동	연구개발 계획 신기술개발 사회적 책임 수행계획

1.3.2 경영정보시스템의 종류

앞서 기업경영활동을 과정, 계층, 의사결정의 관점에서 분석해 보고 각각의 관점에서 정보와 정보시스템이 어떤 역할을 하는가를 살펴보았다. 아래에서는 경영정보시스템의 유형을 분류하여 보고 각각의 유형이 어떤 기업경영활동을 처리, 지원하는 가를 살펴보도록 한다.

1) 거래처리 시스템(TPS : Transaction Processing System)

기업의 일상적인 거래업무를 처리하는 시스템으로, 많은 양의 데이터를 정확하고 신속하게 처리하는 정보시스템이다. 역사적으로 기업의 정보시스템 활용에 있어서 가장 먼저 나타난 형태의 경영정보시스템으로, 1950년대 중반 기업의 회계처리를 위해서 컴퓨터를 도입하여 사용한 것이 거래처리 시스템의 시작이다. 그 당시는 이러한 시스템을 EDPS(Electronic Data Processing System)이라고 불렀다. 오늘날 대부분의 기업은 거래처리를 위한 정보시스템을 갖추어 단순 반복적인 업무를 처리하고 있다.

판매, 구매, 애프터서비스 처리, 재고관리, 급여 처리 등의 업무는 기업의 내 외부 거래에 해당하는 것으로 사무 및 현장에서 발생 처리되는 업무이다. 예를 들어, 은행에서 하루에 천만 건 이상 발생하는 고객의 입출금을 수기와 전표로 처리하는 것은 거의 불가능하다. 따라서 은행에 있어서 거래처리 시스템은 필수적인 시스템으로 만약 은행업에 진출하려는 기업은 거래처리를 위한 정보시스템 구축에 많은 비용을 투자하지 않고는 진출할 수가 없다. 그리고 은행에 있어서 거래처리가 자동화되었기 때문에 거래처리 시스템의 작동불능은 고객에게 직접적인 피해를 주고 은행의 명성과 신뢰에 큰 타격을 주게 되는 중요한 시스템이다. 그러므로 은행에서는 비용이 들더라도 거래처리 시스템의 백업(back-up) 시스템을 구축 가동하여 시스템의 작동불능에 대비한다.

최근에 인터넷을 이용한 전자상거래의 비중이 커지면서 기업은 인터넷을 통해서 접수된 구매요구 데이터를 거래처리 시스템이 바로 처리하는 형태로 업무처리를 하고 있다. 구매요구 처리에 있어서 고객의 확인과 배달방법과 배달장소의 결정, 지불처리

(신용카드의 확인과 승인), 포인트의 적립과 같은 일은 인터넷 웹 어플리케이션 시스템에서 직접 처리하고 재고의 확인과 상품배송의 할당과 지시는 거래처리 시스템으로 처리하기도 한다. 외부 고객에 대한 거래처리는 인터넷 기반의 웹 시스템이 담당하는 비중이 증가하는 추세이다.

2) 정보보고 시스템(IRS : Information Reporting System)

거래처리 시스템이나 현장에서 발생한 데이터를 관리통제 활동에 이용할 수 있도록 관리자에게 요약된 형태로 제공하는 시스템이다. 역사적으로는 거래처리 시스템이 업무처리에는 많은 도움을 주었고, 자동으로 많은 양의 데이터를 처리, 저장하였지만, 이러한 데이터가 관리통제 활동에는 크게 도움을 주지 못했다. 거래처리에서 발생한 데이터를 처리하여 관리자의 관리통제 활동에 도움을 주기 위하여 1960년대 중반부터 정보보고 시스템이 구축되기 시작하였고, 그 당시에는 EDPS와 구분하여 IRS를 경영정보시스템으로 불렀다(협의의 경영정보시스템).

오늘날의 정보보고 시스템은 단순한 거래처리 정보의 요약이 아니라 여러 가지 분석기법을 활용하게 되었다. 데이터베이스에 저장된 데이터를 관리자에게 실시간으로 분석하여 제공한다는 의미에서 OLAP(On-Line Analytic Programming)도 정보보고 시스템이라고 할 수 있다. 판매시스템을 예로 들면, 지역별, 상품별 판매량과 판매액의 추세 분석이나 예측, 단위 제품 당 비용 분석, 제품사양의 변경 분석 등의 정보를 판매담당자에게 보고한다.

최근에는 주기적, 반복적으로 분석하여 보고하는 사항은 거래처리 시스템과 통합되어 제공되고, 특이하고 자주 발생하지 않는 어려운 분석 문제는 뒤에 설명할 의사결정시스템이 담당하여, 과거에 정보보고 시스템이 맡았던 기능은 거래처리 시스템과 의사결정 시스템이 나누어 담당하는 추세이다.

3) 의사결정지원 시스템(DSS : Decision Support System)

경영자에 대한 정보 지원은 경영자의 의사결정에 도움을 줄 수 있는 형태로 제공되어야 한다는 주장이 1970년대 중반부터 제기되기 시작하였고, 경영자의 의사결정을 도와주는 의사결정지원 시스템은 기존의 TPS, IRS와는 다른 성격을 갖는 시스템이다. 역사적으로는 정보보고 시스템이 주기적으로 관리자에게 많은 요약된 보고서를 제공했지만, 관리자 입장에서는 자신의 업무인 관리통제에는 별로 도움을 주지 못한다는 불만에서 의사결정지원 시스템에 대한 논의가 시작되었다.

<표 1-2>는 기존의 IRS와 DSS의 차이를 비교한 것으로, IRS는 기업에서 이미 구조화된 정보흐름에 맞게 시스템이 설계, 구현되어야 하는 반면, DSS는 사용자의 의사결정 방법이나 행동특성에 맞게 설계, 구현되어야 한다. DSS의 가장 큰 특징은 분석 도구인 모델을 가지고 있다는 것이다. 예를 들어 마케팅 담당자가 상품별 내년 매출에 대한 예측을 해야 하는 경우, 여러 가지 통계적 예측모형이 지원되는 분석모델이 이용된다. DSS는 그룹의사결정을 지원하는 GDSS(Group DSS), 중역이 의사결정을 지원하는 중역의사결정 시스템(EIS: Executive Information System) 등으로 세분화되어 발전하였다. DSS에 대한 자세한 설명은 본서의 11장에서 설명한다.

<표 1-2> IRS와 DSS의 비교

	IRS	DSS
지 향 업 무	일상적 운영업무	예측, 통제, 계획 업무
대 상 업 무	거래처리 및 정보제공	의사결정
정보의 요약도	상세자료	요약자료
정보의 장단기	단기 정보	중장기 정보
정보의 변경	즉시 변경	주기적, 불규칙적 변경

4) 사무자동화 시스템(OAS : Office Automation System)

사무자동화 시스템들은 1980년대 초반 생산 현장에서의 생산성은 상당히 높은데, 사무업무의 생산성은 크게 높아지지 않은 점에서 시작되었다. 사무업무 생산성을 높이기 위해서 그 동안 기술적으로 많이 발전한 정보시스템을 이용하자는 노력이 시작되었다. 문서편집(word processing)과 스프레드시트 프로그램의 이용에서 시작하여 전자결재, 전자우편, 화상회의, 전자문서관리, 전자도면관리 등으로 발전하였고, 최근에는 인터넷 기술을 이용하여 전 세계 어디에 있든지 자신의 사무업무를 처리할 수 있는 시스템이 구현되고 있다. 또한 이동성이 높은 영업사원의 사무업무를 지원하기 위한 무선시스템과 모바일 솔루션이 계속 등장하고 있다.

OAS는 정보 전달과 기업 내의 커뮤니케이션 효율성을 높이는 목적의 시스템으로 출발하였지만, 업무처리에 도움이 될 수 있도록 모든 기능이 포함되는 방향으로 발전하고 있다. 예를 들면, 단순히 개인의 일정관리를 도와주는 시스템이 아니라 인트라넷에서 자신이 속한 팀과 부서의 회의일정과 참가자 범위, 회의자료 등이 자동으로 기록되는 회의관리 시스템의 모습으로 발전하고 있다.

5) 전문가 시스템(ES : Expert System)

전문가시스템은 오래 전부터 컴퓨터 전문가들을 중심으로 연구되어 왔던 인공지능 분야로부터 파생되어 1970년대 후반 이후 독자적으로 발전해 온 분야로 전문가와 같은 지적 능력을 갖는 소프트웨어 체계의 개발을 목표로 시작된 것이다. 이런 관점에서 전문가시스템은 목표지향적 시스템이다. 전문가란 전문지식을 기억하고 있고, 논리적 추론능력에 따라 결론을 도출하며, 설득력 있는 설명능력이 있는 사람으로 정의한다면, 전문가시스템은 이와 같은 지식관리능력이 있는 소프트웨어를 모델로 삼는 것이다. 그러므로 방법론의 관점에서 본다면 지식기반시스템이 되는 것이다.

전문가시스템은 전문가의 지식을 컴퓨터에 저장, 처리할 수 있는 형태로 표현하고 이를 이용하여 컴퓨터가 자동으로 추론(inference)하여 진단, 결론, 제안을 제공한다. 뿐만 아니라 최적화와 같은 계량 분석기법을 함께 이용하여 전문가 시스템이 다룰 수 있는 문제의 범위가 확장되었고 추론의 능력도 높아졌다. 예를 들어 조선소의 생산 스케쥴을 작성하는 일은 많은 전문가의 전문적 지식과 함께 동원되는 많은 자원(인력, 자재, 도크공간 등)의 최적사용도 고려해야 하는 문제로 전문가 시스템의 도움을 받고 있다.

전문가시스템도 결국은 인간의 의사결정을 지원하기 위한 시스템이라는 측면에서 의사결정지원 시스템과 유사한 개념으로 불 수 있으나 다음과 같은 점에서 차이를 발견할 수 있다. 첫째, 의사결정지원 시스템이 모형과 데이터를 중심으로 구축되는 데 비해, 전문가시스템은 지식을 기반으로 한다. 둘째, 의사결정지원 시스템에 의한 의사결정이 의사결정자 개인의 능력이나 의사결정방식 등에 의해 결정될 수밖에 없는 데 비해 전문가시스템은 의사결정자보다 훨씬 뛰어난 전문가의 지식을 빌릴 수 있다. 셋째, 전문가시스템은 어떤 결론에 도달하게 된 근거, 즉 논리적 추론과정에 대한 설명을 제공해 주는데, 경우에 따라서는 결론 그 자체보다도 오히려 문제해결과정이 더 중요할 수도 있다. 전문가시스템의 보다 상세한 내용에 대해서는 12장에서 다루기로 한다.

6) 기타 정보시스템

위에서 언급한 시스템 이외에도 많은 정보시스템들이 기업경영활동을 지원하기 위해서 이용되고 있다.

● **전략정보시스템**(SIS : Strategic Information System)

전략정보시스템은 특정한 정보시스템을 의미하는 것이 아니라, TPS가 되었든, DSS가 되었든 경쟁기업과의 경쟁관계에 있어서 정보시스템이 전략적 경쟁우위 확보에 기여하는 면이 크다면, 전략정보시스템이라고 부를 수 있다. 예를 들면, 과거 은행의 자동입출금 기계와 시스템이 처음 나왔을 때 자동입출금 시스템은 전략정보시스템이었다. 그러나 최근에는 모든 은행이 자동화 시스템을 도입하고 있으므로 전략적 우위보다는 최소한의 서비스를 제공하기 위한 필수적 시스템이 되었다. 최근에 정보시스템이 기업경영의 효율을 높이는 측면보다는 경영혁신을 가능하게 하고 경쟁우위를 확보하는 역할이 강조되고 있어서 전략정보시스템의 중요성이 강조되고 있다. 전략정보시스템에 대한 자세한 설명은 3장에서 자세히 설명된다.

● **통합생산정보시스템**(CIM : Computer Integrated Manufacturing)

경영정보시스템은 경영의 기능별(생산, 마케팅, 재무, 인사 등)로 나눌 수 있다. 대개의 경우 기능별로 정보시스템을 구축한다(생산정보시스템, 재무정보시스템 등). 특히, 생산정보시스템은 생산현장의 자동화기기(예: 수치제어 프로그램과 로봇)를 많이 활용하고 있고 제품설계에서부터 발생하는 제품정보와 제품도면정보를 관리, 이용해야 하기 때문에 정보시스템의 역할이 상당히 크다. 따라서 제품의 설계(CAD: Computer-Aided Design)에서부터 생산일정계획의 수립(CAPP: Computer-Aided Process Planning), 원자재와 부품의 자재관리(MRP: Material Resource Planning, JIT: Just- In Time), 그리고 생산라인의 자동화와 통제(CAM : Computer-Aided Manufacturing), 그리고 다품종 소량생산이나 다품종 대량생산에 적합한 유연생산시스템(FMS: Flexible Manufacturing System)에 이르기까지 많은 정보시스템이 생산기능을 위해서 개발 이용되었고 최근에는 이러한 시스템들을 하나로 통합하는 통합생산정보시스템으로 발전되고 있다.

1.3.3 경영과 경영정보시스템

앞서 경영에 대한 분석을 세 가지 관점에서 설명하였다. 세 가지 관점의 경영활동과 경영정보시스템의 유형간의 관계를 파악함으로써 경영정보시스템의 역할에 대한 이해를 높이도록 하자.

[그림 1-7]은 경영계층과 경영정보시스템 간의 관계를 대비한 것으로 상위계층의 일은 DSS가 도움을 주고, 운영관리나 운영업무 자체는 TPS, OAS가 도움을 준다. [그림 1-8]는 경영의 계층과 의사결정문제를 각각 x축과 y축으로 그려 대비한 <표 1-1>에 경영정보시스템의 종류를 표시한 것으로 TPS는 운영통제와 구조적 의사결정 문제를 주로 다루는 시스템 영역임을 알 수 있다. 반면에 EIS는 전략기획과 비구조적인 의사결정 문제를 주로 다루는 시스템영역이다.

[그림 1-7] 경영계층과 경영정보시스템의 종류

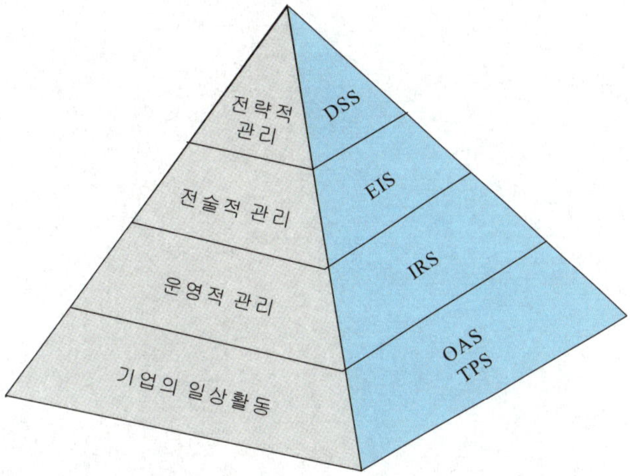

[그림 1-8] 경영계층활동과 의사결정문제에 대한 경영정보시스템 유형의 영역

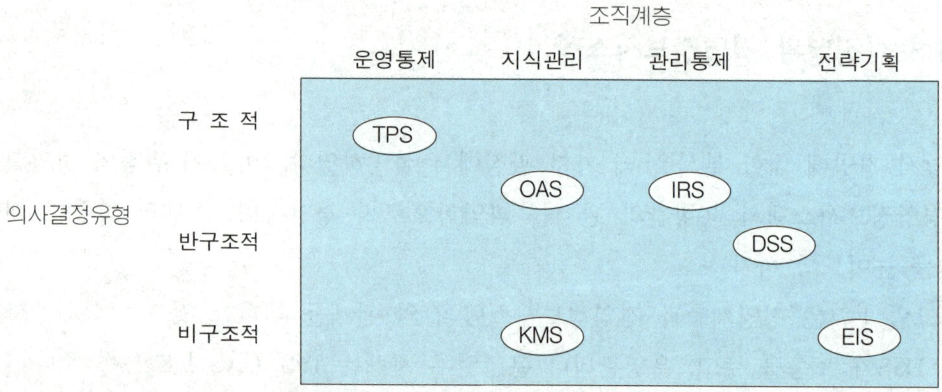

Key:

TPS=Transaction processing system
IRS=Information reporting system
OAS=Office automation system
DSS=Decision support system
KMS=Knowledge management system
EIS=Executive information system

주요용어

- ⊡ 정보재(Information goods)
- ⊡ 시스템적 접근법(System's approach)
- ⊡ 시너지 효과(Synergy effect)
- ⊡ 엔트로피 감소(Negative entropy)
- ⊡ 전자상거래(Electronic commerce)
- ⊡ 정보기술(IT : Information Technology)
- ⊡ 전사적 자원관리(ERP : Enterprise Resource Planning)
- ⊡ 거래처리 시스템(TPS : Transaction Processing System)
- ⊡ 정보보고 시스템(IRS : Information Reporting System)
- ⊡ 사무자동화 시스템(OAS : Office Automation System)
- ⊡ 의사결정지원 시스템(DSS : Decision Support System)
- ⊡ 그룹의사결정 시스템(GDSS : Group DSS)
- ⊡ 중역정보 시스템(EIS : Executive Information System)
- ⊡ 전략정보 시스템(SIS : Strategic Information System)
- ⊡ 통합생산정보 시스템(CIM : Computer Integrated Manufacturing)
- ⊡ 전문가 시스템(ES : Expert System)

복습문제

1. 데이터, 정보, 지식의 차이는 무엇인가?
2. 물리적인 자산과 비교하여 정보자산은 어떤 특징을 지니고 있는가?
3. 가치 있는 정보란 어떤 정보인가?
4. 기업에서 정보의 관리가 중요해진 이유가 무엇인가?
5. 기업경영의 글로벌화와 정보시스템간의 관계는 무엇인가?
6. 정보기술이 어떻게 기업 경영혁신을 가능하게 하는가?
7. 기업에서 정보담당이사(CIO)의 위상이 높아진 이유는 무엇인가?
8. 시스템적 접근법이란 무엇인가?
9. 정보시스템의 시스템적 성격을 기술해 보시오.

10. 시스템의 성과에서 효율성(efficiency)과 효과성(effectiveness)의 차이는 무엇인가?

11. 경영활동의 과정은 어떤 것이 있고, 특징은 무엇인지 설명하시오.

12. 경영정보시스템의 종류를 역사적 시간순서에 따라서 등장하게 된 배경을 설명하시오.

토론/프로젝트 문제

1. 학교와 관련된 시스템을 선정하여 시스템적 분석을 수행해 보시오. 각 시스템의 구성요소, 계층적 구조에서 하위시스템, 하위시스템 간의 연결이나 상호작용을 분석하고, 현재의 구성과 역할이 적절한 가를 판단하고 개선사항을 제시해 보시오.(예: 학사관리 시스템, 학교 주차관리 시스템 등)

2. 기업의 최고경영층이 실제로 어떤 일에 얼마만큼의 시간을 사용하고 있는지를 조사한 Mintzberg의 논문을 읽고, 같은 조사를 현재의 시점에서 IT 기업에 대해서 수행하면 어떤 결과가 나올지 예측해 보시오.

3. 1.2에서 기업경영에 있어서 정보시스템의 중요성이 커지고 있는 환경적 요인을 설명하였다. 1.2에서 제시된 것 이외의 또 다른 이유를 생각해 보시오.

4. 정보기술을 이용해서 경영혁신을 성공적으로 수행한 기업사례를 인터넷에서 찾아보고, 정리하여 발표하여 봅시다.

5. 이동통신서비스 업체(예: SK Telecom, KT, LGU+)에 대해서 [그림 1-7]과 같은 분석을 수행하시오.

6. 중소기업을 선정하여서 경영활동의 세 가지 관점(과정, 계층, 의사결정)에서 어떤 경영활동을 하고 있는지 분석하여 정리하여 보시오.

7. 여러분이 창업을 한다면, 창업한 기업의 정보시스템 도입과 관리, 역할, 위상을 어떻게 설정할 것인지 그리고 그렇게 설정한 이유는 무엇인지 설명해 보시오.

참고문헌

- 김성근 · 양경훈, 경영정보관리(제3판), 문영사, 1998.
- 오재인 · 안상형 · 유석천, 경영과 정보시스템, 박영사, 1999.
- 김효석 · 홍일유, 디지털 경제시대의 경영정보시스템, 법문사, 2000.
- Gordon and Gordon, Information Systems – A Management Approach, 2nd ed. Dryden, 1999.

◆ Gory, A.G and M. Scott, "A Framework for Management Information Systems," Sloan Management Review, Vol.13, No.1, Fall 1971.
◆ Laudon and Laudon, Management Information Systems, 5th ed., Prentice Hall, 2000.
◆ Mintzberg, H., The Nature of Managerial Work, Harper & Row, New York, 1973.
◆ Van Gigch, J.P., Eapplied General Systems Theory, 2nd ed., Harper and Row, New York, 1978.
◆ Arnett, K. P. and Jones, M. C., "Firms that Choose Outsourcing: A Profile," Information & Management, Vol.26, No.4, 1994, pp.179~188.

참고사이트

◆ Information Week ························ http://www.informationweek.com
◆ CIO Magazine ···························· http://www.cio.com

CHAPTER 2

기업의 정보와 지식 관리

김 영 걸 교수

KAIST 테크노경영대학원, ygkim@kgsm.kaist.ac.kr

CONTENTS

학습목표

- 지식경영의 배경과 개념에 대해 이해한다.
- 지식자원을 관리하기 위한 프로세스와 정보기술을 이해한다.
- 지식경영을 추진하기 위한 지식전략계획에 대해 알아본다.
- 지식경영 추진사례에 대해 알아본다.
- 지식경영의 성공조건에 대해 생각해 본다.

우리 사회는 18세기 말의 산업혁명을 계기로 기계화, 대량생산, 대량공급으로 특징지어지는 산업사회를 거쳐 20세기 말 불붙은 정보화혁명을 통하여 지식사회로 급격히 이전해 가고 있다. 이러한 지식사회에서는 국가 간의 경쟁은 물론 기업 간의 경쟁 또한 자본이나 토지, 설비, 값싼 노동력 등이 아닌 그 국가나 기업이 보유한 지식자원의 양과 질에 따라 좌우된다. 이러한 지식자원(지식, 지식근로자, 지식관리 프로세스, 지식관리시스템 등)은 기존의 자원들과는 달리 눈에 보이지 않고 비정형적이며 창출-획득이나 공유, 활용 등 관리하기 어려운 특성을 지니므로 이를 전략적으로 활용코자 하는 기업들에게는 큰 도전과제로 부각되고 있다. 그럼에도 불구하고 미국이나 유럽의 기업들은 물론이고 국내 기업들 또한 1990년대 중반부터 전사적인 지식인프라의 구축을 위하여 지식경영을 적극적으로 도입하고 있다.

본 장에서는 지식경영 패러다임에 대한 배경과 지식경영에 대한 개념을 정리하고, 기업 내 지식자원을 효과적으로 관리하기 위한 지식관리 프로세스와 지식관리시스템을 소개하고자 한다. 또한 이러한 프로세스와 시스템을 체계적으로 구현하기 위한 지식전략계획 방법론을 제시한다. 그리고 구체적인 지식경영 구현사례를 통해 지식경영 구현의 범위와 내용에 대해 살펴보고 마지막으로 지식경영을 성공적으로 구현하기 위한 조건들을 살펴본다.

2.1 정보화와 지식경영 패러다임의 도래

Peter Drucker는 21세기를 지금까지의 산업화 시대와는 성격이 완전히 다른 경영환경의 급격한 변화, 끊임없는 신기술의 등장, 심화되는 경쟁환경 등의 특징을 지닌 초경쟁 환경(hyper-competition)이라고 정의했다. 또한 Ikujiro Nonaka(1991)는 전통적인 농경사회가 산업혁명을 거쳐 기계화와 대량생산시스템의 산업사회로 변했듯이 컴퓨터와 통신네트워크를 기반으로 한 정보혁명을 통하여 세계는 21세기 지식사회로 진입하고 있다고 진단했다. 국내에서는 IMF 한파 이후 시장자율화와 외국자본/기술의 도입이 더욱 가속화됨으로써 지적 능력을 중심으로 하는 국가 및 조직차원의 경쟁력 확보가 매우 시급한 과제로 등장하고 있다. 우리나라의 경제 및 산업일반에 대해 심층분석을 실시한 한 외국 컨설팅업체는 한국경제가 경쟁력을 상실하게 된 주요 요인을 선진국들과의 지식격차로 진단한 바 있다.

지식경영이란 21세기 지식사회에서 조직이 대처할 수 있는 가장 중요한 핵심 경쟁자원은 지식이고, 지식의 효과적인 축적 및 관리가 무엇보다 중요하다고 보는 새로운 경영패러다임이다. 하버드대학 기숙사에서 2004년 설립된 Facebook은 1908년에 설립된 General Motors(GM)의 60분의 1의 매출밖에 되지 않고(2010년 현재) 아직 주식시장에 상장도 하지 않은 상태이지만, 이미 시장가치는 GM보다 높게 인정받고 있는 사실은 기존의 하드웨어기반 기업과 미래의 지식기반 기업 간의 차별성을 극명하게 보여 주고 있다. 즉, 정보기술과 지적자원을 바탕으로 조직이 직면하고 있는 문제를 보다 정확하게 분석하고, 환경변화에 신속하게 적응하여 시장을 주도하는 것이 21세기 경쟁전략의 핵심으로 등장하고 있는 것이다.

2.2 지식경영의 개념적 이해

2.2.1 데이터, 정보, 지식의 정의

플라톤은 지식을 검증된 진리(justified true, belief)라고 정의하였다. 즉, 어떤 현상이나 원리의 규명에 대해 그 분야의 전문가 집단이 과학적, 경험적 검증을 통해 옳다고 믿는 순간 새로운 지식이 창출되는 것이다. 이러한 지식은 주어진 상황을 이해하거나, 개선하려는 인간의 시행착오와 인지적 노력이 축적되어 생겨난다. 지식에 대한 이해를 명확히 하기 위해서는 흔히 지식과 혼용되어온 정보 및 정보의 원천이 되는 데이터에 대한 개념정리가 필요하다. [그림 2-1]은 데이터, 정보 및 지식간의 관계를 다섯 가지 차원에서 설명하고 있다.

먼저 데이터(data)란 우리의 주변에서 일상적으로 발생하는 다양한 이벤트들을 일정한 형식으로 기록해 놓은 것이다. 예를 들어 새로운 고객이 생겼다던가, 주문이 접수되었다던가, 제품을 생산했다던가 하는 일들이 모두 데이터로 기록이 되는 기업의 이벤트들이다. 일정기간 쌓인 데이터를 분기별, 월별 통계를 낸다든가, 추세를 분석한다든가 해서 기업 내의 의사결정에 도움을 주는 의미 있는 형태로 바꿔 놓은 것이 정보(information)이다. 따라서 정보는 데이터라는 원자재를 처리해서 나오는 완제품이며, 정보 활용의 목적은 보다 정확한 의사결정을 통해 개인이나 기업 경영상의 가치를 증대시키는 것이다. 그러나 완벽한 정보란 존재하지 않기 마련이므로 개인이든 기업이든 의사결정자들은 항상 시행착오를 겪게 된다. 이렇게 자기가 하는 일에서 시행착오를 수 없이 반복하다 보면 그 업무를 담당한 사람의 머릿속에는 업무수행과 관련한 어떤 방법이나 규칙, 원리 등이 쌓이게 되는데 그것이 바로 업무와 관련한 그 사람의 지식(knowledge)이다.

예를 들어 특정 기업의 일별 주가와 거래량은 데이터이다. 이 기업의 주가와 거래량이 일정기간 지속적으로 감소하다가 어느 날 갑자기 거래량이 폭증했다. 이 주식에 관심이 없어서 어쩌다 하루 들여다 본 사람에게는 이 날의 주가나 거래량은 데이터에 지나지 않을 것이다. 하지만 이 주식의 주가와 거래량을 일정기간 모니터 해 온 사람에게는 주가 및 거래량 변화 추세 패턴(그동안 양자의 지속적 동반감소)상 놓치면 안 되는 중요한 정보(거래량 폭증)가 발생한 것이다. 이 상황에서 초보자는 쉽게 상황판단을 못하겠지만 주식투자 및 분석을 오래 해 본 사람(즉, 거래지식이 있는 사람)이라면 일단 주가가 단기바닥에 근접했다고 판단할 것이다. 국내 금융기관들이 수천억씩 적자를 낼 때, 외국금융기관의 한국지사들이 엄청난 흑자를 낼 수 있었던 요인들 중의 하나가 바로 앞선 거래경험과 첨단 금융공학기법에 기반을 둔 심층 금융지식의 보유라고 볼 수 있겠다.

[그림 2-1]의 다섯 가지 차원 중 처리량은 정보에서 데이터로 내려 갈수록 증가하는 반면 전략적 가치는 데이터보다는 정보가, 정보보다는 지식이 높다. 즉, 정보나 데이터가 사용자의 인식, 해석 및 이해 등의 인지적 활동을 거치면서 특정경험이나 상황과 결합함으로써 보다 가치부가적인 지식을 창출할 수 있는 것이다. 구조화의 정도는 일정한 형식을 가지는 데이터가 가장 높고 다음이 정보, 지식 순이다. 그 이유는 위로 올라갈수록 사람이 감지하고 생각하고 판단해야 하는 인지적 처리정도가 높기 때문이다. 마지막으로 시간차원은 정보와 지식을 구분하는 가장 확실한 기준을 제공한다.

[그림 2-1] 데이터 vs 정보 vs 지식

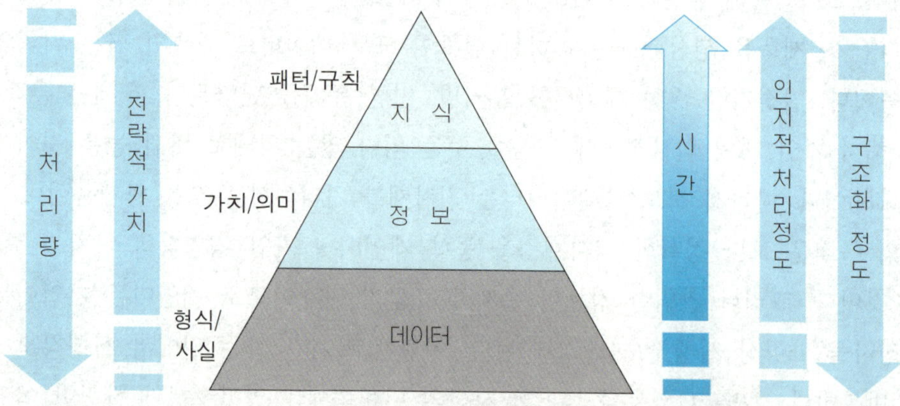

지식의 창출은 정보나 데이터에 비해 훨씬 오랜 시간이 걸린다. 하지만 일단 창출된 지식은 정보나 데이터와는 비교할 수 없을 정도로 긴 활용기간을 갖는다. 제약회사들이 신약의 안전성과 효용성을 입증하는 데는 보통 10년 이상이 걸린다. 서울시에서 유능한 택시기사가 되기 위해서는 두 가지 업무지식이 필요하다. 하나는 서울시 지리에 대한 지식이고 다른 하나는 요일별, 시간별로 변하는 시내 곳곳의 교통량에 대한 지식이다. 서울에서만 20년 이상 운전한 한 기사의 경험에 따르면, 시내 대로를 익히는데 1-2년, 골목길, 지름길까지 익히는 데 4-5년, 교통량 변화패턴까지 인지하는 데는 최소 10년이 걸린다고 한다. 또한, Herbert Simon은 어느 분야에서든 자타가 인정하는 전문가 수준의 지식을 쌓는 데는 적어도 10년 이상이 걸린다고 하였다. 이렇게 해서 형성된 지식은 특정한 문제의 해결을 위해 사용되고 마는 정보나 데이터와는 달리, 신약의 경우 특허 종료 시까지, 택시기사의 경우 은퇴할 때까지 지속적으로 부가가치를 창출할 것이다. 요약해 보면, 지식은 기존의 데이터나 정보에 비해 높은 전략적 가치를 내포한 반면 비구조적이고 오랜 경험과 무수한 시행착오를 통해 창출된다. 따라서 다른 유형의 자산들과는 달리 효과적으로 관리하고 공유하는데 있어 보다 많은 시간과 자원이 필요하다.

2.2.2 조직지식의 정의

물리학, 화학, 수학 분야의 자연과학 지식들이 주로 학교나 연구소에서 생성되어 책을 통해 전파되어 온 것과는 달리, 조직지식(organizational knowledge)은 각 조직이 고유한 조직상황에서 다양한 문제들을 해결해 나가는 과정에서의 경험을 바탕으로 생성된다. 문제는 이런 조직지식이 체계적으로 정리되거나 저장, 공유 및 검증되지 못한 채 각 조직원들의 개인 파일이나 머리 속에만 남는 경우가 흔하다는 점이다. Ikujiro Nonaka (1995)는 조직지식을 표현형식에 따라 암묵지(tacit knowledge)와 형식지(explicit knowledge)로 분류하고 개인의 머리 속에만 존재하는 암묵지를 누구나 공유할 수 있는 형식지 형태로 변환하는 과정에서 조직지식이 창출된다고 주장한다. 하지만 본래 암묵지란 노력이나 동기부여를 통해 형식지로 변환할 수 있는 대상이 아니라 인간의 두뇌 속에 실타래처럼 얽혀 있어 인간의 문제해결에는 기여하지만 언어나 수식 또는 기타 구조적인 형태로 표현하기 불가능한 지식이다(Polanyi, 1966). 예를 들어 세계바둑의 최고수인 이창호 9단의 바둑지식이나 어렸을 때 터득한 자전거 타는 방법 등은 쉽게 설명하거나 글로 표현할 수 없지만 바둑을 두거나 자전거를 타는 일(task)을 가능하게 해주는 지식이 틀림없다. 즉, 머리 속에만 있다고 해서 다 암묵지가 아니라 그 중 형식지화 할 수 없는 것은 암묵지이고, Ikujiro Nonaka의 주장대로 형식지화할 수 있는 지식은 제3의 지식유형으로 분류해야 할 것이다(<표 2-1> 참조).

여기서는 이러한 제3의 지식을 잠재지(implicit knowledge)라고 정의한다. 잠재지는 평소 문서화하지는 않았으나 언제든지 필요하다면 형식지화할 수 있는 지식이다. 직접 김치를 담그는 가정주부라면 김치 담그는 순서와 재료 및 중간 중간 꼭 지켜야 할 주의사항 등 나름대로의 방법(know-how)을 알고 있게 마련이다. 하지만 이런 김치 담그는 지식은 집안 어디에도 문서로 보관되어 있지는 않다. 그저 시어머니로부터 며느리에게 암묵적으로 오랜 실습을 통해 전수되어 왔을 뿐, 만일 며느리가 더 이상 김치를 담그지 않는다면 그 집안의 오랜 김치조리법은 사라질 것이다.

<표 2-1> 표현방식에 따른 조직지식의 분류와 정의

분류기준	분 류	정 의
지식 표현 방식	암묵지 (Tacit knowledge)	인간의 언어나 수식 또는 기타 구조적인 형태로 표현하기 불가능한 지식
	잠재지 (Implicit knowledge)	필요한 경우 형식지화 할 수 있으나 아직 형식지로 표현되지 않고 머릿속에만 존재하고 있는 지식
	형식지 (Explicit knowledge)	인간의 언어나 수식 또는 기타 구조적인 형태로 표현되어 있는 지식

조직지식이란 '조직의 문제 해결을 위해서 유용하다고 검증된 일련의 사실, 방법, 유형, 및 모형의 집합'이라고 정의할 수 있다. 즉 조직 내 모든 사람의 모든 업무를 대상으로 하는 것이 아니고 각 부서나 팀에서 당면한 문제의 해결에 꼭 필요한 지식에 초점을 맞춘다는 점이다. 제안제도에 따라 수집되는 각종 업무개선 제안들은 조직차원의 검증이 이루어지기까지는 성급히 조직지식으로 공유하거나 확산해서는 안 된다. 조직지식은 <표 2-2>의 지식분류도와 같이 지식형성방식에 따라 경험지(experiential knowledge)와 분석지(analytic knowledge)로 나뉜다. 경험지는 개인이나 조직이 업무수행상의 경험을 바탕으로 축적한 지식을 말하며 사실지(know-what)와 방법지(know-how)로 나뉜다. 반면에 분석지는 업무수행 과정에서 축적된 기업의 데이터와 정보를 분석하여 추출한 지식을 말하며 유형지(pattern)와 모형지(model)로 나뉜다.

1. 사실지는 사례지식과 참고지식으로 나뉜다. 사례지식은 업무수행 시 경험한 중

요한 체험 및 주요 성공-실패 지식(프로젝트 보고서, 사고처리 과정 및 결과, 신제품 출시 사례, 고객불만처리 사례, 제품불량 사례 등)을 포함한다. 참고지식은 업무수행 상 참조하거나 숙지해야 하는 관련 지식들로서 사규, 관련 법규, 용어집, 장비 메뉴얼, 경쟁사 동향분석, 산업추세분석 등의 지식을 포함한다.

<표 2-2> 형성방식에 따른 조직지식의 분류와 정의

분류기준	분 류	지식명	종 류	정 의
지식 형성 방식	경험지 (Experiential knowledge)	사실지 (Know-what)	사례지식	사례지식업무수행 시 경험한 중요한 체험 및 주요 성공-실패 사례에 관한 지식참고지식
			참고지식	사규, 관련법규, 용어집, 장비매뉴얼과 같이 업무수행 상 참조하거나 숙지해야 하는 관련 지식
		방법지 (Know-how)	조직방법론	조직이 반복되는 업무를 수행하면서 축적하게 되는 업무 절차 및 문제 해결에 대한 지식
			개인방법론	자신의 업무에 대한 업무 매뉴얼이나 작업에 필요한 기술 등에 대한 개인의 숙련도(Skill)
	분석지 (Analytic knowledge)	유형지 (Pattern)	요소지식	조직의 운영에 중요한 요소들(예: 고객, 제품, 생산공정 등)에 대한 분석 결과
			관계지식	분석대상 요소간의 관계에 대한 분석결과
		모형지 (Model)	의사결정지원 지식	기업업무 수행 상의 핵심 의사결정을 지원하는 분석 모형(예: 각종 수요 예측 모형)
			의사결정 지식	기업업무 수행 상의 핵심 의사결정을 수행하는 분석 모형(예: 주식 프로그램 트레이딩 모형)

2. 방법지란 개인이나 조직이 반복되는 업무를 수행하면서 축적하게 되는 업무절차에 대한 지식과 업무수행상 발생하는 문제의 해결에 효과적이라고 검증된 노하우이다. 개인 차원에서는 자신의 업무에 대한 업무메뉴얼이나 일에 대한 숙련도(skill)를 의미한다. 부서나 조직 차원에서는 전사적인 방법론이라든가, 자기 부서의 업무메뉴얼, 또는 제품이나 제조공정에 관한 기술특허 등의 노하우 등이 방법지에 해당한다.
3. 유형지는 조직의 운영에 중요한 요소들(예: 고객, 제품, 생산공정, 매출 등)에 대한 분석결과와 각각의 분석대상 요소간의 관계에 대한 분석결과를 담고 있다. 예를 들어 세계적인 한 유통기업의 경우, 데이터웨어하우스 기술을 도입하여 자사가 취

급하는 수만 가지 제품들 간의 매출상관관계에 대한 분석을 실시하였다. 그랬더니 소고기가 많이 팔리는 날 맥주가 많이 팔린다는 사실을 발견하였다. 그래서 소고기매장과 맥주매장을 같이 붙여 놓았더니 양쪽 다 매출량이 30% 이상 증가하더라는 것이다. 이런 종류의 지식을 냉장육 판매부문에서 10년 일한 관리자나 주류 판매부문에서 10년 일한 관리자가 알 수 있을까? 아마도 모를 것이다. 즉, 개별 관리자가 자기 부서에서 아무리 경험을 쌓아도 알 수 없는 경영상의 중요한 유형들이 관련 데이터의 분석을 통해서 드러난 것이다.

4. 모형지는 기업업무 수행상의 핵심 의사결정을 지원하거나 수행하는 분석모형이다. 금융산업은 물론이고 각종 서비스 산업이나 유통업 및 제조업에서도 고도로 정밀한 분석모형을 보유한 기업과 보유하지 못한 기업 간에는 현저한 경쟁력의 차이가 발생한다. 사람 대신 컴퓨터 프로그램이 주식의 매수, 매도 결정을 내리는 프로그램 트레이딩 모형이나 경영 의사결정에 필요한 핵심 정보를 추출해내는 각종 예측모형들이 대표적인 조직의 모형지라고 볼 수 있다.

2.2.3 조직지식의 활용모형

[그림 2-2]의 조직지식 활용모형은 조직 내에서 분석지와 경험지가 활용되는 대표적인 유형을 보여주고 있다. 데이터를 분석모델(분석지)을 통해 처리하면 의사결정상의 불확실성을 줄여줄 수 있는 정보가 나온다. 실제 의사결정과정에서는 분석을 통해 창출된 정보뿐만 아니라 오랜 기간 업무상의 경험 및 시행착오를 통해 축적된 개인이나 조직의 경험지(사례, 노하우 등)를 활용하게 된다. 의사결정의 결과(성공 또는 실패)는 조직 내의 지식창고(memory)에 저장되며 추후 관련된 의사결정상의 분석지와 경험지를 개선하는 근거지식이 된다. 이와 같은 의사결정 사이클은 계속 순환된다. 경우에 따라서는 보다 단순한 모형(분석지만 활용 또는 경험지만 활용)이 적용되기도 한다.

우리나라의 대표적인 24시간 편의점 회사의 최고경영자는 편의점 업계의 초기 어려움을 핵심 조직지식의 결여라는 관점에서 분석하고 있다. 편의점을 하나 개설하는데 매장 내의 인테리어, 정보시스템, 디스플레이 지원 등으로 해서 회사는 1억 이상을 지원한다. 초기에는 한 해에 100개의 매장을 개설하면 그 중 30-40 개 정도가 1년도

[그림 2-2] 조직지식의 활용모형

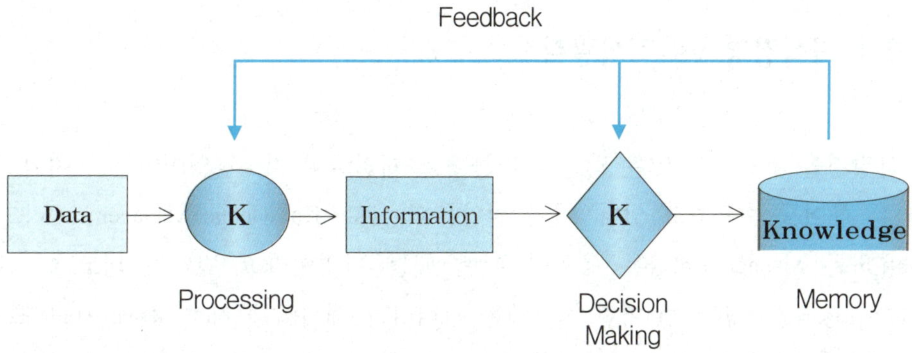

못 넘기고 문을 닫았다고 한다. 편의점의 입지선정이 제대로 되지 않았던 것이다. 사업시작 초기에는 일본에서 대규모 편의점체인을 경영하고 있는 한 회사에서 입지 선정 모델(분석지)을 사왔다고 한다. 그런데 그 모델을 구성하는 각 변수들에 대한 정확한 이해 없이 모델만 도입하고 보니 예상매출액이 정확하지 않았다. 원인은 2백여 개의 변수 중 우리나라 유통환경(고객, 시장)에 적합하지 않은 변수가 상당수 있었기 때문이었다. 예를 들어 일본에서는 특정 매장이 주류를 취급할 수 있는가가 그 매장의 매출에 중요한 영향을 미친다. 하지만 우리나라에서는 모든 편의점들이 주류를 취급할 수 있으므로 주류 취급 여부는 매출에 별로 영향을 주지 않는다. 즉 모델은 비싸게 사왔어도 그 모델을 구축한 사람들의 배경지식을 같이 도입하지 못함으로써 입지선정 관련 의사결정에 큰 도움을 받지 못한 것이다.

그 후 몇 년 동안 그 모델을 우리 현실에 맞게 고친 결과 이제는 출점성공률(새로 개설한 전체 매장 중 성공한 매장의 비율)이 과거보다 현격히 높아졌다고 한다. 그 결과, 이 기업은 97년에 국내 편의점 업계에서 최초로 흑자를 기록하였으며, 이 후 시장점유율이 현격히 높아졌다. 이 경우 2백여 개의 변수에 입력하는 자료는 데이터가 될 것이고, 예측모델(분석지)의 실행을 통해 얻게 되는 월간 예상매출액은 입지선정 의사결정에 중요한 정보가 될 것이다. 또한 편의점을 운영할 점주에 대해 서류심사나 면접을 실시할 때에는 과거의 시행착오에서 얻어진 노하우(경험지)가 활용되며, 내려진 의사결정의 결과는 기업 내 지식창고에 저장되었다가 추후 예측모델과 노하우를 보완하는데 사용될 것이다.

2.2.4 지식경영 vs 지식관리

지식경영을 추진하고 있는 많은 기업들이나 개인들이 지식경영이라는 용어와 지식관리라는 용어를 혼용하고 있다. 아마 원인은 영어로 'Knowledge Management'라고 할 때 사용하는 Management라는 용어가 어떤 때는 경영이라고 번역이 되고(예: Graduate School of Management: 경영대학원) 어떤 경우에는 관리라고 해석이 되기(예: Material Management: 자재관리) 때문이 아닌가 한다. 지식자원을 관리하기 위한 정보시스템 또한 기업에 따라 지식경영시스템이라고도 하고 지식관리시스템이라고도 한다. 우리가 새로운 패러다임으로 받아들이고자 하는 지식경영이라는 용어는 보다 엄밀하게는 지식기반경영(knowledge-based management)이라고 이해해야 할 것이다. 즉, 과거의 경제가 노동력이나 토지 또는 자본의 투입을 기반으로 움직인 반면 21세기의 기업은 기업이 보유하고 있는 지적자원의 질과 양에 따라 그 성패가 좌우될 것이라는 점이다. 이러한 현상은 컨설팅, 금융, 정보통신, 생명공학 분야 등에서는 이미 가시화되었고 기존 산업분야에서도 곧 나타나리라 예상된다.

반면에 지식관리라는 용어는 보다 정확하게는 지식자원관리(knowledge resource management)라고 이해해야 할 것이다. 여기서 말하는 지식자원이란 기업 내 존재하는 다양한 형태의 지식(경험지, 분석지)을 포괄한다. 이러한 지식자원은 문서나 보고서 등과 같이 쉽게 공유할 수 있는 형식지 형태로 존재할 수도 있고, 암묵지나 잠재지와 같이 상당한 노력을 해야만 공유나 활용이 가능한 형태로 존재할 수도 있다. 또한 형식지조차도 디지털화하여 컴퓨터에 저장된 경우와 물리적인 문서나 책의 형태로 존재하는 경우가 동시에 존재하게 된다. 따라서 조직 내에서 지식자원을 관리한다고 함은 다양한 형태의 지식들을 조직원들이 시간과 장소에 구애받지 않고 원하는 방식으로 활용할 수 있도록 통합 관리함을 의미한다.

2.2.5 지식경영과 학습조직

학습조직(learning organization)이란 조직의 다양한 업무를 수행하는 데 있어서 업무프로세스의 효율성 향상만을 목표로 하지 않고 업무프로세스 자체의 구조까지 개선대상으로 보고 체계적이고 지속적으로 개선해 나가는 조직이다(Senge, 1990). 학습조직에서는 모든 개인과 부서가 자신의 업무영역에서 효과성과 효율성의 두 고리를 순환하며 한 업무 사이클에서 파생된 피드백 결과를 다음 업무 사이클에 즉시 반영함으로써 지속적인 경영개선을 이루어 나간다. 많은 기업들이 21세기 초경쟁환경에서 조직학습의 중요성을 인지하고 있으며 또 학습조직이 되려는 비전을 세우고 있다. 하지만 구체적으로 어떻게 해야 학습조직으로 변화할 수 있는가 하는 방법론에 대해서는 대부분 막연한 상태이기도 하다.

조직 내 대부분의 지식이 조직원 개인의 머릿속에 암묵적 지식형태로만 남아 있는 기업이 있다고 가정하자. 사람이 바뀔 때마다 새로 온 사람은 수많은 시행착오를 거쳐 모든 업무를 새로 익혀야 한다. 지식경영은 전사적 지식자원의 체계적 관리를 통해 조직학습의 효과를 최대화하고 학습조직의 틀을 구축한다. 따라서 지식경영은 학습조직이란 비전을 현실화시켜 주는 도구로써의 역할과 학습조직이라면 당연히 추구해야 할 경영패러다임의 모습을 동시에 제시한다고 볼 수 있겠다.

2.3 지식관리 프로세스

2.3.1 지식관리 프로세스의 정의

지식관리 프로세스란 조직의 지속적 경쟁력 확보를 위하여 조직 지식을 창출, 공유, 저장 및 활용하고 사내외 통합하는 프로세스의 집합체이다. Ikujiro Nonaka는 기업의 지식창출은 가장 중요한 활동으로, 기업은 지식을 창출해야만 살아남을 수 있다고 주장한다. 하지만 새로 사업을 시작한다거나 전혀 새로운 제조공정을 도입하는 경우와 같이 때로는 지식을 창출할 시간과 여건이 안 되는 경우도 있다. 그런 경우에는 오랜 시행착오를 거쳐 내부에서 지식을 창출하는 것보다 빨리 지식을 외부에서 수혈, 이전 받는 것이 보다 효과적인 선택일 수도 있다.

케이블 TV 홈쇼핑 회사를 운영하고 있는 A사는 창립 초기 케이블 방송은 물론 유통업에 대해서도 별로 많은 경험을 가지지 못했다. 이 회사는 미국의 케이블 TV 홈쇼핑 1위 업체와 전략적 제휴를 맺고, 업태에 대한 정의(CA-TV 홈쇼핑은 방송이 아니라 유통이다)에서 시작하여 상품개발에서 물류까지 회사의 모든 업무프로세스에 대해서 상대회사의 지식을 전수 받았다. 이러한 발 빠르고 적극적인 외지(外知) 유치에 힘입어 A사는 다른 모든 케이블 TV 방송국들이 적자를 내는 상황에서도 유일하게 창립 첫 해부터 5년 연속 흑자경영을 구현하고 있다.

다음으로 조직 내에서 지식이 창출되었다면 가급적 많은 조직 구성원들이 공유할 수 있어야 한다. 지식공유의 방식에는 다음 두 가지가 있다. 첫 번째는 누군가의 요청이 있으면 본인의 지식을 제공하는 요청-제공(request-service) 모드이다. 두 번째는 본인의 판단에 따라 다른 부서 또는 전사적으로 중요할 것 같은 지식을 스스로 게시판에 올리거나 업무 매뉴얼을 만들어 사내 자료실 등에 비치하는 게시(posting) 모드이다. 두 가지 모두 중요한 방법이다. 이러한 방법을 통해서 본인만 알고 있던 지식을 부서 및 조직의 지식으로 전환시키는 것이다. 공유된 지식이 회사 차원에서 지속적으로 유지-활용되려면 지식의 효과적, 효율적인 저장이 필요하게 된다.

지식을 저장한다는 것은 창고에다 물건을 보관하는 개념과는 근본적으로 다르다. 창고에서야 먼저 입고된 물건을 먼저 꺼내거나(선입선출: FIFO) 먼저 입고된 물건을 나중에 꺼내거나(선입후출: FILO) 하면 대부분의 입-출하 문제가 해결될 수 있을 것이다. 하지만 조직의 지식창고에 저장되는 지식들은 서로 중요도가 다를 수도 있고 또 같은 지식이라도 시간이 지남에 따라 그 중요도나 활용대상이 얼마든지 바뀔 수 있다. 따라서 지속적인 관찰에 입각하여 갱신해 주지 않을 경우 조직의 지식창고는 아무도 관심을 갖지 않는 쓰레기통이 되어 버릴 것이다. PC통신이나 그룹웨어 상의 게시판을 보면 각각의 게시물마다 조회수가 나온다. 어떤 게시물은 조회수가 몇 백번 되는데 어떤 게시물은 거의 조회가 안 되는 경우도 있다. 여기서 조회가 많이 된다는 건 뭔가 사람들의 흥미를 끌만한 내용이 있다는 뜻으로 해석할 수 있다. 그런데 몇 백번 조회된 게시물이나 한두 번 조회된 게시물이나 구분 없이 시간만 지나면 무조건 밑으로 내려 보낸다면 효과적인 게시물관리라고 볼 수 없을 것이다. 이럴 때 조회가 안 되는 건 계속 밑으로 내려 보내다가 어느 시점에서 삭제하고, 조회수가 많은 중요하고도 검증된 내용물은 모든 사람들이 언제나 쉽게 찾을 수 있도록 게시위치를 조정하는 것이 필요하다. 또한 관련법규의 개정이나 새로운 업무프로세스의 도입, 경쟁환경의 변화 등 시간이 경과함에 따라 내용이 바뀌어야 하는 지식의 경우는 필요한 경우마다 적절한 갱신을 수행해 주어야만 한다.

지식창출은 누가 했던지 모든 조직 구성원들은 그것을 잘 활용해서 부가가치를 높여야 한다. 많은 기업들이 지식경영을 도입하면서 가장 강조하는 행위는 지식공유이다. 그런데 조직원들의 머릿속에 있는 지식을 모두 형식지화 해서 공유하려는 시도는 성공가능성이 높지 않다. 그 이유는, 첫째로 진정한 의미의 암묵지는 글이나 언어로 표현하기 어렵다는 점이다. 다음으로 표현 가능한 잠재지의 경우에도 그 지식의 소유자가 자신의 지식을 형식지화하기를 여러 가지 이유(직장 안정성, 평가상의 불이익 등)로 꺼릴 수 있기 때문이다. 따라서 어느 조직이나 공유할 수 있는 형식지보다 공유할 수 없는 암묵적 또는 잠재적 지식이 훨씬 많으며 지식경영의 초점은 형식지의 공유뿐 아니라 암묵지와 잠재지의 활용에 맞춰져야 할 것이다. 즉, 반드시 남의 지식을 꺼내어 공유하지 않더라도 조직원들이 문제해결을 위하여 조직 내에 존재하는 전문지식(또는 전문가)을 언제 어디서나 쉽게 찾아 활용할 수만 있다면 그 조직은 지식경영을 효과적으로 하고 있는 것이다. 이러한 지식의 활용 뒤에는 반드시 사용자의 평가가 따라야 한다. 평가를 하지 않으면 사용한 지식의 가치를 알아낼 방법이 없기 때문이다. 그럴듯한 아이디어만 보고 지식으로 등록시키는 것은 정확한 검증이라고 할 수 없다. 반드시 그 지식을 현업에 적용해 보고 그 결과를 사용자 각자가 평가해 주어야 그 지식(또는 전문가)에 대한 가치 평가가 완전한 검증 절차를 거치게 되는 것이다.

그렇다면 그 동안 기업들은 조직지식을 창출하고 공유하고 저장하고, 활용하고 하는 일을 전혀 하지 않았던 것일까? 그건 아닐 것이다. 비록 정도의 차이는 있지만 많은 기업들이 수십 년 동안 그와 같은 일을 해왔다. 다만, 그 동안은 아주 비효율적인 방법으로 지식의 공유 및 활용이 이루어졌다. 과거 기업들은 비행기 타고 왔다 갔다 하거나, 팩스나 전화를 하거나, 회의를 하거나 도서관에 가서 자료를 찾는 등 시간과 공간상의 제약 하에서 지식공유나 활용을 해왔다. 다루는 내용 자체도 데이터나 정보는 비교적 폭 넓게 공유한 반면 조직원들 머릿속의 지식은 효과적으로 공유하거나 활용하지를 못했다. 그러나 PC, 그룹웨어, 인터넷, EDI(Electronic Data Interchange), 화상회의 등 새로운 정보기술 인프라가 확산되면서, 비로소 조직 내 여러 곳에 흩어져 있던 지식자원들의 통합이 가능해지기 시작했다. 서울 본사, 지방의 연구개발 본부, 외국에 있는 판매법인과 공급기업, 국내 고객회사들과 필요한 모든 지식과 정보를 통합 관리할 수 있게 되었다. 즉, 정보기술이 21세기 지식경영이 새로운 경영패러다임으로 부각되는데 가장 큰 영향을 주었다.

2.3.2 지식관리 프로세스: 사례

국내에서 비교적 지식경영을 일찍부터 도입한 두 기업(D사, L사)의 지식관리 현황에 대한 사례연구를 소개한다(김선아·김영걸, 1999). 본 사례연구는 두 회사의 최고지식경영자(CKO: Chief Knowledge Officer) 및 지식경영 전담직원들과의 인터뷰와 자료 수집을 통해 진행되었으며, 지식 창출 프로세스와 조직지식 창출 활성화 방안 관점에서 비교분석을 수행하였다.

1) L사 지식경영 개괄

방위산업용 정밀전자장비 전 분야의 개발생산에 참여하는 방위산업체인 L사는 총 1,600여명의 직원 중 연구기술직(33.2%)과 현장직(45.7%) 직원이 큰 비중을 차지하고 있으며, 첨단 기술력을 보강하기 위해 연간 매출액의 약20%를 연구개발에 투자하고 있다. L사는 산업의 특성상 R&D의존도가 높은 기업이므로, 지속적인 변화와 혁신을 통한 경쟁우위 창출을 위하여 1994년부터 개인의 변화에서 출발하여, 팀의 변화, 회사의 변화를 시도하였고, 1997년에는 문화혁신의 도구로 학습조직을 도입하여 추진하였다. 1998년에는 지식경영 개념을 적용함으로써 중·장기적인 기업경쟁력 확보에 집중한 활동들을 전개하였다. 결국 예전부터 있었던 전략적인 경영활동의 연장선상에서 지식경영이 시작되었다.

L사에서는 먼저 경영지원부문(54명 규모)을 대상으로 지식경영을 시범적으로 운영하였다. L사의 구조를 크게 제조/생산, R&D, 경영지원으로 나누었을 때, 이중 경영지원부문을 대상으로 파일롯을 시행한 것은 1) 연구인력에 파일롯을 실행할 경우, 위험부담이 크고, 2) 경영지원부분 상무의 개인적인 관심에서 시작되었으며, 3) 지식경영이 필요하다는 인식을 확산시키기 위한 방안으로 적절하다고 보았기 때문이다. 최근 전자부품 전문업체를 흡수 합병함으로써 군수기술의 민수화를 추진할 수 있는 토대를

마련한 L사는 합병으로 지식경영 확대실시가 다소 지연되었다. 지식경영을 위한 하부 인프라 구축을 완료한 후에 전사적으로 지식제안제도를 운영하고 있다. 또한, 중장기적 핵심역량의 확보와 관련된 지식을 파악, 축적하기 위한 지식지도를 구축 중에 있다.

2) D사 지식경영 개괄

D사는 크게 건설사업부와 석유화학사업부 두 개의 큰 조직으로 나뉘어져 있는데, 지식경영은 건설사업부에서 먼저 도입하였다. 건설사업부는 국내를 포함, 세계 10여국에 160여개의 단위 건설현장을 갖고 있으며, 1950여명의 정직원과 1000여명의 숙련된 기능직 사원이 있다. 건설업의 특성상 다양한 작업환경과 일시적인 현장을 기반으로 하므로, D사에서는 오래 전부터 건설노하우, 하청업체 관리 노하우, 공사관리 노하우, 각종 관련 정보들에 대한 축적과 체계적인 관리의 필요성이 절실히 인식되고 있었다. 그러던 중 최고경영자가 지식경영에 대한 개념을 접한 후, 이를 강력히 추진함으로써 도입된 것이다. 지식경영을 추진할 당시 그룹웨어가 이미 사용되고 있었으므로, 지식경영을 위한 기본적인 기술적 인프라가 확보된 상태였다. 1999년 2월 지식창고와 같은 지식기반의 구축이 완료되었으며, 지식창고에 지식을 축적, 구체화시켰고 지식의 활용 및 활성화에 역점을 두고 있다.

3) 양 사의 조직지식 창출프로세스 비교

L사와 D사 모두 지식관리프로세스 구축 시 벤치마킹할 성공사례나 표준화된 구축절차가 없었으므로, 자체적인 노력으로 지식경영을 시작하였다. 이들 두 사례에서 구현된 조직지식 창출프로세스를 요약하면, <표 2-3>과 같다. D사의 조직지식 창출프로세스를 살펴보면, 지식제안을 위해 그룹웨어를 효과적으로 활용하고 있으며, 검증 프로세스가 상당히 정교화 되어 있다. L사의 조직지식 창출프로세스를 살펴보면, 지식의 형성과 제안 프로세스는 체계적으로 형성되어 있으나, 검증프로세스는 아직 상세하게 분화되어 설계되어 있지 않다. 현재 조직의 핵심지식을 파악하여 지식분류체계를 체계적으로 확립해 나가고 있으므로, 지식분류체계가 확립된 이후에 검증 프로세스가 보완, 진화될 것으로 보인다.

<표 2-3> D사와 L사의 조직지식 창출프로세스 비교

	D사	L사
지식경영발의	최고경영층	중간관리층
지식분류체계	대분류 15개, 중분류 96개	개발진행 중(100 여개 사업 중 9개의 핵심사업위주)
형성방식	STUDY 그룹제도	개인학습계획표 작성 → 학습실행 과정 cyber forum 운영
제안방식	- 지식제안제도, Q&A제도, - STUDY 그룹제도, 사내인증제도 - 모두 그룹웨어를 통해 제안됨	- 인트라넷 상의 게시판 - 지식공유회(팀, 월1회), 정기세미나 - 다양한 채널이 제공됨(전자적+비전자적 채널
검증방식	- 가치평가과정이 2단계로 세분화되어 있음(전문가집단에 의한 평가, 부서장협의회에 의한 평가) - 검증기준이 상세함(적용범위, 적용가능성, 기대효과, 독창성)	- 평가주체가 점차 정교화되고 있음(사업부별 지식경영위원회) - 검증기준이 임시적으로 운용되고 있기는 하지만, 단순함(단순정보/학습지식/업무지식으로 분류만 하고 있음)
가치평가수준	노하우/경험, 건의/제안, 활용기 등에 대하여 각각 5등급으로 나누어 평가함	단순히 단순정보, 학습지식, 업무지식으로만 나누어 평가되고 있으나, 이는 지식도입단계에서 임시 적용된 것으로 곧 바뀔 예정

4) 조직지식 창출 활성화 방안 비교

지식창출 활성화 방안이 양 사례에서 대체적으로 적용되고 있음을 확인할 수 있었는데, 양 사 모두 무엇보다도 보상제도와 분위기 개선, 사용의 편리성 증대를 통해 지식제안의 활성화를 도모하고 있었다(<표 2-4> 참조). L사에 비해 지식경영이 어느 정도 안정화단계에 들어선 D사의 경우, 지식창출은 활발히 이루어지고 있으나, 등록된 지식의 활용이 저조한 것으로 나타나, 지식활용에 대한 마일리지 점수를 높이는 등 이를 활성화시키기 위한 방안을 모색 중이었다. 제도적인 보상이 제안건수나 지식활용의 일시적인 증대를 가져올 수 있을지 모르나, 장기적인 지식경영의 활성화를 위해서는 제도적인 보상보다도 ① 유용한 지식의 제공과 ② 사용과 접근 편의성의 증대 등 사용자관점에서의 가치창출이 강조되어야 할 것으로 보인다.

<표 2-4> D사와 L사의 보상제도 및 화면설계 비교

	D사	L사
보상제도	- 각종 포상제도 마련(중복포상 가능) - 마일리지제도: 보상의 효과를 지속시키는 효과가 있음 - 금전적 포상위주의 보상제도 - 평가결과의 인사고과와 연봉제 반영 방안 모색중	- 지식쿠폰제(마일리지제도) - 금전적 보상은 의미가 없다고 보고, 교육의 기회를 제공하는 형태의 비금전적인 보상제도를 취함
화면설계	- 사용자중심의 화면설계 - 메뉴의 간소화	- 160개 폴더→30개 폴더로 화면 재설계(사용자 편의성 증대) - 기존시스템 통합→접근의 일원화

2.4 지식경영과 정보기술

2.4.1 정보기술의 발달과 지식관리

개인이나 단위조직 차원에서 지식창출을 위한 부단한 노력이 경주된 반면, 조직이나 사회 또는 국가 차원의 지식전파 및 공유는 쉽지 않다(지금도 국제적으로 저명한 학술지에 발표되는 연구논문은 대부분 연구 종료 후 3-4년이 지난 내용들이다). 자동차와 배, 비행기 등의 근대 교통수단이 발달됨으로써 비로소 국가, 대륙 간 물류의 유통이 가능해 졌듯이, 물리적으로 떨어진 조직 내의 각 부서 간 또는 전 세계에 분산되어 있는 고객사와 공급업체들까지도 연계한 지식융합(knowledge fusion)은 시공의 제약을 뛰어 넘는 정보기술 인프라의 바탕 없이는 불가능하다. 따라서 조직의 효율적이고 효과적인 지식관리를 가능케 하는 정보기술 인프라요소들을 살펴보면 다음과 같다.

- **지식의 창출**

◇ 방대한 정보 및 사례 처리 능력 제공(사례기반추론, 인공신경망, 데이터마이닝)

◇ 다양한 정보 및 지식/의 원천 제공(외부 DB, 인터넷 등)

◇ 다양한 매체 및 미디어를 수용 및 동시 사용(동영상, 이미지, 음성, 문자 등)

● 지식의 저장 및 공유

◇ 다양한 통신채널의 제공 및 지식교류의 효율성 제고(화상회의, 원격교육, 그룹웨어)
◇ 지식의 저장 및 조회를 통한 재활용성 제고(지식 리파지토리, 지식맵)
◇ 시간적 공간적 차원을 초월한 지식베이스에의 접근성 보장(인터넷, 인트라넷)

● 지식의 활용

◇ 다양한 분석 및 의사결정 도구와의 결합(의사결정 지원시스템, 임원정보시스템 등)
◇ 분산된 지식자원들의 통합(전자문서관리, 워크플로우 관리)
◇ 지식의 표현 도구(규칙베이스, 프레임베이스, 하이퍼텍스트, 분산객체)

2.4.2 지식관리시스템(KMS: Knowledge Management System)

지식관리시스템이란 조직 내 지식자원의 가치를 극대화하기 위하여 통합적인 지식관리 프로세스를 지원하는 정보기술시스템이다(김영걸, 1998). 지식관리시스템은 조직구성원의 지식자산에 대한 자세, 조직의 지식 평가/보상 체계, 지식공유 문화 등 조직차원의 인프라와 통신네트워크, 하드웨어, 각종 소프트웨어 및 도구 등 정보기술 차원의 인프라를 기본 전제로 하고 있다. 지식관리시스템은 지식베이스, 지식스키마, 지식맵의 3가지 요소로 구성되어 있다. 먼저, 원시지식을 저장하는 지식베이스가 건물이라면 지식스키마는 설계도면에 해당되며, 지식맵은 건물의 각종 시설물에 대한 안내도라고 볼 수 있다. 지식베이스 내에는 문서나 사례, 패턴, 규칙, 동화상 등 다양한 종류의 조직지식이 저장된다. 문서나 사례뿐 아니라 동화상으로도 중요한 조직지식이 저장될 수 있음을 다음 예에서 보기로 하자.

서울대학병원 외과에서 위암수술을 1만5천 번이나 수행한 뒤 정년퇴직한 김교수는 지금은 A병원에 근무하고 있다. 따라서 김교수의 30여년 동안의 위암수술에 관한 생생한 경험과 노하우는 지금 서울대학병원이 아닌 A병원에 있을 것이다. 그런데 서울대학병원에서 김교수가 수술할 때마다 수술 장면을 비디오 카메라로 촬영해 놓았다고 가정해 보자. 촬영한 동영상은 수술의 특성(환자의 나이, 성별, 암의 진전상태, 수술방식 등) 별로 키워드를 만들어 비디오서버에 저장할 수 있을 것이다. 이 경우 김교수는 더 이상 서울대학병원에 근무하지 않지만 새로 서울대 의대에 입학한 학생들은 비디오서버에 저장된 수술장면들을 통하여 김교수의 위암수술에 대한 생생한 경험과 노하우를 마치 수술실에서 전수 받듯이 배울 수 있을 것이다. 즉, 김교수의 위암수술 관련 지식이 A 병원에도 있지만 서울대학병원에도 남아있는 셈이다. 이것이 개인지식과 조직지식의 차이이다. 개인지식은 개인이 조직을 떠나면 조직에서 사라지지만 조직지식은 개별 조직원들이 떠나더라도 조직에 남게 된다. 조직의 지식베이스에 저장되는 순간 개인의 지식은 조직의 지식으로 등록되는 것이다.

지식베이스가 원시데이터를 저장하는 데이터베이스에 비유된다면 지식스키마는 원시데이터에 대한 메타데이터를 담고 있는 데이터사전 또는 데이터베이스 스키마에 비유될 수 있겠다. 지식스키마 내에는 개별 지식의 유형(문서, 모델, 동화상, 등), 중요도, 동의어, 주요 인덱스, 보안단계, 생성-조회-갱신-관리 부서 정보 등과 전사적인 지식분류체계 등의 내용이 들어 있다. 집을 지을 때 설계가 중요하듯이 지식관리시스템을 구축할 때에도 먼저 지식스키마가 잘 구축되어야만 향후 저장된 지식을 활용하거나 유지-보수하는 작업이 효율적으로 수행될 수 있다.

빌딩에 들어가서 원하는 장소를 찾기 위하여 빌딩안내도를 참조하듯이 지식베이스나 조직 내 다른 정보시스템 서버에 저장되어 있거나 외부 데이터베이스 또는 전문가의 머릿속에 있는 지식의 위치를 파악하고자 할 때는 지식맵을 이용하게 된다. 지식맵은 단순히 지식의 위치만을 검색해 주는 수동적인 역할을 할 수도 있고 원하는 지식을 실시간으로 검색하거나 전문가와 화상회의 등으로 연결시켜 주는 능동적 역할을 수행할 수도 있다. 이 경우 사용자는 인터넷 사이트 방문처럼 원하는 지식사이트를 마우스 클릭만으로 찾아가거나 소프트웨어 에이전트에게 명령을 내려 해당 사이트에서 원하는 지식의 검색을 대행시킬 수도 있다. 그밖에도 지식관리시스템은 조직 내 다른 정보시스템들과의 인터페이스와 사용자들이 지식을 창출하여 입력하고, 조회, 편집 및 활용을 할 수 있는 여러 가지 기본 기능들을 내포하고 있다.

[그림 2-3]에서 볼 수 있듯이 전사적인 통합 지식관리시스템은 조직내부의 지식과 조직외부의 지식을 유기적으로 결합함으로써 그 효율성을 극대화할 수 있다. 조직 내부의 통합은 개인, 팀, 조직 차원의 지식뿐만 아니라 기존 정보시스템들과의 유기적인 통합을 포함하고 있다. 외부적 통합은 조직 외부의 정보 또는 지식의 주요 원천인 외

부공개 DB, 인터넷뿐만 아니라 정보제공업체나 전략적 파트너, 공급업체 또는 고객업체 등과의 통합을 포함하고 있다. 과거에 이미 조직 간에 EDI(전자적 자료 교환)로 서로 주문이나 송장관련 데이터를 주고받았다. 예를 들어 공급업체가 유통업체에게 긴급 주문에 대응하여 공급할 수 있는 재고량이 현재 5만개라는 정보를 주고받게 되었다는 건 상당히 중요한 발전이었다. 이후 발전단계에서는 서로에게 고객이나 업무프로세스에 관한 부가가치가 높은 지식을 주고받을 수 있어야 한다.

[그림 2-3] 통합 지식관리시스템 아키텍처

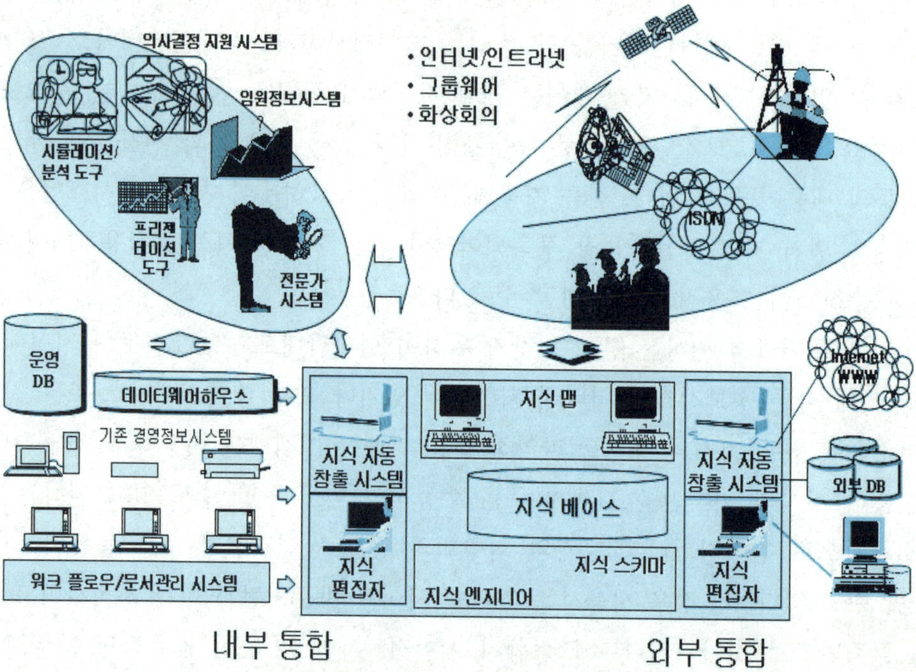

이러한 내·외부 지식통합을 하기 위해 조직이 반드시 갖춰야 할 인프라가 정보통신 인프라이다. 기업의 규모가 큰 경우에는 자사의 인트라넷을 공급업체나 제휴회사의 인트라넷과 연결하여 보안이 강화된 형태의 가상사설망(VPN: Virtual Private Network)을 구축할 수 있다. 중소기업도 저렴한 비용으로 인터넷을 활용하여 조직의 내외부를 통합한 지식관리시스템을 구축할 수 있다.

2.4.3 지식관리시스템: 사례

1) 아서 앤더슨(Arthur Andersen)

세계적인 컨설팅사인 아서 앤더슨사는 인트라넷에 기반한 Knowledge Space란 지식관리시스템([그림 2-4] 참조)을 개발하여 전사적으로 활용하고 있다. 아서 앤더슨사의 지식관리시스템은 전 세계의 다양한 기업들을 대상으로 수행한 컨설팅 프로젝트의 과정 및 결과에 대한 사례 분석지식과 25000여 명에 이르는 컨설턴트들의 자기 개발과 업무수행을 지원하기 위한 원격학습, 사이버도서관, 제안서작성 지원도구 등으로 구성되어 있다. 또한 동시에 전 세계 80여 그룹을 지원할 수 있는 원격회의시설, 엑스트라넷을 이용한 고객정보서비스 기능, 자사 컨설턴트들 간의 연결 및 정보교류를 지원하는 원격 접속지원 기능 등의 통신인프라를 갖추고 있다. 이러한 지식관리시스템을 기반으로 아서 앤더슨사의 컨설턴트들은 전 세계 어디에서 어떤 유형의 비즈니스 문제에 당면하더라도 개인의 역량에 제약받지 않고 수십 년 간 축적된 조직의 노하우 및 거미줄 같이 연결된 전문가 네트워크의 지원을 받아 개인의 능력을 넘어선 문제해결 능력을 발휘할 수 있다.

[그림 2-4] 아서 앤더슨사의 지식관리시스템

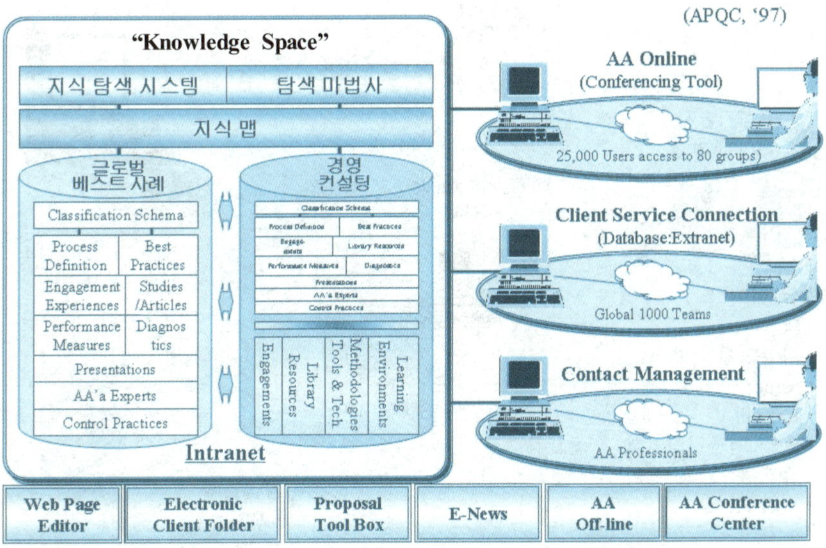

2) BPX(British Petroleum Exploration)

앞서 소개한 아서 앤더슨사의 지식관리시스템이 대체로 형식지의 공유에 치중하고 있다면, British Petroleum(BP)사의 유전탐사 자회사인 BPX사는 전문가의 머릿속에만 존재하는 암묵지를 활용하는데 지식관리시스템을 적용하고 있다. 과거 BPX사는 육지에서 수백 마일 떨어진 바다에서 석유시추장비가 고장이 나면 하루 대여료가 150만 불에 달하는 시추선을 항구로 끌고 와야만 했다. 하지만 1994년부터 시작된 Virtual Team Workstation이라는 지식관리시스템([그림 2-5] 참조)을 활용하여 이제는 시추선을 움직이는 대신 인공위성을 이용한 화상회의를 통해 고장 난 장비의 제작회사 및 본사의 수리 전문가들이 원격으로 시추장비를 고칠 수 있다. Virtual Team Workstation System의 구축을 위해서는 데스크톱 화상회의용 장비, 멀티미디어, 전자메일, 인터넷 브라우저 등이 동원되었고 또한 전 세계에 흩어진 42개의 유전탐사팀을 연결하기 위하여 ISDN망과 인공위성을 활용하였다. 초기 파일롯 프로젝트의 성과에 고무되어 BPX사는 96년부터 Virtual Team Workstation을 전사적으로 확대하였으며 97년 말에는 유전탐사팀만이 아닌 전 세계 90군데의 주요 사업장들과 조직원들을 Virtual Team Workstation 중심으로 연결시키는데 성공하였다.

[그림 2-5] BPX사의 지식관리시스템

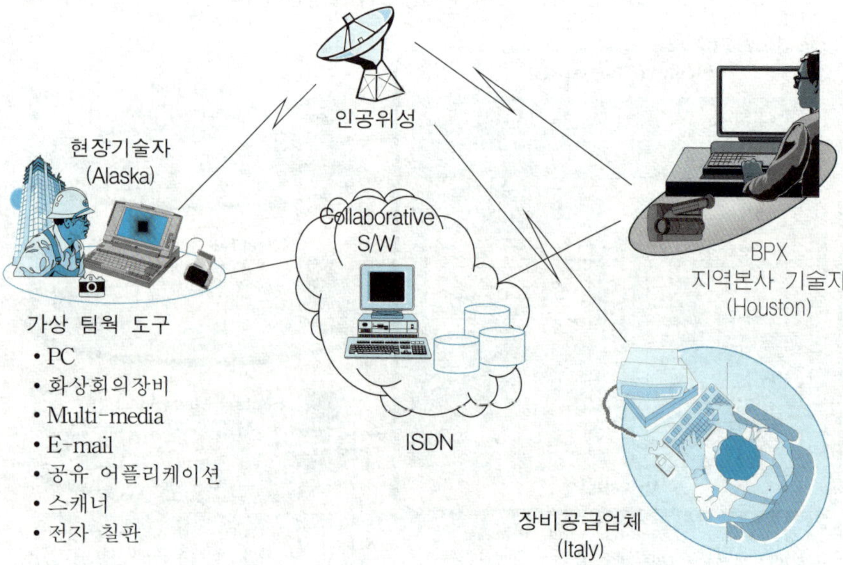

2.5 지식전략계획(KSP)의 수립

2.5.1 지식전략계획의 정의

지식경영을 전사적으로 구현하기 위해서는 적지 않은 조직 자원(시간, 자본, 인력)의 투입과 대상업무 및 업무수행자들에 대한 다양한 분석이 수행된다. 이러한 일련의 구현과정을 체계적으로 수행하기 위해서는 정형화된 방법론이 필요하게 된다. 지식전략계획이란 조직의 전사적, 업무분야 별 미래 지식수요를 파악하고, 현재의 지식자원 관리 및 활용 현황을 진단한 뒤, 조직의 중장기 지식경영 비전과 전략을 수립하고 이를 구현하기 위한 지식관리 프로세스와 통합 지식관리시스템 아키텍처를 제시하는 활동을 의미한다. 정보전략계획(ISP) 수립이 정보기반 조직을 설계하고 정보시스템을 구축하는데 반드시 선행되어야 할 업무인 것과 같이, 지식전략계획 수립은 지식기반 조직을 구현하고 관련 시스템을 구축하는데 있어서 필수 불가결한 과정이다.

지식전략계획은 지식을 활용하고 지식경영을 구현하는데 있어서, 자원의 효과적 배분계획과 업무 추진계획 작성을 지원한다. 이는 단순히 프로젝트 일정표의 수준을 넘어서, 현재의 지식경영 수준을 진단하고 이를 조직의 사업 전략과 연계시킴으로써 조직의 성과를 향상시킬 수 있는 실천방안을 제시해 준다. 따라서 지식전략계획은 그 자체로써 지식경영의 중요한 프로세스에 속한다.

2.5.2 지식전략계획 방법론: P^2-KSP

본 절에서는 조직의 환경과 업무 특성을 광범위하게 고려하여 조직지식을 파악하고 이를 관리하기 위해 조직적 차원의 시스템 및 하부구조를 설계할 수 있는 성과체계-프로세스 기반의 지식전략계획 방법론(Performance & Process Based KSP: P^2-KSP)을 소개한다(김영걸-유성호-이장환, 1999). 본 방법론은 다음과 같은 사항들을 기본 전제로 하여 개발하였다.

1) 전사적 관점에서의 지식과 업무프로세스 관점에서의 지식을 동시에 고려

지식전략계획의 가장 기초적이고 중요한 작업은 조직이 필요로 하는 지식을 도출하고 이를 관리하기 위한 프로세스를 정의하는 것이다. 지식은 조직 전체 차원에서 전략적으로 관리하여야 하는 자원인 동시에, 조직원의 업무수행 과정이나 사회적 활동 과정에서 생성되는 결과이기도 하다. 따라서 조직 전체의 관점과 업무 프로세스 단위의 관점을 함께 고려하여 지식 및 관련 프로세스를 파악해야 한다.

2) 조직의 핵심부문의 핵심지식을 중심으로 지식전략계획을 수립

지식경영 구현은 많은 조직자원을 필요로 할 뿐만 아니라, 대부분의 조직들이 많은 경험을 가지고 있지 않기 때문에 실패위험이 크다. 따라서 조직의 업무 중에서 지식집약적이고 다른 부문으로의 지식전파가 용이한 부문을 선택하여 우선적으로 지식경영을 구현하는 것이 필요하다. 이를 위해서, 조직의 일부분에 구현한 지식경영을 쉽게 전사적 범위로 확장할 수 있도록 지식전략계획을 수립하여야 한다. 지식전략계획 수립과정에서 핵심부문의 핵심지식을 대상으로 지식경영 아키텍처를 개발하게 되므로 집중적인 분석과 효율적인 조직자원 배분이 가능하다.

3) 지식경영을 가능하게 해주는 조직 하부구조 및 환경적 요소를 함께 설계

지식경영을 구현하기 위해서는 무엇보다 지식경영의 기반이 되는 기술적, 조직적 하부구조와 지식 친화적 문화의 조성이 선행되어야 한다. 이를 위해서는 주로 조직전략이나 정보시스템 구축에 중점을 두고 있는 정보전략계획과는 달리, 조직 아키텍처 및 관리/통제 아키텍처를 반드시 포함하여 설계해야 한다. 이를 통해 지식경영의 책임과 구조를 명시하고 지식 친화적 문화를 형성하기 위한 제도적, 구조적 장치를 마련할 수 있다.

P^2-KSP지식전략계획 수립 방법론은 조직의 성과측정 체계상의 지식과 업무프로세스상의 지식을 함께 고려함으로써 지식경영을 조직의 성과향상과 종업원의 업무 수행능력 향상에 자연스럽게 연결시킬 수 있다. 본 방법론을 적용하기 위해서는 체계적 성과측정체계가 확립되어 있어야 하며, 그렇지 않은 경우에는 전사적 성과측정체계를 확

립하는 작업을 초기단계에서 우선적으로 수행해야 한다. P^2-KSP방법론은 크게 경영환경 분석, 지식요구분석, 지식경영 구축전략 수립, 지식경영 아키텍처 설계, 지식경영 구축계획 수립의 5단계로 구성되어 있으며, 각각의 단계를 지식경영의 4가지 축인 지식, 프로세스, 조직구조, 정보기술의 프레임워크에 따라 수행한다. 지식전략계획의 가장 중요한 결과물인 지식경영 아키텍처는 지식경영을 위한 지식 아키텍처(지식맵), 지식관리 프로세스 아키텍처, 조직 아키텍처, 정보기술 아키텍처를 통합하고 있다. 조직은 경영전략과 지식을 생성, 저장하고 이를 가능하게 해 주는 조직의 하부구조를 구축하여, 지식전략계획 수립과 동시에 지식경영체제를 자연스럽게 구축할 수 있다. [그림 2-6]은 P^2-KSP지식전략계획 방법론의 5단계와 각 단계에서의 세부 단계를 나타낸 것이다.

[그림 2-6] P^2-KSP 지식전략계획 방법론 체계도

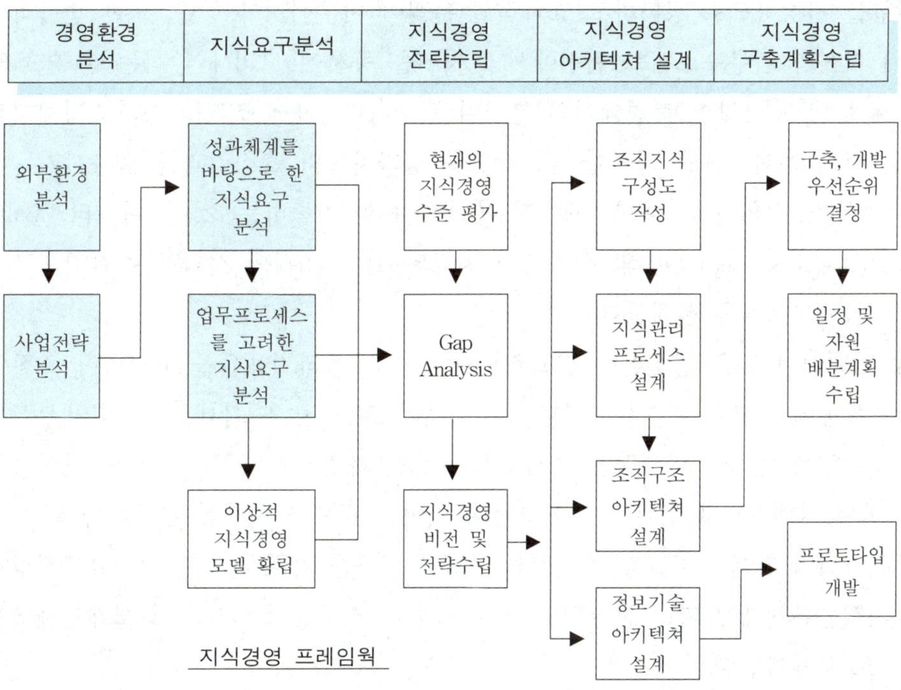

● 1단계: 경영환경 분석

경영환경 분석단계의 활동은 크게 조직의 외부환경 파악과 사업전략 파악 및 분석으로 이루어져 있다. 이 단계의 목적은 조직 내·외부의 다양한 환경을 이해함으로써

자신의 현재 위치를 파악하고 현재의 사업전략을 분석한 뒤, 조직의 목표를 결정하는 것이다. 이는 크게 1) 정치, 경제, 사회, 문화 법률 등 사회 전반적인 환경을 분석하는 일반 환경분석, 2) 경쟁세력 모형(5-forces model) 등을 이용한 경쟁환경 분석(Porter, 1980), 3) 가치사슬(value chain) 분석, 업무프로세스 분석 등을 통한 내부환경 분석으로 이루어져 있다. 이를 통해 조직은 자신의 장단점, 기회/위협 요소, 주요 성공 요소 등을 파악할 수 있다.

● 2단계: 지식요구 분석(Knowledge requirement analysis)

지식요구 분석 단계에서는 조직에서 필요로 하는 지식의 내용과 유형을 파악하는 작업이 이루어지며, 이는 지식전략계획 과정에서 가장 핵심적인 업무 중 하나이다. 이 단계에서 파악하는 지식의 내용과 유형이 지식경영 구축 전략, 아키텍처 설계의 내용과 방향을 결정하므로 정확하고 효과적인 분석이 이루어져야 한다. 또한 전사적 관점에서의 지식과 업무프로세스 관점에서의 지식을 동시에 고려해야 하는 본 연구의 기본 전제에 따라 다양한 측면에서의 분석이 필요하다. 먼저 조직의 성과측정체계를 구성하는 각종 성과지표를 파악한 후, 각각의 성과지표의 측정결과를 향상시키는데 필요한 지식을 정의한다. 이때 재무적 성과지표에 치중하는 것이 아니라, Balanced Scorecard(Kaplan & Norton, 1996)의 성과측정 지표와 같이 조직의 성과를 종합적으로 평가할 수 있는 지표들을 선택한다.

앞 단계에서 얻은 경영환경 분석결과와 이러한 성과지표들을 고려하여 조직의 전반적인 활동에 필요한 지식요구사항을 추출하게 된다. 이와 함께, 조직의 세부 업무프로세스 수행에 있어서 발생하는 의사결정 문제를 해결하기 위한 지식요구사항을 분석한다. 이는 실제적으로 업무를 수행하는데 있어서 필요한 지식을 추출하게 되며, 사용자의 적극적인 참여를 유도할 수 있다. 이러한 절차를 거쳐 파악된 지식요구사항은 정의된 지식분류체계에 따라 분류되고 이는 나중에 지식경영 아키텍처 설계단계에서 지식맵으로 구체화된다.

● 3단계: 지식경영 비전 및 구현 전략 수립

이 단계에서는 지식경영을 구현하기 위한 여러 가지 대안전략을 수립하고 이를 평가해서 지식경영 아키텍처 개발전략을 확립하게 된다. 이를 위해서는 먼저 현재의 지식경영 상황을 평가하여 지식경영 아키텍처의 현 상황을 파악하여야 한다. 이 결과와 앞 단계에서 도출된 지식요구사항과의 차이점을 분석한 결과를 통해 지식경영의 중장기 비전과 추진방향을 결정하며 지식경영 아키텍처의 개발전략을 수립하게 된다.

● **4단계: 지식경영 아키텍처 설계**

지식경영 아키텍처는 1) 개념적 지식스키마를 설계하고 이를 바탕으로 지식맵과 전문가맵을 작성하는 지식 아키텍처, 2) 지식경영 활동과 이들 간의 관계를 정의하고 관리체계를 구축하는 프로세스 아키텍처, 3) 지식경영 프로세스를 원활히 수행할 수 있는 조직구조를 설계하고 관련 규율, 제도, 절차 등을 계획하는 조직 아키텍처, 4) 지식경영을 지원하기 위한 정보기술 아키텍처 등을 포함한다. 위의 네 가지 아키텍처는 향후 지식경영을 실제로 구현하는데 있어서 기본이 되는 청사진 역할을 한다.

● **5단계: 지식경영 구현 계획 수립**

지식경영 구현 작업들의 중요도와 우선순위를 조직자원을 고려하여 평가하고 이를 기초로 구체적 추진일정과 자원 활용계획을 수립한다. 이때, 프로토타입이나 예비시스템(pilot system)을 실제로 구축하여 지식관리시스템 아키텍처의 실행타당성을 시험해 볼 수 있다.

2.6 실행공동체(Community of Practice)

초기 지식경영이 대부분 암묵지의 형식지화와 이러한 형식지의 공유를 목표로 한 지식창고 구축 중심이었던 반면, 최근의 지식경영은 미국의 제록스사나 세계은행, 또 국내의 SK(주) 사례에서 볼 수 있듯이 사람이 중심이 되는 실행공동체(CoP: Community of Practice)의 활성화가 초점이 되고 있다. 여기서 실행공동체란 공동의 관심사나 문제해결을 위하여 조직구성원들이 자발적으로 구성 및 운영하는 학습모임(Wenger & Snyder, 2000)이라고 정의된다. 실행공동체는 조직의 전략적인 의도와 적극적인 지원과 관리가 반영되었는가 아니면 조직의 비전이나 전략과는 무관하게 일상적인 현업과 관련하여 조직구성원간의 지식공유를 주로 하는 가에 따라 전략적 실행공동체과 운영 실행공동체로 나눠지며, 실행공동체의 주목적이 특정 문제에 대한 해결인가 아니면 특정 주제에 대한 학습인가에 따라 문제해결형 실행공동체와 학습형 실행공동체로 나눠지기도 한다.

실행공동체들은 기존의 과제수행조직이나 프로젝트조직과는 다음과 같은 점에서 차별화 할 수 있겠다.

1) 자발적 구성

기존의 과제수행조직이나 프로젝트 조직의 경우 조직의 구성 및 참여멤버의 선정이 모두 회사에 의해 결정되었으나 실행공동체의 경우는 본인들의 관심에 따라 자발적으로 구성된다.

2) 비공식 조직

자발적으로 구성된 조직이다 보니 실행공동체는 회사로부터 예산이나 자원을 공식적으로 지원받지 않고도 운영되며 이에 따라 운영성과에 대하여서도 회사의 공식적인 평가를 받지 않는다. 따라서 단기적인 성과나 투사회수기간 등에 구애 받지 않고 창의적인 미래주제들에 대해 자유롭게 학습할 수 있다.

3) 신뢰와 열정으로 움직이는 조직

기존 조직들이 많은 경우 평가와 보상에 따라 운영되는 반면, 실행공동체는 구성원들 간의 깊은 신뢰와 열정을 기반으로 활성화된다. 이러한 신뢰는 같은 분야에서 오랜 기간 같이 일을 하면서 쌓인 개인 간의 경험과 평판에 기인하며 열정은 주어진 업무가 아닌 본인과 조직의 미래 핵심역량을 쌓는다는 공유된 비전에서 비롯된다고 볼 수 있겠다.

4) 고정된 활동기간이 없는 조직

실행공동체들은 정해진 활동기간이 따로 없이 구성원들 간의 공동주제나 문제에 대한 관심이 지속되는 한 1년이고 2년이고 기간에 관계없이 활동을 계속한다.

2.7 지식경영의 성공조건

1) 시스템이 아니라 지식중심으로

국내 기업들이 추진해 온 지식경영 프로젝트들은 대부분이 전사적 지식관리시스템의 구현에 초점을 맞추고 있다. 하지만, 지식관리시스템이란 도구가 현재 어떻게 구성되었는가가 중요한 것이 아니고 그 안에 가치 있는 지식이 얼마나 들어 있으며 그러한 지식을 조직 구성원들이 어떻게 활용하고 있는가가 그 조직의 지식기반 경쟁력을 좌우한다.

2) 지식공유에 앞서 지식검증과 지식갱신을

많은 기업들이 지식과 정보, 지식과 데이터, 지식과 문서를 개념적으로 명확히 구분하지 못하고 혼용하고 있다. 이럴 경우, 검증되지 않은 개인의 아이디어나 의견 또는 단순 데이터들이 조직의 지식베이스에 대량으로 입력될 것이고, 정보와 데이터를 구분하지 못하여 겪었던 정보화 초기의 수많은 시행착오들(garbage in, garbage out)을 지식경영에서 되풀이하게 된다. 또한 이미 조직의 지식창고에 등록된 조직지식도 시간과 기업 환경의 변화에 따라 적절한 갱신을 수행치 않을 경우 검증되지 않은 지식이 저장된 것과 마찬가지의 부작용을 일으킬 것이다.

3) 지식친화적인 문화의 형성

지식의존도가 높은 컨설팅회사의 경우는 이미 지식의 창출이나 공유가 생활화되어 있다. 따라서 지식의 확산과 활용을 보다 원활히 하기 위한 정보기술 인프라에 집중적인 투자를 하고 있다. 하지만 일반 기업의 경우, 지식친화적 조직문화가 정착하기 위해서는 조직구성원들의 지식기여도에 대한 공정한 평가와 보상체계를 먼저 확립해야만 할 것이다. 물론 이 경우 보상이란 반드시 금전적일 필요는 없다. 평가 또한 개인의 성과에만 초점을 맞추는 것이 아니고 개인과 그 개인이 속한 팀이나 부서 전체의 성과를 균형있게 반영하는 것이 바람직하다. 또한 지식기여도를 측정할 때에는 본인의 업무지식 등록뿐 아니라 다른 조직원들이 등록한 지식에 대한 활용 및 활용결과에 대한 평가, 또한 지식관리프로세스의 개선에 대한 제안 등을 폭 넓게 반영해야 하겠다.

4) 사내외 암묵지의 전략적 활용

기업이나 부서의 성과에 가장 큰 영향을 줄 수 있는 지식은 형식지나 잠재지가 아닌 암묵지의 형태로 소수의 조직원들 머릿속에만 존재하는 경우가 많다. 또한 기업경영상 꼭 필요한 지식이나 전문가가 기업 내에는 존재하지 않을 수도 있다. 따라서 BPX사의 사례에서와 같이 사내외 전문가들의 중요한 암묵지를 언제 어디서나 투명하게 파악할 수 있고, 필요 시 시간과 공간을 초월하여 손쉽게 활용할 수 있도록 기술투자 및 정책배려가 따를 때 그 조직은 형식지의 공유라는 초기단계를 벗어나 보다 성숙한 지식생태계의 구축단계로 진입할 수 있을 것이다.

5) 사용자 중심의 지식관리시스템 구축

업무수행 중 얻은 경험이나 사례를 공유 가능한 형식지로 바꾸는 일은 업무수행과는 직접적인 관계가 없는 과외작업이기 쉽다. 따라서 정책적으로 이러한 조직지식 창출과정을 정규 업무과정에 포함시키고 지식전달채널의 다양화 등을 통해 사용자의 편의성을 최대한 증대시켜야 한다. 이를 위해서는 사용하기 쉬운 그래픽 사용자 인터페이스(GUI)의 제공, 인터넷을 통한 365일/ 24시간 가용성, 에이전트를 활용한 외부지식의 자동검색, 복수 검색모드(초보자, 전문가) 및 편집의 용이성, 부서 및 개인의 용도에 맞는 맞춤메뉴의 개발, 화상회의, 멀티미디어 자료처리기능 등 다양한 요소 정보기술들을 종합적으로 적용하는 것이 필요하다.

6) 지식자산의 가치증대 및 평가

평가가 불가능한 자산은 관리할 수 없다. 앞서 가는 기업들은 초기에는 지식경영의 활성화 차원에서 각종 지식을 무료로 공유하다가 어느 단계에 기면 그것을 유료화시켜 부가가치를 창출해 낸다. 마치 인터넷상에서의 정보제공 사이트들이 초기에는 무료로 정보를 제공하다가 충분한 고객이 확보된 뒤에는 유료화의 길을 가는 것과 마찬가지인 셈이다. 실제로 일부 컨설팅 회사들에서는 벌써 사내 지식시장(knowledge market)이

형성되고 있다. 과거에 해외 지점 간 컨설턴트 파견 시 비용이 청구되듯이 한 부서가 등록한 지식을 다른 부서에서 사용할 경우는 사용료가 발생한다. 이렇게 되면 사내에 축적된 지식이 부서별, 개인별로 측정가능한 자산가치를 가지게 되고 비로소 전사적인 지식자산의 가치평가가 가능해질 것이다.

7) 융단폭격이 아닌 표적폭격

지식경영을 도입하는 대부분의 기업들은 전사적인 지식경영 선포식을 가진 뒤 전 조직원들의 업무지식(주로 암묵지)을 문서화(형식지화) 해서 조직의 지식창고에 올릴 것을 당부한다. 회사에 따라서는 올리는 지식의 양이나 질에 따라 지식마일리지 또는 인사고과점수 부여 등을 통한 보상체계를 운영하기도 한다. 이런 방식의 지식경영은 융단폭격식 지식경영이다. 즉 일단 많이 수집해 놓고 보자는 철학이다. 하지만 융단폭격식 지식경영은 다음과 같은 이유에서 지속성이나 효과성을 가지기 어렵다. 첫째, 등록지식의 대부분이 검증되지 않은 아이디어들이어서 지식창고가 아니라 아이디어 창고를 구축하게 된다. 둘째, 개인차원의 경험지 중심이라 입력지식 대비 조직의 문제해결 효율성은 낮을 수밖에 없다. 마지막으로, 조직지식이란 모든 조식구성원이 일주일에 하나씩 입력할 수 있는 대상이 아니다. McKinsey 컨설턴트들은 2-3개의 유사한 프로젝트들을 수행한 뒤 엄밀한 분석을 통해 정리된 내용만을 자사의 지식공유시스템인 PD-NET(Practice Development Network)에 올린다(McKinsey 사례, 2000). 바람직한 지식도출전략은 조직의 핵심성과지표가 무엇인지 파악한 뒤, 성과지표와 관련된 업무프로세스를 분석하고, 대상 업무프로세스를 개선하기 위해 필요한 요구지식을 도출하는 것이다. 이와 같은 표적폭격식 지식경영전략을 활용할 경우 보다 지속적이고 효과적인 지식경영을 구현할 수 있을 것이다.

2.8 지식경영 구현사례: LG CNS사(이재규, 2003)

1) 지식경영 도입 배경

LG CNS는 국제화, e비즈니스의 급성장 등과 같이 급변하는 경영환경에 대응하면서 경쟁력을 유지, 강화하기 위하여 많은 노력을 기울여왔다. 이러한 노력은 다양한 형태의 혁신활동으로 나타났고, 일정 부분 만족할 만한 성과를 거두기도 하였다. 하지만 같은 프로젝트를 수행하면서도 시간과 비용의 획기적인 개선이 이루어지지 않는 생산성 정체 문제와 같은 프로세스를 통해 나온 결과물들의 품질이 일정하지 못한 문제 등 근본적인 문제들이 여전히 풀리지 않는 수수께끼로 회사 경영진을 고민스럽게 하였다. 특히 1998년 IMF 시기를 거치면서 시장의 어려운 환경과 성장 둔화 등의 요인이 겹치면서 LG CNS 내부에서는 근본적인 문제 해결을 위해서는 조직 전반에 걸쳐 근본적인 혁신이 없이는 불가능하다는 인식을 하게 되었고 이에 지식경영을 추진하게 되었다.

2) 지식경영 1기: 지식관리시스템 개발 및 형식지 공유

지식경영에 대한 어느 정도의 공감대가 이루어졌다고 판단했을 때, 지식관리시스템 구축을 위한 프로세스 설계를 시작하였다. 구축의 용이성 및 사용자의 적응성 등을 고려해서 먼저 형식지 부분을 시스템에 반영하기로 하였는데, 실제 사용자들이 어떻게 시스템을 사용할 것인가에 관심을 갖고 그들이 쉽고 편하게 사용할 수 있는 시스템이 되도록 다양한 계층의 구성원들과의 인터뷰를 통해 그들의 요구사항을 이끌어 내고 그 내용을 시스템에 적극적으로 반영하였다. 이 시기에 구축한 시스템은 크게 2가지로 분류 가능하다. 하나는 LG CNS의 각종 표준이나 방법론, 도구, 프로세스 등을 모아놓아 사용자들이 쉽게 활용할 수 있도록 한 Biz-Guide 시스템이고 다른 하나는 프로젝트를 수행한 결과로 나온 산출물을 등록하여 활용하기 위한 Biz-History 시스템이다.

3) 지식경영 2기: 인적 네트워크구축을 통한 암묵지 공유

최고의 품질을 가진 결과물을 산출하기 위해서는 반드시 실제 업무를 수행하는데 필요한 암묵적 지식들이 요구 된다. LG CNS에서는 이런 문제를 지식관리시스템으로 지원하기 위해 Biz-Community 시스템을 구축하였다. 이 시스템은 서브시스템인 지식 묻고 답하기, 지식 몰, K-Village로 구성되었다. 지식 묻고 답하기는 LG CNS 구성원간의 질문과 답변을 서로 주고받는 창구로서 업무 수행 중 발생하는 문제를 해결하는 시스템이며, 지식몰은 조직 내 공유할 경우 업무에 도움이 되는 개인적인 노하우 및 관련 자료를 등록/공유하는 시스템이다. 마지막으로 K-Village는 업무 수행과 관련된 영역에서 개인이 관심을 가지는 분야에 대해 모여 지속적인 상호 학습을 통해 개인역량을 개발하기 위한 실행공동체의 장을 제공하는 시스템이다. 이런 시스템을 통하여 단순히 형식지 뿐만 아니라 조직원들이 가지고 있는 암묵지도 조직원들이 공유할 수 있도록 하였다.

4) 지식경영 3기: 전사적 차원에서의 지식경영

등록되는 지식의 질의 문제와 관련하여 지식 필터링에 대한 사용자 요구가 증가되고, 빠르게 변화하는 환경에서 조직원간의 좀 더 긴밀하고 실질적인 협업을 이루어 내기 위한 대안이 필요할 무렵 LG CNS에서는 사내 IT 환경을 엔터프라이즈 포털 환경으로 변화시키는 대규모 프로젝트가 수행되었다. 이 프로젝트와 연계하여 독립적으로 존재하던 지식관리 시스템들을 Wis Plus라는 엔터프라이즈 포털로 통합시키고, 통합 검색엔진 도입을 통한 검색기능 강화와 Knowledge Map의 통합을 비롯한 통합적인 사용자 인터페이스를 개발하였다. 이와 아울러 중요자료의 등록을 활성화시키는 동시에 등록된 지식 자산의 외부 유출 방지를 위해 Wis Plus에 보안 솔루션인 DRM(Digital Right Management)을 적용하여 승인 절차를 간소화함으로써 사용자가 필요한 자료를 적시에 제공하도록 개발하였다.

5) LG CNS 지식관리시스템

LG CNS의 지식관리시스템은 크게 Biz-Guide, Biz-History, Biz-Community의 세 가지 구성요소로 이루어져 있다. Biz-Guide는 회사의 구성원들에게 프로젝트의 수행과정에서 필요한 각종 표준과 방법론, 도구, 프로세스 등을 제공하기 위해 개발되었다. Biz-History 시스템은 Biz-Guide 시스템에 따라 사업을 수행한 결과로 나온 최종 산출물들을 등록하여 다른 팀에서 활용할 수 있도록 지원하기 위해 개발되었다. Biz-Guide

가 프로젝트를 시작하기 위한 표준을 제시하고 Biz-History가 프로젝트의 결과물 즉 목표를 제공하기 위한 시스템이라면 Biz-Community는 둘 사이의 중간단계 즉 프로젝트의 수행과정을 지원하기 위한 시스템이라 할 수 있다. 즉, 프로젝트의 산출물처럼 공식화되어 남게 되는 지식 외에 프로젝트를 수행하는 과정에서 얻어지는 개인적인 노하우나, 비록 결과물로 등록되지는 않지만 중간에 축적된 다양한 지식들을 서로 공유할 수 있도록 지원하는 공간이 바로 Biz-Community이다. 독립적인 각각의 시스템들은 나중에 Wis Plus로 불리는 엔터프라이즈 포탈 내에 하나의 인터페이스로 통합되었다. 그리고 여기에 협업을 지원하기 위한 다양한 도구들이 추가되었다. [그림 2-7]은 LG CNS 지식관리시스템의 전체 구성도를 보여주고 있다.

[그림 2-7] LG CNS 지식관리시스템 구성도

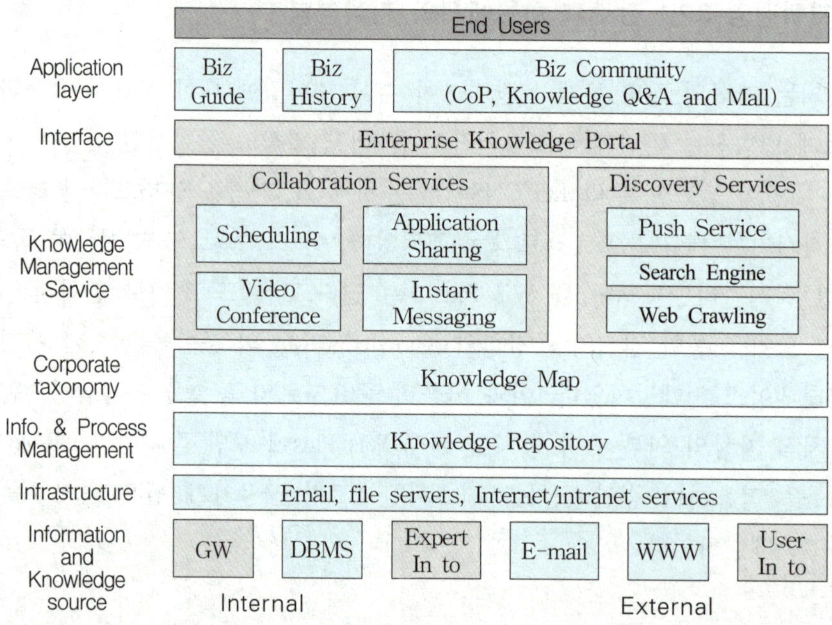

6) 지식경영 도입성과

LG CNS의 지식경영 도입은 지식의 공유, 재활용 그리고 지식 획득을 통한 자기개발을 중심으로 이루어졌다. 지식경영이 도입됨으로써 구성원들은 업무과정에서 얻은 노하우와 기타 지식들을 체계적으로 정리하고자 하는 시도를 하게 되었다. 그리고 다른 사람들과 지식을 교환하는 과정에서 지식 제공자 혹은 지식 전문가의 역할을 경험하게 되었으며, 팀을 이루어 자신들의 관심사에 대한 각종 정보와 지식들을 체계적으로 정리하게 되었다. 과거의 습관적이고 반복 및 순환적인 업무활동에 상당한 변화가 일어나게 되었고 이러한 모든 시도는 LG CNS의 지적자산으로 남게 되었다.

7) 성공요인과 성과분석

LG CNS의 지식경영 도입 성공요인은 크게 다섯 가지 요소로 분리하여 생각할 수 있다. 첫째는 리더십 및 지원조직이다. 확고한 지식경영 전략의 수립과 최고경영층의 지속적 참여와 지원 그리고 지식경영에 대한 효과적인 지원을 위한 지식관리센터의 역할(role) 및 책임(responsibility) 할당 및 조직화로 인해 지식경영의 도입이 꾸준히 지속될 수 있었던 것을 성공의 요인으로 볼 수 있다.

둘째는 프로세스 관점의 성공요인이다. 업무 프로세스와 지식 공유 및 창출 프로세스를 연계하고 지식의 평가 및 보호체계를 만듦으로써 실제 업무에 지식경영 시스템을 이용하도록 유도하였다.

셋째는 제도 및 기업 문화관점의 성공요인이다. 지식경영에 대한 사내 공감 및 활성화를 위하여 홍보 및 교육을 지속적으로 실시하였으며, 지식경영 활동에 대한 동기부여를 위해 인센티브, 보상, 평가, 승진 프로그램을 적극적으로 사용하였다.

넷째는 컨텐츠이다. 지식을 체계적으로 분류하고 업무 프로세스 상에서 실질적으로 필요한 지식들을 구축할 수 있도록 함으로써 실제 업무에 활용가능한 현실성 있는 지식의 수집을 추진하였다.

마지막 성공요인은 정보기술(IT)이다. 지식관리시스템을 효과적으로 구축 및 활용할 수 있도록 각종 요소기술들을 적절히 사용하였으며, 기존 시스템과의 연계 및 보안, 안정성 등을 확보함으로써 실제 이용 가능한 지식관리시스템이 될 수 있도록 만들었다.

주요용어

- 지식(Knowledge)
- 지식경영(Knowledge management)
- 암묵지(Tacit knowledge)
- 형식지(Explicit knowledge)
- 잠재지(Implicit knowledge)
- 지식맵(Knowledge map)
- 지식관리시스템(KMS: Knowledge management system)
- 지식전략계획(Knowledge strategy planning)
- 실행공동체(CoP: Community of Practice)

복습문제

1. 지식과 정보, 데이터의 차이는 무엇인가?
2. 조직지식의 종류를 지식의 표현방식과 형성방식에 따라 구분해 보시오.
3. 지식경영과 학습조직을 비교하여 보시오.
4. 지식관리프로세스를 정의해 보시오.
5. 지식관리시스템의 기능에 대해 설명해 보시오.
6. 지식전략계획의 수행절차를 설명해 보시오.
7. 실행공동체에 대해 설명해 보시오.
8. 지식경영의 성공조건에 대해 설명해 보시오.

토론/프로젝트 문제

1. 지식경영과 기존의 BPR, 6시그마 등 경영혁신 기법들과의 공통점과 차이점을 정리하여 보시오.
2. 특정 기업을 대상으로 하여 그 기업의 핵심지식들을 파악하고 지식맵을 구성하여 보시오.
3. 특정 기업을 대상으로 지식전략계획을 수립하여 보시오.
4. 지식관리시스템의 구축 및 운영에 있어서 사용자의 사용편의성과 기업의 보안 간의 관계에 대하여 논의해 보시오.

5. 실행공동체(COP)의 활성화를 위하여 기업이 해야 할 일들과 하지 말아야 할 일들에 대하여 논의하여 보시오.

참고문헌

- 김인수, 지식경영: 학문적 연계성과 연구방향, 경영학연구, Vol. 28, No. 3, pp. 567- 587.
- 김선아, 김영걸 조직지식 창출 프로세스에 관한 탐색적 연구, 제2회 지식경영 학술심포지엄 논문집, 1999년 5월 8일, pp. 365-390.
- 김영걸, 지식관리시스템(KMS)의 아키텍처 및 구현전략, 한국정보처리학회지, Vol. 5, No. 6, 1998.
- 김영걸, 유성호, 이장환, 성과측정체계와 업무프로세스를 기반으로 한 지식전략계획(P^2-KSP) 수립 방법론에 관한 연구, 제3회 지식경영 학술심포지엄 논문집, 1999년 10월 16일, pp. 189-213.
- 노나까 이꾸지로, 곤노 노보루 著, *지식경영*, 21세기 북스, 1998.
- 이재규, SI업계의 기업혁신 도구: LG CNS 지식경영 사례, 사례로 배우는 e비즈니스 (전경련 지식경제센터 편), 2003.
- SK주식회사 KM추진팀, *지식경영 이렇게 하라*, 한국능률협회, 2003.
- Alavi, M. and Leidner, D. Review: Knowledge Management and Knowledge Management Systems: Conceptual Foundations and Research Issues, MIS Quarterly, Vol. 25, No. 1, 2001, pp. 107-136.
- Davenport, T. and Prusak, L. Knowledge Generation In: *Working Knowledge*, Harvard Business School Press, 1998, pp. 52-67.
- Kaplan, R.S. and Norton, D.P. Using the Balanced Scorecard as a Strategic Management System, Harvard Business Review, January-February 1996, pp. 75-85
- Nonaka, I. The Knowledge Creating Company, Harvard Business Review, Nov-Dec 1991, pp. 96- 104.
- Polanyi, M. *The Tacit Dimension*, Doubleday, New York, 1966.
- Porter, M. *Competitive Strategy*, The Free Press, 1980.
- Sveiby, K. The New Organizational Wealth: Managing and Measuring Knowledge-Based Assets, (in Korean) Ch. 11-13, 미래경영개발연구원, 1999, pp. 247-326.
- Senge, P.M. *The Fifth Discipline: The Art and Practice of the Learning Organization*, Doubleday, New York, 1990.
- Simon, H. Bounded Rationality and Organizational Learning, Organization Science, Vol. 2, No. 1, Feb. 1991, pp. 125-134.
- Wenger, E. and Snyder, W. Communities of Practice: The Organizational Frontier, Harvard Business Review, Jan-Feb. 2000, pp. 139-145.

[지식경영 해외사례]

- Information at World Bank: In Search of a Technology Solution, Harvard Business School Case, 9-898-053, September 1997.
- Knowledge Management at Andersen Consulting, Harvard Business School Case, 9-499-032, July 1999.
- KPMG Peat Marwick U.S.: One Giant Brain, Harvard Business School Case, 9-397-108, July 1997.
- McKinsey & Company: Managing Knowledge and Learning, Harvard Business School Case, 9-396-357, January 2000.
- Scandia AFS: Developing Intellectual Capital Globally, Harvard Business School Case, 9-396-412, March 1998.
- Premire e-Business Case from Asia : Chapter 9, Prentice Hall, 2007.

참고사이트

- KAIST 지식경영 연구센터 .... http://kmrc.kaist.ac.kr
- BRINT 지식경영 포탈 .... http://km.brint.com
- KM World .... http://www.kmworld.com
- KM Review ....
  http://www.km-review.com/cgi-bin/melcrum/eu_content.pl?docurl=topic%20km

CHAPTER 3

전략적 역할로서의 기업정보시스템

김 효 근 교수

이화여자대학교 경영학과, kym@ewha.ac.kr

CONTENTS

학습목표

- 전략과 경쟁우위의 개념 및 경쟁전략 분석모형을 이해한다.
- 전략정보시스템의 개념, 배경, 역할을 살펴보고, 이를 통한 조직변화의 과정을 알아본다.
- 디지털 환경 하에서 실시간 기업(real time enterprise)으로의 통합을 위한 정보시스템 활용을 이해한다.

본 장에서는 전략과 경쟁우위에 대한 기본적인 개념을 이해하고, 전략정보시스템(Strategic Information Systems)에 관한 내용과 사례를 다룬다. 1절에서는 전략과 경쟁우위에 대한 개념을 살펴보고, 2절에서는 전략정보시스템에 관한 전반적인 내용을 설명한다.

3.1 전략의 개념과 경쟁우위

3.1.1 경영전략과 경쟁우위

1) 전략의 개념 및 필요성

● 전략의 개념

전략이란 경쟁에서 이기는 방법을 말한다(장세진, 1996). 경영전략의 개념의 기원은 동양의 손자병법에 있다. 손자병법은 전쟁에서 승리하기 위한 각종 전략과 전술을 체계적으로 정리한 병서로서, 오늘날에도 경영전략을 수립하는 데 있어서 많은 시사점을 주고 있다. 손자병법에는 전략의 다섯 가지 필수요소로서 도(道), 천(天), 지(地), 장(將), 법(法)을 제시하였는데, 이 다섯 가지 기본 원칙들은 [그림 3-1]에서와 같이 현대 경영전략의 기본원칙과 대응되는 개념이다(이승주, 1999).

[그림 3-1] 경영전략의 기원

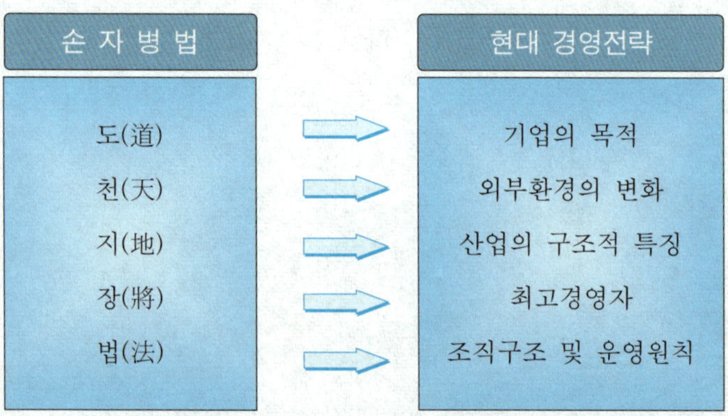

<출처 : 장세진, 경영전략(1996)>

경영전략에 대한 정의는 다양한 시각에서 규정되고 있다. 경영전략은 기업의 기본적인 목표를 달성하기 위한 종합적인 활동계획이며(Glueck, 1980), 기업의 경쟁우위를 구축하고 구체적인 경쟁방식을 선택하는 의사결정이며(Porter, 1996), 기업의 한정된 경영자

원을 효과적으로 배분하는 의사결정의 패턴이다(Barney, 1997). 그러나 이와 같은 정의들을 종합해보면, 경영전략이란 희소한 경영자원을 배분하여 기업에게 경쟁우위를 창출하고 유지시켜줄 수 있는 주요한 의사결정이라고 정의될 수 있다(장세진, 1996).

● 경영전략의 유형

경영전략은 조직의 어떠한 수준에서 분석할 것인가에 따라 기업전략(corporate strategy), 사업부전략(business strategy) 및 기능별전략(functional strategy)으로 구분할 수 있다.

기업전략은 기업의 종합적인 관점에서 비전과 목표를 설정하고 각 사업분야에 경영자원을 배분하고 조정하는 일련의 활동을 의미한다. 사업부전략은 각 사업단위에서 경쟁우위 확보를 위한 구체적이고 실천적인 사업전략을 의미한다. 기업이 경쟁에서 이기려면 경쟁대상기업보다 경쟁우위를 확보하여야 하는데, 이와 관련된 전략이 사업부 전략이다. 기능별전략은 R&D, 생산, 마케팅, 인사, 재무 등 각 기능별 세부전략을 의미한다.

이와 같이 기업전략, 사업부전략, 기능별전략은 조직의 다른 부문에서 이루어지는데, 기업전략은 스텝조직(최고경영자, 종합기획실 등)에서, 사업부전략은 개별사업부단위에서, 기능별전략은 대부분 사업부 전략이 수립된 이후 각각의 기능별조직에서 실시된다(장세진, 1996).

[그림 3-2] 경영전략의 유형

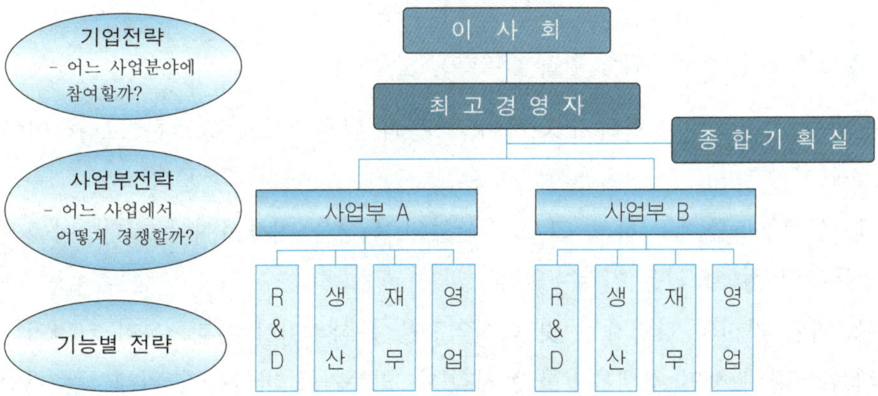

<출처 : 장세진, 경영전략(1996)>

● 경영전략의 필요성

앞의 정의에서 제시하였던 것처럼, 경영전략은 희소한 경영자원을 배분한다는 점에서 중요하다. 대부분의 기업은 시간, 자금, 인력 등의 희소한 경영자원을 배분해야 하는 의사결정에 직면하고 있다. 또한 경영전략은 경쟁상황을 가정하고 있으며, 경쟁상황에서 어떻게 자신에게 경쟁우위를 가져다 줄 수 있는가를 체계적으로 분석하게 하는 구체적인 사고방법이다(장세진, 1996). 또한 경영전략이란 어떻게 하면 경쟁자에 비해서 경쟁우위를 가질 것인가 하는 문제이며, 효율적인 방법으로 경쟁자에 비해서 그 기업의 경쟁우위를 상승시키는 노력이라고 볼 수 있다. 그러므로 나날이 경쟁이 치열해지는 환경 속에서 우리는 항상 경쟁상황에 직면하고 있으며, 이러한 현대사회 속에서 살아남기 위해 기업은 경쟁우위를 창출해야 하며, 경쟁우위의 창출을 위하여 경영전략은 필수적이라고 할 수 있다.

2) 경쟁우위의 개념 및 원천

앞에서 우리는 경영전략의 개념과 필요성에 대해서 알아보았다. 기업이 복잡하고 급변하는 환경 속에서 살아남기 위한 방법인 경영전략을 수립하는 이유는 경쟁우위를 창출하기 위함이다. 전략을 수립하는 가장 중요한 목적은 경쟁자에 대하여 보다 높은 경쟁우위를 유지하는 것이기 때문이다. 여기에서는 경쟁우위의 개념과 원천을 살펴보기로 한다.

● 경영전략과 경쟁우위

기업의 경영전략을 수립하기 위하여, 다음과 같은 3가지 요소를 고려하여야 한다(장세진, 1996).

첫째, 산업구조를 분석하고 그 개별산업의 특성을 이해하여야 한다. 이를 통하여 각 산업특유의 성공요인을 알 수 있다.

둘째, 기업 자신의 경영자원 및 핵심역량을 분석하여야 한다. 우리 기업이 경쟁사에 비해서 어떻게 하면 경쟁우위를 유지할 수 있는가를 파악하기 위해서는 기업이 가진 경영자원(기술력, 자금력, 마케팅 능력 등)과 기업의 조직구조, 문화, 최고경영자의 리더십에 대한 이해가 필요하다.

셋째, 경쟁사의 전략을 이해하여야 한다. 경쟁전략이란 적의 약점에 대해 자신의 강점을 집중하는 것이기 때문에 경쟁사에 대한 깊은 이해가 필요하다. 즉, 경쟁전략은 경쟁기업의 행동에 따라 달라질 필요가 있다.

이와 같이 산업구조 및 경영자원에 대한 분석, 자사가 가진 핵심역량에 대한 분석, 경쟁사의 경쟁전략 및 경쟁우위에 대한 분석이 행해져야만 성공적인 경쟁전략의 수립을 할 수 있게 된다. 즉, 경영전략의 궁극적인 목적은 경쟁우위를 확보하기 위한 것이다.

이러한 경쟁우위는 크게 두 가지 방향에서 발생된다.

첫째, 경쟁우위는 기업 외부로부터 발생한다. 정부규제의 완화, 환율의 변동 등과 같은 기업 외부환경의 변화는 경쟁우위를 발생시키는 주요 요인이 된다. 일반적으로 산업내 외부환경의 변화가 심해질수록 기업의 상대적인 경쟁우위의 변화는 심해진다. 왜냐하면 보유하고 있는 경영자원이 서로 다르므로, 환율이나 유가변동에 따른 충격이 기업마다 다르기 때문이다. 또한 환경의 변화에 기업이 어떻게 대응하는가에 따라서 경쟁우위가 달라지기도 한다. 불규칙한 시장의 변화에 민첩하게 대응할 수 있는 능력은 기업이 경쟁우위를 창출하는데 아주 중요한 요인이 되기 때문이다.

둘째, 경쟁우위는 기업 내부에서 발생한다. 기업 내부의 새로운 혁신을 통하여 경쟁우위가 창출된다. 기업이 기술혁신을 통해서 신제품을 만들어 내거나, 혁신적으로 원가를 줄일 수 있는 방법을 개발하는 등의 혁신을 이루어낼 때, 기업에게는 상당한 경쟁우위가 발생한다. 이러한 전략적 혁신은 기업에게 경쟁우위를 발생시킬 뿐만 아니라, 산업구조자체를 변화시킨다.

● 경쟁우위의 원천

포터(Porter)는 기업의 경쟁우위를 경쟁적 시장에서 산업평균 수익율보다 지속적으로 높은 수익율을 올릴 수 있게 하는 힘이라고 정의하였다. 이러한 기업의 지속적인 경쟁우위를 창출하는 원천은 기업의 핵심역량(core competency)라고 할 수 있다. 핵심역량이란 기업이 보유하고 있는 내부역량으로서 경쟁사와 차별화될 뿐만 아니라 사업성공의 핵심으로 작용하는 경쟁우위의 원천이다. 기업의 핵심역량은 다양한 형태의 유형 및 무형자원과 조직능력에 기반을 두고 있다. 핵심역량은 사용한다고 해서 없어지지 않으며, 지속적인 학습과 공유를 통해 더욱 향상될 수 있다. 다음 [그림 3-3]은 경쟁우위와 핵심역량과의 관계를 나타내고 있다.

[그림 3-3] 경쟁우위의 원천

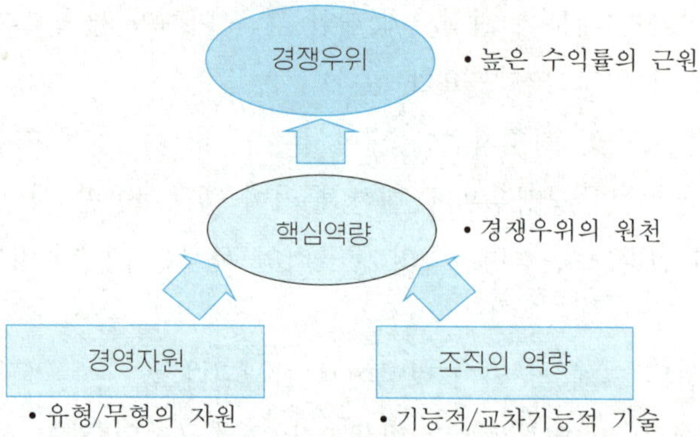

이처럼 기업경쟁우위의 근원이 되는 기업의 핵심역량을 파악하기 위한 요건은 다음과 같다.

첫째, 핵심역량은 경쟁사 대비 차별적 우위가 있어야 한다. 즉, 경쟁사에 비해 우월한 상대적인 능력을 의미한다.

둘째, 핵심역량은 가치창조에 기여할 수 있어야 한다. 즉, 더욱 더 효율적으로 고객에 대한 가치를 높이고 전달하여야 한다.

셋째, 핵심역량은 경쟁사가 쉽게 모방할 수 없는 희소성이 있어야 한다. 즉, 개별기술 뿐만 아니라 다양한 경영자원과 조직능력에 의해 복합적으로 구성되고 집단적으로 학습될 때 모방하기가 더욱 힘들어진다.

넷째, 핵심역량은 다른 사업으로의 적용가능성이 있어야 한다.

● 경쟁우위의 유형

기업의 경쟁우위는 크게 두 가지 방법으로 구분할 수 있다.

첫째는 비용우위(cost advantage)로써 동일한 제품 및 서비스를 경쟁사보다 낮은 비용에 제공하는 방법이다. 이를 위하여 효율적인 규모의 설비투자, 제작이 용이한 제품디자인, 간접비와 연구개발비용의 통제가 이루어져야 한다.

둘째는 차별화우위(differentiation advantage)로써 경쟁사와 차별화된 제품과 서비스를 차별화하는데 소요된 비용 이상의 가격(프리미엄)을 받고 제공하는 것을 의미한다. 이를 위하여 브랜드, 디자인, 광고, 서비스와 품질의 강조가 필요하다.

비용우위를 추구하는 기업은 비용선도자가 되고자 하며, 이를 위해서 비용우위를 만들어 낼 수 있는 요소들을 발견하여 이용하여야 한다. 차별화우위를 달성하기 위해서는 기업은 소비자들에게 차별화된 가치를 제공하여야 한다. 이 두 가지 경쟁우위를 추구하는 기업들은 시장에서의 포지셔닝이나 경영자원·핵심능력·조직상의 특성 등에서 상당한 차이를 보인다. [그림 3-4]는 경쟁우위의 유형을 나타내고 있다.

[그림 3-4] 경쟁우위의 유형

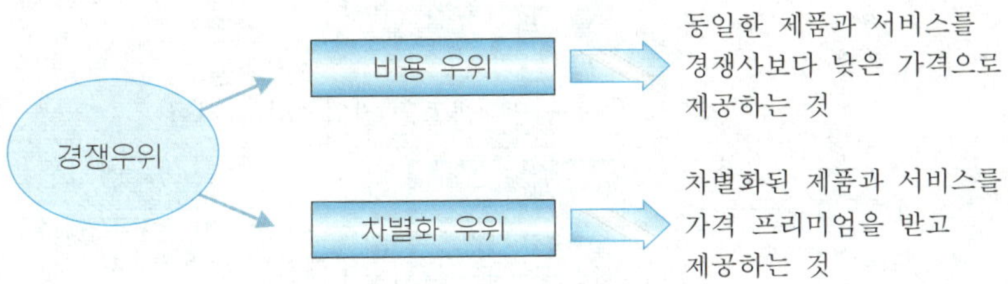

<출처 : M. Porter, Competitive Strategy, 1980>

3.1.2 경영전략 분석모형의 이해

앞에서는 경쟁우위의 원천 및 그 유형, 경쟁전략과의 관계에 대해서 알아보았다. 여기에서는 기업 내외부의 경쟁상황을 분석하고 이를 토대로 경영전략을 수립하는 프레임워크인 경쟁세력 모형과 가치사슬 모형에 대해 알아본다.

1) 경쟁세력 모형

포터는 모든 산업은 다섯 가지의 경쟁세력(five forces)들－공급자, 잠재적 진입기업, 대체품, 산업내 경쟁기업 등－에 의해서 산업의 경쟁정도가 결정되고, 이러한 세력들의 총체적인 힘이 산업에서 기대할 수 있는 궁극적인 이윤잠재력을 결정짓는다고 보았다. [그림 3-5]는 포터의 경쟁세력 모형을 나타내고 있다.

- **새로운 진입기업의 위협**

새로운 기업이 특정산업에 진입하게 되면 그 산업은 상당한 동요와 변화를 겪게 되는데, 특히, 새로운 제품과 새로운 시장으로 다각화를 시도하는 기업의 경우 그 정도가 더 심하다. 새로운 기업이 진입할 때의 강도는 진입장벽의 높이와 진입시에 기존의 경쟁사들이 보이는 반응에 따라 달라진다. 새로운 기업이 진입할 때 많은 자금, 인력, 기술 등을 필요로 하거나, 기존 경쟁사들의 심한 보복이 예상될 경우에는 진입장벽이 높아지므로, 새로운 기업의 진입위협은 상대적으로 감소하게 된다.

[그림 3-5] 포터(Porter)의 경쟁세력(five-forces) 모형

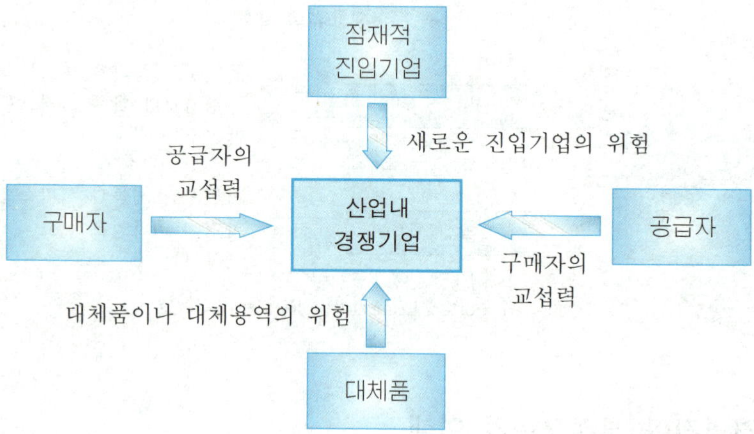

● **기존기업의 경쟁정도**

산업 또는 시장 내의 기존 기업들간의 경쟁은 흔히 유리한 위치를 차지하기 위한 가격경쟁, 광고경쟁, 신제품소개, 대고객서비스 등의 형태로 이루어진다. 이러한 여러 경쟁형태들 가운데서 가격인하를 통하여 경쟁을 하는 경우에는 경쟁기업 모두에게 수익성을 악화시키는 결과를 가져온다. 그러나 광고경쟁의 경우에는 수요증대 및 제품차별화 정도의 제고를 통하여 경쟁기업 모두에게 도움이 되기도 한다. 기존 기업들의 경쟁정도는 1) 경쟁기업의 수가 많은 경우, 2) 경쟁기업간의 시장점유율이 비슷한 경우, 3) 철수장벽이 높은 경우에 심화된다.

● **대체품의 압력**

특정 산업에서 경영활동을 하는 기업들은 넓은 의미에서 보면 대체품을 생산하는 산업이나 기업들과 경쟁을 벌이고 있는 것으로 생각할 수 있다. 대체품의 압력은 1) 대체품의 가격이 상대적으로 낮은 경우, 2) 혁신기술에 의해 대체품이 개발된 경우, 3) 고객의 선호가 이동되고 있는 경우에 증대된다.

● 공급자의 교섭력

공급자들은 특정산업에서 활동하는 기업들에 대해 가격인상, 판매하는 제품 및 서비스의 질을 떨어뜨리겠다는 등의 위협을 통하여 교섭력을 발휘할 수 있다. 공급자의 교섭력은 1) 소수의 대규모 공급자가 있는 경우, 2) 대체품이 없는 경우, 3) 제품이 차별화되어 있는 경우에 증대된다.

● 구매자의 교섭력

구매자들은 가격인하·품질향상·서비스 증대를 요구하거나, 경쟁기업들을 대립시켜 이득을 보는 행위 등을 통하여 기업과 일종의 경쟁을 벌이며, 이러한 구매자들의 행위는 산업이나 기업의 수익성을 감소시킨다. 구매자들의 교섭력은 1) 소수의 대규모 구매자가 있는 경우, 2) 제품의 차별화가 이루어지지 않은 경우, 3) 구매되는 물품이나 서비스가 구매자에게 중요하지 않은 경우에 증대된다.

2) 가치사슬 모형

가치사슬(value chain) 모형에서는 기업이 수행하는 활동들을 가치를 부가하는 일련의 상호 연관된 활동들로 분류하고 있으며, 이를 가치활동(value activities)이라고 한다. 기업이 수행하는 가치활동은 본원적 활동(primary activities)과 지원적 활동(support activities)으로 나누어진다. 본원적 활동은 가치를 부과하기 위하여 기본적으로 수행되는 활동으로서, 생산, 운송, 마케팅, 판매, 물류, 서비스 등과 같은 현장업무활동을 의미한다. 지원적 활동은 본원적 활동이 원활히 수행되도록 돕는 활동으로서 구매, 기술개발, 인사, 재무, 기획, 경영정보 등 현장활동을 지원하는 제반업무를 의미한다. [그림 3-6]은 가치활동으로 구성된 가치사슬을 나타내고 있다.

가치사슬은 독립된 활동들을 하나로 모아 놓은 단순한 형태의 집합체가 아니라, 상호관련된 활동들로 이루어진 시스템이기 때문에 가치활동들간에 상호보완적인 관계 및 상호모순적인 관계가 작용한다. 그러므로 경쟁우위를 얻기 위한기업의 전략은 각 가치활동들간의 관계와 기업의 목표를 고려하여 어떠한 가치활동에 더 높은 우선순위가 주어져야 하며, 이러한 가치활동에서 경쟁우위를 도출하기 위해서는 전산화 또는 정보화 등의 투자가 수반되어야 하는지를 전략적인 차원에서 파악하여야 한다.

[그림 3-6] 가치사슬 모형

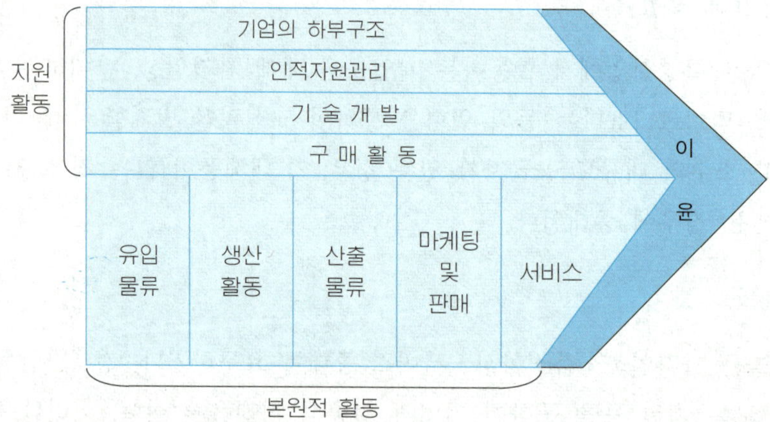

또한 기업의 가치사슬은 개별 기업의 가치사슬에 그치는 것이 아니라 공급자, 유통업자, 구매자에 이르는 가치사슬의 흐름을 구성하는데, 이것을 가치시스템(value system)이라고 한다. 가치시스템은 원재료, 부품, 서비스 등을 제공하는 공급자의 가치사슬과 제품과 서비스를 구입하는 구매자의 가치사슬을 통해 가치가 부가되는 경로를 설명해준다. 각 기업은 가치시스템을 이용하여 공급자와 소비 유통채널의 활동들의 관련성을 파악하고, 이를 토대로 공급자 관계에서의 경쟁우위의 원천, 구매자 관계에서의 경쟁우위의 원천을 파악할 수 있다.

3.1.3 경영전략과 정보시스템

기업에서 활용되었던 초기의 정보시스템은 생산자의 관점에서 효율적인 내부통제에 중점을 둔 시스템이 대부분이었다. 그러나 점차 정보기술을 활용하는 것이 단순히 기능적인 측면에서의 효율성 제고나 단기적인 비용절감뿐만 아니라, 장기적으로 기업의 성과를 증진하고 경쟁우위를 확보하기 위한 수단으로 인식되게 되었다. 즉, 정보시스템은 복잡해진 경영환경을 분석하고, 경쟁위협에 대한 대응방안 및 새로운 경쟁유형을 주도하기 위한 수단으로 자리잡았다.

따라서 기업의 경쟁우위를 창출하고 유지하기 위한 방법들 중에서 정보시스템의 활용은 매우 중요한 영역을 차지한다. 다음 부분에서는 이러한 정보시스템을 전략적으로 활용에 관한 전반적이고 상세한 내용을 살펴보겠다.

3.2 전략정보시스템(SIS : Strategic Information System)

3.2.1 전략정보시스템의 개념

전략정보시스템(SIS: Strategic Information System)이란 기업의 경쟁전략을 지원하고 구현하는 정보시스템으로(Wiseman, 1985), 간단히 말해서 기업이 전략적 우위를 점하기 위한 목적으로 이용하는 정보시스템을 말한다. 초고속 정보화 시대에서 경쟁하고 있는 기업들에게는 이제 정보시스템이 단순한 자료처리를 위한 도구가 아닌 새로운 사업과 경영의 기회를 제공하는 전략적 무기라는 사실이 당연시되고 있다.

Earl(1989)은 정보시스템이 전략정보시스템으로서의 본질적 역할인 전략적 무기가 되는 방법을 다음과 같은 4가지로 제시하고 있다.

◇ 경쟁우위의 확보
◇ 생산성 및 업무성과의 개선
◇ 새로운 경영과 조직화 방식의 제공
◇ 신규사업의 개발

첫째, 경쟁우위의 확보란 정보시스템을 활용하여 산업 내 여러 경쟁자를 제어한다는 것이다. 1977년 Merillnch사의 경우, 신용카드와 가계수표, 증권카드를 하나의 구좌로 묶는 CMA상품을 발표하면서 증권업과 은행업 간의 경계를 무너뜨려 70%에 이르는 시장점유율을 보유하게 되었다. 이는 복잡한 DP(Data Processing)와 통신기술 간의 연계를 가능케 하는 정보시스템이 없이는 불가능한 일이었다.

둘째, 생산성과 업무성과의 개선은 정보시스템을 활용하여 기업의 생산성 및 업무의 비약적 발전을 이루고자 하는 것이다. 일본의 7-11사는 가맹점과 도매점, 제조업체 본부를 연결하는 종합점포정보시스템 개발로 물류비용을 크게 절감시키고 유통구조를 혁신함으로써 소매업계의 선두가 되었다. 결국 생산성의 개선은 경쟁우위와 접목되어 있다.

셋째, 새로운 경영과 조직화 방식의 제공은 정보시스템을 통해 기존의 경영방식을 획기적으로 변화시키고자 하는 것으로, 실제 정보시스템은 지금까지 지속적으로 조직의 구조를 진화시키는 역할을 담당해 왔다. 과거 발전된 정보시스템이 없었을 경우 하나의 프로젝트를 위해서는 필요한 각 부서의 직원들이 한자리에 모여 작업을 해야 했으나, CAD/CAM, 전자회의(electronic conferencing), EDI(Electronic Data Interchange) 등의 개발 이후에는 언제 어디서든지 다른 부서의 사람들과 항상 연결할 수 있게 됨으로써 새로운 조직구조가 가능해지고 업무방식도 새로워지게 되었다.

넷째, 신규사업의 개발은 정보시스템의 진보를 통해 기존에 없었던 새로운 사업이 창출됨을 의미한다. B2C, B2B 등과 같은 전자상거래(clectronic commerce)나 가상기업(virtual organization) 역시 광범위한 커뮤니케이션 네트워크인 인터넷의 비약적 발전이 없이는 이룰 수 없었던 새로운 신규사업이며, 이는 정보시스템이 날로 급변하는 현대사회에 있어 매우 중요한 정보시스템의 역할이다.

3.2.2 전략정보시스템의 배경

1950년대 북미지역을 중심으로 기업활동에 컴퓨터를 활용하기 시작한 이래로 1960년대에 접어들면서 범용 메인프레임(mainframe)의 등장과 함께 컴퓨터의 활용은 보다 본격화되었다. 하지만 이 당시에는 정보시스템이 조직 인프라스트럭처의 아주 본질적인 한 부분인 아닌 반복적인 거래 데이터를 처리하는 하나의 보조적인 관리부문으로 간주되었다. 즉 경영지원을 위해 필요한 정보를 제공하고 자원을 효율적으로 활용하는 보조기능으로, 보다 상위의 전략을 실행하고 관리하기 위한 보조적인 인프라스트럭처로 간주된 것이다. 동시에 이러한 정보시스템에 대한 투자는 조직의 전략적 추진력을 재설계 할 수 있는 경영상의 투자이기보다는 관리비용으로 고려되었다(Venkatraman, 1992). 이러한 데이터 처리를 담당한 정보시스템은 EDPS(Electronic Data Processing Systems)라는 이름으로 불리어 졌다.

이후 1970년대에 이르러서는 기업의 많은 중간관리자 또는 의사결정자들이 기업하부의 거래처리시스템으로부터 발생되는 데이터로부터 경영의사결정에 도움이 되는 정보를 얻고자 하였고 결국 MIS(Management Information Systems)로 특징지워지는 컴퓨터 시대를 맞게 되었다. 더불어 MIS의 주기능인 정형화된 경영정보를 제공하는 기능을 넘어서서 경영 의사결정에 직접적인 도움을 주는 보다 진전된 기능을 하는 의사결정지원 시스템(DSS: Decision Support Systems)의 보급이 본격화되었다.

<표 3-1> 시대별 정보시스템의 유형과 특성

시 대	정보시스템 유형	목 적	정보의 개념
1960년대	거래자료처리시스템 (EDPS)	거래 자료의 효율적 처리	정보에 대한 가치보다 기업 활동상 처리해야만 하는 실체로서 인식
1970년대	의사결정시스템 (DSS)	의사결정 과정의 체계화로 효과적 문제해결 지원	특정문제 상황에 적합하게 가공된 유용한 정보
1980년대	전략정보시스템 (SIS)	정보시스템의 활용을 통한 전략적 우위 확보	경영전략의 주요한 도구

<출처 : 김성근 등, 1997>

<표 3-2> 전략정보시스템의 특성

요 소	DP시대의 정보시스템(IT)	전략적 정보시스템
IT에 대한 재무적 시각	비용	투자
IT의 사업적 역할	지원역할	핵심적 역할
IT의 응용방향	전술적	전략적
IT의 경제적 환경	중립적	우호적
IT의 사회적 영향	제한적	포괄적/광범위
IT에 대한 MIS적 사고	전통적	창의적
IT의 이해자 집단	소수	다수
IT에 포함된 기술	컴퓨팅	복합적
IT에 대한 경영층의 태도	권한이양	리더십 차원의 참여

<출처 : Earl, 1989>

이렇게 기업의 컴퓨터 활용이 EDPS 혹은 TPS(Transaction Processing Systems) 시대에서 MIS시대를 지나 DSS시대로 접어들 무렵인 1970년대 후반부터 상당수 기업들이 시장에서의 기존 거래관행을 혁신적으로 변화시키는 방식으로 정보시스템을 이용하기 시작했다. 이 시기부터 정보시스템의 활용이 직접적으로 기업의 경쟁력과 경쟁기반에

영향을 주게 되었으며, 자연히 정보시스템이 기업의 전략적 무기가 될 수 있다는 인식이 업계에 확산되기 시작했다. 초기의 대표적인 사례가 바로 미국의 American Airline 항공사로서, SABRE라는 자동예약시스템을 미국 전역의 여행사에 보급함으로써 기존의 항공권 유통경로를 장악하게 되는 과정이 점차 업계에 소개되기 시작하자 본격적인 전략정보시스템에 대한 관심이 고조되었다.

최근에는 기존의 주어진 경쟁적 환경 하에서 전략적 우위를 점하기 위한 목적으로 정보시스템을 이용하는 단계를 넘어서서 오히려 정보시스템을 통해 역으로 새로운 사업의 기회를 창출하고 있는 실정이다. 급변하는 인터넷 환경 하에서의 정보시스템으로 인한 다양한 사업기회의 창출에 대해서는 후반부에서 보다 자세히 살펴보기로 한다.

3.2.3 전략정보시스템의 역할

전통적인 정보시스템의 역할은 단지 경영지원을 위해 필요한 정보를 제공하는 보조적인 역할에 한정되어 있었다. 그러나 최근 정보시스템은 투자비에 비해 그 성과가 괄목할 만하고, 또한 시간이 흘러도 기술상의 흐름이 단절되지 않고 이어지는 연계능력으로 시장의 차별화 우위를 획득하게 하고 경쟁력을 유지하게 하는 핵심적인 역할을 한다. 이러한 전략정보시스템의 핵심적 역할을 조직의 수준별로 살펴보면 다음과 같다.

1) 내부 관리 및 통제

전략정보시스템은 내부운용, 관리통제, 계획활동을 지원해줌으로써 기업의 존속과 성장에 기여하는 목적으로 운영된다.

◇ 개인수준　구조화되거나 구조화되지 않은 업무에 대해 보다 나은 정보를 제공하고 의사결정을 지원한다. 미국 스낵 제조업체인 Frito Ray사는 변화하는 시장과 소비자 욕구에 민첩하게 대응하기 위해 세일즈맨의 사무작업을 감소시키고 세일즈 활동에 주력하게끔 신속하고 정확한 판매정보를 세일즈맨의 HHC(Hand Held Computer)를 통해 공급했다. 결과적으로 세일즈맨의 거래처나 고객에 대한 판매 서비스의 기본 방법이 변화하게 되었고, 스낵 식품 제조 및 판매에 있어 시장점유율이 40% 이상 늘어나게 되었다.

◇ 업무그룹수준 업무를 조정하고 그룹별 업무를 지원하는 기능을 한다. 전략정보시스템으로 인해 조직은 업무가 발생될 때마다 이를 처리하기 위한 에드호크팀(ad hoc team)을 조직하여 운영할 수 있다. 이로 인해 조직은 비용절감이나 효율성면에서 성과를 증대시킬 수 있게 되었다.

2) 조직간 수준

EDI 등과 같은 조직 연결기능의 발전으로 전자적 통합과 이로 인한 사업 프로세스 상의 변화를 도모한다. 역사적으로 규모가 크고 복잡하면서 동시에 신축성 있는 기업조직은 거의 없었다. 하지만 정보시스템을 기반으로 조직간 연계를 통해 네트워크화된 기업들은 그 조직의 복잡성과 규모를 증대시킴과 동시에 대응성을 잃지 않게 한다 (Rockart & Short, 1992). 즉 기업들은 앞서 언급된 조직 내 가치사슬을 서로 공유하거나 통합함으로써 시장력은 더욱 중시되고 전통적인 조직계층(hierarchy)의 중요성은 약화되고 있는 것이다. Ryder Truck사의 경우 Ford Motors와 같은 몇 개 주요 대기업의 수송부만을 전담하고 있고 Fedex사의 경우에는 멤피스에 위치한 IBM지사의 보수용 부품재고 관리만을 담당하고 있다.

[그림 3-7] 조직수준별 전략정보시스템 활용 주체들

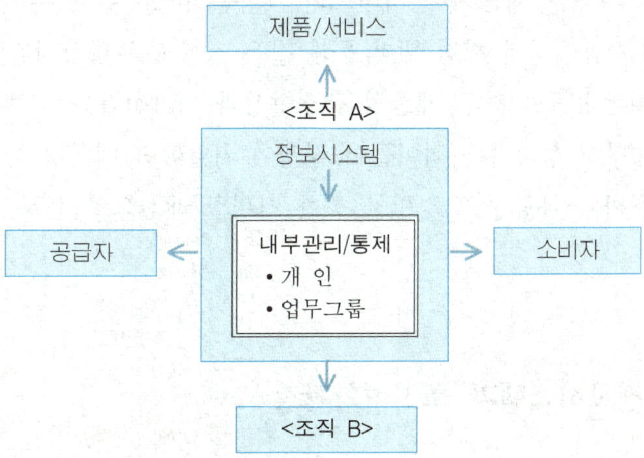

3) 소 비 자

기업은 정보기술을 이용해 소비자에게 보다 효과적인 서비스를 제공해주고 소비자와의 관계를 더욱 긴밀히 유지할 수 있게끔 서비스 지향 환경을 구축해 준다. 화물운송업체인 Fedex사는 COSMOS로 대표되는 데이터베이스 관리시스템을 도입하여 수화물이 적재되어 배달될 때까지의 전 과정을 통제할 수 있게 됨으로써 소비자에게 익일아침배달이라는 기본적 전략을 달성했다. 이로 인해 Fedex사는 신뢰도와 정확성을 인정받아 항공화물 운송산업에서 시장점유율을 확장시킬 수 있게 되었다.

4) 공 급 자

공급자와의 관계에서 기업이 얼마나 전략력 우위를 가지느냐 하는 것은 기업의 성과에 있어 매우 중요한 요소이다. 따라서 기업은 정보시스템을 활용하여 공급자에 대해 교섭력 파워를 가지거나 구매비용을 줄이고자 한다. 일본의 가정용품 제조회사 중 대표적 기업의 하나인 KAO사는 급변하는 시장상황에 대처하기 위해 낮은 가격으로 고품질의 제품을 공급하고자 '제조업체⇒1차도매상⇒2차 도매상⇒소매상⇒소비자'였던 유통구조를 도매상 연합을 구성하여 단순화했다. 이것을 가능하게 했던 것이 바로 KAO의 물류 정보시스템이었다.

5) 제품 및 서비스

정보시스템을 이용해 제품이나 서비스의 내용을 바꿀 수 있는 것으로, 최종제품 디자인이나 최종 가공에서의 결점 제거 등과 같은 정확도를 향상시킬 수도 있다. 일본 베어링 회사인 일본정공의 경우 제품의 품질향상과 원가절감을 위해 MAGMA시스템을 도입하면서 80년대 성숙기에 접어들어 경쟁이 치열했던 베어링 산업에서 제품코드 및 데이터의 표준화와 유통구조 정비를 통한 서비스 개선으로 선두적 입지를 굳히게 되었다.

3.2.4 전략정보시스템과 조직변화과정

정보시스템은 단순한 도구의 집합체가 아니라, 작업방식을 변화시킬 수도 있고 시간과 공간의 한계도 극복할 수 있는 훨씬 광범위한 개념으로 조직의 엔진과도 같다. 이는 정보 시스템이 어떤 전략적 영향력을 가지고 있음을 의미하는 것으로, Venkatraman

(1992)은 이러한 정보시스템을 도입하여 전략적으로 활용함에 따라 조직은 아래와 같은 5단계의 변화를 거치게 된다고 한다.

[그림 3-8] 전략정보시스템 도입에 따른 조직의 변화과정

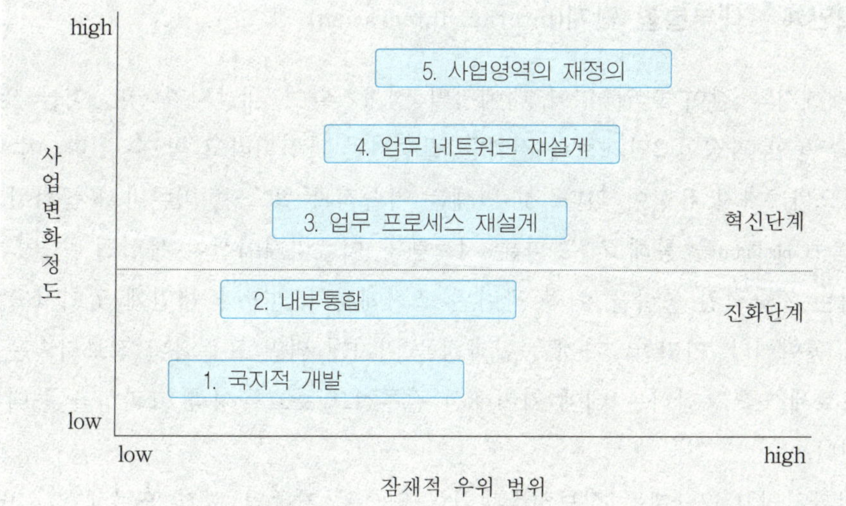

최근 전략정보시스템에 대한 주요 관심사는 사업에서 정보기술의 역할을 어떻게 재정립할 것인가, 어떻게 특별한 전략적 맥락과 연관된 어플리케이션을 개발할 것인가 혹은 활용 가능한 정보기술 능력을 어떻게 개발해낼 것인가 하는 것보다도 기업의 경쟁자와 다르게 조직 운영방식을 차별화하기 위해 사업을 어떻게 재설계하느냐 하는 것이다. Venkatraman은 이러한 전략정보시스템의 새로운 전략적 과제들을 5단계 사업 재설계 계층구조에 따라 분류한다. 이 단계들은 한 단계씩 순차적으로 진화하는 진화 모형이 아니라, 정보기술 역할에 초점을 맞추어 정보기술로 인해 사업이 어떻게 재설계되고 재구성되는가 하는 변화단계를 나타낸 것이다. [그림 3-8]은 2가지의 기본적인 차원, 즉 사업 재설계에서의 변화정도와 잠재적 우위의 범위를 기준으로 도식화한 도표이다.

1) 1단계 : 국지적 개발단계(Localized exploitation)

이 단계에서의 정보시스템은 전략적으로 제조공정이나 마케팅과 같은 하나의 독립된 사업활동에 있어서 효율성을 향상시키기 위해 도입된 것으로, 업무운영의 효율성

을 향상시키는 정보기술 어플리케이션의 개발 등이 포함된다. 이 단계의 어플리케이션은 운영상 서로 다른 영역에 영향을 주지 않고, 다만 어떤 특정기능의 목표(국지적)만을 성취한다.

2) 2단계 : 내부통합 단계(Internal integration)

1단계에서와 같이 단일 영역 내에서의 정보기술이 개발되었다면, 이들 영역간의 정보기술 통합 과정인 2단계로의 전환은 필수적인 과정이라고 할 수 있다. 이 때 통합에는 중요한 2가지 유형이 있다. 첫 번째는 기술적 통합으로, 이른바 표준화된 정보기술플랫폼(IT platform)을 통해 서로 다른 시스템과 어플리케이션이 통합될 수 있다. 다음 두 번째는 기술적인 통합을 이와 관련된 조직에서의 역할과 책임에 있어서도 통합하는 조직 통합이다. 이러한 2가지 통합과정을 거치게 되면 표준화된 정보기술은 조직의 사업 프로세스를 통합하는 데에 기여해서 결론적으로 효율성과 효과성을 증대시킬 수 있게 된다.

여기까지의 1, 2단계는 정보시스템의 도입으로 기존의 조직 프로세스가 변화하지는 않는 단계인데 반해, 다음 3, 4, 5단계는 정보시스템의 전략적 활용으로 사업 프로세스가 근본적으로 변화하는 혁신적인 단계라고 할 수 있다.

3) 3단계 : 업무 프로세스 재설계 단계(Business process redesign)

1단계와 2단계는 단순히 기존의 업무 프로세스에 정보기술을 덧붙인 것이라고 표현할 수 있다. 반면 3단계는 최적의 정보기술 인프라스트럭처를 설계하는 데에 있어서 기존의 업무 프로세스를 강제적인 전제조건으로 설정하여 기존 업무에 정보기술을 맞추어가는 것이 아니라, 정보기술기능을 최대한 발휘할 수 있도록 업무 프로세스 자체를 재설계해 나가는 단계라고 할 수 있다. 즉, 사업을 구축해 나갈 때 기본으로 가장 효과적인 방법이 무엇인가에 대해 다시 고려해 보는 단계이다.

4) 4단계 : 사업네트워크 재설계 단계(Business network redesign)

4단계는 제품과 서비스를 생산하고 전달하는 업무의 전 과정을 포함하고 있는 사업네트워크의 범위와 업무를 재설계하는 단계이다. 이 단계는 사업에서 중심이 되는 중심조직의 형식적인 경계선 내/외의 업무 모두를 포함하는 것으로 결과적으로 전자적 통합이라는 정보기술 능력을 통해 가상기업의 형태로 재설계된다.

5) 5단계 : 사업영역 재정의 단계(Business scope redefinition)

5단계에서 조직은 전통적 능력을 대체하는 새로운 정보기술을 통해 사업영역을 이동함으로써 새로운 시장이나 신제품을 개발한다. 이 단계에서 전략정보시스템이 창출할 수 있는 잠재력에 대해서는 아직 완전히 파악되지 않고 있으며, 많은 조직들이 이 단계를 시작조차 못하고 있는 실정이다.

3.2.5 디지털 환경에서의 정보시스템의 역할

21세기 글로벌 기업경영 환경에서는 더 이상 국가간 무역 장벽이 존재하지 않으며, 이는 바로 인터넷이라는 정보통신기술의 발달로 인한 변화이다. 이제 기업은 고객이 주도하는 정보화 시대에서 고객의 다양하고 차별화된 요구에 신속하게 반응하여 경쟁력을 지속적으로 갖추어 나아가야 한다. 세계적으로 디지털 기술로 인한 환경변화에 대응하기 위해서 선도기업들은 공급망관리(SCM: Supply Chain Management), CRM(Customer Relationship Management), KMS(Knowledge Management Systems) 등을 도입하여 경영 패러다임의 변화에 따른 경쟁우위를 획득하고자 주력하고 있다.

SCM은 공급자에서 고객까지의 공급망상의 정보, 물자, 현금의 흐름에 대해 총체적 관점에서 사슬간의 인터페이스를 통합하고 관리함으로써 효율성을 극대화하려는 전략적 기법으로, 이를 위해서 기업은 자재조달이나 생산계획, 주문처리, 재고관리, 운송, 보관, 고객서비스와 같은 활동들을 탐지하기 위한 정보시스템을 구축해야 하며 이를 전략적으로 활용할 수 있어야 한다. 특히 전자상거래 환경에서는 인터넷을 중심 매개로 하기 때문에 모든 참여자들이 디지털로 연결된 네트워크 안에서 협동적으로 활용할 수 있는 네트워크화 기술이 필수적이다.

또한 CRM은 기업이 보유하고 있는 고객 데이터를 수집, 통합, 가공, 분석하여 고객 개개인의 특성에 맞게 마케팅 활동 및 기타 경영 활동을 계획, 수행, 평가, 수정하는 일련의 과정들이다. 전자상거래 환경에서 기업이 경쟁우위를 유지하기 위해서는 이 같은 총제적인 고객관리가 필수적이며 이를 뒷받침해줄 수 있는 정보시스템 구축이 시급하다. 가령 CRM을 위한 운영활동으로 영업 프로세스와 마케팅 프로세스를 자동화해야 하며, 무선이동통신(mobile) 단말기를 이용한 고객지원활동 및 판매 지원활동도 지원되어야 한다. 더불어 고객에게서 생성된 데이터를 하나의 일관된 형식으로 저장하는 데이터 웨어하우스(data warehouse)나 Web-Mining, OLAP 등의 시스템이 필요하다.

21세기 지식사회의 도래 이후 기업 내 다양한 기능 그룹들 간에 정보와 지식을 자유롭게 이동시키고 공유하면서 각종 업무처리나 의사결정을 효율적이고 효과적으로 할 수 있도록 기업은 KMS를 구축하고 있다. 효과적인 KMS를 위해서는 조직 내 인트라넷이나 그룹웨어 같은 정보인프라가 기본적으로 구축되어있어야 한다. KMS를 통해서 기업은 조직메모리(Organizational Memory)를 가지게 될 것이며 메모리가 축적되면 이것이 결국 효과성과 성과로 연결되어 산업 내 타 기업에 비해 보다 우위를 점유할 수 있다. 결론적으로 전자상거래 환경에서 전략정보시스템이 구축되고 효율적으로 활용될 때에 기업은 새로운 전자상거래 환경에서 경쟁우위를 가질 수 있을 것이다.

1) 전략정보시스템의 활용사례

● 1970~1980년대 전략정보시스템의 역할

1970~1980년대 가장 대표적인 전략정보시스템 활용사례는 American Airline사의 예약시스템(CRS: Computerized Reservation Systems)인 SABRE와 Baxter-American Hospital Supply의 ASAP 시스템이다. 이 두 사례는 모두 정보시스템을 1단계의 국지적 개발을 목적으로 전략적으로 활용했으며, 이는 결국 정보시스템을 효과성보다는 효율성 측면에서 이용했음을 보여준다.

사례(1) : American Airline의 SABRE(Semi-Automated Research Environment) 사례

CRS가 도입되기 전에는 여행사들이 전화를 이용해 각 항공사에 예약을 했다. 예약을 할 때에는 발간된 비행기 스케줄을 보고 이용 가능한 좌석을 조회했다. 항공사에서는 수많은 예약 담당자들이 거대한 예약 보드의 예약 상황을 조회하고, 항공사 자체 예약 대리점에 최신 정보를 제공해 주었다. 이 같은 불편함을 해소하고 여행사 예약과 항공사로 이어지는 유통채널을 선점하기 위해 1976년 United Airline이 항공업계의 유통채널 장악을 선언함에 따라 AA 역시 이에 대응하여 유통채널을 장악하기 위해 주력하게 되었다. 하지만 AA가 먼저 SABRE라는 탑승객 예약 시스템을 최초로 개발하여 미국 서부지역을 장악하게 되고, UA 역시 3개월 후 APPOLO시스템을 개발하여 시카고를 중심으로 미국 동부지역을 장악하게 되었다. 이에 AA는 처음에는 무상으로 여행사에 시스템을 지원하고 co-host 협약(SABRE화면 상에 각 항공사들의 스케줄을 우선적으로 처리해주는 조건으로 요금을 수수)과 display bias(예약화면 출력순서를 AA에 유리하게 하는 방법 이용)라는 두 가지 운영체제로 전략적 우위를 점하게 되었다. 이후 경쟁사들은 불공정 협약에 대한 법적 소송과 유사한 CRS시스템 개발로 AA를 압박했지만, AA는 전략정보시스템의 필수요건이라고 할 수 있는 3가지 요건인 선제진입의 효과(first-mover advantage), 전환비용(switching cost 또는 lock-in effect), 진입장벽(entry barrier)으로 효과를 거두게 되었다.

여기서 주목할 점은 설사 CRS시스템이 경쟁우위를 획득하게 해주는 중요한 원천을 제공한다고 하더라도 모든 CRS가 전략정보시스템은 아니라는 것이다. 이 때의 경쟁우위는 그 배경이 되는 조직의 특정 전략이나 경쟁적 상황, 추진력 등을 고려할 때에만 가장 잘 이해되고 측정되어질 수 있기 때문이다. SABRE는 성공했지만, TWA의 PARS 시스템이나 Eastern Airline의 SODA, DELTA항공의 Dalas II, Mars Plus는 전략적 우위를 획득하지 못한 사례를 볼 때 이 점은 명확해 진다.

사례(2) : Baxter-American Hospital Supply의 ASAP System 사례

American Hospital Supply사는 의약품과 의료용품을 병원에 납입하는 제조유통업체로서 정확한 재고관리와 주문된 품목을 신속하게 배달하는 것이 관건이었다. 그러나 1960~1970년대 초창기에는 제조업자나 도매업자의 수발주업무를 수작업으로 진행함으로써 많은 시간과 비용이 소요되었고 오류도 빈번했다. 더군다나 1973년 오일쇼크로

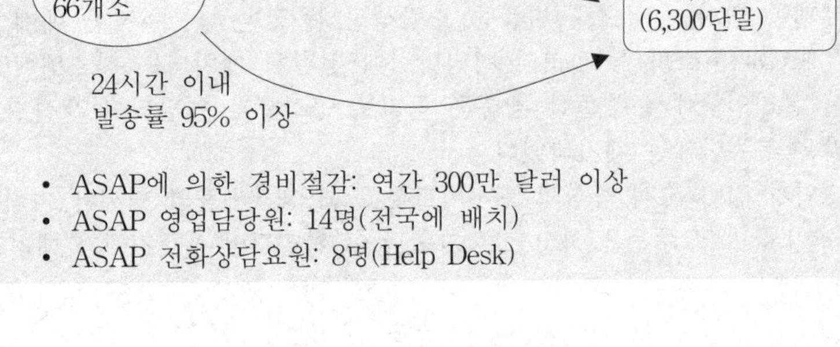

- ASAP에 의한 경비절감: 연간 300만 달러 이상
- ASAP 영업담당원: 14명(전국에 배치)
- ASAP 전화상담요원: 8명(Help Desk)

병원들이 경영난을 겪게 되자 American Hospital Supply사는 자사의 발주량도 늘리고 병원들의 경비도 감소시켜줄 수 있는 방안으로 병원과의 수발주 시스템을 본격적으로 구축하게 되었다. 그 결과 1970년대 중반 ASAP시스템이 개발되었고 이 시스템은 1985년 경쟁사인 Baxter사에 인수된 후 계속 발전되어 오고 있다.

이 시스템은 주문접수나 주문처리 활동 내에서만 정보기술을 국지적으로 이용했기 때문에 1단계에 포함된다. 물론 단순한 거래처리 시스템 수준이기는 하지만 회사의 경쟁력과 이익제고에 지대한 공헌을 했다는 점에 있어서는 전략정보시스템이라고 할 수 있다.

● 1990년대 디지털 기업으로의 변화

1990년대 인터넷이 보급되기 시작하면서 기존 경영방식은 이른바 디지털화되기 시작한다. 전략을 실행함에 있어 비즈니스의 보조역할을 수행했던 정보시스템은 이 시대를 거치면서 오히려 새로운 형태의 비즈니스 방식을 창출해 나가는 선도자로서 자리매김하게 된다. 본격적인 디지털화 시대인 21세기의 준비단계로서 1996년 이후에는 정보시스템이 비즈니스 프로세스를 재설계하는 3단계 역할을 함으로써 전략적 옵션들이 디지털 기술로 인해 크게 전환되거나 아울러 확장되기에 이른다.

사례(3) : Dell사 사례

1984년 자본금 1000달러로 설립된 Dell사는 컴퓨터 시스템과 관련된 제품들을 최종 소비자의 요구에 따라 주문 제작, 직접 판매하는 세계 최대의 업체로, 기존 컴퓨터 회사들이 전화나 팩스 등을 활용하여 운영하던 직접 판매모델의 운영방식을 인터넷을 활용하는 운영체제로 전환하여 새로운 직접판매모델을 완성시킴으로써 90년 이후 연평균 90% 이상의 급성장을 이루었다. 이는 컴퓨터를 통한 컴퓨터 판매방식으로 처음 시도 당시에는 획기적인 방식이었다. 과거 컴퓨터 판매업체들은 부품을 여러 협력 업체들에게서 계획에 의해 구입(buying to plan)함으로써 재고물량이 부족하거나 남거나 하여 재고관리에 어려움을 겪었다. 하지만 Dell은 공급 업체들과의 시스템 통합을 통해 매일매일의 수요와 공급 업체들의 납품량을 조절하는 JIT(Just-In-Time)를 실현했다. JIT는 고객의 주문을 빠르게 인식하여 필요한 만큼을 즉시 제공하는 체계를 말하는 것으로 다품종 소량생산, 품절발생의 철저한 배제, 물류비용의 절감, 재고의 최소화 등 Dell의 경영방식에 정확히 매치되는 시스템이었다. 이로써 고객이 온라인상에서 주문한 제품은 곧바로 공장으로 연결되어 생산됨으로써 불필요한 많은 유통단계는 제거되었다.

아래 그림과 같이 고객 중심의 웹사이트를 통해 최신제품의 명세와 가격이 제시되면 고객은 이를 보고 주문을 하고 고객의 신용이 확인되면 생산지시가 내려진다. 이때 주문정보는 온라인으로 전송되고 부품회사에 온라인으로 발주되면 필요 부품량은 자동 집계된다. 생산단계에서는 JIT로 부품의 재고가 최소화되고 주문 간격은 짧아지며 완제품의 재고는 없게 된다. 완성된 제품은 배송되며 고객이 직접 진행 현황을 확인할 수 있고, 중간 유통단계 없이 빨리 전달된다. A/S는 고객이 컴퓨터 구성 및 성능 강화를 위해 온라인으로 접근할 수 있다. 주문에서 선적까지의 시간은 36시간으로 경쟁사의 절반밖에 되지 않았으며 재고비용도 1/8 수준이었다.

1997년 개인용 웹사이트인 My Dell Service에서 출발하여 현재 기업 고객 웹사이트인 Premier Pages로 대체된 고객 맞춤형 서비스는 현재 5,000개 이상 구축되어 Dell고객 관리의 핵심이 되고 있다. 고객들은 다양한 정보와 자신이 원하는 시스템 사양을 직접 선택할 수 있고 Dell은 온라인을 통해 조회 및 구매를 함으로써 건당 3~5달러 정도의 비용절감 효과를 보고 있다(이창엽, 2000).

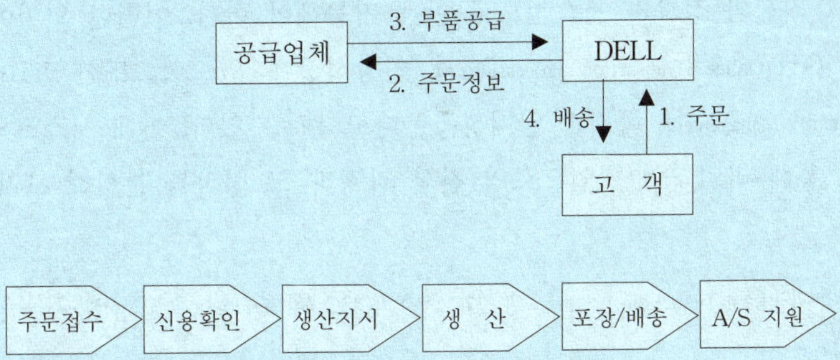

〈Dell의 온라인 주문생산 체제〉

● 21세기 리얼타임 기업(Real Time Enterprise)로의 변화

21세기에 접어들어 기업 경영환경이 급변하고 미래의 불확실성이 높아지면서 고객의 요구(need)를 신속하게 파악해 대응할 수 있는 프로세스가 시장 경쟁력을 좌우하는 시대가 도래 하였다. 이처럼 급변하는 환경 하에서 기업은 유연하면서도 신속하게 각 비즈니스 프로세스를 재정비, 융합해서 실시간 변화에 대응해야 한다.

> 비즈니스 프로세스 융합(business process fusion)은 적합한 정보를 필요로 하는 사람들에게 가장 신속하고도 적시에 제공하는 메커니즘으로, 정보를 제공받은 사람들은 적합한 피드백을 기업에 다시 제공하게 된다.
>
> \- Gartner 그룹의 부회장 Michael Gerrad

이처럼 실시간 고객의 요구나 변화에 대응하기 위해서 기업은 비즈니스 프로세스 융합을 통해 리얼타임 기업(real time enterprise) 형태로 개선되어야 한다. 리얼타임 기업의 원칙은 기업의 내부와 외부 시스템을 아우르는 전체 가치 사슬을 서로 연결할 수 있도록, 다시 말해서 프로세스 융합을 가능하게 하도록 자동화하는 것이다. 이를 위해서는 정보 시스템의 문제가 해결되어야 하는데, 리얼타임 기업 정보화는 데이터베이스(DB) 및 데이터웨어하우스(DW)를 중심으로 고객관계관리(CRM), 공급망관리(SCM), 비즈니스 인텔리전스(BI), 기업 어플리케이션통합(EAI) 등을 포괄하는 종합 IT 프로젝트로서 클라이언트 서버 환경의 정보 시스템을 웹으로 확장하는 것과도 맞물려 있다. 특히 기업의 하부 조직으로부터 최고 의사 결정자에 이르는 모든 정보와 지식이 실시간으로 공유되는 프로세스를 통해 기업 경쟁력의 기본을 개선해주는 것이 리얼타임 기업 정보화의 매력적인 요소다(전자신문 2003.12.31). 이처럼 프로세스 간 거래 기능은 즉시 처리되어야 하고 최신의 정보가 지속적으로 활용 가능해야 한다. 이러한 의미에서 리얼타임 기업은 OTP(Online Transaction Processing)의 연장선상에 있으며, 또한 JIT(Just-In-Time)와 TQM(Total Quality Management) 목적과 일맥상통한다고 볼 수 있다. 아래 시스코의 e-Finance 성공사례를 통해 리얼타임 기업으로의 진화 과정과 그 성과를 분석해 보자.

사례(4) : 리얼타임 기업(Real Time Enterprise)으로의 진화 - 시스코(CISCO)의 e-Finance 성공 사례

샌프란시스코 산호세에 본사를 둔 시스코 시스템즈(Cisco Systems, Inc.: 이하 시스코)는 1984년 스탠포드 대학 소속의 컴퓨터 과학자 렌 보삭(Len Bosack)과 샌디 러너(Sandy Lerner)가 공동 설립한 네트워크 업계의 대표적 글로벌 기업으로, 설립 후 지속적인 성장과 수익을 달성해 왔다. 업무 프로세스에 있어 제품설계와 개발은 직접 담당하며 제조는 파트너들과 네트워크 하에 사업을 수행하고 있다.

재무부문에서 시스코의 도전과제

1995년부터 2000년까지 50% 이상 연평균 성장률을 보인 시스코는 기존 재무조직이 14일의 사이클로 회계결산을 하는 방식으로는 증가하는 자료량을 감당할 수 없었다. 이에 결산 사이클을 1일로 줄인다는 목표 하에 '가상결산(virtual close)' 프로젝트를 추진하기 시작했다. 나아가 2000년 이후 정보기술 소비의 격감, 세계경제성장 둔화, 국제정치 분위기의 변화 등 외부적 도전을 받게 된 이후, 재무측정지표를 단순 결산 업무처리로 이용하는 수준을 넘어서서 이를 비즈니스 의사결정에 활용할 수 있는 진화가 요구되었다.

(1) 시스코 e-Finance 추진과정

가상 재무조직 창출을 위한 e-Finance의 구축은 재무조직의 사명임과 동시에 시스코 조직 전체의 맥락에서 벗어날 수 없으며, 정보기술의 활용이라는 측면에서 특히 정보기술 조직과 관계가 깊다. 따라서 e-Finance 구축을 통해 재무정보가 전체 조직 프로세

스와 연결하도록 정보시스템 지원과제가 우선적으로 해결되어야 할 당면 문제였다. 구체적으로 해결해야 할 첫 번째 문제는 표준화의 문제로, 이는 전사적 보고체계를 위해 시스코의 모든 사람들이 판매, 입력, 선적과 같은 주요 측정지표(metrics)에 대한 정보를 얻기 위해 활용할 수 있는 어플리케이션을 표준화하는 노력이다. 기존의 방식을 살펴보면, 예를 들어 유럽의 경우 판매 팀과 재무 팀은 각자 서로 다른 툴을 이용하여 제품의 선적을 추적했다. 그리고 선적과 판매 프로세스가 잘 이루어 졌는지에 대한 평가도 서로 다른 성과지표를 통해 판단했다. 따라서 e-Finance 구축을 위해서는 최적화된 한 가지 플랫폼을 기반으로 모든 프로세스 부문들이 단일한 툴 사용에 동의해야 하며, 수천 명의 사용자들을 재교육시켜야 하며, 전 세계 직원들 모두에게 있어서는 행동변화를 요구하는 프로젝트라는 점에서 쉽지 않은 과제였다.

(2) 시스코 e-Finance 의 정보시스템 측면에서의 성공요인

재무부문에서 시작된 프로젝트이지만 전반적인 조직의 변화를 요구하는 e-Finance 프로젝트는 존 챔버스 회장을 포함한 시스코 최고 경영진의 지원 하에 표준화된 플랫폼을 기반으로 인터넷 어플리케이션을 활용하여 성공적인 프로세스 리엔지니어링을 창출해내게 된다. 먼저 시스코는 시간과 비용 절감 그리고 자료 통합을 용이하게 하기 위해 네트워크와 시스템 표준화를 추진했다. 이 같은 하드웨어, 소프트웨어, 데스크 탑을 포함한 네트워크와 시스템 아키텍쳐의 표준화를 통해 전 조직이 툴을 공유함으로써 정보를 더 효과적으로 관리할 수 있게 되었다. 또 다른 성공의 원동력은 인터넷 웹 기반 어플리케이션이다. 1996년 이후 개발된 모든 어플리케이션은 웹 기반으로 이루어졌는데, 이는 정보의 질, 접근성, 적시성, 프로세스 연결성을 향상시키는 효과를 가져왔다. 예를 들어 웹기반 중역정보시스템(Executive Information System)인 eExec의 경우, 시스코 전략수립 시 중요한 요소인 판매, 수익과 반품에 관한 재무 측정지표와 디스카운트 그리고 표준 마진율에 대한 정보가 실시간 비주얼하게 임원진에게 제공된다. 이러한 정보는 일 단위, 월 대비, 분기 대비, 년 대비로 매일 업데이트 됨으로써 고객에게 제공되는 디스카운트와 마진의 변화에 회사가 보다 신속하게 대응하고 수익성을 유지할 수 있게 도움을 준다.

(3) 시스코 e-Finance의 의의

전통적인 재무 리포팅시스템에 인터넷 전략을 통합한 가상 재무시스템은 중요한 재무정보를 모으고 적시 적소에 전달하는 데 있어서 속도와 정확성을 향상시키게 되었다. 또한 회사 성과에 대한 지속적으로 업데이트된 측정지표를 제공함으로써 회사에서 현재 무슨 일이 벌어지고 있는지에 대한 정보를 제공해 준다. 나아가 시스코는 재무부문뿐만 아니라 주요 사업부분에 인터넷 역량을 활용함으로써, 2003 회계연도에 약 21억 달러의 IT 투자효과를 달성했다. 전사적으로 주요사업 부문에 인터넷 역량활용 및 IT투자를 통해 전사적인 e역량을 향상시켰으며, 시스템 어플리케이션들이 유기적으로 연계되면서 전사적 차원에서 정보 접근 리드 타임과 보고체계, 시간이 축소되는 프로세스 혁신이 이루어졌다. 구체적으로 웹기반의 고객지원의 자동화를 통해 지난 2000년대 초반까지 시스코는 온라인 상에서의 제품의 구성, 주문기능, 주문 상황 조회기능 및 판매 후 서비스 기능들을 구축하면서 인터넷을 통해 고객 지원 업무를 제공함으로써 전체

리드타임을 감소하고 필요인력을 최소화하는 성과를 거두고 있다. 또한 웹기반 공급망 관리를 통해 시스코는 핵심역량인 신제품개발과 도입에 집중하고, 제조는 선별된 계약 생산자에게 대부분 아웃소싱을 단행했다. 이에 따르는 제품의 품질 저하 문제를 해결하기 위해 주요 계약생산자의 생산라인에 시스코의 표준테스트과정을 포함하고 있는 테스트 셀을 설치하고, 테스트 셀을 통한 처리정보는 시스템을 통해 시스코 본사의 제조팀에서 실시간으로 파악, 관리하게 하였다. 이와 같이 시스코는 정보기술을 활용해 공급 사슬을 네트워킹 함으로써 가상공장을 창출할 수 있게 되었다.

(4) 리얼타임 기업으로의 도약

시스코는 1일 결산 시스템을 구축하여 본사와 전 법인을 대상으로 핵심 프로세스에 대한 정보를 웹 기반 하에 실시간으로 공유함으로써 리얼타임기업(Real-Time Enterprise)으로 진화하려는 노력을 지속하고 있다. 리얼타임기업은 실시간 정보를 토대로 기존의 정보기술 중심적인 사고에서 벗어나서 비즈니스 프로세스 지향적인 사고를 통해, 관리뿐만 아니라 실행 측면도 함께 고려하는 경영전략이다. 웹 서비스는 빠르고 끊임없이 변화하는 비즈니스 환경을 반영할 수 있어 리얼타임 기업을 실현할 수 있는 기반 인프라를 제공해준다. 국내 경우는 삼성전자, LG전자, 동부그룹, 포스코 등 글로벌 기업들과 금융통신업종에서 리얼타임기업 환경 구축을 향후 핵심 정보기술전략으로 삼고 있다. 아직 시범 프로젝트 위주로 추진되는 한계가 있지만, 궁극적인 리얼타임 기업이 구축된다면 기업은 수요변화추이, 경쟁사 움직임, 기업내부의 비효율적인 요소 등을 보다 신속하게 인지하고 대응력을 높이는 효과를 기대할 수 있게 될 것이다.

● 위키노믹스(Wikinomics)기반 플랫폼 전략(Platform Strategy) 대두

리얼타임 기업이 생산 조직 간의 경계를 무너뜨리고 프로세스 중심의 민첩한 경영활동을 이끌어 내었다면, 트위터(Twitter)나 페이스북(Facebook)으로 대표되는 소셜 미디어(Social Media)의 등장과 모바일 컨버전스는 생산자와 소비자, 개인과 조직 간의 경계를 무너뜨리고 있다. 온라인 상에서 불특정 타인과 관계를 맺을 수 있는 소셜 네트워킹 서비스(SNS: Social Networking Service)와 어플리케이션 시장이 활성화된 스마트 모바일 기술과 결합하면서 시간과 장소에 구애받지 않고 다양한 기능을 수행할 수 있는 "장(場)"이 마련되었다.

플랫폼 전략이란 이와 같이 관련이 있는 여러 그룹을 장(場) 즉, 플랫폼에 모아 다양한 기능을 제공하고 관계 형성을 통한 네트워크 효과를 창출하는 것이다(히라노 아쓰시 칼, 2011). 전통적인 플랫폼이라 할 수 있는 쇼핑몰, 잡지나 신문, 증권거래소 등 이외에도 최근 성공한 비즈니스 모델로 거론되는 페이스북, 스마트폰 어플리케이션 시장, e-Book 시장 등이 플랫폼 전략을 구현하고 있다.

이러한 움직임은 기업의 업무 방식과 생산 형태에도 영향을 미쳐, 중앙집중적인 정보시스템을 통해 이루어지던 기존의 업무 시스템에서 벗어나 직원들의 개별 블로그를 연계한 형태의 새로운 시스템이 도입되고 있으며, 스마트폰의 어플리케이션 스토어에서는 개별 개발자 또는 개발자 집단이 생산해 낸 매시간 다양한 기능의 어플리케이션들이 끊임없이 제공되고 글로벌하게 소비되고 있다.

사례(5) : 위키노믹스 기반 플랫폼 전략 대두 - 골드코프(Goldcorp Inc.)의 골드코프 챌린지 사례

1989년 투자회사 직원이었던 롭 멕이웬(Rob McEwen)은 캐나다 토론토에 소재한 오래되고 수익성 낮은 금광회사인 골드코프의 최대주주가 된다. 금시장이 불황기에 접어들고, 광산 운영비가 지나치게 높은 상황에서 대부분의 분석가들은 골드코프의 채굴지역인 레드 레이크(Red Lake) 광산이 고갈되었다고 판단하였고, 채굴작업은 거의 중단된 상태였다.

그럼에도 불구하고 레드 레이크 지역의 금 매장량이 상당하다고 판단하고 있었던 멕이웬은 1999년 MIT의 강연회에서 리눅스가 오픈소스 전략으로 세계적 수준의 컴퓨터 운영체제를 개발한 이야기를 들은 후 2000년 "골드코프 챌린지(Goldcorp Challenge)"를 개최하였다.

골드코프 챌린지는 골드코프에서 가장 소중하게 다루어지고 신중하게 보호되는 자원이었던 광산지역의 지질 데이터를 인터넷에 공개하고, 금 매장 지역을 찾는 댓가로 총 57만5천달러의 상금을 내걸었다. 직원들은 회사의 기밀인 지질 데이터를 공개하는 데에도 반기를 들었고, 얼마나 많은 사람이 상당히 전문적인 분석을 요하는 작업에 참여하겠느냐며 회의적인 시선을 보냈다. 그러나 예상보다 훨씬 많은 50개국 1,400명 이상의 전문 지질학자, 학생, 수학자, 군인 등이 골드코프 챌린지에 참가하였고, 이들은 금이 매장되어 있을 것으로 판단되는 110개의 지역을 찾아내었다. 후보지의 80%이상에서 실제로 금이 채굴되었다(돈 탭스코트, 앤서니 윌리엄스, 2007).

골드코프는 인터넷과 오프소스 플랫폼을 활용하여 탐사기간을 2-3년 단축시켰고, 생산량과 개발 비용에 있어서도 높은 성과를 거둘 수 있었다. 1996년 레드 레이크 광산의 연간 생산량이 5만 3,000 온스이고 1온스 당 개발비용이 360달러였던 데 반해, 2001년 연간 생산량은 50만 4,000온스, 1온스 당 개발비용은 59달러였다(토마스 L. 프리드만, 2006).

3.2.6 전략정보시스템 기회도출 방법론

전략정보시스템 기회도출 방법의 기본 프레임워크는 정보기술을 구체적이고 전략적으로 활용할 수 있는, 즉 전략정보시스템을 통한 경쟁우위 창출의 기회를 찾는 것이다. 아래에 제시된 3가지 방법은 개념적 프레임워크가 아닌 구체적이고 실용적인 도구로써 기업은 이 같은 방법을 통해 정보기술을 특정 분야에 적용하여 전략적으로 활용할 수 있다. 더불어 이러한 방법론들은 디지털 비즈니스 환경에서도 적극적으로 활용될 수 있다. 많은 사람들이 SIS는 전통적인 기업형태에만 통용되는 개념으로 오해하고 있지만, CRLC나 CSF 등과 같은 방법은 디지털 비즈니스에서 고객을 이해하고 욕구를 파악하는 데에도 적용할 수 있는 방법이다.

1) 고객중심 분석방법 : 고객수명주기법(CRLC)

고객수명주기법(CRLC : Customer Resource Life Cycle)은 고객이 제품이나 서비스를 획득해서 이를 처분할 때까지의 일대기를 표현한 것으로, 고객을 정보기술로 감동시켜 경쟁우위를 창출할 수 있는 기회를 창출하고자 할 때 그 기회를 찾기 위해 이용되는 고객중심의 분석방법이다. 제품이나 서비스를 고객이 선택하고 처분하는 단계를 총 13단계로 분류하고 이 중 어느 단계에서 고객이 가장 민감하게 반응하는지를 포착하고, 이 분야를 중심으로 전체 주기(cycle)를 시스템을 통해 관리하고자 하는 것이다. <표 3-3>은 고객수명주기 모형으로 이는 Ives & Learmonth(1984)가 Buhnstine의 연구모형을 발전시킨 것이다.

고객수명주기 모형은 특정 활동 또는 응용분야(예를 들어 마케팅 활동)에 대한 정보기술의 활용이 경쟁우위를 불러올 수 있는 지를 평가하는 데 유용하다. 또한 각 활동에 대해 적절한 질문을 던짐으로써 어디서 어떻게 정보기술이 경쟁우위를 불러올 수 있는지를 발견하게 하며, 각 활동에 대한 창의적 아이디어의 테스트도 가능하게 한다(Earl, 1989). 전통적으로 마케팅이나 판매활동에는 정보기술이 적극적으로 활용되지 않았지만 Ives & Learmonth의 CRLC 모형 이후 마케팅 분야에 정보기술을 적용할 수 있는 기회탐색 모형이 활용되었다고 볼 수 있다.

<표 3-3> 고객수명주기(Customer Resource Life-Cycle)

1. 요구(Requirement)	
요구사항 정립 (Establish requirements)	어느 정도의 자원이 필요한가? (예) '자동차를 살까?'라는 욕구 발생.
요구사항 명시 (Specify requirements)	요구되는 자원의 특성은 무엇인가? (예) 구체적으로 어떤 정보(브랜드, 색깔 등)가 필요한 지 생각.
2. 획득(Acquire)	
구입처 선택 (Select source)	누구에게서 자원을 획득할 것인가? (예) 어느 회사의 자동차를 살 것인가 선택.
주문 (Order)	어느 정도의 제품을 주문할 것인가? (예) 어느 수준의 자동차를 주문할 것인가?
승인과 지불 (Authorize and pay for)	제품에 어느 정도 지불할 것인가? (예) 어느 정도의 예산 수준에서 구입할 가를 생각
획득 (Acquire)	언제 어디서 어떻게 원하는 자원을 획득할 것인가? (예) 언제 어느 경로를 통해 어떤 방식으로 자동차를 살 것인가
검증 및 입수 (Test and accept)	획득한 제품이 구매사양과 일치하는지 어떻게 알 수 있는가? (예) 실제 자동차를 구입하여 원하던 사양과 일치하는 지 검증.
3. 수탁 및 보전(Stewardship)	
결합 (Integrate)	획득한 자원과 기존 자원을 어떻게 결합할 것인가? (예) 구입한 자동차를 실제 생활에 이용.
모니터 (Monitor)	획득한 자원을 어떤 방식으로 모니터할 것인가? (예) 구입한 자동차의 연비 등을 점검.
개선 (Upgrade)	상황이 변함에 따라 어떻게 자원에 가치를 증대할 것인가? (예) 구입 차량을 어떻게 개선할 것인지 생각.
유지보수 (Maintain)	필요한 경우 어떻게 자원을 보수할 것인가? (예) 자동차 결함 등이 발생했을 때 유지보수.
4. 처분(Retirement)	
폐기 (Dispose of)	더 이상 자원이 필요 없을 때, 어떻게 자원을 이전, 반품, 판매 또는 폐기할 것인가? (예) 자동차가 필요 없어졌을 때의 처분 방법.
회계 (Account for)	현재 자원에 어느 정도의 지출을 하고 있는가? (예) 처음 구입당시의 비용과 처분 비용 등을 고려하여 어느 정도의 비용이 소비되었고 효용은 어느 정도였는지를 생각해 봄.

각 단계별로 기업은 어떤 정보시스템을 활용하여 경쟁우위를 창출할 것인가를 생각해 볼 수 있다. 예를 들어 '획득'단계에서 고객이 원하는 자동차에 대한 구체적인 요구사항이 명확하지 않을 때에는 정보기술을 이용하여 시뮬레이션으로 원하는 자동차의 가상현실을 보여줄 수 있다. 또한 '유지보수'단계에서 구입한 자동차를 보수해야

할 때, 전국 통합정비 센터 시스템을 구축함으로써 고객의 편의를 보장해 줄 수 있다. 폐기단계에서는 연계 연동처리까지 담당하는 매매 중개 시스템을 구축하여 마케팅의 기회를 창출할 수도 있다. 이처럼 고객수명주기법을 활용하여 마케팅 영역에서 기업은 대고객 경쟁우위 창출을 위한 정보기술의 전략적 활용을 위한 기회를 찾을 수 있으며, 디지털 환경에서도 각 단계에서 고객이 원하는 바를 컨텐츠화 하여 개발할 수 있을 것이다.

2) 비전, 목표중심 분석방법 : 핵심성공요소법(CSF)

CRLC가 고객을 중심으로 전략정보시스템의 활용기회를 찾는 방법이라면 핵심성공요소법(CSF : Critical Success Factor)은 조직의 비전과 목표를 중심으로 조직에게 가장 핵심적인 경쟁우위 요소를 찾아내어 전략정보시스템의 활용기회를 찾는 방법이라고 할 수 있다. 즉 기업은 성공적인 경쟁전략을 도출하기 위해서 비전을 중심으로 조직의 내부환경과 외부환경을 분석하게 되는데, 이 때 내부환경을 분석하는 한 방법이 핵심성공요소 분석이다.

[그림 3-9] 비전과 목표중심의 CSF분석법

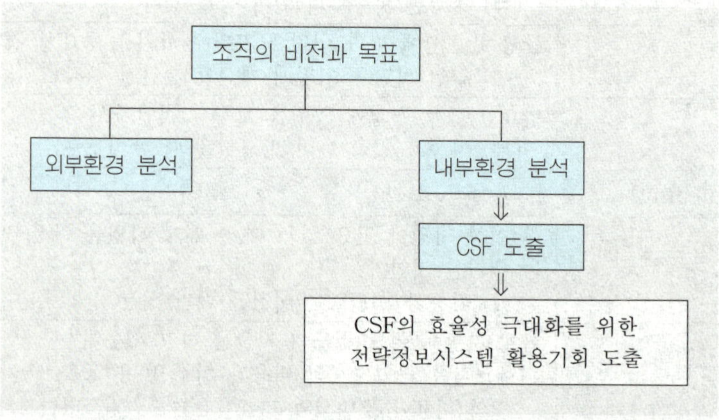

먼저 핵심성공요소란 '성공적으로 관리된다면 조직에게 성공적인 경쟁우위 결과를 가져다 줄 수 있는 제한된 수의 영역들로, 기업이 번영하기 위해서 올바로 수행되어야 하는 업무들을 포함한 몇 개의 주요 영역들'이라고 정의할 수 있다(Rockart, 1979). 기업은 핵심성공요소법을 통해 정보시스템 계획자들로 하여금 기업의 경쟁우위 점유에 결정

적인 정보를 선별하게 함으로써 적절한 의사결정 지원시스템을 구축하고 정보시스템 투자에 우선 순위를 결정하게 도와주는 역할을 한다. 이러한 핵심성공요소를 도출하는 방법에는 SWOT(Strength, Weakness, Opportunity, Threat)분석을 이용한 방법과 Needs분석방법 등이 있다(황재일, 1997).

● SWOT분석을 이용한 방법

SWOT분석을 이용한 경쟁요인모델에서는 자사의 내부역량을 분석하여 향후 나아가야 할 전략의 방향을 정한다. 예를 들어 자사의 강점이 기회가 될 때에는 그 강점을 극대화하는 전략을 취하고, 반대로 자사에게는 약점이지만 그것이 산업 내에서 기회요소가 될 때에는 약점을 보완하는 전략을 취한다. 이 같은 SWOT분석에 대비하여 SWOT 매트릭스를 이용하여 CSF를 도출할 수 있다.

[그림 3-10] SWOT 분석모델

	강점(Strengh)	약점(Weakness)
기회 (Opportunity)	강점극대화 전략	보 완 전 략
위협 (Threat)	위협극소화 전략	보완 및 약화전략

도출된 CSF를 위의 빈 칸에 차례로 채워 넣은 다음 각각의 연관성을 검토하여 연관성의 강도에 따라 아주 그런 경우와 보통인 경우, 그렇지 않은 경우를 표시한다. 이렇게 표시된 조합들 가운데 아주 강한 연관성을 지니고 있는 절대 성공요인을 표현하여 이를 정보시스템을 이용해 보완할 수 있는 기회를 찾아낼 수 있다. 예를 들어 은행에서 기회요소로 '금융서비스 요구증대'가 도출되고 자사의 약점이 '창구혼잡'이라면, 디지털 비즈니스로 전환하여 홈뱅킹 이용을 용이하게끔 전산화를 시도하는 등 정보시스템을 전략적으로 활용할 수 있는 기회요소를 찾을 수 있을 것이다.

[그림 3-11] SWOT 매트릭스

SWOT			기 회			약 점		
S : Strong Point W : Weak Point O : Opportunity T : Threat			O1	O2	O3	T1	T2	T3
강 점		S1	○		⊙			
		S2	○	○				
		S3		⊙				
약 점		W1					○	
		W2			⊙			
		W3						

※ 범례 ⇒ ○ : 연관성 보통 ⊙ : 연관성 높음

● **Needs분석을 통한 방법**

SWOT분석을 통한 CSF도출을 보완하기 위한 또 하나의 기법이 Needs를 통한 분석 방법이다. 이는 가치시스템 상에서 각 당사자들간[(예)당사→소비자, 소비자→당사]의 상호요구사항을 분석하여 열거한 뒤 서로 관련성이 발견된 분야를 CSF 후보요소로 규정하고 이에 대한 우선순위를 정하여 최종적인 CSF를 정하는 방식이다. 예를 들어 당사가 소비자에게 당사의 A/S에 만족해서 고객관계를 지속적으로 유지하기를 바라며, 소비자는 당사에게 신속하고 책임있는 A/S를 원한다면 이 두 요소는 서로 관련성 있는 분야로 CSF의 후보가 된다. 이후 우선순위를 정하는 과정에서 이 요소가 최종 CSF로 확정된다면 기업은 정보시스템을 적용하여 A/S를 담당하는 각 직원들에게 A/S 고객명단을 신속히 공급하거나 A/S에 필요한 부품 등의 자재를 즉각 조달하거나, 인터넷 상에서 A/S 진행상황을 보여주는 등 전략적으로 활용할 수 있다.

3) e-비즈니스 발전단계 분석법 : PWC e-비즈니스 4단계 분석법

오늘날과 같이 e-비즈니스가 기업이 따라야 할 필수적이고도 보편적인 비즈니스 모델이 된 시점에서 기업들은 자사만의 독특한 가치를 발견하고, 이를 고객에게 전달하는 새로운 방법을 찾지 않으면 안된다. 이를 위해 기업은 자신이 현재 e-비즈니스 단계 중 어느 단계에 위치해 있는 지를 인식해야 한다. 또한 SIS와 관련해서는 각 단계별로 기업은 각 단계를 수행하기 위해 필수적인 정보시스템 인프라를 구축해야 한다. 다음의 PWC가 제시한 'e-비즈니스 파노라마'는 기업이 자사의 e-비즈니스 단계를 점검하는 동시에 어느 방향으로 나아가야 하는 지를 제시해 줄 수 있다.

1단계 채널확대 단계는 기존 비즈니스 프로세스를 변경하고 새로운 비즈니스 프로세스를 창조하여 마케팅, 판매, 구매와 같은 유통채널을 확대하고자 하는 단계로, 주로 정보공유와 전자상거래를 위해 사용된다. 이를 위해서는 기존 오프라인 기업일 때의 정보시스템과 웹 판매 시스템과의 연동이 필수적이다.

2단계 가치사슬통합 단계는 e-비즈니스 활용단계로 가치사슬을 통합하는 수단으로 e-비즈니스를 이용한다. 자사의 가치사슬과 정보시스템을 통합하고 파트너 관계에 있는 공급업자나 물류업자 등의 가치사슬과도 통합한다. 이를 위해서는 파트너 각자가 사용하고 있는 각종 애플리케이션 간에 연계성이 보장된 전사적 가치네트워크가 구축되어야 한다. 이러한 통합이 완성되면 통합관계에 있는 관계자들 사이에는 ERP(Enterprise Resource Planning)시스템을 통해 원가와 생산일정에 관한 정보가 실시간으로 공유될 것이다.

[그림 3-12] e-비즈니스 파노라마

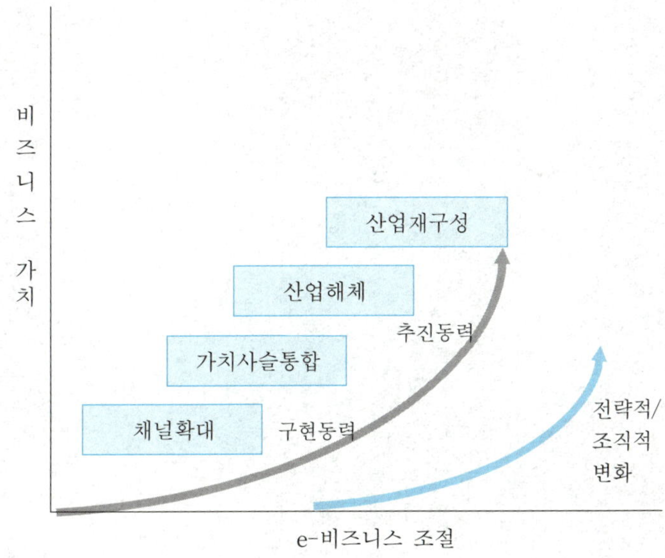

3단계 산업해체 단계에서 기업들은 기존 산업을 해체하고 새로운 가치를 창출하고자 한다. 2단계의 통합으로 각 기업의 비즈니스 프로세스가 비슷해지면 기업들은 상대방 기업이 더 강점이 있는 가치사슬의 일부를 이용해 운영하고자 한다.

즉 이 단계에서의 경쟁력의 관건은 누가 가장 경쟁력 있는 사업 파트너를 모으고 이를 통합하여 운영하는 가하는 것이다. 3단계의 전략정보시스템으로는 마케팅과 고객 서비스와 관련하여 방대한 데이터를 처리하는 데이터베이스 관리기술과 파트너와의 원활한 통신서비스를 제공하는 초고속 백본망 구축이 요구된다.

다음 4단계 산업재구성 단계는 서로 다른 산업에 속했던 기업들이 이제 공통의 고객에게 제품과 서비스를 제공하기 위해 결집하는 단계이다. 그 사례 가운데 하나가 AOL과 타임워너의 합병이다. AOL의 인터넷 서비스와 타임워너의 영화, 서적 등의 컨텐츠가 합쳐져 한 차원 높은 고객 맞춤 서비스를 제공하게 된 것이다. 이 단계에서 고객 충성도는 비약적으로 증폭되게 된다.

주요용어

- ⊡ 전략(Strategy)
- ⊡ 경영전략(Business strategy)
- ⊡ 경쟁우위(Competitive advantage)
- ⊡ 포터의 경쟁세력 모형(Five force model)
- ⊡ 가치사슬모형(Value chain model)
- ⊡ 전략정보시스템(SIS : Strategy Information System)
- ⊡ 고객수명주기법(CRLC : Customer Resource Life Cycle)
- ⊡ PWC e-비즈니스 4단계 분석법
- ⊡ 핵심성공요소법(CSF : Critical Success Factor)

복습문제

1. 전략이란 무엇인가?
2. 경쟁우위의 유형은 어떠한가?
3. 포터(Porter)의 경쟁세력모형을 설명하시오.
4. 가치사슬모형을 설명하시오.
5. 전략정보시스템이란 무엇인가?
6. 시대별 전략정보시스템의 변화는 어떠한가?
7. 조직 내/외 관계자들과 관련해서 전략정보시스템의 역할은 무엇인가?
8. Venkatraman이 제시한 전략정보시스템에 따른 5단계 조직변화의 양상은 무엇인가?
9. e-Biz환경에서 전략정보시스템의 기회를 도출할 수 있는 CSF와 CRLC 방법론을 정리해보시오.
10. PWC가 제시한 e-비즈니스 발전단계를 정리해 보시오.

토론/프로젝트 문제

1. 경영전략의 유형인 기업전략과 사업부 전략, 기능별 전략을 구분하여 보고, 그 특징들을 정리하여 보시오.
2. 비용우위와 차별화우위에 대한 실제 기업 사례를 찾아 포터의 경쟁세력모형

이나 가치사슬모형에 적용하여 보시오.

3. 특정 e-business 기업을 대상으로 경쟁우위를 창출할 수 있는 방법을 전략정보시스템 기회도출 방법론을 적용하여 찾아보고 논의해 보시오.

참고문헌

- 김효근(1998), 정보화 전략 I-SIS/SUIT, 서울: SIGMA CONSULTING GROUP
- 돈 탭스코트, 앤서니 윌리엄스(2007), 위키노믹스, 서울:21세기북스
- 마이클 얼, 이국철 · 전성현 역(1989), 정보기술시대의 경영전략, 서울: 푸른산
- 마이클 델, 김중찬 역(1999), 직접 팔아라, 서울: 동방미디어
- 마이클 스캇 몰튼, 김효근 · 문윤지 역(2000), MIT 정보화 미래기업 보고서, 서울: SIGMA INSIGHT
- 마틴 V. 데이즈, 콘래드 노위코우, 패트릭 킹, 애미 라이트, PWC 컨설팅 코리아 전략그룹 역, (2000), e-비즈니스 성공모델, 서울: 물푸레
- 매일경제신문사(2011), 11th World Knowledge Forum Report – Creatinnovation.
- 이승주(1999), 경영전략실천매뉴얼, 시그마인사이트그룹
- 이종천(2001), 네트워크 장비산업의 마이크로소프트: 시스코 시스템스의 CEO 존 체임버스, 월간중앙 5월호
- 장세진(1996), 경영전략, 서울: 박영사
- 토마스 프리드만(2006), 세계는 평평하다, 서울:창해.
- 한재민(1996), 경영정보시스템, 서울: 학현사
- 황재일(1997), IBM의 한국적 정보전략계획 수립방법론, 서울: ㈜나경문화
- 히라노 아쓰시 칼,안드레이 학주(2011), 플랫폼전략, 서울:더숲
- Barney, J.(1997), Gaining and Sustaining Competitive Advantage, Addison-Wesley Publishing Company.
- Gluek, W.(1980), Business Policy and Strategic Management, McGraw-Hill
- Grant, R.(1998), Contemporary Strategy Analysis, Blackwell Publishers.
- Michael J. Earl(1989), Management strategies for information technology, Prentice Hall
- Porter, M.(1996), What is Strategy, Harvard Business Review, Nov.-Dec.
- Porter, M.(1980), Competitive Advantage, Free Press.
- Porter, M.(1985), Competitive Advantage, Free Press.

CHAPTER 4

프로세스 혁신과 비즈니스 프로세스 관리(BPM)

이 병 태 교수

KAIST 경영대학, btlee@business.kaist.ac.kr*

CONTENTS

* 본 장은 故人이 되신 이순철 교수님(홍익대학교 경영학과)의 遺稿를 수정 보완한 것입니다.

학습목표

- 프로세스를 위주로 하는 경영혁신의 장점을 파악한다.
- BPM의 정의를 통해 과거 경영혁신과의 차별점을 이해한다.
- 프로세스 혁신의 사례를 통해 프로세스 혁신에 대한 이해도를 높인다.
- 프로세스 혁신을 구현하기 위한 방법론을 생각해 본다.
- BPM을 통한 비즈니스 프로세스를 경쟁자산화 하는 방안을 이해한다.
- BPM 방법론을 이해한다
- BPM 관리시스템 (BPMS)에 대한 이해도를 높인다

본 장에서는 프로세스를 대상으로 하는 경영혁신, 즉 프로세스 혁신을 이해하고 이를 실천하고 관리하는 방법을 다룬다. 프로세스와 경영혁신에 대한 이해가 필요한 이유는 기업정보시스템의 분석·설계·구현에 있어서 프로세스 혁신이 같이 추진되는 경우가 많기 때문이다. 정보시스템 기술이 경영혁신의 주요 수단이 될 수도 있고, 반대로 정보시스템 구현시에 구현의 효과를 높이기 위해 프로세스 혁신을 동시에 추진할 수 있다. 본 장의 구성은 다음과 같다. 1절에서는 프로세스 혁신의 필요성을 전략적 관점과 IT 투자 관리의 관점에서 살펴보며 혁신의 사례들을 살펴본다. 2절에서는 프로세스 혁신과 관련됨 개념들을 정의하고 프로세스 혁신의 다양한 역사적 흐름을 이해한다. 3절에서는 프로세스 혁신의 원칙과 방법론에 대해서 살펴본다. 그리고 프로세스 혁신을 성공적으로 추진하기 위한 최고 경영자의 역할, 리더십에 대해 설명한다. 4절에서는 프로세스 혁신의 향후 전망들에 대해서 살펴본다.

경영혁신을 통한 경쟁구도를 근본적으로 뒤흔든 사례 중에 하나로 'Blue Ocean'에서 소개된 사례 중에 하나가 Ford 자동차이다. Ford 자동차는 숙련된 기술자 중심으로 수공업 형태의 '조립식' 자동차 제조 프로세스를 소위 Taylor 과학적 공정관리 방식을 도입하여 콘베어 벨트 위에서 자동차를 만들어 Model T를 당시의 $3000의 자동차의 평균 시장가격에 비해 당시로는 상상할 수 없는 가격인 $700의 자동차를 출시하였다. 이 1/4도 안되는 자동차 가격은 미국의 1% 상류층만 사용할 수 있었던 사치품인 자동차를 중산층이 소유할 수 있는 상품으로 만들어서 마차를 교통수단에서 몰아내고 드디어 자동차 대중화의 시대를 열었다. 이런 생산성 우위는 경쟁사에게도 엄청난 충격이어서 당시 디트로이트에 있던 수백 개의 영세 자동차 조립회사들이 Ford의 독점적 지위에 위협을 느낀 나머지 하나의 회사로 합병하여 GM(General Motors)이 탄생하는 계기가 된다.

IBM의 신용조회 작업의 경영혁신은 작업기간을 7일에서 1일로 단축시켰으며, 종업원의 생산성도 10배나 증가시킬 수 있었다. 이 과정에서 IBM은 50%의 작업을 자동화시켰다. 자동차 부속회사인 페더럴 모글(Federal-Mogul)은 제품개발부문에서 신규부품의 제작기간을 20주에서 20일로 단축시켰다. 모든 부품을 카탈로그화해서 신상품 개발시에 같은 부속을 사용하는 부품은 새롭게 제작하지 않고 카탈로그를 이용해서 과거 제품의 설계를 이용하도록 했다. 보험회사인 뮤추얼 베니핏 생명(Mutual Benefit Life)은 보험증 발급업무인 언더라이팅 시간을 두 달에서 2일로, 비용은 1/2로 감축시키는 성과를 이룩했다. 이 회사에서는 18단계를 거쳐 수행되던 작업을 한 명의 종업원이 정보기술을 이용해서 수행하도록 했다(Hammer and Champy, 1993).

이와 같은 성공사례의 공통점으로는 경영혁신의 기본 단위를 프로세스로 선정하고, 정보기술을 이용했다는 새로운 패러다임을 들 수 있다. 이러한 새로운 패러다임을 마이클 해머(Michael Hammer)는 비즈니스 리엔지니어링이라고 정의했다. 해머에 따르면 비즈니스 리엔지니어링의 목표는 현재의 성취도에서 50% 또는 100% 때로는 그 이상의 효과를 얻는 데 있다고 한다(Hammer, 1990).

이와 같은 탁월한 성과를 확보할 수 있는 가능성으로 인하여 최근 프로세스 혁신(Process Innovation, 산업계에는 PI라는 약어로 통칭한다)에 내한 관심이 높아지고 있다. 하지만 프로세스 혁신을 위한 많은 시도를 통해 인식하게 된 것은 비즈니스 프로세스의 혁신을 잘하기 위해서는 비즈니스 프로세스를 일관되게 평소에도 관리하여야 한다는 것이다.

이를 Business Process Management(BPM)이라고 한다. 다음 장에서는 왜 프로세스 혁신과 BPM이 경영의 주요한 이슈로 떠오르게 되었는지를 살펴보기로 한다.

4.1 프로세스 혁신의 필요성

4.1.1 전략적 경쟁자산으로서의 프로세스 혁신

서론의 Ford 자동차의 사례에서 살펴본 바와 같이 아담 스미스(Adam Smith)가 주창하고 프레더릭 테일러(Frederick Taylor)가 계승한 분업과 단위 작업의 효율화는 근대 대량생산의 근본이 되는 규모의 경제를 이룩했다. 이에 따라 많은 기업들은 분업의 원리를 채택하고 작업의 세분화와 더불어 전문화를 추구해왔다. 분업의 원리는 조직의 업무방식을 직렬화시켜 각 단위 작업별로 작업의 전문화를 이룩하는 조직구조의 발전을 가져온 것이다. 그리고 이러한 생산성 향상은 급격한 원가 절감으로 인하여 새로운 시장을 만들었고, 자동차 산업의 구조를 근본적으로 개편했다는 사실을 알 수 있다. 즉 일하는 방식의 차이가 경쟁자산이었음을 알 수 있다. 그렇다면 컨베어벨트에 의한 일하는 방식이 그렇게 커다란 생산성을 가져온 근본적인 원인은 어디에 있는가 살펴보자.

- ◇ 우선 이 방식은 생산활동을 극도로 분업화하여 단순화하고 표준화한다. 따라서 극도로 분업화된 단위는 아무런 숙련된 기술이 없어도 수행이 가능하기 때문에 저임금의 풍부한 노동력을 활용할 수 있었다.
- ◇ 이러한 극단적 분업화는 작업자 단위로 역할과 책임(Roles and Responsibilities, 산업계에서는 R&R이라고 약칭한다)을 분명하게 정의하고 부여하는 것을 의미한다.
- ◇ 컨베어벨트 상에 작업자를 배치한다는 것은 작업자의 성과가 가시적으로 들어난다는 것이다. 문제가 발생해도 바로 어디서 발생했는지를 파악할 수 있다.
- ◇ 작업자의 행동을 컨베어 벨트의 속도로 동기화하기 때문에 작업자는 주어진 일을 제한된 시간에 편차 없이 수행해서 다음 공정에 넘겨야 한다. 이는 요즈음

용어로 말한다면 강요된 SLA(Service Level Agreement)이다. 즉 편차가 없이 수행되기 때문에 전체 제조공정상 지연이 발생하지 않는다.

◇ 더 근본적으로는 가내 수공업과 비교하면 작업자가 연장이나 부품을 찾으러 다니지 않고 조립만 한다. 즉 작업자가 일을 찾아다니는 것이 아니라 일이 작업자를 찾아 오게 된다. 이러한 변화는 연장이나 부품을 찾으러 가는 등의 일은 사실 조립을 위한 준비적 행위로 기업의 가치를 증대시키는 일이 아닌 낭비적 행위이다. 이러한 낭비적 행위를 제거한 것이 생산성 향상에 주요한 영향을 끼치게 된 것이다.

그렇다면 이러한 일하는 방식의 차이를 추구할 수 있는 것이 산업화 초기의 전환기에만 일어날 수 있는 즉 가내수공업에서 대량생산체제로의 전환을 통해서만 일어날 수 있는 일일까?

잘 알려진 사례로 Dell Computer의 경우를 보자. Dell은 자본금 $1000을 갖고 1986년에 Dell Computer를 창업하였다. 이에 2년 앞서서 Compaq은 초기자본금 1억불로 설립되었다. Dell의 창업시에는 HP. Gateway, IBM 등의 굴지의 대기업과 저임금을 앞세운 한국의 현대전자, 삼성전자, 삼보컴퓨터 등 모든 전자업체들도 개인용 컴퓨터를 만들어서 수출하고 있었던 출혈경쟁의 시장이었다. 하지만 Dell은 이 출혈경쟁을 뚫고 HP와 Compaq이 합병되기 전까지는 1위의 PC업체로 단기간에 우뚝 서게 된다. 그 비결은 무엇일까? Dell은 다른 기업과 다른 방식으로 PC를 제조판매하였는데 기본적으로 주문생산에 의한 직접 판매에 방식을 도입하였다. 제품의 생명주기가 극히 짧은 하이텍 산업에서의 특징은 시간에 의한 경쟁이다. Clark과 Wheelwright(1996)는 Sony의 경쟁력을 분석하면서 High Tech 산업에서 경쟁사보다 6개월 먼저 시장에 출시하는 것이 산업평균의 세 배의 이익을 가져다준다는 것을 실증적으로 보여 주었다. 이렇듯 하이텍 산업에서는 시간에 의한 경쟁을 하게 되는데 잦은 신제품의 출시를 할 경우 기존재고의 처리가 문제가 된다는 점을 Dell은 프로세스 혁신으로 극복하였다. 즉 대리점을 통하지 않는 주문생산은 완성품의 재고를 원천적으로 제거한다. 하지만 주문생산은 계획생산에 비해 어떤 제품을 언제 출시할지 예상할 수 없기 때문에 통상 부품재고를 증대시키거나 조립에서 고객에게 출시까지의 시간이 길어지게 될 수 있다. 하지만 Dell Computer는 프로세스 혁신을 통해 주문생산 방식과 직접판매에도 불구하고 재고를 최소화하고 Time to Market을 최소화하는 시간 경쟁의 우위를 가져왔다.

[그림 4-1]은 Dell Computer의 프로세스 혁신의 성과를 나타내는 하나의 지표로 재고회전율의 추위를 나타냈다. 1996년 Dell의 재고회전율은 약 18로 약 20일의 매출액에 상응하는 재고를 갖고 있다는 것을 알 수 있다. 놀라운 것은 1997년 Dell은 이를 39.7 즉 10일분의 재고만 갖고 경쟁을 한다. 이때 주요 경쟁자들인 Compaq의 재고회전율은 12.5(약 30일 매출액의 재고), 그리고 Gateway는 19.8(18일 매출액의 재고)의 재고 회전율을 갖고 있어서 Dell이 얼마나 스피트 경쟁에서 우위를 차지하고 있는지를 알 수 있다. 그림 4-1에서 보듯이 Dell Computer는 2004년까지 일관되게 생산성을 높여가고 있음을 알 수 있다. 매년 재고회전율 기준으로 보면 성과지표의 상승률이 지극히 높은 것을 알 수 있다. 이렇듯 지속적으로 극도의 생산성 향상이 Hammer가 말한 프로세스 혁신/리엔지니어링의 사례라고 할 수 있다. 어떻게 이런 일이 가능할 수 있을까는 프로세스 혁신의 정의에서 다시 설명할 것이다.

[그림 4-1] 프로세스 혁신을 통한 Dell Computer의 재고 회전율 변화

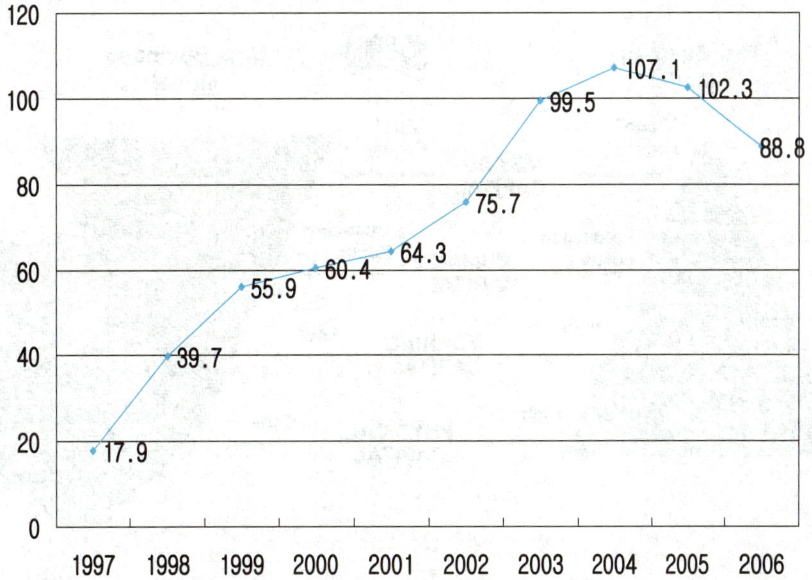

다른 한 예를 들어보자. 온라인 서점이 아마존이 창업을 한 것은 1995년 말이었고 1996년의 매출액은 1570만불이었다. 이 때, 미국의 최대 서점인 Barnes and Nobles의 매출액은 무려 25억불에 해당한다. 그리고 1996년을 기준으로 아마존은 256명의 직원으로 일인당 매출액은 6만 일천불에 불과하다. 하지만 Barnes and Noble의 일인당 매

출액은 10만 2천불로 온라인 서점 아마존의 일인당 생산성은 경쟁사의 약 60%에 불과하다. 하지만 6년이 경과되고 나서, 온라인으로 자동화된 process로 고객을 상대하는 아마존과 Barnes and Noble의 생산성은 정반대의 모습을 보이고 있다. Barnes and Noble의 인당 매출액은 6년전과 큰 차이가 없는 10만 5천불이지만 아마존은 52만 4천불로 무려 Barnes and Noble의 그 것에 비해 500%에 해당한다. 물론 이익이나 기업가치 면에서 아마존이 이제는 크게 앞서는 것을 알 수 있다. 이 사례는 업무 즉 비즈니스 프로세스를 자동화를 통해 혁신한 사례를 보여 준다.

앞서 설명한 Dell Computer와 아마존의 경우는 제품의 차이가 없는 산업에서 일하는 방식의 차이에서 오는 생산성과, 스피드를 경쟁자산화한 사례라고 볼 수 있다. 이렇듯 일하는 방식, 즉 프로세스의 차이를 통해 경쟁력의 원천을 삼는 사례는 수없이 많이 있다. 이러한 관점을 잘 포착한 개념이 [그림 4-2]이다. 이는 지금은 IBM과 합병된 PwC(PricewaterhouseCoopers)에서 제시한 개념도 이다.

[그림 4-2] Meta-Capitalism(PWC)

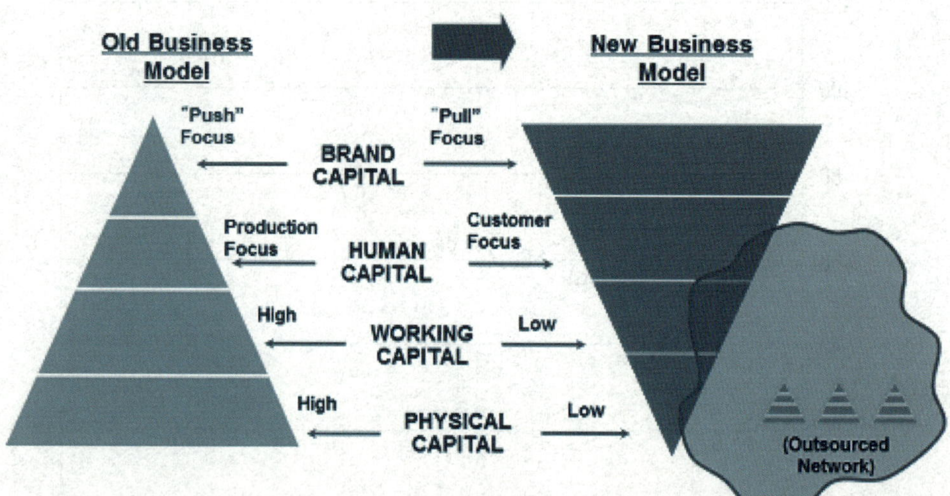

이 개념도는 기업의 경재자산을 4가지로 분류하고 있다. 즉 고정자산(physical capital), 프로세스 자산(working capital), 인적사산(human capital) 그리고 브랜드 자산(brand capital)이다. 산업화시대의 대량생산 시스템의 시절에는 규모에 의한 경쟁을 하기 때문에 고정자산의 큰 기업이 시장을 지배하지만 21세기에서는 글로벌화의 진척과 산업의 서비스화에 의해 이러한 고정자산의 투자는 점차 개발도상국으로의 아웃소싱을 하고 프로세스, 인재, 브랜드에 의한 경쟁으로 그 중요성이 옮겨가고 있어서 무형자산(meta capital)로 무장한 기업들이 시장을 지배하게 된다는 것이다.

최고경영자들은 비즈니스 프로세스와 함께 기업문화 등에 많은 관심을 갖고 있다. 이에 따라 많은 기업과 경영자들은 기업문화의 혁신을 주창하고 있다. 그렇다면 기업의 문화는 무엇을 말하는 것일까? 여러 가지 관점이 있겠지만 기업문화란 기업에 내재된 가치 체계(value system)와 업무절차(business process)를 뜻한다. 즉 누가 어떠한 재량권을 갖고 의사결정을 하느냐의 비즈니스 프로세스가 기업의 문화에 매우 중요하다. 예를 들어 모든 의사결정이 CEO에게 집중된 경우와 담당자에게 이양되어 있는 기업은 문화적으로 다른 기업일 것이다. 이러한 차이는 종업원의 만족도, 생산성, 스피드 그리고 업무처리에 수반되는 위험이 다를 것이다. 따라서 기업 문화를 혁신한다는 말은 문화라는 말의 추상성을 극복하여 실체가 있으려면 기업에 내재되어 있는 가치체계와 프로세스의 변화를 꾀하는 것으로 구체화된다.

최고경영자들이 프로세스 혁신을 주목하는 가장 빈번한 이유 중에 하나는 생존을 위한 노력이다. [그림 4-3]은 산업의 가격의 변화를 보여준다. 즉 시장이 가격은 시장이 성장함에 따라 하락하는 것이 일반적이라는 것이다. 이 하락의 정도를 시장의 경험곡선(experience curve)이라고 한다. 이는 시장가격이 시장의 크기가 두 배로 증가할 때 얼마나 하락하는 가로 정의하는데 컨설팅회사 Bain에 의하면 통상 마이크로프로세스 산업의 경우 40%정도 하락한다. 즉 시장의 크기가 배로 증가할 때마다 시장 가격은 이전 가격의 60%로 내려간다. 거기서 또 두 배가 되면 다시 40% 하락하는 식이다. 따라서 CEO가 이익률을 유지하려면 자사 제품/서비스의 원가를 지속적으로 시장가격의 하락률 이상으로 내릴 수 있어야 한다. 따라서 신임 CEO는 부임하자마자 시장의 성장속도와 경험 곡선을 파악하고 미래 목표 생산원가를 설정하고 원가절감 노력을 경주해야 한다는 것이다.

보다 근본적인 압력은 고객으로부터 온다. Harvard Busienss Review는 고객이 소비에 있어서 시간과 노력을 최소화하고 소비를 하려는 현상을 Lean Consumption이라는 개념으로 설명하고 있다(Womack and Jones, 2005). 자동차 정비의 예를 들고 있는데 자동차 정비에 고객이 왔을 때의 업무처리의 신속성과 생산성을 추구하는 것은 충분하지 않다는 것이다. 즉 기업내부의 프로세스에 초점을 두고 그 생산성 향상을 기하려고 하는 것이 지금까지의 프로세스 혁신이었다면 이 사례는 고객의 입장에서 고객의 문제 발

[그림 4-3] 기업의 시장 경험곡선과 원가

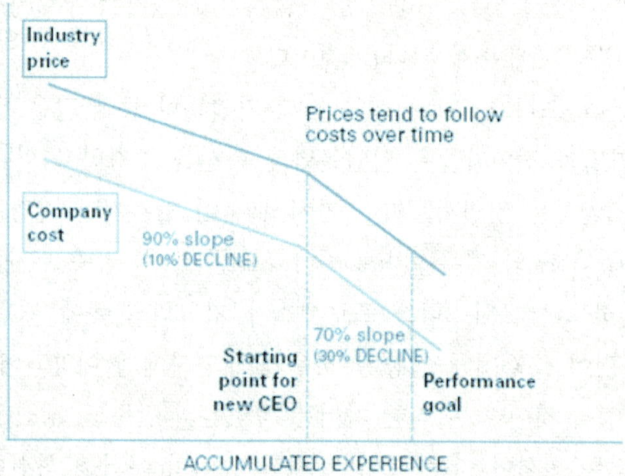

Source: Bain

생부터 해결까지의 프로세스 전 과정에서의 혁신을 시도하여야 한다고 한다. 이 예에 따르면 자동차가 운전 중에 고장이 났다고 가정을 하고, 고객의 서비스 요청을 받은 회사는 가까운 정비소가 아니라 바로 고칠 수 있는 정비소로 차를 옮기며 정비소와 정보를 공유하여 차가 도착하면 지체 없이 수리를 들어가고 이미 필요한 서류들이 프린트 되어 있는 등 차를 고치는 본질적인 가치 창출의 업무 외의 일에 공수를 낭비하지 않는다. 이러한 노력의 결과는 놀랍다. 고객의 입장으로 보면 이전의 차량정비에는 120분이 소요되었지만 혁신 후에 차량정비에 소요된 평균 시간은 69분이고 이 중 4%만이 차량을 고치는 시간 이외의 업무 때문에 사용되었다. 이전에는 120분의 소요시간 중에 47%가 낭비적 시간이었다. 다른 한편 서비스 공급자의 입장에서 한 고객을 위해 사용한 시간이 207분에서 101분으로 줄어들었다. 총 소요시간 중에 차량 수리에 들어간 시간은 이전에 27%에서 59%로 향상되었다. 이는 고객관점의 프로세스 향상이 기업의 생산성과 모순되지 않는다는 것을 보여 주는 사례이다.

4.1.2 CIO 관점의 프로세스 자산

지금까지 최고 경영자의 관점에서 프로세스 혁신을 살펴보았다. 그렇다면 IT 관리의 관점, 즉 CIO(Chief Information Officer)의 관점에서 이 문제를 살펴보자. 업무를 자동화하기 위해 정보시스템 Application을 공급하는 것이 전산부서의 주요한 임무이다. 그렇다면 어플리케이션의 구성 요소는 무엇인가? 크게 전산 어플리케이션은 다음의 요소로 구분될 수 있다.

◇ User Interface/Presentation : 전산시스템에 입력창과 결과를 고객에게 Presentation 하는 것
◇ Business Logic : 기업업무 로직과 연산
◇ Data : 기업의 정보를 저장관리하는 것
◇ System Interface : 전산시스템의 OS 또는 다른 시스템과 연동하는 기능

정보화의 초기에는 모든 기능을 프로그래머들이 하나의 어플리케이션 하에 모두 구현하였지만 정보기술의 발달과 새로운 기술로 인하여 user Interface는 점차 web화하거나 자동화하여 개발의 공수가 많이 줄어 들었으며 data의 관리는 DBMS라는 시스템을 통해 어플리케이션과 분리되고 간편하게 운영되고 있다. 다른 시스템과의 연동은 EAI(Enterprise Application Interface)라는 middleware를 통해 점차 어플리케이션 영역에서 독립되고 있다. 그런데 기업의 업무 즉 프로세스만은 어플리케이션 영역에 남아 있으며 프로그래머들 또는 system analyst들은 현업의 담당자의 설명을 통해 업무절차와 logic을 파악하여 code화한다. Code화한 이 절차와 로직은 현업에게 보이지 않고 프로그래머들이 소스코드를 보거나 잘 정리된 documentation을 보아야 이해된다. 그러나 전산부서가 개발 application의 documentation을 잘하지 않고 있고, 설혹 개발시에는 잘 되어 있더라도 잦은 프로그램 변경과 수정에 의한 변경사항을 서류화하는 것이 현실적으로 어렵고 잘 안되고 있다는 것은 오래된 현실이다.

기업환경의 급격한 변화와 고객의 잦은 요구로 인하여 기업의 업무절차와 logic은 변화하게 마련이다. 그 때마다 고객은 전산 프로그래머의 자비에 의존할 수 밖에 없다. 이로 인하여 개발속도가 지극히 늦어지게 되고 현업은 자신의 업무에 대한 디자인 능력을 상실하곤 한다. 현업 경영자들이 전산부서에 갖는 최고의 불만은 전산부서의 개발 지연이다. 전산부서의 입장에서는 대형 프로젝트를 수행할 때마다 현업의 현재 업무에 대한 이해를 위해 "As-Is" 분석이라는 이름으로 개발공정의 40-50%를 소비하고 있는 것만으로도 프로세스를 프로그램 내에 매몰시키는 것의 비용을 실감할 수 있다.

이러한 현실을 타개하기 위한 노력의 일환이 비즈니스 프로세스 관리 BPM(Business Process Management)이다. 즉 비즈니스 프로세스를 현업과 전산이 이해할 수 있는 도식적 모형으로 표현하고, 하나의 라이브러리에 저장하고 변경할 시 이 라이브러리에 수정을 함으로써 전사적으로 현재의 표준 프로세스와 과거 프로세스의 변동 이력을 파악할 수 있고 이 프로세스의 적용이 담보 되는 애플리케이션의 생성도 자동화화가 가능하다면 전산부서의 생산성의 획기적 기여를 하게 된다는 것이다.

사례(1) : 포드 자동차의 외상매입 프로세스 혁신 사례

포드 자동차는 경영혁신을 위해 외상매입부서의 종업원들에게 컴퓨터를 통한 자동화의 타당성을 조사했다. 종업원들은 자동화가 불가능하다고 판단하면서 두 가지 이유를 제시했다. 첫째, 서류작업이 많고 정형화되지 않은 일들을 수행하므로 컴퓨터를 통한 자동화는 불가능하다고 했다. 많은 서류들의 모든 아이템들이 다 일치해야 작업이 완료되는데 언제 어디서 예외 사항이 일어나는지 알 수 없었다. 둘째, 실수의 촉발로 인간관계가 중요하다고 했다. 큰 오류가 아닌 실수는 담당자들을 찾아가서 서류를 수정해야 했다.

그 당시 회사 관계자들은 협력업체인 멕시코의 마즈다 조립공장을 방문했다. 마즈다 멕시코 지사에서는 5명이 모든 외상 매입업무를 처리한다는 것을 알게 되었다. 포드의 상식으로는 최소 20명의 종업원이 필요하므로 마즈다 멕시코 직원에게 어떻게 5명으로 업무처리를 할 수 있는가하고 물어 보았다. 마즈다 직원은 외상구매를 하지 않기 때문에 가능하다고 답변했다.

이는 과거의 업무에 순응하고, 부품의 거래는 당연히 외상거래가 된다는 생각을 타파하지 못한 사람에게는 거의 경악에 가까운 방안이었을 것이다. 여기에서 힌트를 얻은 포드 관계자들은 처음 계획이었던 외상매입부서의 개선이라는 부서별 초점의 경영혁신에서 벗어나 구매 업무에서 대금지불까지의 전체 프로세스를 대상으로 경영혁신의 초점을 전환했다.

과거 포드의 업무방식은 구매를 원하는 담당 직원이 기안서를 작성해 구매부에 전달했다. 구매부에서는 구매의도서를 작성한 후 각 공급업체에게 이를 발송했다. 공급업체들의 가격 및 과거 실적에 따라 공급업체를 결정해 구매의뢰서를 발송했다. 공급업체에서 물건을 반입한 후 인수증을 발급했다. 공급업체에서 청구서를 발행하면 기안서, 구매의뢰서, 인수증 청구서 등의 모든 서류(총 14가지)를 대조해 서류와 각 서류의 아이템들이 일치함을 확인한 후 대금을 지급했다.

먼저 기안서와 구매의뢰서를 제거하기 위해 구매부서에서는 각 부품마다 공급업체를 인준하고 공급업체의 리스트와 관련된 정보를 데이터베이스화했다. 즉, 온라인 구매사전을 만들어 놓은 것이다. 담당자가 필요한 구입 아이템을 부속코드를 이용해 데이터베이스에 조회하면, 데이터베이스에서는 조달부가 인준한 공급업체들의 그 부품에 대한 가격, 과거의 거래실적과 품질의 신뢰도를 보여준다. 이에 따라 담당직원은 구매부가 인준한 공급업체 리스트에서 공급업체를 골라 컴퓨터를 이용해 주문을 하는 것이다.

공급업체에서 부품이 도착하면 인수부서는 바코드를 이용하여, 주문 품목 데이터베이스와 인수품을 대조해 일치가 안되면 그 자리에서 반환한다. 일치되면 인수증을 발행하지 않고 즉시 은행과의 컴퓨터 연결로 이미 설정된 전자자금이체(EFT: Electronic Funds Transfer)를 통해 공급회사의 계정으로 자동으로 지급하게 하였다.

온라인 데이터베이스인 조달사전을 이용해 기안서와 구매의뢰서를 제거했으며, 물건 반입에도 바코드와 스캐너를 이용해 인수증을 제거하였으며, 주문 품목을 받는 즉시 현금을 지급함으로써 청구서를 제거했다. 이에 따라, 서류의 대폭적인 축소와 더불어 많은 아이템 중에서 3가지 아이템들만을 사용하게 되었다. 즉, 공급자 번호, 부품번호, 수량의 아이템만을 사용해 구매업무를 처리하게 된 것이다. 과거 정형화될 수 없던 업무도 서류의 축소와 세 가지 아이템만의 이용으로 정형화되었고, 이로 인해 실수가 없어짐으로써 인간관계의 중요성도 그만큼 줄어들었다.

이러한 프로세스 리엔지니어링의 결과로 75%의 인원을 감축했으며, 부품의 재고관리가 용이해졌고, 회계정보가 훨씬 정확해졌다. 이 사례의 핵심은 담당 작업자와 조달부서의 업무를 데이터베이스로 통합시켰으며, 인수업무와 지불업무를 통합시킨 데 있다. 외상매입부서만의 경영혁신이 아닌 전체 외상업무에 관련된 구매 기안서부터 대금지불까지의 전체 프로세스를 비즈니스 리엔지니어링의 대상으로 삼은 것에서 큰 효과를 창출할 수 있었다. 또한 청구서를 받아야 지불한다는 것이 아닌 물건을 받는 즉시 지불한 것과 같은 과거 통념의 타파 또한 주요 특기사항중 하나이다(Hammer, 1990).

사례(2) : 미세스 필즈의 판매 프로세스 혁신 사례

미세스 필즈(Mrs. Fields)는 초콜릿 과자를 매장에서 직접 구워 즉시 판매하는 방식으로, 고객에게 신선하고 따뜻한 과자를 판매하는 회사이다. 갈색, 빨강색, 흰색으로 꾸며진 조그만 매장들로 이루어져 있으며, 다른 많은 기업들과 달리 직영매장들만 운영하고 있다.

차별화는 제품의 생산방식뿐 아니라 판매방식에도 나타난다. 이 회사의 제품은 즉석에서 구운 과자이기 때문에 신선한 과자를 판매하기 위해서는 제한된 시간 내에 판매해야 한다. 미세스 필즈의 각 매장에서는 정확한 수요예측으로 과자 원료의 반죽과 이의 조리 시간을 엄격히 관리하고 있다. 또한 제한된 시간 내에 판매되지 않은 과자들은 시식품으로 지나가는 사람들에게 나누어주어 고객을 유인하고 있다.

미세스 필즈 매장의 가장 중요한 업무는 따뜻한 과자를 언제 반죽하고 언제 구워야 하는지를 결정하는 일이다. 너무 오래된 반죽이나 구워진 지 오래된 과자는 맛이 없으므로 폐기해야 한다. 반죽이나 준비된 과자가 모자라게 되면 고객이 원하더라도 판매할 수 없다. 이러한 문제점들을 극복하기 위해서는 언제, 얼만큼의 과자들이 판매될 것인가를 정확하게 예측해야 한다. 미세스 필즈의 서비스 전달시스템은 이러한 문제점들을 해결할 수 있도록 컴퓨터시스템을 이용해 개발되었다.

각 매장의 지배인은 아침에 매장에 출근하면 그날의 특기사항을 컴퓨터에 입력한다. 그날의 요일, 기후, 공휴일 및 행사의 유무 등의 특기사항을 컴퓨터에 입력하면, 과거의 실적과 그날의 상황을 고려해 온라인을 통해 그날의 시간당·제품당 판매 예측을 알려준다. 만약 지배인이 이 예측치와 자신의 의견이 일치하지 않으면 이를 고칠 수 있다. 바로 여기서 미세스 필즈의 경영철학을 엿볼 수 있다. 즉, 최종적인 권한은 지배인이 갖고 있으나 지배인에게 먼저 예측치를 컴퓨터를 통해 제시함으로써 지배인의 의견을 반영할 수 있게 한 것이다. 만약 지배인에게 직접 예측치를 먼저 작성하라고 하면 시간도 많이 걸리고 정확히 예측하기도 어렵다. 그러나 정보기술을 이용해 예측치를 제시하면 매니저는 자신의 경험을 이용해 이를 수정해 더 정확한 예측을 할 수 있다.

시간당 판매 예측이 결정되면 이를 이용해 언제 얼만큼의 과자를 구워야 되는지를 역으로 산출할 수 있다. 굽는 시간과 수량에 맞추어 또 다시 역으로 언제 얼마만큼의 반죽이 완료되어야 하는가를 산출할 수 있다. 즉, 시간당 예측 고객수, 제품당 굽는 개수와 조리 시간, 반죽 개수와 반죽 시간 등이 개인용 컴퓨터의 화면에 나타나게 된다.

판매가 시작되면 판매 결과가 입력되며, 중앙 데이터베이스에도 저장되어 향후의 판매 예측에 대한 자료로 이용되게 된다. 매시간의 판매 데이터에 의거해 판매 예측치가 수정된다. 판매 예측치가 수정되면 다시 굽는 개수와 조리 시간, 반죽 개수와 반죽 시간 등이 자동으로 변경된다. 또한 지배인에게 팔고 남은 과자의 처리에 관해서도 조언을 해준다. 미세스 필즈 과자회사는 오븐에서 갓 구워낸 신선하고 따뜻한 과자의 공급을 최우선 과제로 하고 있기 때문에 일정 시간이 지난 후에는 판매하기가 곤란하다. 따라서 이러한 경우가 발생하였을 때에는 컴퓨터가 무료제공, 가격할인 등에 관한 조언을 해준다(이순철, 1997 ; Harvard Business School Case Study, 1988).

4.2 프로세스 혁신과 관련된 개념의 정의와 역사

4.2.1 프로세스

'프로세스(process)'란 기업 내부의 고객과 외부의 고객에게 가치를 전달하는 시작에서 끝까지의 과정을 의미한다. 예를 들어, 신제품을 개발할 때에는 단순히 디자인 부서에만 국한된 업무가 아닌 제조와 판매부서의 업무까지 포함되어야 한다. 신제품을 개발하기 위해서는 고객의 요구사항을 가장 먼저 접하는 판매부서의 피드백을 받아야 하며, 제조가 용이한 디자인이 되기 위해서는 제조의 요구사항이 검토되어야 한다. 또 다른 예로는 주문처리의 프로세스를 들 수 있다. 주문처리의 개선을 위해서는 단순히 주문을 받는 부서만의 개선이 아니라, 주문처리에 관련된 업무들인 운송 · 배달 · 물류 부서 등의 업무에 대한 리엔지니어링이 수반되어야 한다. 고객에게 가치전달을 위한 전체 프로세스의 흐름을 대상으로 하는 재설계가 필요한 것이다.

웹스터(Webster New World) 사전에 의하면 프로세스는 여러 방식으로 정의되어 있으나 그 중 "어떤 목적에 이르게 하는 활동들 또는 작업들의 시리즈, 특히 제조업에 있어서는 계속적인 작업의 처리들"이라는 정의가 가장 프로세스 혁신에 걸맞는 정의라고 할 수 있다. 프로세스 혁신을 선도하는 기업들도 이와 비슷하게 정의하고 있다. AT&T에서는 "특정한 산출물을 만들어 내는, 특정한 투입물과 가치를 부가하는, 직무들에 의해 특정지어지는 상호 연관된 작업활동들의 집합"이라고 정의하고 있다. 특히, 프로세스는 한 부서 내에 있을 수도 있고 또는 여러 부서들간에 걸쳐 있을 수도 있다고 지적하고 있다. 제너럴 일렉트릭(General Electric)에서는 "자원 및 정보를 특정한 제품 또는 아웃풋으로 변환시키는 데 필요한 활동과 직무들의 집합"이라고 정의했다. IBM에서는 "내부 또는 외부 고객을 위해 유용한 결과를 도출하는 것이라고 정의할 수 있으며 반복적이며 측정 가능한 직무들의 시리즈"라고 제시하고 있다(Davenport, 1993).

앞의 정의들에서 프로세스는 다음과 같은 성격을 가지고 있다는 것을 유추할 수 있다. 첫째, 프로세스는 반복적으로 발생되는 작업들로서 예측 가능하며 정의될 수 있어야 한다. 둘째, 프로세스는 측정 가능한 하나의 투입물(input)을 측정 가능한 산출물(output : 제품 또는 서비스)로 전환하는 부가가치가 있는 일련의 활동이라고 할 수 있다.

이와 같이 프로세스는 한 업무의 시작부터 끝까지를 지칭한다. 그러나 이렇게 정의하는 것은 상당히 임의적이다. 특히, 어디를 시작으로 어디를 끝으로 할 것인가를 결정하기 어렵다. 주문에서 출하까지를 프로세스로 정의할 것인가 또는 주문에서 생산까지를 프로세스로 정의할 것인가라는 원칙을 확정하기 어렵다. 또 다른 예로는 구매업무 전체를 프로세스로 볼 것인가 또는 구매업무 중의 일부인 더 나은 공급업자의 선택을 프로세스로 정의할 것인가, 구매업무와 밀접한 관계를 갖고 있는 생산계획까지 확대하여 프로세스로 정의할 것인가도 선택의 여지가 있다. 일반적인 원칙은 없으나 프로세스를 크게 정의할수록 개선 · 혁신의 기회는 많으나 개선 · 혁신의 창출작업이 까다롭다. 반면 프로세스를 좁혀서 정의하면 개선·혁신의 기회는 작으나 개선·혁신의 창출작업이 쉬운 편이다.

여기서 강조할 점은 프로세스를 파악하기 위해 기업의 조직도에 집착해서는 안된다. 조직도는 기업 업무의 계층을 제시해 줄 뿐이지 작업의 흐름을 표기해 주지는 않는다. 제품개발의 경우에 [그림 4-4]에서와 조직도를 통해서는 R&D, 마케팅, 제조부서들이 관련되었다는 것 이외에는 정확하게 프로세스를 파악할 수 없다. 프로세스에서 더 중요한 것은 이 세 부서들간의 작업흐름이다.

[그림 4-4] 프로세스의 범위 이해

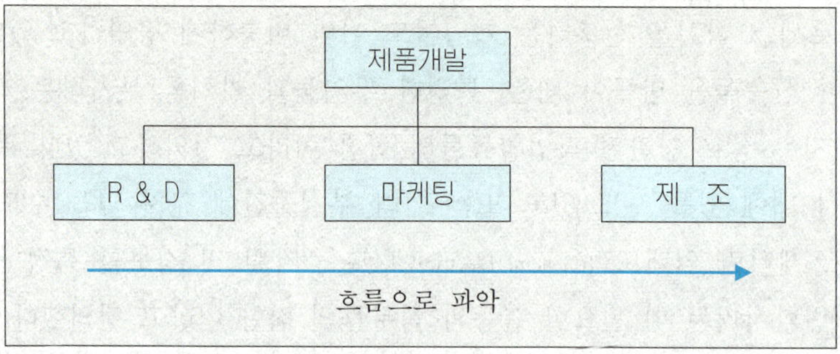

프로세스를 정의하고 표현하는 것의 어려움은 그 단위를 설정하는 것이다. 업무를 정의하고 파악하기 위해서는 [그림 4-5]에 보여 주듯이 상위의 프로세스로부터 하위단계로 일의 단위를 점차 세분화하여 표현하고 이를 단계별 단위를 부여하여 전사적으로 정의의 일관성을 유지한다. [그림 4-5]에서처럼 mega, major, sub process 그리고 최소 단위를 activity라고 칭하기도 하고 Level 1, 2, 3 식으로 칭하기도 하지만 표준은 없다. 이러한 프로세스를 정의하고 표현하기 위한 markup language들이 BPM 표준화 기구들에 의해 발표되어 왔다. BMPL(Business Process Modeling Language)이 그 중 하나이다. 이는 BPMI.org라는 단체가 정의한 것으로 XML을 기반으로 하고 있다. Database에 유사하게 이렇게 표준화된 모델링 언어로 모델링한 것을 저장하고 다시 찾아서 활용하기 위해 BPQL(Business Process Query Language)이 또한 정의되어 있다.

[그림 4-5] 프로세스의 정의 및 수직적 구조

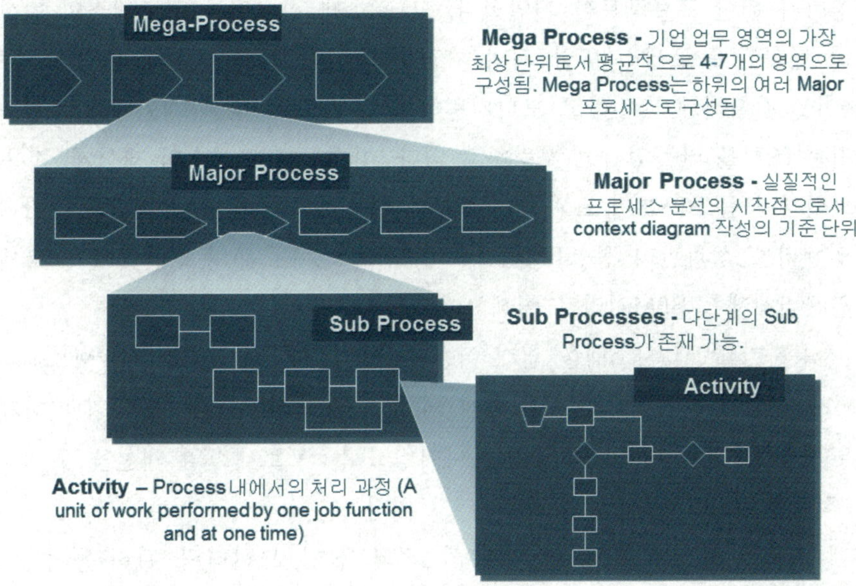

4.2.2 BPM(비즈니스 프로세스 관리체제)와 BPMS(BPM System)

앞서서 비즈니스 프로세스 혁신의 중요성과 프로세스 관리의 필요성에 대해 파악하였다. 특히 경영자관점에서 지속적인 프로세스 혁신의 중요성은 잘 인식되어 있다. Dell Computer 사례를 보듯이 지속적인 KPI(Key Performance Index)의 향상이 경쟁원천이 되고 있다. 그렇다면 어떻게 지속적인 혁신을 유도할 수 있을까? 기업의 프로세스를 일관 관리하면서 혁신을 지속적으로 유도하는 경영관리체제를 Business Process Management (BPM)이라고 한다. 이 용어 BPM은 종종 이를 뒷받침하는 전산 시스템 BPMS(BPM System)과 혼돈되어 사용하는데 여기서는 BPM은 전산 시스템을 지칭하는 것이 아니라 경영관리 체제라는 것을 강조하고자 한다.

Dell Computer의 창업자이자 CEO인 Dell은 Dell의 성공요인을 다음과 같이 요약한 바 있다. Dell의 지접판매방식(Direct-Sell)은 잘 알려진 비즈니스 모델이다. 하지만 이는 쉽게 모방할 수도 있는 것이다. 하지만 Dell은 다른 기업이 모방하기 힘든 계속적인 혁신의 DNA를 기업에 발전시켜왔다는 주장이다. Dell 자신이 재고회전율을 최고경영자의 KPI를 설정하면서 다음 해의 목표를 5-10%가 아니라 50-100% 상향 조정하여 설정하면 하위 조직은 이를 달성하기 위한 자기 부서의 KPI를 거기에 맞추어 설정하고 이를 달성하기 위한 프로젝트를 기안한다. 그 프로젝트는 결국 프로세스의 변화를 의미하며 그 변화된 프로세스가 한 점의 차질도 없이 종업원에 의해 변경된 절차대로 수행되는지를 정확하게 측정하고 모니터링하며 그 결과에 따라 개인에게 보상과 처벌이 주어지는 조직을 만들었다고 자랑하고 있다. 이렇듯 프로세스의 재설계, 적용, 실행 여부의 모니터링 등 BPMS가 도와주는 부분이 중요하기는 하지만 기업의 전략 목표의 설정과 인센티브 성과관리 등 SEM(Strategic Enterprise Management)의 부분으로 프로세스 중심의 경영관리체제를 BPM이라고 이해하여야 한다.

최종 사용자가 BPM 시스템을 쉽게 이용할 수 있도록 개선되면서 BPM(Business Process Management)가 시장에 본격적으로 등장하게 되었다. 아직 BPM의 기능이 완벽하게 개발되지 않았지만 BPM은 비즈니스 리엔지니어링 또는 프로세스의 개선을 위해 사용될 수 있는 적합한 도구가 될 것으로 예측되고 있다.

가트너 그룹은 BPM이 프로세스의 분석, 정의, 실행, 모니터링, 관리 등의 프로세스에 필요한 도구를 제공함으로써 인적자원과 응용 프로그램 수준의 상호작용을 지원한다고 주장한다. 특히, BPM은 과거의 비즈니스 리엔지니어링과 달리 처음부터 정보기술을 염두에 두고 비즈니스 리엔지니어링 아이디어를 추구하고 이를 신속하고 정확하게 구현할 수 있는 장점을 갖고 있다(전갑린, 2003; Sinur, 2003).

가트너 그룹의 연구가 제시하는 바와 같이 BPM은 통상 다음과 같은 특징을 갖고 있어야 한다(Sinur, 2003).

1) 최종사용자를 위한 인터페이스

정보시스템 전문가 뿐 아니라 현업의 최종 사용자가 프로세스를 분석하고, 모델링하고, 정의할 수 있도록 그래픽 도구(graphical tools)와 같은 쉬운 인터페이스가 제공되어야 한다. 비즈니스 리엔지니어링의 개선안을 정보시스템 전문가에게 위탁해서 구현하는 것은 시간과 비용이 발생하게 되므로 가능한 한 사용자가 직접 처리할 수 있어야 한다.

2) 비즈니스/프로세스 모델링

최종 사용자가 새로운 프로세스를 설계하거나 기존에 구축된 프로세스를 분석해서 프로세스를 재설계하기 쉬운 도구들이 제공되어야 한다. 연필과 종이에 프로세스 맵을 그리는 대신 신속하고 정확하고 쉽게 컴퓨터 화면에 그릴 수 있는 도구와 초보적인 개선방향을 제시할 수 있는 도구들이 제공되어야 한다. 아직까지 프로세스 개선을 정확하게 제시할 수 있는 도구는 존재하지 않는다. 이에 따라 사람을 완전히 대체하지는 않지만 개선방향을 지원하는 도구로 활용될 수 있어야 한다.

3) 실행 엔진/도구(Runtime execution engine)

앞의 비즈니스/프로세스 모델링에서 정의된 프로세스를 실행시키는 시스템이다. 즉, 프로세스를 설계하면 이에 따라 업무를 자동으로 순서에 따라 진행될 수 있도록 하는 워크플로우 라우팅(workflow routing) 기능, 업무흐름의 진행 상황을 추적하는 워크플로우 추적(workflow tracing) 기능, 업무흐름의 처리상황을 관련자에게 자동 통보하는 워크플로우 통보(workflow notifying) 기능, 업무처리상 관련된 모든 종업원에게 업무흐름 정보를 공유할 수 있도록 하는 워크플로우 정보공유(workflow information sharing) 기능 등의 그룹웨어의 기능들이 이에 포함된다(안영경, 1996).

4) 조정 도구

실행 엔진/도구는 하나의 업무를 위한 기능이므로 여러 업무를 프로세스에서 처리해야 할 경우 업무들을 총체적으로 관리할 수 있는 또 다른 기능이 제공되어야 한다. 업무 목록 관리, 업무 우선순위 등을 부여하고, 추적하고 조정할 수 있는 기능들이 이에 포함된다.

5) 모니터링/추적 도구

각 업무에 대한 프로세스 성과, 현황, 예외 사항들에 대해서 모니터링하고 추적할 수 있어야 한다. 예를 들어, 고객의 불만이 접수되는 경우, 24시간 내에 고객을 접촉하고, 3일 이내에 해결해야 하는 프로세스를 설계할 수 있다. 이 경우 모니터링/추적 도구는 이런 원칙이 지켜지고 있는가를 추적하고, 만약 지켜지지 않는다면 담당 종업원에 이를 통보하고, 그래도 처리가 되지 않는다면 최고 경영층에게 통보할 수 있을 것이다. 또한 전체 업무 중에서 이런 원칙이 지켜지고 있는가에 대한 각종 통계자료도 제공할 수 있어야 한다.

6) 사후 분석 도구

모니터링/추적 도구를 통해 축적된 자료를 이용해서 프로세스의 성과를 측정하고 개선할 수 있는 도구이다. 즉, 업무 프로세스, 담당 조직 및 인력, 설비, 소요시간에 대한 분석을 가능하게 함으로써 비즈니스 프로세스 개선을 계속적으로 추진하는 도구이다.

4.2.3 프로세스 혁신 운동의 역사

기업들은 끊임없이 비즈니스 프로세스의 개선을 위해 노력해 왔으며 이러한 노력은 다양한 개념으로 정리되어 왔다. 생산현장의 업부개선의 노력으로 대표적으로 TQM(전사적 품질관리), 그리고 이를 더 광범위하게 발전시킨 Six Sigma 운동 등이 그것들이다. 이러한 생산 현장 중심의 혁신운동을 사무영역까지 확대하고자 한 노력 중에 80년대 중후에 유행했던 개념이 BPR(Business Process Re-engineering)이다.

'비즈니스 시스템'은 비즈니스 리엔지니어링의 대상이 작업의 흐름 · 업무의 내용 · 조직 · 채용 · 교육 · 측정 · 보수 · 기업문화 등 제반 관리 및 운용 시스템임을 의미한다. 비즈니스 시스템의 조직 · 교육 등은 기업 전반에 걸친 부문이지만, 비즈니스 리엔지니어링에서는 해당 프로세스에 관련된 부문만을 개선의 대상으로 한다.

정보기술의 공급자, 컨설턴트, 회계법인, 경영층 등의 많은 사람들이 비즈니스 리엔지니어링에 대해 그 중요성을 인지하고 있으나 비즈니스 리엔지니어링의 개념을 편의상 오용하고 있는 실정이다. 비즈니스 리엔지니어링의 정의는 "기존의 업무방식을 '근본적'으로 재고려하여 '과격하게' '비즈니스 시스템' 전체를 재구축하는 것으로 '프로세스'를 근본 단위로 업무, 조직, 기업문화까지의 전부문에 대해 성취도를 대폭적으로 증가시키는 것"이라고 할 수 있다. 이 정의는 마이클 해머와 제임스 챔피의 정의를 확대한 것이다(Hammer and Champy, 1993).

'근본적'이라는 단어는 과거의 품질운동 등과 같은 점진적인 성과의 개선의 방안이 아닌, 놀라울 정도의 성취도를 달성하는 것을 의미한다. 예를 들어, 품질 문제가 있으면 이를 검수해 불량품을 제거하는 소극적 의미의 개선이 아니라 근본적으로 생산방식을 수정해 문제를 해결하는 근본적인 방안이 필요하다는 것이다.

'과격하게'는 현재 업무방식의 제한된 고정관념을 타파하는 것을 의미한다. 제록스에서는 업무의 일부를 고객에 전가하는 과격한 방식을 사용하고 있다. 고객이 애프터 서비스를 요청하면 과거의 경험을 이용해 고객에게 수리방법을 가르쳐 주며, 고객의 복사기에 여분으로 보관되어 있는 필요한 부속으로 고객이 직접 복사기를 고치도록 하고 있다. 이는 과격하게 애프터 서비스의 과정을 혁신한 것으로 고객의 입장에서는 더 빨리 고장을 수리할 수 있으며, 제록스 입장에서는 애프터 서비스에 대한 원가절감을 꾀할 수 있었다. 즉, 비즈니스 리엔지니어링은 기존의 업무방식의 한계를 벗어나 과격한 혁신을 시도해야 한다. 아래 그림들이 프로세스이 과격한 개선의 필요성을 간결하게 설명해 준다. 컨베어 벨트의 의한 초기의 생산 방식은 [그림 4-6]의 직렬구조를 갖고 있다.

[그림 4-6]과 같이 직렬조직은 앞 단위 작업이 끝나지 않으면 뒷 단위 작업이 실행되지 못하는 단점으로 인해 전체 프로세스의 비효율을 초래할 수 있다. 예들 들어, 앞 단위 작업에서 뒷 단위 작업으로 옮겨질 때, 서류가 바로 뒷 단위 작업으로 전달되지 못하고 담당자의 휴식이나 인간관계의 상황 때문에 대기시간이 상당히 늘어나기 마련이다. 또한 뒷 단위 작업담당자는 앞 단위 작업에서 전달된 서류를 즉시 수행하는 것이 아니라 서류의 전달순서대로 업무를 수행하게 된다. 즉, [그림 4-5]의 단위 작업 1과 단위 작업 2의 연계 국면에서 많은 대기시간을 갖고 있는 것이다.

[그림 4-6] 직렬 프로세스

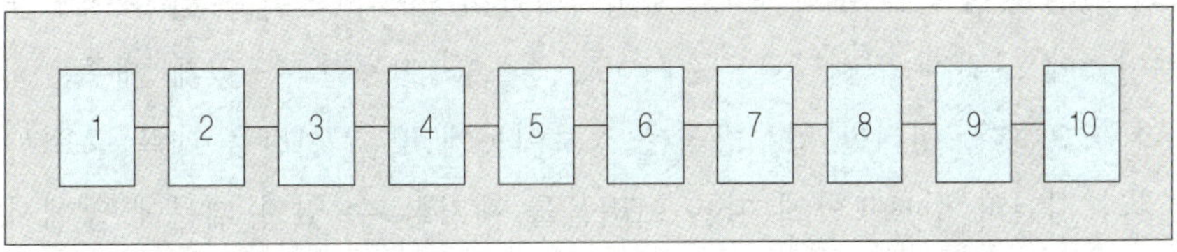

업무의 시작에서 끝까지 소요되는 시간을 싸이클 타임(cycle-time)이라 하고, 각 단위 작업에서 소요되는 작업시간의 총계를 프로세싱 타임(processing-time)이라고 할 때, 이 두 시간의 비교를 통해 분업이 만들어 준 직렬조직의 커다란 비효율성을 파악할 수 있다. 예를 들어, [그림 4-6]에서와 같이 10단계의 공정이 있다고 하자. 총싸이클 타임을 100시간이라고 가정했을 때, 대부분의 기업에서는 각 단계의 연계국면에서의 대기시간으로 인해, 프로세싱 타임은 총싸이클 타임의 1/10인 10시간밖에 안된다고 조사되어 있다.

[그림 4-6]에서 한 단위 작업에서 50%의 시간 단축을 이루었을 때, 하나의 단위 작

업으로는 놀랄만한 성과를 이루었지만 전체 프로세스 입장에서는 0.5%의 시간단축밖에 가져올 수 없다. 실제 작업시간인 프로세싱 타임은 10% 이내이므로 한 단계의 순수 작업시간은 10시간/10단위, 즉, 약 1시간에 해당한다. 즉, 한 단계의 50%의 시간 단축은 1시간에 대한 50%의 시간단축이므로, 전체 프로세스로 볼 때 0.5시간의 향상밖에 이루지 못한 것이다. 전체 프로세스의 시간단축은 0.5%밖에 향상되지 않아 싸이클 타임은 여전히 100시간과 다름없는 99.5시간(100-0.5)이 되는 것이다. 이와 같이 과거 직렬조직의 경영방식으로는 50% 이상의 경영혁신을 이룩하기 어렵다.

과거의 경영방식인 직렬조직을 개선하는 방안으로 병렬조직을 들 수 있다. [그림 4-7]에서 보는 것과 같이 병렬조직은 각 공정을 동시에 수행할 수 있기 때문에 효율화를 꾀할 수 있다. 그러나 이러한 병렬조직에도 문제가 존재한다. 어떻게 정보를 교환하고 통합시켜 각 부서의 작업을 동시에 수행할 수 있도록 하느냐이다.

[그림 4-7] 병렬 프로세스

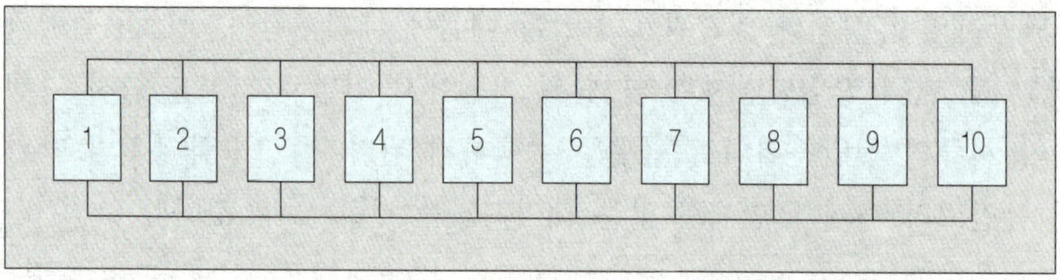

정보의 교환과 통합을 위해 [그림 4-3]에서와 같이 각 단위 작업의 정보를 하나의 데이터베이스에 보관해 언제라도, 누구라도, 정보를 이용할 수 있게 해주는 정보기술의 응용이 필요하다. 이러한 업무방식은 정보이동에 따른 시간을 대폭 축소시켜 불필요한 업무의 지연과 정보교환에 따른 어려움을 제거할 수 있기 때문에 앞에서 언급된 직렬조직의 문제점과 병렬조직의 문제점을 해결할 수 있다.

이와 같이 원가의 대폭적인 감축, 제품공급 시간의 대폭적인 감소, 서비스의 대폭적인 개선, 고객에 따른 제품의 차등화 등을 겨냥한 경영혁신이 되기 위해서는 과거 전통적으로 답습된 경영방식을 타파해야 한다. 단순히 정보기술을 이용한 개별적 과정의 자동화를 통해서는 이런 목적을 달성할 수 없다. 즉, 이제는 과거 작업의 단순 자동화가 아니라, 과거의 경영방식을 타파함과 동시에 프로세스를 대상으로 정보기술을 이용한 비즈니스 리엔지니어링이 필요한 것이다.

하지만 BPR의 열기는 그리 오래가지 못했다. 여러 가지 문제가 있지만 급격한 프로세스 재설계에는 다음과 같은 문제점을 한계를 노정하였다.

◇ 급격한 재설계 이후의 변화관리의 어려움이다. 조직은 기존의 프로세스로 돌아가려는 복원력을 갖고 있기 때문에 재설계된 업무가 혼란만 초래하고 사장되는 경우가 많이 발생한다.
◇ 기존 업무보다 더 좋은 성과를 담보하는 재설계에 대한 방법론이 부재하다시피 하여 BPR이 전산화라고 인식되는 자동화의 영역을 벗어나기 힘들다.
◇ BPR이 외부 컨설턴트 중심으로 진행되기 때문에 계속적인 혁신을 담보하기 힘들었다.

물론 이러한 어려움을 극복한 성공적인 과거 비즈니스 리엔지니어링을 시도한 기업은 다음과 같은 분야에서 괄목할만한 성취도를 이룩할 수 있었다(Robinson, Gulden, and MacKintosh, 1990).

● 시장에 대한 민첩성

기업은 BPR을 통해 급속하게 변화하고 있는 시장에 대처하고 있다. 베네통은 특정지역의 시장요건을 정보기술로 추적해서 특히 많이 팔리고 있는 제품(어떤 사이즈, 어떤 색깔, 어떤 모양의 옷)을 즉시 판단해서 하루만에 그 제품을 제조해서 특정지역으로 보내고 있다. 또한 지역마다 다른 주민의 취향에 맞도록 제품을 진열하고 있어 같은 베네통의 지점이라도 진열된 제품이 지역마다 다르다.

● 업무 리드타임의 스피드

제품주문부터 배달까지 걸리는 시간, 제품의 아이디어부터 생산의 개시까지 걸리는 시간 등의 대폭적인 감축이 이루어지고 있다. 모토롤라의 경우는 무선호출기의 주문부터 제조까지 걸리는 시간을 과거 3주에서 2일로 축소시켰다. 제록스는 중저가의 복사기 제품 개발시간을 과거 24개월에서 6개월로 축소했다.

● 간접비의 절감

간접부서는 직접부서의 지원 역할을 수행해야 하나 많은 기업들에서는 거꾸로 관리와 통제 부서로 역할이 변경되어 직접부서의 업무 수행을 경감시키지 못할 뿐만 아니라, 오히려 직접부서에 더 많은 일을 전가시키고 있다. 포드 자동차에서는 외상매입이라는 간접부서의 직원을 과거 525명에서 100명으로 대폭 감소하였음에도 불구하고 더 효율적으로 업무가 이루어지고 있다. 오션 퍼시픽의 경우는 단 13명의 종업원으로 2억 5천만불의 수익을 올리고 있다.

● 최우량 서비스

고객 기대 이상의 서비스를 제공해서 고객의 충성심(loyalty)을 굳건히 하는 전략은 기존 고객의 확보 외에도 신규시장의 개척에 대한 효과적인 무기가 될 수 있다. 오티스 엘리베이터는 엘리베이터 안에 원격 조정 컴퓨터 시스템을 설치해서 부품에 이상이 있을 때 본사 컴퓨터에 직접 연락해서 이에 대처할 수 있도록 했다. 따라서 고객들은 중단 없는 서비스를 제공하는 엘리베이터를 이용하게 되어 경쟁자들에 비해 강한 인상을 심어주고 있다.

이와 같은 기업들의 성취도는 향후 우리 기업들의 새로운 경영평가의 척도와 비즈니스 리엔지니어링의 척도로 사용되어야 한다. 위의 사례들과 척도들에서 보다시피 우리 기업들도 과거의 10~20%의 생산성 향상 및 10~20%의 원가절감이 아닌 50% 이상의 생산성 향상, 50% 이상의 원가절감 등을 통해 경쟁해야 하는 시점에 이른 것이다. 그러나 이와 같은 극적인 효과를 창출하기 위해서는 단순히 정보기술을 도입하거나 업무를 개선하는 것만으로는 불가능하다. 앞에서 언급된 회사들은 과거의 경영개념을 타파하고 정보기술을 이용하고, 프로세스를 대상으로 업무방식을 재구축함으로써 효과의 극대화를 이룩했다.

하지만 BPR을 바탕으로 한 혁신 운동의 문제점은 BPM에서는 다음과 같이 파악하고 있다.

- ◇ 프로세스의 분석, 저장을 위한 Tool의 부재로 PI 노력의 비용이 매우 높았다.
- ◇ Re-engineered process가 완벽하다고 가정
- ◇ 변화 관리의 중요성은 인식되었으나 변화관리의 수단이 없었다(계획된 성과의 monitoring 어려움).
- ◇ 개선 사항이 있어도 IT Project를 통해서 반영되기 때문에 lead time이 매우 길다.
- ◇ BPR은 대부분 구조조정의 수단으로 도입되었다.
- ◇ 개선을 위한 노력의 결과로 획득된 프로세스에 대한 지식은 program logic으로

함몰되고 현업관리자에게서는 유실된다.

성숙된 BPMS와 여타 시스템의 도움과 최고 경영자들의 전략경영의 중요성에 대한 인식을 바탕으로 지속 가능하고 계속적인 업무혁신을 PI(Process Innovation)이라고 하여 BPR의 한계를 극복하려는 노력이 지속되고 있다. 이러한 기존의 BPR와 BPM의 차이를 다음과 같이 정리하고 있다. 강조점은 혁신의 지속성에 강조를 두고 있다.

〈표 4-1〉 BPR과 BPM 비교

	Process Re-engineering (Wave of innovation and radical business process change)	BPM (Third Wave)
Level of change	Radical	Total lifecycle
Interpretation of "As-Is" and "To-Be"	Old process, New Process – Discontinuity	No BPM, BPM Capability
Starting Point	Clean State	New or Existing processes
Frequency of change	One time change	One time, periodic, continuous, evolutionary
Time required	Long	Real time
Implementation	Disruptive, Big bang	Incremental
Risk	High	Low
Participation	Top-down	Top-down, Bottom-up
Number of processes	One major process at a time	Simultaneous, across many processes
Typical Scope	Broad, cross functional	Enterprise wide process management
Primary enabler	Information technology	Process Technology
Horizon	Future	Past, Present and future

<Source : *BPM - The Third Wav*>

4.3 성공적인 프로세스 혁신 방법론

앞에서 언급된 성공사례들의 공통점은 경영혁신의 대상을 프로세스로 보았다는 것이다. 이와 같이, 비즈니스 리엔지니어링의 근본대상은 프로세스이다. 기업 또는 공공기관들에서 주요업무는 한 부서 단독으로 이루어지는 경우는 거의 없으며 여러 부서의 협력을 통해 이루어진다. 따라서 한 부서의 부문별 최적화보다는 업무의 수행단위인 프로세스를 대상으로 혁신을 이룩해야 전사 입장에서의 최적화를 꾀할 수 있다. 기업 또는 공공기관들에서 중요한 프로세스의 수는 그리 많지 않다. 일반적으로 중요 프로세스는 20개 정도된다. IBM에서는 18개, 아메리텍(Ameritech)에서는 15개, 제록스(Xerox)에서는 14개, 다우 케미컬(Dow Chemical)에서는 9개의 비즈니스 리엔지니어링 대상 프로세스를 선정했다(Davenport, 1993).

경영혁신의 대상이 부서가 아니고 업무흐름의 전체 프로세스이므로, 때로는 비즈니스 리엔지니어링을 프로세스 혁신이라고 지칭하는 학자들도 있다. 프로세스 혁신 또는 비즈니스 리엔지니어링의 프로세스적 접근방식을 파악하기 위해서는 먼저 프로세스에 대해 정확하게 정의해야 한다.

4.3.1 혁신 대상 프로세스 선정

과거의 업무방식에 한정되어 부서별로 업무혁신 대상을 파악하지 말고 업무수행의 근본단위가 되는 프로세스를 기준으로 비즈니스 리엔지니어링 대상을 파악한 후에 이들 프로세스들 중에서 우선과제를 도출해야 한다. 기업의 사업에서 근간이 되는 근본업무를 선택한 후, 이 근본업무를 수행하는 데 관련된 여러 부서들의 연계업무 프로세스를 선정하는 것이 중요하다.

1) 가장 근본이 되는 업무를 선정하라

회사의 근본이 되는 프로세스로 기업의 사업에 영향이 크며 운용상의 중요성을 갖는 프로세스를 비즈니스 리엔지니어링의 대상으로 선정해야 한다. 따라서 비즈니스 리엔지니어링의 대상 선정은 조직의 경영전략, 환경분석, 고객의 요구분석에서부터 비롯되어야 하며 이 분석을 통해 근본 업무를 파악해야 한다. 근본 업무에는 주거래 업무와 경영관리 업무의 두 가지가 있다. 주거래 업무는 기업의 그날그날의 운영에 필요한 가장 기본적인 업무이다. 예를 들어, 자동차에서는 비즈니스 리엔지니어링의 대상으로 자재구매부분, 신제품개발부문 등의 주거래 업무를 선정할 수 있다. 제약회사에서의 경우에는 신제품개발에 있어 식품안전청과의 관계가 주거래 업무가 될 수 있을 것이며, 보험회사에서는 보험증의 발급(underwriting)이 고객서비스의 관점에서 경쟁의 원천이 되는 주거래 업무일 것이다.

경영관리 업무도 회사 운영을 위한 근본 업무이다. 코닥은 전세계 8개 공장들에서 제품을 생산하고 있다. 이 회사는 이들 8개 공장들에 대한 생산 및 품질의 문제를 동일하게 관리하기 위한 경영관리 업무인 조정 업무를 비즈니스 리엔지니어링의 대상으로 선정하였다. 코닥의 본부에서는 8개 공장 운용에 대한 정보를 정보통신을 이용해 신속하게 받고 있으며 공장의 운용계획, 제품의 품질, 공장가동률 등의 평가정보를 이용해 생산 및 품질에 대한 8개 공장의 운용계획, 제품의 품질, 공장가동률 등의 평가정보를 이용해 생산 및 품질에 대한 각 공장의 문제를 사전에 해결할 수 있도록 하였다(Davenport, 1993).

근본 업무를 선정하는 데에는 손쉬운 방법으로 다음과 같은 특징을 가진 업무를 일차적으로 고려하는 방법도 도움이 될 수 있다. 이러한 업무들은 비즈니스 리엔지니어링이 이루어지기 쉬운 부문이라 할 수 있다.

● 긴 직렬조직의 경우

여러 작업들이 순차적으로 진행되어야 하는 직렬조직은 근본적인 업무수행방식을 개선함으로써 혁신이 가능하다. 즉, 직렬조직에서는 작업과 작업사이에 대기시간이 많으므로 이 대기시간을 제거하기 위해 병렬조직 또는 업무의 통합을 이용할 수 있다.

● 품질관리가 너무 많은 경우

품질관리에 많은 비용과 시간이 소요되는 경우 또는 품질의 확인단계(check point)가 많은 경우는 사후관리 작업보다는 사전관리 작업으로 근본원인을 파악함으로써 비즈니스 리엔지니어링을 이룩할 수 있다. 때로는 품질관리에 실수가 없게끔 마지막에 한 번만 철저하게 하는 방안으로 간접비를 절감할 수 있다.

● 수많은 인원이 같은 고객, 또는 같은 공급자를 상대하는 경우

여러 사람이 한 기업 또는 고객을 상대함으로써 일관된 서비스와 제품을 제공하기 어려운 경우가 많다. 한 예로서 고객에게 각 종업원마다 틀린 정보를 제공하거나 틀린 가격을 제시할 수 있을 것이다. 또한 각기 다른 공급업체에게 주문을 할 경우에는 대량구매의 효과를 거두기도 어려울 것이다. 일관된 창구를 구축함으로써 쉽게 비즈니스 리엔지니어링의 효과를 거둘 수 있다.

● 안전재고가 과다한 경우

과거의 경우 안전재고는 유사시를 대비해 반드시 필요하다고 간주되었다. 그러나 이제는 정확한 수요예측, 공급자와의 파트너십을 통해 재고를 축소하는 경향으로 바뀌고 있다. 많은 기업들이 JIT(Just-In-Time) 체제를 도입하고 있다.

● 태스크 포스 팀이 많은 경우

태스크 포스 팀은 과거 특별한 문제점을 해결하기 위해 조직되어 운영되었다. 그러나 이는 기업의 현 조직으로서 당면 문제점을 해결할 수 없기 때문에 태스크 포스 팀이 필요한 것이며, 태스크 포스 팀이 많다는 것은 기업 내에서 문제점을 갖고 있는 업무흐름이 있다는 것을 반영하는 것이므로 비즈니스 리엔지니어링의 과제가 될 수 있다.

● 서류작업이 많은 경우

서류작업이 복잡하고 많을수록 그에 따른 실수의 가능성은 증가하고 절차도 길어지며 이를 처리하는 소요시간도 증가하게 된다. 이제는 정보기술을 이용해 서류작업을 대폭 단순화하고 간소화시킬 수 있으므로, 서류작업이 많은 프로세스는 비즈니스 리엔지니어링의 과제로 적합하다.

2) 연계 업무 프로세스를 선정하라.

근본 업무를 선택한 후, 그 다음 작업으로는 이에 관련된 연계 업무를 파악해서 이를 비즈니스 리엔지니어링의 대상으로 선정해야 한다. 비즈니스 리엔지니어링의 초기단계에서는 프로세스에 관련된 부서간의 연계의 원활화에 초점을 맞추는 것만으로도 개선의 큰 효과를 거둘 수 있다. 제너럴 일렉트릭의 경영혁신 프로그램인 워크아웃 프로그램(Work Out Program)에서는 초기단계에 연계부문의 정보 공유화만으로도 약 30%의 생산성 증대효과를 거두었다.

예를 들어, 신제품의 개발업무에서 연계 프로세스를 고려한다면 우선 마케팅부서의 고객정보를 획득해야 하며, 디자인 부서에서의 제품 디자인, 엔지니어링부서의 디자인에 맞춘 엔지니어링 작업, 제조부서의 생산을 들 수 있다. 이들 부서들의 각 업무들은 신제품 개발이라는 근간업무에 대한 연계업무 프로세스가 될 것이다. 각기 부서별로 업무를 수행하는 것보다 이들 부서들 간의 정보공유와 업무조정을 통해 부서별 업무개선이 아닌 개발 프로세스 전체의 입장에서 비즈니스 리엔지니어링이 필요하다. 제록스에서는 각 부서에서 차출된 태스크 포스 팀이 데이터베이스를 이용해서 개발을 주도함으로써, 신제품 개발에 관련된 부서간의 연계를 원활하게 하여 제품 개발시간을 1/4로 축소시켰다.

지리적으로 떨어져 있는 공장들에서는 공장들마다 구매부서를 갖고 있을 수 있다. 이 경우에는 한 지역의 구매부서를 혁신하는 것보다는 각 공장들의 모든 구매부서를 연계해 한꺼번에 비즈니스 리엔지니어링의 대상으로 선정할 수 있다. 여러 지역에서 발생하는 작업의 절차와 중복사항을 통합시켜, 과거 부서마다 실행하던 각 품목에 따른 구매의 절차를 한 곳에서 총괄적으로 수행하게 한다면 큰 비즈니스 리엔지니어링의 효과를 거둘 수 있다. 이 경우 대량매입으로 할인을 받을 수 있으며 원료나 품질의 향상을 공급업자에게 요구함으로써 더 유리한 조건으로 구매할 수 있다.

4.3.2 변화관리

비즈니스 리엔지니어링은 업무방식의 변화, 보고체제의 변화를 수반하게 되므로 인적 조직에서의 큰 저항을 유발하기 쉽다. 따라서 비즈니스 리엔지니어링의 구축시 조직의 사전점검과 변화의 사후관리가 중요하다.

1) 기업환경과 기업문화를 사전에 점검하라

비즈니스 리엔지니어링의 성공을 위한 장애요인들을 최소화하기 위해서는 리엔지니어링이 실제 구현되기 전에 기업환경과 기업문화를 사전 점검해야 한다. 기업환경과 기업문화에 따라 리엔지니어링의 구축 방법이 달라질 수 있으며, 리엔지니어링 결과에 영향을 받는 종업원의 영향력에 따라 구축의 난이도가 좌우될 수 있다. 리엔지니어링을 구축하기 이전의 중요 사전 점검 대상은 다음과 같다.

● 누가 비즈니스 리엔지니어링을 추구하는가

리엔지니어링을 추구하는 스폰서가 기업 내에서 커다란 영향력을 발휘할 수 있어야 한다. 최고 경영층의 지원을 받고 있다면 성공할 가능성이 크므로, 사장 또는 이에 버금가는 경영층의 절대적인 의지표명이 중요하다.

● **종업원들이 얼마나 새로운 업무방식과 정보기술을 받아들일 준비가 되어 있는가**

종업원들은 일반적으로 현상태를 유지하기를 바란다. 그러나 많은 종업원들에게 공통적으로 불편을 느끼는 사항이 비즈니스 리엔지니어링의 대상으로 선정되었다면 비교적 이를 구축하기 쉽다. 또한 기업이 치열한 경쟁에 놓여있는 상황이거나 어려움에 처해 있다면 종업원들은 문제를 해결하고자 하는 강한 의지를 갖게 되어 혁신의 성공가능성은 더 높아질 것이다.

● **누가 비즈니스 리엔지니어링으로 손해를 볼 것인가**

비즈니스 리엔지니어링의 결과로 영향력을 잃거나 손해를 보는 종업원이 리엔지니어링에 대해서 가장 강력하게 저항할 것이며 이 종업원의 영향력이 크다면 리엔지니어링의 구축은 난관에 부딪힐 것이다. 때에 따라서는 이러한 종업원을 리엔지니어링의 구성 멤버로 활용하는 것도 좋은 방법이다. 일반적으로 경영층 또는 일반 종업원보다는 부서장들이 영향력이 크면서도 방해요인이 되기 쉽다.

● **정보기술 담당자가 도전적인 자세를 가지고 있는가**

정보기술이 비즈니스 리엔지니어링의 도구로 많이 사용되는 만큼 정보기술 담당자의 도전적이면서도 적극적 자세가 필요하다. 특히 단순히 업무의 전산화 또는 사용자의 지원이라는 측면을 벗어나 기존의 규칙이나 방식에 대해 과감하게 도전하고자 하는 의지를 가지고 있다면 성공가능성은 더욱 높아진다.

2) 새로운 보상제도를 도입하라

비즈니스 리엔지니어링이 성공하기 위해서는 혁신의 과정에서 발생하는 여러 가지 문제점들을 미리 대비하는 것도 중요하지만 리엔지니어링의 과정에서와 사후 구축시에도 적절한 장려금 또는 보상제도를 도입하는 것도 중요하다. 리엔지니어링은 작게는 업무의 축소와 확대에서부터 크게는 부서의 폐지·통합 등으로 조직 전체에까지 커다란 영향을 줄 수 있다.

리엔지니어링이 진행됨에 따라 나타나는 문제들로는 인원이 감축되고 작업들이 대폭 제거 또는 확대되거나 기존 부서의 제거 등이 있을 수 있다. 또한 이러한 변화와 더불어 업무방식이 새롭게 변화하고 새로운 보고체계, 정보기술을 이용한 정보 프로젝트, 새로운 기술에 대한 교육의 필요성 등장 등 업무방식의 대전환이 수반된다. 이처럼 광범위한 변화의 영향을 효과적으로 통제하기 위해서는 최고경영층의 의지에 의한 대응방안이 모색되어야 한다. 즉, 새로운 장려금 제도나 보상제도를 도입한다거나 업무의 재배치를 위한 재교육 프로그램을 개발해 실행함으로써 비즈니스 리엔지니어링의 장애요소를 최소화해야 한다.

4.3.3 프로세스 재설계 원칙

혁신적인 업무 재설계를 주장한 해머의 기본가정은 경영혁신에 있어서 정보기술을 이용해야 한다는 것이다. 그러나 정보기술을 이용하되 업무의 자동화가 아닌 업무처리 절차를 재설계해야 한다고 주장한다. 물론 정보기술을 이용한 재설계가 더 효율적이겠지만 정보기술 없이도 비즈니스 리엔지니어링을 이룩할 수 있으므로 해머의 기본주장은 '기존 업무의 개선보다는 업무처리절차를 재설계하라'라고 할 수 있다. 해머는 업무처리 절차의 재설계에 대한 7가지 원칙을 주장했다(Hammer, 1990).

- **업무위주가 아닌 결과위주로 경영/관리하라.**

프로세스에는 고객이 있다. 프로세스의 각 부서들에 속한 작업자들은 부서업무의 기능에 목표를 두지만 고객은 결과에만 관심이 있을 뿐이다. 한 예로써 고객이 상품을 주문하면 고객을 담당하는 부서에서는 운송부서에서 상품을 배달해주도록 요청할 것이다. 그러나 운송부서는 운송의 효율을 위해 아무리 급해도 트럭이 완전히 적재될 때까지 기다릴 것이다. 이 경우 트럭의 운송효율이라는 업무위주가 아닌 마지막 결과로서 고객을 만족시키도록 하는 결과위주의 경영관리가 필요한 것이다.

- **프로세스의 결과(Output)를 받는 사람에게 프로세스를 수행케 하라.**

프로세스의 결과를 받는 사람이 프로세스의 성취도에 가장 영향을 많이 받는 사람이다. 프로세스의 결과를 받는 부서 또는 사람이 다른 부서 또는 다른 사람에게 의뢰할 경우에는 업무의 중복을 가져오게 한다. 이러한 중복작업은 근본적으로 프로세스의 결과를 받는 사람 또는 부서가 수행함으로써 해결할 수 있다.

포드 자동차에서는 구매부를 통해 물품을 구매하던 현업부서에서 직접 구매를 하도록 하였다. 과거에는 구매를 하기 위해 구매부에 의뢰하면 구매부에서는 물품에 대한 구매신청서를 획득한 후에 구매부에서 사양서를 각 조달업체들에게 통지해 견적을 받아 주문업체를 선정하였다. 이러한 작업과정에서 포드 자동차는 구매 프로세스를 받는 현업부서에게 직접 구매 프로세스를 실행하게 하여 재고의 대폭적인 축소를 이룩하였다.

● **정보업무를 정보를 제공하는 실제업무로 만들어라.**

과거에는 대부분의 기업들에서 정보수집, 또는 타부서가 제공한 정보를 처리만 하는 부서가 독립되어 있었다. 이는 인력의 전문화라는 전통적인 조직의 분업화와 하부구성원이 정보에 대한 대응능력과 취합능력이 있을까하는 의문에서 기인한다. 정보를 획득하는 업무에서 정보를 제공하는 실제업무로 전환함으로써 리엔지니어링의 효과를 높일 수 있다.

포드 자동차는 과거 주문한 제품이 들어오면 인수부서에서는 인수증을 발행하고 인수증의 복사본은 외상매입부서로 전달하였다. 외상매입부서에서는 다른 서류들과 인수증, 청구서 등을 비교해서 대금을 결제하였다. 그러나 현재는 인수부서에서 제품을 받으면 인수증의 복사본을 외상매입부서로 보내지 않고 직접 은행을 통해 현금을 전자자금이체 시킨다. 즉, 인수부서는 과거 정보를 가공하던 방식에서 이제는 직접 은행에 정보를 전달하는 방식으로 실제업무화한 것이다.

● **지역적으로 흩어진 자원을 중앙에 모여 있다고 간주하라.**

과거 지역적으로 흩어진 기업의 자원을 중앙집중적으로 관리하기가 어려웠다. 그러나 이제는 통신 네트워크를 이용해 흩어져 있는 자원을 마치 중앙에서 총괄 관리하는 것처럼 운영함으로써 규모의 경제를 달성할 수 있다. 실제적인 자원은 분산되어 있지만, 기업의 모든 정보는 중앙집권적으로 활용되어야 한다. 특히, 세계화를 모색하는 현대의 기업에서는 더욱 중요한 원칙이다.

휴렛 팩커드(Hewlett-Packard)는 과거에 50여 개 이상의 지역별 제조 공장에서 각기 독립된 구매부서들을 가지고 있었다. 중앙과 지역의 조달부서, 공급업체가 데이터베이스의 정보를 공유해 이 자료들을 기초로 구매계약을 본부에서 전체적으로 체결함으로써 대량구매가 가능해졌다. 즉, 기존의 구매부서에 과거와 같이 배달하되, 본부는 주문만 일괄적으로 하는 형태이다. 구매계약을 전체적으로 관리함으로써 공급업체에 영향력을 행사해 제품의 납기에 대한 모니터의 기능을 향상시키고, 50% 이상의 배달시간 단축을 이룩하였으며, 불량률도 75%나 감소하였고 종전보다 현저히 낮은 가격으로 구매가 가능해졌다. 이러한 대량 구입으로 인해 유리한 조건으로 계약이 가능해지고 재고가 대폭 감축되어 연간 1,000만 달러의 절약을 이룩하였다. 실권은 지역에 있지만, 관리를 중앙에서 시도함으로써 지역적으로 흩어진 자원이 중앙에 모여있다고 간주한 원칙을 채택한 것이다.

● 업무 결과의 단순 통합이 아닌 업무를 연계시켜라.

전문화된 업무들을 단순히 통합하는 것에는 한계가 있기 마련이다. 때로는 중요한 정보가 공유되지 못하기 때문에, 때로는 관료주의의 발생으로 업무가 능률적으로 처리되지 못하는 경우가 많다. 조직 내의 각 부서들이 각기 업무를 수행한 후에 결과를 통합하기보다는 미리 피드백을 받는 체제가 프로세스의 혁신에 이르는 근간이 될 수 있다. 제너럴 일렉트릭에 의하면 연계된 업무부서들의 정보 공유화만 이룩하더라도 약 30%의 생산성 향상을 가져올 수 있다고 한다.

과거 제록스(Xerox)는 여러 디자인 부서들에서 복사기의 부속을 디자인한 후 엔지니어링 부서에서 이를 통합하였다. 이 때 부품간의 규격 등이 서로 달라 통합의 문제점이 발생하기도 하며, 디자인 부서와 엔지니어링 부서의 알력으로 인하여 디자인된 것이 제품화되는 비율이 상당히 적었다. 이에 제록스는 소수의 디자이너, 엔지니어, 조달담당, 제조담당, 마케팅담당으로 팀을 구성해 같은 사무실에서 같이 작업하게 함으로써 제품의 개발부터 생산계획, 애프터서비스계획을 총괄하도록 하여 업무효율을 극대화하였다.

● 업무수행부서에 결정권을 부여하고 프로세스 내에 컨트롤기능을 유치하라.

업무수행부서에 결정권이 없으면 잘못된 서비스를 초래할 수 있다. 운송업체에 용역을 의뢰할 경우, 고객은 전화로 서비스에 대한 요금을 담당자에게 문의할 것이다. 가격이 적합하다고 판단되면 고객은 예약을 원할 것이다. 담당자는 예약하기 전에 이용 가능한 트럭이 있는지 조회해야하는데 이 업무는 자기 소관이 아니라고 말할 수 있다. 그러면 고객은 또다른 전화를 통해 다른 담당자에게 이용 가능한 트럭이 있는지 조회해야 한다. 이 담당자가 이용 가능한 트럭이 있다고 가르쳐 주더라도 트럭 예약에 대한 권한이 없다면, 고객은 또 다른 담당자와 통화를 해야 한다. 이와 같이 하나의 거래를 위해 세 번 이상의 통화를 해야 한다면 고객은 이 기업과 거래하기가 힘들다고 느낄 것이다.

● 정보는 발생지역에서 한 번만 처리하라.

한 부서에서 다른 부서로, 다른 부서에서 또 다른 부서로 정보를 전달하는 과정에서 발생하는 서류의 작성과 재작성은 작성비용만 아니라, 실수의 가능성을 높여주며, 직렬조직을 만드는 원인이 된다. 또한, 정보의 누락이나 변질의 위험도 있다. 이는 정보를 정보획득 단계에서 바로 처리하지 못하고 타부서로 정보를 이전시키기 때문이다. 그러나 정보를 발생 지역에서 정보기술을 이용해, 즉시 통합 데이터베이스에 입력해 모두가 공유할 수 있게 하면, 타부서와의 공유도 가능해 직렬조직의 한계를 타파할 수 있다.

오티스 엘리베이터는 과거 서비스 작업자가 고객서비스 후에 그 내용을 작성한 후 지역서비스센터의 취합을 거쳐, 본부에서 다시 정리해 경영층에 보고했었다. 그러나 이제는 통합 고객서비스 센터에서 정보를 바로 작업자에게 받아 경영층에게 온라인으로 보고하고 있다. 따라서 과거 부속의 불량이 보고되는 데까지 2개월 가량 걸렸으나 이제는 작업자가 문제가 있는 것을 보고해 즉시 제조공정의 담당자에게까지 그 정보가 제공되고 있다.

해머의 원칙, 관련문헌, 필자의 경험을 토대로 비즈니스 재설계를 위한 디자인 원칙과 실행원칙을 도출할 수 있다(이순철, 1993a, 1993b, 1994, 1995; Davenport and Short, 1990; Hammer, 1990; Hammer and Champy, 1993). 여기서 제시하는 원칙들은 수학적 공식이 아니라 기존의 성공사례에서 공통적으로 느낄 수 있는 일종의 가이드라인이라고 할 수 있다.

비즈니스 리엔지니어링에서 많이 사용되는 디자인 원칙들을 비즈니스 리엔지니어링에 성공한 기업들의 공통적인 특성을 살펴봄으로써 다음과 같이 제시할 수 있다.

● 기능이 아닌 프로세스 위주로 설계하여라.

많은 기업들에서는 각 부서들의 목표와 책임자는 있으나 프로세스의 목표와 책임자가 없는 경우가 대부분이다. 구매 프로세스의 목표를 물어보면 "구매부의 목표말입

니까?" 하고 반문하는 경우가 대부분이다. 구매부보다는 구매 프로세스가 더 중요한 개념일 것이다. 이에 따라 부문과 부문의 연계를 위해 주요 프로세스의 책임을 맡는 프로세스 오너(process owner)를 임명하고, 개선과 평가의 근본을 연계부문을 포함한 프로세스의 결과로 전환해야 한다.

● 계층의 단축화를 이룩하여라.

우리나라 기업에서도 결재과정의 단축이 집중적으로 이루어지고 있다. 결재과정의 단계가 복잡할수록 업무를 효율적으로 수행하기보다는 많은 대기시간으로 인해 비효율적이고 유연성이 없어지기 때문이다. 의사결정시 많은 계층을 거치게 되면 의사결정 시간이 길어지게 되고 정보의 왜곡현상이 발생하게 되어 의사결정의 비효율이 나타난다.

계층의 단축화를 이룩하는 한 방안으로 관리업무와 기본업무를 융합하는 것을 들 수 있다. 제너럴일렉트릭은 자율경영 팀을 이용해 기본업무 외에도 스케줄 작성, 업적평가, 프로세스 개선, 구매 권한을 확보함으로써 업무지원 부서를 제거해 노력의 중복을 배제하고 고객에게 더 빠른 대응을 할 수 있었다.

● 조정업무를 최소화하여라.

조정업무를 축소하는 방안으로 원인이 발생하는 부서로 업무이관을 시도하는 것이 가장 효과적일 것이다. 물품을 인수할 때 인수부서에서 현금을 지급하거나 어음을 지급하면 인수증과 청구서의 역할이 필요 없어진다. 현업부서에 조달의 권한을 이양하면 조달부를 거쳐 물품을 구매할 필요가 없어진다. 보험회사의 클레임 처리부서에 권한을 이양하여, 사고 현장에서 보험금을 지급하면 보험회사의 많은 조정업무가 제거될 수 있다.

원인이 발생하는 부서로 업무이관을 시도하지 못하는 사유는 대부분 신뢰성이 의문시되기 때문이다. 따라서 외형적인 조정업무인 체크와 컨트롤은 축소하되 프로세스 내에 컨트롤을 내재할 수 있도록 해야 한다. 인수부서에서 인수를 하는 경우에 주문품목이 아니면 물품인수를 못하도록 하면 프로세스 내에 컨트롤을 내재하는 방법이 될 것이다.

● 업무성격에 따른 세분화를 피하여라.

부서별 분업과 전문화는 피해야 하지만, 업무의 성격에 따른 세분화는 필요하다.

예를 들어, 500만원의 공사나 500억원의 공사가 관청에서 허가를 얻는 과정이 동일한 것은 효과적이 아닐 것이다. 업무의 성격에 따라 다른 프로세스들이 선택되어야 하나 너무 획일적으로 업무가 진행되고 있는 경우도 많이 발생하고 있다.

IBM은 신용평가 업무에 있어서 신용평가에 문제가 없는 단순한 업무는 자동화하였고, 어느 정도 문제가 있으며 케이스 매니저가 전담해 해결하도록 했으며, 아주 어려운 업무는 전문가의 도움을 받도록 하였다.

● 부서가 아닌 케이스 팀 또는 케이스 매니저를 설계의 근간으로 하여라.

비즈니스 리엔지니어링에서는 가능하면 한 사람이 모든 업무를 담당하는 케이스 매니저(case manager) 제도를 도입하거나 이것이 불가능할 경우 각 부서들의 담당자로 이루어진 케이스 팀을 도입하는 경우들이 많다. 케이스 매니저와 케이스 팀 제도를 도입하는 사유는 여러 부서의 연계부문에서 소요되는 대기시간을 단축할 수 있으며, 이에 따라 착오, 누락, 재작업을 방지할 수 있고, 책임의 확립으로 감독작업이 덜 필요하게 되며, 성취도 측정이 쉬워지기 때문이다.

● 여러 종류의 능력을 갖는 것이 예외가 아닌 규칙으로 하여라.

케이스 팀이나 케이스 매니저가 프로세스에 관련된 전체 업무를 총괄할 수 있기 위해서는 종업원들이 여러 종류의 업무를 수행할 수 있는 능력을 갖추어야 한다. 이를 위해서는 다음과 같은 방안들을 모색해야 한다. 첫째, 교육을 통해 업무확대를 꾀해야 한다. 둘째, 업무의 종류에 따라서는 전문가의 도움이 필요할 수도 있으므로 이들에 대한 접근이 전사적으로 쉽게 이루어져야 하며 전문가는 컨설턴트의 입장에서 담당자가 의사결정을 내리는 것을 지원할 수 있어야 한다. 셋째, 종업원이 업무를 수행하면서 필요할 때마다 부족한 능력을 제도적으로 지원 받을 수 있어야 한다. 넷째, 평가를 담당부서나 담당자가 할 수 있는 기회를 제공해야 한다. 분업조직에서는 최종 결과를 다른 부서에서는 피드백 받지 못하기 때문에 전체 프로세스적인 입장에서 업무를 진행하기 어렵다. 담당부서나 담당자에게 담당업무에 대한 피드백을 제공할 수 있는 체제가 구축되어야 한다.

● 종업원의 역할을 컨트롤 당하는 입장에서 권한 위양자로 바꾸어라.

담당자가 의사결정을 내릴 수 있도록 기업문화의 전환과 제도의 변경이 필요하다. 행위가 발생하는 지역에 가장 인접한 담당자가 의사결정을 내림으로써 가장 신속하게 대응할 수 있다. 그러나 우리기업의 담당자들은 주로 정해진 규칙을 따르는 데에만 익숙하고 의사결정을 내리는 기업의 권한위양자로서의 역할은 제대로 이루어지지 못하고 있다.

● 성취도 목표와 평가를 고객만족과 연결하여라.

과거 성취도에 대한 척도는 금융지표를 위주로 한 단순한 원가감축, 매출액 증대, 수익의 개선이었다. 이와 같은 금융지표에서 벗어나 고객위주로 목표와 평가척도를 수립해야 한다. 즉, 고객이 얼마나 만족했느냐를 최우선으로 싸이클 타임을 축소시킨다든가, 고객을 기다리지 않게 만든다든지, 고객에 필요한 정보를 제대로 공급하는가 등으로의 평가체제를 확립해야 한다. 직접 고객과 상대하지 않고 있는 부서나 담당자의 평가도 내부고객의 입장에서 이루어져야 한다.

팀의 성취도에 대한 보상체제를 구축하는 것도 중요하다. 조직의 근본단위가 팀이기 때문에 개인의 보상체계가 아닌 팀위주의 보상체계도 확립되어야 하기 때문이다. 팀위주의 고객만족에 입각한 보상체제를 확립하기 위해서는 고객의 평가와 동료의 평가가 이루어질 수 있도록 하는 것도 하나의 방안이 될 수 있다.

● 고객과 공급자와의 접점을 확대하여라.

한 제조업체의 제품의 포장작업이 너무 잘 되어 이 업체의 고객기업이 곤란을 겪고 있었다. 고객기업은 이 기업 제품의 포장을 뜯어서 원자재로 사용하는데, 포장이 너무 잘 되어있어 이를 뜯는 작업에 많은 작업량이 증가되는 것이다. 그래서 고객기업이 항의하였지만 이 기업에서는 예전대로 포장을 계속하였다. 고객기업의 피드백이 판매부서에만 전달되었지, 포장부서에는 전달되지 않은 사례이다.

고객과 만나는 순간인 고객과의 접점이나, 공급자와 만나는 공급자와의 접점에 대한 업무를 가능한 확대해야 한다. 접점에서의 문제점을 프로세스에 관련된 전 부문에 제공하는 피드백 체제도 구축되어야 한다. 제너럴 일렉트릭과 모토롤라는 문제를 같이 해결할 수 있도록 고객 또는 공급업자와의 정기적인 만남을 주선하고 있다. 팀 활동에서도 고객과 공급업자가 대표로 참석하고 있다.

● 업무방식의 순서를 변화시켜라.

기업의 업무방식의 순서는 전통적으로 계승되어 현재에도 그대로 사용되고 있는 경우가 많다. 고정관념의 타파 입장에서 새로운 업무방식의 순서를 기획해야 한다. 다음과 같은 세 가지의 원칙이 통용될 수 있다. 세 가지 원칙 모두 정보시스템의 지원이 이루어져 구현될 수 있다.

첫째, 한 작업이 끝나기 전에 다음 작업에 착수할 수 있는 방안(overlapping)을 모색해야 한다.

둘째, 순차적으로 이루어지는 직렬업무를 병렬업무로 전환해야 한다.

셋째, 순차적으로 이루어지는 직렬업무를 한 부서나 한 사람이 통합해 처리할 수 있는 방안이 모색되어야 한다.

4.3.4 비즈니스 혁신을 위한 최고 경영자의 리더십

앞에서 언급된 디자인 원칙들은 기존의 이론과 흡사한 점도 있지만, 기존의 이론과는 정면으로 대치되고 있는 것도 있다. 이에 따라 디자인 원칙을 갖고 개선안이 개발될지라도 이를 구현하기에는 한계가 있을 수 있다. 비즈니스 리엔지니어링을 착수하는 기업들은 다음과 같은 실행상의 가이드 라인을 갖고 임하는 것이 앞에서 언급된 디자인 원칙을 구체화하는 데 도움이 될 수 있을 것이다. 이러한 실행 가이드 라인은 결국 최고 경영자의 리더십을 전제로 하고 있음을 쉽게 알 수 있다.

첫째, 비즈니스 리엔지니어링을 시도할 때 과다 목표를 선정해야 된다. 소폭의 개선을 목표로 선정하면 기존의 업무를 재구축하지 않고도 소기의 목표를 달성할 수 있다. 과다한 목표 설정의 의미는 실현 가능한 개선정도가 아닌 혁신을 이룩하는 데에 초점을 맞출 것을 제시하는 데에 있다. 마이클 해머가 주장했듯이 5%, 10%에 그치는 작은 목표로는 개선정도에 그치지만, 100% 이상의 목표를 제시하면 기존의 업무방식으로는 이를 달성할 수 없으므로 새로운 업무의 재구축이 가능할 것이다. 200일이 넘는 클레임 처리 기간을 7일 이내로 줄이라는 경영층의 명령에 의해 비즈니스 리엔지니어링을 성공한 사례도 존재한다.

둘째, 변화를 지상명령으로 해야 된다. 비즈니스 리엔지니어링을 실시하게 되면 단순한 개선과는 달리 현재의 작업방식을 그대로 유지하지 못하고 근본적인 변화가 이루어지기 마련이다. 변화를 두려워하면 비즈니스 리엔지니어링이 성공할 수 없다. 변화를 위한 변화를 추구하는 것 자체가 종전과는 다른 업무의 재구축을 꾀하는 계기가 될 수 있다. 국내 한 기업의 조달 부문은 모든 종업원이 공동적으로 업무를 잘 수행하고 있다는 평가를 받고 있었다. 그러나 변화를 위한 변화를 추구함으로써 업무를 더욱 개선할 수 있었다.

셋째, 비즈니스 리엔지니어링을 시도하면서 성역이 없음을 강조해야 한다. 제도상의 문제, 기업문화상의 문제로 리엔지니어링 담당자들이 미리 혁신을 포기하는 경우들이 있다. 제도나 기업문화는 전체 기업입장에서 기획되고 변화되는 것이 일반적이다. 그러나 이와 같은 방식은 큰 비용과 시간을 수반하기 마련이다. 리엔지니어링 대상의 프로세스에 관련된 제도나 문화만을 변화시킴으로써 비교적 소량의 노력과 비용으로 제도와 문화를 공략할 수 있을 것이다.

넷째, 부문간의 연계, 지리적 제한, 창고에의 보관 등과 같이 부문간의 사각지대에 초점을 맞추어야 한다. 부문 내에서는 과거부터의 개선활동으로 이미 많은 개선이 이루어져 있을 확률이 높다. 과거의 개선활동 대상이 되지 않았던 부문과 부문의 연결고리에 더 큰 노력을 기울여야 노력에 대한 효과를 극대화할 수 있다.

다섯째, 리엔지니어링 과정에서 담당자에게 피드백을 주어야 한다. 각 업무의 담당자들이 자신의 업무를 수행하는 과정에서 피드백을 받지 않고, 혁신의 아이디어를 구체화한 후 잘못되었다는 피드백을 받게 되면 자신의 아이디어에 대한 애착을 떼어버리기 어려우며, 때로는 좌절감을 느낄 것이다. 너무 일이 진행되기 전에 경영층으로부터의 확인 작업과 경영방침에 관한 방향설정이 이루어진다면 리엔지니어링 담당자의 노력 낭비도 적을 것이며, 기업이 추구하는 방향으로 개선을 유도하기 쉬울 것이다.

여섯째, 정보기술이나 제도의 변화를 통해 구축된 개선내용이 원상태로 회귀되지 않게 해야 한다. 개선된 사항이 시간의 흐름에 따라 과거의 방식으로 회귀되는 경우를 많이 볼 수 있다. 그러나 정보기술이나 제도의 변화를 수반한 비즈니스 리엔지니어링은 원상태로의 회귀가 어렵다.

4.3.5 비즈니스 혁신을 재설계 방법론

앞서 BPR의 경영혁신 경험적 원칙을 살펴보았다. 하지만 이러한 원칙이 특정 프로세스의 재설계시에 새로운 아이디어를 창출하는 방법론으로는 때로는 모호할 때가 많다. 아이디어를 얻기 위해 벤치마킹을 하기도 하지만 벤치마킹이란 새로운 아이디어가 없으면 결국 다른 기업의 모방을 의미한다. 기업 업무 재설계시 새로운 아이디어를 도출하는 보다 체계적인 방법이 MIT의 Malone 교수 등에 의해 모색되었는데 여기서 그 핵심을 소개하고자 한다.

기업의 프로세스는 결국 activity를 의미한다. 따라서 동사(動詞)에 해당하는데 우리가 수많은 언어로 전문화하여 사용하지만 그 내용을 추리면 몇 개의 동사의 변형이라는 것이다. 인사부서에서의 "채용"(hire)을 생각해보자. 결국 채용이라는 것은 사람의 노동을 사는 것이다. 따라서 구매(buy)의 한 특수한 형태라는 것이다. 따라서 채용의 프로세스는 구매의 프로세스의 한 특정 사례에 불과하다. 그렇다면 구매의 일반적 절차는 어떠한가 보자. 결국 채용과 구매가 일치하는 절차라는 것을 볼 수 있다.

〈표 4-2〉 구매절차와 채용절차

	구매절차	채용절차
1	구매 요구확인	채용인원의 파악
2	구매 가능 공급원 파악	채용방법의 탐색
3	공급자의 결정	채용방법의 선택
4	구매 오더의 발행	노동계약의 채결(Job offer)
5	구매 물품의 수령	신임직원의 출근 및 현업배치
6	대금지급	급여 지급
7	공급자 평가 및 관리	채용선 관리

따라서 채용의 업무 절차를 개선하고 자 할 때 이 보다 상위에 있는 구매의 일반적인 각 단계별 대안을 살펴보면 지금보다 훨씬 많은 대안이 탐색할 될 수있다. 각 단계별로 상위 개념의 단계에서 찾아지는 대안들을 열거하고 이를 조합하면 수 많은 대안이 찾아진다. 이를 각각의 대안에 대해 TQC, 즉 시간(Time), 품질(quality), 비용(cost)의 관점에서 평가를 해서 종합적으로 좋은 대안들을 고르는 방법이다.

또 한 가지 방법은 이를 절차의 순서를 뒤바꾸어 보는 것이다. 출근과 급여지급을 뒤바꾼 것 즉 일을 먼저 해보고 직원을 채용할 수도 있다. 이를 우리는 인턴십이라고 하는데 이는 직원 채용의 위험을 급격히 낮추어 준다. 이러한 방법으로 아이디어를 도출한다.

4.4 향후 전망

비즈니스 리엔지니어링이 소개된 것은 1990년이었다. 리엔지니어링의 열기는 짧은 기간에 유행병처럼 치솟았으나 21세기로 접어들면서 그 열기는 시들해졌다. 그리고 최근에는 다시 BPM과 PI(프로세스 혁신)으로 다시 주목을 받고 있다. 기업이 성과의 압력을 받는 한 프로세스 혁신의 개념은 계속적으로 다음과 같이 발전될 것으로 전망할 수 있다.

첫째, 다른 개념과 병행하여 이용될 수 있다. ERP나 SCM을 구축하는 과정에서 업무재구축이 이루어져야 한다. 즉, 업무혁신 없이 정보기술만을 도입하는 것에는 한계가 있기 마련이므로 비즈니스 리엔지니어링이 다른 개념이나 기법과 병행되어 이용될 수 있다.

둘째, 프로세스 개념이 더욱 확대되어야 한다. 예를 들어, 공급자 선정 프로세스보다는 공급자 선정 프로세스를 포함한 더 큰 의미의 구매 프로세스가 경영혁신의 대상이 되어야 한다. 또한, 구매 프로세스보다는 구매 프로세스가 포함된 생산계획 프로세스가 경영혁신의 대상이 되어야 한다. 더 나아가 프로세스와 프로세스를 통합하는 작업이 필요하다. 바로 이 측면에서 ERP와 비즈니스 리엔지니어링이 연동될 수 있을 것이다.

셋째, 파트너십을 통한 혁신으로 확대되어야 한다. 즉, 거래하고 있는 기업들이 협력하여 리엔지니어링을 추구해야 한다. 예를 들어, 한 기업의 구매 프로세스는 다른 기업의 판매 프로세스이므로 두 기업이 협력한다면 많은 중복작업을 제거할 수 있을 것이다. SCM이나 quick response 프로그램과 리엔지니어링이 연동될 수 있다.

넷째, 인터넷, 모바일 그리고 클라우드 컴퓨팅 등의 새로운 기술 기반의 리엔지니어링이 필요하다. 정보기술의 기반이 인터넷으로 전환됨에 따라 과거 이룩하였던 리엔지니어링의 성과를 더 높이기 위해 또는 정보기술의 미흡으로 완성할 수 없었던 리엔지니어링을 보완해야 한다.

다섯째, BPM의 도입과 더불어 다시 한 번 리엔지니어링이 경쟁무기로 등장할 수 있다. BPM은 개선안 도출, 개선안의 구현, 프로세스 성취도의 추적을 지원할 수 있을 것이다.

주요용어

- ✱ 비즈니스 리엔지니어링(Business reengineering)
- ✱ 프로세스 혁신(Process innovation)
- ✱ 프로세스(Process)
- ✱ 프로세싱 타임(Processing time)
- ✱ 벤치마킹(Benchmarking)
- ✱ BPM(Business Process Management)
- ✱ Workflow

복습문제

1. 비즈니스 리엔지니어링의 발전 배경은 무엇인가?
2. 프로세스를 대상으로 하는 경영혁신의 장점은 무엇인가?
3. 어떻게 프로세스를 파악할 수 있는가?
4. 파악된 프로세스들 중에서 어떤 프로세스를 비즈니스 리엔지니어링의 대상으로 선정해야 하나?
5. 마이클 해머의 비즈니스 리엔지니어링 원칙을 설명해 보시오.
6. 비즈니스 리엔지니어링의 경영원칙, 디자인 원칙, 실행원칙을 설명해 보시오.
7. 리엔지니어링의 사례를 비즈니스 리엔지니어링의 경영원칙, 디자인 원칙, 실행원칙을 이용하여 설명해 보시오.
8. BPM 소프트웨어를 조사하고 비즈니스 리엔지니어링을 어떻게 지원하는가를 파악해 보시오.

토론/프로젝트 문제

1. 홍익정비소의 배경정보를 읽고 리엔지니어링 프로젝트를 수행하시오.

[홍익정비소의 배경정보]

홍익정비소의 사장인 '서홍익'은 10년 전 경영대학을 졸업한 후 다른 기업에 다니다가 아버지인 '서단군'의 뜻에 따라 홍익정비소를 운영하게 되었다. 과거 서홍익의 아버지는 100여 평 정도의 정비소를 운영하였다. 서홍익이 회사의 경영을 맡은 이후에 계속적으로 매출이 증가하였고, 이에 따라 서홍익은 매출이 계속적으로 증가할 것이라고 예측하여 정비소 부근의 100평 남짓한 땅을 매입하였다. 그러나 넓어진 규모만큼 수익도 증가할 것이라는 서홍익의 예상은 빗나가고 말았다. 매출과 대지가 두 배로 증가함에 따라 정비에 관한 업무가 지연되고 정비소 직원들 사이의 의사소통과 자신과의 의사소통에도 어려움이 있었던 것이다.

홍익정비소에는 고객의 전화를 받는 여사원 2명, 견인차량 운전기사 1명, 작업을 총괄하는 작업반장 1명, 작업장에서 실제적인 작업을 실행하는 기술자 5명이 있다. 과거 서홍익의 아버지인 서단군이 정비소를 경영할 때에는 작업량이 적고, 서단군이 정비에 대한 지식도 높았기 때문에 정비소 업무형태를 서단군이 총괄하여 운영할 수 있었다. 그러나 서홍익이 경영을 시작하고부터는 작업량이 많아지고, 서홍익은 정비에 대한 지식이 부족하기 때문에 작업반장의 방식대로 대부분 운영되었다.

이러한 상황에서 서홍익은 정비소의 모든 부분을 총괄하지 못하였고, 자동차 수리의 요청에서부터 출고와 대금지불까지의 업무흐름을 정확히 파악하지 못하였다. 또한 작업반장의 작업형태는 자신과 친분이 많은 고객을 먼저 수리하기 때문에 고객관리에도 상당한 문제가 있다. 또한 기술자들의 작업분배에서도 너무 독단적인 행동을 취하여 많은 불만이 존재하고 있다.

여사무원들의 주요 업무는 고객의 정비요청에 대한 전화를 받아 견인기사에게 전달하는 것과 각종 서류를 정리하여 정비 대금을 산정하는 작업이다. 그러나 이 과정에서 여사무원이 정비에 대한 정확한 내역을 작업반장에게 전달받지 못하여 고객을 장시간 대기하게 만들거나, 잘못된 금액을 산출하기도 하였다.

서홍익은 작업량이 많음에도 불구하고 수익이 발생하지 않는 원인이 업무의 흐름인 업무 프로세스에 있다고 생각하였다. 따라서 정비소의 모든 업무를 파악하여 이에 대한 문제를 해결하기로 하였다. 이에 태스크포스팀을 구성하고 비즈니스 리엔지니어링 작업에 착수하였다. 먼저 홍익정비소의 주요 업무가 다음과 같이 파악되었다.

[여사무원]

여사무원은 대금을 영수하는 경리역할을 하고 있다. 고객차량의 견인요청 전화를 받기도 하며, 견인차량 정비 후에 고객에게 정비완료를 알리는 업무를 한다. 여사무원은 자신의 기본적인 업무이외의 업무와 잔심부름까지 하고 있다.

고객들의 전화가 늘어나고, 고객 차량위치의 범위도 더 넓어지고 있는 추세이다. 따라서 빠른 견인을 원하는 고객을 만족시키지 못하여 전화상으로 고객의 불평을 듣기도 한다.

여사무원은 가장 먼저 고객으로부터의 전화요청을 받으면 몇 가지 주요사항을 물어보고, 사무실 안에 있는 큰 칠판에 고객의 차량번호와 사고현장을 적어서 견인운전수가 보도록 한다. 운전수가 사무실에 없거나 견인 중인 상태일 때는 운전수가 사무실로 들어 올 때까지 기다려야 한다. 여사무원의 글씨가 불분명하다고 운전수는 투덜거리면서 두세 번씩 그 위치를 물어보게 되어, 다른 업무를 하고 있는 여사무원을 더욱 짜증스럽게 한다. 이로 인해 견인시간이 길어져서 고객들의 불만을 사게 될 경우에도 그 꾸지람의 대부분은 바로 여사무원의 몫이다.

[견인차량 운전수]

견인차량 운전수의 주요임무는 여사무원이 알려주는 사고현장으로 가서 고객의 차량을 정비소까지 견인해 오는 일이다. 견인대상 차량이 많아지고 교통사정이 예전과 같지 않아 고객에게 직접적인 불평을 많이 듣고 있다. 견인한 차량이 견인하지 않아도 될 고장이었다고 고객이 오히려 푸념을 하는 경우도 있다. 견인차량 운전수는 고객요청 주문전화가 없을 때는 소일거리를 찾지 못해서 여기저기 오가며 시간을 소요한다. 때로는 식사시간으로 인해 고객을 대기하도록 만들기도 한다.

견인차량 운전수는 간단한 정비를 수행하는 다른 차량(견인이 가능하지 않아도 되는 차량)을 추가로 배치하여 고객의 불평과 견인에 대한 가중된 업무를 감소시키고 있는 다른 정비소와 같이 견인업무를 수행하면 좋겠다는 생각을 품고 있었다. 이번 기회를 통하여 이런 사항을 건의할 생각이다.

[작업반장]

작업반장은 자동차 정비라는 홍익정비소의 기본적인 서비스를 관장하고 있고, 모든 기술자들의 업무를 관리하고 있다. 작업반장은 견인되어 온 차를 작업장으로 들여보내기 전에 사고차량을 점검하고, 고장정도와 작업의 심각성 등을 파악한 후에 기술자를 사고차량에 분배하는 작업을 한다. 정비에 대한 대략적인 견적을 산출하고, 정비 완료일을 예측하여 고객에게 알려 준다. 수리부품을 공급받고 주기적으로 부족한 부품을 주문하는 등의 부속 재고관리의 책임도 담당하고 있다.

작업반장의 활동공간은 어느 누구보다도 크다. 왜냐하면, 직접 서류뭉치와 번호표를 들고 도착한 견인차가 있는 장소, 기술자들의 작업장, 정비완료차량들의 주차장소를 오가야 하기 때문이다. 최근에는 정비소의 면적이 예전보다 두 배로 커졌기 때문에, 그의 업무는 더욱 힘들어지게 되었다.

여사무원들이 자동차 정비에 대한 지식이 없어, 수리대금을 두세 번씩 알려주는 것도 짜증이 나는 일이 되어 버렸다. 여사무원이 정비에 대한 지식이 있다면 이러한 중복작업은 없어질 것이라고 생각한다. 또한 자신이 하는 업무는 상당히 광범위하고 가장 중요한 업무를 수행하지만 중복업무(대금계산의 전달 등)를 축소해야 한다고 믿고 있다.

[기술자]

기술자들의 업무는 작업반장의 지시대로 차량을 고치고, 작업장 옆에 붙어 있는 차량 대기장으로 차량을 이동하여 대기시킨다. 그 후 작업반장에게 작업진척상황을 보고서 형식으로 기입하여 보고한다.

기술자들의 가장 큰 불만은 갖가지 지시를 내리는 작업반장이다. 정비에 관한 한 자신이 최고라고 생각하여 정확히 자동차의 상태를 파악하지 못하면서 기술자들에게 독단적인 작업 지시를 내린다. 각 자동차를 담당하는 기술자들과의 상의를 통하여 자동차의 상태를 명확히 한다면 좀더 좋은 작업이 될 것이라고 모든 기술자들은 생각한다.

또한 학교에서 배운 지식으로는 자동차에 대한 정확하고 깊은 정비지식을 가질 수 없어 질문을 하면, 작업반장은 실제적인 기술보다는 다른 말(생활방법, 고생담 등)을 늘어놓기가 일쑤이다.

여러 불만들 때문에 작업반장의 지시를 건성으로 들어서 작업시에 지시를 따르지 못하는 경우도 있고, 작업반장과의 의사소통은 거의 일방적이라고 할 수 있다.

① 홍익정비소의 핵심 비즈니스 프로세스를 파악하고 프로세스의 시작과 끝을 정의하시오.

시작 : ______________________________

진행 : ______________________________

____

종료 : ______________________________

② 홍익정비소의 프로세스 맵을 그려보시오.

③ 서비스 프로세스의 세계 최고로 선정될 만큼 성과가 뛰어난 최우수 조직들을 생각해 보시오. 이런 조직에서는 어떤 방식으로 고객에 대한 서비스를 추구하는가?

④ 다음에 제시된 프로세스 맵을 이용하여 홍익정비소의 문제점을 제시하시오.

⑤ 프로세스 개선을 위한 향후 프로세스의 바람직한 목표를 정의하시오.

⑥ 마이클 해머의 리엔지니어링 원칙과 비즈니스 리엔지니어링의 디자인 원칙을 이용하여 프로세스를 개선할 수 있는 방안을 도출하시오.

[참고그림] 홍익정비소의 프로세스 맵

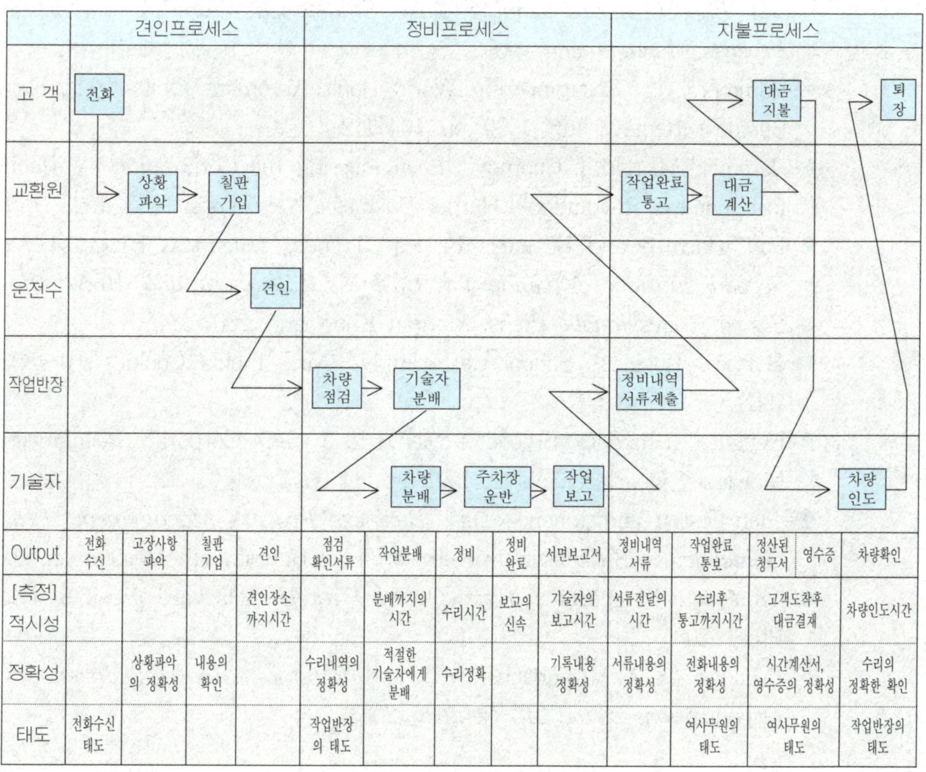

Output	전화수신	고장사항 파악	칠판 기입	견인	점검 확인서류	작업분배	정비	정비 완료	서면보고서	정비내역 서류	작업완료 통보	정산된 청구서	영수증	차량확인
[측정] 적시성				견인장소 까지시간		분배까지의 시간	수리시간	보고의 신속	기술자의 보고시간	서류전달의 시간	수리후 통고까지시간	고객도착후 대금결재		차량인도시간
정확성		상황파악의 정확성	내용의 확인		수리내역의 정확성	적절한 기술자에게 분배	수리정확		기록내용 정확성	서류내용의 정확성	전화내용의 정확성	시간계산서, 영수증의 정확성		수리의 정확한 확인
태도	전화수신 태도				작업반장의 태도						여사무원의 태도	여사무원의 태도		작업반장의 태도

참고문헌

- 안영경, 조직경쟁력 강화에 있어서 그룹웨어의 역할, 정보화사회, 1996. 10.
- 이순철, "비지니스 리엔지니어링(1) : 경영세계의 신혁명론", 명진출판, 1993.
- 이순철, "비지니스 리엔지니어링(2) : 우리기업에 제시하는 리엔지니어링 원칙과 방법론", 명진출판, 1993.
- 이순철, "한국기업의 리엔지니어링 사례", 명진출판, 1994.
- 이순철, "금융업 리엔지니어링", 21세기 북스, 1995.
- 이순철, "미세스 필즈의 서비스 전달시스템", 서비스 기업의 운영전략, 삼성경제연구소, 1997, pp. 37-49.
- 전갑린, BPM 개요: -기본 가정 및 구성 요소를 중심으로-, LG CNS R&D Center, 2003.
- Davenport, T. H., "Process Innovation: Reengineering Work through Information Technology", Harvard Business School Press, 1993.
- Davenport, T. H. and J. E. Short, "The New Industrial Engineering: Information Technology and Business Process Redesign", Sloan Management Review, Summer 1990, pp. 11-27.
- Fischer, L., *BPM Excellence in Practice 2009: Innovation, Implementation and Impact Award-winning Case Studies in Workflow and Business Process Management,* 2009.
- Hammer, M., "Reengineering Work: Don't Automate, Obliterate!", Harvard Business Review, July 1990, pp. 104-112.
- Hammer, M. and J. Champy, "Reengineering the Corporation: A Manifesto for Business Revolution", Harper Business, New York, N.Y., 1993.
- Paul Harmon and Business Process Trends, *Business Process Change, Second Edition: A Guide for Business Managers and BPM and Six Sigma Professionals,* Press, Morgan Kaufmann, 2007
- Harvard Business School Case Study, "Mrs. Fields Cookies", 9-189-056, 1988.
- Heygate, R. and G. Brebach, "Memo to a CEO: Corporate Reengineering", McKinsey Quarterly, No. 2, 1991, pp. 44-55.
- John Jeston and Johan Nelis, *Business Process Management: Practical Guidelines to Successful Implementations,* Butterworth-Heinemann, 2008.
- Kim and Mauborgne. *Blue Ocean Strategy*. Harvard Business School Press. 2005.
- Malone, T.W., Laubacher, R. and Morton, M. (ed.) *Inventing the Organizations of the 21st Century,* 2003.

◆ O'Connell, J., Pyke, J. and Whitehead, *R., Mastering Your Organization's Processes: A Plain Guide to BPM,* Cambridge, 2006.

◆ Ostroff F. and D. Smith, "The Horizontal Organization", McKinsey Quarterly, No. 1, 1992, pp. 148-168.

◆ Robinson, D., G. Gulden, and R. MacKintosh, "Business Reengineering: The End of Business as Usual", Indications, January 1990, pp. 1-11.

◆ Sharp, A. and McDermott, P., Workflow Modeling: Tools for Process Improvement and Application Development, Artech House, 2008.

◆ Sinur, Jr., T. B., A BPM Taxonomy, Research Note T-18-9669, Gartner Group, 29 May 2003.

◆ Smith, H. and Fingar, P. Business Process Management (BPM): The Third Wave, 2003.

◆ Treacy, M. E., J. M. Michaud, and F. D. Wiersema, "Channel Partnerships: Cooperating to Compete", CSC Insights, Spring 1992, pp. 16-20.

◆ Womackm J. and Jones, D., "Lean Consumption," Harvard Business Review, March, 2005

참고사이트

◆ Reengineering Resource Center ······················ http://www.reengineering.com

◆ Workflow and Reengineering International Association
·· http://www.waria.com

◆ Reengineering Tutorial Series ······················· http://www.prosci.com

◆ BPM Institute.org ··· http://www.bpminstitute.org/

제 2 편

경영정보시스템 기획

(MIS PLAN)

CONTENTS

CHAPTER 5

정보시스템 기획

김 상 훈 교수

광운대학교 경영학부, shkim@kw.ac.kr

CONTENTS

학습목표

- 정보시스템 기획의 의의 및 필요성을 분명히 인식하고 정보시스템 기획업무 수행시 핵심적으로 추진해야 할 과제들을 이해한다.
- 정보시스템 기획의 산출물인 정보시스템 계획안의 바람직한 프레임워크(framework)와 계획안에 포함되어야 할 내용을 이해한다.
- 정보시스템 기획업무가 기본적으로 거쳐야 할 과정 및 단계를 이해하고 각 단계별로 세부업무내용과 적용될 수 있는 방법론 및 기법들을 알아본다.
- 정보시스템 기획의 성공요인들을 기획업무 전(全)과정의 관점에서 종합적이고 체계적으로 파악한다.

조직이 정보화 추진을 효율적이고 효과적으로 수행하기 위해서는 정보화업무에 대한 경영관리 사이클에서 그 첫 단계인 기획업무부터 적정하게 수행되어야 한다. 즉, 정보시스템 기획은 조직의 정보화추진의 방향 및 목표를 설정할 뿐만 아니라 목표달성을 위한 제반 필요사항들을 미리 결정하기 때문에 매우 중요한 의미를 지닌다. 특히 정보화추진은 인력, 자금, 시간 등의 자원이 크게 투자되어야 할 뿐 아니라 최근에는 정보기술 및 정보시스템의 활용이 조직의 경쟁력과 생존에도 큰 영향을 미치게 된다. 이에 따라 최소한의 시행착오로 성과가 발현될 수 있는 정보화추진을 위해 보다 합리적이고 체계적인 정보시스템 기획이 요구되고 있다.

본 장에서는 정보시스템 기획업무가 적정하게 행해지기 위한 방안을 제시하고자 하며, 이를 위해 정보시스템 기획이 포괄해야 하는 대상영역 및 구성내용을 명확히 밝히고 정보시스템 기획업무의 바람직한 수행단계구분과 각 단계별 세부수행업무들에 대해 논의하고자 한다. 아울러 정보시스템 기획업무에 적용될 수 있는 제반 방법론 및 기법을 소개하고 성공적인 정보시스템 기획을 위해 결정적으로 중요한 요인들을 종합적으로 제시하고자 한다.

5.1 정보시스템 기획의 개념 및 필요성, 추진과제

5.1.1 정보시스템 기획의 개념적 정의

모든 경영활동이 기획(planning)-실행(doing)-평가(seeing)의 순환과정인 바, 기획업무는 조직의 모든 경영 관리업무에 있어서 중요한 한 축임에 틀림없다. 따라서 조직의 효과적인 정보화업무추진 즉, 정보시스템 구축 및 운영을 위하여도 정보시스템기획(ISP: Information System Planning)은 필수적으로 수행되어야 할 과업이다. 특히 오늘날 급변하는 경영환경에 대처하기 위해 중요한 경쟁무기로 정보기술(IT)이 대두됨에 따라 정보기술을 전략적 · 체계적으로 계획하고 관리하는 것은 많은 조직들이 직면하고 있는 가장 중요한 분야중의 하나가 되었다.

일반적으로 정보시스템기획은 조직의 목표를 실현하고 조직의 사업계획을 실행하는 것을 지원하는 어플리케이션(applications) 즉, 응용시스템의 구성을 확인하는 과정으로 정의된다(Lederer and Salmela, 1996). 그러나 정보시스템 기획의 대상을 응용시스템 구성 자체에만 제한하기보다는 정보시스템을 구축 · 운영하는데 요구되는 기술 및 제반 자원, 업무절차, 담당조직체계 등도 함께 정보시스템 기획대상부문으로 포함되어야 할 것이다.

따라서 정보시스템기획은 조직의 경영목적을 달성하고 경쟁력을 제고하기 위해 정보기술을 기반으로 한 정보시스템을 구축하고 또한 이를 유지하는데 필요한 제반 자원을 효과적으로 관리하기 위한 제반 방안을 사전에 수립하는 활동으로 정의하는 것이 바람직할 것이다.

또한 본서에서는 기획(planning)과 계획(plan)을 다른 의미의 용어로 사용하고자 하는데, 기획은 계획수립을 위한 제반 활동을 의미하며 계획은 기획을 통해 나온 산출물을 의미한다. 즉, 정보시스템계획은 정보시스템 기획프로세스를 통해 제시된 산출물이라고 정의하고자 한다.

5.1.2 정보시스템 기획의 발전과정

1970년대까지만 해도 새로운 응용프로그램을 개발하거나 기존시스템을 수정하는 업무를 효율적으로 수행하는데 정보시스템 기획업무의 초점이 맞추어져 있었다. 이 시기에는 주로 소프트웨어공학을 기반으로 한 시스템개발방법론이나 프로젝트관리방식이 정보시스템 기획 업무에 채택되었고 작업을 스케줄링하고 통제하는 운영적(operational)계획 수립에 중점을 두었다.

1980년에 들어와서는 조직의 정보시스템활용이 보다 증가하고 고도화됨에 따라서 한정된 정보자원의 합리적 배분 및 효율적인 관리에 역점을 두는 정보자원에 대한 경영통제적(managerial)계획 수립의 비중이 커졌다. 즉, 잠재적으로 이익을 창출할 정보시스템의 서비스를 식별하고, 비용효과분석(CEA: Cost-Effectiveness Analysis)을 수행하며 잠재적 정보시스템 프로젝트들 간에 자원할당분석(RAA: Resource Allocation Analysis)을 매년 단위로 수행하는 것이 정보시스템기획의 주된 부문을 차지하였다.

정보시스템이 조직의 전(全)부문에 확산되고 경영성과에 미치는 영향이 보다 커짐에 따라 1980년대 중반 이후 오늘날에 이르기까지의 정보시스템 기획은 정보시스템부문 자체적으로 이루어지기보다는 조직전체 기획프로세스의 한 부문으로서 조직의 목표, 전략 및 장기계획과 연계하여 수행되고 있다. 이에 따라 정보시스템 기획프로세스가 정보시스템부문 책임자에 의해 주도되는 것이 아니다. 경영층의 적극적인 지원과 참여하에서 전산운영위원회(steering committee)와 같은 제도적 장치를 통해 조직 전(全) 부문의 의견수렴과정으로 진행되고 있다. 계획의 대상 시간범위도 3~5년 이상의 장기화되는 경향이 크며 무엇보다도 조직의 경쟁력 제고를 위한 정보시스템활용 방안의 발굴 및 추진이 정보시스템기획의 가장 큰 역점사항이 되었다.

이와 같이 정보시스템구축·운영의 목표 및 전략과 조직전체의 목표 및 전략과의 연계에 정보시스템 기획업무의 초점이 맞추어져 있기 때문에 이를 부각시키기 위해 최근에는 정보시스템 기획을 의미하는 용어로서 전략적 정보시스템 기획(SISP: Strategic Information System Planning), 정보시스템전략기획(ISSP: Information System Strategic Planning), 정보화전략기획(ISP: Information Strategic Planning) 등이 사용되기도 한다. 특히, 마지막의 정보화전략기획의 경우는 영문 첫자(ISP)도 정보시스템기획의 경우와 동일하기 때문에 관련 책자나 업계에서 ISP라는 용어를 사용을 할 경우 이 두 용어 중 어느 하나의 축약어에 해당되지만 ISP가 의미하는 대상이나 내용은 결국 같은 것이다. 따라서 실제 현업에서는 정보시스템기획이나 정보화전략기획이라는 용어보다는 ISP라는 축약어가 더 많이 사용되고 있는데 ISP가 어떠한 용어를 의미하든 문제가 되지 않는다.

5.1.3 정보시스템 기획의 필요성 및 기대효과

조직의 정보시스템 기능부분(function area)의 성공 열쇠는 포괄적이고 효과적인 계획수립에서 찾을 수 있다. 계획수립 즉, 기획은 모든 경영활동의 기본요소로서, 조직의 적정한 정보시스템 관리를 위하여 효과적인 정보시스템 기획은 필수적이라고 할 수 있다. 특히, 정보시스템 기능부문은 기술변화가 매우 빠르며 정보기술(IT) 전문인력 등 적합한 수요자원의 적시 확보도 용이하지 않을 뿐 아니라 큰 규모의 투자를 수반하기 때문에 기획의 필요성은 보다 크다고 할 수 있다. 더구나 오늘날 급변하는 경영환경에 적극적으로 대처하고 조직의 경쟁력을 확보·유지하는데 있어서 정보시스템이 강력한 무기로 대두됨에 따라 정보시스템을 전략적이며 체계적으로 관리하는 것이 핵심적인 경영과제로 급부상 되었다. 이에 따라 이러한 정보시스템 관리과정 중 첫단계 업무로서의 정보시스템 기획을 효과적으로 수행하는 것은 조직이 당면하고 있는 매우 중요한 사안이 아닐 수 없다.

정보시스템 기획을 통하여 기대되는 효과는 조직이 처한 경영환경, 조직의 정보화 수준, 정보화업무 담당조직의 경험 및 역량, 조직문화 등 여러 가지 요인들에 의해 달리 나타날 수 있으나, 일반적인 기대효과는 다음과 같다(Ward and Peppard, 2002).

◇ 사업전략과 정보시스템의 연계강화 : 정보시스템 자체의 효율적 개발 및 운영의 범주에서 벗어나 사업전략의 효과적 수행을 위한 정보시스템의 활용방안을 수립할 수 있다.

◇ 경영층의 이해제고 및 관심 확보 : 정보시스템이 사업수행상의 제반 필요사항에 어떻게 부응하고 사업목표달성에 어느 정도 기여할 수 있는가를 제시함으로써 정보시스템 구축·운영업무의 전반에 대한 경영층의 이해도를 높이고 보다 큰

관심을 이끌어 낼 수 있다.

◇ **예산 및 자원 할당을 위한 우선순위 설정** : 정보시스템 업무를 위해 조직이 동원할 수 있는 자금, 인력 및 기술은 한계가 있기 때문에 주어진 제약 하에서 최대한의 정보시스템 성과를 실현하기 위하여 구축·운영대상 정보시스템들의 우선순위를 설정 할 수 있게 한다.

◇ **경쟁적 우위 확보** : 정보시스템 또는 정보기술의 전략적 활용기회를 체계적으로 탐색함으로써 경쟁조직들에 대해 경쟁 우위를 확보할 수 있도록 한다.

◇ **조기(早期)성공 정보시스템(early winners) 발굴 및 개발** : 빠른 시간 내에 개발하여 성과를 나타낼 수 있는 소수의 정보시스템을 발굴, 개발함으로써 정보화추진에 대한 조직 내 저항세력을 설득하고 정보시스템 및 정보기술이 사업수행에 있어서 핵심적 역할을 할 수 있도록 한다.

◇ **조직전체차원의 통합적 정보아키텍쳐의 정립** : 조직이 보유하고 있는 전체 정보자원의 일관성과 무결성 및 통합성을 확보함으로써 종합적이면서도 신축성 있는 정보제공을 가능하게 하는 조직의 전부문을 포괄하는 정보아키텍쳐를 도출·정립할 수 있다.

5.1.4 정보시스템 기획의 추진과제

정보시스템 기획업무의 기대효과를 실현하기 위하여 다음 4가지 의제의 달성이 전제되어야 할 것이다(Bowman, Davis and Wetherbe, 1983; Ward and Peppard, 2002).

◇ 정보시스템계획과 조직계획과의 연계
◇ 조직에 적합한 정보시스템 아키텍쳐 설계
◇ 정보시스템 구축·운영에 필요한 자원의 합리적 배분
◇ 주어진 일정 및 예산범위 내에서 명시된 기능을 잘 수행하도록 정보시스템개발

1) 정보시스템계획과 조직계획과의 연계

정보시스템기획업무에 있어서 충족되어야 할 일차적인 과제는 조직의 요구사항 및

추진분야의 우선순위가 반영된 정보시스템 적용 분야를 식별하고 선택하는 것이다. 그러나 현실적으로는 조직의 전략이나 계획이 문서화되어 있지 않거나 정보시스템 계획수립에는 별 도움이 되지 않은 용어로 작성되어 조직전략이나 목표가 정보시스템계획에 연계되기가 어려울 경우가 많다. 이러한 경우 대체로 추진대상정보시스템 프로젝트의 선정이나 추진일정수립에 있어서 시스템 사용에 적극적인 일부 조직원 및 관리자들의 요구사항이나 조직내 권력 관계에 의해 영향을 많이 받게 되는 반면, 조직전반의 전략이나 추진 목표가 반영되지 못하게 된다.

따라서 정보시스템계획이 조직계획과 연계될 수 있는 효과적인 방안을 수립하고 이를 실천해 내가는 것을 정보시스템 기획업무의 최우선적인 목표로 삼아야 할 것이다.

2) 정보시스템 아키텍쳐의 설계

정보시스템 아키텍쳐는 조직의 전체 정보시스템들의 구성체계로서 기본적으로 다양한 경영관리업무(운영업무, 경영통제업무, 전략계획업무)를 위한 응용 프로그램과 마케팅, 연구 및 개발, 생산과 유통과 같은 다양한 기능별 경영활동을 지원하는 응용프로그램들로 구성되어 있다. 또한 정보기술 인프라스트럭쳐(infrastructure) 요소들인 데이터베이스, 모델베이스와 지원소프트웨어 및 응용프로그램을 연결시키는 네트워크 등을 포함한다. 조직의 정보시스템 아키텍쳐는 단기적으로는 다양한 정보시스템 요구사항에 대한 대응방안을 제시해 줄 수 있으며, 장기적으로는 정보시스템 개발 방향설정에서의 길잡이 역할을 할 수 있다. 따라서 정보시스템 기획의 두 번째 과제는 조직의 정보요구사항을 충분히 반영하고 대처할 수 있는 정보시스템 아키텍쳐를 설계하는 것이다.

3) 소요자원의 합리적 배분

경쟁적 관계에 있는 조직내 부서들간에 정보시스템개발·운영에 소요되는 자원을 합리적이고 적당하게 배분하는 것은 어려운 일이다. 특히, 향후 개발될 잠재적인 응용프로그램 포트폴리오가 전체조직의 계획에 부합되지 않거나, 각 기능별 및 부서별 요구사항이 완전성과 우선순위를 정하는 논리정연한 계획수립의 틀속에 잘 융화되지 않으면 정보시스템자원을 합리적이고 체계적으로 배분하기란 더욱 어렵다. 또한 경우에 따라서는 자원배분이 조직내 권력관계나 매우 적극적인 주장 등 조직역학적 요소(organizational dynamics)에 의해서 좌우되기도 한다. 그렇기 때문에 정보시스템 기획과정은 정보시스템 개발 · 운영에 필요로 되는 자원을 보다 합리적으로 배분할 수 있는 조직 내 메커니즘(mechanism)으로서의 역할을 하여야 한다.

4) 정보시스템개발 프로젝트에 대한 적정한 일정 및 예산계획 수립

대형 정보시스템 개발프로젝트에서 주어진 시간과 예산을 준수하는 것은 결코 용이하지 않다. 정보시스템분야에서 흔히 하는 말로, 프로젝트는 종종 원래 계획했던 것보다 기간은 두 배, 비용은 네 배로 소요된다고 한다. 이는 결과적으로 조직의 성과와 정보시스템 개발관리의 신뢰성을 떨어뜨리는 요인이 된다.

이와 더불어 프로젝트를 주어진 시간과 예산범위 내에 끝내야 한다는 의무감으로 당초 계획에 포함된 해당 정보시스템의 주요기능과 성능이 충족되지 않은 상태에서 프로젝트가 종료됨으로써 정보시스템에 대한 사용자들의 만족도가 저조하여 시스템 사용이 활성화되지 못하는 경우도 많다.

따라서 정보시스템기획에 있어서 응용프로그램의 일정 및 예산계획을 적정하게 수행할 수 있는 방법론과 도구를 활용하여 보다 실현가능성이 높은 시스템개발 프로젝트계획을 수립하는 것이 요구된다.

5.2 정보시스템 기획의 대상영역

정보시스템기획을 수립하는 과정에서 고려하여야 할 대상영역을 크게 나누어 보면 정보시스템(IS: Information Systems), 정보기술(IT: Information Technology), 정보관리(IM: Information Management)의 세 영역으로 구분될 수 있다(Earl, 1989). 즉, 정보시스템영역은 '정보기술을 가지고 조직목표달성을 위해 무엇을 할 것인가?'에 관한 영역이며, 정보기술영역은 '각종 정보기술 요소를 이용하여 그것을 어떻게 달성해 나갈 것인가?'에 관한 영역이다. 즉, 목적으로서의 대상정보시스템의 발굴과 수단으로서의 구현정보기술의 확보 및 실행에 관한 기획이 동시에 이루어 져야 한다. 아울러 '정보시스템의 구축 · 운영업무를 조직내 · 외적으로 누가 담당하며 어떻게 관리할 것인가?' 즉, 정보시스템 담당조직의 체계 및 조직구성원의 역할 등을 기획하는 것이 필요하며, 이 영역이 정보관리영역이다. 정보시스템 기획의 이러한 세 가지 대상영역을 도식화하면 다음의 [그림 5-1]과 같다.

[그림 5-1] 정보시스템 기획의 세가지 대상영역

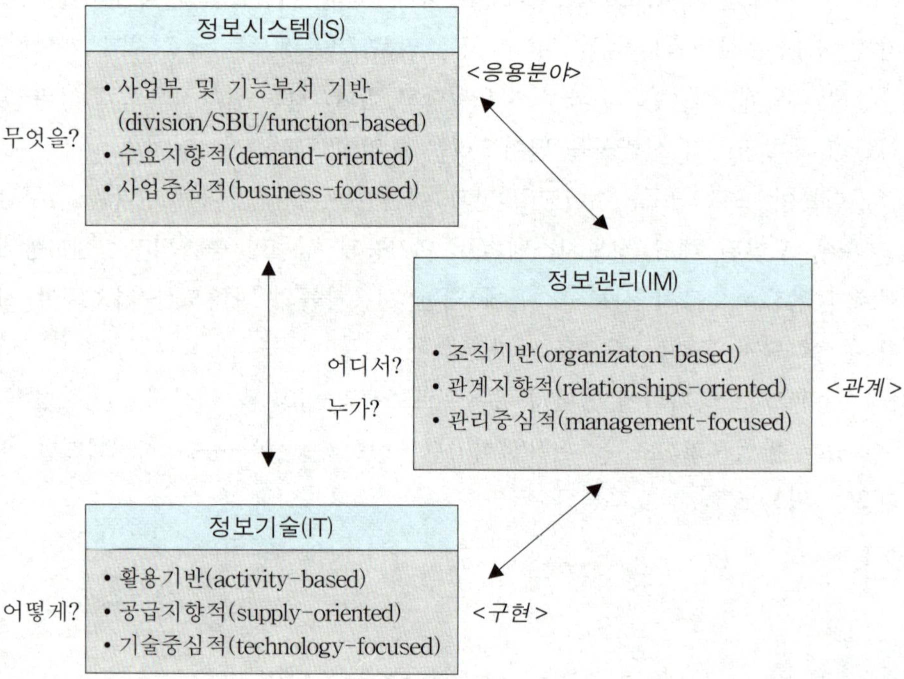

5.2.1 정보시스템 영역

조직전체와 사업부, 모든 기능부서차원에서 사업상의 요구 충족 및 사업목표 달성을 위하여 어떠한 정보시스템 및 정보기술을 구축·운영해 나갈 것인가를 정하는데 초점을 맞추는 영역으로서 이 책 제3장에서 소개되어 있는 정보시스템을 통한 경쟁우위 창출의 기회를 도출하는 제 방법론이 적용되어질 수 있다. 정보시스템 영역에 대한 기획 산출물 내에 일반적으로 포함되는 내용은 다음과 같다(Earl, 1989; Ward and Peppard, 2002).

● **사업환경 분석**

◇ 사업전략의 주요 요소(사명, 비전, 목표, 주요 이슈, 핵심성공요인 및 문제점 등)
◇ 외부경영환경(고객, 공급업체 및 경쟁업체, 기타 유력 영향요인 등)의 주요 특성
◇ 비즈니스 프로세스모형, 사업활동 및 필요정보요소
◇ 사업환경 및 경쟁구조 분석을 통해 도출된 정보시스템 요구사항
◇ 정보시스템 활용 현황(보유 정보자원, 강·약점, 상대적 성숙도, 사용방법론)

● **정보시스템 환경 분석**

◇ 응용프로그램 포트폴리오 및 데이터베이스 현황
◇ 현행 정보시스템 정책, 전략 및 기능
◇ 정보시스템의 SWOT(강·약점, 기회 및 위협 요인)
◇ 정보시스템의 담당조직 및 기여도와 정보시스템 업무수행 스타일
◇ 현행 정보아키텍쳐
◇ 정보시스템 및 정보기술에 대한 전망

● **정보시스템에 대한 수요분석 및 계획안**

◇ 정보요구사항 및 개념적 정보시스템 구조 설계
◇ 향후 사업정보 모델
◇ 개발대상 응용시스템 포트폴리오 예상
◇ 현행 응용시스템 포트폴리오의 성능 향상방안 수립
◇ 미래 잠재적 응용포트폴리오 예상
◇ 구축·운영 예정 정보시스템 간 우선순위 설정
◇ 정보시스템 구축·운영에 따른 기대효과 분석

5.2.2 정보기술 영역

정보시스템 영역에서 설정된 정보시스템을 구축·운영하기 위해 요구되는 제반 IT 자원 및 적용기술을 적정하게 관리하고 공급하는데 초점을 맞추는 영역으로서 정보시

스템 구축·운영에 필요한 컴퓨터 하드웨어 및 소프트웨어, 통신(communication), 자료(data), 응용시스템 포트폴리오 등의 기반구조를 결정하고 이를 통제하는 틀(framework)과 체계(architecture)를 제공하는 것이 이 영역의 핵심이다.

정보기술영역 계획안의 프레임워크는 다음 [그림 5-2]과 같이 4가지의 정보기술요소와 각 요소별로 제시되는 4가지 차원의 기술적 지침으로 구성되며 이에 대한 구체적 내용은 다음과 같다.

[그림 5-2] 정보기술계획의 프레임워크

계획차원 / 정보기술요소	(상위) 설계인자	스키마	정책	(하위) 실행계획
전 산				
통 신				
자 료				
응용시스템				

1) 정보기술요소

◇ **전산**(computing) : 정보처리 하드웨어 및 관련 시스템 소프트웨어

◇ **통신**(communications) : 통신네트워크 및 접속 메커니즘

◇ **자료**(data) : 데이터베이스의 설계 및 관리, 데이터사용 및 접근의 방법, 자료교환을 위한 표준 및 규약, 자료보안 방식

◇ **응용시스템**(applications) : 응용시스템 포트폴리오, 확보전략, 개발방법론, 프로그래밍 및 테스팅 표준

2) 계획차원

◇ **설계인자**(parameters) : 각 정보기술 요소를 설계할 때 만족시켜야 하는 기본요건으로서 조직이 각 요소에 대해 가지는 필수요구사항, 제약사항, 선호도를 명시함

◇ **스키마**(schema) : 각 정보기술 요소의 내용에 대한 모형 혹은 청사진

◇ **정책**(policies) : 각 정보기술 요소를 어떤 방식으로 제공할 것인가에 대한 조직의

정책

◇ **실행계획**(action plans) : 각 정보기술 요소를 제공할 때의 구체적 계획 및 목표, 프로젝트 수행계획, 업무성과지표 등 포함

정보기술계획을 구성하는 정보기술요소 및 요소별 4가지 계획차원에 대한 이해를 돕기 위해 이에 대한 구체적인 예를 들면 다음의 <표 5-1>과 같다.

<표 5-1> 정보기술계획 프레임워크의 구성요소 및 차원에 대한 구체적 예

계획차원 / 정보기술요소	설계인자	스키마	정 책	실행계획
전 산	산업내 표준채택	개념적 구성도	Unix Workstation을 주기종으로 함	2010년 말까지 신기종 대체 및 전사적 시스템 통합 달성
통 신	m-비즈니스 기반구축	논리적 연결도	통신에 관련된 추가적 요구사항을 조직자체의 통신망관리지침에 부응해야 함	2010년 말까지 조직의 전(全) 사업장에 무선망 설치
자 료	모든 자료는 기능부서별로 자체적으로 관리함. 다만, 상부의 요청 시는 제공되어야 함	실체 관계도 (E-R Diagram)	데이터 정의와 구조의 변경은 DB관리자의 허가에 의해서만 가능	2011년 6월까지 자료보안장치 및 백업장치 제공
응용시스템	개발우선순위는 사업전략에 의해 결정됨	논리적 구성도	응용시스템은 가능한 한 자체개발보다는 외부구입을 원칙으로 함	2010년 말까지 조직전체에 ERP시스템 구축완료

5.2.3 정보관리 영역

조직 내에서 수행되어야 할 정보시스템(IS) 구축 및 운영을 위해 요구되는 기능 또는 업무를 정의하고 이를 효과적으로 관리하는데 초점을 두는 영역으로서 조직내 IS 기능의 집중-분산, 전산운영위원회(steering committee)의 역할과 구조, 정보시스템 부서의

조직체계, IS담당중역(CIO: Chief Information Officer)의 역할 등을 규정하는 IS기능의 조직화 부문과 IT및 IS에 대한 투자의사결정 기준, 재원 확보, IS사용료 산정 및 할당, IS기능 평가 등을 다루는 IS기능 및 자원의 통제 부문에 대한 계획을 수립하는 영역이다.

정보관리영역 기획의 산출물은 조직내 IS기능의 사명, 목표, 정책 및 제약요인, 세부계획 및 목표의 4가지 산출물이 계층적으로 구성되며 각 단계별 산출물의 내용과 구체적 사례는 다음의 [그림 5-3]과 같다.

[그림 5-3] 정보관리계획의 산출물 구성 및 구체적 예

<산출물 계층>		<구체적 예>
사명(Mission)	• IS부문의 역할 • 조직내 타부문과의 조직적 관계	• 정보시스템 관련 전문지식과 기술의 조직내 확산 및 공유 • 정보시스템 투자(정보화사업)관리의 최적화 • 사업목표달성을 위한 개별사업들의 정보화요구 만족
목표(Objectives)	• IS기능의 목적 및 기여도 • IS업무의 질과 성과측정 기준 • IS부문의 조직내 위상	• 최고의 고객서비스 보장 • 생산공정의 전(全) 자동화 • 15%의 투자수익률 달성과 필요 재원의 자체조절 • 정보서비스의 경쟁력 확보 • 급격한 환경 변화에 대처할 수 있는 효과적 IS활용 및 관리
정책 및 제약요인	• 가용자원의 제약 • 정보시스템 구축 및 운영여건 • 정보자원관리 정책 및 지침	• IT자원예산을 매출액대비 3%이내에서 편성 • 연구개발프로젝트에 IT예산의 5%를 배정 • 내부수익률 20%이상인 프로젝트에만 투자 • 사업부간 및 지역간 독립성 유지 • 보급초기의 최첨단 IT사용 억제
세부계획	• 세부업무내역 및 일정 • IS업무 성과 목표치 • 추진 프로젝트 및 우선순위	• 2007년 말까지의 정보화전략중역(CIO: Chief Information Officer)직제 도입 • 전년대비 IS운영예산 5% 절감 • 모든 IS 담당직원의 15일간 신기술 연수 • 2008년 말까지의 IS 담당부서인력 40% 축소(아웃소싱 확대)

5.3 정보시스템 기획의 수행단계

정보시스템 기획의 수행단계는 Bowman, Davis and Wetherbe(1983)가 전략적 계획수립→정보요구분석→자원할당의 3단계모형을 제시하였다. 이후 여러 연구자들이나 ISP 컨설팅기관들에 의해 다양한 단계구분이 이루어져 왔는데 기존의 단계모형을 포괄하는 보다 일반화된 정보시스템 기획과정은 다음의 [그림 5-4]와 같이 6단계로 나누어 볼 수 있다.

[그림 5-4] 정보시스템 기획의 수행단계

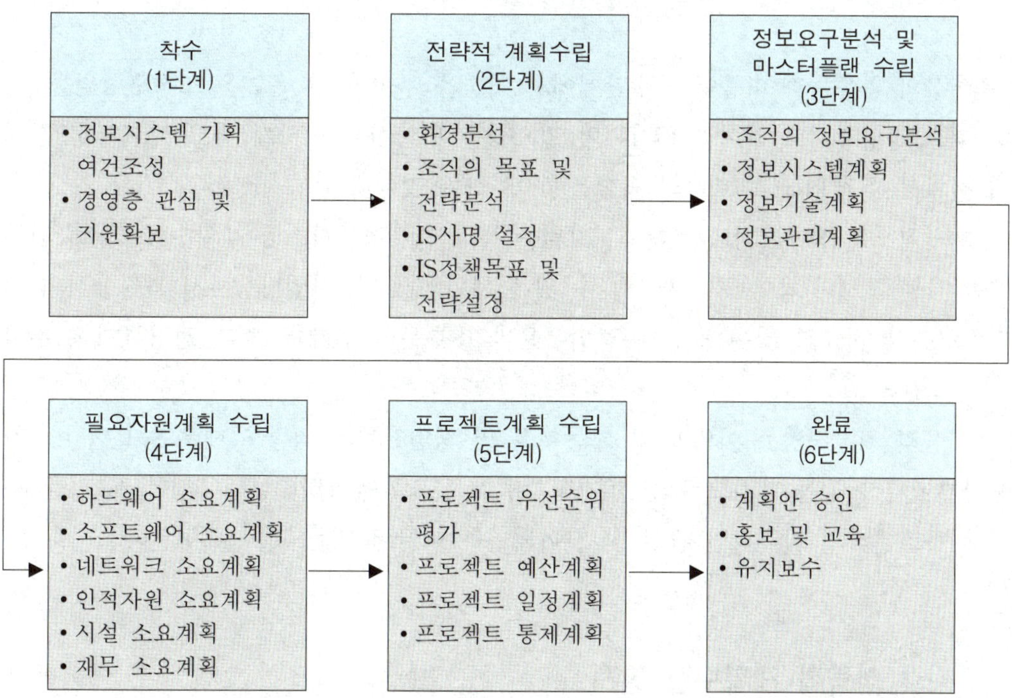

5.3.1 착수 단계

정보시스템 기획(ISP: Information System Planning) 업무가 효과적으로 수행되기 위해서는 우선 본격적인 기획업무 수행에 앞서 적절한 여건조성이 되는 것이 중요하다. 이러한 여건조성이 착수단계에서 이루어져야 하며 이를 위한 활동들은 다음과 같다.

- ◇ IS기획의 목적, 목표, 범위 및 주요 산출물에 대한 확인
- ◇ IS기획을 위한 방법론(methodologies) 및 도구(tools)의 선정 및 확보
- ◇ IS기획 전담팀의 구성(사업부문 소속요원 포함) 및 교육
- ◇ IS기획 업무에 대한 운영 및 관리 메커니즘 결정
- ◇ IS기획의 기대치, 쟁점사항, 예상 장애요인 확인 및 대처 방안제시
- ◇ 사업계획과 IS기획과의 상호연계 방안 정립
- ◇ 자료수집을 위한 면담대상자 식별
- ◇ 구체적인 기획업무 일정, 담당팀원의 역할 및 책임, 산출물 체크포인트(checkpoints) 설정

이상의 활동들과 더불어 착수단계에서 역점을 두어야 할 측면은 조직구성원들, 특히 최고 경영층으로 하여금 IS기획의 필요성을 명확히 인식하게 하고 기획과정 전체에 걸쳐서 후원자(sponsor)로서의 역할을 하게 하는 것이다.

현실적으로 볼 때 최고경영층의 지원을 통해서만 정보시스템 계획수립에 소요되는 제반 자원을 보다 용이하게 확보할 수 있은 뿐만 아니라, 사업방향제시 과정에서의 최고경영층의 적극적 참여를 통해 사업부문과 IS부문의 연계가 보다 적정하게 이루어질 수 있다.

아울러 최고경영층 이외에 각 기능부문 및 책임자들의 역할도 매우 중요한 바, 착수단계에서 이들을 대상으로 한 IS기획업무의 필요성에 관한 설득 및 협조요청을 통해 이들로부터의 적극적인 관심 및 참여의지를 이끌어 내는 것이 요구된다.

5.3.2 전략적 계획수립 단계

조직 내·외부의 경영 환경분석과 조직의 목표 및 전략을 확인하고 정보기술동향, 조직의 정보기술자원현황 및 정보화 성숙도 등을 분석함으로써 향후 IS업무의 지향방향 및 대상영역을 설정하는 단계로서, 본 단계에서의 핵심사항은 조직의 정책적 목표,

전략 및 사업계획과 정보시스템부문의 목표, 전략 및 업무추진계획을 효과적으로 연계시키는 것이다. 전략적 계획수립단계에서 도출·제시하여야 할 주요 산출물은 다음과 같다.

◇ SWOT(Strengths & Weaknesses, Opportunities & Threats)분석 등 조직내·외 환경분석 결과
◇ 조직의 목표 및 전략 분석결과
◇ IS부문의 사명(mission) 및 강령(charter)
◇ IS부문의 정책(policies), 목표(objectives) 및 전략

5.3.3 정보요구분석 및 마스터플랜 수립 단계

본 단계에서 우선적으로 행하여야 하는 과업은 조직의 의사결정이나 운영업무를 지원하는데 필요한 현행 및 향후 정보요구사항을 분석하는 것으로서 개개의 응용시스템 개발과 관련된 세세한 정보요구분석과 혼동하여서는 안된다. 본 단계에서의 정보요구분석은 조직의 전체 정보아키텍쳐를 개발하는데 초점을 둔 상위수준의 광범위한 분석이다. 정보요구분석을 한 후에는 요구분석결과와 전략적 계획수립 단계에서 도출된 정보시스템부문의 사명(mission), 정책, 목표 및 전략을 충족시킬 수 있는 IS 개발 마스터플랜을 수립하게 된다. 마스터플랜의 내용은 앞서 5.2절에서 제시한 정보시스템기획의 세 가지 대상영역인 정보시스템 영역, 정보기술 영역 및 정보관리영역을 포함하며, 각 영역에 대한 계획안에 포함되는 세부적인 내용은 5.2절을 참고하기 바란다.

5.3.4 필요자원계획 수립 단계

IS기획 수행의 네 번째 단계인 필요자원계획 수립단계는 3단계에서 수립된 마스터플랜을 실행하기 위해 소요되는 하드웨어, 소프트웨어, 데이터통신, 시설, 인력 및 재무계획을 구체화하는 단계이다. 본 단계는 필요정보기술 및 인력 확보에 대한 틀(framework)을 제공하며, 사용자들에게 적절한 수준의 정보서비스를 제공하는데 소요되는 재무자원의 규모를 산정하게 된다.

IS계획의 각 부문에 대한 자원할당은 대체로 재원이 투입되어야 할 곳이 이용 가능한 재원보다 많기 때문에 부분들 간의 경쟁적인 경우가 대부분이다. 이로 인해 관련 조직내 부서들 간에 치열한 정치적인 경쟁을 야기하여 바람직한 자원 할당을 어렵게 할 수 있다. 그러나 일반적인 자원할당의 지침은 조직이 현행 사업운영을 지속하는데 필수적인 프로젝트나 정보기술 인프라스트럭쳐(IT infrastructure)에 우선 재원배정을 행하고 나머지 정보기술 예산을 정보아키텍쳐 업그레이드를 하는데 사용한다. 즉, 정보요구분석을 통해 도출된 정보아키텍쳐를 기준으로 하여 신규응용시스템 개발프로젝트, 기존시스템의 유지보수 및 개선, 현 시스템과 미래 요구사항을 지원할 인프라스트럭쳐 구축 등의 과제들간에 비용효과분석에 기초한 우선순위를 정하여 재원 배정을 할 수 있다.

이러한 공식적인 예산의사결정에 따른 자원할당 방식 외에 IS사용자부서 비용부담 메커니즘(chargeback mechanism)에 의한 자원할당 방식을 전사차원의 프로젝트에 재원조달 방안으로 적용할 수 있다. 이 경우는 해당 IS비용이 사용자부서에게 전가되며 경영층은 정보시스템 사용자부서가 스스로 해당 IS개발프로젝트에 대한 소요재원을 부담할 것인가를 결정하도록 독려하게 된다.

5.3.5 프로젝트계획 수립

특정 응용프로그램의 작업계획을 수립하고, 일정 및 예산범위에 따라 통제할 수 있는 틀(framework)을 세우는 단계이다. 기본적으로 시스템개발 수명주기(SDLC: System Development Life Cycle)방법론에 입각한 프로젝트 수행의 단계별 일정, 산출물, 소요자원계획을 수립한다.

또한, PERT 및 CPM등 일정관리기법이나 프로젝트의 품질관리를 위한 산출물검토 방법론, 효과적인 프로젝트 통제관리를 위한 형상관리(configuration management)방법론 등의 적용방안 등이 본 단계의 산출물에 포함되어야 한다. 프로젝트 관리에 관한 구체적인 활동내용은 이 책 제6장에서 다루어지므로 프로젝트계획수립과 방법 및 포함내용을 보다 자세히 파악하기 위해서는 제6장을 참조하기 바란다.

5.3.6 완료 단계

IS기획업무수행의 마지막 단계로서 앞서의 5단계까지의 작업을 거쳐 작성된 계획안을 사업부서 및 경영층으로 피드백(feedback)하여 검토하게 하고 이들의 승인을 받거나 수정 및 보완사항을 확인함으로써 사업부문과 IS부문의 연계(alignment) 및 통합(consolidation)을 재차 공고히 하는데 역점을 둔다.

또한 계획안이 소기의 성과로 이루어지기 위해서는 반드시 대부분의 조직구성원들이 그 내용을 공유할 수 있도록 노력해야 하는데 이를 위하여 새로 작성된 IS계획서 또는 그 요약본을 전체 조직 구성원들에게 배포한다던가, 별도의 홍보 및 교육기회를 갖는 것이 바람직하다. 또 한 가지 중요한 사항은 계획안의 사후관리인데 여기에는 계획안의 사후검정과 유지 보수가 포함된다.

사후점검이란 실제로 계획안이 이행되고 있는지를 정기적으로 점검하여 필요한 조치를 취하는 것을 의미한다. 또한 계획기간이 장기간인 경우 시간이 경과함에 따라 당초 예상했던 것과 다른 상황이 발생하는 경우가 많은데 이러한 경우 변화된 상황에 대처할 수 있도록 계획안에 대한 적절한 유지보수가 필요하다. 상황변화를 반영한 계획안의 업데이트(update)가 이루어지지 않으면 그 계획은 사문화(死文化)되어 버릴 가능성이 매우 높고 조직 내에서 아무도 계획안에 대한 실천의지를 갖지 않게 된다. 또한 이러한 계획안의 사후점검과 유지보수가 제대로 수행되기 위해서는 조직내 특정부서와 인력에 그 책임과 권한을 부여하고 이를 명문화할 필요가 크다.

5.4 정보시스템 기획의 주요 방법론

IS기획업무를 보다 효과적으로 수행할 수 있기 위해 아직까지 많은 기획방법론 및 기법이 다양하게 개발되고 활용되어 왔다. 또한 각 방법론마다 앞 절에서 제시한 IS기획업무의 수행단계 중 특정 단계에 보다 유용하게 적용되는 경우가 많으며 전체 수행단계를 망라하는 방법론이나 기법은 극히 드문 실정이다. 본 절에서 소개 하고자 하는 주요 IS기획방법론 및 기법들을 IS기획 수행단계에 따라 맵핑(mapping)하면 다음의 [그림 5-5]와 같다.

[그림 5-5] 정보시스템 기획 수행단계별 주요 적용방법론 및 기법

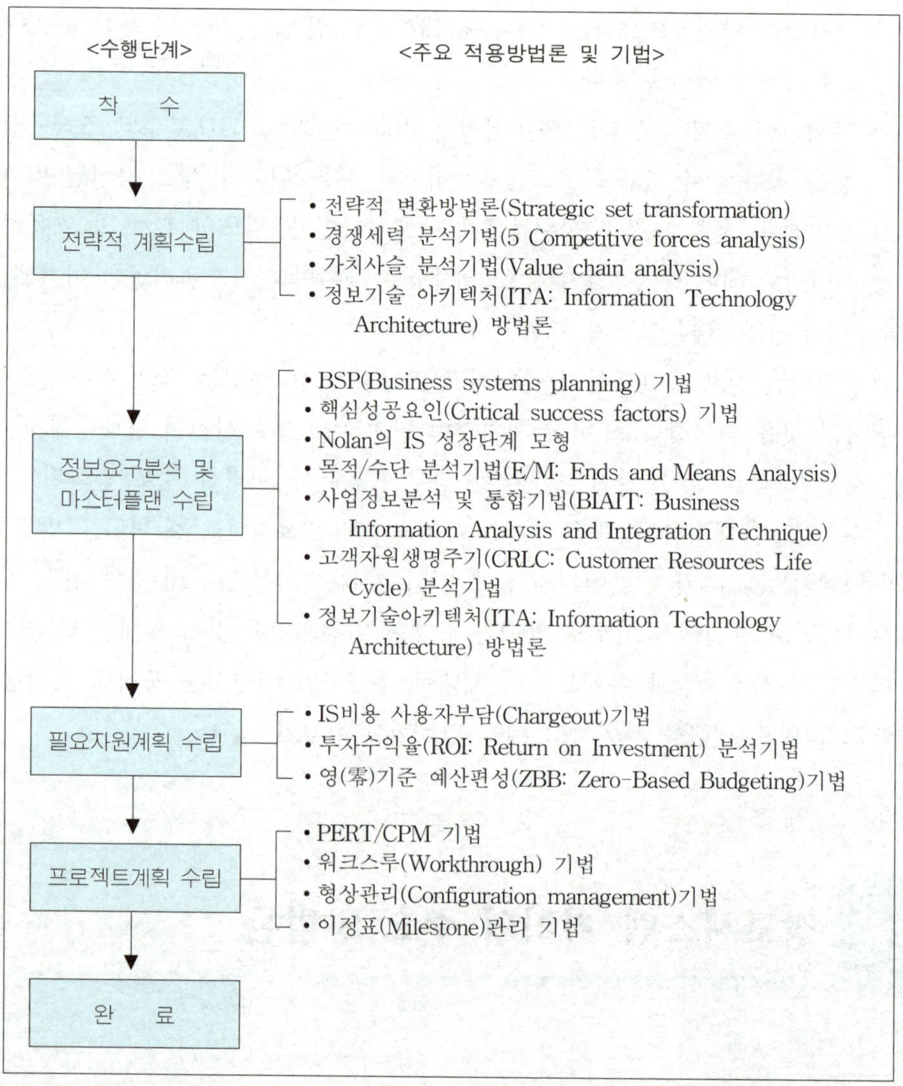

실제 IS기획업무수행에 있어서는 단계별로 한 가지 방법론이나 기법만을 사용하기보다는 위에서 제시된 제반 방법론 및 기법이 각 단계마다 복합적으로 사용되는 경우가 일반적이며 현실적으로 활용되고 있는 IS기획방법론의 경우 위의 방법론 및 기법 중 2-3가지 방법론 및 기법의 기능과 특성이 복합되어 있는 경우가 많고 IS기획 전문 컨설팅업체들의 경우도 이상의 각 방법론 및 기법의 장점을 결합한 회사 자체적인 기획방법론을 개발하여 사용 중에 있다. 본 절에서는 이상의 [그림 5-5]에서 제시된 방법론 및 기법 중 이 책 제3장에 이미 언급되어 있는 경쟁세력분석기법(5 competitive forces analysis), 가치사슬 분석기법(value chain analysis), 핵심성공요인(CSF: Critical Success Factor)분석기법 및 고객자원수명주기(CRLC: Customer Resources Life Cycle)분석기법과 제6장에서 다루어지고 있는 프로젝트계획수립에 적용되는 프로젝트 관리기법을 제외하고 나머지 방법론 및 기법에 대해 기술하도록 한다.

5.4.1 전략군 변환방법론(Strategy set transformation)

King(1978)에 의해 창안된 방법론으로서 조직의 사명, 목표, 전략 및 기타 전략적 변수(관리의 정교도, 변화수용성향, 주요 환경적 제약요인 등)로 구성되는 조직의 전략군(organizational strategy set)을 정보시스템의 구축 · 운영의 목표, 제약요인 및 설계원칙(design principle)으로 구성된 IS전략군(IS strategy set)으로 변환시키는 과정에 초점을 맞추고 있다. 이 방법론의 첫 단계는 조직의 전략군을 식별하는 것인데 이를 위한 출발점은 조직의 문서화된 전략이나 장기계획을 검토하는 것이다.

만일 그러한 문서화 자료가 없거나, 있더라도 조직전략군 확인에 의미있는 지침을 제공하지 못하는 경우에는 조직전략군이 새로이 설정되어져야 하며 그 설정과정은 다음과 같다.

- ◇ 조직의 이해관계집단(주주, 관리자층, 종업원, 공급자, 고객, 채권자, 관련 정부기관, 지역사회, 경쟁조직 등)의 구성 파악
- ◇ 각 이해관계집단이 조직에 대하여 가지고 있는 목표 식별
- ◇ 각 이해관계집단의 목표에 부응하기 위한 조직의 목표 및 전략 식별

이와 같이 조직의 잠정적 전략군이 설정되면 반드시 최고경영층에게 보고하여 검토 및 최고경영층의 조언을 구한 후 확정하여야 한다. 조직의 전략군이 확정된 후 다음 단계는 조직의 전략군을 IS전략군(IS strategy set)으로 변환시키는 단계인데 이 단계에서는 우선 조직의 전략군을 구성하고 있는 각 요소별로 대응되는 IS전략군의 요소를 식별하며, 그리고 난 후 식별된 IS전략군을 충족시킬수 있는 조직전반의 정보시스템 아키텍쳐를 시스템분석가가 구축하게 된다. 이때 여러 가지 대안들이 제시되어야 하며 반드시 경영층에 보고되어야 한다.

본 방법론이 성공적으로 적용되기 위해서는 조직의 목표와 전략을 가급적 정확하고 간결한 형태로 표현하는 것이 요구되며 조직의 이해관계자 집단을 조기에 파악하여 이들의 의견을 수렴하는 것이 유용하다. 그러나 이러한 과정자체가 주관적인 측면을 배제하기가 어렵기 때문에 과정상에 주요 경영층 인사(人士) 및 시스템 사용자층의 검토와 이들로부터의 의견청취를 반드시 포함하는 것이 요구된다. 이와 같이 조직의 전략군이 제대로 확인이 된다면 본 방법론의 적용을 통해 적정한 기간범위를 포괄하며 사업전략과 긴밀히 연계되는 장기 IS전략계획을 입안할 수 있다.

5.4.2 BSP(Business Systems Planning)기법

BSP기법은 IBM사에 의해 개발된 비교적 포괄적인 기획방법론으로서 2 단계로 구성되어 있으며 IS 사용자와 IS 담당요원들로 BSP추진팀을 구성한다.

첫 단계에서는 조직전반에 대한 광범위한 이해, 현행 정보시스템의 사업지원방식에 대한 식별, 사업을 지원하고 있는 전체 정보시스템들 간의 상호관계에 대한 상세기술, 실행 중에 있는 정보시스템들 중 가장 우선순위가 높은 시스템들의 식별 등이 실시되며 작업결과는 다음에 보는 바와 같은 매트릭스(matrix)형태로 정리하여 제시된다. 현황자료조사는 주로 많은 수의 관리자들을 대상으로 하여 이루어지며 조직구조와는 상관없이 업무프로세스 위주로 수행된다.

1) 조직/업무프로세스 매트릭스

a. 업무프로세스/직위 매트릭스

업무프로세스 / 직 위	구 매			생 산			…
	주문	…	…	계획	…	…	…
사장							
생산담당임원							
구매부장							
⋮							

b. 업무프로세스/부서 매트릭스

업무프로세스 / 부 서	구 매			생 산			…
	주문	…	…	계획	…	…	…
사장							
생산부							
경리부							
⋮							

2) 데이터/업무프로세스 매트릭스

업무프로세스 / 데이터	구 매			생 산			…
	주문	…	…	계획	…	…	…
구매 DB							
생산 DB							
고객 DB							
⋮							

3) 정보시스템/직위·업무프로세스·데이터 매트릭스

a. 정보시스템/직위 매트릭스

정보시스템 ＼ 직위	구매정보시스템			생산정보시스템			…
사 장							
생산담당임원							
구매부장							
⋮							

b. 정보시스템/업무프로세스 매트릭스

업무프로세스 ＼ 정보시스템	구 매			생 산			…
	주문	…	…	계획	…	…	…
구매정보시스템							
생산정보시스템							
회계정보시스템							
⋮							

c. 정보시스템/데이터 매트릭스

데이터 ＼ 정보시스템	구매DB	생산DB	고객DB	…
구매정보시스템				
생산정보시스템				
회계정보시스템				
⋮				

BSP기법 적용의 두번째 단계는 첫단계에서 확인된 업무 프로세스들을 지원할 수 있는 조직전체의 정보시스템 아키텍쳐를 설계, 개발 및 구현하기 위한 장기계획을 수립하는 것이다. BSP기법은 정보요구사항을 파악함에 있어서는 하향식(top-down) 접근방법을 취하는 반면, 구체적 실행계획과 지침을 마련하고 이를 실행하는 과정은 최하위

시스템으로부터 조직전체의 최상위시스템을 정의해 가는 상향식(bottom-up) 접근방법을 따른다고 할 수 있다.

BSP기법은 업무프로세스 및 관련정보 요구사항이 BSP추진팀에 의한 관찰과 면담에 의해 식별되기 때문에 현재 시점의 정보요구사항을 확인하는 데는 효과적이나 조직전체의 전략방향이나 목표에 대한 명시적인 고려가 없기 때문에 정보시스템 구축·운영의 장기조망 및 전략방향이 적절히 제시되지 못하는 약점이 있다.

또한 자료조사 시 면담방식으로 인한 시간 및 비용요소가 너무 큰 것도 BSP기법 적용의 어려움으로 지적되고 있으며 너무나 많은 노력을 투입하여 현황자료를 충분히 확보하더라도 이를 분석하고 통합하여 실행 가능한 정보시스템 계획안을 수립하는 것 역시 쉽지 않다.

이러한 BSP기법의 한계점으로 인해 BSP기법이 조직업무프로세스, 데이터, 정보시스템 등의 조직전반을 체계적이고 종합적으로 분석하고 이해하는 데는 매우 유용함에도 불구하고 현실에서 그 활용이 활성화되지 못하였다. 그러나 BSP기법의 여러 유용한 요소들은 정보시스템 기획 및 개발방법론인 앤더슨컨설팅사가 개발한 Method/1 방법론이나 Martin과 Finkelstein의 정보공학 방법론(IE: Information Engineering)내에서 활용되고 있다.

5.4.3 Nolan의 정보시스템 성장단계 모형

Nolan(1979)은 조직이 정보시스템을 도입하여 확산·발전되어 가는 과정은 6단계를 거쳐 가며, 이는 모든 조직들에 있어서 예외가 없음을 주장하였다. Nolan은 각 단계별로 응용프로그램 포트폴리오, IS담당부서의 조직, IS계획 및 통제, 사용자의 역할과 인식 등 4가지 측면에 있어서 어떻게 상이한 양상을 보이는가와 단계이행에 따른 정보시스템 관련비용의 지출규모 추이를 다음의 [그림 5-6]에서와 같이 제시하였다.

IS 관련비용의 지출 규모의 증가율은 통제단계와 성숙단계에서는 낮고, 착수단계 및 데이터관리단계는 중간수준이며, 확장단계 및 통합단계에서는 높게 나타난다. 또한 세번째 단계인 통제단계와 통합단계의 사이에 정보자원관리의 초점이 컴퓨터의 관리에서 데이터자원의 관리로 넘어가는 전환점이 존재하며, 이 전환점을 기준으로 정보자원의 관리 및 통제 방식이나 IS 담당부서의 조직이 크게 재편되는 경향을 보이게 된다.

[그림 5-6] Nolan의 정보시스템 6단계 성장모형

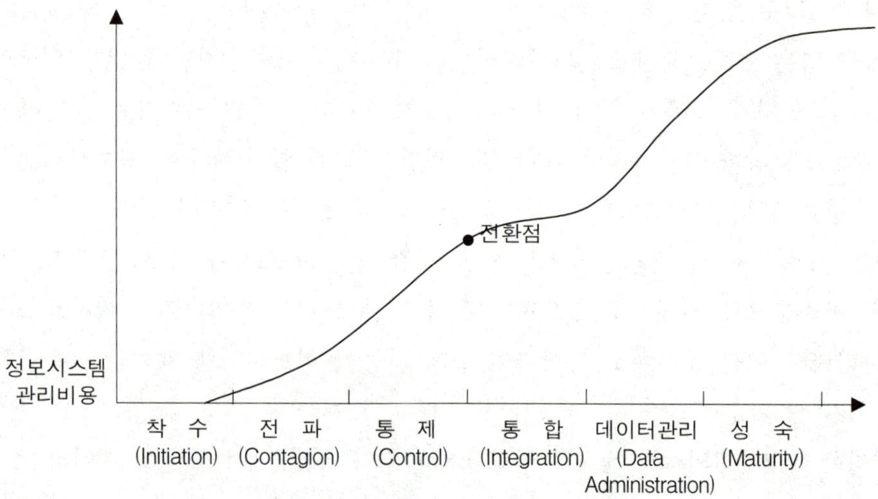

	착 수	전 파	통 제	통 합	데이터관리	성 숙
응용프로그램 포트폴리오	기능분야별 비용절감을 위한 응용 업무	모든 업무 분야로 확대	기존 응용 분야의 재구성 및 문서화의 개선	데이터베이스 기술을 이용한 기존 응용분야의 개선	기존 응용 분야의 조직적 통합	조직내에서의 정보의 흐름을 반영할 수 있는 방향으로의 통합
IS담당 부서의 조직	기술습득을 위한 요원 전문화에 집중	사용자 지향적인 프로그래머 중심	중간관리자의 역할 증대	조직내 서비스제공 기능을 수행하는 부서로 정착	데이터 관리에 중점	데이터자원의 관리에 중점
IS계획 및 통제	느슨한 계획 및 통제	더욱더 느슨한 계획 및 통제	공식화된 계획 및 통제방식 적용	적합하게 조정된 계획 및 통제방식 적용	데이터의 공유 및 여러 응용분야에 공통으로 이용가능한 시스템 개발에 중점	데이터자원에 관한 전략적 계획 수립
사용자의 역할과 인식	방관적 자세 견지	피상적인 열정의 소유	독단적인 책임의식의 소유	책임의식의 습득	효과적인 책임의식의 소유	사용자와 시스템요원간의 공동책임의식 정착

이상과 같이 Nolan의 성장단계모형은 조직에서 정보시스템이 발전해가는 전반적 방향을 예측할 수 있게 하는데 유용한 개념적 틀(framework)을 제시해 줌으로써 조직이 처한 정보시스템 성장단계에 따라 향후 조직의 응용프로그램 포트폴리오 구성방향, IS 담당부서의 조직화 방향, 정보자원의 관리 및 통제방안, IS담당부서와 사용자부서와의 역할관계 및 정립방안 등 조직의 장기적이고 거시적인 IS계획을 수립하는데 도움이

될 수 있는 방향지침(guideline)을 제공한다고 볼 수 있다.

5.4.4 목표/수단(E/M: Ends and Means) 분석기법

목표/수단 분석기법은 Wetherbe and Davis(1982)에 의해 개발된 IS 기획방법론으로서 조직, 부서, 개별관리자 수준에서의 정보요구를 결정하는데 적용될 수 있다. 즉 시스템 일반이론(general system theory)에 기반을 둔 본 방법론은 조직의 업무프로세스에 의해 생성되어지는 목표 또는 산출물(제품, 서비스 및 정보)에 우선 초점을 맞춘 뒤, 이를 성취하기 위해 사용되는 수단(입력물 또는 업무프로세스)을 정의하는데 사용된다.

조직수준의 프로세스이든 부서 또는 개인수준의 프로세스이든 어떤 한 프로세스의 목표와 산출물은 다른 프로세스의 입력물이 된다. 예를 들면, 재고프로세스는 생산프로세스에 부품을 공급하며, 회계프로세스는 조직내 다른 프로세스에 예산정보를, 마케팅 프로세스는 고객프로세스에 제품을 제공하게 된다.

목표/수단 분석은 프로세스들의 산출물 생성의 효과성(effectiveness)과 효율성(efficiency)을 높이는 것과 관계가 있는데, 효과성은 프로세스의 산출물이 다른 프로세스의 입력요건을 얼마나 잘 충족시키는가를 의미하며 효율성은 프로세스 내에 들어온 입력물이 산출물로 변환되는데 소요되는 자원규모 및 자원활용 수준을 의미한다.

즉, 목표/수단 분석모형은 [그림 5-7]과 같이 도식화 될 수 있는데, 효과성 정보는 산출물의 효과성을 구성하는 것과 효과성을 평가하는데 필요한 정보 또는 피드백정보에 기초를 두며, 효율성정보는 입력 및 변환과정 자체의 효율성과 효율성을 평가하는데 요구되는 정보 또는 피드백정보에 기초를 두고 있다. 목표/수단 분석모형 활용의 예로써 재고관리프로세스의 경우를 예로 들면 아래와 같다.

◇ 목 표:
- 가용성(availability)의 허용 범위 내에서 가급적 낮은 재고수준 유지

◇ 수 단:
- 미래수요예측
- 주문량 및 재고보유량
- 폐기 또는 사용불능 품목

[그림 5-7] 목표/수단(E/M: Ends and Means) 분석모형

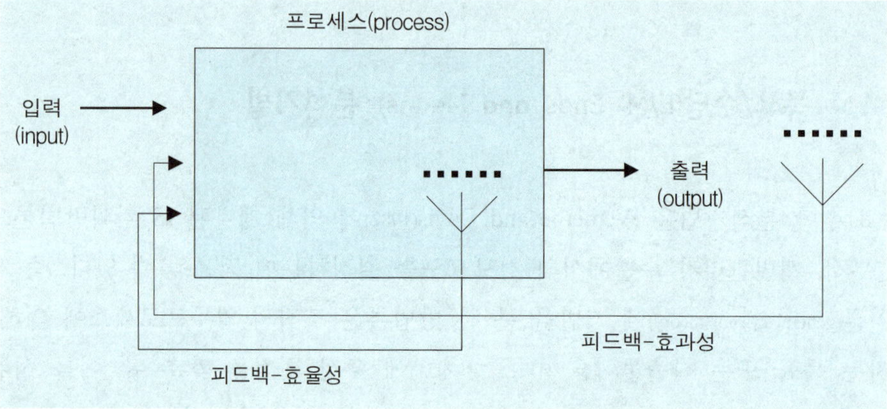

- 안전재고 정책
- 수요변동
- 주문비용 및 재고유지비용
- 품목별 비용
- 재고부족량(stockouts)

◇ 효율성 측정지표 :

- 주문횟수
- 재고유지 비용
- 폐기 또는 사용불능 품목 처분비용

◇ 효과성 측정지표 :

- 재고수준
- 재고부족의 횟수 및 심각성

목표/수단 분석은 다양한 산업분야에서 활용하여 긍정적인 성과를 거두어 왔다. 목표/수단 분석기법은 다른 IS기획기법에 비해 정보요구사항들이 보다 광범위하게 도출되는 장점이 있을 뿐 아니라 대부분의 기법들의 문제점이 주로 효율성 지향적인 정보를 다루는 정보시스템을 제시하게 되는데 비해 목표/수단 분석기법은 효과성을 달성하는데 요구되는 정보 및 정보시스템도 함께 제시한다. 실제로 현실 조직의 많은 관리자들은 효율성보다는 효과성을 보다 중시하고 있음을 감안할 때 목표/수단기법이 갖는 의미는 크다고 할 수 있다.

특히 목표/수단 분석기법에 의한 정보요구사항 분석은 대개의 경우 부서간의 경계

를 초월하기 때문에 전사차원의 데이터베이스 설계 및 구축 기획시 유용하게 적용될 수 있다.

5.4.5 투자수익율(ROI : Return On Investment) 분석기법

투자수익율(ROI) 분석기법은 다양한 기획활동분야에서 광범위하게 사용되고 있는 기법이다. 본 기법의 전형적인 적용방식은 각 프로그램별로 투자수익율(ROI)을 추정하여 이를 기준으로 프로젝트간 순위를 매긴 후 조직이 허용하는 수준이상의 ROI내에서 가장 순위가 높은 프로젝트들을 선정하는 것이다.

물론 자원제약, 조직차원의 우선순위기준, 이해관계자들 간의 정치적 역학관계 등에 대한 고려로 인해 ROI기준에 의한 선정과정이 영향을 받을 가능성은 상당히 있음을 감안해야 한다. 많은 조직들의 경우 정보시스템부문 프로젝트들을 조직내 다른 사업부문에 적용되는 것과 같은 평가기준으로 평가하여 선정여부를 결정하고자 할 때 ROI분석기법을 사용하고 있다. ROI분석기법은 예상되는 비용과 수익의 계량화가 용이할수록 유용한 반면, 불행히도 대부분의 정보시스템 프로젝트의 경우 계량지표의 산정이나 지표별 추정이 매우 어렵다. 현실적으로 이와 같은 적용상의 어려움이 IS기획에 있어서 ROI분석기법의 활용을 부정적으로 인식하게 하고 있다.

5.4.6 IS비용 사용자부담(Chargeout) 기법

IS비용 사용자부담방식이 정보시스템기획 및 통제를 위한 근거로 적용되는 경우이다. 즉, 대규모 조직들에 있어서 정보시스템기능부서는 조직내 제반 단위부서들에 IS관련 서비스를 제공해 주고 이에 소요되는 비용을 IS서비스를 이용하는 단위부서들이 부담하는 경우를 의미하는데, 사용요금체계가 CPU사용시간, 사용 프로그램 본수, 입출력장치 사용시간 등을 기준으로 설정된다. 이론상으로는 자신들이 사용하는 정보시스템의 발생비용을 사용자들 스스로 부담할 책임이 있다고 인식하는 것이 조직들의 IS업무에 대한 기획 및 통제를 보다 용이하고 체계적으로 수행할 수 있게 할 것으로 여겨진다.

IS비용 사용자부담방식에 근거한 기획방식은 통상 기획업무의 수행지침, 절차, 일정 등도 함께 포함하지만 초점은 새로운 정보시스템의 구축·운영에 따른 예상비용을 예상수입에 의해 정당화하는데 맞추어져 있다.

본 접근방법을 따를 경우 기획에 관련된 주요의사결정은 사용자부서들에 분권화될 수밖에 없어서 단위사용자부서가 미처 생각하지 못하는 잠재적으로 효용이 큰 정보시스템의 발굴은 제한이 되는 경향이 크며, 특히 여러 단위부서들에 영향을 주는 통합시스템(integrated system)이나 무형적(intangible) 효과가 큰 응용시스템의 발굴 및 구축·운영은 매우 어렵게 된다. 또한 본 접근방법에 의한 기획업무는 대체로 복잡하고 어려울 뿐만 아니라 수반되는 제반 행정비용도 높다는 단점이 지적되고 있으며, 더구나 개발대상 정보시스템 선정을 조직전략 및 경영목표 달성에 연계시키는 것은 더욱 어렵다는 문제점이 있다. 다만, 본 접근방식은 사용자부서의 의견수렴을 기반으로 한 비교적 단기(short-term) 정보시스템계획을 수립할 때 제한적으로 사용 될 수는 있을 것이다.

5.4.7 영(零)기준 예산편성(ZBB : Zero-Based Budgeting)기법

영기준예산편성(ZBB)기법은 전년대비 증분예산방식의 문제점에 대처하기 위한 대안으로 개발되어 공공조직뿐만 아니라 민간조직에서도 비교적 널리 이용되어 왔다. IS기획에 있어서도 ZBB가 적용되어질 수 있으며 ZBB 적용시 첫 단계는 모든 IS관련 활동을 개념적으로는 제로베이스(Zero-base), 즉 시스템 개발이나 유지보수 업무가 조직내에 전혀 없는 상태를 가정하는 것이다. 다음 단계는 조직에 요구되는 모든 가능한 정보시스템들을 식별하고 정보서비스 수준을 단계적으로 증가시켜 가면서 조직이 갖추어야 하는 정보시스템들의 구성을 완성시켜 나가는 것이다. 즉, 각 정보서비스 수준별로 예상효익과 정보시스템자원 지원요건이 열거되며, 개별 IS프로젝트들은 하나의 응용프로그램 포트폴리오로 결합된다. 프로젝트들간의 우선순위를 매기기 위해 운영위원회(steering committee)나 조직내 자원배분기구에 제출되어지며, 우선순위를 책정하는 과정에서는 델파이(Delphi)기법이 활용되기도 한다. 물론, 이때 구축 및 운영대상 정보시스템프로젝트의 선정범위는 정보시스템부문에 대한 자금조달 규모에 의해 좌우된다.

ZBB기법은 효용성을 상실한 응용시스템을 식별해 내는데 유용하다. 또한, 상향식 접근방식을 강하게 취하게 되어 조직구성원들로부터의 폭넓은 의견수렴이 활성화되며, 정보서비스 수준에 대한 고려는 논리적이며 진화적인 IS설계를 가능하게 할 수 있을 것으로 본다.

한편, 본 기법은 자원배분에는 강한 역점을 두고 있는 반면, 전략적 기획이 명확히 이루어지지는 않으며 조직전체의 기획프로세스와 직접적인 연계가 미흡한 문제점이 있으나, ROI기법과 비교해 볼 때 ZBB기법은 계량적인 비용과 효익지표에만 의존하지는 않고 주관적 지표들을 포함한 분석을 가능케 한다. 또한 사용자부담방식(chargeout)기법과 비교하면, 프로젝트들간의 우선순위 설정 시 전산운영위원회(steering committee)를 활용함으로써 계획의사결정에 있어서 상위차원의 집중화된 조망을 할 수 있도록 하기는 하나, 전략적 계획에 대한 명시적인 고려가 없는 것은 마찬가지이다.

ZBB접근방식을 적용함에 있어서 정보분석가는 필요로 되는 IS프로젝트들을 식별하고 제안된 프로젝트들을 제공 정보서비스수준의 단계에 따라 체계적으로 분류하는데 있어서 시스템 사용자들과 상당한 시간의 접촉을 가져야 하기 때문에 시간이 너무 많이 소요되는 문제점이 있으며 서비스수준에 대한 정의를 행하는데 미리 몰두함으로써 바람직한 정보시스템 대안들에 대한 발굴의 폭이 제한되는 경향이 있다.

5.4.8 정보기술아키텍쳐(ITA : Information Technology Architecture) 방법론

정보기술아키텍쳐(ITA)의 개념 및 방법론은 1996년 미국연방정부 차원에서 보다 체계적이고 효과적으로 정보자원관리를 하기 위해 정보자원관리법(ITMKA: Information Technology Management Reform Act)을 제정하면서 도입된 이후 공공분야 뿐만 아니라 민간분야로까지 빠른 속도로 확산되고 있다(김성근 · 박현수, 2002). ITA방법론에 의할 경우 조직내 · 외 제반 정보기술요소들 간의 상호운용성이 확보되고, 정보기술환경 변화에 대한 대처가 용이할 뿐 아니라 정보자원관리의 보다 강력한 수단이 될 수 있다는 장점이 있어서 앞으로 조직들의 IS기획업무에 있어서 보다 활발히 적용될 것으로 예상된다.

한편, ITA라는 용어자체가 지나치게 정보기술중심적이어서 ITA의 내부구성요소들 중 엔터프라이즈 아키텍쳐(EA: Enterprise Architecture)가 가장 중심이 되는 요소이며, 다른 구성요소들인 기술참조모델(TRM: Technology Reference Model)이나 표준프로파일(SP: Standards

Profiles)은 EA를 가능하게 하는 수단적 요소들이므로 ITA방법론 보다는 EA방법론으로 명명하는 것이 바람직하다는 견해가 있다. 또한 EA에 초점을 두는 경우 정보자원관리상에서의 적용범위가 보다 넓다는 주장이 있으나(김성근 · 박현주, 2002), IS기획 방법론으로서 활용하는 차원에서는 ITA방법론이나 EA방법론 같은 개념으로 보아도 무방하다고 본다.

1) ITA의 개념적 정의 및 구성요소

ITA는 정보기술을 효율적으로 통합 · 관리하고 정보시스템에 대한 요구사항을 충족시키며 정보시스템에 개방기술을 적용하기 위하여, 모든 정보 프로세스를 지원하는 요소들 간의 관계를 구조화한 것이다. 즉, ITA란 조직의 정보기술을 통합 · 관리하기 위하여 정보시스템에 대한 요구사항을 충족시키고 상호운용성 및 보안성을 보장하기 위하여 조직의 업무, 사용되는 정보, 이들을 지원하기 위한 정보기술 등 구성요소를 분석한 다음 이들 간의 관계를 구조적으로 정리한 체계를 의미한다. ITA에 대한 또 다른 정의로는 조직의 정보기술자원들을 획득, 구축, 수정 및 연동하는 일련의 원칙, 지침, 도식화(drawing), 표준 및 규칙을 들 수 있으며 이러한 정보기술자원에는 하드웨어, 소프트웨어, 통신프로토콜, 어플리케이션 개발방법론, 데이터베이스시스템, 모델링도구, 정보기술조직 구조, 데이터 등이 있다(이태공 · 박성범 · 이현중, 2002).

ITA를 구성하고 있는 엔터프라이즈아키텍쳐, 기술참조모델 및 표준프로파일에 대한 보다 구체적인 내용은 다음과 같다(박성범 · 최남용, 2003).

● **엔터프라이즈 아키텍쳐(Enterprise architecture)**

엔터프라이즈란 과거에는 단순히 어떠한 업무 또는 조직으로 언급되어 졌지만, 현재에는 보다 폭넓은 의미로, 모든 목적을 가지는 활동들, 또는 경제적인 활동을 목적으로 구성된 단체를 의미하며 국가, 기업, 군대 및 연구학회 등을 예로 들 수 있다. 그리고 엔터프라이즈 아키텍쳐는 아키텍쳐개념을 바탕으로 조직의 기능 및 기술을 통합하여, 상호운용성에 의한 정보시스템의 전사적인 통합을 달성하기 위하여 도입된 개념이다. 또한 엔터프라이즈 아키텍쳐는 조직에 사용되는 정보기술을 활용한 아키텍쳐와 체계들을 총괄한 것으로, 업무 및 관리프로세스와 정보기술간의 관계를 표현한 것이다. 엔터프라이즈 아키텍쳐의 구성요소로는 업무프로세스, 정보흐름 및 관계, 응용,

데이터 서술 및 관계를 들 수 있고, 조직의 특성에 따라 몇 개의 하부구조로 구성할 수 있으며, 현재 가장 잘 알려진 EA의 일반모형은 미국의 국가표준기술기구(NIST: National Institute of Standard and Technology)의 모형으로 [그림 5-8]과 같이 나타낼 수 있다.

[그림 5-8] NIST의 엔터프라이즈 아키텍처 모델

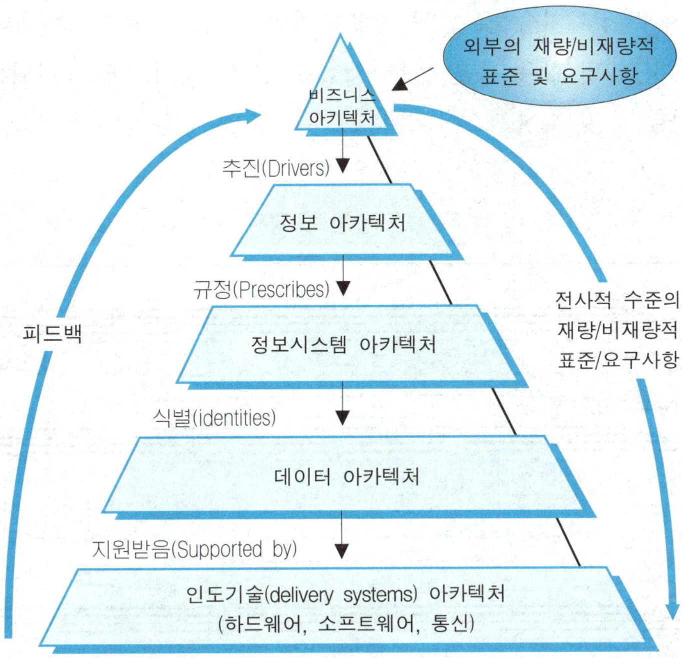

● 기술참조모델(Technical reference model)

기술참조모델은 업무활동에 필요한 정보서비스를 식별하고 설명한 것으로 엔터프라이즈 아키텍쳐의 모든 부문에서 고려된다. 기술참조모델은 개념을 추상화한 구조를 제공하고 구성요소간의 인터페이스를 정의하며 이를 도식적으로 나타내면 아래의 [그림 5-9]와 같다.

기술참조모델의 목적은 사용자 요구사항을 만족시킬 수 있도록 시스템 규격에 대한 개념적인 모델을 추상화하는 것이다. 표준을 선정할 때에는 우선 기술참조모델을 정의하고 정의된 모델의 서비스별로 선정하여야 한다. 기술참조모델은 정보시스템들의 집합으로 구성되며 상호운용성 확보를 위하여 개방형 환경을 기본으로 구성한다. 사용자 및 기술자의 관점에서 개방시스템 환경(OSE: Open System Environment)이란 표준 서비스, 접속(interface), 데이터 형식 및 프로토콜을 이용하여 호환성, 확장성 및 상호운용성이 있는 응용시스템을 지원하는 컴퓨팅 환경을 의미한다. 기술참조모델은 엔터프라이즈 아키텍쳐 중에서 기반모델에 포함된 데이터, 응용, 기반기술 구조에 적용되는 정보기술을 중심으로 서비스를 정의한다. 이러한 이유는 업무 구조에 관련된 서비스들은 기관의 고유업무와 업무모델에 따라 차이가 많기 때문이다. 기관 간에 공통적으로 적용될 수 있는 세부 정보기술들은 기술참조모델의 각각의 서비스에 나누어 수용한다. 정보의 송수신, 처리 및 활용 등을 위한 상호운용성은 서비스에 제시되는 통신프로토콜, 데이터 교환형식 및 분산시스템 접속 표준 등을 사용하여 구현이 가능하다.

[그림 5-9] 기술참조모형의 구성도

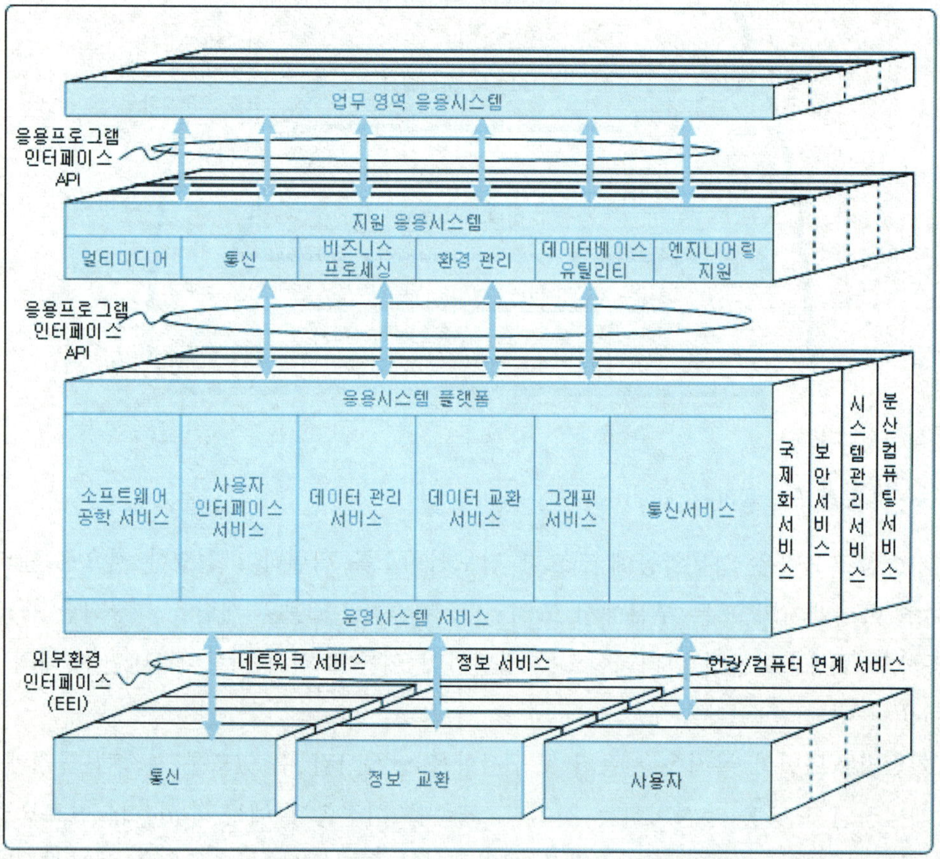

● **표준프로파일**(Standards profiles)

표준프로파일은 기술참조모델에 명시된 서비스를 지원하는 정보기술 표준들의 집합으로 정의한다. 프로파일은 표준의 목적을 충족하고 특정업무 기능에 제공되는 기술을 지원하기 위해서 필요한 최소한의 기준을 수립한 것이다. 표준프로파일은 표준이 기반이 되는 서비스들 간의 인터페이스를 다루는 표준들의 집합 또는 표준들에 대한 참고자료들이다. 프로파일은 운영체제, 네트워크, 데이터 교환과 같은 서비스를 가능하게 하는 기술 표준들을 다루는 상세규격을 포함한다. 기술참조모델과 함께 표준프로세스파일은 기관의 업무 요구사항에 맞는 표준화된 시스템의 개발과 획득을 가능하게 한다. 프로파일에는 이 표준들을 구현한 구체적인 제품까지도 지정할 수 있다. 프로파일은 기술발전, 환경, 기관의 목적 등에 따라 바뀔 수 있으므로 프로파일의 갱신을 위한 지침 및 기준이 있어야 한다. 따라서 표준프로파일은 최소한의 집합을 구성함을 기본으로 하며, 기술의 발전에 따라 지속적으로 갱신되어야 한다.

2) ITA방법론 적용의 강점 및 한계점

기존의 IS 기획 방법론에서는 응용프로그램과 정보기술 기반구조와의 관계가 명확히 설정되지 않은 상태에서 계획안이 완성된데 비해 ITA방법론의 경우는 이 두 요소간의 명확한 관계를 설정하고 분석이 이루어지는 것이 본 방법론적용의 강점이다. 두 번째 강점으로는 정보관리에 필요한 원칙을 미리 설정하고 이를 이후의 의사결정 기준으로 활용한다는 점이다. 이와 같이 전사적으로 그리고 여러 프로젝트에 걸쳐 적용될 원칙의 설정에 따라 계획을 수립함으로써 시스템간의 호환성과 통합성을 확보하기가 보다 용이해 질 수 있다. 셋째로는 응용시스템 파악에 앞서서 자료관점의 분석이 먼저 이루어지고, 업무·자료·응용시스템에 대한 분석과정이 체계적이며, 자료간의 의존도를 통해 구축순서를 결정하는 등 필요한 응용시스템의 도출과정이 보다 명확하게 이루어진다는 점이다. 마지막으로 기술참조모형과 표준프로파일을 이용하여 다양한 정보기술의 채택 및 활용여부 등을 보다 체계적으로 분석할 수 있으며 신정보기술에 대한 수용이 용이하다는 강점을 들 수 있다.

그러나 ITA방법론의 적용시 주로 정보시스템 아키텍처 및 인도시스템(delivery systems) 아키텍처 만을 주로 활용하고 나머지 데이터 및 비즈니스 아키텍처 등이 소홀히 간주되고 있는 경우가 많다. 또한 데이터, 응용시스템, 비즈니스 아키텍쳐 등에 공통적으로 적용될 원칙의 도출에 치중하고 있고, 개별 아키텍쳐(예를 들면, 데이터아키텍쳐)에만 적용될 원칙의 파악에는 미흡하다는 것이 한계점으로 지적되고 있다(김성근 · 박현주, 2002).

5.5 정보시스템 기획의 성공요인

성공적인 IS 기획은 조직의 현행 목표 및 전략을 달성하기 위해 필요한 정보시스템을 효과적으로 구축 · 운영할 수 있게 하는데 매우 유용할 뿐 아니라 새로운 사업전략을 발굴하고 지원하는데 있어서 정보시스템을 실행동인(enablers)으로 활용함에 있어서도 큰 기여를 할 수 있다.

그러나 현실적으로 보면 IS기획이 실패로 끝나는 경우도 많은데 IS기획의 실패는 개발된 IS에 대한 불사용 또는 낮은 사용율이나 호환성 없는 시스템개발, 사업기회손실 등 경영관리상에 많은 문제점을 초래하게 된다. 특히, 향후 정보기술은 더욱 급속히 발전하고 있는 비즈니스 환경에서 보다 경쟁적이 될 것으로 전망되는 바, 효과적인 IS기획은 이러한 상황 극복에 결정적으로 중요한 역할을 하지만 IS기획이 실패로 끝날 경우는 그로 인해 발생할 조직의 부담은 더욱 커질 것이다. 따라서 IS기획의 수행성과를 높일 수 있는 방안을 포괄적이고 체계적으로 마련하는 것은 매우 중요하며, 이를 위해 IS기획업무를 투입(inputs)부문, 과정(process)부문, 산출(outputs)부문의 세 부문으로 구분하고 각 부문별로 IS기획 수행성과에 바람직한 영향을 주는 요인들을 제시하고자 한다.

5.5.1 투입(inputs)부문의 성공요인

IS기획업무에서 투입부문의 세부업무영역은 경영전략의 확인, 기획업무수행에 소요되는 자원의 적정수준 확보, IS기획업무자체의 목표설정 등 세 가지 영역으로 구성되며, 각 영역별 성공요인들을 열거하면 아래의 <표 5-2>와 같다.

〈표 5-2〉 IS기획업무 투입부문의 성공요인

세부업무영역	주요 성공요인
경영전략 (Business strategy) 확인	◇ 조직의 사명(mission) 및 비전(vision) 점검 ◇ 조직의 경영전략을 이해하기 위한 조직의 중장기 경영계획 검토 ◇ 최고경영자가 역점을 두는 주요 경영전략적 이슈 확인 ◇ 경영전략계획수립 과정상에 IS기획팀원의 참여
자원(Resource)확보	◇ IS기획업무 수행을 위한 조직적 지원체제 구축 ◇ IS기획업무의 리더 및 후원자의 높은 신뢰성(credibility) 확보 ◇ IS기획업무의 연속성(continuity)을 유지하기 위해 핵심인력 유지 ◇ 가용성(availability)보다 역량(competence) 기준의 IS기획팀원 선발 ◇ IS기획업무 추진을 지원하는 IT기반의 도구(tools) 사용 ◇ IS기획분야의 외부 컨설턴트 활용 ◇ 문서화가 잘 되어있는 검증된 방법론 확보
IS기획 목표(IS planning goals) 설정	◇ IS기획 추진의 필요성에 대한 명확한 정의 ◇ 단기간의 기대치보다는 장기적 필요성에 대한 부응에 비중 ◇ 기획업무 수행기간 중 사업영역변화에 대한 정보의 지속적 제공 ◇ IS기획에 소요되는 공수(efforts)를 관리 가능한 범위 내에서 유지

5.5.2 과정(process)부문의 성공요인

IS기획업무에서 과정부문의 세부업무영역은 기획업무의 일정관리, 계획수립에 필요한 제반 분석작업, 기획업무에 관련된 조직구성원들의 역할 정립, 기획업무 수행상의 제반 회의 및 중간검토작업 실시 등 네 가지 영역이며, 각 영역별 성공요인들을 열거하면 아래의 <표 5-3>와 같다.

〈표 5-3〉 IS기획업무 과정부문의 성공요인

세부업무영역	주요 성공요인
IS기획활동 일정(Schedule of planning activities) 수립 및 관리	◇ IS기획업무 추진단계 구분과 단계별 목표 및 산출물에 대한 명확한 정의 ◇ IS기획업무 진행사항에 대한 운영위원회(steering committee)의 지속적 점검 ◇ IS기획업무의 추진단계별 적정완료기간 준수

분석업무(Analyses performed) 실시	◇ 조직의 경영스타일에 부합하는 분석방법론 적용 ◇ IT활용과 IS기획 경험에 있어서의 조직의 성숙도 고려 ◇ 정해진 절차에 지나치게 제약되지 않는 유연성 확보 ◇ 특정, 단일 계획보다 여러 가지의 대안적인 계획 고려 ◇ 각각의 대안에 관련된 중요한 전제 조건 확인 ◇ 경쟁자의 IT활용 수준 및 현황 점검 ◇ 조직 외부환경의 기회 및 위협요인에 대한 평가 ◇ 조직의 강점 및 약점 평가 ◇ 조직체계, 업무프로세스, 데이터 구성 및 흐름 등에 대한 분석을 위한 검증된 방법론 사용
IS기획 참여자의 역할 (Role of participants)	◇ 최고경영자의 IS기획에 대한 주도자(champion)로서의 역할 수행 ◇ IS기획추진 전(全)과정에 걸친 경영층의 조언과 방향제시 ◇ 경영층의 IT교육 이수 ◇ 조직 내 갈등을 해결하는데 충분한 수준의 경영층 관여 및 통제 ◇ IS기획업무의 단계별 결과물에 대한 관리자의 합리적 기대수준 유지
회의 및 검토 수행(Meeting and review conducted)	◇ IS기획업무의 추진범위, 목표, 접근방식 등을 경영층에 보고 ◇ IS기획의 소요예산과 수행강령(charter)에 대한 경영층의 승인 ◇ 정기적 작업상황 보고서를 통한 IS기획 진행사항에 대한 경영층의 감독 ◇ IS담당직원들에 대한 조직의 목표와 핵심 이슈에 대한 교육실시 ◇ IS기획팀원들에 대한 IS기획 수립방법론에 관한 교육실시 ◇ IS기획팀원들에 대한 프로젝트 범위, 목적, 조직의 사명과 목적, 조직 내·외부 환경에 관한 교육 실시 ◇ IS기획과정상에서 다른 관점을 제시할 수 있는 충분한 기회 제공 ◇ 경영환경 변화로 인한 당초 목표변경의 가능성 부여

5.5.3 산출(outputs)부문의 성공요인

IS기획업무에서 산출부문의 세부 업무영역은 정보기술의 전략적 활용기회식별, 목표 응용시스템 및 데이터 아키텍쳐 설계, 구현방안수립 등의 세 가지 영역으로 구성되며, 각 영역별 성공요인들을 열거하면 아래의 <표 5-4>와 같다.

〈표 5-4〉 IS기획업무 산출부문의 성공요인

세부업무영역	주요 성공요인
전략적 역할(Strategic Roles) 제시	◇ 새로운 방식으로 사업목표를 충족시키는데 필요한 활동들에 초점을 둠 ◇ IT를 경쟁수단으로 사용할 수 있는 기회 식별 ◇ 비즈니스프로세스 재설계안 제시 ◇ 새로운 아이디어 장려

응용프로그램과 자료구조 (Applications and data architecture) 설계	◇ 기존의 정보시스템이 조직의 요구사항에 부합하고 있는 정도에 대한 문서화 ◇ 조직의 기능영역별 프로세스 및 다기능영역 연계 프로세스의 정보요구사항 확정 ◇ 제안된 각 프로젝트별 비용, 유·무형 효익 및 위험도 평가 ◇ 조직 내에서 IT활용성과가 높은 기능영역 순으로 우선 순위 부여 ◇ 빠른 투자회수와 위험도가 낮은 소규모의 단순한 독립적인 프로젝트(early winners)식별
구현(Implementation)방안 수립	◇ 정보시스템 수용에 대한 조직내·외의 잠재적 저항요인식별 ◇ 잠재적 저항을 회피하고 억제하기 위한 접근방안 마련 ◇ 제안된 IS아키텍처를 구현하기 위해 필요한 활동 명시 ◇ 핵심 프로젝트를 포함한 새로운 응용프로그램으로의 전환 및 구현 순서에 대한 계획 ◇ 새로운 응용프로그램 및 유지보수 도구(tools) 구현을 위해 요구되는 자원과 활동식별 ◇ 계획안 실행을 촉진하기 위해 필요한 IS담당부서의 활동 식별

사례 : 노르웨이 IT(the Institute of Technology)사의 정보시스템 기획추진

조직의 경영환경에 큰 변화가 있을 때 정보기술(IT) 활용을 통하여 경영환경변화에 보다 효과적으로 대응할 수 있으며, 이러한 상황에서 IT활용 방안을 체계적이고 합리적으로 도출하여 실효성 있게 추진하기 위해 정보시스템(IS) 기획의 필요성은 더욱 커진다고 볼 수 있다.

노르웨이 오슬로에 소재하고 있는 IT(the Institute of Technology)사는 1989년에 정부자금에 의해 운영되는 공기업체제에서 민간자본에 의한 민간기업으로 전환되게 되었다. 당시 IT사의 종업원수는 총 260명이었으며, 중소기업들에 대해 기술개발 컨설팅과 용접(welding), 시험(testing) 및 보정(calibration), ISO인증 등과 같은 분야의 실무교육을 실시하는 용역사업이 주된 사업영역이었다.

IT사에 대한 민영화 조치에 따라 정부지원은 회사 전체 소요예산의 25%까지 감소되었고 IT사는 자체적으로 수입원을 창출하여야 하였으며, 이에 따라 IT사가 당시까지는 익숙치 않았던 마케팅 및 판매활동을 강화하지 않을 수 없었는데 이 회사로선 매우 어려운 도전이었다. 우선 IT사는 조직의 중점 사업분야를 기존의 기술사업 외의 분야로 확대하기 위해 민간부문출신의 관리자들을 기용하였는데 이들은 짧은 기간 내에 8,000개의 기업들을 접촉하였으며, 이러한 접촉결과는 회사에 매우 유용한 잠재적 자산이 될 수 있었다. 즉, IT사는 이러한 고객사 접촉결과 및 고객사 관계구축 자산을 회사를 마케팅 주도적 조직으로 변환시키고자 하는 목표를 달성하기 위한 지렛대로 활용하는 전략을 수립하였다.

이러한 전략의 일환으로 IT사는 1992년에 "고객프로젝트(Customer Project)"라는 이름하의 IS기획 업무에 착수하게 되며 본 IS기획업무의 주요 목표는 회사가 수행중인 제

반 용역과제들에 대한 보다 개선된 재무통제와 마켓팅 활동의 효율성 제고 및 핵심주요고객들과의 장기적 관계구축에 관한 계획안을 수립하는 것이었다. 특히 고객들과의 관계구축을 촉진하기 위해 고객에 대한 다양한 정보수집과 고객과의 의사소통 활성화가 절실히 요구되었으며 이를 지원하기 위한 IT도구(Tools) 활용을 다각적으로 모색하였다. 그 결과, "Salesmaker"라는 CRM솔루션을 기반으로 "고객시스템(Customer System)"이라는 명칭의 응용시스템을 구축·운영하는 계획안을 입안하여 추진하였다. 이 과정에서 본 시스템이 재무시스템 등 기존의 경영관리 정보시스템들과의 상호연동이 무리없이 이루어지도록 하는 것에도 주의를 기울였다.

그러나 "고객시스템(Customer System)"의 초기 운영성과는 그리 좋은 편은 아니었다. 일상적인 업무처리 프로세스와의 통합이 충분히 이루어지지 못함으로써 시스템에서 창출되는 고객정보가 검증되지 못하여 수작업이 병존하는 이중적인 고객정보관리가 행해 졌고 결과적으로 시스템 사용자들의 신뢰를 확보하지 못하였다. 이를 해결하기위해 IT사는 시스템의 추가개발 및 유지보수과정에서 정보기술 측면에만 역점을 두지 않고, 시스템을 사용하는 현업부서 직원들의 적극적인 참여확보와 시스템과 조직구조 및 업무프로세스와의 연계(alignment)를 강화하는 방안을 마련하고 추진하는데 많은 노력을 기울이게 되었다.

이러한 노력에도 불구하고 본 프로젝트가 IT사의 기술중심적 조직문화를 고객중심적 문화로 변환시키는데는 여전히 한계가 큰 것으로 평가하여 이에 대한 근본적인 대책 마련을 위해 1998년에 새로운 버전의 "고객시스템(Customer System)"을 구축·운영하기 위한 IS계획안을 수립하여 추진하기 시작했다. 즉, 핵심 주요 고객들과의 보다 강하고 영속적인 관계정립 지원을 정보시스템의 가장 중요한 목표로 삼고, 보다 개인적인 고객사 접촉업무까지도 효과적으로 지원할 있는 기능을 포함하여 고객사들에 대한 용역사업 수행상의 제반 서비스의 질을 높일 수 있는 시스템적 기능을 강화하는데 IS기획의 역점을 두었다.

출처: Bygstad(2003)

주요용어

- ⊡ 정보시스템 기획(ISP : Information System Planning)
- ⊡ 정보화전략기획(ISP : Information Strategic Planning)
- ⊡ 응용프로그램 포트폴리오(Applications portfolio)
- ⊡ 정보기술인프라스트럭쳐(Information technology infrastructure)
- ⊡ SWOT(Strengths & Weaknesses, Opportunities & Threats) 분석
- ⊡ 전략군 변환방법론(Strategic set transformation)
- ⊡ BSP(Business Systems Planning)
- ⊡ Nolan의 정보시스템 성장단계 모형(Nolans is growth stage model)
- ⊡ 목표/수단(E/M : Ends and Means) 분석기법
- ⊡ 사업정보분석 및 통합기법(BIAIT : Business Information Analysis and Integration Technique)
- ⊡ 정보시스템비용 사용자부담방식(Chargeout)
- ⊡ 영(零)기준 예산편성(ZBB : Zero-Based Budgeting)
- ⊡ 정보기술 아키텍쳐(ITA : Information Technology Architecture) 방법론
- ⊡ 엔터프라이즈 아키텍쳐(EA : Enterprise Architecture)
- ⊡ 기술참조모델(Technology reference model)
- ⊡ 표준프로파일(Standards profile)
- ⊡ 정보시스템 기획 성공요인(Information system planning success factors)

복습문제

1. 정보시스템 기획의 필요성에 대하여 논의하시오.
2. 정보시스템 기획의 세가지 대상영역을 비교·설명하시오.
3. 정보시스템 기획시 사업환경분석에 포함되어야 할 사항들을 열거해 보시오.
4. 바람직한 정보기술계획안의 프레임워크에 대해 기술하시오.
5. 정보시스템 기획의 수행 6단계를 열거하고 단계별 세부수행업무에 대해 간단히 설명하시오.
6. BSP기법의 주요실행과정과 장·단점을 정리해 보시오.

7. 정보시스템 기획에 있어서 Nolan의 정보시스템 성장단계 모형이 갖는 의미를 논의하시오.

8. 정보요구사항분석에 있어서 적용될 수 있는 목표/수단(E/M: Ends and Means) 분석기법에 대해 설명하시오.

9. 정보기술 아키텍쳐(ITA)에 대한 개념적 정의를 하시오.

10. 엔터프라이즈 아키텍쳐(EA)의 일반모형을 도식적으로 나타내 보시오.

11. 기술 참조모형(TRA)의 목적과 구성요소에 대하여 설명하시오.

12. 성공적인 정보시스템 기획을 위해 경영층의 역할이 어떠해야 하는지를 논의하시오.

토론/프로젝트 문제

1. 조직이 정보시스템 기획업무를 효과적으로 수행하여 소기의 성과를 거두기 위해 역점을 두어햐 할 과제들에 대하여 토의하시오.

2. 정보시스템의 목표 및 전략과 조직의 목표 및 전략을 연계시키는 것이 왜 중요한지를 토의하시오.

3. 정보시스템 기획의 수행단계별로 적용되는 기존의 제반 기법 및 방법론들의 장·단점을 고려하여 보다 비람직한 정보시스템 기획업무 수행방안을 모색해 보시오.

4. 여러분들이 속해 있는 대학의 정보시스템 기획업무 수행현황을 조사·분석하고 문제점 및 향후 개선방안을 제시하시오.

5. 동료들과 팀(3~4명)을 구성하고 특정기업의 협조를 구하여(작업일정 및 업무량을 고려하여 중소기업이면 좋을 것임) 해당업체의 정보시스템계획을 수립해 보시오. 또한 수립한 계획안을 해당업체에 제시하고 계획안에 대한 그들의 의견을 청취해 보시오.

6. 최근에 정보시스템계획을 수립한 바 있는 조직들 중 전형적인 성공사례와 실패사례를 한 조직씩 선정하여 양 조직간에 정보시스템 기획업무 수행상의 차이점을 비교·분석해 보시오.

참고문헌

- 김성근, 박현주, Enterprise Architecture의 필요성 및 추진방안, Information Systems Review, 제4권, 제2호, 2002.12, pp.19~40
- 박성범, 최남용, 기술참조모델기반의 정보시스템간의 상호운용성 평가방법, Information Systems Review, 제5권, 제2호, 2003.12, pp.183~200

- 이태공, 박성범, 이헌중, 정보기술아키텍쳐, 기한재, 2000
- 장시영, 이정섭, 최영진, IT아키텍쳐, 과연 새로운 접근방법인가?: 미국과 국내 사례의 비교분석을 중심으로, Information Systems Review, 제4권, 제2호, 2002.12, pp.59~80
- Bowman, B., Davis, G. and Wetherbe, J.C., Three Stage Model of MIS Planning, Information & Management, Vol.6, No.1, 1983, pp.11~25
- Brancheau, J.C., Janz, B.D. and Wetherbe, J.C. Key Issues in Information Systems Management: 1994-95 SIM Delphi Results, MIS Quarterly, Vol.20, No.2, 1996, pp.225~242
- Bystad, B., The Implementation Puzzle of CRM Systems in Knowledge-Based Organizations, Information Resources Management Journal, Vol.16, No.4, 2003, pp.20~31
- Carry, J. and Ferguson, J., Increasing the Success of the IT Strategic Planning Process, Proceedings of 33rd Hawaiian International Conference on System Science, Jan.2000
- Earl, M.J., Management Strategies for Information Technology, Prentice Hall, London, 1989
- Earl, M.J., Experiences in Strategic Information Systems Planning, MIS Quarterly, Vol.17, No.1, 1993, pp.1~24
- Hoffman, T., Change Agents, Computerworld, April 2007.
- Horner-Reich, B. and Nelson, K.M., In Their Own Words: CIO Visions about the Future of In-house IT Organizations, Data Base, Fall 2003, pp.83~92
- Kaplan, R.S. and Norton, D.P., Mastering the Management System, Harvard Business Review, Vol.86, No.1, pp.42~51
- King, W.R., Strategic Planning for Management Information Systems, MIS Quarterly, Vol.2, No.1, 1978, pp.27~37
- Lederer, A.L. and Salmela, H., Toward a Theory of Strategic Information Systems Planning, Journal of Strategic Information Systems, Vol.5, 1996, pp.237~253
- Lederer, A.L., and Sethi, V. Critical Dimensions of Information Systems Planning, Decision Sciences, Vol.22, No.1, 1991, pp.104~119
- Lederer, A.L., and Sethi, V., Key Prescriptions for Strategic Information Systems Planning, Journal of Management Information Systems, Vol.13, No.1, 1996, pp.35~62
- Luftman, J., SIM2007 Survey Findings, SIMposium07, simposium.simnet.org, Oct.2007
- Ward, J and Peppard, J., Strategic Planning for Information Systems(3nd ed.), John Wiley & Sons, 2002
- Wetherbe, J. C. and Davis, G. B., Strategic MIS Planning Through End/Means Analysis, MIS Research Center Working Paper, 1982

참고사이트

- Society of Information Management ······················· http://www.simnet.org
- CIO Magazine ·· http://www.cio.com
- Cases Forest Company ·· http://www.caseforest.com
- 한국정보화진흥원 ·· http://www.nia.or.kr

CHAPTER 6

정보시스템 분석 및 설계

이 영 환 교수

한국외국어대학교 경영정보학과, yhlee@hufs.ac.kr

CONTENTS

학습목표

- 시스템 수명주기의 필요성, 단계별 과업 및 산출물을 이해한다.
- 프로젝트 관리의 핵심을 이해한다.
- 구조적 분석 및 설계기법을 익힌다.
- 객체지향 분석과 설계의 기본원리를 이해한다.
- 사용자 요구사항 정의수단으로서 프로토타이핑 개발방식을 이해한다.
- 마이크로소프트사 등에서 실제로 적용하는 개발방법론을 공부한다.
- 그래픽 도구를 사용하여 업무처리과정을 모델링하고 각종 아키텍쳐를 설계하는 방법을 학습한다.

기획단계를 거쳐 정보시스템 구축이 확정되면 시스템 분석에 들어간다. 사용자요구사항(user requirements)이 무엇인가를 파악하는 과정이다. 사용하기 편리하고 사용자 요구를 충족시키며 조직의 경쟁력을 향상시키는 정보시스템을 만들기 위해서는 시스템 분석이 중요하다. 왜냐하면 시스템의 제공기능(functionalities), 즉 무엇을 하는 시스템인가(what to do)를 결정하는 것이 시스템 분석이기 때문이다. 시스템 설계는 이러한 기능들을 어떻게 제공할 것인가(how to do)를 결정짓는 작업으로, 시스템 분석과정에서 도출된 사용자 요구사항들을 최적의 비용으로 제공하기 위해 필요한 하드웨어, 소프트웨어, 데이터베이스, 네트워크의 구체적인 내용(implementation detail)을 결정짓는 작업이다. 시스템 설계단계에서는 기본설계에 해당하는 아키텍쳐는 물론 상세설계를 확정시킨다.

본 장에서는 시스템 분석과 설계의 여러 가지 도구(tool)와 이들의 체계적 집합체인 방법론(methodology)을 다음의 순서로 공부한다. 구조적 분석과 설계는 배치처리(batch processing)가 주종을 이루던 시대에 등장한 방법론이지만 온 라인 컴퓨팅 환경에도 유효한 개념이다. 특히 프로세스 모델링 도구로서 자료흐름도(DFD: Data Flow Diagram)의 중요성은 아무리 강조해도 지나침이 없다. 정보시스템 구축 시 필요한 업무처리과정 재설계(BPR: Business Process Reengineering)의 도구로 활용될 수 있기 때문이다. 이어 등장한 객체지향(object oriented) 분석과 설계의 핵심은 현실세계와 부합하는 모델링 및 소프트웨어 모듈들의 재사용(reuse)과 부품조립을 통한 소프트웨어의 생산성 향상에 있다. 프로토타이핑(prototyping) 기법은 온라인 컴퓨팅이 주종을 이루는 오늘날의 전산환경에서 사용자 요구를 충족시키며 사용하기 편리한 시스템을 만드는데 효과적이다. 특히 데이터베이스 설계가 완료되면 이를 토대로 스크린 폼과 보고서를 자동으로 생성해주는 소프트웨어 도구들이 등장하여 프로토타이핑이 쉽게 되었다.[1] 철저한 분석과 설계를 통하여 결함이 없는 소프트웨어를 만들어 보고자 하는 것이 소프트웨어 공학(software engineering)의 근본취지이다. 끝으로 마이크로소프트사를 비롯한 인터넷 기업들의 소프트웨어 개발방식을 살펴본다. 기술과 사용자 요구사항이 급변하는 오늘날의 상황에서 이들은 어떠한 방식으로 소프트웨어를 개발하고 있을까? 점진적 설계(evolutionary design)와 극한 프로그래밍(XP: extreme Programming)으로 대변되는 이 방법론의 특징은 설계변경-코딩-테스트의 잦은 반복에 있다.

성공적인 시스템 분석가가 되기 위한 필요조건은 무엇인가? 그래픽 도구를 활용한 모델링 능력의 배양을 들 수 있겠다. 모델링을 잘 하기 위해서는 추상화(abstraction), 분할정복(divide and conquer), 단계적 상세화(stepwise refinement)등에 익숙해야 한다. 충분조건은 실전경험(practical experience)이다. 많이 그려보고 생각해보아야 한다.

---

1) 마이크로소프트사의 관계형 데이터베이스인 액세스(MS Access)를 예로 들 수 있다.

6.1 시스템 수명주기와 프로젝트 관리

정보시스템은 기획, 분석, 설계, 구현, 유지보수의 수명주기 또는 시스템 개발주기(SDLC: System Development Life Cycle)를 거쳐 탄생－성장－번영－퇴출의 과정을 반복한다. 정보시스템은 가변적이다. 왜냐하면 제공기능의 추가, 변경, 삭제가 끊임없이 되풀이되기 때문이다. 이러한 가변성(可變性)이 시사하는 바는 사용자 요구사항의 계속적인 변화와 이의 수용이다. 즉 변화하는 경영환경에 맞게 정보시스템도 변화해야 하며 이러한 신축성이 결여될 때 그 시스템은 폐기된다.

다음으로 중요한 것은 프로젝트 관리이다. 정보시스템 구축과정을 일련의 단계로 나누고 각 단계에서 해야 할 과업(task)과 최종산출물(end-product)을 명시하여 프로젝트를 진행함으로써 사용자요구를 충족시키는 정보시스템을 주어진 예산과 기일 내에 개발, 완료하자는 것이 시스템 수명주기의 두 번째 의의이다. 시스템 수명주기는 정보시스템 구축프로젝트의 진행관리 수단으로 이해되어야 한다.

6.1.1 수명주기의 형태

시스템 수명주기는 보는 사람에 따라 그 내용이 약간씩 다르나 [그림 6-1]과 같은 폭포식(waterfall) 모델이 기본이다.

폭포는 위에서 아래로 흐른다. 따라서 앞 단계의 결과물은 다음 단계 작업의 출발점이 된다. 그러나 폭포와는 달리 필요한 경우 역류가 가능하다. 즉 다음단계의 작업결과 앞 단계의 결과물을 수정할 필요가 있으면 거슬러 올라가 재작업을 할 수 있는 것이다.

소프트웨어 공학자 보엠(B. W. Boehm)은 나선형(spiral) 모델을 제시하였다. 기획, 분석, 설계, 구현의 4단계가 일회성이 아닌 반복의 과정을 되풀이하는 가운데 정보시스템의 규모, 성숙도, 비용, 실패시의 위험성 등이 높아진다는 것이다. 여기에 각 단계에서의 주요 관점, 해야 할 일 등을 추가시키면 [그림 6-2]와 같은 나선형 모델이 도출된다. 이 모델이 시사하는 바는 정보시스템의 지속적인 성능보강과 기능확장이다.

[그림 6-1] 폭포식 시스템 수명주기

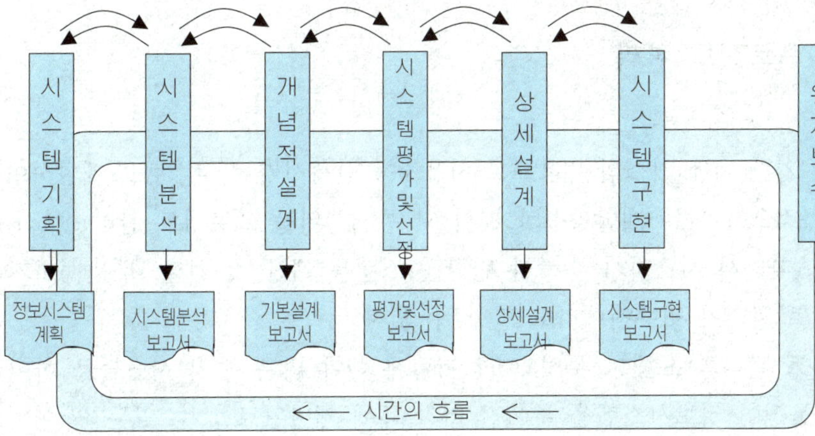

[그림 6-2] 나선형 시스템 수명주기

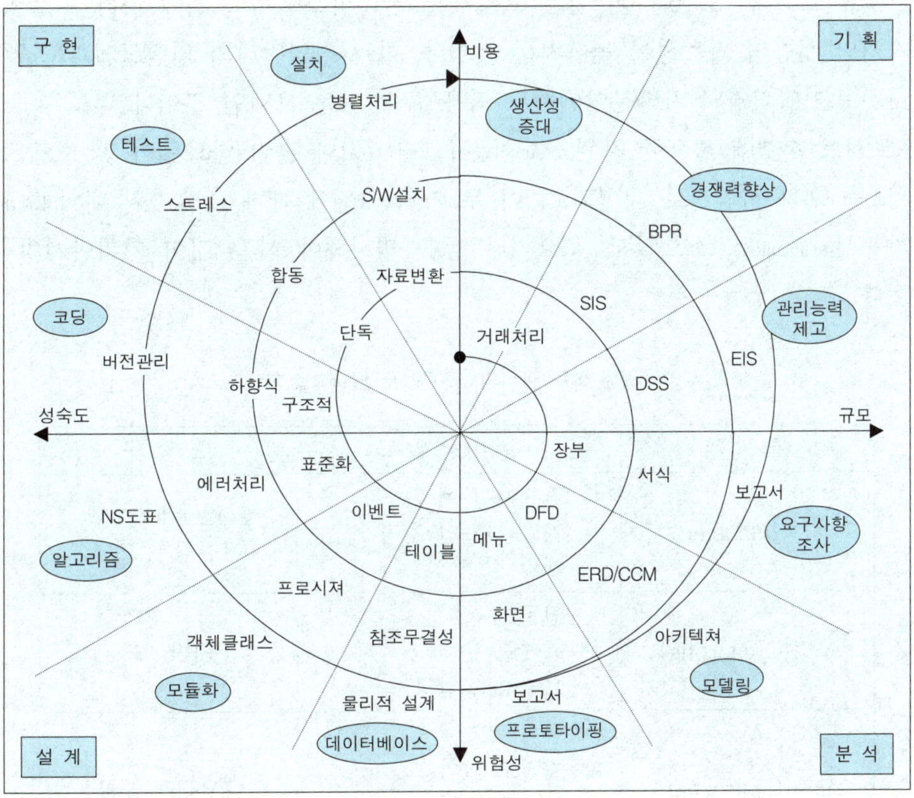

6.1.2 프로젝트 관리

주어진 기간 내에 최소의 비용으로 사용자를 만족시키는 시스템을 개발하여 제공하는 것을 목적으로 하는 개발과정의 지휘 및 통제행위를 프로젝트 관리(project management)라 부른다. 따라서 사용자가 수락할 만한 시스템을 예산 및 기일 내 완성하기 위해서는 프로젝트 관리가 필수적이라고 말할 수 있다.

프로젝트 관리의 요체는 무엇인가? 어떻게 해야 많은 수의 사람들로 하여금 일사분란하게 움직여 정보시스템을 주어진 기간 내에 개발완료할 수 있는가? 여기에 대한 답은 프로젝트 관리를 기획(plannng), 조직(organizing) 및 통제(controlling) 세 단계로 나누어 각각의 단계에서 해야 할 일, 사용가능한 도구(tool) 등을 숙지한 뒤 이를 실천에 옮기는 것이다. 요컨대 <표 6-1>과 같은 프로젝트 관리의 3단계 모델에 따라 프로젝트를 진행시키면 성공의 가능성이 높아지는 것이다. 이는 경영관리의 일반모델과도 일맥상통한다. 즉 기업경영의 기타분야에서도 적용될 수 있는 모델인 것이다.

프로젝트 수행에 필요한 자원(resource)은 [그림 6-3]와 같이 하드웨어 및 소프트웨어적인 도구(tool)와 사람으로 대별되고, 이 두 가지 자원에 대해 소요자원 내역(description), 조달가능성(availability), 소요일시, 소요기간 등을 명시해야 하는 것이 기획단계의 주요 과제이다.

〈표 6-1〉 프로젝트 관리의 3단계 모델(단계별 과업과 도구)

단 계	해야할 일	도 구
기획(Planning)	- 소요자원 예측 - 개발 완료일 추정 - 개발 팀 구성	COCOMO 모델 기능점수 모델
조직(Organizing)	- 임무할당 - 스케줄 수립 - 보고경로 설정	PERT 도표
통제(Controlling)	- 동기유발 - 진척도 파악 - 프로젝트 범위조정 - 자원 재배치	GANTT 도표

[그림 6-3] 소프트웨어 개발 프로젝트 수행에 필요한 자원

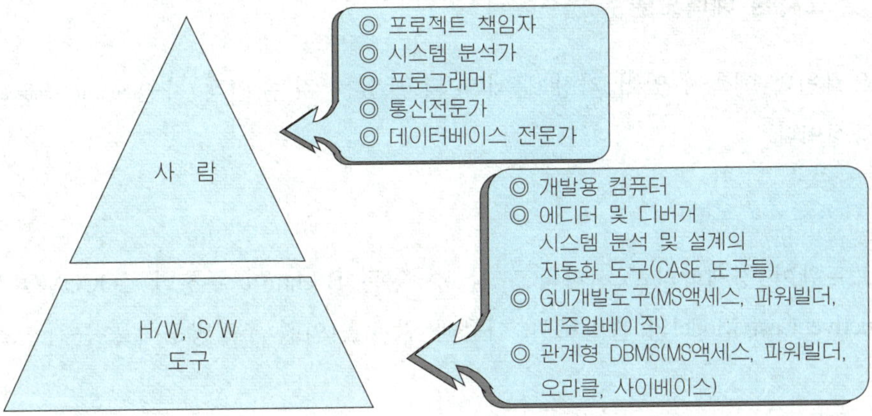

1) 프로젝트 관리의 자동화 도구

프로젝트 관리자는 주기적으로 진행상황을 파악하여 독려, 자원 재배치(resource reallocation) 등의 진행관리(progress management)를 해야 한다. 이러한 프로젝트 관리 도구로 마이크로소프트사에서 제공하는 프로젝트(project)의 핵심화면을 예시하면 [그림 6-4]와 같다. 프로젝트의 조직 단계에서 과업과 담당자, 완성일 등이 정해지면 이를 토대로 [그림 6-4]와 같은 간트 도표 내지 바 차트(bar chart)를 그려내어 진행상황을 파악하고 조치를 취한다.

[그림 6-4] 마이크로소프트사의 프로젝트관리 소프트웨어의 핵심화면

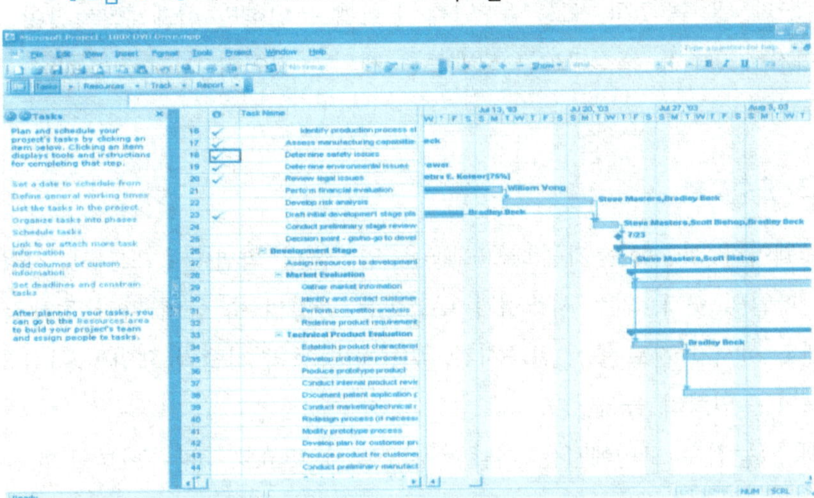

2) 소요자원 예측모델

소요자원의 예측에 있어 가장 문제가 되고 있는 것은 인적 자원(human resource)의 필요도 측정이다.

● COCOMO 모델

소프트웨어 경제학의 창시자라고 할 수 있는 Boehm이 주창한 COCOMO 모델은 Constructive Cost Model의 준말로서, 다음과 같은 연인원 추정방정식을 근간으로 하고 있다.

MM = 2.4 KLOC^1.05

DT = 2.5 MM^0.38

여기서 MM=man−month(월간소요연인원), KLOC=1,000줄 단위의 소스코드 라인 수(Kilo Line Of Code), DT=총개발기간(development time)을 나타낸다. 방정식이 指數함수의 형태를 띈 것에 주목할 필요가 있다. 프로그램이 커짐에 따라 소요인력이 정비례(proportion)가 아니라 지수적(exponential)으로 늘어남을 뜻한다. 또한 사람 수를 늘린다고 완성기일이 그만큼 짧아지는 것이 아님을 알 수 있다.

COCOMO 모델의 기본원리는 의외로 간단하다. 즉, 개발될 소스코드의 라인 수(KLOC)가 주어진다면 이를 첫번째 공식에 대입하여 개발에 소요되는 월간 연인원수(MM)를 계산해 낼 수 있고, 이를 두 번째 공식에 투입하면 실제개발기간이 나온다는 것이다. 여기서 말하는 소스코드는 코멘트를 제외한 것이며 1 man−month는 152 작업시간을 뜻한다.

● 기능점수모델

소프트웨어가 제공하는 기능(functionality)은 입·출력 화면이나 보고서, 사용되는 테이블이나 파일의 숫자, 외부 시스템과 주고받는 파일의 수 등에 따라 정해진다. 또한 기능 외에도 실시간 자료전송, 반응시간, 분산처리 등의 기술적 요인이 복잡할수록 개발에 소요되는 인력이 늘어난다.

따라서 기능점수 모델에서는 개발할 시스템이 필요로 하는 외부입력(external input),

외부출력(external output), 온 라인 쿼리, 내부 논리파일(internal logical file), 외부 접속파일(external interface file) 등의 숫자가 몇 개인가, 그리고 이들의 복잡도는 어느 정도인가에 따라 가중치를 적용하여 기본 기능점수(unadjusted function point)를 계산한다(<표 6-2> 참조).

〈표 6-2〉 기본 기능점수계산의 예

기능항목	수 (CNT)	가중치(W)			기능점수 (FP)
		단순	중간	복잡	
외부입력		3	4	6	
외부출력		4	5	7	
내부화일		7	10	15	
외부루틴		5	7	10	
온라인 쿼리		3	4	6	
				총점	

(관련항목별로 숫자를 기입한 뒤 해당 가중치란에 ○표를 하고, 수×가중치=기능점수를 계산하여 그 합을 구하면 된다)

다음에는 실시간 자료전송의 필요도, 분산처리(distributed processing)여부, 사용자가 요구하는 반응시간(response time), 사용자 수 및 사용 빈도수 등의 14개 항목에 걸친 기술복잡도 요인(technical complexity factor)을 기본기능점수에 적용하면 총 기능점수가 나오고 이를 토대로 소요 개발인력, 일정 등을 추정할 수 있다는 주장이 기능점수 모델이다. 소프트웨어 개발에 사용되는 언어, 개발환경(platform) 등과 무관하게 기능점수를 계산할 수 있다는 것이 장점이나 계산이 주관적이고 재래식 데이터 처리(data processing) 위주의 상황에 적합하다는 것이 단점이다.

● 타임박스 방식

소프트웨어 개발에 소요되는 기간을 정확히 예측하기는 어렵다. 따라서 최근 등장한 시스템 개발방식 두 가지를 주목할 필요가 있다. 첫째는 듀퐁사의 타임박스(time-box) 방식이다. 듀퐁사는 '90일 내 개발완료'라는 절대적인 시한을 모든 프로젝트에 적용시키고 있다. 90일 이내에 개발을 완료할 수 없는 프로젝트는 시작도 하지 말고, 일단 시작된 프로젝트는 90일 이내에 끝내라는 것이다. 왜 90일인가? 그 이유는 추진력(momentum) 유지와 사용자요구의 가변성 때문이다. 90일이 지나면 프로젝트는 추진력을 잃게 되어 무한정 시간을 끌게 된다. 또한 사용자요구도 변화하게 되어 장시간이 지난 뒤 개발된 시스템은 쓸모가 없어진다. 일리 있는 주장이다.

둘째는 보스턴 소재 캠브리지 테크놀로지사가 채택하고 있는 1주일 합숙방식이다. 이 회사는 외주개발(outsourcing) 전문업체이다. 정보시스템 개발에는 여러 부서가 관련되는 것이 보통이고 이때 부서간의 이해관계가 첨예하게 대립될 수 있다. 특히 리엔지니어링이 수반되는 경우 그러하다. 따라서 고객회사의 관련부서장들을 보스턴 소재의 한 호텔에 합숙시키고는 1주일 이내에 개발될 시스템의 프로토타입에 합의하도록 요청하는 것이다. 낮에는 갑론을박의 토론이 진행되고 밤이 되면 토론에 참석했던 캠브리지 테크놀로지사의 시스템 분석가가 토론결과를 다이어그램과 입·출력 스크린으로 변환시켜 그 다음날 아침에 프로토타입 형식으로 부서장들에게 제시하는 것이다.

부서장들은 저녁시간에 칵테일을 들면서 부서간의 이해관계 대립을 회사 전체적인 견지에서 용해시킬 수 있는 기회를 갖는다. 이러한 과정이 반복되면 1주일 뒤에는 개발할 정보시스템의 프로토타입이 완성되고 업무과정 재설계(BPR : Business Process Reengineering)에 대한 부서간의 합의도 도출되어 정보시스템 구축작업이 일사천리로 진행된다는 것이다.

6.2 시스템 분석

시스템 분석은 현행 시스템이 지닌 문제점과 사용자 요구사항을 파악한 뒤 조직의 경쟁력(competitiveness)을 강화시키기 위해 정보시스템이 제공해야 하는 기능(functionalities)을 정의하는 과정이다. 먼저 사례연구를 통하여 정보시스템이 조직의 경쟁력 강화에 어떻게 기여할 수 있는가를 살펴보자.

사례(1) : 시카고 경찰청의 범죄관리 정보시스템

시카고 경찰청은 최근 범죄관리 정보시스템(CLEAR : Citizen Law Enforcement Analysis and Reporting)을 새로이 구축하여 놀라운 성과를 보이고 있다. 이 시스템이 도입된 후 3년 사이에 범죄율이 16퍼센트나 감소한 것이다. 숫자로 환산하면 3만 4천 건이 넘는 살인, 강간, 강도 등의 사람관련 범죄가 줄어든 것이다. 이 시스템을 활용하면 피의자 몸에 새겨진 문신이나 범인들끼리 부르는 별명을 가지고도 단서를 포착할 수 있다. 관계형 데이터베이스에 저장된 각종 자료들을 서로 연결시키면 의미 있는 정보를 추출해 낼 수 있기 때문이다. 또한 폭력 및 성폭행 범죄자들의 유죄판결율도 20퍼센트나 증가하였다. 물론 전자문서가 증거로 채택되도록 법원을 설득하는 노력이 주효했기 때문이다. 이 모든 것들이 경찰관의 신규채용 없이 가능해졌다. 다음과 같은 생산성 증대효과가 있었기 때문이다:

- 피의자들의 사진조회에 걸리는 시간: 4일에서 4초로
- 사건 현장보고서 요청에서 받기까지: 4시간에서 수초로
- 압수된 장물이나 증거물 검색: 3시간에서 1시간으로
- 피의자의 전과기록 및 석방일 조회: 30분에서 1분으로.

일반사무직원을 345명이나 줄일 수 있었고 후선업무에 종사하던 경찰관 95명을 순찰근무로 전환시킬 수 있었다. 지리정보시스템(GIS)을 활용하여 갱들의 출현이 활발한 지역이 판별되면 경찰관들을 그 지역에 집중 배치하여 사전예방 효과를 거두고 있다. 다른 주에 있는 경찰청들이 관심을 보이는 것은 물론 연방정부의 FBI, 총기 마약 단속청, 테러 방지부(Home Land Security) 등에서 이 시스템에 관심을 보이고 있다.

시카고 범죄관리시스템의 성공비결은 무엇인가? 첫째는 경찰관으로 5년간 근무하면서 MBA학위까지를 취득한 CIO의 임명이다. 그는 정보기술에 관심이 있는 18명의 또 다른 경찰관들을 시스템 부서로 전보발령을 내어 민간업체(오라클사)에서 파견된 전문가들과 함께 시스템 분석 및 설계를 하게 하였다. 둘째는 사용자 참여를 적극 유도한 개발방식(JAD)으로 경찰관들이 사용하기 편리한 시스템이 나오게 되었다. 셋째는 동료(경찰관)들에 의한 사용법 교육으로 사용자들의 거부감을 줄인 것이다.

이 시스템은 도입되기 전에 구축한 정보시스템이 실패로 돌아간 것과 큰 대조를 이룬다. 이전 시스템은 Y2K문제까지 겹쳐 서두른 나머지 분석 및 설계과정에 경찰관들을 참여시키지 않고 전문가들 머리만으로 구축한 시스템을 사용하라고 강요하였으나 결과는 예산 낭비였다. 아무도 사용하려 들지 않는 시스템이 되었기 때문이다.

<참고> Richard Pastore, "Taking IT to the street" CIO Magazine, Feb.15, 2004

시스템 분석에서는 시스템적 접근방법(systems approach)을 동원하여 다음과 같은 과업을 수행한다.

◇ **문제정의** : 현행 시스템이 당면한 문제점의 파악. 목표달성을 위해서는 구체적인 문제정의가 있어야 한다.

◇ **원인분석** : 인과관계(causality) 규명. 통제가능변수와 통제불능변수로 나누어 문제의 원인과 이것이 미치는 결과를 분석한다.

◇ **해결대안 비교평가** : 정보시스템 구축을 포함한 기타의 해결책을 비교 검토한다. 대안별 타당성조사가 주 내용.

◇ **최적안 선택, 사용자요구사항 조사** : 프로세스 모델링과 데이터 모델링. 메뉴 및 입·출력 화면정의.

정보시스템의 개발 및 설치운영은 조직이 당면한 문제점 해결의 한 수단이다. 따라서 정보시스템의 구축이 과연 최선의 해결책인가, 정보시스템 구축 이외에도 동원가능한 통제변수(control variable)에는 어떠한 것들이 있는가를 파악할 필요가 있다.

다음으로 중요한 것은 변화관리(change management)대책의 수립이다. 정보시스템 구축의 필요성을 조직구성원들이 수용하도록 진취적인 분위기형성(조직문화를 바꿈), 컴퓨터마인드 확산, 업계동향 전달 등의 조치를 취하는 것이다. 그러나 협의의 시스템분석은 사용자 요구사항의 정의를 뜻하고 이는 [그림 6-5]와 같은 여러 단계로 구성된다.

[그림 6-5] 시스템 분석의 여러 단계

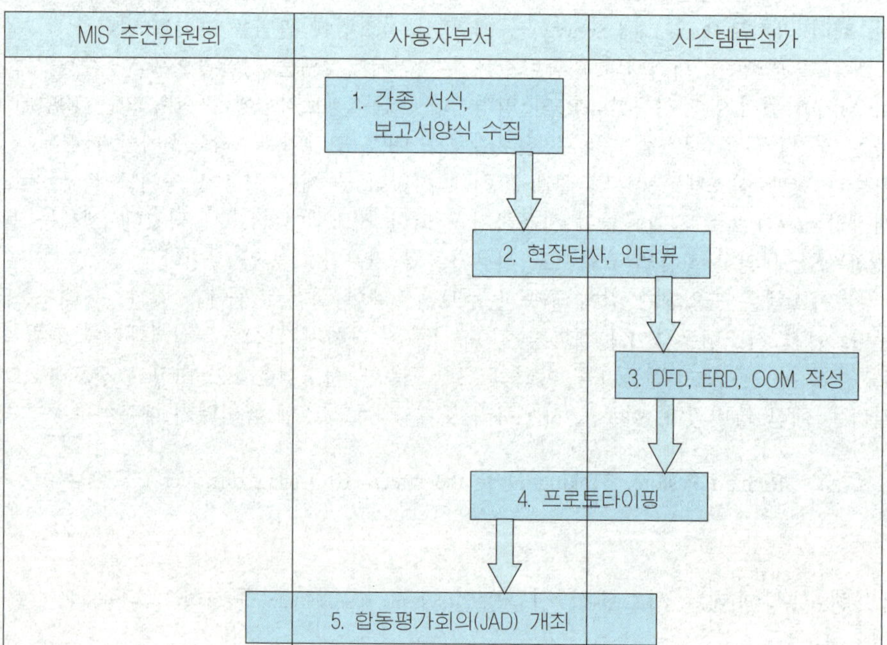

정보시스템이 조직의 경쟁력 강화를 위해 사용자에게 제공해야 하는 기능들이 시스템 분석단계에서 정의된다. 시스템의 제공기능을 문서화 한 기능명세서(functional specification)는 외주개발시 계약서의 역할을 하기도 한다. 신규 시스템에서 정보의 흐름과 업무처리 순서는 자료흐름도(DFD : Data Flow Diagram)와 같은 그래픽 도구를 사용하여 모델링할 수 있으며 이는 다음 섹션(6.2.2 구조적 분석)에서 설명한다.

한편 시스템의 사용편리성(user friendliness)을 위해서는 뒤에 설명하는 프로토타이핑 방식을 동원하여 개발할 정보시스템의 초기모형을 만들어 사용자의 확인을 받을 필요가 있다.

6.2.1 타당성 조사

시스템 분석의 첫 단계는 타당성 조사(feasibility study)이다. 특정 정보시스템을 구축하는 것이 타당(feasible)한지의 여부를 검토하는 것이다.

● 사업계획과의 연계

정보시스템 발전계획은 조직의 사업계획(business plan)과 일치해야 하는데, 정보시스템은 경영전략의 구현수단이 되는 경우가 많기 때문이다. 따라서 사업계획을 면밀히 검토하고 이를 지원하는 방향으로 정보시스템을 발전시켜나가야 한다. 반대로 정보기술은 사업계획 수립에 영향을 미칠 수도 있는데, 정보기술을 활용하면 새로운 사업기회를 발굴할 수 있기 때문이다. 사업계획과 정보시스템 발전계획간의 관계는 [그림 6-6]과 같다.

[그림 6-6] 사업계획과 정보시스템 발전계획간의 연계성

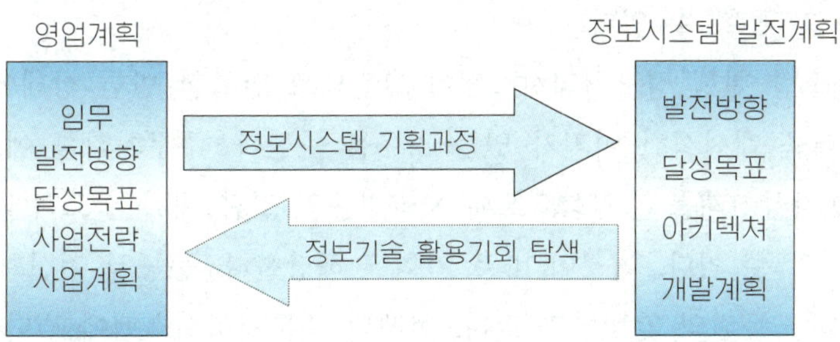

● PDM 프레임워크

네바다대학의 버치교수는 정보화 필요성 분석의 기본 틀로 PDM 프레임워크을 제시하였는데, 정보화는 다음과 같은 세 가지 경로를 통해서 조직의 경쟁력 향상에 기여한다고 분석하였다.

◇ 생산성(productivity) 증대
◇ 차별화(differentiation) 전략 실천
◇ 관리(management) 능력 강화

생산성 증대란 정보시스템 구축으로 인한 업무처리의 효율성과 효과성의 증대를 뜻한다. 생산성이 높아지면 원가가 절감되어 가격경쟁에서 유리한 입장에 서게 된다. 차별화 전략이란 주문처리나 애프터서비스 등의 업무에 정보기술을 활용함으로써 고객들로 하여금 해당업체의 제품과 서비스를 경쟁업체의 그것보다 우수하다고 인식하게 만드는 것이다. 제품이나 서비스가 차별화 되면 높은 가격을 매겨도 시장점유율이 하락하지 않기에 기업의 생존요건인 수익성을 높여준다. 관리능력 강화란 정보기술의 활용을 통하여 경영진과 중간관리자의 기획·통제 및 의사결정을 개선시키고 이를 통해 순이익을 증대시킨다는 것이다. 조직구성원들의 객관적인 업적 평가를 토대로 한 급여체계(연봉제)의 도입, 고객별 수익분석을 통한 우량고객 우대정책 등이 여기에 해당한다.

● 문제와 기회

정보시스템 구축의 발단은 문제 혹은 기회의 어느 하나에서 시작된다고 볼 수 있다. 문제(problem)란 조직목표를 달성하는 데 장애가 되는 상황 내지 조건의 발생이라 정의할 수 있다. 고객들의 주문을 적시에 처리하지 못하여 매출신장에 악영향을 미친다면 문제가 되고 이러한 문제해결의 수단으로 전산화가 추진되는 것이 한 예이다. 이것은 수동적 전산화라 할 수 있다.

기회(opportunity)란 현행 정보처리시스템이 그런대로 만족할 만한 상태에서 작동하고 있지만, 이를 더욱 개선시킬 여지가 있는 경우를 뜻한다. 주문처리를 예로 든다면 인터넷을 통한 전자상거래를 도입함으로써 처리비용의 절감 내지는 고객에 대한 서비스의 질을 향상시킬 수 있다. 이것이 바로 기회에 해당한다. 능동적 전산화인 셈이다.

문제와 기회는 동전의 앞뒷면과 같다. 현재의 주문처리시스템에 별다른 문제는 없지만 경쟁업체가 전자상거래를 활용하여 경비절감을 기하고 시장점유율 증대에 나선다면 정보화 기회의 미 실현은 조만간 기업이 당면하는 문제로 비약된다. 따라서 '기회의 상실=문제의 발생'이라는 등식이 성립될 수 있다.

● 타당성 조사의 반복성

정보시스템 구축은 하나의 투자행위이다. 따라서 투자할 가치가 있는가, 즉 투자의 결과로 발생하는 이익의 현재가치 총계가 투자액의 현재가치 총계를 능가하는가의 여부를 시스템 개발주기 초기에 검토해 볼 필요가 있고 이것이 협의의 타당성 조사(feasibility study)이다. 주의할 점은 타당성 조사의 반복 가능성이다. 즉, SDLC의 초기단계에서 전산화의 타당성이 입증되어 개발이 진행 중인 프로젝트일지라도 시스템 분석과 설계 도중에 그 타당성이 상실되면 지금까지의 투자액은 침잠비용(sunk cost)으로 간주, 이의 취소를 주저하지 말아야 한다는 점이다.

그 이유는 개발 초기의 타당성 조사는 사용자요구가 불명확한 상태여서 개략적인 것이 되기 때문이다. 따라서 사용자요구와 이를 충족시키기 위한 소요자원의 내용이 상세하게 들어남에 따라 타당성에 변화가 올 수 있다.

이러한 이유로 퍼듀대학의 휘튼(Whitten) 교수는 타당성 조사를 시스템 개발주기의 단계가 하나씩 끝날 때마다 반복되어야 하는 것으로 보기 때문에 SDLC의 한 단계로 인정하지 않고 있다. 따라서 다음에서 제시하는 타당성 분석의 틀에선 시스템 분석과 설계, 그리고 구현의 큰 단계가 끝날 때마다 새로이 주어지는 정보를 토대로 반복되어야 함을 명심할 필요가 있다.

● TELOS 분석

전산화의 타당성은 기술적(technical), 경제적(economic), 법률적(legal), 운영적(operational), 개발일정(schedule) 타당성의 다섯 가지 각도에서 검토될 수 있고, 이것이 TELOS 타당성 분석이다. 정보시스템 기획에서 프로젝트별로 PDM 및 TELOS의 견지에서 분석을 행한다면 시행착오의 대가를 줄일 수 있다.

기술적 타당성은 컴퓨터 중심(computer oriented)으로 보는 것이다. 즉, 제안된 프로젝트에 사용될 테크놀로지는 실용적인가, 기술 및 기술인력의 확보는 가능한가, 효능이 입증된 기술인가 등을 따지는 것이다. 어떤 기업은 경쟁우위 확보차원에서 최첨단의 기술을 선호하는 반면 어떤 기업은 그 효과가 입증된, 성숙한 기술을 택하는 경향이 있다. 문제가 발생하였을 때에 도움을 구하기가 쉽기 때문이다.

경제적 타당성은 시스템 개발로 발생하는 유형 및 무형의 이익과 개발 및 운영에 소요되는 인건비, 장비구입 및 유지보수비용, 전기통신비용 등을 상호비교하는 것이다. 유형이익으로는 절대 및 상대적 인건비감소, 재고감소로 인한 금리부담경감 등을 들 수 있고, 무형이익으로는 정보의 신속성 증가와 새로운 정보의 이용가능으로 인한 경쟁 우위확보나 의사결정개선, 고객서비스의 향상 등을 들 수 있다.

법률적 타당성이란 시스템개발결과 발생할지도 모를 법률상의 문제, 예컨대 프라이버시 침해, 법률이 정한 레코드 보존기간의 준수여부, 도청 및 자료유출문제, 자료획득의 적법성 등을 따져보는 것이다.

운영적 타당성이란 시스템의 운영에 문제가 없겠는가를 검토하는 것이다. 즉, 제시된 대안에 대한 경영진과 사용자의 태도, 그것이 조직구성원의 직무와 동기유발에 미치는 영향을 검토하는 한편, 입력자료의 획득 및 정확성여부, 자료 입·출력 스케쥴의 실현가능성 등을 조사하는 것이다. 한마디로 사람 중심의 타당성 분석으로 시스템 이용자인 지식근로자에게 미칠 영향을 연구·검토하는 것이다.

끝으로 개발일정 타당성이란 예정된 기간 내에 개발이 가능한가를 따져보는 것이다.

● 비용효과 분석

전산화로 인한 비용과 이익(cost/benefit)을 분석하는 방법에는 상환기간(payback) 분석, 투자수익률(ROI) 분석 및 현가(present value) 분석의 세 가지가 있다. 상환기간 분석은 발생이익의 합계가 발생비용의 합계를 초과하는 시점이 언제인가는 계산하는 것이다. 상환기간 분석의 장점은 계산 및 이해가 용이한 반면 이자율의 개념이 전혀 개입되어 있지가 않다는 점이 문제이다. 투자수익률(ROI : Return-On-Investment) 분석은 다음과 같이 이익누계에서 비용누계를 뺀 순이익누계를 비용누계로 나눔으로써 시스템의 존속기간 동안에 발생할 순이익이 투자총액의 몇 배에 달하는가를 계산해 보는 것이다.

투자수익률(ROI)＝{이익누계－비용누계}/{비용누계}

현가분석의 요령은 예상비용과 이익의 현재가치를 우선 계산한 뒤 예상이익의 현가총액에서 예상비용의 현가총액을 공제한 금액이 시스템의 순현재가치(net present value)가 되며 이것이 0보다 크면 일단 투자가치가 있는 것이다. 현가분석을 대안별로 행하여 그 중 가장 큰 순현가를 제공해 주는 방안을 선택하면 된다.

6.2.2 구조적 분석

새로운 정보처리 시스템을 구축하기 위하여 시스템 분석에 임하는 시스템 분석가의 첫째 임무는 현행 정보처리 시스템의 이해이다. 즉, 분석과 설계의 대상이 되는 현행 시스템 내에서 조직구성원들 사이에 자료와 정보가 어떻게 흐르고 있는가, 그리고 어느 부분에서 무엇이 문제가 되고 있는가를 파악해야 한다.

이를 위해서 시스템 분석가는 [그림 6-7]과 같은 문서흐름 파악도를 이용하여 현재 사용 중인 각종 서식(장표라고도 함)과 보고서를 수집하고 업무처리과정을 관찰하며 회의와 인터뷰를 통하여 업무처리절차, 방침, 의사결정과정과 내용 등에 관한 설명을 듣는다.

그러나 외부인(outsider)인 시스템 분석가로서 복잡한 현실세계를 이해한다는 것은 결코 용이한 일이 아니다. 여기서 필요한 것이 현행 시스템의 모델링 도구이고 구조적 분석에서 설명하는 DFD가 바로 이러한 목적에 부합한다.

[그림 6-7] 문서흐름 파악도

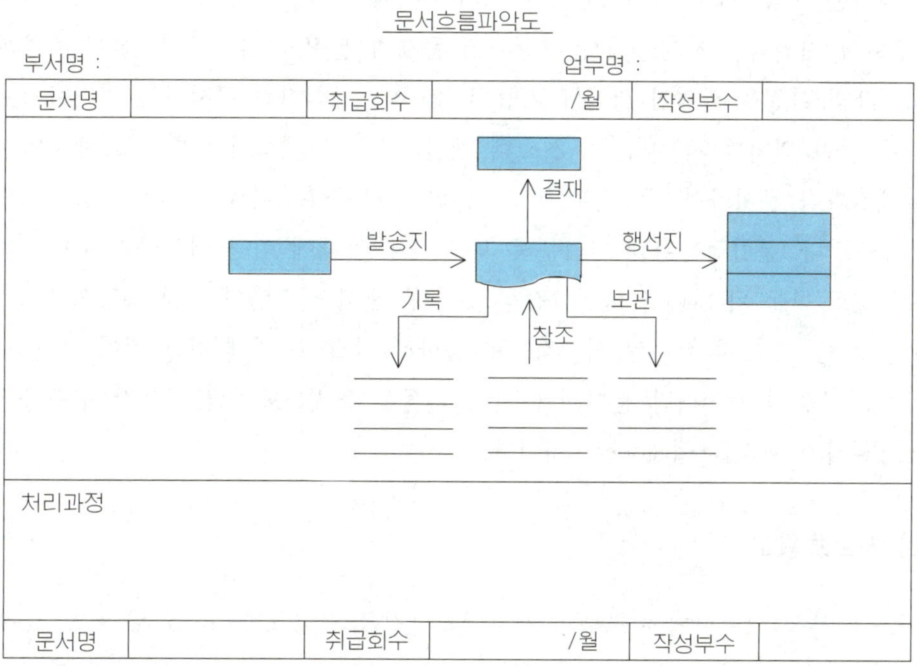

구조적 분석(structured analysis)이란 자료흐름도(DFD: Data Flow Diagram)를 이용한 프로세스 모델링, 자료사전을 이용한 자료흐름의 내용정의, 구조적 문언(structured english)을 이용한 업무처리과정 및 절차정의, 의사결정 나무(tree)나 도표를 이용한 업무처리방침(business policy)의 정의를 주 내용으로 한다.

구조적 분석이 완료되면 자료흐름도를 프로그램 구조도(structure chart)로 그리고 구조적 문언을 유사코드(pseudo code)로 변환시키는 구조적 설계(structured design)단계에 진입하게 되고 이것이 끝나면 구조적 프로그래밍(structured programming) 단계에 진입하게 된다.

1) 구조적 기법의 4대 기본원리

구조적 기법의 기본원리는 다음과 같은 문제해결 전략에 바탕을 두고 있다.

◇ 추상화(abstraction)의 원리
◇ 공식화(formality)의 원리
◇ 분할정복(divide and conquer)의 원리
◇ 계층적 조직화(hierarchical ordering)의 원리

추상화는 어떻게(how) 행해지는가를 도외시한 채 무엇(what)이 행해지고 있는가를 살펴봄으로써 지엽적인 사실들에서 해방되어 문제의 본질을 파악하게 한다. 해결책 모색은 문제의 본질을 파악한 다음에 가능한 것이다. 공식화란 문서화와 엄격한 논리검증의 두 가지 의미를 지닌다. 즉, 시스템 개발과정을 단계화시켜 매 단계에서의 분석 및 설계결과를 문서화시키는 한편, 이의 논리적 타당성을 수학적으로 엄격히 검증해 나감을 뜻한다. 분할정복이란 어려운 문제를 해결할 때에 이를 이해하기 쉬운 일련의 작은 문제로 나눈 뒤 차례로 풀어나감을 뜻한다. 전체 시스템이 지닌 복잡성에 위압당하지 않고 한 부분 한 부분씩 집중적으로 공략해 나갈 수 있게 하는 것이 분할정복의 원리이다. 계층적 조직화란 분할정복 할 조각들을 조직도표처럼 계층적 구조를 이루도록 배열시켜 관리를 쉽게 하는 것이다.

2) 자료흐름도

시스템 분석가는 현행 시스템의 정보처리과정을 자료흐름도(DFD: Data Flow Diagram)로 작성하여 사용자들에게 보임으로써 의사소통을 원활히 하고, 이해의 폭과 깊이를 더

할 수 있다. 그 다음에는 신규시스템 하에서의 자료 및 정보의 흐름과 처리과정을 설계하는 일이다.

정보시스템 구축 시 업무재설계(BPR: Business Process Reengineering) 작업이 수반되어야 하는데 이때 정보의 유통 및 처리경로가 개선되고 새로운 정보가 추가된다. 즉, 신규시스템에서는 조직구성원들 사이에 정보가 어떻게 흐르고 어떠한 자료처리 및 의사결정과정이 존재하게 되는가를 그림으로 표시하여 시스템 분석가와 사용자 사이에 이해의 일치를 도모할 필요가 있다. 업무재설계(BPR)의 한 도구로 DFD를 활용할 수 있는 것이다.

DFD는 [그림 6-8]에 표시된 바와 같이 네 가지 기본요소 내지는 기호(symbol)로 구성된다. 기본 구성요소가 간단하기 때문에 일반 사용자들과의 의사소통도구로 사용하기가 쉽다.

DFD는 개발하려는 정보 시스템을 단일 프로세스로 보고 시스템과 외부실체와의 입출력관계를 묘사하는 시스템 배경도(context diagram)의 작성에서 출발한다. 전자상거래 시스템의 시스템 배경도를 예시하면 [그림 6-9]와 같다. 배경도는 최상위 수준에서의 시스템 개관(overview)을 가능케 하기 때문에 수준(level) 0 DFD로 불린다.

[그림 6-8] DFD의 기본 구성요소

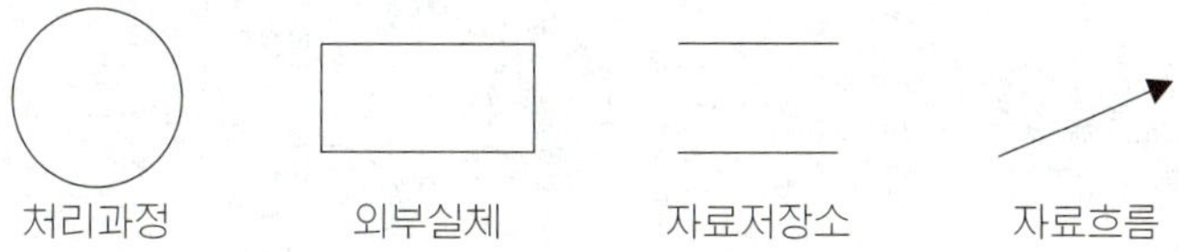

[그림 6-9] 전자상거래 시스템의 배경도

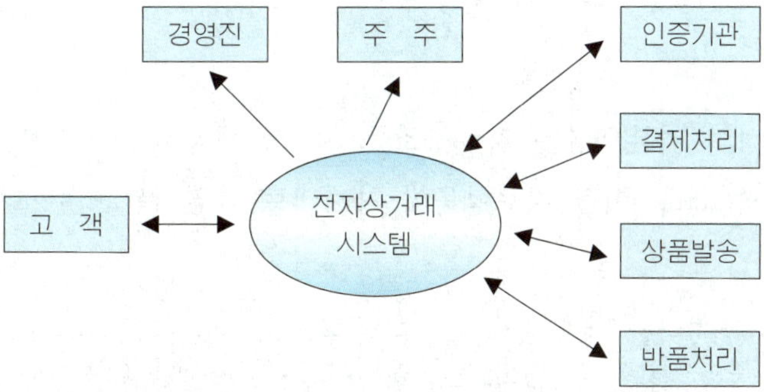

단계적 세분화(stepwise refinement)의 원리에 입각하여 배경도를 세분화시키면 [그림 6-10]과 같은 주문처리 프로세스 모델도가 도출된다.

자료흐름도(DFD)를 통하여 시스템 내에 존재하는 업무처리과정과 자료흐름, 그리고 자료저장소의 종류가 파악되면 남은 문제는 자료흐름과 자료처리과정의 구체적인 내용을 명시하는 일이다. DFD상에 화살표와 원으로 각각 표시되는 자료흐름과 프로세스의 내용이 무엇인가를 명시함으로써 시스템의 모델링이 완성되는 것이다. 그렇다면 어떠한 도구를 사용하여 이들을 정의할 수 있는가? 자료흐름의 내용 내지 구조는 자료사전(data dictionary)을 통하여, 그리고 프로세스의 내용인 업무처리 방침과 절차는 의사결정 트리 또는 테이블과 구조적 문언을 통하여 정의한다. 따라서 구조적 분석이란 정보시스템 구축시 추상화·공식화·분할정복 및 계층적 세분화의 원리에 입각하여 DFD와 자료사전, 의사결정 트리와 테이블, 그리고 구조적 문언을 이용하여 현행 시스템의 이해 및 신규시스템의 모델링을 도모하는 기법이라고 정의할 수 있다.

[그림 6-10] 주문처리 프로세스 모델링

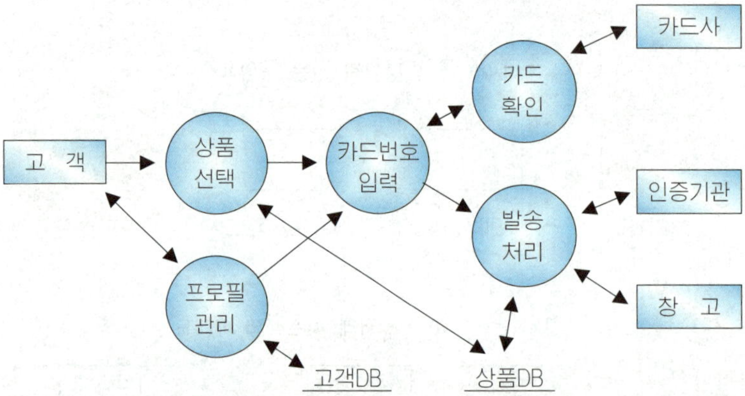

자료사전 작성의 기본요령은 자료구조를 자료항목의 연속·선택·반복으로 표시하는 것이다. 연속(sequence)이란 자료항목이 차례대로 나열되는 경우로서 예를 들면 다음과 같다.

> 급여명세 = 주민등록번호 + 직원성명 + 주소 + 총급여 +
> 갑근세공제 + 의료보험공제 + …… + 순지급액

선택(selection)이란 주어진 자료항목 중 하나 또는 그 이상이 해당되는 경우로서 예를 들면 다음과 같다.

> 출장비명세 = 직원번호 + 직원이름 + 출발일자 + 귀환일자 + 출장목적 + ……
> + [항공료/택시료/등록비/숙박비/식대] + 총경비

반복(repetition)은 어느 항목이 일정 회수 반복적으로 나타나는 경우로 주문레코드의 품명묘사가 이에 해당한다.

> 주문명세 = 주문번호 + 주문일자 + [주문번호/고객번호] +
> 1제품번호 + 품명 + 수량 + 가격20 + 주문총액

3) 업무처리 절차정의

자료흐름도에 원으로 표시되는 처리과정(process)은 업무처리 방침(policy)과 절차(procedure)에 따라 자료에 가해지는 자료처리 또는 가공행위를 뜻한다. 처리과정은 프로그램이나 수작업절차로 변환되는데, 특히 프로그램화하는 처리과정의 경우 시스템 분석단계에서 명시되는 방침과 절차가 프로그램 개발명세(program specification)의 기본자료가 된다.

업무처리 방침은 의사결정나무(decision tree)로, 업무처리 절차는 구조적 문언(structured english)으로 표현 가능하다. 은행의 월말 이자지급 방침을 의사결정나무로 표현하면 [그림 6-11]과 같다.

[그림 6-11] 의사결정나무의 한 예

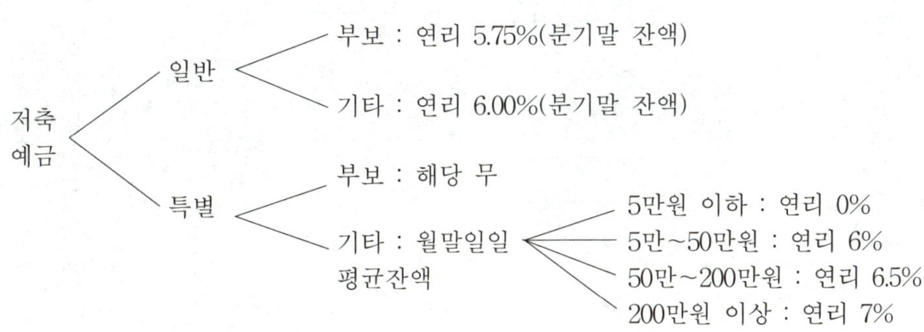

한편 주문처리 절차를 구조적 문언으로 정의하면 다음과 같다.

```
승인된 주문의 각각에 대하여 :
        IF 주문형태='특수' THEN
            승인된 주문을 특수주문파일에 기록
        ELSE(주문형태='일반')
            주문총액 계산
              IF 사전입금액 < 주문총액 THEN
                IF 대변잔액 < 주문총액 THEN
                  주문을 주문대기 파일에 기록
                ELSE(대변잔액 >= 주문총액)
                주문을 주문 파일에 기록
                ELSE(사전입금액 >= 주문총액)
                주문을 주문 파일에 기록
```

4) 기타 그래픽 도구를 이용한 모델링

자료흐름도 만이 유일한 프로세스 모델링 도구는 아니다. [그림 6-12]에서 보듯이 프로세스와 데이터 베이스 간의 관계를 시스템 흐름도(system flowchart) 형태로 그려 시스템 분석 및 설계에 사용할 수 있다. 단, 기호의 통일이 필요하다. 중요한 것은 그래픽 도구를 사용하여 자유자재로 모델링 할 수 있는 능력을 기르는 것이다. 한 장의 그림은 천 마디의 말보다도 의사전달 및 개념화(conceptualization) 능력이 뛰어나다.

[그림 6-12] 원자재 소요계획(MRP)시스템

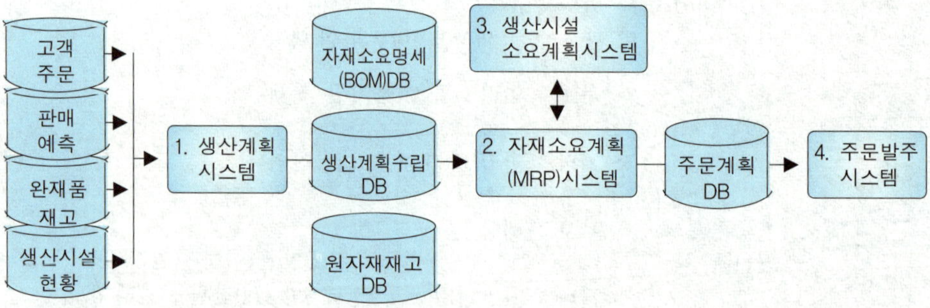

6.2.3 객체지향 분석

객체지향 프로그래밍(object oriented programming)이 정보시스템 분석 설계방법으로 각광을 받은 이유는 객체라는 소프트웨어 모듈들을 결합시켜 시스템을 구축하는 조립식 프로그래밍이므로, 소프트웨어의 재사용성을 높이고 프로그래머의 생산성을 증대시켜 주기 때문이다. 객체지향 프로그래밍의 이점을 최대한 활용하려면 객체지향 분석과 설계가 선행되어야 한다. 객체지향 분석은 다음과 같은 순서로 진행된다.

- ◇ 객체와 클래스를 찾아낸다.
- ◇ 각 클래스의 특성(속성과 행위)을 정의한다.
- ◇ 연관된 객체 클래스간의 속성 상속 구조 및 메시지 교환 형태를 정의한다.
- ◇ 각 클래스의 특성을 구체화한다(데이터의 구조와 알고리즘의 구체적 정의).

객체 지향 분석은 클래스의 정의로 시작되며 각 클래스가 필요로 하는 데이터와 함수, 메시지 교환 및 상속 관계가 정의되면 설계가 완성되는 것이다. 시스템 이용자가 보는 세계와 프로그래머가 보는 세계가 동일하다는 점이 객체 지향 기법의 장점으로 거론된다.

● 객체와 객체 클래스

객체란 연산 기능을 수행하는 함수와 연산에 필요한 데이터들을 함께 가지고 있는 소프트웨어 모듈이다. 객체는 데이터와 이를 다루는 연산으로 구성되며 데이터는 객체의 상태를 나타내고 연산은 객체의 행동(behavior)을 정의한다. 객체내의 데이터를 속성(attributes 혹은 properties)이라고도 하며 연산 함수를 메쏘드(method)라고 한다. 속성과 이를 다루는데 필요한 메쏘드를 함께 캡슐화(encapsulation)한 것이 객체이다. 프로그램과 데이터를 한데 묶어 생각하는 것이 객체 지향 기법의 특징으로 객체는 일정한 작업 수행에 필요한 사항들을 자체적으로 구비(self-contained)하고 있는 셈이다.

객체 클래스와 개별 객체간의 관계는 붕어빵 틀과 붕어빵 간의 관계와 같다. 일단 빵 틀을 만든 뒤 이것으로부터 빵을 찍어내어 소비한다. 객체 클래스를 인스턴스화(instantiation) 시켜 객체를 만들고 이렇게 만들어 진 객체가 정보시스템 내에서 각종 작업을 수행한다. 객체는 다른 객체에게 메시지를 보내어 일정한 연산 기능을 수행토록 한다. 메시지를 보내는 객체는 상대방 객체가 어떠한 자료 구조(data structure)를 가지고 있는지, 그리고 연산 기능을 수행하는 함수의 알고리즘은 어떠한 것인지를 몰라도 된다. 정보 은닉의 원리에 입각하여 대외적인 인터페이스(interface)만 공개되기 때문이다.

● **속성 · 동작 · 메시지**

속성은 객체의 상태 값을 뜻하며 주문 입력 스크린 폼과 같은 윈도우 객체의 경우 윈도우의 크기, 위치, 바탕색 등이 여기에 해당한다. 메쏘드는 객체가 메시지를 받아 실행해야 할 연산 또는 동작을 정의한 것으로 하나의 연산에 여러 개의 메쏘드가 존재할 수 있다. 윈도우 객체의 경우 폼 열기 및 닫기, 크기 변경 등의 메쏘드가 있다. 메시지는 객체에게 보내지는 행위요구를 의미하며 메시지를 받은 객체는 대응 메쏘드를 수행한 뒤 연산 결과를 반환하게 된다.

● **캡슐화 · 상속성 · 다형성**

캡슐화는 데이터와 데이터를 조작하는 연산을 하나로 묶는 것 즉, 하나의 소프트웨어 모듈로 결합시키는 것으로 가장 큰 장점이 정보 은닉이다. 정보 은닉이란 모듈이 제공하는 기능을 활용하기 위해서는 모듈의 인터페이스(interface)만 이해하면 되고 그 기능이 모듈 내에서 어떻게 구현되고 있는가는 다른 모듈로부터 은닉되는 것을 의미한다. 다른 모듈들에게 접근이 허용되는 부분은 공적 측면(public aspects)으로, 그리고 모듈 내의 함수에게만 접근이 허용되는 부분은 사적 측면(private aspects)으로 분리시켜 시스템 보안에 만전을 기할 수 있다. 정보 은닉과 캡슐화를 통해 한 모듈은 다른 모듈의 실행과 무관하게 작동함으로써 다른 모듈의 변화에 거의 영향을 받지 않게 된다. 따라서 유지 보수와 신규 기능의 추가가 쉽게 된다.

상속성은 상위 클래스의 메쏘드와 속성을 하위 클래스가 물려받는 것으로 상속성을 이용하면 하위 클래스는 상위 클래스의 메쏘드 및 속성을 자신의 클래스내에 다시 정의하지 않고도 자신의 것으로 이용할 수 있다. 따라서 상위 클래스의 프로그램 코드를 하위 클래스가 공유함으로써 소프트웨어의 재사용을 증대시킬 수 있게 된다. 상속성은 윈도우 환경하의 응용 패키지 개발에서 그 효과가 인정된 바 있고(예: MS 워드, 엑셀, 액세스), 특히 소프트웨어 컴포넌트(component)의 재사용을 통한 생산성 증대효과가 뛰어나다.

어느 한 연산이 여러 객체 클래스에 각각 다른 형태로 적용될 수 있는 것을 다형성(polymorphism)이라고 한다. 프린터 객체는 프린트라는 연산 기능을 가지고 있다. 그러나 파일이 텍스트, 실행, 또는 이미지 파일의 어느 것이냐에 따라 각기 다른 프린트 메쏘드가 작동해야 한다. 따라서 프린트 연산은 여러 개의 메쏘드를 갖게 되는데 프린트를 요청하는 객체는 어떠한 메쏘드가 수행될 것인지에 신경을 쓰지 않아도 된다. 다형성의 원리에 입각, 프린터 객체가 알아서 처리하기 때문이다. 매개변수(parameter)를 프린트 연산개체가 판별하여 적합한 메쏘드를 구동시키기 때문에 프린트 개체 하나로 충분한 것이다.

● 객체지향분석 사례연구

경영정보시스템의 근간을 이루는 판매 및 구매 관리에서 객체 지향 분석이 어떻게 진행되는가를 살펴보자. 이를 통해 우리는 객체지향 분석의 유용성, 한계 등을 터득할 수 있다. 필요한 객체 클래스는 [그림 6-13]와 같은 객체 모델 다이아그램으로 나타낼 수 있다.

[그림 6-13] 주문처리에 있어서 객체 클래스들의 상호관계

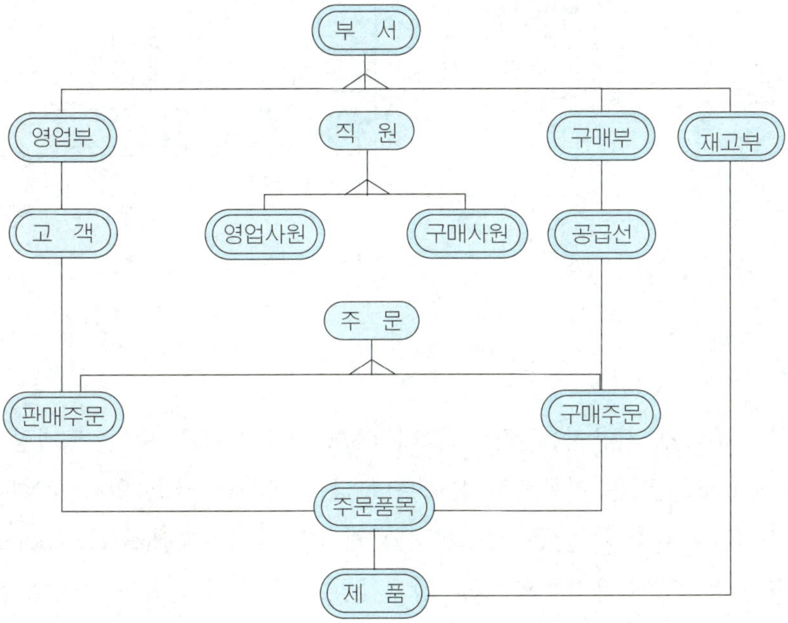

메쏘드에는 어떠한 것들이 있는가? 다른 객체로부터 요청이 있을 경우 고객 객체는 고객명 및 주소, 담당 영업 사원명, 적용 할인율, 외상 매출 잔액 및 결제 현황, 과거의 주문 기록, 제품별 판매 예측 등을 통보해 줄 책임이 있고, 공급선의 경우 회사명 및 주소, 취급 제품 및 가격 정보, 적용 할인율, 과거의 구매 기록들을 알려 줄 책임이 있으며, 제품 객체의 경우 제품명 및 성능, 현 재고 수량, 가격 및 적용 할인율, 구매 및 제조 원가, 수요 예측 및 적정 재고 수준 등을 알려 줄 책임이 있어 이를 수행할 메쏘드가 필요하다.

객체들은 상호 협조(collaborate)하여 업무를 처리한다. 따라서 주문 처리의 경우 주문 총액을 결정하기 위해서는 [그림 6-14]과 같이 판매주문 객체는 고객 객체에게 적용되는 할인율의 통보를, 주문 품목 객체에게는 주문 총액의 통보를 요청하게 되고, 주문 품목 객체는 제품 객체에게 가격이 얼마인지를 묻는다는 식이다.

[그림 6-14] 주문총액을 결정하기 위한 객체 클래스간의 협조

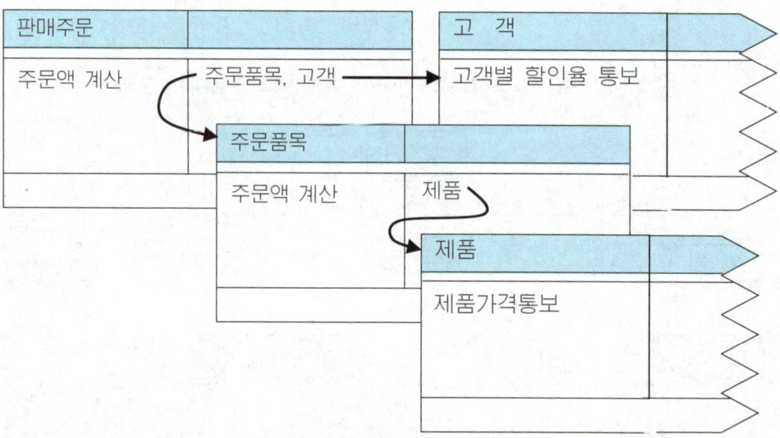

● UML

객체지향 분석에 사용되는 각종 그래픽 도구들은 최근 통일 모델링 언어(UML: Unified Modeling Language)라는 이름으로 불리우며 많은 관심을 끌고 있다. UML의 핵심을 이루는 것은 [그림 6-15]과 같은 시스템 사용케이스 다이어그램(use case diagram)이다.

이 그림은 시스템 이용자들과 그들 상호간의 관계 내지 작동을 나타내 준다. UML에서는 위에서 열거한 그림 이외에도 시스템을 구성하는 객체 클래스들이 시간의 흐름선상에서 어떻게 서로 작용하는가를 그림으로 나타내는 사건 추적도(event trace diagram),

사건 흐름도(event flow diagram), 그리고 상태 변이도(state transition diagram)를 동적 모델링 도구로 제시하고 있다.

[그림 6-15] 사용케이스 다이어그램

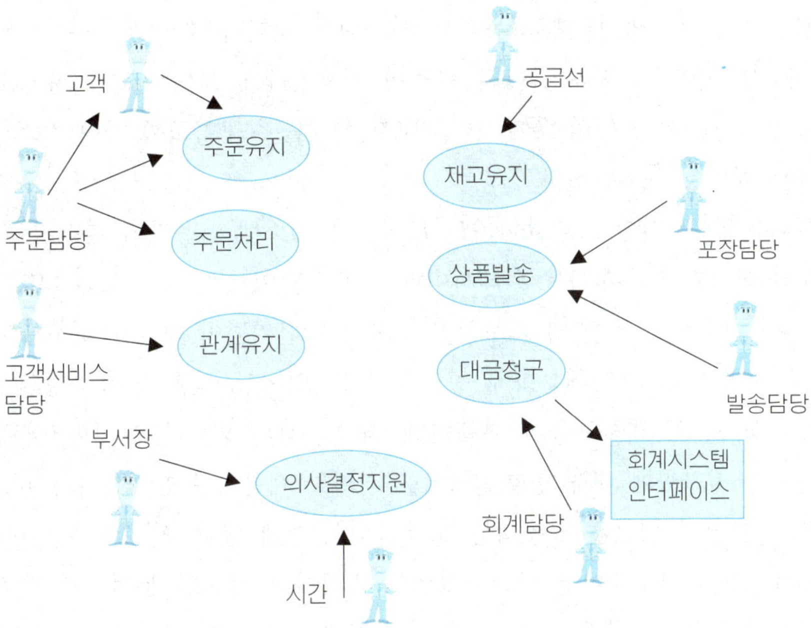

UML은 시스템 분석과 설계에 사용되는 각종 다이어그램의 종류와 작성방법, 등장하는 기호들의 형태와 의미 등을 통일한 것으로 소프트웨어 자동생산인 CASE (Computer Aided Software Engineering)의 기초가 되고 있다. 즉 UML에서 정한 각종 그래픽 도구를 사용하여 시스템 분석과 설계를 행하면 이를 토대로 소스코드를 컴퓨터가 자동으로 만들어 준다는 것이 CASE의 핵심이다. 따라서 뒤에서 설명하는(6.4 소프트웨어 자동화기법 참조) CASE를 위해서는 각종 그래픽 도구들이 동원되어야 하는데 이들 그래픽 도구들의 총칭이 UML인 셈이다. UML을 단일 언어로 이해해서는 안 된다.

1) 구조적 분석의 문제점

입출력 설계는 재래식 개발기법에서는 시스템 설계의 주요과업으로 간주되었었다. 시스템 분석단계에서는 사용자가 무엇(what)을 원하는가를 정의하는 반면 설계단계에서는 이를 어떻게(how) 시스템으로 구현시킬 것인가를 정의해야 하는데 입출력설계는 '어떻게'에 해당한다. 그러나 오늘날에는 특히 최종사용자의 견지에서는 입출력화면이 곧 정보시스템이며 입출력화면의 작동이 용이한지, 제공하는 기능은 충분한지 등의 여부가 시스템의 성패를 좌우한다.

정보시스템의 프로토타입(prototype) 또는 초기모형이란 수정을 전제로 신속히, 그리고 경제적으로 만들어낸, 실제 작동하는 시스템을 뜻한다. 따라서 프로토타이핑이란 개발초기에 시스템의 모형을 간단히 만들어 사용자에게 보여주고, 사용자로 하여금 이를 실제로 작용시켜 기능의 추가, 변경 내지 삭제를 요구하도록 하여 시스템을 개선시켜 나가는 개발방식을 뜻한다.

왜 이러한 프로토타입이 필요한가? 그 이유는 시스템 사용자와 분석자 간의 의사소통 촉진과 학습효과 극대화를 위해서이다. 프로토타이핑 방식에 의한 MIS개발이 관심을 끌게 된 것은 구조적 기법을 포함한 전통적 개발기법이 지니는 문제점 때문이다. 즉, 구조적 기법은 기능별 세분화에 중점을 두고 있어서, 사용자 요구정의 단계에서 사용자와 분석자간의 의사소통이 부족하게 되고, 사용자와 분석자간에 서로의 영역, 즉 업무내용과 전산화에 대해 상호 학습 할 기회를 제공치 못한다는 것이다.

의사소통 부족의 원인은 사용되는 도구의 추상성에 있다. 자료흐름도(DFD)나 객체 클래스 도표, 또는 사용케이스 다이어그램을 막론하고 시스템 분석가가 각종 다이아그램으로 추상화시킨 모델을 통해 탄생될 시스템의 구체모습을 짐작하게 하는 것은 엄청난 인식의 부담을 시스템 이용자들에게 지우는 것이다. 따라서 시스템 분석가가 구조적 기법의 노예가 되어 자료흐름도 등의 구조적 분석의 결과를 토대로 사용자확인(user sign-off)을 고집할 경우, 사용자의 협조거부를 자초하기 마련이라는 주장도 나오고 있다.

2) 프로토타이핑 3단계 모델

프로토타이핑은 실제로 작동이 가능한 시스템의 개발을 뜻하지만 단계별 프로토타이핑 이론이 등장하여, 거래처리시스템의 경우 입출력 스크린과 출력보고서의 양식 정의만으로도 프로토타입이라 부를 수 있게 되었다. 즉, 거래처리(transaction processing) 시스템의 경우 거래내용의 정확한 기록과 계산, 간단한 보고서의 생성 및 조회기능 제공 등이 주목적이므로 입·출력 화면과 출력보고서 양식의 정의만으로도 프로토타이핑의 목적을 달성할 수 있는 것이다. 이를 1단계 프로토타이핑이라 부른다. 거래처리의 경우 사용자가 어떠한 정보를 필요로 하는지를 알기 때문에 프로토타이핑이 곧 시스템이 될 수 있다. 다만 처리속도가 중요하며 실행에러(run-time error) 발생시의 에러처리 루틴이 필요하기 때문에 3단계 모델에서는 프로그래밍 설계과정을 거쳐 3세대 언어로 바꾼 뒤 현업에 투입해야 한다.

또한 중역정보 시스템(EIS)개발의 경우 화면 수가 많지 않고 기본적인 기능만을 갖춘 시스템을 우선 개발하여 임원들로 하여금 사용케 하고 사용경험이 축적되면서 새로운 요구사항들이 나올 때 이를 추가해 나가는 진화식(evolutionary) 프로토타이핑이 효과적이다.

프로토타이핑 개발방식의 문제점으로는 프로젝트 진행관리의 어려움을 들 수 있다. 시스템 이용자들의 요구를 무한정 수용하다보면 프로젝트가 교착상태에 빠질 수도 있고 지나친 기대감을 불러일으켜 나중에 실망감을 가져올 수도 있다. 따라서 무리

[그림 6-16] 3단계 프로토타이핑 모델

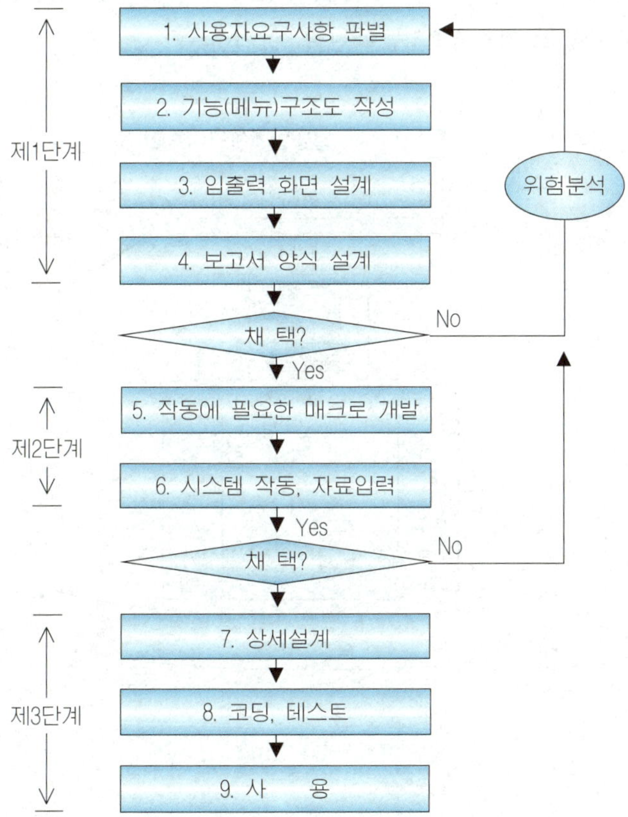

하다고 생각되는 요구를 접하였을 경우 개발팀들은 수용 또는 거절에 따르는 위험을 분석, 적절한 수준에서 타협을 해야 한다. 위험분석을 포함한 3단계 프로토타이핑 모델을 제시하면 [그림 6-16]과 같다.

3) 합동설계회의(JAD)

여기서 제임스 마틴이 주장한 합동설계(JAD: Joint Application Design) 회의방식의 시스템 분석과 설계를 생각해 볼 수 있다. JAD방식이란 [그림 6-17]처럼 전산추진위원들과 설계팀 멤버들이 주기적으로 원탁에 둘러앉아 시스템 분석가가 회의진행자(facilitator)로서 방 한가운데 서서 분석 및 설계의 중간산물들, 특히 프로토타입을 스크린에 투영시키고 참석자들의 의견을 묻는 것이다.

이때 비주얼 스튜디오나 MS액세스 등의 프로토타이핑 도구로 설계한 메뉴 및 입·출력 화면을 스크린에 투영시키면서 합동설계회의를 진행시켜 나가면 매우 효과적이다([그림 6-18] 참조). JAD와 프로토타이핑 개발방식이 결합될 때 사용자 요구를 충족시키는 시스템이 탄생할 가능성이 높아진다.

[그림 6-17] 합동설계회의(JAD)

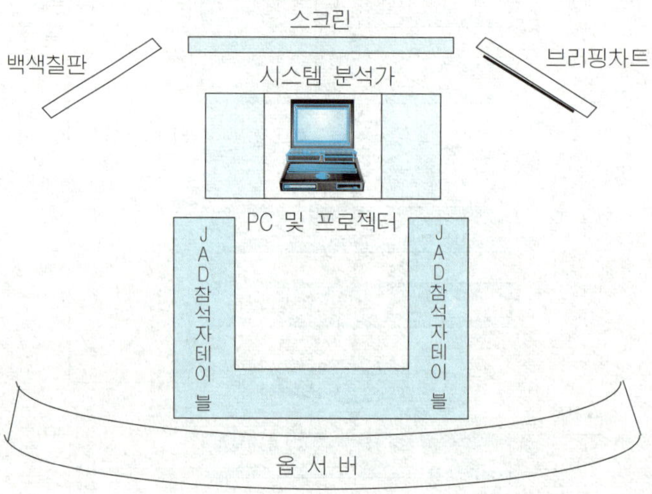

[그림 6-18] MS액세스로 설계한 메뉴와 입출력 화면의 예

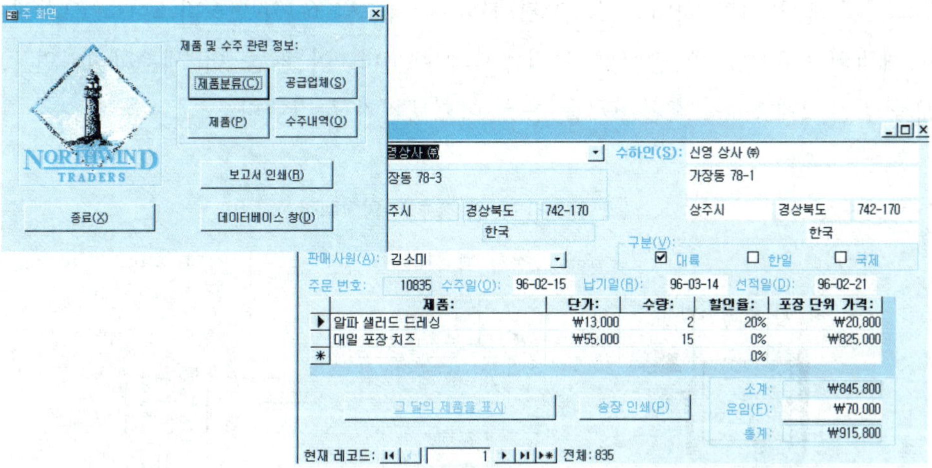

6.3 시스템 설계

정보시스템이 무엇을 할 것인가(what to do)를 규명하는 것이 시스템 분석이었다면, 이를 어떻게 구현할 것인가(how to do)를 정의하는 것이 시스템 설계이다.

6.3.1 아키텍쳐 설계

아키텍쳐란 정보시스템을 구성하는 주요 구성요소들간의 상호관계를 그림으로 표시한 것이다. 세부적인 설계라기보다는 기본골격을 개관하는 개념적 설계(conceptual design)의 성격이 짙다. 아키텍쳐는 상세설계(detailed design)와 시스템 구현의 길잡이가 된다.

● 응용 아키텍쳐

구조적 분석과 프로토타이핑 기법을 통하여 사용자 요구사항이 파악되면 응용 아

키텍쳐(application architecture)를 설계한다. 소프트웨어 구성요소(software components)간의 상호관계를 그림으로 표시한 것이 응용 아키텍쳐이다. [그림 6-19]은 e-비즈니스 시스템에서 많이 채택되는 3계층 웹 솔루션 아키텍쳐의 예이다. 이를 좀 더 세분화시키면 [그림 6-21]과 같은 2계층(tier), 혹은 3계층 응용 아키텍쳐가 등장한다.

[그림 6-19] 웹 솔루션 아키텍쳐

● 하드웨어 아키텍쳐

사용자 요구사항과 이를 충족시킬 소프트웨어 구성요소들 간의 관계를 정의한 다음에는 웹 서버, 데이터베이스 서버 등을 어떻게 배치할 것인가를 결정하는 하드웨어 아키텍쳐가 도출되어야 한다. 이를 위해서는 용량계획(capacity planning) 작업이 선행되어야 하는데 이를 예시하면 [그림 6-20]와 같다.

이러한 과정을 거쳐 도출되는 것이 [그림 6-21]과 같은 웹 사이트 아키텍쳐이다. 일련의 웹 서버들이 서버농장(server farm)을 이루고 있으며 서버들은 초당 100메가 비트를 전송할 수 있는 ATM(Asynchronous Transmission Mode) 근거리 통신망(LAN)으로 연결되어 있다.

● 네트워크 아키텍쳐

인터넷 통신 프로토콜인 TCP/IP를 근거리 통신망(LAN: Local Area Network)에서 활용할 경우 PC에 장착된 웹 브라우저를 이용하여 웹 서버로부터 각종 정보를 제공받을 수 있고 입력도 가능하다. 이것이 인트라넷(intranet)이다. 인터넷과의 차이점은 웹 서버에의

[그림 6-20] 용량계획 수립과정

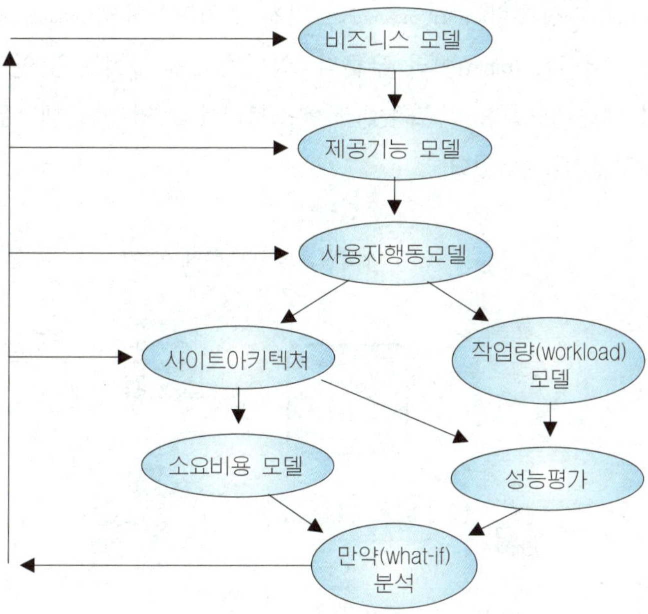

[그림 6-21] 웹 사이트 아키텍쳐

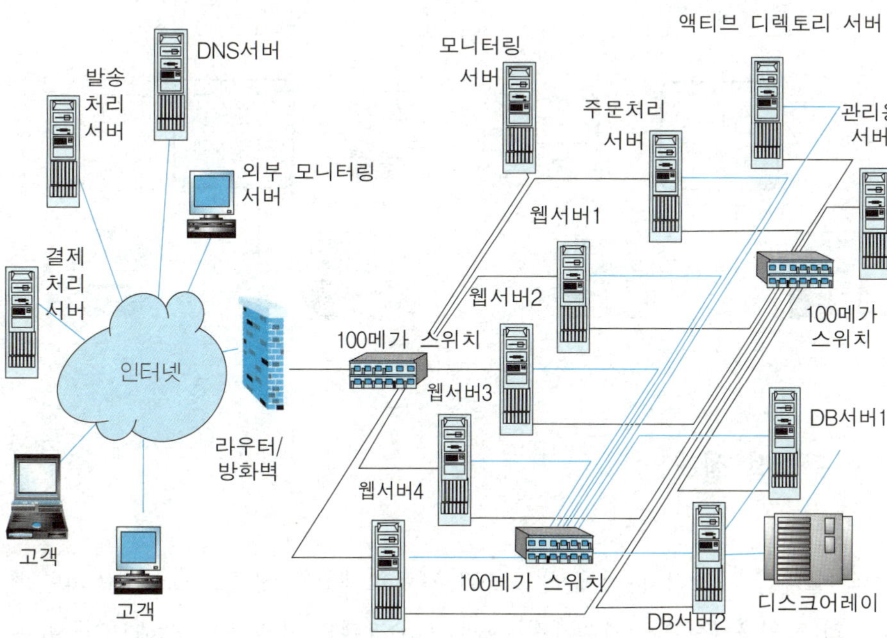

접근이 사내 이용자로 제한되어 있다는 점이다. 한편 거래선들과 인터넷을 통하여 각종 정보를 공유하는 가상통합(virtual integration) 내지 협업전산체제(collaborative computing)가 구축되면 이를 엑스트라넷(extranet)이라 부른다. 인터넷과의 차이점은 인트라넷과 마찬가지로 접속허용의 제한에 있다. 인트라넷과 엑스트라넷을 망라한 네트워크 아키텍쳐의 예로는 [그림 6-22]를 들 수 있다.

[그림 6-22] 네트워크 아키텍쳐의 한 예

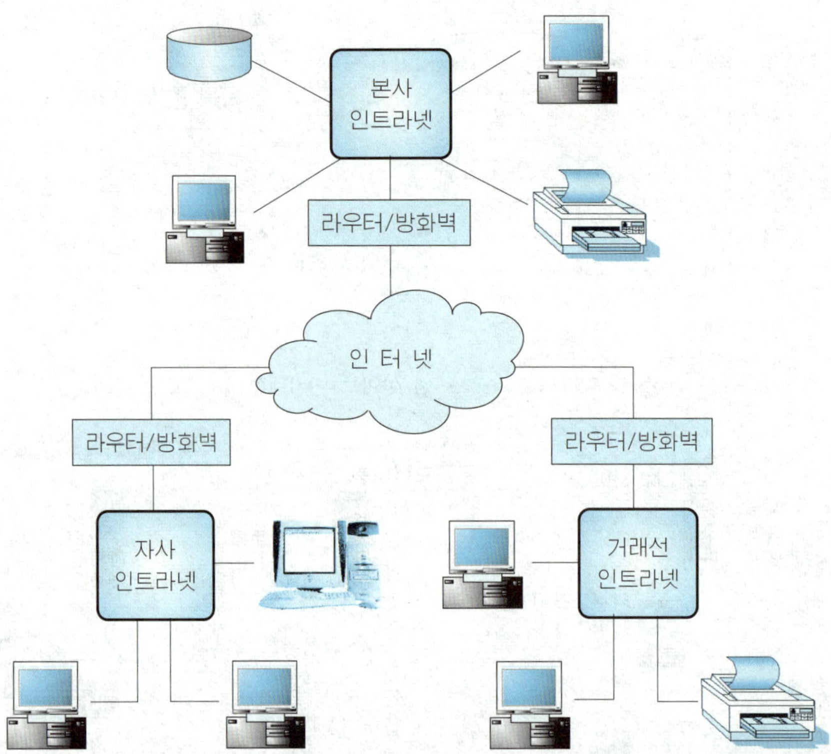

6.3.2 구조적 설계

구조적 설계란 구조적 분석에서 도출된 자료흐름도를 구조도(structure chart)로 변환시키는 일련의 작업을 뜻한다. 급여계산(payroll) 프로그램의 개발을 생각해보자. 이는 전형적인 배치처리 프로그램으로 직원 개개인에 대해 다음과 같은 과정을 반복한다.

◇ **총지급액**(gross pay) **계산** : 본봉, 상여금, 시간외 근무수당의 합
◇ **공제액 계산** : 갑근세, 주민세, 의료보험료, 국민연금, 재형저축 등 계산
◇ **순지급액**(net pay) **계산** : 총지급액에서 공제액 합계를 차감
◇ **급여명세 출력** : 총지급액, 공제내역, 순지급액 등을 급여지급 대장과 개인별 지급 명세서의 형식으로 출력

이를 시스템 분석단계에서 자료 흐름도(DFD)로 모델링하면 [그림 6-23]와 같다.

[그림 6-23] 급여처리의 자료흐름도

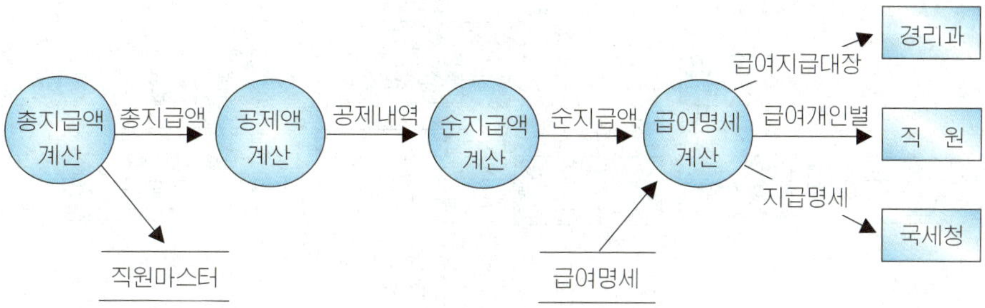

위와 같은 자료흐름도에 변환분석의 원리를 적용하면 [그림 6-24]과 같은 구조도(structure chart)가 등장하고 이러한 구조도의 작성이 구조적 설계(structured design)이다.

[그림 6-24] 급여계산의 구조도

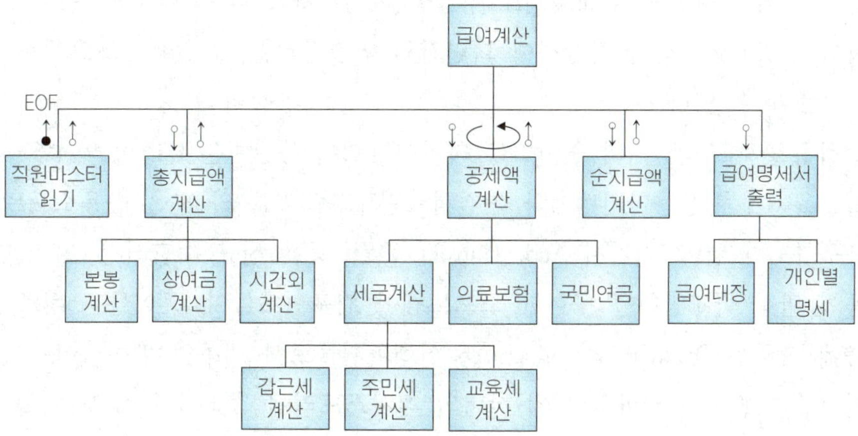

따라서 구조적 설계에서는 분할정복의 원리에 입각, 프로그램의 주요 과업을 하향식(top-down)으로 세분화 시켜 세분화된 모듈들이 계층적 구조를 이루게 한다.

한편 자료흐름도와 무관한 구조도의 도출도 가능한데, 거의 모든 프로그램은 개시(initiate), 주처리(main processing), 그리고 종료(terminate)의 세 가지 처리기능을 갖는다. 따라서 자료흐름도에서 구조도를 도출하는 대신 [그림 6-25]과 같은 기본골격 구조도가 모듈화의 출발점이 될 수 있다.

[그림 6-25] 기본골격 구조도

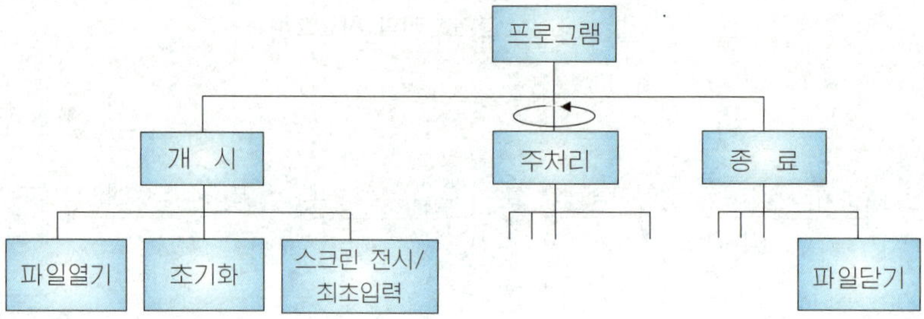

6.3.3 웹사이트 다이어그램

전자상거래 시스템의 경우 자료처리를 위한 파일(예: ASP)과 웹 브라우저에 데이터를 표현하기 위한 파일(예: HTML파일)로 구성되는 경우가 많다. 따라서 [그림 6-26]과 같은 웹사이트 다이어그램을 작성하여 화면간의 연결관계를 명시하고 프로젝트 관리의 도구로 활용할 수 있다.

수강신청을 예로 든 위의 웹사이트 다이어그램에 등장하는 HTML 및 ASP 프로그램 파일들을 3계층 응용아키텍쳐와 연결시키면 [그림 6-27]와 같은 응용소프트웨어의 물리적 구성도가 된다. 여기서 Add, Transfer, Drop 등은 신규 수강신청, 이의 변경 및 취소 등에 관한 학교방침을 구현한 소프트웨어 컴포넌트들이다. 이들은 비즈니스 로직 계층에 속하는 DLL(Dynamic Link Library) 실행파일들로서 비주얼 베이직이나 C, 자바 등의 언어로 개발하여 컴파일한 뒤 서버의 레지스트리에 등록시켜 ASP파일들이 불러 쓸 수 있게 한다.

[그림 6-26] 웹사이트 다이어그램의 한 예

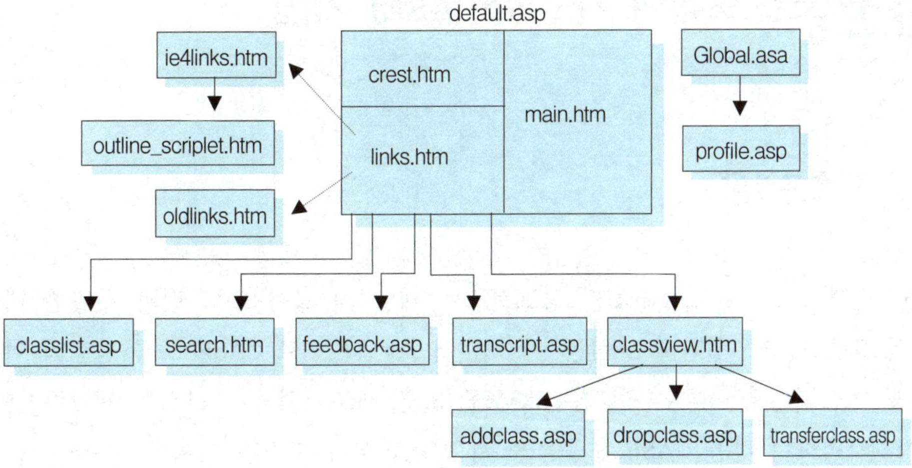

[그림 6-27] 응용소프트웨어의 물리적 구성도

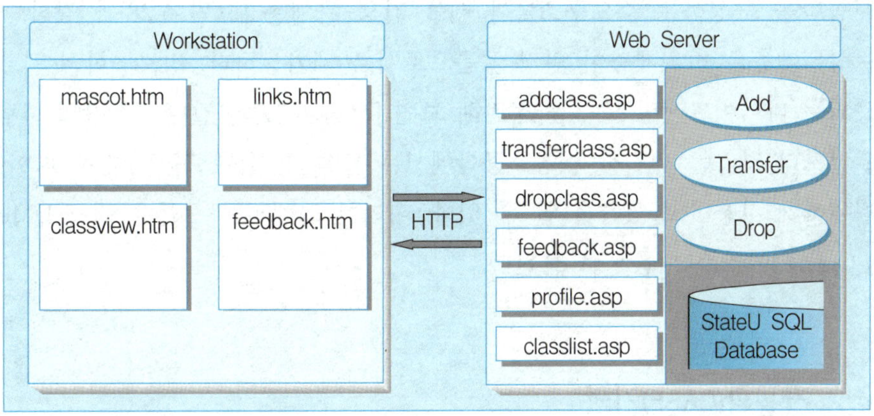

6.4 소프트웨어 자동화(CASE) 기법

6.4.1 정보공학

정보공학(information engineering)은 정보시스템 개발 시 응용프로그램과 무관한 데이터 모델의 도출을 최우선과제로 삼는 시스템 개발방법론으로 CASE 도구 통합의 이론적 근거를 제공해 주고 있다. 즉, 통합 CASE 도구 제조업체들이 시스템 개발주기의 제 국면을 지원하는 각종 CASE 도구들을 서로 연결시켜 시스템 기획에서부터 소스코드의 자동생성까지를 일관작업화 시키기 위해서 채택한 개발방법론이 정보공학인 것이다. 따라서 통합 CASE의 등장과 더불어 정보공학의 중요성이 부각되게 되었다.

정보공학을 구성하는 주요구조물과 이들 간의 관계는 [그림 6-28]과 같다. 피라밋식으로 상위계층은 하위계층이 먼저 있음으로서 존재가능하다. 정보공학의 각 단계에서 적용되는 다이어그래밍 도구를 정리해 보면 [그림 6-29]과 같다. 한 장의 그림이 천마디의 말보다 낫다는 원칙하에 정보공학에서는 분석 및 설계도구로 각종 다이아그램을 광범위하게 사용하고 있음을 알 수 있다. 이러한 그래픽 도구들은 최근 UML(Unified Modeling Language)이라는 이름으로 불린다.

6.4.2 자동화(CASE)기법

컴퓨터를 이용한 소프트웨어 생산의 자동화를 뜻하는 CASE(Computer Aided Software Engineering)는 1980년대 중반에 본격적으로 등장하였다. CASE 시스템의 구성요소는 [그림 6-30]과 같다.

다이어그래밍 도구들은 조직의 데이터와 정보처리활동, 이들간의 상호관계 및 변화에 관한 사항을 그림의 형태로 나타냄으로써 다양한 분석과 설계기법을 지원한다. 대표적인 것으로는 자료흐름도(DFD), 객체 클래스도, 사용케이스도, 상태변이도, 구조도(structure chart), 실체관계도(ERD: Entity Relationship Diagram) 등을 들 수 있다.

[그림 6-28] 정보공학의 구성요소

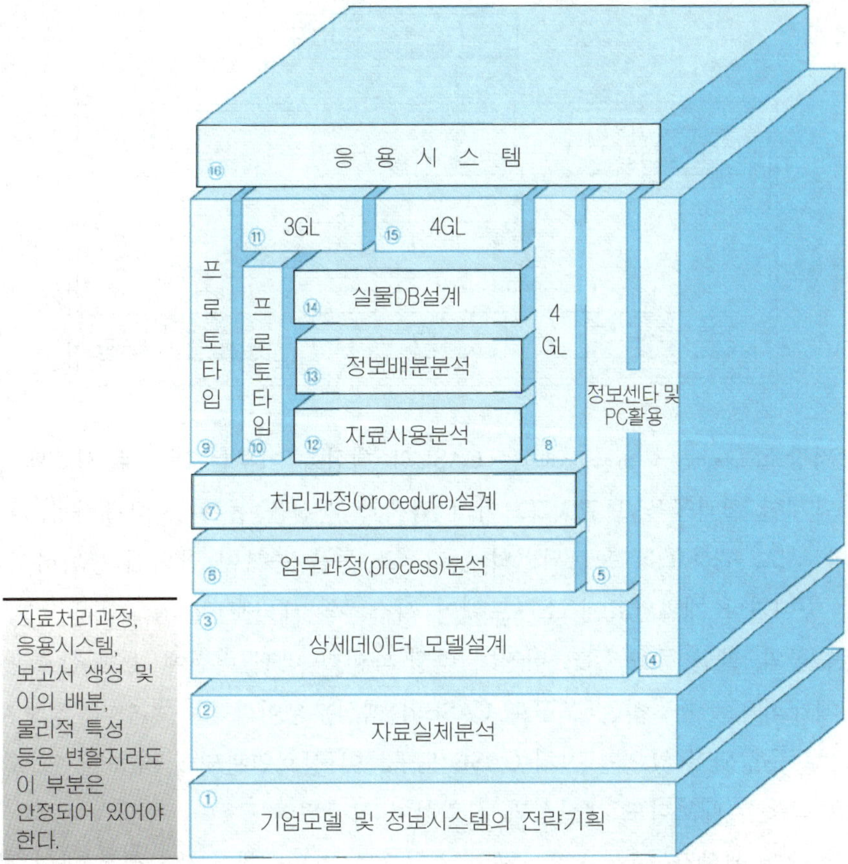

[그림 6-29] 정보공학의 여러 단계에서 사용되는 그래픽 도구들

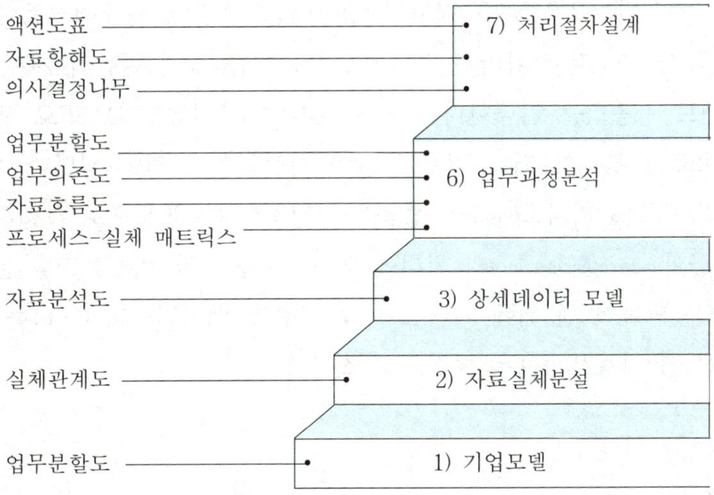

[그림 6-30] CASE시스템의 구성요소

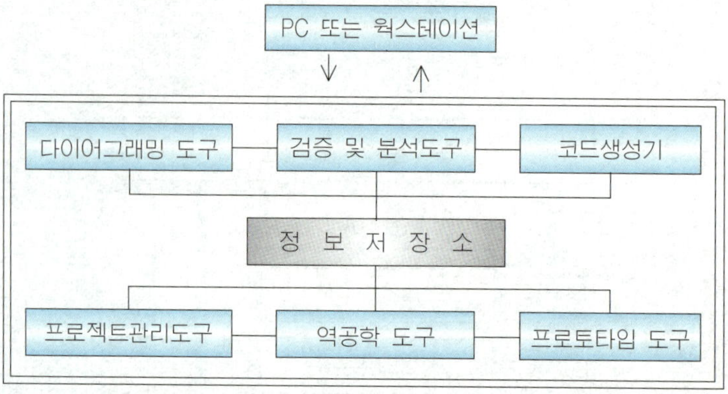

정보저장소(repository or encyclopedia)는 CASE의 핵심을 이루는 것으로 시스템 분석 및 설계의 단계별 결과물을 보관하고, 이의 검색과 갱신을 돕는다. 요구사항, 설계내용, 데이터의 구조, 구성요소, 프로세스의 논리구조 등을 중복이 안되게 통합하여 저장한 후 개발 중이거나 개발완료된 소프트웨어 시스템의 메타모델(meta- model) 작성, 정보분석, 검증, 질의, 확인 등을 돕고 버전이 바뀔 때마다 바뀐 버전에 맞게 상호관련된 자료들을 체계적으로 저장하는 도구로 CASE의 핵심부분이라 할 수 있다. 정보저장소가 효율적으로 구성되어 있으면 전체 CASE 도구들이 상호연관되어 작동할 수 있어서 단위도구로 작동할 때보다도 생산성과 신뢰성이 향상된다.

소프트웨어 생산자동화(CASE) 도구의 출현으로 소프트웨어 생산성은 과연 괄목할만한 증가를 이루었는가? CASE 도구의 사용은 저조하였고 CASE도구 생산업체들의 영업실적은 저조하였다. 응용소프트웨어의 생산에는 고도의 문제해결능력이 필요하기 때문에 예술적 성격이 짙고 따라서 과학(science)과 예술(arts)이 반반씩 개재될 수밖에 없었다. 100퍼센트 자동화를 기대한다는 것은 애당초 무리였고 CASE로 생산된 소스코드를 수작업으로 수정해야 되는 경우가 많아 자동화의 실익이 적었다. 마이크로소프트사는 그래픽 도구인 비지오(visio)의 성능을 보강하여 CASE도구로 활용하려는 시도를 하였는데, 역공학(reverse engineering)의 원리에 입각, 코볼로 된 소스코드를 분석하여 각종 다이어그램들을 만들어 낸 뒤에 이를 토대로 비쥬얼 베이직이나 C++ 등의 다른 언어로 된 소스코드를 자동생성하는 방식으로 접근하였다.

6.5 반복적 설계-코딩-테스트 기법

6.5.1 마이크로소프트사의 개발기법

마이크로소프트사에서는 어떠한 방식으로 소프트웨어를 개발하는가? 소프트웨어 개발 팀의 구성은 소수 정예가 이상적이다. 의사소통 비용(communication cost)이 감소되기 때문이다. 그러나 현실은 수 백명이 보통이다. 윈도우 NT의 경우 개발에 450명이 투입되었으며, 인터넷 탐색기의 경우 300명의 인원이 투입되었다. 이와 같은 대형 소프트웨어 개발 프로젝트를 마이크로소프트사에서 어떻게 추진하는가를 살펴보자.[2)]

먼저 분할정복(divide & conquer)의 원칙하에 수 백 명에 달하는 개발인력을 수 십 개의 팀으로 나눈다. 이 경우 팀 간의 의사소통과 팀 별로 개발하는 소프트웨어 모듈들의 통합이 과제로 부상한다. 마이크로소프트사의 경우 완벽한 설계는 불가능하다는 전제하에서 점진적 설계⇒코딩⇒테스팅의 과정을 지속적으로 반복한다. 창의성을 보장하기 위해 개발 초기에는 큰 그림만 그릴 뿐 세부 설계는 개발이 진행되면서 개발팀에 의해 점진적으로 그 윤곽이 들어난다. 또한 동시공학(concurrent engineering)의 원리에 입각하여 잦은 동기화(synchronization) 즉 개발된 모듈들을 한데 엮어 주기적으로 시스템 테스트를 함으로써 시스템의 안정화를 도모한다. 마이크로소프트사의 개발방법론을 예시하면 [그림 6-31]과 같다.

기획단계에서는 비젼설명서(vision statement)를 통해 제품의 특징과 제공기능을 10페이지 이내로 요약한다. 기본설계도에 포함되는 것은 주요 구성요소들간의 의존관계, 기개발된 소프트웨어 제품들과의 인터페이스 등이다. 개발일정이 수립되고 개발 팀들이 구성되는 것은 물론이다.

개발은 이를 3단계로 나누어 설계⇒코딩⇒테스트⇒기능추가의 과정을 반복한

2) Alan McCormack, “How Internet Companies Build Software,” Sloan Management Review, Winter 2001.
Michael Cusmano, “How Microsoft Makes Large Teams Work Like Small Teams,” Sloan Management Review, Fall 1997.

다. 제공기능을 3등분하여 이를 클러스터(cluster)로 묶고 클러스터 단위로 개발해가는 것이다. 클러스터 별로 2~4개월이 소요되는 3단계 개발과정을 그림으로 표현하면 [그림 6-32]와 같다.

[그림 6-31] 마이크로소프트사의 개발방법론 요약

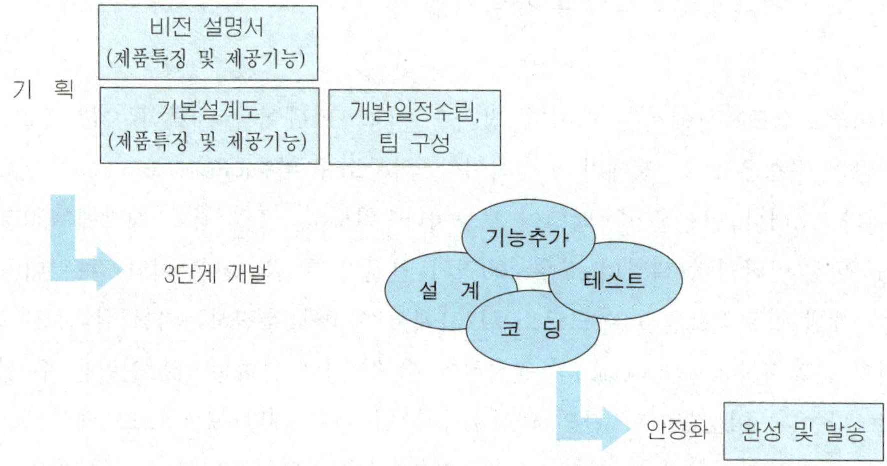

[그림 6-32] 클러스터 단위의 3단계 개발과정

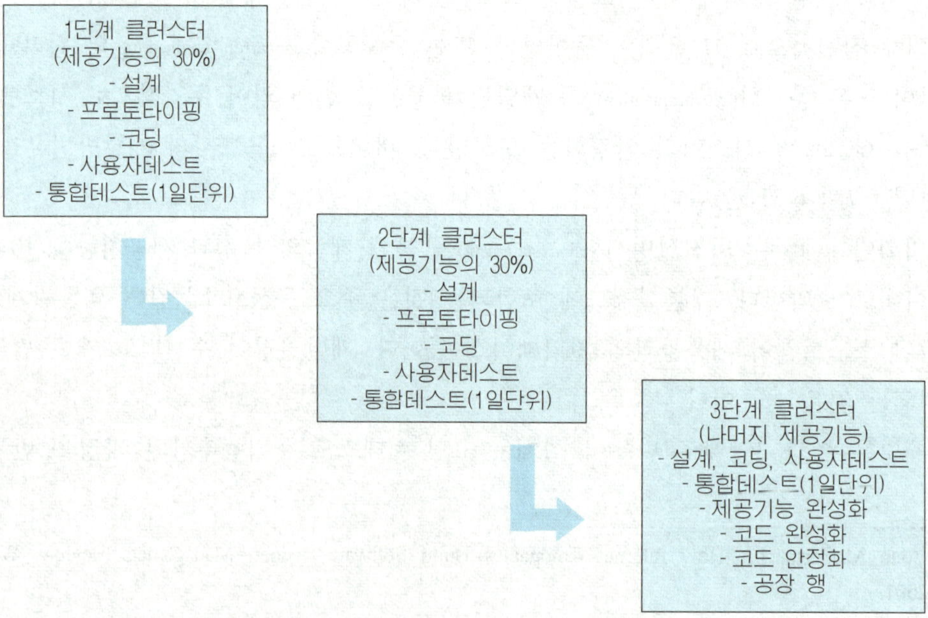

마이크로소프트사 개발방법론의 특징은 지속적인 성능보강을 원칙으로 한다는 점이다. 이는 초기에 완벽한 설계를 추구하지 않는 것으로써 소프트공학의 기본원리와는 입장을 달리한다. 왜 완벽한 설계를 초기에 시도하지 않는가? 주된 이유는 기술변화의 속도 때문이다. 정보기술 자체가 시시각각으로 변하기 때문에 개발해 가면서 설계를 바꿔 나가야 한다. 사용자 요구사항도 기술변화에 따라 변하기 때문에 초기에 이를 완벽하게 정의하려 하지 않는다.

개발과정의 특징은 동기화 및 안정화(synch-and-stabilize)로 집약된다. 그 중에서도 일일 단위의 통합 테스트는 눈 여겨 볼만 하다. 즉 매일 오후 2시까지는 그날 개발된 모듈들을 납품해야 하고 이를 컴파일 시킨 뒤 링크의 과정을 거쳐 테스팅에 들어가는 것이다. 개발의 초기단계부터 사용자 테스트가 병행되는 것도 특징이다.

의사소통 비용을 최소화시키기 위해 단일 장소, 즉 레드먼드 본사에 개발 핵심인력들이 모여 있고 이들은 잦은 회합을 갖는다. 단일 프로그래밍 언어를 사용하고 문서화는 소스코드에의 코멘트 삽입을 원칙으로 한다. 마이크로소프트사의 성공비결을 요약하면 다음과 같다.

첫째는 명확한 목표와 기능, 범위의 설정이다. 기획단계에서 투입 인원과 완성일이 명시된다. 그러나 설계의 유연성을 존중하여 진화적 설계를 기본원칙으로 하고 완성일 설정에 충분한 여유시간(slack)을 부여하여 개발요원들의 탈진(burn-out)을 방지한다.

둘째는 모듈화이다. 제공 기능별로, 그리고 객체별로 분할이 가능한 아키텍쳐를 작성하고 이에 따라 공유가 가능한 기능과 객체를 판별하여 재사용(reuse)을 극대화시킨다.

셋째는 소규모 팀 편성과 재량권 부여를 통한 창의성 발휘이다. 이때 문제되는 것이 팀간의 조정과 동기화이다. 여기에는 엄격한 규칙이 적용되어 일일 통합 테스트가 기본 원칙이고 문제 발생 시 올 스톱을 원칙으로 한다. 즉 어느 한 모듈에서 문제가 발생할 경우 전체를 올 스톱시켜 문제해결에 박차를 가한다.

공동책임과 잦은 회합, 단일 프로그래밍 언어, 개방적 조직문화 등도 주요한 성공요인으로 볼 수 있다.

6.5.2 극한 프로그래밍

최근 미국 기업들 사이에서 각광을 받고 있는 극한 프로그래밍(XP: eXtreme Programming)을 살펴보자.3) 이는 다음과 같은 네 가지 대원칙에 입각한 소프트웨어 개발 방법론이라 할 수 있다:

◇ 의사소통의 철저 : 고객 및 전체 개발자
◇ 설계의 단순성
◇ 정보역류 : 초기단계부터 고객이 테스트하여 피드백 제공
◇ 과감성 : 변경 요구 및 기술변화 수용

이 개발방법론의 특징으로는 점진적 설계, 철저한 테스트, 소규모 산출물의 빈번한 방출을 들 수 있다. 극한 프로그래밍의 주요개념을 표현하면 [그림 6-33]과 같다.

[그림 6-33] 극한 프로그래밍의 주요개념

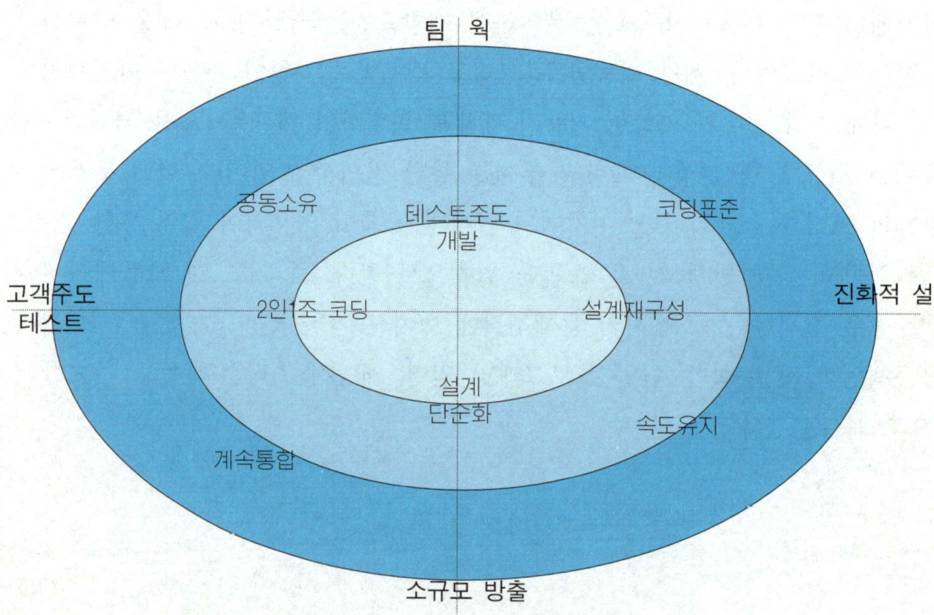

3) http://www.extremeprogramming.org/ – 극한 프로그래밍에 관한 대표적인 웹 사이트.

먼저 팀워크의 중요성을 살펴보자. 고객을 포함한 모든 개발자들이 하나의 팀을 이루게 된다. 이 때 요구사항 명시, 우선순위 결정, 프로젝트 진행관리 등의 문제에서 개발자가 아닌 고객이 의사결정권을 쥐게 된다. 기업 내부에서 사용할 소프트웨어의 경우 고객은 사용자 부서를 대변하는 내부고객이 된다.

진화적 설계(evolutionary design)는 모든 제공기능과 완료일을 사전에 예측하기는 불가능하기 때문에 방출계획(release planning)에는 2주 뒤의 산출물만 명시된다. 반복적 계획수립(iterative planning)을 원칙으로 하여 2주 단위로 과업과 과업별 투입인력을 결정한다.

고객주도의 테스트는 요구사항과 함께 검수기준도 명시하여 테스트에 철저를 기한다. 초기단계부터 고객이 테스트에 참여하고 피드백을 제공하며 고객으로부터 설계변경 요구가 있을 경우 이를 과감히 수용한다.

2인 1조 프로그래밍(pair programming)은 극한 프로그래밍에서 주창하는 새로운 기법이라 할 수 있다. 두 사람의 프로그래머가 한 컴퓨터 앞에 앉아 개발하는 것으로 한 사람이 개발할 때 다른 사람은 옆에 앉아 이를 지켜보는 식이다. 상호학습과 품질보증으로 생산성이 높아진다는 주장이다.

모듈 재구성(refactoring)도 눈여겨볼 대목이다. 모듈 내의 응집력(cohesion)을 증대시키고 모듈 간의 결속도(coupling)를 감소시키는 방향으로 모듈화가 이루어져야 함은 구조적 설계와 마찬가지이다. 그러나 기능의 중복이 감지될 때 과감하게 모듈이나 객체 클래스를 한데 합쳐 모듈로의 분할을 재구성해야 한다.

계속통합의 개념은 1일 1회 이상의 단위 테스트, 1일 1회의 통합 테스트를 뜻하는 것으로 마이크로소프트사의 경우와 그 맥락을 같이 한다. 거의 매일 통합 테스트를 실시하게 되면 개발에 박차가 가해질 수밖에 없다.

코딩의 표준화는 코드는 개발자의 전유물이 아닌 공동 소유물이라는 인식을 강조하기 때문에 표준을 벗어난 코딩관행은 금기시 된다. 이러한 표준화가 소프트웨어의 품질보장(quality assurance)에 필수적임은 두 말할 필요가 없다.

속도유지는 지속적인 개발을 중시하는 개념이다. 결사항전(death coding)은 금물이기 때문에 개발의 적정 속도 유지가 관건으로 부상한다.

이러한 기본개념들을 바탕으로 한 극한 프로그래밍의 개발과정을 그림으로 표현하면 [그림 6-34]와 같다. 극한 프로그래밍의 실제 개발과정은 다음과 같은 4단계로 나뉘며, 이들은 일직선의 진행이 아닌 원형의 반복적인 과정이다.

[그림 6-34] 극한 프로그래밍의 개발과정

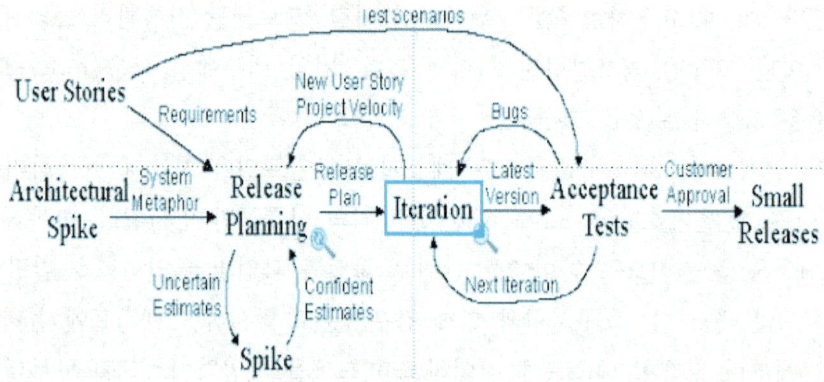

먼저 기획(planning)이다. 고객의 요구사항을 인덱스 카드에 적는 사용자 이야기(user story)가 작성된다. 고객이 2주 단위의 산출물을 명시하는 산출물 기획(release planning)이 있게 되고 2주 단위로 과업과 투입인력을 결정하는 반복기획(iterative planning)이 뒤따른다. 기획은 팀워크와 시간단축을 위하여 일일 입석회의 형식을 취한다. 문자 그대로 원형으로 둘러서서 회의를 하게 되면 팀워크도 증가되고 시간도 단축된다는 논리이다.

다음은 설계(design)이다. 초기설계는 단순성(simplicity)이 기본원칙이다. 너무 복잡하게 처음부터 설계해서는 안되고 점진적으로 기능을 추가시켜 가라는 것이다. 종이로 된 카드를 활용하여 객체 클래스, 이들의 책임, 그리고 이들 간의 협업관계를 명시해 나가고 시뮬레이션도 해 본다. 복잡한 문제에 봉착할 경우 임시 해결책을 마련하여 프로젝트 진행에 차질이 없게 하는 것도 특징이다.

그 다음은 코딩(coding)으로 두 사람이 한 조를 이루어 교차로 코딩하고 코딩이 끝나는 대로 순차적인 통합의 과정을 거쳐 코드를 공동소유로 만든다.

끝으로 테스팅이다. 테스트 계획을 사전에 수립하고 이에 따라 테스트를 진행시켜 간다. 단위 테스트 및 빈번한 통합 테스트가 특징인 점은 마이크로소프트의 경우와 유사하다.

주요용어

- ⊡ 시스템 수명주기 또는 개발주기(SDLC: System Development Life Cycle)
- ⊡ 폭포식(Waterfall) 모델
- ⊡ 나선형(Spiral) 모델
- ⊡ 프로젝트 관리 3단계 모델
- ⊡ COCOMO 모델
- ⊡ 기능점수(Function point)모델
- ⊡ 타임박스(Time-box) 방식
- ⊡ 타당성 조사(Feasibility study)
- ⊡ PDM 프레임워크
- ⊡ TELOS 분석
- ⊡ 구조적 분석(Structured analysis)
- ⊡ 자료흐름도(DFD: Data Flow Diagram)
- ⊡ 자료사전(Data dictionary)
- ⊡ 객체지향 분석(Object oriented analysis)
- ⊡ UML(Unified Modeling Language)
- ⊡ 프로토타이핑(Prototyping)
- ⊡ 합동설계(JAD: Joint Application Design)회의방식
- ⊡ 아키텍쳐(Architecture)
- ⊡ 응용 아키텍쳐(Application architecture)
- ⊡ 하드웨어 아키텍쳐(H/W architecture)
- ⊡ 구조적 설계(Structured design)
- ⊡ 정보공학(Information engineering)
- ⊡ CASE(Computer Aided Software Engineering)
- ⊡ 극한 프로그래밍(XP: eXtreme Programming)

복습문제

1. 시스템 수명주기는 왜 필요한가?

2. 폭포형 모델과 나선형 모델간의 장단점은 무엇인가?
3. 프로젝트 관리의 성공비결은 무엇인가?
4. 사업계획(business plan)과 정보시스템 발전계획(information system plan) 간의 연계성은 왜 중요한가?
5. 정보시스템 기획단계에서 등장하는 PDM분석의 틀은 전자상거래 시스템 개발의 경우에도 유용한 개념인가?
6. TELOS분석을 간단히 설명하여라. 왜 필요한 개념인가?
7. 시스템 분석단계의 주요과업과 최종산물을 설명하시오.
8. 구조적 분석이란 무엇을 뜻하는가?
9. 프로토타이핑 방식에 의한 시스템 개발의 장단점은 무엇인가?
10. 객체지향 분석의 특징은 무엇인가?
11. 구조적 기법 등 재래식 기법과의 차이점은 무엇인가?
12. 구조적 설계를 간단히 설명하시오.
13. 구조도(structure chart)의 유용성은 무엇인가?
14. 아키텍쳐란 무엇을 뜻하는가?
15. 정보시스템 구축에 필요한 각종 아키텍쳐의 종류를 설명하시오.
16. 하드웨어 아키텍쳐를 도출하기 위해 필요한 용량계획은 어떠한 순서로 진행되는가?
17. 소프트웨어 자동생산(CASE)은 무엇을 뜻하는가?
18. 마이크로소프트사의 개발방법론이나 극한 프로그래밍에서 개발초기에 완벽한 설계를 추구하지 않는 이유는 무엇인가?

토론/프로젝트 문제

1. 우리나라의 국가경쟁력이 최근 11단계나 떨어져 논란이 일고 있다. 전자정부의 구현이 국가의 경쟁력 향상에 기여할 수 있을까? 있다면 그 근거는 무엇인가? 또는 기여할 수 없다면 그 이유는 무엇인가?
2. 정부의 경쟁력 향상을 위한 정보기술 활용에 있어서 가장 큰 장애요인과 이의 극복대책은 무엇인가?
3. 소프트웨어 자동생산(CASE)의 활성화로 프로그래머가 멸종위기에 처할 날은 과연 올 것인가?

4. DFD를 시스템분석도구로 자유자재로 구사하기 위해서는 자꾸 그려보는 수밖에 없다. 다음과 같은 상황을 전제로 신규논리 DFD를 작성해 보시오. 사용자들은 인터넷 또는 인트라넷을 통해 시스템에 접근함을 전제로 한다.

   (a) 수강신청전산화 : 사용자요구사항은 다음과 같다.
      - 강의시간표 입력 : 과목별 담당교수, 강의요일 및 강의시간, 강의실
      - 수강신청입력, 변경, 취소
      - 과목별 출석부(수강학생 명단) 출력
      - 성적입력(교수 및 강사에 의한)
      - 성적증명서 출력

   (b) 차량등록관리 전산화
      - 번호판 관리 : 차종, 고유번호, 제작년도, 색깔, 소유주 입력시 차번호 부여 ; 차번호입력시 위의 사항 전시
      - 도난신고 관리 : 도난신고 입력 및 도난차량여부조회, 발견시 해지처리
      - 벌과금관리 : 주차관련 벌과금 부과, 납부입력, 벌과금 미납액 과다시 차량압류
      - 자동차세 관리 : 청구서발급(1가구 2대 이상시 중과), 납부처리
      - 정기검사관리 : 검사일자통보, 검사결과입력

5. 사례연구로 제시된 시카고 경찰청의 범죄정보관리 시스템 CLEAR의 배경도(수준 0 DFD)와 그 다음 단계의 자료흐름도(DFD)를 그려보시오.

참고문헌

- 김세중 외 5인 : 경영정보학 개론, 무역경영사, 2000.
- 김효석·홍일유 공저 : 디지털 경제시대의 경영정보시스템, 법문사, 2000.
- 이영환·박종순 공저 : 시스템 분석과 설계, 법영사, 1998.
- Baskerville, R. and Stage, J. "Controlling Prototype Development Through Risk Analysis", MIS Quarterly, December 1996, pp. 481~504.
- Burch, J. G. Systems Analysis, Design, and Implementation, Boyd & Fraser Publishing Company, 1992.
- Booch, G., Rumbaugh, J. and Jacobson, I., The Unified Modeling Language User Guide, Addison-Wesley, 1999. Cusumano, M. "How Microsoft Makes Large Teams Work Like Small Teams," Sloan Management Review, Fall 1997.
- Kendall, K. E, and Kendall, J. E. : Systems Analysis and Design, 4th ed.,

Prentice-Hall Inc., 1998[8] Laudon, K. C. and Laudon, J. P. Essentials of Management Information Systems, 3rd ed., Prentice-Hall Inc., 1999.

- Lee, Y. H. and Park, J. S. "E-commerce Architecture Evaluation Through Stress Test", Proceedings of PACIS 2001 International Conference, June 20-22, 2001, Seoul, Korea.
- MacCormack, A., How Internet Companies Build Software, Sloan Management Review, Winter 2001.
- Martin, J. and McClure, C., Structured Techniques for Computing, Prentice-Hall Inc., 1985.
- Menasce, D. A. and Almeida, V.A.F. Scaling for E-Business : Technologies, Models, Performance, and Capacity Planning, Prentice Hall PTR, 2000.
- PASTORE,R. "Taking IT to the Street," CIO Magazine, Feb. 15, 2004
- Reed, P. R., Developing Applications with Visual Basic and UML, Addison- Wesley, 2000.
- Silva, P. and Edwards, E. D. Introduction to the Duwamish Online Sample Application, Microsoft Developer Network, July 2000.
- Taylor, D. Business Engineering With Object Technology, John Wiley & Sons, 1995.
- Whitten, J. L. and Bentley, L. D., Systems Analysis and Design Methods, 4th ed., Irwin McGraw-Hill, 1997.

참고사이트

- 마이크로소프트사의 전자상거래 데모시스템 ········ http://duwamishonline.com
- 마이크로소프트사의 전자상거래
  ··················· http://www.microsoft.com/korea/business/ecommerce/default.asp
- 퍼듀대학, '시스템 분석과 설계방법'
  ·· http://www.tech.purdue.edu/textbooks/sadm/
- 극한 프로그래밍(Extreme Programming)에 관한 대표적인 웹 사이트
  ·· http://www.extremeprogramming.org/

CHAPTER 7

정보시스템 획득과 구현계획

이 상 곤 교수

한국기술교육대학교 산업경영학부, sklee@kut.ac.kr

CONTENTS

학습목표

- 정보시스템의 획득과 구현계획에서 어떤 문제를 다루는지 이해한다.
- 정보시스템을 획득과 구현하는 의사결정 문제에 대해서 알아본다.
- 아웃소싱의 개념을 이해하고, 아웃소싱의 대상, 목적 그리고 구성에 대해서 알아본다.
- 기업이 아웃소싱을 도입할 때 필요한 접근 방법론을 살펴보고, 이에 대한 적용방법에 대하여 생각해 본다.
- 클라우드 컴퓨팅의 개념과 기능을 이해하고, 현황과 전망에 대하여 알아본다..

본 장에서는 정보시스템 구현에 있어서 CIO를 포함한 경영층이 의사결정 해야 하는 주요 문제들을 살펴본다. 정보시스템 획득 및 구현단계에서 대표적인 의사결정 문제는 who와 how의 문제이다. 5장의 정보시스템 기획에서 어떤 정보시스템(what)을 어느 시점에(when) 도입해야 할지를 결정했다면, 결정된 정보시스템을 누구에게서 어떠한 방법으로 획득할 것인지를 결정해야 한다. 이러한 의사결정은 조직 내 모든 IT자원의 투자, 운영 및 통제와 관련된 전략적인 의사결정이라 할 수 있다.

1절에서는 정보시스템을 누구(who)에게서 어떻게 획득할 것인지의 의사결정에서 선택 가능한 대안에 대해서 살펴본다. 2절에서는 아웃소싱의 개요로서 정의, 목적, 구성을 살펴보고, 3절에서는 전반적인 아웃소싱 접근 방법론에 대하여 논한다. 그리고 4절에서는 정보시스템을 어떻게(how) 획득할 것인가의 주요대안 중의 하나인 클라우드 컴퓨팅(Cloud computing)에 대해서 알아본다.

7.1 정보시스템 획득과 구현계획의 개요

정보시스템 획득을 어떤 방법으로 할 것인가는 앞으로의 정보시스템 운용과 활용에 있어서 크게 영향을 미치는 중요한 의사결정이다. '소유할 것인가 사용할 것인가'의 문제는 네트워크관리, 분산시스템, 보안기술, 인터넷의 발달로 인하여 인력, 조직, 하드웨어, 소프트웨어, 네트워크, 데이터베이스 등 정보자원의 모든 분야에 대해서 고민해야 할 문제가 되었다. 따라서 정보시스템 획득에 대한 의사결정은 더 이상 정보시스템 부서만의 문제가 아니고 기업의 경영전략과 연계된 전략적 의사결정의 문제라 할 수 있다.

정보시스템을 어떻게 구현, 획득할 것인가의 문제는 세 가지 차원이 있다. 누구에게서 어떻게 획득할 것인가의 두 가지 문제와 정보시스템을 구성하는 하드웨어, 소프트웨어 네트워크의 획득이라는 또 다른 문제로 구성된다. 이 세 가지 차원은 서로 관련되어 있어서 하나의 의사결정이 다른 문제의 옵션을 제한하거나 결정하곤 한다. 본 절에서는 위 문제에 대해서 각각 살펴본다.

[그림 7-1] 획득과 구현계획에서의 의사결정 문제

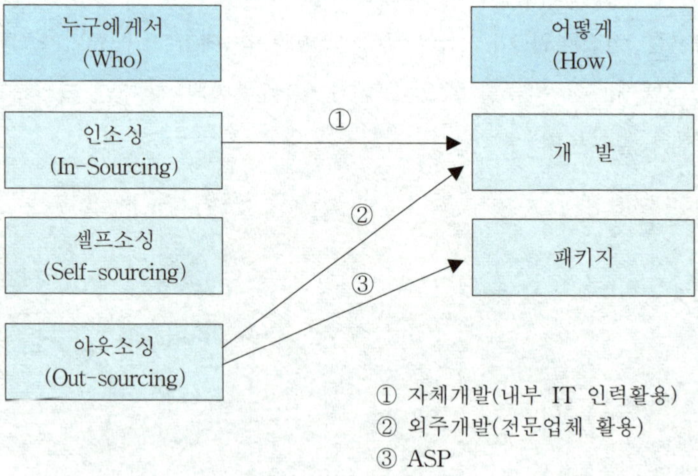

7.1.1 누구에게서

● **인소싱(In-sourcing)**

인소싱은 사내에 확보된 IT전문가를 활용하여 정보시스템을 개발하여 소유하는 방법이다. 인소싱 방법을 선택하면 개발이라는 방법을 선택하게 되며, 하드웨어와 소프트웨어는 대개의 경우 직접 소유하게 된다. 과거 대부분의 대기업에서 사내의 인력을 활용하여 직접 개발하는 자체개발 방법을 사용하였다.

● **셀프소싱(Self-sourcing)**

정보시스템을 필요로 하는 부서의 개인이나 팀에서 직접 개발하여 소유하는 방식이다. 현장에서 요구되는 정보시스템의 특성이 소규모이고, 비즈니스 지향적인 경우, IT전문가가 개발하기 보다는 사용자들이 직접 개발하는 방법이 사용되고 있다.

● **아웃소싱(Out-sourcing)**

내부 인력이 아닌 외부기관에 개발을 의뢰하거나, 외부 IT자원을 서비스 형태로 활용하여 획득하는 방법으로 개발과 활용 모두가 가능하다. 2절과 3절에서 자세히 설명한다.

7.1.2 어떻게

● **자체 개발**

전통적인 정보시스템의 획득 방법으로서, 6장의 정보시스템 분석 및 설계의 절차와 방법론을 따라서, 내부의 IT전문 인력들이 직접 개발하는 방법이다. 이와 같은 자체개발의 장점은 1) 내부적으로 시스템 개발에 대한 지식과 경험이 축적되고, 2) 회사의 기밀이 외부로 유출되지 않고, 3) 회사 내부 환경을 잘 이해하고 사용자와의 의사소통이 원활하기 때문에 사용자 요구사항을 잘 파악하여 시스템에 반영할 수 있다. 반면에 다른 방법에 비해서 상대적으로 인력, 시간, 비용이 많이 든다. 정보기술의 발전에 맞추어 최신 정보기술에 대한 자체 인력에 대한 교육비용이 들거나 최신 정보기술에 대한 전문가를 시기적절하게 확보하기가 어렵다. 또한 사용자 부서의 요구사항이 다양하고 자주 변하는 것에 대해서 적절히 대응하지 못하는 경우가 자주 발생한다.

● 최종사용자 컴퓨팅

최종사용자가 IT전문가의 도움 없이 또는 약간의 지원을 바탕으로 필요한 정보시스템을 직접 개발하는 방법이다. 이 방법은 상대적으로 쉽고, 업무지향적인 4세대 언어형태의 정보시스템 개발도구의 발달로 인하여 가능하게 되었다. 사용자가 직접개발하기 위해서는 사용자의 개발을 지원할 내부 지원센터가 있어서 기술적 지원이나 하드웨어, 소프트웨어에 대한 지원과 교육이 요구된다. 하지만 정보시스템의 획득과 관리가 조직 내 정보시스템부서의 통제를 벗어나기 때문에 기업 전체적인 관점에서의 정보시스템 개발과 관리가 어려워지고 시스템 분석 설계 과정이 일관성을 잃는 문제점이 있을 수 있다. 따라서 최종사용자 정보시스템개발의 이점을 극대화하기 위해 관리자들은 최종사용자 과제에 대한 투자 타당성 검토와 최종사용자 개발방법으로 획득할 정보시스템의 하드웨어, 소프트웨어, 품질에 대한 표준을 설정함으로써 최종사용자 컴퓨팅을 관리해야 한다.

● 전문기관에 의한 외주개발

조직외부의 정보시스템 전문용역기관에 의뢰하여 개발하는 방법이다. 개발 인력이 외주 인력으로 구성된다. 개발을 맡길 외부 전문용역기관을 선정하는 행정적 과정이 요구되는데 획득하고자 하는 정보시스템의 목적, 정보시스템 요구기능, 기업의 현재 정보시스템 인프라와 레거시 시스템에 대한 정보, 정보시스템이 대상으로 하는 업무에 대한 비즈니스 프로세스에 대한 정보를 기술한 RFP(Request For Proposal)를 정확하게 작성하여 후보 전문용역기관에 제공해야 한다.

전문용역기관은 RFP에 나타난 요구사항을 만족시킬 수 있는 솔루션의 모습과 어떤 인력을 어떤 업무에 투입하여 언제까지 개발한다는 제안서(proposal)를 제출하면 이를 심사 평가하여 선정하게 된다. 대개의 경우 기술점수와 가격점수를 80:20의 비율로 반영하여 전문 업체를 선정하고, 선정된 업체와 우선적으로 정보시스템의 모습이나 투입자원, 가격에 대해서 협상을 벌이게 된다. 이 때, 행정적 비용이 추가로 소요된다.

외주개발의 장점은 자체인력을 확보할 필요 없이 최신의 정보기술에 대한 전문가에 의해서 정보시스템을 획득할 수 있다는 점이다. 그밖에도 전문용역기관의 경우 자체적으로 축적한 정보시스템 개발의 기법과 방법론을 활용하고 품질관리, 형상관리 등의 방법을 이용하기 때문에 개발 성공 가능성을 높일 수 있다. 반면에 단점으로는 기업의 조직이나 내부 환경에 대해서 이해가 낮아 의사소통 문제가 발생할 수 있다. 또한 회사 내부 업무에 대한 보안 유지가 어렵다.

● **클라우드 컴퓨팅(Cloud computing)**

조직 내 필요한 정보시스템을 외부로부터 구입 또는 임차하는 방법이다. 이미 검증된 정보시스템을 저렴한 비용으로 짧은 시간 내에 확보할 수 있는 방법으로 조직 내에 개발에 대한 정보기술 전문지식 없이도 획득이 가능하다. 그러나 이런 장점에도 불구하고 다음과 같은 문제점이 있다. 기업에서 사용할 정보시스템을 개발 및 제공하는 회사는 많은 기업이 사용할 수 있도록(많은 고객을 확보할 수 있도록) 보편적이고 일반적인 기능으로 개발한다. 따라서 기업의 요구에 정확히 일치하는 경우는 매우 드물고 어느 정도의 수정을 통해서 맞춤화(customization)를 해야 하는데 이 과정이 쉽지 않고 추가적 비용이 소요된다. 가장 큰 문제점은 기업 환경의 변화(사업부 조직의 변화나 인수합병 등)로 정보시스템의 기능이나 구성이 변화되어야 할 때, 이러한 변화를 반영하는 것이 쉽지 않다는 점이다. 그러나 최근 들어 소프트웨어뿐만 아니라 하드웨어, 플랫폼 등 IT 자원 전반을 외부에서 자유롭게 활용할 수 있는 클라우드 컴퓨팅 개념이 등장하여 주목을 받고 있다. 4절에서 이에 대하여 자세히 설명한다.

7.2 아웃소싱의 개요

7.2.1 아웃소싱의 배경

정보시스템이 기업의 경쟁 우위를 획득하고 유지하는데 매우 중요한 역할을 한다는 것을 부정하는 사람은 없을 것이다. 이렇게 중요한 정보시스템을 다른 제3자에게 아웃소싱 한다는 것은 기업의 입장에서는 상상할 수도 없었다. 하지만, 1990년대 들어서 기업들은 아웃소싱을 기업이 고려해야 할 전략적 이슈 중에 하나로 받아들이기 시작했다. 이런 변화는 외부적으로 기업 환경과 정보기술 자체의 급격한 변화에 기인한다고 말할 수 있지만, 가장 중요한 원인은 "경쟁우위라는 것이 정보기술을 가지고 있느냐 없느냐에 의해 결정되는 것이 아니라 정보기술을 어떻게 활용하느냐에 의해 결정된다는 것"을 인식했기 때문이다. [그림 7-2]에서 보듯이, 기업은 아웃소싱을 통해 정보기술의 기본 역량을 향상시키지 않으면서도 정보기술의 활용도를 증가시키고 기업의 경쟁우위를 얻을 수 있게 된 것이다.

[그림 7-2] 정보기술의 역량 및 활용

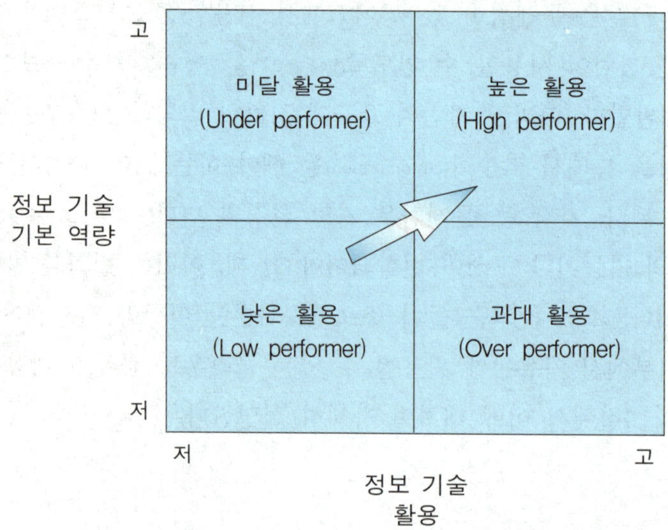

정보시스템 아웃소싱(information system outsourcing)의 기원은 1940년대 미국 기업들이 직원의 급여 계산을 위해 펀치카드 전문 업체를 이용한 것에서 찾을 수 있으며, 이후 1960년대와 1970년대에는 전문서비스(professional service)와 설비관리 서비스(facility management service)라는 이름으로 널리 불려졌다. 또한, 아웃소싱은 생산 부문에서도 널리 사용된 개념으로서 특정부품이나 제품을 자사에서 생산할 것인가 아니면 외부 하청 또는 위탁 생산을 할 것인가를 결정하는 생산관리 부문의 전통적인 문제 영역이었다. 이러한 아웃소싱의 개념이 점차 타 분야로 확대되어 판매부문, 나아가 정보시스템 부문에서도 행해지기 시작한 것이다. 따라서 정보시스템 아웃소싱은 새로운 개념이기 보다는 기업이 정보자원의 외부원천을 확보하는 방법의 특성이 시간이 지남에 따라 변화된 것이라고 볼 수 있다.

그러나 아웃소싱이 관심을 끈 이유는 전통적으로 기업 내 전산실은 기업의 운용과 보안의 문제에 연루된 중추적인 역할을 하는 곳으로 기업 스스로가 운영, 통제하여야 한다는 기존의 생각에서 탈피하여 이러한 기능을 기업이 소유하지 않고 제 3자가 소유 관리한다는 사실이었다. 따라서 많은 기업들이 정보시스템 업무의 아웃소싱 가능성을 진지하게 검토하게 되었고 실제로 많은 기업들이 아웃소싱을 실행에 옮기게 되었다. 아웃소싱 시장이 본격적으로 활성화되면서, 정보기술의 발전과 관리자들의 인식의 변화에 힘입어 계속적으로 확대되어 현재는 정보시스템을 개발하고 운영하는데 있어서 중요한 관리 기법으로 인식되고 있다.

7.2.2 아웃소싱의 정의

아웃소싱(outsourcing)이란 "out"과 "sourcing"의 결합어로 일반적으로는 외부의 전문회사를 활용하여 기업 활동의 일부를 수행하게 하고, 이를 통해 기업의 핵심역량을 강화하여 내부적으로 전략적 이득을 추구하는 활동이라 할 수 있다. 정보산업 분야에서는 기업의 전산운영과 관련되는 정보기술(IT: Information Technology) 및 정보시스템(IS: Information Systems) 기능을 아웃소싱 한다는 의미에서 "IT 아웃소싱" 혹은 "IS 아웃소싱"이라는 용어를 함께 사용하고 있다. 본 장에서는 IT 아웃소싱, IS 아웃소싱을 같은 용어로 사용하겠다. 이에 대한 정의는 아웃소싱의 범위나 형태에 따라 다양하게 나타날 수 있지만, 여기에서는 아웃소싱을 "기업이 정보시스템에 대한 관리 기능(기획, 개발 및 운영)의 전부 또는 일부를 외부기관에 위탁하는 것"이라고 정의한다.

7.2.3 아웃소싱의 목적

기업 활동을 크게 생산활동과 거래활동으로 나누어 볼 때 이에 소요되는 비용 역시 생산비용과 거래비용으로 구분할 수 있다. 만일 기업 내에서 생산하는 비용이 시장에서 구입하는 비용보다 많다면 당연히 시장에서 구입하게 된다. 이는 기업의 구조와 형태에도 적용될 수 있는데, 특정부서를 소유하는 것보다 외부 전문업체를 이용하는 것이 훨씬 효율적이라면 외부에서 서비스 받는 것을 택할 것이다. 이러한 비용우위에 따른 비용절감 효과는 기업들이 아웃소싱을 하는 가장 큰 이유이다. 다른 한편으로는 정보기술의 급속한 변화로 정보시스템 부서의 운영비용이 매년 약 20~30% 정도 증가하며, 내부적으로 선진 정보기술을 적시에 받아들이고 유지하는 데는 많은 위험과 불확실성이 따르게 되므로 외부 전문업체에 아웃소싱 함으로써 이와 같은 부담을 어느 정도 감소시킬 수 있다. 기업이 정보시스템 아웃소싱을 수행하는 목적은 크게 경제적, 기술적 그리고 전략적 측면에서 살펴볼 수 있다.

1) 전략적 목적

일상적인 업무의 아웃소싱을 통해 인력과 자산을 내부의 핵심 업무에 집중 할 수 있다. 또한, 아웃소싱 대상 업무영역에 근무하는 인력까지 아웃소싱 함으로써 자사의 인력수급에 유연성을 확보할 수 있다. 즉, 기업이 필요로 하는 정보기술을 내부적으로 도입하지 않고서도 아웃소싱을 통해 정보기술의 장점을 활용할 수 있다.

2) 경제적 목적

아웃소싱 전문업체의 인적 또는 기술적 자원을 규모의 경제를 통해 이용할 수 있으며, 계약을 통해 불확실한 비용을 관리할 수 있다. 대부분의 아웃소싱은 고정가격(fixed-price)으로 계약을 하게 되며, 이를 통해 기업은 정보기술에 대한 불확실한 비용과 부담을 줄일 수 있다. 또한, 정보기술에 투자한 자산을 전문업체에게 매각함으로써 기업의 자산을 효율적으로 활용하고 관리할 수 있다.

3) 기술적 목적

아웃소싱을 통해 정보기술의 급격한 변화로 인한 새로운 기술 도입의 위험성을 줄일 수 있고, 최신의 정보기술을 보다 쉽게 얻을 수 있다. 기업 내부적으로 새로운 정보기술을 도입하려고 해도 이에 대한 전문가를 보유하고 있지 않으면 어떠한 방식으로 투자를 시작해야 할지 모를 경우가 있다. 이럴 경우 기업은 정보시스템 아웃소싱을 하나의 대안으로 고려할 수 있다.

위와 같은 아웃소싱의 목적을 달성하기 위해서는 아웃소싱의 여러 가지 장점과 단점들을 살펴볼 필요가 있다([표 7-1]). 아웃소싱이 성공적으로 수행되었을 경우 비용절감, 자원의 효율적인 관리와 배분 등을 통해 핵심기능에 역량을 집중할 수 있어 기업의 성과를 향상시킬 수 있는 반면에 기업은 아웃소싱을 통해 정보시스템에 대한 통제의 상실, 외부 전문업체의 의존성 증가, 전략정보의 노출, 교체비용의 발생, 공급에 대한 부분적 제한 등 여러 가지 문제에 봉착하게 된다.

〈표 7-1〉 아웃소싱의 장점과 단점

장 점	• 보다 핵심적인 활동에 조직자원을 집중 • 보다 부가가치가 높은 기능에 전산자원을 집중 • 규모경제를 활용하여 비용절감 • 각 기술분야에서 가장 앞선 외부조직의 기술이나 경험을 활용 • 기초 및 기반기술에 대한 투자 없이 응용 기술을 바로 활용 • 교육훈련 노력 없이 이미 교육되고 훈련된 인력을 활용 • 정보시스템 개발 및 운영 비용을 구체화시켜 예측성과 통제성을 증진 • 고정자산에 대한 투자를 회피함으로써 유동성 증진 • 환경이나 기술변화에 곧바로 대응 가능
단 점	• 환경 변화 및 조직의 요구 변화에 능동적으로 대응하기 어려움 • 계약중단이나 파기 그리고 공급업체의 변경이 어렵고 변경하려 할 때 높은 교체비용이 발생 • 시스템 개발과정이나 개발된 시스템의 질에 대한 통제가 곤란 • 시스템이나 데이터에 대한 보안유지의 어려움 • 공급자가 계약을 준수하도록 하기 위한 추가적 비용과 노력이 필요 • 협력관계 관리에 추가적 비용이 소요 • 내부 전문인력의 직업 안정성을 위협 • 공급업체에 과도한 의존으로 기업의 유연성이 결여 • 실제적 효과의 검증곤란 • 내부 정보 기술력의 약화

기업들이 아웃소싱의 수행여부를 결정하지 못하는 주된 이유로서 초기 투자비용이 많이 들고, 컴퓨터나 통신기기 등의 관리가 철저하지 못하며, 투자비 관리가 소홀하며, 경영전략 측면에서 관리가 비효율적이고, 아웃소싱 업체의 관리가 어렵다는 것을 들 수 있다. 결국, 이런 문제점을 기업 입장에서 어떻게 대처해 나가야 하는지에 대한 방안 설정이 아웃소싱의 성공 여부를 결정하게 될 것이다.

이와 같은 아웃소싱의 문제점을 최소화하고 이익을 최대화하기 위해서 기업이 우선적으로 수행해야만 하는 것은 기업 내부적으로 정보기술 관련된 자원이나 능력에 대한 정확한 평가가 이루어져야만 한다. 정보시스템에 대한 내부적인 관리나 평가 없이 아웃소싱을 기업의 전략적 대안으로 고려한다면 원하는 결과를 얻기란 그리 쉽지 않을 것이다.

7.2.4 아웃소싱의 구성

일반적으로 기업이 정보시스템 아웃소싱을 도입하기 위해서는 [그림 7-3]에서 보는 바와 같이 아웃소싱의 방법(outsourcing method), 아웃소싱의 대상(outsourcing object), 그리고 아웃소싱의 적용업무(outsourcing application)의 세 가지 측면에서 살펴보아야 한다. 일반적으로 아웃소싱의 구성체계는 정보시스템의 기능적 분류 혹은 사용자의 편의나 요구 정도에 따라 구분할 수 있다. 그러나 아웃소싱이라는 용어가 의미하는 범위와 규모는 정보기술의 발전과 함께 지속적으로 변화되고 있다.

[그림 7-3] 아웃소싱의 구성 체계

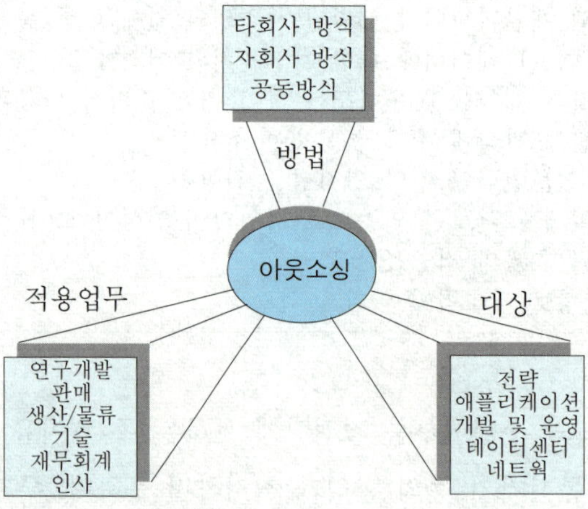

기업이 정보시스템을 아웃소싱하려고 할 때 도입하고자 하는 정보시스템의 유형과 종류에 따라 다음 세 가지 중에서 어떤 방법을 선택할 것인지를 결정해야 한다.

◇ 정보시스템 전부 또는 일부를 제 3자에게 위탁하는 타회사 방식
◇ 정보시스템의 전체 기능을 자회사에게 모두 위탁하는 자회사 방식
◇ 정보시스템 중에 일부는 내부에서 해결하고 일부는 전문업체에 위탁하는 공동 방식

1) 아웃소싱의 방법

타회사 방식에는 애플리케이션 패키지(application package)의 도입도 포함되며, 자회사 방식은 주로 국내 대기업을 위주로 많이 확산되고 있는 방식으로서 대기업의 자금력과 내부 기술력을 바탕으로 아웃소싱 회사를 설립하여 내부 정보시스템을 모두 자회사가 관리하도록 하는 방식이다. 공동방식은 하나의 아웃소싱 프로젝트를 자회사와 전문업체 또는 하나 이상의 전문 업체가 공동으로 수행하는 방식을 말한다. 이는 정보시스템 아웃소싱의 형태가 점점 다양해짐에 따라 분야별로 전문성을 가진 업체를 활용하기 위해서 사용된다.

일반적으로 기업이 내부 인력, 기술력 및 자원이 부족한 경우에는 타회사 방식을 많이 사용하고, 정보시스템이 기업에게 전략적으로 중요도가 높을 경우에는 기업의 경쟁력을 높이기 위해 자회사 방식을 선호한다. 그리고 기업이 정보시스템에 대해 특정부문의 기술력이 다소 부족하여 전문업체의 기술력을 도입하기 위해서는 보통 공동 방식을 선택한다.

2) 아웃소싱의 대상

아웃소싱시 고려해야 하는 또 하나의 차원은 아웃소싱 대상을 구분하는 것이다([그림 7-4]). 아웃소싱 대상이란 어떤 부분을 아웃소싱 할 것인가를 나타내는 것으로 전략계획, 애플리케이션 개발 및 운영, 데이터 센터, 네트워크, 데스크 탑 등으로 분류할 수 있다. 또한, 아웃소싱 대상을 정보시스템 수명주기(information system life cycle)를 기준으로 계획, 개발, 운영 그리고 유지보수의 활동으로도 구분할 수 있다. 일반적으로 정보시스템 구조 및 전략수립 등과 같은 상위 업무는 비구조적이기 때문에 기업내부에서 수행하는 것이 필요하며, 반대로 애플리케이션 개발 및 운영과 같은 하위 업무는 구조적인 면이 강하기 때문에 아웃소싱에 적합하다. 정보시스템 계획과 아키텍처(architecture),

그리고 전략적 요소들은 통제를 위한 기본적인 것이므로 기업 내부에 항상 남아 있어야 한다는 것이다. 그러나 외부 전문업체가 보다 경제적이고 효율적인 아웃소싱을 수행하기 위해서는 상위 업무에 대한 적극적인 참여가 필요하다.

[그림 7-4] 아웃소싱 관련 사업 영역

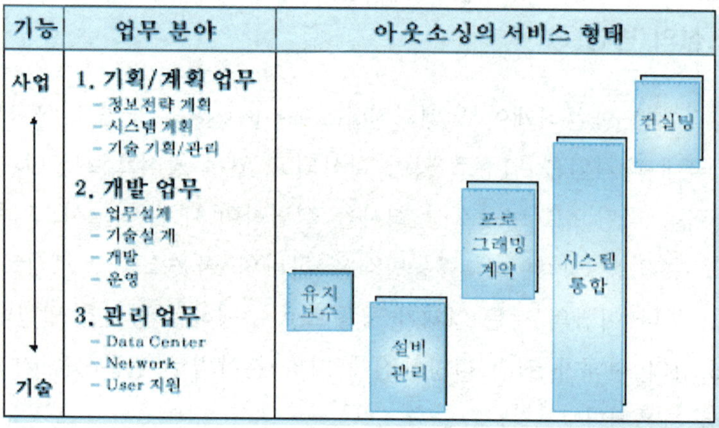

2) 아웃소싱의 적용 업무

아웃소싱의 적용 업무는 인사, 재무 회계, 기술, 물류, 판매, 연구 개발 등 다양한 업무로 구성되어 있다. 예를 들어 급여 업무, 재무 회계 업무와 같은 시스템은 기업의 전략적 측면과는 다소 거리가 있으므로 아웃소싱의 강력한 후보로 언급되고 있다. 반면, 고객관리, 공장의 일정관리 업무 등과 같은 전략적 시스템은 보다 주의 깊은 개발이 필요하며, 이런 시스템에 문제가 발생한다면 기업은 많은 이익과 고객 그리고 시장 점유율을 잃게 될 것이다. 따라서 문제가 발생할 경우의 피해(penalty for problems)가 많고 성공할 경우의 보상(reward for excellence)이 높은 시스템은 내부에서 개발하고 운영되는 것이 기업의 경쟁적 우위를 위해 좋다고 할 수 있다. 다시 말해, 업무의 전략성이 낮고 내부적인 비용의 효과성이 적은 시스템은 아웃소싱에 적합하며, 반대로 전략성이 높고 비용의 효과성이 높으면 내부에서 시스템을 개발하는 것이 적절하다는 것이다.

하시만, 어떤 업무를 아웃소싱 할 것인가에 대한 결정은 기업이 어떤 목적으로 아웃소싱을 계획하고 있는지에 따라 바뀔 수 있다. 아웃소싱의 목적이 결정되고 나면 그 목적에 가장 적합한 업무를 선정하여야 한다. 예를 들어, 전략적 경쟁력 향상이 아웃소싱의 목적이라면 기업의 전략적 정보시스템(고객 관리, 공장관리 등)도 아웃소싱의 업무로 고려될 수 있다. 반면, 경제적 이익이나 기술적 향상이 목적이라면 전략적 정보시스템보다는 비전략적인 정보시스템을 아웃소싱하는 것이 타당할 것이다.

7.2.5 아웃소싱의 전략

기업의 내·외부 상황을 고려한 후 아웃소싱을 추진하기로 결정하면, 그 다음은 어떠한 방식으로 아웃소싱 할 것인지에 대한 전략이 설정되어야 한다. 아웃소싱 전략(outsourcing strategy)도 사실 아웃소싱의 대상을 선정할 때처럼 기업의 환경을 고려해야만 한다. 일반적으로 아웃소싱 전략의 종류는 크게 네 가지로 구분할 수 있다([그림 7-5]).

[그림 7-5] 아웃소싱의 전략

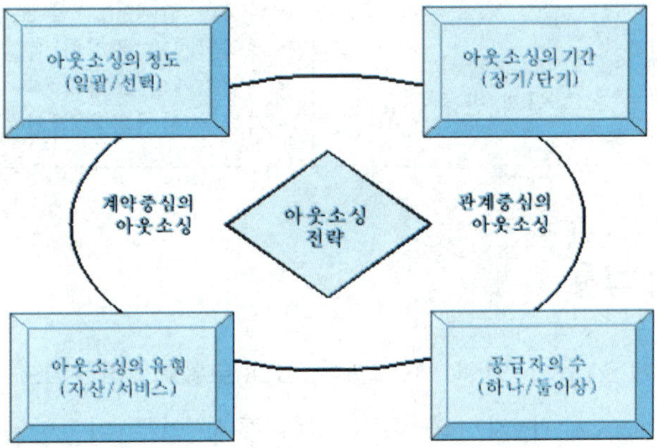

1) 아웃소싱의 정도

어느 정도의 범위를 아웃소싱 할 것인가? 모든 정보시스템 기능을 아웃소싱 할 것인지(일괄적 아웃소싱: total outsourcing) 아니면 특정 부분의 기능을 아웃소싱 할 것인지(선택적 아웃소싱: selective outsourcing)를 결정해야 한다. 외국의 경우에 일괄적 아웃소싱을 수행할 때는 보편적으로 한 개의 사업자를 선택하는 경우가 많으며, 선택적 아웃소싱을 위해서는 여러 사업자들을 그들의 전문 분야에 따라서 동시에 계약하는 것이 일반적이다.

[표 7-2]에는 일괄적 아웃소싱과 선택적 아웃소싱의 장단점을 나열하였다.

1990년대 초까지만 해도 일괄적 아웃소싱을 고려하는 기업은 많지 않았다. 보편적으로 선택적 아웃소싱을 선호했지만, 1989년 코닥사의 일괄적 아웃소싱이 성공을 거두자 이를 하나의 대안으로 간주하는 기업이 많아졌다. 정보시스템 아웃소싱이 확산되면서 다양한 형태의 서비스가 제공되기 시작하자 기업들은 일괄적 아웃소싱과 선택적 아웃소싱을 모두 선택 가능한 대안으로 고려하기 시작했다.

〈표 7-2〉 일괄적 아웃소싱과 선택적 아웃소싱

구 분	장 점	단 점
일괄적 아웃소싱	• 단일창구를 통한 체계적 의사소통 • 문제의 조정이 용이 • 시스템간 일관성과 통합성 유지 • 조직의 다른 부문에 역량집중	• 공급업체에 종속될 우려 • 내부적인 정보화 수준의 급격한 저하 유발 • 전문성의 결여 가능성 • 하청업체의 제3자 체결 가능
선택적 아웃소싱	• 전문성 확보가능 • 정보화 수준의 저하 방지 • 계약변경 혹은 업체 변경시 유리	• 다양한 업체들 간의 조정 어려움 • 계약과정과 유지의 복잡성 • 책임소재의 불명확 • 기능들 사이의 통합성 유지의 어려움

2) 아웃소싱의 유형

아웃소싱은 크게 기업의 인원, 하드웨어, 소프트웨어, 네트워크 등을 포함하는 자산 아웃소싱(asset outsourcing)과 자산의 이전 없이 특정 업무 기능만을 지원하는 서비스 아웃소싱(service outsourcing)으로 구분할 수 있다. 시스템 관리(SM: System Management) 서비스는 보통 자산의 이동을 고려하지 않기 때문에 서비스 아웃소싱의 일부로 간주된다.

국내의 경우 대기업들이 그룹 내부에 시스템 통합 업체를 만들면서 계열사들의 인원 및 장비를 이전하는 경우를 제외하고는 자산 아웃소싱은 거의 발생하지 않았다. 하지만, 최근 들어 발생하고 있는 아웃소싱 계약들(대한항공과 한국 IBM, 풀무원과 링크웨어 등)은 인원과 장비들도 전문업체에게 모두 이관하고 있다. 과거의 애플리케이션 개발 및 유지보수 또는 기존 시스템의 운영을 지원하는 서비스 아웃소싱에서 벗어나 자산 아웃소싱도 선택 가능한 옵션으로 간주되고 있다.

3) 아웃소싱의 기간

아웃소싱의 이익을 극대화하기 위해서는 장기간의 아웃소싱(5-10년 정도: longterm outsourcing)이 필요하다고 기업들은 생각했다. 즉, 전문업체가 아웃소싱된 업무에 대한 적응 기간이 필요하며, 이 기간이 지나야만 기업이 원하는 이익을 달성할 수 있다고 생각했다.

하지만, 일단 장기간의 계약이 형성되고 나면 전문업체들이 계약서상의 내용에만 치중하거나, 아직 계약이 이루어지지 않은 기업들과의 관계 형성에 더 많은 노력을 기울임에 따라 단기간 아웃소싱(5년 이하: short-term outsourcing)의 필요성이 대두되었다. 단기간 아웃소싱은 주기적으로 계약을 갱신하기 때문에 전문업체들의 기회주의적인 행동을 줄일 수 있고, 이 기간 동안의 성과를 바탕으로 재계약 여부를 결정하기 때문에 전문업체들이 최선의 노력을 기울이도록 유도할 수 있다. 반면에, 기업은 전문업체를 바꿈에 따라 발생하는 교체 비용과 불안정한 관계에서 발생하는 불이익을 감수해야만 한다.

4) 아웃소싱의 공급자

최근에는 하나의 전문업체에 아웃소싱을 하기보다는 여러 업체에게 동시에 아웃소싱을 실시하는 기업들이 많아졌다. 이는 정보시스템 아웃소싱이 제공하는 서비스의 범위가 넓어지고 다양해졌기 때문에 기업이 각 전문업체들 마다 가지고 있는 특정 분야의 전문성을 최대로 활용하고자 하는데 그 목적이 있다. 따라서 하나의 기능을 아웃소싱 한다고 해서 반드시 하나의 전문업체만을 선택해야 하는 것은 아니다.

여러 전문업체들이 컨소시엄을 구성하여 기업("갑")과 관계를 가질 때, 첫 번째 방법은 모든 전문업체들을 동등한 계약자("을")로 간주하거나, 두 번째는 그 중 하나의 전문업체를 주 계약자("을")로 선정하고 나머지 업체들("병")은 "을"과 다시 계약을 맺는 방법이 있다. 전자는 기업이 원하는 전문업체들의 전문성을 직접 체험할 수 있고, 후자는 전문업체들의 대화 창구를 단일화 할 수 있다는 장점을 가지고 있다.

7.3 아웃소싱의 접근 방법론

본 절에서는 아웃소싱의 접근 방법을 단계별로 나누어서 각 단계별 내용과 중요사항을 검토하여 봄으로써 아웃소싱을 고려하는 기업들에게 의사결정을 위한 지침을 제공하고자 한다. 특히, 아웃소싱에 관련된 의사결정은 계약이 종료된 다음에도 일정한 형태의 관리 방안이 고려되어야 하는 지속적인 활동이므로 아웃소싱 접근에 대한 총체적인 시각이 필요하다. 이와 같은 관점에서 아웃소싱 접근 방법을 크게 4단계로 구분할 수 있다.

7.3.1 아웃소싱의 단계별 활동

[그림 7-6]는 아웃소싱의 단계를 도식화 한 것이다. 아웃소싱의 시작부터 계약의 만기까지를 하나의 생명주기(life cycle)로 간주함으로써 총체적인 관리 기법을 제시하고자 하는 것이다. 왜냐하면 만일 아웃소싱을 접근하는데 각 단계별로 조화를 이루지 못하고 특정 단계의 중요성만을 강조하게 되면 아웃소싱은 성공적으로 이루어 질 수 없기 때문이다.

1) 준비 및 평가 단계(Assessment stage)

준비 및 평가 단계란 기업의 정보시스템의 운영상태와 문제점을 파악하여 아웃소싱의 가능성을 타진하고, 이에 따라 아웃소싱의 업무 영역을 결정하고, 전문업체 선정을 위한 제안요청서(RFP: Request For Proposal)를 준비하는 단계이다. 내부 평가의 결과에 따라 아웃소싱을 고려하지 않을 수도 있으며, 만일 아웃소싱을 하게 될 경우에는 그 동기와 목표를 정확히 설정하는 것이 선행되어야 한다. 이를 위해서 다음과 같은 내용을 고려해야 한다.

[그림 7-6] 아웃소싱의 단계

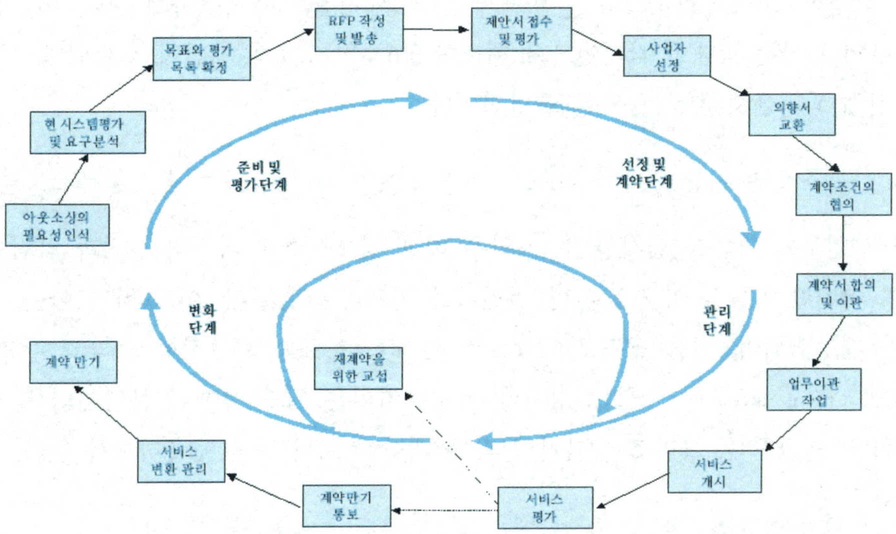

● 아웃소싱 추진 팀을 구성하고 아웃소싱 전문가를 보유하여야 한다.

아웃소싱을 추진하기 위하여 가장 필요한 인력은 요구사항을 정확히 평가할 수 있는 전문 기술자와 아웃소싱의 전체 과정에 대한 관리와 교섭능력을 갖춘 아웃소싱 관리자이다. 아웃소싱 전문가는 계약서 작성에서도 중요한 역할을 수행할 수 있어야 하며, 전문 기술자는 해당 분야의 전문 지식을 가지고 전문업체의 담당자들과 관련 분야에 대한 평가를 할 수 있는 능력을 갖추고 있어야 한다. 경우에 따라서는 다른 아웃소싱 전문 업체들과의 벤치마킹 또는 내부 역량 평가를 위하여 외부 컨설턴트의 도움을 받을 수도 있다. 현 단계에서 아웃소싱 추진 팀을 구성하는 것이 필요하지만 팀의 구성원 모두가 기존의 업무에서 아웃소싱 팀으로 전담될 필요는 없다. 하지만, 아웃소싱 관리자는 각 분야별 전문 인력들의 의견이 반영하고 총괄하기 위하여 전담인력으로 배치시켜야 한다.

● 아웃소싱 이전에 현재의 업무에 관한 정확한 평가를 선행하여야 한다.

현행 업무의 분석 과정에서 포함되어야 하는 주요 내용은 대상 정보시스템에 관한 재고 조사, 정보시스템의 모든 업무 기능 도출, 현재의 내부 서비스의 수준 정도, 내부 시스템 운영에 소요되는 비용, 현재의 조직 체계 및 인력 운영 현황, 향후 예측되는 수요 등이다. 여기에서 만들어진 자료를 근거로 기업은 아웃소싱을 위한 기본안(base case)을 작성하고 이를 아웃소싱 추진을 위한 기본 지침으로 사용하게 된다. 이러한 현행 업무의 평가는 방대한 작업이므로 최소한 3-6개월 정도의 시간이 소요되며, 아웃소싱의 전체 과정에서 매우 중요한 출발점이다.

● 아웃소싱을 위한 명확한 목표와 요구사항을 설정한다.

현행 업무의 평가를 실시한 후 기업은 해당 정보시스템 기능의 강점과 약점을 파악하여 어떠한 기능을 아웃소싱 할 것인가를 평가하여야 한다. 이에 따라 아웃소싱의 동기가 재정립되며, 이를 근거로 아웃소싱에 대한 목표와 요구사항 그리고 주요성공요소(CSF: Critical Success Factors)를 설정한다. 또한, 기업은 이를 통해 전문업체의 평가 항목, RFP의 필요항목, 그리고 장단기 성과에 대한 목표치 등을 도출하도록 한다.

● 설정된 목표를 바탕으로 전문업체들의 평가 목록을 작성한다.

평가 항목에는 기술적 요구 사항, 인사 관리, 재무, 전문업체의 자격 요건, 계약 조건 등이 나열되어야 한다. 여기에서 작성된 목록은 전문업체 선정뿐만 아니라 선정된 업체의 향후 성과를 측정하는데 기초자료가 되므로 처음부터 아웃소싱의 필요성에 따라 신중하게 작성해야 한다. 효과적인 평가를 위해서는 평가목록에 의한 매트릭스(matrix)를 작성하는 것이 필요하다.

● 아웃소싱에서 기대되는 최대효과와 최소효과를 예측한다.

기업은 평가 분야 별로 최소한 달성되어져야 하는 목표치, 최대한도로 허용될 수 있는 한계값, 최대한 달성하였으면 하는 목표치 등을 설정해야 한다. 이것은 아웃소싱에 대한 목표와 동기를 재평가를 하는 기회이기도 하다. 아웃소싱의 의사결정은 주로 CEO(Chief Executive Officer)수준에서 이루지는 경우가 많으며, 특히 아웃소싱의 초기상태에 있는 국내의 경우에는 CIO(Chief Information Officer)보다는 CEO의 의사결정이 절대적으로 중요하다. 그러나 CEO가 아웃소싱에 대한 결정을 할 때 비용절감이라는 면만을 강조하게 된다면, 다른 측면에 대한 최대효과와 최소효과를 간과하기가 쉽다. 우수한 전문업체를 선정하기 위해서는 다양한 측면에서 아웃소싱에 대한 평가가 이루어져야 한다.

● 제안요청서 작성 시 요구 사항을 명확히 기술하도록 한다.

정보요청서(RFI: Request For Information)는 일반적인 요구사항의 제시로 충분하지만, 제안요청서(RFP: Request For Proposal)는 정확한 정보가 포함되어야 한다. 기본 요구사항은 아웃소싱을 하고자 하는 동기와 목표에서 도출되며, 각 요구항목은 재무, 인사, 정보기술 분야 등의 실무 담당자들의 전문의견이 충분히 반영되어야 한다. 만일, RFP의 요구사항이 명확하지 않다면 전문업체들의 제안서를 동일한 기준에서 평가하기가 어려울 뿐만 아니라 전문업체의 선정 후에도 계약을 위한 교섭단계에 이견이 생길 수 있다. RFP에 요구사항을 정확히 기술하기 위해서 기업은 현행 정보기술의 수준과 문제점을 정확히 파악할 수 있는 능력이 요구된다.

1) 선정 및 계약 단계(Selection and contract stage)

선정 및 계약 단계는 업체 평가, 선정, 교섭, 계약서 작성으로 나눠진다. 경쟁입찰(open bid)로 할 것인가 지정입찰(closed bid)로 할 것인가에 따라 지원하는 전문업체의 수가 다를 수 있으나, 최종적으로 평가되는 전문업체는 2개 혹은 3개로 좁혀지게 된다. 일차적으로 선정된 전문업체들은 기업에 대한 내부실사(due diligence)를 수행하게 된다. 실사 결과를 바탕으로 최종적인 업체를 선정하고 나면, 선정된 전문업체와 기업은 RFP와 제안서를 근거로 의향서(LOI: Letter of Intention)를 교환하고 최종 계약서를 작성하기 위한 교섭을 시작하게 된다. 교섭을 하는 동안 전문업체는 필요 시 기업에게 현행 업무분석을 위한 정보를 요청하게 되며, 제공받은 정보를 근거로 업체는 계약금액과 조건 등에 대한 기본 안을 작성하고 협상을 실시하게 된다. 본 단계에서는 다음과 같은 사항들을 고려해야 한다.

● 계약서는 아웃소싱의 가장 중요한 부분이다.

기업이나 전문업체가 과거에 아웃소싱 계약에 대한 경험이 있다면 양측은 문제가 발생할 경우 과거의 관례를 따르면 된다. 그러나 대부분 아웃소싱은 새로이 시작하는 작업이므로 과거의 관례 없이 새로운 규칙을 만들어야 하는 어려움이 있다. 아웃소싱은 장기계약의 형태이므로 정보기술의 급격한 발전에도 불구하고 계약서를 작성 할 때는 모든 발생 가능한 문제를 예측하여야 한다. 왜냐하면 계약을 체결한 후 문제가 발생하였을 경우에 계약서가 문제 해결의 기본지침서가 되기 때문이다. 하지만 아웃소싱 계약서에 모든 경우와 조건을 포함하기는 불가능하다. 모든 경우를 고려하여 포함한다 할지라도 기술의 발전으로 인하여 비현실적인 조항이 되어 버리기가 쉽다. 따라서 불확실한 요소에 관련된 부분은 기본적인 취지와 의도를 기술하는 방향으로 합의를 하여 상호간의 유연성이 보장되도록 하는 것이 좋다.

● 서비스 수준에 대한 내용도 문서화하고 지속적으로 관리하도록 한다.

서비스 범위, 측정치, 변화 관리, 문제관리 등의 내용이 포함된 서류를 흔히 서비스 수준협약(SLA: Service Level Agreement)이라고 하며, 이것은 상호간의 서비스 비용 산정의 근거가 된다. 일반적으로 여기에 포함될 수 있는 서비스 측정치들은 CPU의 가용시간, CPU 응답시간, 헬프 데스크 응답시간, 서비스 완료시간 등이다. 이러한 측정치는 시간 단위 뿐만 아니라 빈도수로도 기술될 수 있는 것으로 특정기간동안 기대수준 이하의 서비스가 몇 회 발생하였는가로 표시할 수 있다. 이러한 측정치들은 "평균치"와 "최대 가용치"의 방법으로도 기술될 수 있다. 이렇게 지수화된 측정치는 서비스 작업의 질을 측정하기에는 어려운 단점이 있으므로 이를 보완하기 위하여 서비스 자체에 대한 만족도를 측정하기도 한다. 이렇게 다양한 방법의 기술이 요구되는 이유는 예상치 않은 문제의 발생 시 서로간의 오해를 방지하기 위해서이다. 아웃소싱을 한 후에도 전문업체와 기업은 서비스 수준에 관하여 지속적인 평가작업을 통해 합의한 목표치를 달성하도록 노력해야 한다.

● 다수의 전문업체들이 참여하는 경우에는 그들의 업무 및 책임 범위를 명확히 규정하도록 한다.

정보시스템의 구축과 운영은 각기 전문화된 영역으로 나누어져 있으므로 아웃소싱의 계약을 하나의 전문업체와 했다 하더라도 특정 분야에 있어서는 제3자가 개입되는 경우가 종종 발생한다. 이런 경우 각 업체들은 전문 분야별로 업무를 분장하게 되므로 편의에 의하여 전문분야를 기준으로 기능별 조직을 만들 수 있다. 그러나 기능별 조직은 부문별 목표달성이 강조되어 전체 업무목표의 달성이 저해되는 한계점이 있기 때문에 문제가 발생하였을 경우 책임의 소재가 불분명하게 되는 단점이 있다. 따라서 제3의 계약자가 기업이 아닌 전문업체의 통제와 권한하에 있다 할지라도 기업은 제3의 전문업체에 대하여 필요한 경우 권한을 행사할 수 있도록 해야 한다. 기업이 기존의 전문업체가 아닌 새로운 업체와 새로운 시스템을 개발할 필요성이 제기된다면, 이런 경우를 위하여 양측은 업무 협조의 방법, 책임과 권한의 범위 등에 관하여 사전에 협의할 필요성이 있다.

● **지적 재산권 및 지적 소유권에 관한 항목이 계약서에 포함되어야 한다.**

만일 기업이 자신이 개발한 소프트웨어에 지적 재산권이 있고, 이에 대한 관리가 아웃소싱에 의하여 전문업체에게 양도될 경우, 양측은 관련된 소프트웨어의 소유권을 명확히 할 필요가 있다. 마찬가지로 아웃소싱에 의하여 양측이 공동으로 개발하여 (잠재적) 지적 재산권이 생길 경우를 대비하여 소유권에 관한 부분을 명확히 해둘 필요가 있다.

● **비용계산은 협의에 의하여 현실적으로 맞추어 나가는 방법을 고려할 수도 있다.**

비용계산의 방법은 일반적으로 <표 7-3>에 나열된 네 가지 방법이 적용될 수 있다.

〈표 7-3〉 아웃소싱의 비용산정 방법

접근 방법	내 용
고정비 (Fixed cost)	서비스 비용을 일정 금액으로 고정시키는 것이다. 서비스의 정도를 반영하기 어려운 단점이 있으나, 상호간의 신뢰가 있을 때는 편리하다는 장점이 있다.
고정비율 (Fixed rate)	서비스의 제공정도가 예측하기가 용이한 경우에 사용되는 방법으로 서비스의 정도에 따라 고정비율을 곱하여 계산하는 방법이다. 예를 들면 1인당 서비스료(man-hour)에 의하여 계산될 수 있는 시스템 개발 유지 보수, 데이터 입력 등이 있다.
고정비와 고정비율의 혼용	사용 정도에 따라 서비스료의 차이가 많이 발생하는 경우에 쓰일 수 있는 방법으로 기본서비스는 고정비로 하고 그 이상은 서비스의 정도에 따라 계산하는 방법이다. 예를 들면 컴퓨터메모리의 사용정도, 접속의 정도에 따라 비용을 계산할 때 적용될 수 있는 방법으로 일정 수준까지는 기본료에 의하여 계산하고 그 이상은 고정비율을 곱하여 계산한다.
예측비율 (Adjustable rate/ Estimation rate)	사용의 정도에 따른 비용 예측이 어려울 때 적용될 수 있는 방법으로 새로운 서비스를 시작할 때 적용될 수 있으며, 후에 예측이 가능하여 질 때 고정비율로 바꿀 수 있다. 예로 전산실 운영에 관한 간접비용은 잠정적으로 직접비용의 5%로 명시하여 시작될 수 있으며, 후에 양측의 협의에 의하여 비율을 현실화하는 방법이다.

만일 서비스 수준에 대한 과거의 자료가 없다면 초기에는 예측비율을 중심으로 비용 산정을 하고 시간이 지나면서 고정비율과 고정비를 혼용하여 쓸 수 있다. 이 네 가지 방법 외에 고려될 수 있는 것은 "최소서비스료(minimum payment)"로 전문업체가 기업으로부터 최소한의 사용료를 보장받는 방법이다.

1) 관리 단계(Management stage)

관리 단계는 기업과 전문업체가 계약을 완료한 후 시작되는 업무의 이전작업부터 계약 만료 기간까지의 지속적인 서비스 활동의 관리하는 활동을 의미한다. 따라서 본 단계의 중요한 활동은 원활한 업무의 이전과, 계약서에 명시된 서비스 수준이 지속적으로 유지되도록 하는 것이다. 이를 위해 다음과 같은 내용을 고려하도록 한다.

● 아웃소싱은 새로운 기술의 도입이 아니라 새로운 조직 운영방식의 도입이다.

아웃소싱에 의하여 새로운 정보기술을 적용할 수도 있으나, 아웃소싱의 보다 중요한 측면은 조직의 운영 및 관리 방식이 바뀌게 되는 것이다. 따라서 양측은 우선적으로 새로운 관리 지침에 관한 협의를 실시하여야 한다. 또한, 아웃소싱을 실시한 후 전산부와 관련된 운영 절차가 바뀐 것에 대한 교육 및 홍보가 요구된다.

● 기업과 전문업체는 정기적인 모임을 갖도록 한다.

아웃소싱 계약서를 아무리 잘 작성하였다 할지라도 관련항목에 대하여 이견이 발생하거나, 혹은 예측하지 않은 상황이 발생할 수 있다. 이러한 모든 문제는 담당자들 간의 이해를 통하여 해결되어야 한다. 주 또는 월 단위의 회의를 정기적으로 갖도록 하며, 문제의 성격에 따라 관련 담당자들과 경영진이 회의에 반드시 참석하도록 하여야 한다. 아웃소싱으로 발생된 문제가 실무 담당자의 권한을 벗어날 경우 최고 경영진의 중재가 필수적이다.

● 추가적인 무료 서비스 보다는 벌칙금 조항이 효과적이다.

서비스에 문제가 생겼을 때 기업은 추가로 무료 서비스를 받거나 벌칙금 조항을 적용할 수 있다. 추가적으로 무료 서비스를 받음으로써 기업은 손해 본 것이 없다고 생각할 수도 있으나 향후 같은 문제가 지속적으로 발생할 수 있는 가능성을 남기게 된다. 또한, 추가적인 무료 서비스는 장부상에 기록이 남지 않으므로 문제가 생긴 서비스에 관하여 근본적인 해결책이 될 수 없다. 그러나 벌칙금은 장부상 기록이 남는 거래로 전문업체의 수익에 직접적인 영향을 미치게 된다. 즉, 금액에 의한 거래가 있을 경우 전문업체는 수익성에 직접적인 영향을 받게 되므로 향후 같은 문제가 발생하지 않도록 세심한 주의를 기울이게 된다.

● **모든 서비스에 관한 기록을 보관하고 정기적으로 벤치마킹을 하도록 한다.**

벤치마킹의 대상은 관련 업계에서 아웃소싱을 실시한 기업이 될 수도 있으며, 혹은 과거의 자료를 통해 비교할 수도 있다. 이러한 벤치마킹이 중요한 이유는 서비스 수준을 유지하기 위하여도 필요하지만, 향후 비용 계산의 근거로 제시하기 위하여 필요하다.

● **보안의 문제는 기술적인 부분과 관리적인 부분으로 나누어 관리한다.**

아웃소싱이 쉽게 받아들여지지 못하는 큰 이유 중의 하나는 기업의 고유자료에 대한 유출을 우려하기 때문이다. 외부로부터의 의도적인 침입에 의하여 발생되는 문제는 기술적인 방법에 의하여 전문업체가 해결해야 할 부분이다. 그러나 관리적인 부분은 전문업체와 기업이 같이 연루되어 있는 부분이므로 관리절차에 관한 정확한 지침이 설정되어져야 한다. 보안문제를 해결하기 위하여 시도될 수 있는 방법 중의 하나는 아웃소싱을 할 때 소유지분을 공유하는 방법이다. 지분의 공유는 양측으로 하여금 책임감과 신뢰감을 높일 수 있는 좋은 방법이지만, 보안에 관한 완벽성을 기하기 위하여 양측은 기술적인 부분과 관리적인 부분에 대한 지침을 설정하는 것이 바람직하다.

2) 변화 단계(Change stage)

아웃소싱의 계약이 만료되는 시점에 있어서 기업은 어떠한 방법에 의하여 해당 기능을 운영할 것인지를 결정하여야 한다. 해당 기능을 다시 내부에서 운영할 것인지, 다른 전문업체를 선정하여 운영할 것인지, 계약조항을 바꾸고 현재의 전문업체를 그대로 유지할 것인지도 결정하여야 한다. 본 단계에서는 다음과 같은 사항을 고려한다.

● **만료되는 시점의 운영 방법에 관하여는 장기적인 계획을 갖고 접근한다.**

아웃소싱 계약은 일반적으로 장기계약에 속하고 상호간의 초기 발생 비용이 크기 때문에 업체나 운영방식을 바꾼다는 것은 시간이 흐를수록 더욱 어렵다. 비록 예측하기는 어렵다 할지라도 다음과 같이 여러 형태로 현재의 전문업체와의 관계가 변화될 수 있다.

- ◇ 계약만료 이전이지만 서비스 수준이 만족스럽지 못하여 계약을 파기해야 할 경우
- ◇ 계약만료 이전이지만 불가피한 이유에 의하여 계약이 종료되는 경우
- ◇ 계약만료가 되어 현재의 조건을 재협상해야 할 경우
- ◇ 계약만료가 되어 새로운 전문업체로 바꾸어야 할 경우
- ◇ 계약만료가 되어 아웃소싱에서 내부운영으로 바꾸어야 할 경우

● 초기계약 파기비용(early termination charge)과 초기계약 파기금지에 대한 조건을 고려한다.

아웃소싱을 시작할 때 양측은 서비스 수준의 미달, 서비스료의 체납 등 계약이 파기될 수 있는 조건을 계약서에 나열한다. 그러나 전문업체가 아웃소싱을 위하여 초기에 많은 투자를 하였지만 그 비용을 회수하지 못한 상태에서 계약이 파기된다면 전문업체는 많은 손해를 입게 된다. 일반적으로 초기계약 파기비용은 기업의 몫이므로 전문업체는 "초기계약 파기금지"와 "초기계약 파기비용" 조항을 계약서에 첨부하여야 한다.

● 계약만료 시점에 현재 전문업체와의 운영 형태를 바꾸고자 한다면 그들의 협조는 필수적이다.

계약이 만료되어 새로운 전문업체를 선정하거나, 혹은 아웃소싱을 그만하고 내부운영(insourcing)을 하고자 할 때 현재의 업체가 협조를 하지 않는다면 기업은 큰 위험에 처하게 된다. 아주 평범한 논리임에도 불구하고 계약서 작성에서 간과되기가 쉽다. 기업은 계약 만료 시 전문업체가 원활한 업무 이관을 위하여 적극적으로 협조한다는 조항을 계약서에 반드시 첨부하도록 한다. 왜냐하면 전문업체는 계약이 종료되는 시점에 서비스를 일방적으로 중단시키거나 혹은 이것을 재계약을 위한 수단으로 사용할 수도 있기 때문이다. 만일 업무 이관을 위한 추가 비용이 발생될 경우 양측은 협의에 의하여 업무이관에 지장이 없도록 해야 한다.

1991년 11월 4일 GD와 CSC는 GD의 정보시스템 사업부를 2억 달러에 CSC에 매각하고, 향후 10년간 CSC가 GD의 거의 모든 정보시스템 서비스를 제공하는 아웃소싱 계약을 체결하였다. 이것은 CSC에 30억 달러에 달하는 수익을 가져다주는 것을 의미했으며, 그 규모나 복잡성에서 1989년에 이루어진 코닥사의 아웃소싱 계약을 능가하는 사상 최대의 것이었다.

GD는 미국 미주리주 세인트루이스에 본사를 두고 있는 미국에서 두 번째로 큰 방위 산업체이다. 미국 정부에 전술 항공기, 잠수함, M1 탱크, F-16 전투기 및 토마호크 쿠르즈 미사일과 같은 최첨단의 기술집약적 무기 시스템을 공급하고 있는 GD는 동서 냉전 체제가 강화되던 시기에 무기 시장에서 급속하게 성장 할 수 있었다. 1991년 현재 GD는 7개의 항공우주 방위 사업부와 2개의 비 방위 사업부로 구성되어 있다. 항공우주 방위 사업부는 우주 발사 시스템, 미사일 및 전자 제어 시스템, 군사용 항공기, 해상 및 내륙 시스템 등의 핵심적인 4가지 방위 그룹으로 구성되어 있고, 2개의 비 방위 그룹은 자원 그룹(Resource Group)과 세스나 항공기(Cessna Aircraft)로 구성되어 있다. 또한 이때에 그룹 내 흩어져 있던 정보 시스템 부서들을 통합하여 별도의 독립된 사업부로 만들었다.

GD의 정보시스템 사업부는 매우 효과적으로 운영되고 있었지만 경영진은 1989년 베를린 장벽의 붕괴 이후로 위축되는 방위산업 시장을 인식하고, 1990년 이후 부사장 에이스 홀을 중심으로 정보시스템 사업부의 발전 가능성과 운영전략을 평가하기 시작했다. 1991년 5월 GD는 정보시스템 설비를 GD 안에 계속 유지하되 집중화 되어있는 정보서비스 사업부를 없애고 정보시스템 업무를 개별 기업으로 분산할 것을 결정하였다. 이렇게 함으로써 향후 4년간 약 $2억 4천 3백만 달러를 절약할 수 있을 것이라고 추정하였다. 이를 위하여 CSC를 전문업체로 선정하고 양사는 합작회사를 통한 아웃소싱에 합의하였다.

이러한 계약이 있기까지는 급변하는 시장 환경과 산업 전반의 상황이 기업으로 하여금 새로운 관리기법을 요구하였고, 아웃소싱은 이에 대응하기 위한 기업의 전략과 일치하는 것이었으며, 아웃소싱 계약을 통해 서비스를 제공받는 기업, 그리고 서비스 업체, 그리고 직원들까지도 이익을 얻을 수 있었기 때문이었다.

7.4 클라우드 컴퓨팅(Cloud Computing)

최근 정보시스템 획득과 구현에 있어서 네트워크의 고도화와 웹의 급속한 진화와 더불어 급증하는 트래픽과 컴퓨팅 파워 문제를 해결하기위하여 클라우드 컴퓨팅(cloud computing)이 고려해야 할 중요한 대상으로 부각되고 있다. 클라우드 컴퓨팅이란 인터넷이 접속가능한 공간이면 언제 어디서나 어떠한 단말기로도 컴퓨팅 자원을 이용할 수 있게 해주는 기술로써 이러한 클라우드 컴퓨팅 시대의 개막은 기존의 하드웨어 또는 소프트웨어 중심에서 서비스 중심으로의 전환을 의미하는 것이다. 본 절에서는 클라우드 컴퓨팅의 개념, 요소기술, 그리고 시장현황에 대해서 알아본다.

7.4.1 클라우드 컴퓨팅의 개념

가트너(Gartner)에 따르면, '클라우드 컴퓨팅이란 인터넷 기술을 활용하여, 다수의 고객들에게 높은 수준의 확장성을 가진 IT자원을 서비스로 제공하는 컴퓨팅'으로 정의하고 있다. 즉 가상공간에서 모든 정보들이 공유되어 소프트웨어, 플랫폼, 인프라 환경 등을 사용자의 취향에 따라 실시간으로 활용할 수 있게 함으로써 정보의 통제와 관리, 검색 및 조정 과정이 혁신적인 수준으로 효율화되는 새로운 IT아키텍처라 할 수 있다. 서비스를 제공하는 원천이 누구이며 어떠한 형태의 데이터 센터에서 관련 프로세스가 어떻게 진행되는지, 사용자의 단말기가 어떤 종류인지 등에 전혀 관계없이 마치 자신에 맞춤형으로 제작된 컴퓨터를 이용하는 것과 같은 효과가 있으며, 물리적인 저장장치가 더 이상 필요 없으므로 IT자원으로 소유하는 방식에서 공유하는 방식으로의 전환하는 것을 의미한다고 할 수 있다.

1) 클라우드 컴퓨팅의 출현 배경

클라우드 컴퓨팅의 명칭은 2006년 구글의 선임엔지니어였던 크리스토프 비시글리아(Christophe Bisciglia)에 최초로 제시되었으며, 클라우드라는 명칭은 작업에 필요한 컴퓨팅 서비스를 구름 저편으로부터 받아와서 작업한 문서를 소프트웨어와 함께 다시 구름 저편으로 보내어 저장한다는 의미에서 지어졌다. 그러나 클라우드 컴퓨팅 개념은 갑자기 등장했다기보다 그 동안 초기적이고 부분적인 형태로 나타났던 그리드(grid) 컴퓨팅, 분산 컴퓨팅, 유틸리티(utility) 컴퓨팅, 웹 서비스, 서버 및 스토리지의 가상화 기술과 공개 소프트웨어 등과 같은 기존의 기반 기술들을 융합하여 하나의 커다란 구름(Cloud)과 같은 컴퓨팅 환경을 구축한 진화적인 개념이라 할 수 있다.

최초의 개념이 등장한 것은 1960년대로, 미국 컴퓨터 학자인 존 맥카시(John Mccarthy)는 '언젠가 컴퓨터는 공공요금을 지불하면서 사용하는 형태로 바뀔 것'이라고 예측했었다. 1990년대에는 웹을 통해 솔루션을 제공하는 ASP(Application Service Provider)와 같은 서비스의 발전이 클라우드 컴퓨팅의 원초적인 형태라 할 수 있으며, 1999년에는 세일즈포스닷컴(salesforce.com)은 자사의 비즈니스 어플리케이션에 구글, 야후 등이 개발한 웹 기술을 적용함으로써, 온디맨드(on-demand)와 SaaS(Software as a Service)의 콘셉트를 제공하였다. 2000년초 마이크로소프트는 웹 서비스의 개발을 통해 SaaS의 개념을 확장하여 초기 클라우드 컴퓨팅의 개념을 제시하였다. 이에 따라 클라우드 컴퓨팅은 SaaS의 확장으로 이해되다가 점차 그 영역을 스토리지, 보안 그리고 데이터 센터 자체로 확장되면서 현재의 클라우드 컴퓨팅에 대한 개념으로 확장되었다. 2001년에는 IBM이 이기종 스토리지 · 서버 · 어플리케이션 · 네트워크 · 보안 · 그리고 가상화할 수 있는 다른 요소들을 자동화 기술로 진단, 구성, 최적화하는 자동화 컴퓨팅 매니페스토(manifesto)를 발표하였다. 2005년 아마존은 새로운 클라우드 아키텍처인 유틸리티 컴퓨팅 기반의 Amazon Web Services를 제공하기 시작했으며, 2007년 구글과 IBM이 수많은 대학과 함께 대규모의 클라우드 컴퓨팅연구 프로젝트를 착수하여 이를 계기로 클라우드 컴퓨팅이 차세대 IT의 새로운 패러다임으로 등장하게 되었다.

클라우드 컴퓨팅의 출현은 새로운 IT아키텍처의 등장을 의미하는 것으로, 과거 1980년대 메인프레임(mainframe)에서 PC분산처리라는 제 1차 IT혁명에 이은 제 2의 IT혁명이라 할 수 있다. 메인프레임 시대라 할 수 있는 1960년대에는 IBM360으로 대표되는 범용대형컴퓨터와 이에 연결된 전용단말기를 활용하여 중앙 집중적으로 정보를 처리하고 관리하였다. 이 시기의 정보시스템의 획득은 주로 조직 내부의 IT전문가를 활용하여, 필요한 시스템을 직접 개발하는 형태를 취하였다. 1980년대에는 IT의 급격한 발달과 더불어 가격은 낮고, 성능은 우수한 PC의 등장과 인터넷의 급속한 보급으로 인하여, 클라이언트-서버(client-sever)에 기반을 둔 분산된 방법으로 정보를 처리하고 관리하였다. 이 시기의 정보시스템의 획득은 사내의 IT전문가를 활용뿐만 아니라, 외부의 전문가를 활용한 아웃소싱, 그리고 사용자들이 직접 개발하는 최종사용자 컴퓨팅 등의 다양한 방법들이 나타났다. 2000년대에는 광대역의 통신망의 보급에 따라 IT자원의 가상화가 실현됨에 따라 통신망을 통하여 데이터센터의 하드웨어, 소프트웨어를 활용하여 정보를 처리하고 관리하는 클라우드 컴퓨팅이 주목을 받게 되었다. 이러한 IT아키텍처의 변화는 IT자원의 획득이 소유에서 공유로 전환되는 새로운 패러다임의 출현이라 할 수 있다. <표 7-4>에서는 IT 아키텍처의 변화를 요약정리 하였다.

〈표 7-4〉 IT 아키텍처의 변화

구 분	메인프레임 시대	PC 분산처리 시대	클라우드 컴퓨팅 시대
시 기	1960년대	1980년대	2000년대
내 용	범용 대형컴퓨터에 의한 집중적 처리	분산된 PC에서의 집중적 처리	가상화된 데이터센터에서의 공유에 의한 처리
정보시스템 획득방법	직접개발 및 소유	다양한 형태의 개발 및 소유	다양한 형태의 개발 및 공유

2) 클라우드 컴퓨팅의 특성

클라우드 컴퓨팅은 인터넷을 통해 서로 다른 인프라 환경에 존재하는 각종 IT자원을 사용자가 언제 어디서나 필요한 양만큼 편리하게 사용하고 이에 대하여 일정요금을 지불하는 환경을 제공하는 아키텍처라고 할 수 있다. 즉 네트워크 기반의 분산 컴퓨팅과 가상화 기술로 유휴 자원을 인터넷으로 연결된 환경에서 저렴하게 나누어 쓰고, 인터넷 상의 스토리지(서버)에 영구적으로 저장하는 것으로 자신의 IT자원 환경은 일시적인 형태로 저장하게 된다. 물론 이를 위해 사용하는 각종의 어플리케이션도 클라우드 컴퓨팅 환경에서는 무료로 이용하거나 저렴하게 자신의 소프트웨어처럼 이용할 수 있는 것을 의미한다.

클라우드 컴퓨팅의 정의에 대해서는 아직 기술적으로 진화하고 있어서, 학계나 실무계에서 공통된 정의는 없지만, 클라우드 컴퓨팅의 요구되는 기능을 살펴보면, 그 개념이 보다 명확해 질 수 있을 것이다. 클라우드 컴퓨팅의 기능은 인프라스트럭처의 규격화와 자율성 보장, 완전한 가상화, 동적인 인프라 소프트웨어의 설치, 사용한 만큼의 비용, 장기적인 계약으로부터의 자유, 어플리케이션과 운영체제로부터의 독립, 소프트웨어 또는 하드웨어 설치의 무료 등을 들 수 있다. 클라우드 컴퓨팅의 이점은 IT자원에 대한 비용, 확장성, 생산성, 유지보수 등에서 규모의 경제를 실현할 수 있다는 것이다. 즉 IT 자원에 대한 선행 투자가 없고 자신이 사용한 만큼 비용을 지불하는 모델(pay-as-you-go pricing model)이며, 온 디맨드의 사용량을 자유롭게 조절하거나 동적인 업무에 맞게 적용할 수 있다는 것이다. 또한 유지보수 관리가 거의 없거나 쉬우며, 즉각적인 소프트웨어 업데이트가 이루어진다. 따라서 클라우드 컴퓨팅은 IT자원을 관리하고 소비하는 새로운 방식이라 할 있으며, 개별 조직차원에서 IT자원을 통합하는 것보다 훨씬 효율적인 대안이 될 수 있다. 즉 개별 기업이 IT자원을 전문가에 맡겨 관리하는 것은 쉽지 않지만, 어플리케이션을 클라우드로 옮겨 이용하면 대규모 IT자원까지도 쉽게 제공받을 수 있는 IT환경을 실현할 수 있다는 것이다. <표 7-5>에서는 클라우드 컴퓨팅의 주요 특징을 요약 정리하였다.

〈표 7-5〉 클라우드 컴퓨팅의 주요 특징

구 분	특 성
표준화된 IT기반 기능	컴퓨팅, 저장장치, 네트워크, SW 등을 포함하는 전반적인 IT자원이 제공되는 서비스 이외에 별도의 고객화가 없으며, 서비스 제공자에 의해 제공되는 표준
IP망을 통한 접근	IP망과 http, REST(representational state transfer), SOAP(simple object access protocol) 등 웹 기반 컴퓨팅 프로토콜 활용 UI를 위해 OS에 중립적인 표준 웹 브라우저와 웹 표준 지원
Always on과 수요에 따른 확장성 지원	서비스 제공자는 24시간 접근성과 고객수요의 변화에 따라 이에 대응하는 컴퓨팅 자원을 유연성 있게 지원
사용량이나 광고기반 과금	무료, 혹은 사용기반 과금으로 장기계약이나, 초기 셋업비용 등이 없음(광고, 주/원단위 과금, 사용량 기반 과금)
Web 혹은 Programmatic 기반 control interface	고객데이터 원격호스트, RIA(rich internet), 인터페이스(페이스북, MS, virtual; earth 3D 등) 제공, 서버기반 인터페이스로 XML과 REST스타일 SW connection standard(Flicker API, Amazon S3)사용
사용자 셀프 서비스	서비스 제공자의 간섭없이 고객 스스로 필요한 서비스를 설치, 관리, 종결함, 사용자는 Web-interface나 programmatic call를 통해 서비스 API에 접근함

<출처: 정재호(2008)>

클라우드 컴퓨팅과 유사한 개념의 컴퓨팅을 살펴보면, 인터넷상의 분산된 다양한 자원들을 공유하여 가상의 슈퍼컴퓨터로 활용하는 방식인 그리드 컴퓨팅(grid computing), 가스나 전기와 같이 사용량에 따라 과금하는 방식의 유틸리티 컴퓨팅(utility computing), 서버에 응용 소프트웨어나 데이터를 저장해 두고 필요시마다 접속해서 사용하는 방식의 서버 기반 컴퓨터(server based computing), 응용 소프트웨어는 서버에 두고 작동은 이용자 컴퓨터의 자원을 이용하는 네트워크 컴퓨팅(network computing) 기술 등이다. <표 7-6>에서는 클라우드 컴퓨팅과 다른 컴퓨팅 기반 서비스를 비교하였다.

〈표 7-6〉 클라우드 컴퓨팅과 다른 컴퓨기반 서비스 비교

컴퓨팅 구분	유사점	차이점
그리드컴퓨팅 (Grid computing)	- 분산 컴퓨팅 구조 사용 - 가상화된 컴퓨팅 자원 제공	- 그리드가 인터넷상의 모든 컴퓨팅 자원을 사용하는 반면, 클라우드는 사업자 소유의 클라우드 사용
유틸리티 컴퓨팅 (Utility computing)	- 과금 방식 동일	- 기술적인 문제 연관성 부재
서버 기반 컴퓨팅 (Server based computing)	- 데이터 및 응용을 아웃소싱 형태로 운용	- 서버 기반 컴퓨팅은 클라이언트에서 입출력만 처리하는 반면, 클라우드는 데이터 자체를 제공할 경우, 클라이언트 자원 활용 가능
네트워크 컴퓨팅 (Network computing)	- 데이터 및 응용을 아웃소싱 형태로 운용	- 네트워크 컴퓨팅은 사용자의 컴퓨팅자원을 사용하며, 클라우드 컴퓨팅은 서버가 컴퓨팅 능력 제공

<출처: 민옥기 외(2009)>

4) 클라우드 컴퓨팅의 기대효과

클라우드 컴퓨팅의 가장 두드러진 유용성은 IT 자원을 서로 공유하고 유휴 자원을 효율적으로 활용하여 전체 자원 및 비용을 절감시킬 수 있다는 점이다. 전 세계적으로 인터넷 이용자가 급증한데다, 사용자 및 대용량 콘텐츠의 증가로 인터넷 트래픽이 급증하고 이를 처리하기 위한 서버 수요도 증가함에 따라 IT자원의 효율적인 활용을 위한 기술들이 요구되고 있다. 게다가 지속되고 있는 경제 불황은 기업들이 IT비용절감의 방편으로 클라우드 컴퓨팅에 관심을 기울이게 하였다.

기업들은 클라우드 컴퓨팅 도입을 통해 비용절감뿐 아니라 업무의 효율화 증대를

기대하고 있는데, 실제적으로 전력, 구입 비용 등 84%의 비용 감소는 물론, 재택근무 및 원격지 근무 등 업무방식에도 변화를 가져오고 있다. 또한 클라우드 컴퓨팅은 환경 보호 차원에서도 유용한데, 컴퓨터의 효율적인 사용으로 서버의 전원 사용률을 줄여 IT 자원뿐 아니라 에너지를 절약할 수 있고 이를 통해 화석 연료 사용량을 감소시킬 수 있기 때문이다. 이에 저전력·고효율을 목표로 환경을 보호하기 위한 그린 IT정책 방안의 대표적인 수단으로도 클라우드 컴퓨팅이 사용될 수 있다. 전문가들은 실제적으로 클라우드 컴퓨팅을 통해 데이터 센터 공간을 80%이상 줄일 수 있고, 에너지 소비량도 40%가량 절감할 수 있다고 말한다. 이러한 점에서 클라우드 컴퓨팅의 유용성은 더욱 부각되고 있다. <표 7-7>에서는 클라우드 컴퓨팅의 도입에 따른 기대효과와 불안요소를 정리하였다.

〈표 7-7〉 클라우드 컴퓨팅의 기대효과와 위험요소

도입 시 기대효과	도입시 불안요소
- 사용도가 낮은 IT자원에 대한 자산 구매를 회피하여 운영비용 절감 - IT인프라를 소유할 필요가 없어져 자산 비용 절감 효과 - 사용자는 별도의 장치나 위치에 상관없이 시스템에 접근 가능 - 자원 활용 향상으로 효율적 시스템 운영 - 다수의 사용자가 자원을 나누어 사용하므로 인프라의 집중화로 인한 비용절감, 최대 용량 증가, 시스템 효율성 향상 - 갑작스런 IT자원의 수용변화에 대한 저렴하고 신속한 대응 가능 - 필요한 자원의 선택적 구매와 사용량 기반 대가지불의 합리적인 가격 모델 - 해커와 외부 침입 및 공격 시스템 및 데이터 보호 용이	- 클라우드 서비스의 안전성에 대한 우려 - 클라우드에 주요 데이터와 정보를 저장하는데 따른 보안상의 우려 - 표준의 부족으로 인한 클라우드로의 전환어려움 - 기존의 레거시[1] 인프라로부터의 전환에 따른 기회비용 및 정확한 투자편익 계산의 어려움

<출처: 박선주 외(2009)>

1) 레거시(Legacy) : 과거에 개발되어 현재에도 사용 중인 기존의 IT자원(하드웨어, 소프트웨어 등)으로 새로 도입하는 IT 시스템에 대비하여 통칭함.

7.4.2 클라우드 컴퓨팅의 구성

1) 클라우드 컴퓨팅의 서비스

클라우드 컴퓨팅는 누구를 대상으로 서비스할 것인가에 따라서 모든 사람들에게 서비스를 제공하는 공공클라우드(public cloud), 내부사용자들에게만 서비스를 제공하는 사설클라우드(private cloud)로 구분되며, 무엇을 서비스할 것인가에 따라서 IaaS(Infrastucture as a Service), PaaS(Platform as a Service), SaaS(Software as a Service) 등으로 구별된다. 또한, 이외도 많은 형태의 클라우드 컴퓨팅 서비스가 존재할 수 있으며, 앞으로도 다양한 형태의 서비스가 출현할 것으로 전망된다. [그림 7-7]에서는 클라우드 서비스의 대표적인 세 가지 형태를 나타내었다.

IaaS는 가상화 기술을 활용하여 IT자원의 풀(pool)을 구축하고, 서버 또는 스토리지를 사용자에게 서비스 형태로 제공하는 대표적 클라우드 컴퓨팅 서비스이다. 즉, 서버, 스토리지, 네트워크와 같은 하드웨어 시설을 대규모 데이터센터에 두고 사용자는 이용료를 지불하며 필요에 따라 얼마든지 사용정도를 확장할 수 있다. 이 분야는 현재 Amazon Web Service가 독보적인 위치를 차지하고 있다.

PaaS는 사용자가 쉽게 서비스를 만들 수 있도록 필요한 기본 기능을 제공하는 플랫폼을 서비스 형태로 제공하는 클라우드 컴퓨팅 서비스로서, 오픈소스 소프트웨어 기반의 어플리케이션 프레임워크를 조합하여, 이를 통해 사용자들은 웹상에서 자신이 원하는 프로그램을 만들고, 이를 웹을 통해 서비스할 수 있다. 이런 서비스의 대표적인 사례는 Google App Engine과 Azure Services Platform을 들 수 있다.

SaaS는 어플리케이션 또는 소프트웨어를 서비스 형태로 제공하는 형태의 클라우드 컴퓨팅 서비스이다. SaaS는 웹을 통해 어플리케이션이나 소프트웨어를 사용하는 방식으로 사용자는 이를 위해 라이센스 구매나 설치 없이 사용이 가능하다는 장점이 있다. 대표적인 SaaS 업체는 세일즈포스닷컴을 들 수 있다. <표 7-8>에서는 클라우드 컴퓨팅 서비스별 사례를 요약 정리하였다.

[그림 7-7] 클라우드 컴퓨팅의 서비스형태

<출처: ETRI(2009)>

〈표 7-8〉 클라우드 컴퓨팅 서비스별 사례

대분류	중분류	사 례
SaaS	응용 소프트웨어 서비스	GoogleApps, Salesforce.com Apps, Apple MobileMe, Nokia OVI, IBM Bluehouse
	웹 기반 서비스	HP Snapfish, MS Office Live, HP Magcloud
	응용 소프트웨어 컴포넌트 서비스	Amazon FPS(Flexible Payments Service) API, Google MAP API, Google Calendar APIs, Yahoo! Maps API
PaaS	엔터프라이즈 플랫폼 서비스	GigaSpaces, Oracle SaaS platform
	호스티드 플랫폼 서비스	Google AppEngine, Salesforce Force.com, MS Azure, Sun Caroline, Cloudera
IaaS	데이터베이스 클라우드 서비스	Amazon SimpleDB, Google Base, MS SDS
	미들웨어 클라우드 서비스	Amazon SQS(Simple Queue Service)
	스토리지 클라우드 서비스	Amazon S3(Simple Storage Service), EMC Mozy/Atmos, Rackspace CloudFiles
	컴퓨터 클라우드 서비스	Amazon EC2(Elastic Compute Cloud), Saw is Cloud Compute

<출처: 민옥기 외(2009)>

2) 클라우드 컴퓨팅의 요소기술

클라우드 컴퓨팅 서비스 지원을 위해서는 하드웨어 장비를 설치할 데이터 저장소부터 사용자 인터페이스 웹사이트까지 많은 솔루션이 필요하다. 특히 클라우드 컴퓨팅의 온-디맨드, 동적 자원활당, 신속성, 브로드 밴드, 서비스 과금체계 등의 특성을 충족하기 위해서는 다음과 같은 요소기술이 필요하며, <표 7-9>에 요약 정리하였다.

가상화(virtualization) 기술은 클라우드 컴퓨팅의 주요 특성인 사용자 요구에 따른 IT자원의 동적자원할당, 온-디맨드 서비스를 가능하게 하는 주요 기반기술이라 할 수 있다. 가상화 기술을 통해 다양한 유형의 서비스를 지원하기 위해 필요한 많은 전용 서버와 부수적인 스토리지, 네트워크 장비 등으로 IT운영비용의 급격한 증가, 서버들의 활용도 저하, 복잡한 인프라 환경으로 인해 발생하는 문제점을 해결할 수 있다.

대규모 분산처리 기술은 기하급수적으로 증가하는 대용량 데이터로부터 양질의 정보와 지식을 추출하고자 하는 요구에서 비롯되었다. 대규모 분산처리 기술은 통신망으로 연결된 다수의 컴퓨터 처리능력을 이용하여 거대한 계산문제를 처리하는 기술이다. 대규모 연산능력이 필요로 하는 생체인식 및 데이터마이닝 등과 같은 분야에서 유용하게 적용되는 기술이라 할 수 있다.

오픈 인터페이스(open interface) 기술은 서비스의 활용성과 유연성 증대를 위해 외부에서 쉽게 기능을 활용할 수 있도록 하는 기술이다. 오픈 인터페이스는 클라우드 컴퓨팅에 기반한 개방된 웹 서비스 형태의 인터페이스를 통한 SaaS 및 PssS의 성공 요인으로 부상되고 있다.

서비스 프로비저닝(service provisioning) 기술은 서비스 제공 과정의 자동화에 대한 필요성이 높아지면서, IT 인프라자원을 사용자 혹은 기업의 요구사항에 맞게 할당, 배치, 배포해서 시스템을 효율적으로 사용할 수 있도록 지원하는 기술이다. 서비스 프로비저닝 기술은 클라우드 컴퓨팅 기반의 가상 서버에 필요한 스토리지 용량 생성 및 네트워크 구성 작업을 수행하여 필요한 용량을 가상 서버에 제공한다. 또한, 운영체제, 관리 소프트웨어, 용도별 주요 소프트웨어가 미리 구성된 이미지로 준비되었다가, 사용자의 요청에 따라 자동 제공하는 기술이다.

자원 유틸리티(resource utility) 기술은 사용자가 자신의 서버 전체에 대한 비용을 지불하는 대신에, 서버 풀(pool)에서 자신이 사용한 자원에 대한 비용을 지불할 수 있도록

〈표 7-9〉 클라우드 컴퓨팅의 요소기술

주요기술	개　념	요소기술
가상화 기술	- 물리적인 하드웨어의 한계를 넘어서 시스템을 운영할 수 있는 기술 - 여러 대의 전산자원을 마치 한 대처럼 운영하거나 한 대의 전산자원을 마치 여러 대의 자원처럼 나눠서 이용	Resource Pool, Hypervisor, 가상 I/O, Partition Mobility 등
대규모 분산처리	- 규모(수천 노드 이상)의 서버 환경에서 대용량데이터를 분산 처리하는 기술	SOA, Open API, Web Service 등
오픈 인터페이스	- 인터넷을 통하여 서비스를 이용하고 서비스 간에 정보 공유를 할 수 있는 인터페이스 기술 - 클라우드 컴퓨팅 기반의 SaaS, PaaS 등에서 기존 서비스에 대한 확장 및 기능 변경 등에 적용	SOA, Open API, Web Service 등
서비스 프로비저닝	- 서비스 제공자가 실시간으로 자원을 제공하는 기술 - 서비스 신청부터 자원 제공까지의 업무를 자동화하여 클라우드 컴퓨팅의 경제성과 유연성 증가에 기여	자원 제공
자원 유틸리티	- 전산자원에 대한 사용량을 수집하고, 이를 바탕으로 사용한 만큼만 비용을 지불하도록 하는 기술 개념	사용량 측정, 과금, 사용자 계정관리 등
SLA. (서비스 수준관리)	- 외부 컴퓨팅 자원을 활용하는 클라우드 컴퓨팅의 특성상 서비스 수준이라는 계량화된 형태의 운영 품질 관리 필요	서비스 수준 관리 체제
보안 및 프라이버시	- 외부 컴퓨팅 자원에 기업 또는 개인의 민감한 정보를 저장함에 따라 해당 정보에 대한 보안이 주요한 이슈로 부각	방화벽, 침입방지기술, 접근권한 관리기술 등
다중 공유 모델	- 하나의 정보자원 인스턴스를 여러 사용자 그룹이 완전히 분리된 형태로 사용하는 모델 - 소프트웨어 서비스(SaaS)를 제공하는 데 필수 요소	-

<출처: 민옥기 외(2009)>

하는 기술이다. 주요 기능으로는 첫째, 사용량 측정 기능으로 서비스 형태로 제공되는 자원에 대한 사용량을 측정하고 기록하여 향후 사용자에게 과금되는 비용의 기준 정보를 제공한다. 둘째, 사용자 계정 관리 기능으로 계정 관리화면에서 사용 중인 자원의 운영 및 과금현황 등을 확인할 수 있도록 지원한다. 셋째, 과금 체계 기능으로 측정된 사용량을 바탕으로 사용자에게 비용을 과금하는 시스템 구축을 지원한다.

서비스 수준관리(SLA: Service Level Agreement)는 기업 혹은 정부기관을 대상으로 클라우드 컴퓨팅 서비스를 제공하는데 필수적인 기술로 서비스 가용성 및 제공속도 등을 수준 측정항목으로 설정하여 계량화된 형태의 정보를 통해 클라우드 컴퓨팅 서비스에 대한 품질 관리를 하는 것이다.

보안 및 프라이버시 기술은 제공 서비스의 자원 간 분리성(resource isolation) 확보, 다중 공유 모델(multi-tenancy model)지원 등을 위한 기술이다. 최근에는 외부 전산자원에 주요 데이터를 보관하는 클라우드 컴퓨팅 특성상 보안에 대한 요구가 대두되고 있지만, 아직 클라우드 컴퓨팅만을 위한 특화된 보안 기술 요소는 미흡한 현실이다.

다중 공유모델 기술은 하나의 애플리케이션을 공유함으로써 전산자원의 활용성을 높이고, 비용을 줄이며, 데이터 영역을 분리하여 사용자 간의 데이터 공유 및 침해 방지에 기여하는 기술이다. 다중 공유모델 기술을 통해 애플리케이션, 미들웨어, 데이터베이스 등의 다양한 수준에서 다중 공유모델 설계가 가능하다.

7.4.3 클라우드 컴퓨팅의 시장 현황과 전망

1) 클라우드 컴퓨팅의 시장 현황

정보통신정책연구원에 따르면 2009년 전세계 클라우드 컴퓨팅 시장규모는 796억 달러로 연평균 34.0%의 높은 성장률을 기록하며 2014년에는 3,434억 달러에 이를 것으로 전망된다([그림 7-8]). Gartner는 2012년까지 클라우드 컴퓨팅이 기업의 IT 서비스 기반이 될 것으로 예측하였으며, Merrylinch는 소프트웨어 시장의 연평균 성장률은 6%인데 반해, 클라우드 컴퓨팅 시장의 연평균 성장률은 30%를 기록하며 2011년 약 210조원에 이를 것으로 전망하였다. 또한 시장조사기관 IDC는 클라우드 컴퓨팅에 대한 지출은 2012년까지 약 3배 증가하여 420억 달러에 달할 것이며 향후 IT 지출 및 성장의 견인차 역할을 담당할 것이라고 전망하였다.

국내 클라우드 컴퓨팅 시장규모는 2009년 6,739억 원으로 2014년에는 2조 5,480억 원에 달하며 동 기간 연평균 30.5%의 높은 성장률을 보일 것으로 예상된다([그림 7-9]). 그러나 국내기업들의 클라우드 컴퓨팅 관련 기술수준은 미국 등 선진국에 비해 약 4년 정도의 기술 격차가 존재하며, 핵심 기술을 보유한 업체는 아직 없는 것으로 알려졌다. 또한 구글, 아마존 등 해외 기업들이 이미 상용화 단계에 들어섰는데 반해, 삼성, LG 등의 국내 기업들은 시범 적용단계이거나 상용화 준비 단계에 불과하다.

[그림 7-8] 클라우드 컴퓨팅의 시장 현황 및 전망치(해외)

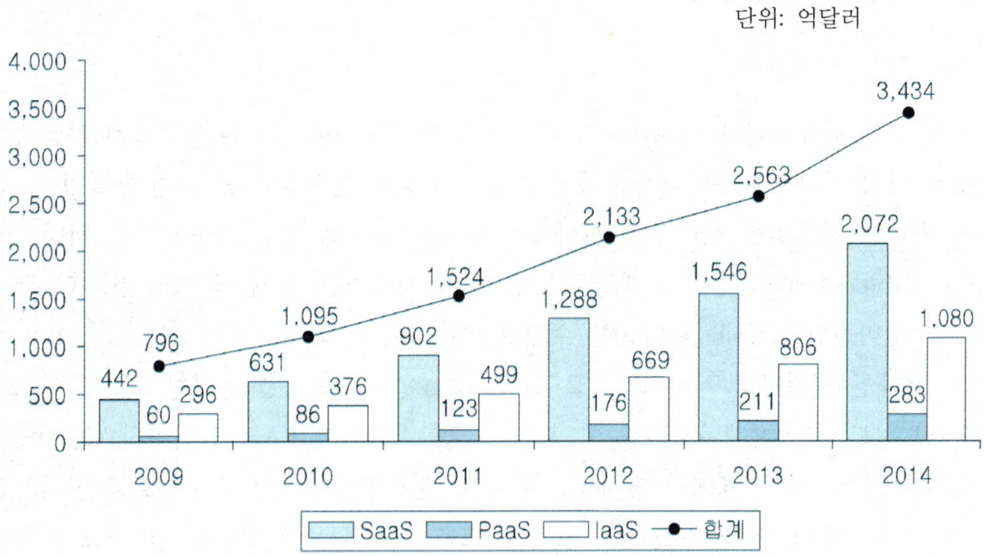

<출처: 이상동(2010)>

[그림 7-9] 클라우드 컴퓨팅의 시장 현황 및 전망치(국내)

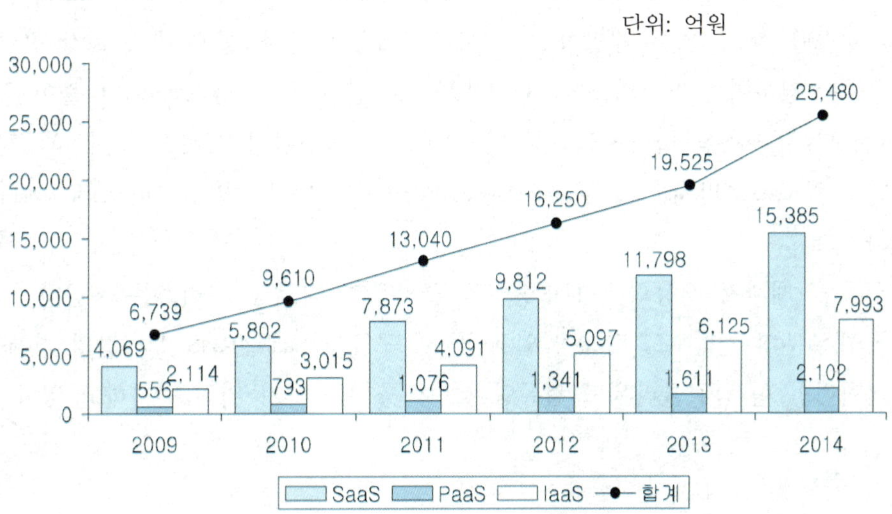

<출처: 이상동(2010)>

2) 클라우드 컴퓨팅의 제공자

● 구글

클라우드 컴퓨팅이라는 개념을 2006년 처음으로 제시한 구글은 선발업체답게 세계 곳곳에 대형 데이터센터를 건립하며 클라우드 컴퓨팅 관련 투자를 확대하고 있다. 구글이 최초로 상용화한 클라우드 서비스는 SaaS형태의 웹 응용 소프트웨어 서비스인 '구글 앱스(Google Apps)'이다. 고객들은 구글 앱스 서비스를 통해 약 7GB 용량의 무료 웹메일 서비스인 'Gmail'을 이용할 수있고, 이 외에도 채팅 서비스 '구글 토크(Google Talk)', 온라인 일정관리 서비스 '구글 캘린더(Google Calendar)', 웹 기반형 워드프로세스, 스프레드시트, 프레젠테이션 기능이 포함된 오피스웨어인 '구글 문서관리(Google Docs)' 등을 이용할 수 있다. 2006년 당시에는 무료로 제공되었으나, 현재는 유료로 전환되었으며, 월 50달러에 더 많은 용량과 높은 속도를 보장하는 프리미엄 서비스도 이용할 수 있다. 현재 글로벌 기업 GE, 콜롬비아 주정부, 세일즈포스닷컴 등이 대표적인 고객들로 알려져 있다.

구글이 제공하는 PaaS형 클라우드 서비스의 대표적인 사례는 2008년에 처음으로 개시된 '구글 앱 엔진(Google AppEngine)'으로 구글 인프라 위에 웹 응용 소프트웨어를 구축하고 호스팅 할 수 있는 개발환경을 무료로 제공해 준다. 물론 추가 저장 공간이나 CPU를 원할 경우에는 약간의 요금이 발생하기도 한다. 구글 앱 엔진과 더불어 구글이 제공하는 다른 PaaS형 클라우드 컴퓨팅 서비스로 일정관리 서비스의 기능과 정보를 확장할 수 있도록 API(Application Programming Interface)를 제공하는 '일정관리 API(Calendar API)'가 있다.

구글은 현재까지 상용화된 IaaS형태의 클라우드 컴퓨팅 서비스는 제공하고 있지 않으나, 대부분의 클라우드 컴퓨팅 업체들처럼 구글도 SaaS, PaaS, IaaS간의 경계를 허물며 복합적인 형태의 클라우드 컴퓨팅 서비스를 제공하기 위해 진화하고 있다.

● 아마존

현재 아마존은 IaaS형의 클라우드 컴퓨팅 서비스 제공 기업으로는 가장 잘 알려져 있는 기업이다. 가장 대표적인 서비스로는 가상의 서버를 웹 기반으로 사용자가 운영하도록 지원하는 'EC2(Elastic Compute Cloud)'가 있다. 고객들은 EC2 서비스를 통해 새로운 가상 서버를 짧은 시간 내에 구축할 수 있고, 필요에 따라 컴퓨터 용량을 늘리거나 줄일 수도 있다. 특히 사용자는 컴퓨팅 사용 시간에 대해서만 비용을 지불하므로 비용면에서도 유용하다. 이 외에도 가상의 스토리지를 제공하여 사용자가 웹 기반으로 데이터를 저장 및 공유하고 검색할 수도 있는 'S3(Simple Storage Service)' 서비스와 EC2 서비스의 가상 서버에 웹 캐싱 서비스를 제공하는 'CloudFront', 대용량 데이터를 저장하고 사용하기 위한 데이터베이스 서비스인 'SimpleDB', EC2 서비스에 의해 제공된 가상 서버에 다양한 소프트웨어 환경을 설치할 수 있는 'AMI(Amazon Machine Image)' 등이 있다.

아마존이 제공하는 PaaS형의 클라우드 서비스로는 비용 지불과 관리 기능을 독립적인 소프트웨어 형태로 제공하는 'DevPay', 자사의 웹 인프라를 이용하여 비용을 지불하고 관리하는 서비스 'SimplePay', 쇼핑몰 구축에 필요한 비용 지불 기능과 고객구매이력관리 및 프로모션 기획 관리 등의 기능들을 통합하여 제공하는 'Checkout',개발자의 웹 사이트에 대한 트래픽 통계를 분석하는 기능을 제공하는 'Alexa' 서비스 등이 있다.

● 세일즈포스닷컴

세일즈포스닷컴의 가장 대표적인 클라우드 컴퓨팅 서비스는 '고객 관계 관리 솔루션'으로 사용자들은 웹을 통해 파트너관계 관리, 영업 자동화, 마케팅 자동화, 고객 서비스 및 지원 자동화 등의 서비스를 제공받을 수 있다. 이 서비스는 SaaS형태의 서비스로 세일즈포스닷컴이 관련 시장의 65%를 점유하며 선두를 달리고 있다. 2008년말 기준으로 전세계에 5만 5,400여개의 고객사와 150만 명의 가입자를 보유하고 있으며, 세일즈포스닷컴의 대표적인 고객들로는 다우존스 뉴스와이어, 노키아, 시맨틱 등으로 각 기업의 영업, 마케팅, 고객 서비스 등의 영역에서 세일즈포스닷컴의 서비스가 이용되고 있다.

세일즈포스닷컴이 제공하는 PaaS방식의 클라우드 컴퓨팅 서비스로는 기업용 응용 소프트웨어에 대한 확장과 기능 변경을 위한 API 및 개발 프레임워크를 웹 기반으로 제공하는 '포스닷컴(Force.com)' 서비스가 있다. 포스닷컴을 통해 사용자들은 응용 소프트웨어의 온라인 설정 공간에서 간단하게 드래그앤드롭(drag-and-drop) 인터페이스로 페이지의 레이아웃이나 데이터 필드를 바꾸거나 다른 사용자를 위해 다른 화면을 생성할 수 있다. 또한 '앱익스체인지닷컴(AppExchange.com)' 서비스를 통해 독자적인 소프트웨어 개발 플랫폼과 무료 응용 소프트웨어 300여개 및 유료 응용 소프트웨어 500여개가 매매되는 온라인 스토어가 운영되고 있다.

● 마이크로소프트

운영시스템(OS) 분야에서의 지배적인 사업자였던 마이크로소프트의 클라우드 컴퓨팅 서비스를 살펴보면, SaaS 방식인 'Office Live'서비스가 있다. 특히 2010년 6월 출시된 MS Office2010에는 클라우드 서비스가 포함되어 마이크로소프트의 기존 기업고객들은 워드, 파워포인트, 엑셀 등을 클라우드 기반의 Office Web 서비스를 통해 추가요금 없이 제공받게 된다. 개인고객들도 MS Windows Live 포털을 통해 Office Web에 무료로 접속하여 해당 서비스를 제공받을 수 있다. 즉, 마이크로소프트의 Office2010은 Office Web을 포함하여, 고객기반의 소프트웨어 버전이 함께 제공된다. 이를 통해 사용자들은 웹 기반의 문서 공유와 단일 문서에 접속하여 편집할 수 있는 협업기능 등을 이용할 수 있다.

마이크로소프트가 제공하는 대표적인 PaaS 유형의 클라우드 컴퓨팅 서비스로서 애플리케이션 개발, 가상화된 서버, 스토리지 및 애플리케이션을 호스팅할 수 있는 네트워킹 구축을 위한 도구들을 모두 제공하는 '윈도 애저(Windows Azure)' 서비스이다. 마이크로소프트는 2008년 10월 윈도 애저의 프리뷰 버전을 출시하였으며 그동안 이용자들이 무료로 애저를 이용해 볼 수 있도록 시범서비스를 하다 2010년 2월부터 유료화에 들어갔다. 애저 서비스는 마이크로소프트 클라우드 환경에서 응용 소프트웨어를 매치하는데 쓰는 확장성이 강화된 호스팅 환경을 제공하며, 애저 서비스 플랫폼을 통해 이용자는 데이터 센터, 컴퓨터, 웹, 휴대전화 등을 위한 응용 소프트웨어를 개발할 수 있다.

마이크로소프트의 IaaS 방식의 클라우드 컴퓨팅 서비스로는 'LiveMesh'라는 서비스가 제공되고 있는데, 인터넷을 통해 사용자가 자신의 PC와 다른 PC나 모바일 장비와 데이터를 공유할 수 있도록 하는 동기화 서비스이다.

퀄컴은 Easy-to-integrate 클라우드 플랫폼을 구축함으로서 자회사와 소비자들 간의 거리감을 없애고 잠재 소비자를 포함한 모든 고객들과의 접촉을 일관되고 효율적으로 수행할 수 있는 혁신을 달성하였다.

퀄컴의 고객관리 시스템은 한때 신뢰성이 낮은 데이터를 기반으로 운영되면서 유지 비용도 많이 들고 시스템 불안정성도 높은 편이었다. 하지만 Salesforce.com을 이용해 1천 명이 넘는 콜센터 직원들과 1만 5천 명이 넘는 포털 유저들을 위한 혁신적인 클라우드 컴퓨팅 서비스 시스템을 구축한 이후, 1) 기존의 구식 데이터 센터의 8개 서버가 더 이상 필요 없어져 완전히 제거해 냄으로써 적지 않은 규모의 코스트 절감을 달성해 낼 수 있었고, 2) 클라우드 컴퓨팅 기반의 고객 서비스를 시작하면서 고객관리의 질이 현저히 높아졌다.

Salesforce CRM Customer Portal 시스템의 구축을 완전히 끝마치는 데 단 한 명이 투입되어 일주일이 채 걸리지 않았다는 점도 주목할 만하다. 이 클라우드 컴퓨팅 시스템은 간편하고 이용하기 쉬운 point-and-click capabilities를 적용해 어떤 종류의 앱이든 1분 안에 수정 및 업데이트가 가능하기 때문에 현대 비즈니스 환경의 빠른 변화에 효율적으로 대응할 수 있다. 기존의 CRM 시스템 하에서는 이러한 과정이 너무나 복잡하고 어려웠으며 완전히 구축 완료하기까지 10주 이상이 소요되곤 했다.

최신 무선기술과 모바일 데이터 솔루션 부문 세계 최고의 개발 기업이자 글로벌 시장 리더인 퀄컴이 애초에 극복하고자 했던 도전 과제는 새로운 CRM 솔루션의 개척이었다. 좀 더 많은 수의 유저 확보와 방대한 데이터의 일괄적 관리를 감당해내기 위한 새로운 개념의 이노베이션이 필요했던 것이다. 퀄컴은 기존의 CRM 시스템 상에서 이를 실현시키기 위해 많은 시간과 노력을 들여왔지만 원하는 결과를 얻지 못하고 있었다. 다양한 종류의 비즈니스 그룹 산하에 무수히 존재하고 있는 수많은 시스템들과 복잡한 일련의 관련 과정들을 유연하게 통합시키는 일은 쉬운 과제가 아니었던 것이다.

하지만 Salesforce.com의 도움을 받아 이러한 도전 과제를 너무나 쉽게 해결할 수 있었다. 기본적인 관련 트레이닝만 마친 퀄컴의 애널리스트들이 단 23일 만에 그룹 내 시범고객 55명의 유저들을 대상으로 Salesforce CRM Unlimited Edition을 출범시키는데 성공한 것이다. 성공적인 첫 시도에 대한 소식은 빠르게 퍼져나갔고, 결국 기존의 대규모 구식 CRM 시스템 중 2개가 600여 명의 유저들과 연결되는 Salesforce CRM으로 대체되기에 이르렀다. 퀄컴은 현존하는 이슈들을 종합적으로 조율하고 기타 경영 시스템과 내부 적용상의 문제점 등을 선제적으로 검토하는 기능의 인터페이스(Oracle Integrations)도 개발할 계획이다.

Salesforce CRM 마케팅의 'Web-to-lead' 기능은 QES(Qualcomm Enterprise Services) 공식 웹페이지로부터 적절한 그룹 산하 영업팀으로의 연결을 스스로 판단하여 자동 연결해

준다. 다양한 그룹에 걸친 콜센터 기능을 더욱 수월하고 효율적으로 수행하기 위해 고객서비스 센터 직원들은 Operational B2B에서 주로 쓰이는 Salesforce CRM 콜 센터의 업무 분담, 자동 응답 이메일 서비스 역량 등을 십분 활용한다. 판매 직원들은 개인용 무선 모바일 접속을 통해 시간과 공간의 구애를 받지 않고 Salesforce CRM 활용이 가능하다. 사실 퀄컴은 Salesforce CRM Customer Portal을 직접적으로 생산 현장에 적용시키고 실제로 성공을 거둔 Salesforce.com의 첫 번째 고객이기도 하다. Sales KPI Dashboard, iLinc., Angel.com 등의 다양한 앱 교환·융합 소프트웨어들이 퀄컴의 클라우드 컴퓨팅 투자 효율성을 높이기 위해 실시간으로 구체적인 솔루션 방안들을 제공해 준다. 또한 퀄컴은 24시간 항상 지원 대기 상태인 Premier Support도 활용하고 있다.

주요용어

- ⊡ 아웃소싱(Outsourcing)
- ⊡ 인소싱(Insourcing)
- ⊡ 일괄적 아웃소싱(Total outsourcing)
- ⊡ 선택적 아웃소싱(Selective outsourcing)
- ⊡ 서비스 수준협약(SLA)
- ⊡ 클라우드 컴퓨팅(Cloud computing)
- ⊡ 공공클라우드(Public cloud)
- ⊡ 사설클라우드(Private cloud)
- ⊡ SaaS(Software as a Service)
- ⊡ PaaS(Platform as a Service)
- ⊡ IaaS(Infrastructure as a Service)

복습문제

1. 정보시스템 획득에서 중요한 의사결정 요인은 무엇인가?
2. 아웃소싱시 기업이 고려해야 하는 세가지 측면(구성요소)은 무엇인가?
3. 체계적인 아웃소싱의 접근 방법론이 필요한 이유는 무엇인가?
4. 아웃소싱의 단계별 활동에 대하여 설명해 보시오.
5. 클라우드 컴퓨팅의 정보시스템 획득 및 구현의 대안으로 고려되는 이유는 무엇인가?
6. 클라우드 컴퓨팅의 기술적 요인들은 무엇인가?

토론/프로젝트 문제

1. 아웃소싱을 도입하는 기업들과 그렇지 않은 기업들의 차이점이 무엇인지 생각해 보시오.
2. 기업이 가지고 있는 정보시스템 전략과 아웃소싱의 관계는 무엇인지 생각해 보시오.
3. 국내 아웃소싱과 외국 아웃소싱 시장이 근본적으로 다른 이유는 무엇인지 설명해 보시오.
4. 기업차원에서 클라우드 컴퓨팅을 전면적으로 도입하는 것이 가능할 것인가?

5. 클라우드 컴퓨팅 도입의 장단점은 무엇인가?

6. 클라우드 컴퓨팅이 도입되면, 조직 내 IT전문가들의 역할은 어떻게 변화될 것인가?

참고문헌

- 남기찬, 이재남, "정보시스템 아웃소싱: 방법론과 사례", 아진출판사, 1999
- 민옥기, 훤히 보이는 클라우드 컴퓨팅□ 전자신문사, 2009. 10.
- 박선주, 윤미영, 이윤희, 정승호, "범국가 차원의 ICT신기술 패러다임: 클라우드 컴퓨티 활성화 전략, 한국정보화진흥원, 2009. 11.
- 이상동, "Visions on the Clouds 2010: 2010년도 클라우드 컴퓨팅 전망분석", 한국과학기술정보연구원, 2010. 2. 2.
- 이주영, "클라우드 컴퓨팅의 특징 및 사업자별 제공서비스 현황, 정보통신정책연구원, 2010. 4.
- 이지평, 최동순, "클라우드 컴퓨팅이 주도하는 IT혁명의 뉴트렌드, LG경제연구원, 2010.8.
- 정재호, "클라우드 컴퓨팅의 현재와 미래, 그리고 시장전략, 한국소프트웨어진흥원, 2008. 10
- 한국경제예측연구소, "2009 SaaS 시장 및 기술 동향 연구," 정보통신산업진흥원, 2009. 12.
- ETRI, "클라우드 컴퓨팅 기술동향," 전자통신동향분석, 24(4), 2009. 8.
- Applegate, L. M. and Montealegre, R., Eastman Kodak: Managing Information Systems Through Strategic Alliances, Harvard Business School, Boston, MA, 1991
- Arnett, K. P. and Jones, M. C., "Firms that Choose Outsourcing: A Profile", Information & Management, Vol.26, No.4, 1994, pp.179~188
- Buck-Lew, M., "To Outsource or Not?", International Journal of Information Management, Vol.12, No.1, 1992, pp.3~20
- Chaudhury, A.; Nam, K.; and Rao, H. R., "Management of Information Systems Outsourcing: A Bidding Perspective", Journal of Management Information Systems, Vol.12, No.2, 1995, pp.131~159
- Diromualdo, Anthony and Gurbaxani, Vijay, "Strategic Intent for IT Outsourcing", Sloan Management Review, Summer 1998, pp. 67~80
- Earl, M. J., "The Risk of Outsourcing IT", Sloan Management Review, Spring 1996, pp.26~32
- Gartner (2009). "Gartner Identifies the Top 10 Strategic Technologies for 2010", Gartner Symposium/ITxpo 2009, 2009. 10. 20.
- Grover, V.; Cheon, M. J.; and Teng, J.T.C., "An Evaluation of The Impact

of Corporate Strategy and The Role of Information Technology on IS Functional Outsourcing", European Journal of Information Systems, Vol.3, No.3, 1994, pp.179~190

- ITAA, "ASP Outsourcing: Customer Experience", Report of ITAA, March 2003.
- Klepper, R. J., Outsourcing Relationships, In Managing Information Technology Investment with Outsourcing, Khosrowpour, M.(ed.) IDEA Group Publishing, Harrisburg, PA, 1994, pp.218~243
- Lacity, M. C. and Hirschhein, R, Information Systems Outsourcing: Myths, Metaphors and Realities, John Wiley & Sons, New York, 1993a
- Lacity, M. C. and Hirschhein, R., "The Information Systems Outsourcing Bandwagon", Sloan Management Review, Vol.35, No.1, 1993b, pp.73~86
- Lee, J.N. and Kim, Y.G, "Effect of Partnership Quality on IS Outsourcing Success: Conceptual Framework and Empirical Validation", Journal of Management Information Systems, Vol.15, No.4, pp.29~61
- Lee, J.N. and Kim, Y.G, "Information Systems Outsourcing Strategies for Affiliated Firms of the Korean Conglomerate Groups", Journal of Strategic Information Systems, Vol.6, No.3, pp.203~229
- Loh, L. and Venkatraman, N., "Determinants of Information Technology Outsourcing: A Cross Sectional Analysis", Journal of Management Information Systems, Vol.9, No.1, 1992a, pp.7~24
- McFarlan, F. W. and Nolan, R. L., "How to Manage an IT Outsourcing Alliances", Sloan Management Review, Winter 1995, pp.9~23
- Nam, K.; Rajagopalan, S.; Rao, H. R.; and Chaudhury, A., "A Two-level Investigation of Information Systems Outsourcing", Communications of the ACM, Vol.39, No.7, 1996, pp.36~44
- Perry, William and Devinney, Steve, "Achieving Quality Outsourcing", Information Systems Management, Spring 1997, pp.23~26
- Reponen, T., "Outsourcing or Insourcing", Proceeding of the fourteenth International Conference on Information Systems, December 5-8, 1993, pp.103~115
- Saunders, Carol; Gebelt, Mary; and Hu, Qing, "Achieving Success in Information Systems Outsourcing", California Management Review, Vol.39, No.2, 1997, pp.63~79
- Willcocks, L.; Lacity, M.; and Fitzgerald, G., "Information Technology Outsourcing in Europe and the USA: Assessment Issues", International Journal of Information Management, Vol.15, No.5, 1995, pp.333~351

참고사이트

- 아웃소싱 21 ······································· http://www.outsourcing21.com
- 아웃소싱 코리아 ································ http://www.outsourcingkorea.co.kr
- 한국 아웃소싱 센터 ···························· http://www.koreaoutsourcing.com
- 한국정보통신정책연구원 ···················· http://www.kisdi.re.kr
- 한국클라우드컴퓨팅연구조합 ··········· http://www.cccr.or.kr
- Outsourcing Center ··························· http://www.outsourcing-center.com
- Outsource One ·································· http://www.outsourceone.com
- Benchmark Outsourcing Group ········ http://www.benchmarkoutsourcing.com

제 3 편
경영정보시스템 구현 (MIS DO) - 인프라

CONTENTS

CHAPTER 8

데이터 관리

이 희 석 교수

KAIST 테크노경영대학원, hsl@kgsm.kaist.ac.kr

손 명 호 교수

명지전문대학 경영학과, totalsol.chol.com

CONTENTS

학습목표

- 파일처리 방식과 데이터베이스 방식의 장단점을 이해한다.
- 데이터 모델링의 개념과 데이터 모델의 종류를 이해한다.
- 데이터베이스 구축 단계를 살펴본다.
- 데이터베이스 관리시스템의 기능과 구조를 파악한다.
- 데이터베이스 관리시스템 제품을 살펴본다.
- 데이터베이스 응용시스템으로 데이터웨어하우스와 분산데이터베이스를 학습한다.

기업정보시스템의 데이터를 효과적으로 관리하기 위한 핵심적 요소 중의 하나는 데이터베이스이다. 거의 모든 정보시스템에서 정보를 저장하고 관리하는 수단으로 크건 작건 간에 데이터베이스를 구축하여 이용하고 있다. 따라서 정보시스템에 있어서 기업의 정보시스템 도입 목적과 응용환경에 맞는 데이터베이스 시스템을 선정하여, 구축하는 것이 매우 중요하다. 특히, 최근의 기업 데이터베이스 시스템은 하나의 응용시스템에 종속된 것이 아니라 기업에서 발생하는 모든 데이터를 관리하는 목적으로 주로 도입되기 때문에 기업정보시스템 전체에 끼치는 영향도 상당하다.

본 장에서는 1절에서 데이터베이스 개념의 등장배경과 일반적인 이해, 2절에서 데이터 모델링, 3절에서 데이터베이스 관리시스템, 4절에서 데이터베이스 응용을 다룬다.

8.1 데이터베이스 개관

데이터베이스는 하나 이상의 비즈니스 응용 분야에서 사용될 수 있도록 비즈니스 사용자가 관심이 있는 데이터를 중복이 제어된 상태로 저장한 상호 관련된 데이터의 집합이다. 데이터베이스 내의 데이터는 여러 응용프로그램이 공유하도록 프로그램과 독립적으로 저장한다. 이렇게 저장된 데이터는 사용자의 다양한 데이터 요구사항에 대답할 수 있어야만 의미를 가질 수 있다. 예를 들어, 도서 데이터베이스는 도서관 소장도서에 대한 데이터 즉, 작가 · 출판년도 · 도서명 등의 데이터를 저장하므로, 사용자는 자신이 찾고자 하는 책에 관한 정보를 추출할 수 있다. 즉, 데이터베이스는 데이터를 보관하고 사용자 요구에 응답한다.

데이터베이스에 저장된 데이터는 끊임없이 변화한다. 도서관의 예에서, 새로운 책이 들어올 때마다 새로운 도서에 대한 데이터를 저장하고 책이 대출되었을 때나 반납되었을 때 대출과 반납에 대한 정보를 수정한다. 이렇게 새로운 데이터를 저장하거나 기존의 데이터를 삭제 · 변경시키는 작업은 데이터 일관성을 유지하며 수행되어야 한다. 데이터베이스를 생성 · 관리하며, 사용자의 물음에 대한 대답을 추출하는 시스템 프로그램의 집합을 데이터베이스 관리시스템(DBMS: Data Base Management System)이라 한다. 데이터베이스 관리시스템의 목적은 바로 데이터를 저장하고 이 데이터로부터 유용한 정보를 얻어내기 위한 효율적이면서도 편리한 방법을 사용자에게 제공하는 것이다.

8.1.1 데이터 구조

데이터는 현실세계로부터 단순한 관찰이나 측정을 통해 수집한 사실 또는 값으로 정리되기 이전의 자료이다. 정보는 어떤 기준에 의해 정리되고 처리된 자료라는 의미로써 데이터와 구별된다. 데이터는 '0'과 '1'의 이진수로 표현되어 하드웨어에 저장되지만 사용자에게는 문자, 날짜, 숫자 등의 데이터 형태로 제공된다. 데이터는 바이트(byte), 필드(field), 레코드(record), 파일(file), 데이터베이스(database)의 구조로 체계적으로 저장된다.

바이트란 가장 기본적인 데이터의 구성요소로써, 0과 1을 표현하는 비트가 모여 조합을 이룬 것으로 하나의 영문자를 표현하는 단위이다. 한글의 경우는 한문자가 2바이트로 구성된다. 1개의 바이트는 컴퓨터 사양에 따라 8, 16, 또는 그 이상의 비트로 구성된다. 예를 들어, 영문자 H는 ASCII 방식에 따라 8비트인 1001000으로 표현 가능하다. 필드는 여러 바이트가 모여 단어나 문장 등의 데이터를 사용자에게 의미 있는 형태로 표현한다. 예를 들어, 직원 홍길동에 대한 간단한 인사 레코드는 '주민등록번호', '성명', '입사일자'로 구성된 3개 필드로 나누어 저장 가능하다. 레코드란 특정 대상에 관련된 필드들을 한 조로 형성한 것을 의미한다. 관련된 레코드가 모여 파일을 구성한다. 즉, 인사파일은 기업의 직원 레코드 전체를 저장하고, 부서파일, 급여파일 역시 해당 기업의 부서 조직과 직원의 급여 레코드들을 저장한다. 데이터베이스란 이러한 파일들을 일정 규칙에 따라 통합하여 활용할 수 있도록 저장한 데이터의 집단이다. 데이터베이스는 대부분의 경우 많은 양의 데이터를 가지고 있기 때문에 자주 사용하지 않는 데이터는 따로 비교적 저렴한 기록장치(예: 테이프)에 보관하기도 한다.

상기와 같은 데이터베이스에서 원하는 특정한 레코드를 찾는 경우, 가장 쉽게 생

[그림 8-1] 바이트, 필드, 레코드, 파일, 데이터베이스의 계층 구조

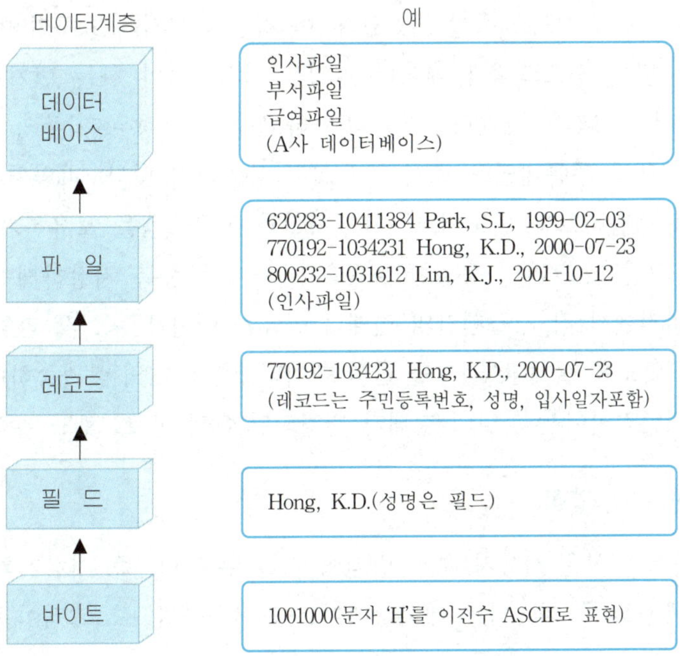

각할 수 있는 방법은 처음부터 모든 레코드를 검사해보는 방법이 있으나 이러한 방법은 얼핏 보기에도 매우 비효율적이다. 실제로 데이터베이스에서 원하는 자료를 찾을 때 디스크에서 읽어오는 시간이 전체 걸리는 시간의 대부분이므로 되도록 디스크에 직접 쓰거나 읽는 시간을 줄이는 것이 매우 중요한 문제인데, 처음부터 찾아간다면 하나의 레코드를 찾기 위해서도 전체 파일을 읽어야 할 것이다. 백과사전에서 단어에 대한 설명을 찾을 때, 색인사전을 이용하면 필요한 내용이 있는 사전의 번호와 페이지 수를 가르쳐 준다. 이와 같이 데이터베이스에서 데이터에 빠르게 접근할 수 있게 하는 것이 인덱스(index)이다.

8.1.2 파일처리 및 데이터베이스 방식

● 파일처리 방식

파일처리 방식은 데이터베이스 활용 전단계로 특정부서의 업무를 우선하여 각 업무별 데이터를 정의하고 각 응용부문이 고유의 파일들을 소유하고 있다. 예를 들어, 자동차 제조업체의 마케팅 정보시스템은 고객, 상품, 그리고 주문 지원에 대한 파일과 이를 이용하는 프로그램으로 구성되어 있다. 이 경우 데이터의 요구가 발생 할 때마다 새로운 요구에 맞는 프로그램과 데이터 파일을 작성하여야 하는 번거로움이 발생한다. 즉, 영업부서가 고객별 마케팅실적을 파악하고자 하는 경우, 기존의 고객 파일로는 제품별로 각 고객의 주문내역을 조사하는 것이 용이하지 않다. 파일처리 방식에서는 고유한 업무에 적합하도록 별도의 데이터 파일과 프로그램을 보유하게 되어 데이터 처리속도는 향상된다. 그러나 동일한 내용의 데이터를 중복 저장하게 될 뿐 아니라, 기업 전체의 관점에서 각 시스템간의 연계나 공유가 어렵다. 즉, 각 파일은 해당 응용부문의 요구에 맞도록 설계되어, 그들 간의 데이터교환은 거의 불가능하다. 프로그램과 파일은 상호 의존적이어서 파일의 형태가 변경되면 해당 프로그램도 수정해야 한다.

● 데이터베이스 방식

데이터베이스 방식은 사용자 우선 방식이라 볼 수 있다. 즉, 사용자가 필요한 데이터를 우선 설계하고 이 데이터를 데이터베이스에 저장하여 프로그램이 이용하도록 하는 것이다.

[그림 8-2] 파일방식

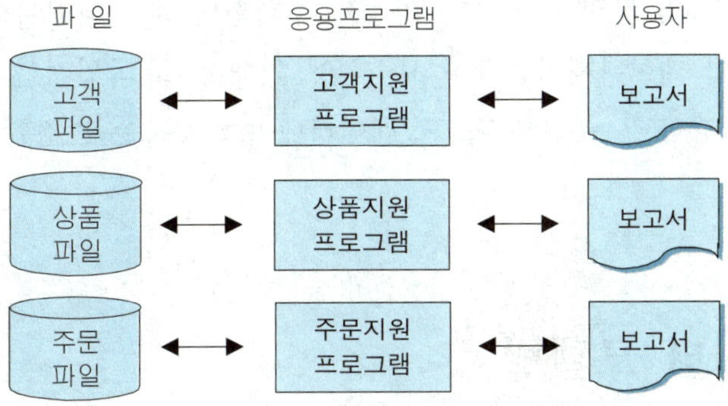

[그림 8-3] 데이터베이스 처리 방식

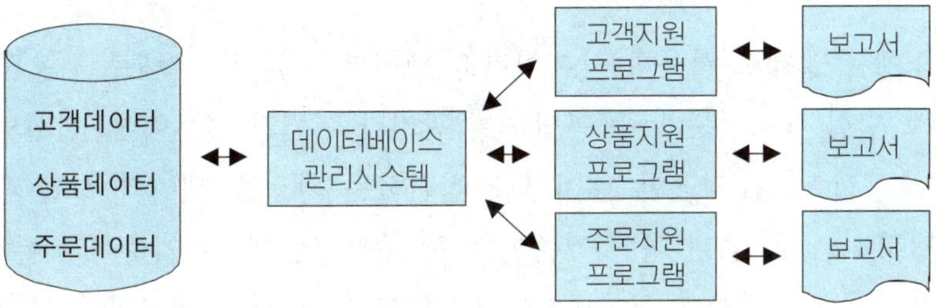

〈표 8-1〉 파일방식과 데이터베이스방식 비교

	파일 방식	데이터베이스 방식
장 점	- 온라인, 실시간 시스템에서의 빠른 응답시간 - 데이터 생성, 수정 용이	- 데이터 중복 최소화 - 데이터 보안성 지원 - 데이터 일치성 지원 - 데이터 독립성 지원 - 데이터 공유성 지원 - 프로그램 개발 용이 - 프로그램 유지보수 용이
단 점	- 데이터 중복 - 데이터 불일치 - 데이터 비통합성 - 데이터 비호환성 - 프로그램 개발의 어려움 - 시스템 확장의 어려움	- 시스템 구축 비용증가 - 응답시간 지연가능성 - 보다 숙련된 데이터베이스 관리자 필요 - 보다 큰 용량의 하드웨어 필요

데이터베이스의 독립성과 다양한 사용자에 의한 공유는 데이터베이스 관리시스템을 통해 가능하다. 데이터베이스 관리시스템은 데이터를 입력하고, 처리하며, 출력하

는 과정을 간단하면서도 표준화된 체계와 자연어에 가까운 고급언어로 지원하며, 데이터베이스의 유지 및 관리에 필요한 기능도 수행한다. 데이터베이스 방식에서는 데이터와 프로그램이 데이터베이스관리 시스템에 의해 상호 독립적이다. 이에 따라, 프로그램 구조가 변경 혹은 추가되더라도 데이터베이스 구조는 변경할 필요가 없다.

8.2 데이터 모델링

비즈니스에서 실제로 사용하는 데이터를 데이터베이스로 그대로 사용하기는 어렵다. 비즈니스 현실 데이터는 너무 복잡하여 관리가 어렵기 때문이다. 현실의 데이터를 데이터베이스에서 사용 가능한 데이터로 변환하는 과정을 데이터 모델링이라 한다. 데이터 모델링(data modeling)은 어떤 기준에 의해 수행하는데 이 기준이 되는 것이 데이터 모델이다. 데이터 모델은 현실세계에서 제기되는 상세한 비즈니스 문제들에 대한 이해와 그 문제를 해결하기 위한 해결책으로 필요로 하는 데이터를 표현한다. 즉 데이터 모델은 실세계의 데이터를 데이터베이스에서 활용할 수 있도록 논리적으로 조직해 주는 규칙이라고 할 수 있다.

[그림 8-4] 데이터 모델

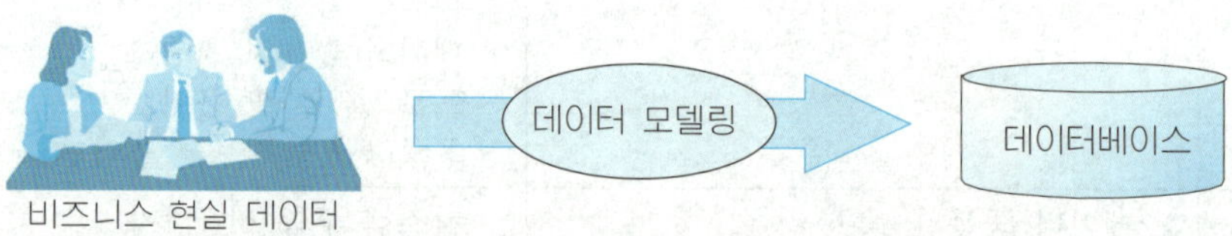

8.2.1 데이터 모델

데이터 모델(data model)은 데이터 자체 · 데이터 관계 · 데이터 의미 · 데이터 제약조건을 나타내기 위한 개념적 도구의 집단이다. 비즈니스 문제를 데이터베이스로 표현하기 위해서는 개념적 구조와 논리적 구조를 통하여 실제 데이터를 저장할 수 있는 물리적 구조로 변환하는 과정을 거쳐야 한다([그림 8-8] 참조). 데이터 모델은 구성요소를 개념적으로 보느냐 또는 논리적으로 보느냐에 따라 개념적 모델과 논리적 모델로 구별된다. 개념적 모델은 특정 DBMS를 고려한 것이 아니라 현실 비즈니스를 보다 잘 이해하게 하는데 목적이 있으며 주로 개체관계 모델이 사용된다.

논리적 모델은 데이터베이스의 전체적인 논리 구조를 지정하는 데 사용하며 개념적 모델의 결과물을 실제 목표 데이터베이스에 구현하기 전단계로, 사용 DBMS와 직접 관계가 있다. 논리적 모델에는 관계형 모델(relational model), 네트워크 모델(network model), 계층형 모델(hierarchical model) 등이 있다. 관계형 모델은 개체와 관계를 테이블로 표현하며 네트워크 모델은 그래프 형태로, 계층형 모델은 데이터 구조를 트리(tree) 형태로 표현한다.

현재 비즈니스에서 실제 가장 많이 사용되는 논리적 모델은 관계형 모델이며 이는 편리성에 기인한다. 계층형 모델이나 네트워크 모델의 경우 현재는 거의 사용하지 않고, 과거 구축된 시스템의 유지보수 차원에서 사용되고 있다.

1) 계층형 모델(Hierarchical model)

계층형 모델은 데이터를 탑다운(top-down) 또는 트리 구조로 구성한다. 이 모델은 현실 데이터에서 하나의 부모 노드가 다수의 자식 노드를 가질 때(일대다 관계), 즉 트리 구조를 갖는 업무를 표현하는데 편리한 모델이다. 예를 들어, 자동차를 생산할 때 엔진 · 바퀴 · 차체 등으로 나누어 생산하고, 이 부품이 다시 다수의 소부품으로 구성된 경우 적합한 구조이다.

[그림 8-5] 계층형 모델

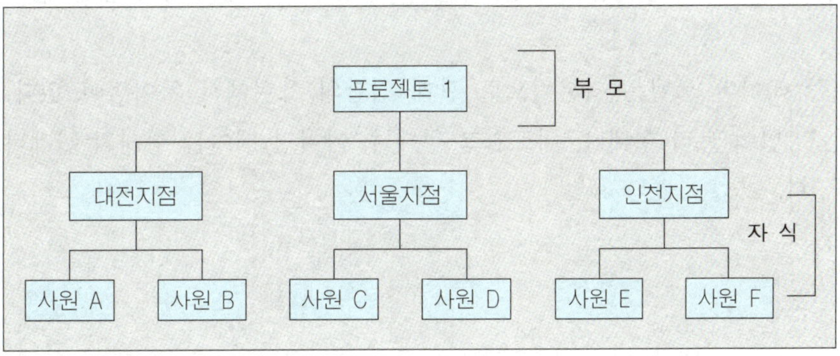

2) 네트워크 모델(Network model)

네트워크 모델은 데이터 개체 집합간의 관계를 링크(link)로 연결한 그래프 형태로 표현하여 계층형 모델과 유사하나 부모를 복수로 가질 수 있다. 네트워크 모델은 다대다 관계를 직접 표현할 수 없고 일대다로만 표현할 수 있는데, 일대다 관계에 관련된 두 개의 레코드 타입을 각각 오너(owner), 멤버(member)라고 하며, 이들의 관계를 오너-멤버(owner-member)관계라고 한다.

[그림 8-6] 네트워크 모델

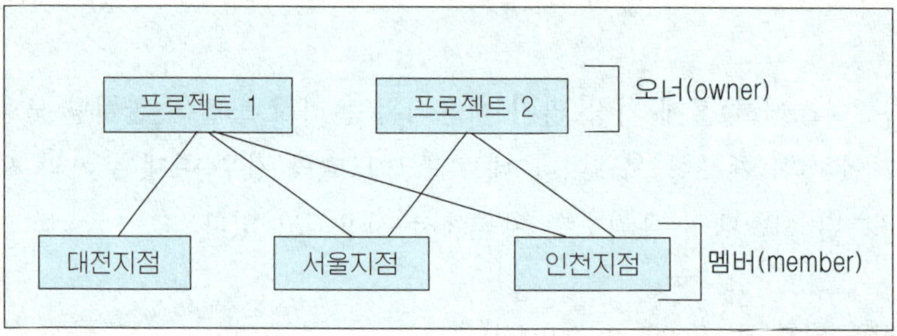

3) 관계형 모델(Relational model)

관계형 모델은 개체 집합을 테이블(table) 형태로 표현하고 개체 집합간의 관계는 공통 속성으로 연결한다. 관계형 모델은 데이터베이스를 구성하는 개체와 관계를 모두 테이블로 표현한다. 네트워크 모델과 계층형 모델에서 데이터의 연계관계는 포인터(pointer)로 나타내는 반면 관계형에서는 동일한 속성내의 동일한 데이터 값으로 연계관계를 표시한다. 특히, 관계형 모델은 자료 자체가 간단하며 수량이 많은 업무에 적합하다.

논리적 데이터 모델은 기본적으로 관계 집합의 표현에서 차이점이 있다. 관계를 표현하는 방법이 트리 형태냐, 네트워크 형태냐, 아니면 테이블 형태의 관계냐에 따라서 달라진다.

[그림 8-7] 관계형 모델

프로젝트 테이블

프로젝트 번호	상세사항	지역사무소번호
001	판매 매뉴얼 작성	010
003	매출 신장	033
005	파트너 관리	040

지점 테이블

지점 번호	지점 이름	지점장 사원번호
010	서울	085-10-6320
033	대전	090-20-5840
040	인천	092-10-2039

<표 8-2> 데이터 모델간의 비교

장단점 / 종류	장 점	단 점
계층형 모델	- 일대다 관계로 계층 구조가 정형화된 업무에 효율적	- 다대다 관계 표현 어려움 - 변화 대처 어려움
네트워크 모델	- 복잡한 관계 표현 용이	- 데이터간 관계 복잡 - 사전에 구축하지 않은 색인이나 접근경로의 재지정 복잡
관계형 모델	- 데이터베이스 구축 용이 - 공통속성을 이용한 다양한 파일 구조화 가능 - 사용자 이해 용이	- 파일간 링크 부재로 무결성 취약 - 복잡한 관계 표현 어려움

8.2.2 데이터베이스 구축 단계

데이터베이스를 구축하는 것은 현실 업무를 분석하여 현장에서 요구하는 정보처리를 지원할 수 있도록 데이터베이스를 설계하는데서 출발한다. 데이터베이스 구축은 개략적으로 (1) 사용자 요구 분석 (2) 개념적 설계 (3) 논리적 설계 (4) 물리적 설계의 4단계로 이루어진다. 이중 개념적 설계와 논리적 설계가 데이터 모델링 단계이다.

● 사용자 요구분석

데이터베이스 구축시 가장 먼저 해야 할 일은 사용자들이 데이터베이스로부터 기대하는 바를 찾아내는 것이다. 이러한 사용자의 요구는 사용자 그룹과의 인터뷰, 현행 운용 환경과 앞으로의 변화 전망에 대한 분석, 데이터베이스를 활용하게 될 기존 업무에 관련된 서류 분석 등과 같은 방법으로 이루어진다.

[그림 8-8] 데이터베이스 구축 단계

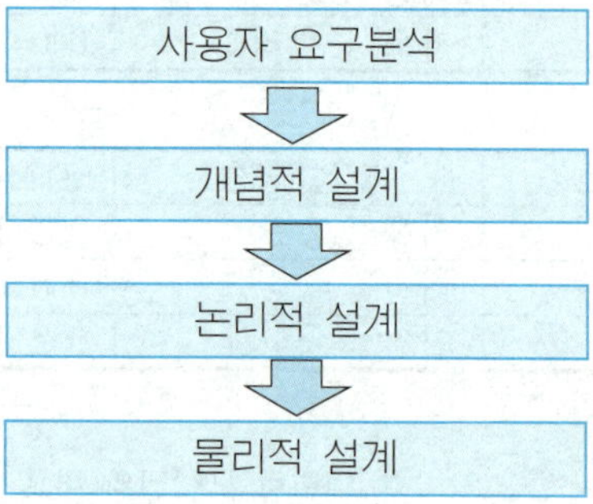

● 개념적 설계

사용자 요구분석 단계에서 수집된 자료를 기반으로 데이터베이스에서 저장할 데이터와 이 데이터에서 지켜져야 할 제약 조건들을 기술한다. 이 경우 개체관계 모델을 주로 사용한다.

● 논리적 설계

개념적으로 설계해 놓은 설계물을 선정된 DBMS의 논리적 모델에 따른 스키마로 변환한다. 비즈니스용으로는 대부분 관계형 모델을 이용한다.

● 물리적 설계

데이터베이스가 지원해 주어야 할 예상 작업 부하를 고려하여 성능이 만족할 만한 수준으로 나올 수 있도록 논리적 설계의 결과물을 정제하여 원하는 성능 기준에 맞추어 주는 과정이다. 인덱스 구축과 튜닝(tuning)을 포함한다.

1) 개체관계 모델

개체관계 모델(entity relationship model)은 개체관계도(ERD: Entity Relationship Diagram)라는 간단한 도형을 사용하여 데이터의 구조와 관계에 대해 표현한다. 현실 세계의 개체들과 그들의 관계를 컴퓨터가 이해하는 데이터베이스에 표현하기 전에 먼저 사람이 용이하게 이해할 수 있는 개념적 모델이 필요하다. 개체관계 모델은 1976년 Peter Chen이 제안한 이래로 가장 널리 쓰이는 개념적 데이터 모델로서 기본적으로 개체집합(entity type)과 이들 간의 관계집합(relationship type)을 이용해서 현실 세계를 개념적으로 표현한다.

개체(entity)란 단독으로 존재하며 다른 것과 구분된다. 개체는 속성(attribute)을 통해 명세되며, 개체에 대한 정보를 얼마나 자세히 표현하느냐에 따라서 속성을 선정한다. 각 개체 집합에는 각 개체를 유일하게 식별할 수 있는 키(key)라고 하는 특징적인 속성 집합이 있다. 한 개체를 이루고 있는 속성 중에서 개체들을 완전하게 식별할 수 있는 속성들은 키의 자격이 있다. 예를 들어, 한국상사의 홍길동은 주민등록번호가 771011-1144319이며 이 주민등록번호는 이 세상에 하나만 존재하는 유일한 사람인 홍길동을 식별하므로 키가 될 수 있다.

관계(relationship)란 둘 이상의 개체간의 관련성을 의미한다. 관계 자체에도 내용을 기술해주는 속성이 필요한 경우가 있다. 관계의 유형으로는 일대일(1:1), 일대다(1:n), 다대다(n:n)가 있다. 예를 들면, 한 명의 가정교사가 한 명의 학생을 가르치는 경우 일대일 관계가 성립하며, 데이터베이스 과목과 이 과목을 수강하는 학생들 사이에는 일대다 관계가 존재한다.

<표 8-3> 키의 종류

키 이름	내　　용
수퍼키(super key)	개체집합 속의 개체를 식별할 수 있는 하나 이상의 속성
후보키(candidate key)	최소한의 속성으로 이루어진 수퍼키
기본키(primary key)	후보키 중 대표로 선정된 키
대체키(alternative key)	기본키가 되지 못한 후보키
외래키(foreign key)	다른 개체집합의 기본키로 선정된 하나 이상의 속성

[그림 8-9] 관계유형

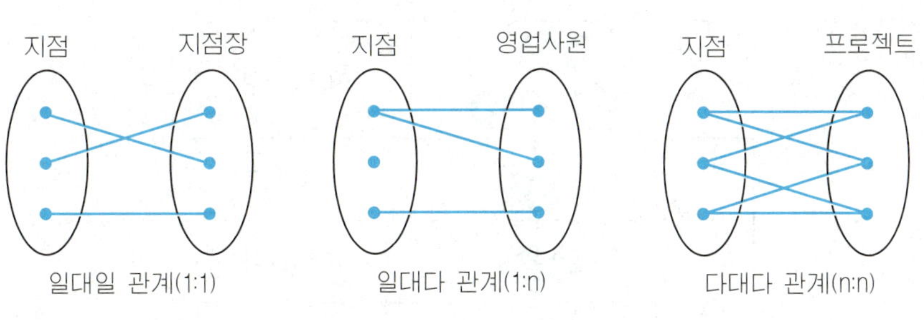

이러한 개체관계 모델의 기본 아이디어를 시각적으로 표현한 것이 개체관계도이다. [그림 8-10]을 예로 설명하면, 개체관계도는 기본적으로 개체를 표현하는 사각형(예: 고객, 주문서), 관계를 나타내는 다이아몬드(예: 주문), 속성을 나타내는 타원(예: 고객번호, 성명, 주소, 주문번호, 품명, 수량, 금액), 그리고 이들을 연결하는 링크(link)로 구성되어 있다. 고객 개체는 고객의 성명, 주소 등의 고객에 관한 사항으로 구성되어 있고, 주문서 개체는 어느 고객이 어떤 상품을 얼마만큼의 수량으로 주문하는지를 나타낸다. 고객과 주문서는 주문이라는 일대다 관계로 연결되어 있다. 관계를 표현하는 다이아몬드는 그 관계의 이름과 함께 연관된 개체들을 링크로 연결한다.

개체관계 모델은 이상에서 설명한 기본모델을 보강한 다양한 형태가 존재한다. 예를 들면, 일반화(generalization)와 세분화(specialization)를 지원할 수 있는 기능을 첨가하여 만든 모델을 확장개체관계 모델(extended E-R model)이라고 한다.

[그림 8-10] 고객과 주문서의 개체관계도(ERD)

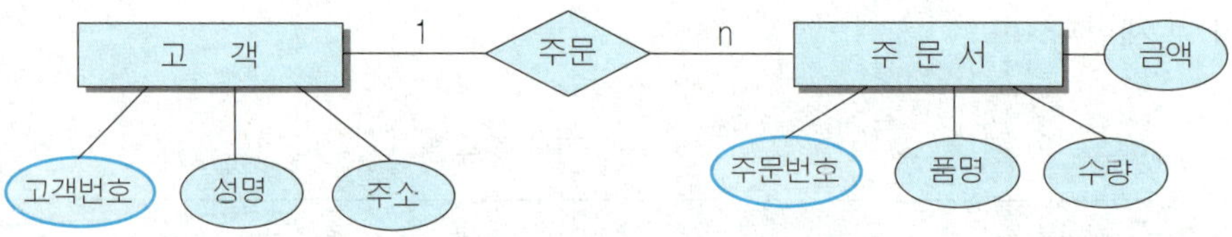

[그림 8-11] 개체관계도 표기법

기 호	의 미
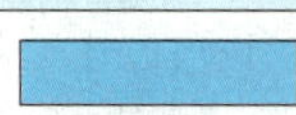	개체
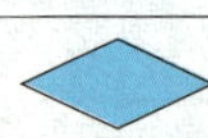	관계
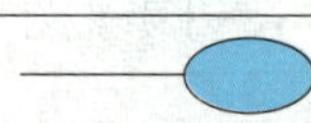	속성
	키속성
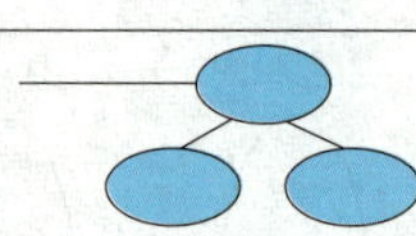	복합속성
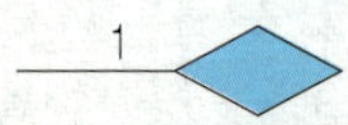 1	n:1의 1
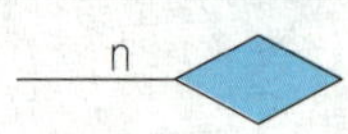 n	n:n의 다

8.3 데이터베이스 관리시스템

8.3.1 데이터베이스 관리시스템 구조

데이터베이스 관리시스템(DBMS)은 응용 프로그램과 데이터의 중재자로서 모든 응용 프로그램이 데이터베이스를 공용할 수 있도록 관리해주는 소프트웨어를 말한다([그림 8-3] 참조). 이러한 데이터베이스 시스템의 목표는 데이터에 대한 접근을 간편하게 해주는 데 있다. DBMS는 먼저 데이터베이스 사용자가 데이터 언어로 표현한 데이터베이스 접근 요구를 접수해서 이것을 분석한 뒤 컴퓨터가 이해할 수 있는 형태로 변환한다.

응용 프로그램은 데이터베이스의 생성, 접근 방법, 처리 절차, 보안, 물리적 구조 등에 대한 세부적인 명세 없이 원하는 데이터와 처리작업만을 DBMS에 요청하면 된다.

DBMS의 구조는 다음에서 설명할 독립적인 기능을 수행하는 다수의 실행 모듈로 구성된다. 기본 기능 중 일부는 컴퓨터의 운영체제에 의해 제공되는 기능들도 있으므로 DBMS를 설계할 때는 운영체제와 데이터베이스간의 인터페이스를 충분히 고려하는 것이 필요하다.

- **DDL 번역기**(Data Definition Language Complier)

DDL 번역기는 스키마를 DBMS에 입력할 때 내부 형태(메타 데이터)로 변환하여 자료 사전에 저장하고 실제 자료가 기억될 수 있는 물리적 디스크 기억장치의 공간을 확보하는 기능을 수행한다.

- **질의 처리기**(Query Processor)

질의 처리기는 사용자가 요청한 질의어를 처리하는 모듈로써 입력된 질의어를 파싱(parsing)한 후 분석하고 트랜잭션 관리기의 도움을 얻어서 자료 접근을 저장 관리기에 요청하고 자료가 접수된 후에는 다시 사용자에게 처리 결과를 돌려주는 기능을 한다.

[그림 8-12] DBMS 구성

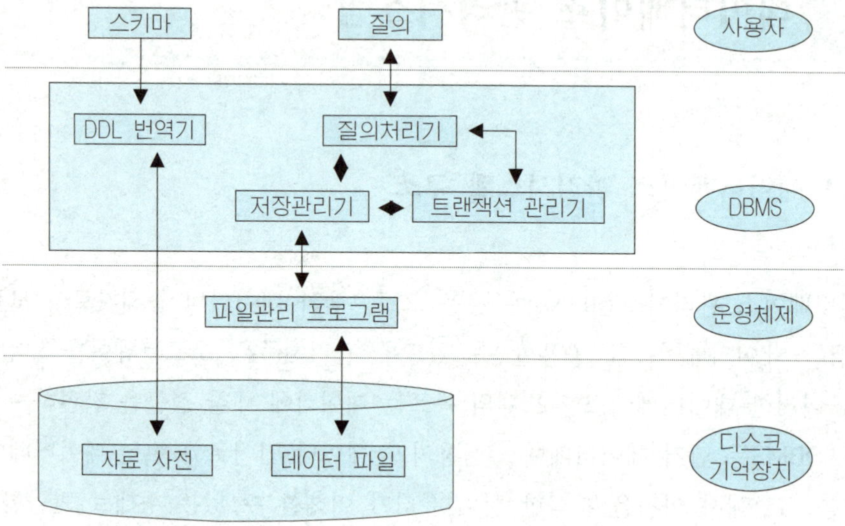

● **트랜잭션 관리기**(Transaction manager)

질의 처리기가 정상적으로 동작하기 위해서는 병행제어, 무결성 보장, 회복, 보안, 통신 등의 기능지원이 필요하다. 트랜잭션 관리기는 질의처리기의 요청을 받아 이들 기능을 지원한다. 또한 데이터베이스 개체의 생성, 변경, 삭제 내용을 로그(log) 파일에 기록하여 데이터베이스의 고장 시에 회복을 지원한다.

● **저장 관리기**(Storage manager)

디스크 기억 장치에 대한 접근을 관장하며, 운영체제의 일부인 파일 관리프로그램과 연계하여 디스크와 메모리 사이의 데이터 전송을 수행한다.

● **자료 사전**(Data dictionary)

데이터베이스의 구조에 대한 정보를 저장한다. 데이터 사전은 자주 사용되므로 효율적 설계 및 구현이 매우 중요하다.

● **데이터 파일**(Data file)

질의 처리기를 통해 입력되는 자료를 기억하는 파일이다.

8.3.2 관계형 데이터베이스

현재 사용중인 상용 DBMS에서 적용되는 데이터 모델은 관계형, 계층형, 네트워크, 객체지향형, 객체관계형 등 여러 종류가 있으나 가장 많이 사용하는 DBMS는 관계형 모델을 사용하는 관계형 데이터베이스 관리시스템(RDBMS, Relational DBMS)이다. 관계형 모델은 데이터를 저장하는 테이블을 행과 열을 갖는 2차원으로 나타내고 관련이 있는 테이블 간의 특정 열에 대한 관계를 설정하여 전체적인 데이터베이스 구조를 표현한다.

1) 테이블(Table)

관계형 데이터베이스에서 사용자에게 보여지는 데이터는 테이블의 형태로 존재한다. 또한 사용자에 의해 수행되는 연산들은 저장되어 있는 테이블로부터 새로운 테이블을 만드는 과정이며, 이러한 연산들로는 SELECT, PROJECT, JOIN 등이 있다. 자료를 테이블의 형태로 구성하는 관계형 데이터베이스를 보다 간단히 설명하기 위해 데이터베이스가 아래와 같이 제품, 주문, 그리고 고객 테이블로 구성되어 있다고 가정하자.

제품 테이블

제품번호	제품명	수 량	판매량
257AB	타이어	1	5
632AA	가정용면도기	2	33
598AA	헤어드라이어	1	2

주문 테이블

주문번호	제품번호	주문일자
155	257AB	20010704
632	632AA	20001218
598	598AA	20010624

고객 테이블

고객번호	고객명	등록일	고객등급
005-10-6321	홍길동	20010704	A
549-77-1001	성춘향	20001218	B
098-40-1370	김철수	20010624	C

아래의 SELECT(또는 RESTRICT) 연산은 제품 테이블로부터 지정된 행을 추출해낸다.

```
SELECT 제품번호, 제품명, 수량, 판매량
FROM 제품
WHERE 수량 > 1
```

제품번호	제품명	수량	판매량
632AA	가정용면도기	2	33

PROJECT 연산은 테이블로부터 특정한 열을 추출해낸다.

```
PROJECT 주문 OVER 주문번호, 주문일자
```

주문번호	주문일자
155	20010704
632	20001218
598	20010624

JOIN 연산은 공통 행을 기준으로 둘 이상의 테이블을 연결한다. JOIN 연산은 반드시 공통된 열이 있어야 한다. 만약 두 테이블에 공통된 열이 있더라도 일치하는 값이 없다면 JOIN 연산은 제대로 수행이 되지 않는다. 다음의 그림은 JOIN 연산을 수행하여 타이어를 구입한 고객의 고객명과 고객등급을 추출하는 과정을 보여준다.

제품과 주문 테이블에서는 각 '제품번호'행에 '257AB'라는 공통된 열이 존재하며 주문 테이블의 제품번호 '257AB'에 해당하는 고객번호와 고객 테이블의 제품번호 '257AB'에 해당하는 고객번호와 고객 테이블의 고객번호에 각각 공통된 '005-10-6321'

이라는 열이 존재함을 볼 수 있다.

이상의 JOIN 연산 결과같이 관계형 데이터베이스의 연산 결과는 하나의 테이블에서 또 다른 테이블을 생성하게 된다.

[그림 8-13] 테이블 링크를 이용한 JOIN 연산의 수행

제품번호	제품명	수 량	판매량
598AA	헤어드라이어	1	2
632AA	가정용면도기	2	33
257AB	타이어	1	5

주문번호	제품번호	고객번호	주문일자
598	598AA	098-40-1370	20010624
632	632AA	549-77-1001	20001218
155	257AB	005-10-6321	20010704

고객번호	고객명	등록일	등급
098-40-1370	김철수	20010624	C
549-77-1001	성춘향	20001218	B
005-10-6321	홍길동	20010704	A

8.3.3 SQL

SQL(Structured Query Language)은 데이터베이스 표준 언어로서 거의 모든 데이터베이스 관리시스템이 지원한다. 그러므로 데이터베이스를 관리하거나 데이터베이스를 이용해서 프로그램을 개발하려는 사용자에게는 필수적이다. SQL은 간단하고 강력한 데이타베이스 언어로 C나 JAVA와 달리 사용자가 일일이 처리 로직(logic)을 기술할 필요가 없는 비절차적 언어이다. 즉, 사용자가 원하는 작업을 SQL로 기술하면 SQL언어 컴파일러는 프로시저(procedure)를 자동으로 생성해준다.

1) 데이터 정의 언어(DDL)

DDL(Data Definition Language)은 데이터베이스를 정의하거나 수정할 목적으로 사용되는 언어로서 사용자에게 보여질 데이터가 저장되는 테이블을 관리하기 위해 DBA(Data Base Administrator)나 데이터 설계자가 주로 사용한다. 주로 테이블이나 인덱스 등의 데이터베이스 스키마를 생성, 변경, 삭제하는데 사용한다.

테이블을 생성하는 SQL구문의 예는 다음과 같다.

```
CREATE TABLE SP
(S# S# NOT NULL, P# P# NOT NULL, QTY PRIMARY KEY(S#, P#),
FOREIGN KEY(S#) REFERENCES S
CHECK( QTY>0 and QTY<5001) );
```

우선 생성할 테이블의 이름을 적고, 테이블의 내용에 포함될 컬럼명(column name)을 입력하는데 컬럼에 데이터 값을 반드시 적어야 하는지(not null) 아니면 비워두어도 되는지를 결정한다. 다음으로 테이블의 로우(row)를 어떤 컬럼을 통하여 구분할 지를 기본키를 이용(PRIMARY KEY(S#, P#))해서 결정하고, 다른 테이블로부터 참조하여 생성하는 컬럼을 외래키를 이용(FOREIGN KEY(S#) REFERENCES S)해서 결정한다.

위의 예제는 S#, P#, QTY라는 세 컬럼을 갖는 SP라는 테이블을 생성하는데, S#, P#에 해당하는 값은 반드시 입력을 해야 한다. S#, P#은 둘 다 기본 키로서 역할을 수행하도록 지정하였다. 또한 S라는 테이블의 S#를 외래 키로 가져와서 사용하고 있으며, S 테이블의 S#값이 변경되거나 삭제되는 경우 SP 테이블의 로우 값도 변경하거나 삭제하도록 지정했다. 마지막으로 QTY 값은 1에서 5000까지의 값만을 가지도록 제한 조건을 부여하였다.

2) 데이터 조작언어(DML)

DML(Data Manipulation Language)은 데이터베이스 내의 데이터를 검색, 수정, 추가, 삭제하는데 사용하는 언어이다. DML 중 가장 광범위하게 사용하는 SELECT문의 두 예를 보자(8.3.2의 고객, 주문 테이블 참조).

왼쪽 질의는 고객과 주문, 두 테이블에서 같은 컬럼을 선택하는 것이기 때문에 각각의 테이블 이름을 함께 부여해서 두 칼럼을 구분하였다. 그리고 테이블 이름을 간편하게 지칭하기 위해 별칭(alias)으로 A, B의 이름을 사용한 점을 유념하기 바란다.

```
SELECT   고객명
FORM     고객 A, 주문 B
WHERE    A.고객번호=B.고객번호
AND      B.주문번호='598';
```

고객명
김철수

```
SELECT     제품번호, 주문번호
FORM       주문
WHERE      주문일자>='20010101'
ORDER BY   주문번호;
```

제품번호	주문번호
155	257AB
598	598AA

오른쪽 질의는 주문 테이블에서 주문일자가 2000년 1월 1일 이후인 주문번호와 제품번호를 선택하는데, 주문번호가 작은 순서부터 큰 순서로 정렬시킨 결과가 나오게 된다. 오름차순으로 정렬하는 것은 기본 값으로 'order by 주문번호' 다음에 'asc'가 생략된 것이다. 반대로 내림차순으로 정렬하기 위해서는 'order by 주문번호 desc'라고 표현한다.

8.3.4 상용 데이터베이스 관리시스템

현재 가장 많이 사용되고 있는 상용 RDBMS는 오라클(Oracle)을 비롯하여 인포믹스(Informix), 사이베이스(Sybase), DB2, SQL 서버(SQL Server)와 MS 액세스(Access)가 있다. 이 장에서는 가장 시장 점유율이 높은 오라클과 일반 사용자에게 가장 익숙한 유저 인터페이스를 제공하는 MS 액세스를 살펴보기로 한다.

1) 오라클(Oracle)

오라클은 미국 ORACLE사에서 제공하는 RDBMS로 개인용 컴퓨터에서 대형 컴퓨터에 이르기까지 다양한 플랫폼과 운영체제를 지원한다. 오라클 DBMS 제품들은 오라클 서버라고 통칭한다.

[그림 8-14] Personal Oracle을 이용한 제품테이블 조회수행

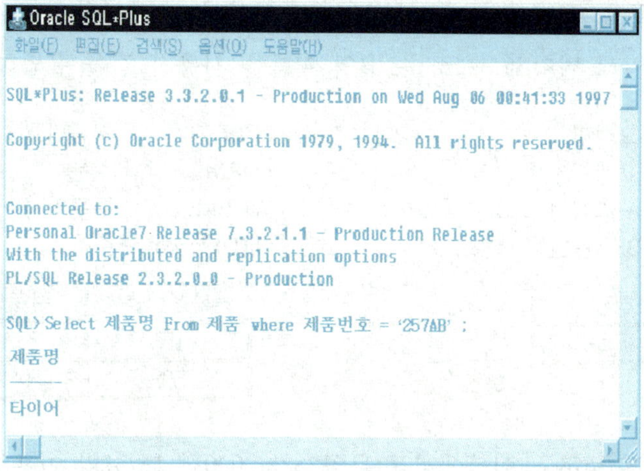

오라클 서버 제품군은 (i) 다양한 운영체제와 하드웨어를 지원하는 오라클 유니버설 서버(Oracle Universal Server), (ii) Netware, Windows NT 등과 같은 소규모의 사용자들을 지원하는 제품군으로 가격이 비교적 저렴하고 유지보수 비용이 낮은 오라클 워크그룹 서버(Oracle Workgroup Server), (iii) 윈도우 기반의 오라클 데이터베이스 엔진으로 오라클 유니버설 서버와 오라클 워크그룹 서버가 지원하는 대부분의 기능을 똑같이 제공하는 퍼스널 오라클(Personal Oracle)의 세 유형으로 구분된다.

2) MS 액세스(Access)

MS 액세스는 여러 장점이 있다. 액세스는 초보자도 쉽게 수준급 이상의 데이터베이스를 구성할 수 있는 사용자 인터페이스를 제공하여 쉽게 배울 수 있고, 다른 소프트웨어와 연동이 쉽다.

엑세스는 윈도우의 출현과 함께 새로운 개념으로 탄생된 데이터베이스 프로그램으로 자료 파일 생성 및 정리, 다중 사용자 환경, 편리한 사용자 인터페이스 등 많은 부분에서 기존의 데이터베이스 프로그램 환경과 비교할 수 없을 정도로 편리하게 모든 작업을 진행 할 수 있다. GUI(Graphic User Interface)환경에서 동작되므로 손쉽게 익힐 수 있다는 장점도 가진다. 그러나 처리 용량면에서 주로 소규모의 데이터를 저장하고 처리하는 데 적합하다.

[그림 8-15] MS 액세스를 이용한 고객테이블 데이터입력

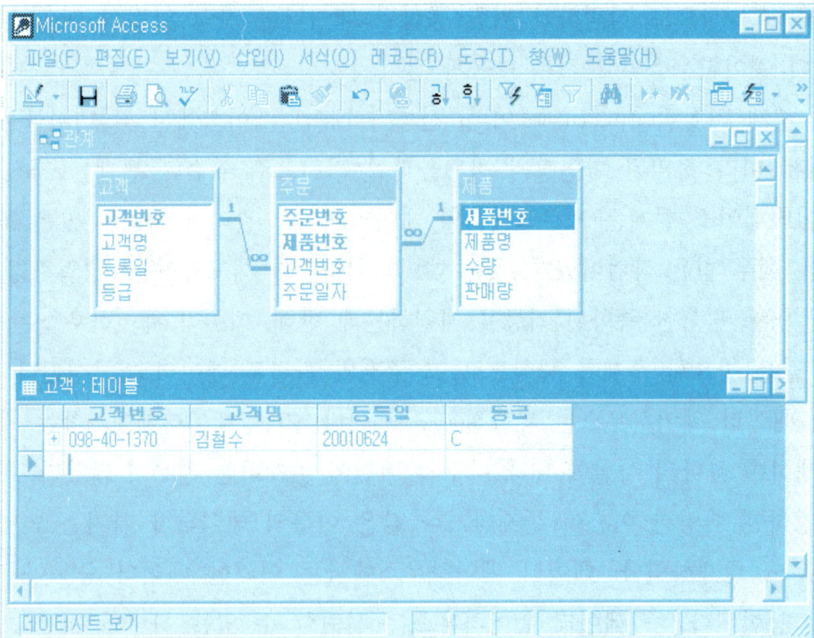

8.4 데이터베이스 응용

8.4.1 데이터 웨어하우스

데이터 웨어하우스(data warehouse)는 1980년대 중반 IBM이 하드웨어를 판매하기 위해 처음으로 도입했던 개념으로, IBM은 인포메이션 웨어하우스(information warehouse)라는 용어를 사용하였다. 이후 이 개념은 많은 하드웨어, 소프트웨어 및 툴 공급 업체들에 의해 이론적, 실제적으로 발전하였으며, 1980년대 후반 인먼(Inmon)이 데이터 접근 전략으로 데이터 웨어하우스 개념을 사용함으로써 많은 관심을 받게 되었다.

데이터 웨어하우스의 아버지라 불리는 인먼은 데이터 웨어하우스를 '기업의 의사 결정 과정을 지원하기 위한 주제 중심적이고 통합적이며 시간성을 가지는 비휘발성

자료의 집합'으로 정의하고 있다. 즉, 데이터 웨어하우스는 의사결정에 필요한 정보처리 기능을 효율적으로 지원하기 위한 통합된 데이터를 가진 양질의 데이터베이스이다. 데이터 웨어하우스의 특징은 다음과 같다.

첫째, 주제 지향적(subject-oriented)이다. 전통적 데이터베이스에서 각 테이블은 애플리케이션에서 미리 정의된 화면상의 필드들과 논리적으로 밀접한 관계를 가진다. 그러므로 데이터베이스 설계는 프로그래머와 데이터베이스 관리자 사이의 많은 조정을 필요로 하는 매우 힘든 작업이었다. 기존 데이터베이스가 재고관리 및 영업관리 등과 같은 기업운영에 필요한 특화된 기능을 지원하는데 반해, 데이터 웨어하우스는 고객, 제품 등과 같은 중요한 주제를 중심으로 그 주제와 관련된 데이터로 구성된다.

둘째, 데이터 웨어하우스는 통합적(integrated)이다. 기존 데이터베이스에는 자료의 중복이 존재하여 하나의 사실에 대해 다수의 버전이 존재하는 경우가 많았다. 하나의 개체를 지칭하는 다양한 이름이 존재하거나 같은 이름의 데이터가 가지는 의미가 서로 다른 경우도 존재하였다. 데이터 웨어하우스에서는 이러한 데이터 중복이 전사적인 관점에서 통합된다. 즉 데이터 웨어하우스는 신뢰할 수 있는 하나의 버전(one version of truth)을 사용자에게 제공한다.

셋째, 시계열(time-series)적이다. 즉, 일 · 월 · 년 · 회계기간 등과 같은 정의된 기간과 관련되어 저장된다. 기존 데이터베이스는 사용자가 사용하는 매순간 정확한 값을 가진다. 즉, 바로 지금의 데이터를 정확하게 가지고 있을 것이 요구된다. 반면 데이터 웨어하우스의 데이터는 특정 시점을 기준으로 정확하다. 데이터 웨어하우스 내의 데이터는 스냅샷(snapshot) 데이터로서 묵시적 또는 명시적으로 시간 항목을 가지며, 장기간에 걸쳐 존재한다.

넷째, 비휘발적(nonvolatile)이다. 운영시스템 환경에서는 추가 · 삭제 · 변경과 같은 갱신작업이 레코드 단위로 지속적으로 발생한다. 그러나 데이터 웨어하우스는 읽기 전용 데이터베이스로서 갱신이 필요 없다. 결국, 일반 운영 데이터베이스(operational database)로부터 추출(replicate)되고, 정련(cleaning)된 데이터 웨어하우스의 데이터는 비즈니스 사용자들의 의사결정 지원에 전적으로 이용된다. 즉, 데이터 웨어하우스가 존재하는 가장 일차적인 이유는 사용자의 의사결정을 지원하기 위한 것이다. 데이터 웨어하우스는 올바른 정보(right information)를 올바른 형태(right form)로 적시(right time)에 제공하기 위해 대량의 원시 데이터를 유용한 정보로 변환하는 엔진이라고 할 수 있다.

[그림 8-16] 데이터 웨어하우스 구성

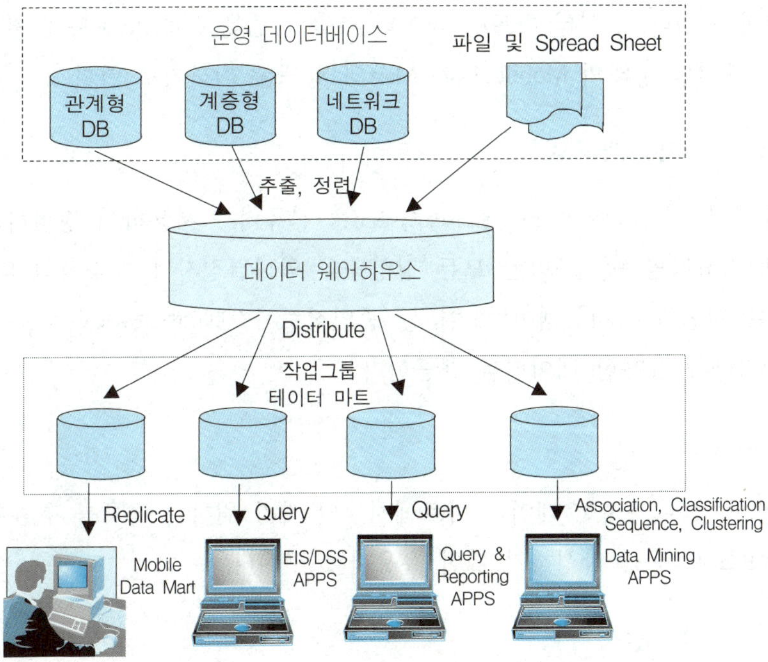

위의 그림은 일상 업무에서 사용되는 데이터베이스로부터 데이터 추출과 정련(replicate/cleansing)과정을 통해 다양한 데이터를 데이터 웨어하우스에 저장하고 사용자가 필요로 하는 데이터를 쉽게 활용할 수 있도록 도와주는 활용단계를 보여준다. 참고로, 데이터웨어하우스의 전략적 활용에 대한 내용은 15장 1절에 자세히 설명되어 있다.

데이터 활용은 구축된 데이터 웨어하우스를 이용하여 실제적으로 정보를 활용하는 기능이며 크게 두 부분으로 구성된다. 첫째 데이터 웨어하우스로부터 필요한 정보를 추출하여 원하는 형태로 재구성하여 보관하는 데이터 마트(data mart)구축 단계이며, 둘째, 사용자가 GUI 환경에서 자유자재로 정보를 활용할 수 있도록 질의분석도구와 EIS/DSS 애플리케이션, 그리고 데이터마이닝 도구 등을 지원해 주는 유저 인터페이스 부분이다.

● 데이터 마트

전사적으로 구축된 데이터 속에서 한 가지 주제 또는 한 부서 중심으로 구축된 소규모, 단일 주제의 데이터 웨어하우스이다. 예측 가능한 질의에 대해서 매우 빠르게 응답할 수 있도록 데이터를 제공한다. 일반적으로 데이터 웨어하우스와는 분리된 플랫폼에 존재하며 구축의 용이성 증대를 위해 최근에는 데이터 웨어하우스보다 먼저 구축되는 경향이 있다. 데이터 마트는 데이터 추출 작업을 통해 노트북에 저장되어 이동성이 보다 증대된 형태의 Mobile Data Mart의 형태를 취하기도 한다.

● EIS/DSS 애플리케이션

의사결정지원시스템(DSS: Decision Support System)은 컴퓨터를 사용하여 정형화되지 않은 문제에 관해 최고경영층을 포함한 모든 경영층의 의사결정자가 효과적인 의사결정을 할 수 있도록 지원하는 시스템이며, 이 중 중역정보시스템(EIS: Executive Information System)은 최고경영자에게 유용한 데이터를 제공한다.

● 질의분석도구

주로 SQL 등을 사용하여 데이터 마트에서 사용자가 원하는 정보를 추출한다. 상위 관리자에게 보고서 등을 작성하기 위한 유용한 도구이다.

● 데이터 웨어하우스 구축

데이터 웨어하우스의 구축 유형은 중앙 집중형 · 분산형 · 혼합형으로 나눌 수 있다. 이러한 유형은 기업의 환경과 정보시스템 구축전략을 토대로 적절히 선택되어져야 한다.

먼저 중앙집중형은 [그림 8-17]에서 보여지는 바와 같이, 전사적인 차원으로 하나의 통합적인 데이터 웨어하우스를 구축하는 유형이다. 이러한 전사적 차원의 데이터 웨어하우스는 여러 사용자들이 특정 검색(ad-hoc discovery)과 심층(drill-down) 분석을 지원하도록 다양한 자료원천의 시스템들로부터 수집된 데이터의 중앙집중 저장모형을 가지고 있다. 이러한 형태는 전사적인 데이터 모델을 제공하고, 견고한 자료변환 기능과 교차기능데이터 분석을 지원한다. 이러한 중앙 집중형 방식은 고도로 집중화되어 있기 때문에 시스템의 부하가 과도하게 되는 문제가 발생할 수 있으며, 사용자가 증가되거나 데이터가 증가됨에 따라 과도한 작업부하가 발생할 수 있다는 면에서 단점이 있다.

[그림 8-17] 중앙집중형 데이터 웨어하우스

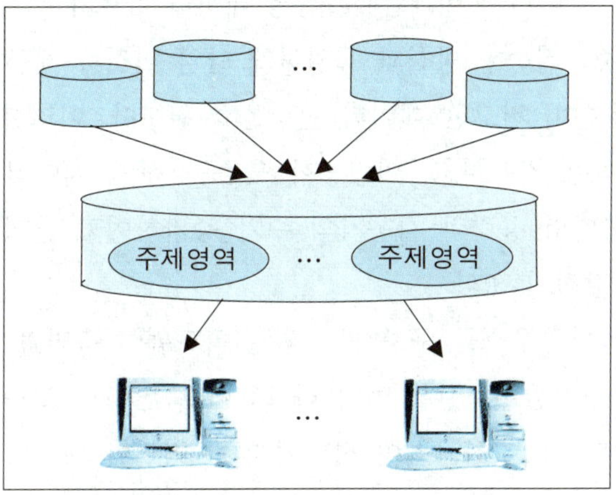

[그림 8-18] 분산형 데이터 웨어하우스

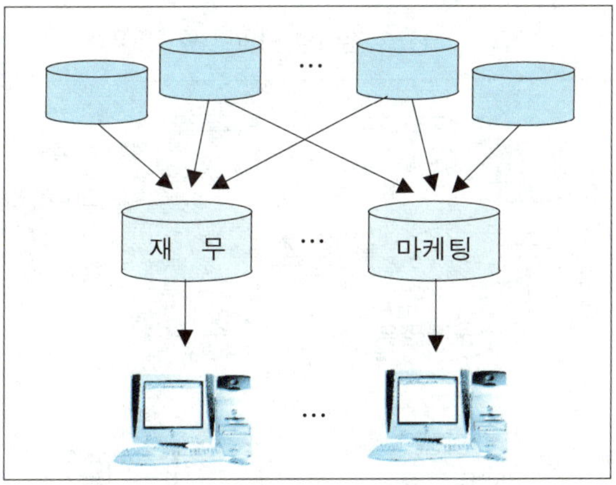

분산형은 [그림 8-18]과 같이 주제별 또는 분야별로 구분하여 우선적으로 소규모의 데이터 마트를 구축하여 목적에 맞게 사용하는 유형이다. 이러한 분산형은 특정 사용자 그룹을 대상으로 하는 운영계 데이터(operational data)의 분산된 개체형식이다. 이러한 구축 방식은 즉각적인 데이터 처리(data processing)가 가능하고, 빠른 질의/응답(query) 기능을 지원한다. 한편, 단일 버전이 없다는 점과 전사적 모델로서는 기능이 제한되는 점, 교차업무의 적용분석이 제한되는 점, 데이터 변환능력의 결여 등이 단점이 된다.

그리고 혼합형 데이터 웨어하우스는 [그림 8-19]에서 보는 바와 같이, 대규모의 데이터웨어하우스를 구축한 가운데 특정 사용자의 요구에 따라 추가적으로 데이터 마트를 구축하는 방식이다. 따라서 여러 개의 특정 데이터 마트가 추가적으로 구축되어 있다. 이러한 형태는 중앙집중형 방식과 동일하게 단일 버전을 제공하고, 전사적 데이터 모델 구현이 이루어지며, 견고한 데이터 변형을 지원한다. 이러한 장점에 추가적으로 교차기능 데이터분석이 가능하고, 비집중화 및 즉각적인 데이터 처리(data processing)가 가능하다. 또한 데이터의 용량과 사용자의 수가 증가하여도 균형있는 작업 부하능력을 제공할 수 있는 장점이 있다.

이러한 데이터 웨어하우스를 구축하는 경우, 하드웨어 측면과 소프트웨어 측면, 추출 측면에서의 고려사항들이 있다. 먼저 하드웨어 측면에서 고려하여야 할 요소로는 적절한 하드웨어 선택 여부, 하드웨어 선택에 따른 적절한 데이터베이스 선택, 활용할 데이터의 크기 결정, 동시 사용자 수, 웹 지원 방식(internet 혹은 intranet), 보관 주기, 최종 사용자의 PC 사양, Network 상태 등이 있다.

[그림 8-19] 혼합형 데이터 웨어하우스

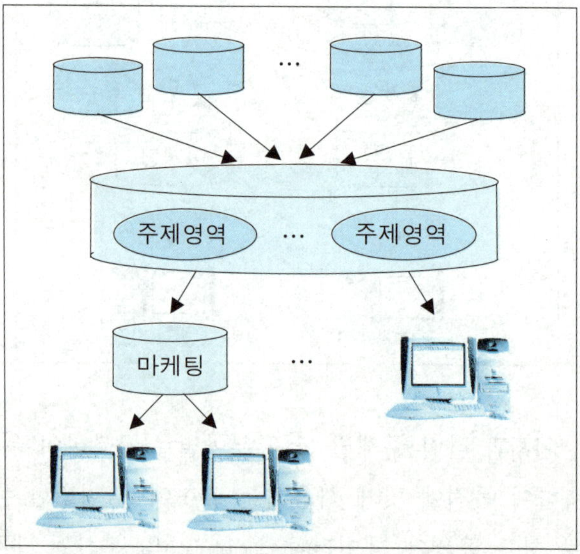

다음으로 소프트웨어 측면에서 고려해야 할 요소로는 적절한 맞춤화 여부, 확장성 여부(동시 사용자 수와 데이터의 증가), 다양한 외부 도구(e-mail, word processor 등)와의 연계 가능성이 있다.

추출 측면에서 고려할 사항으로는 데이터 추출방법 결정(전문적인 추출도구 또는 데이터베이스에 종속된 데이터 로딩 도구 사용여부), 데이터의 추출 주기 정의(주/월/분기/년 단위의 결정), 추출 도구에 대한 적절한 테스트 여부가 있다.

그리고 데이터 웨어하우스 구축 목표의 명확성, 개발 업체의 시스템 구축 경험 여부, 구축에 사용되는 방법론의 타당성, 다양한 참고사례(reference site) 보유 여부, 보안에 대한 기준 설정(사용자별 보안 등급결정, 외부침입에 대한 보안, 외부 컨설턴트에 대한 자료 유출 방지)을 추가적으로 고려하여 추진하도록 하여야 한다.

8.4.2 데이터 마이닝(Data mining)

데이터 마이닝은 대량의 데이터 사이에 묻혀 있는 패턴을 발견하고 규칙을 추론함으로써 의사 결정을 지원하고 그 효과를 예측하기 위한 기법이다. 데이터 마이닝에서는 사용자에게 유용한 정보를 제공하기 위한 적합한 모형이 수립된다. 수립된 모형을 통하여 데이터에 존재하는 일정 패턴이나 관계를 도출할 수 있다.

● 데이터 마이닝의 기본적 기능

데이터 마이닝 과정에서 수립되는 모형은 묘사와 예측이라는 두 가지 관점을 사용자에게 제공해 준다. 묘사는 데이터들에 내재되어 있는 관계들을 제공해 주는 것으로 의사결정에 필요한 정보를 제공해 준다. 예를 들면, 소비자의 구매패턴이 연관규칙을 통하여 묘사되면, 마케팅 정책 수립에 중요한 정보가 될 수 있다. 이렇게 발견된 패턴은 예측에도 활용될 수 있다. 소비자의 구매유형을 파악하고 있으면 특정 고객에게 집중적으로 마케팅함으로써 높은 광고 효과를 가져올 수 있다. 연관규칙 및 순차패턴 탐색, 군집화는 묘사에 해당되는 모형이며, 분류, 회귀분석 및 시계열 분석은 예측에 해당되는 모형이다.

● 데이터 마이닝 과정(Data mining process)

데이터 마이닝 과정은 데이터 샘플링과 선택(data sampling/selection), 데이터 정제 및 전처리(data cleansing/preprocessing), 탐색 및 변형(exploration/transformation), 모형화(modeling), 보고 및 가시화(reporting/visualization)의 절차로 이루어진다.

데이터 마이닝은 방대한 용량 데이터를 기반으로 정보를 추출한다. 방대한 양의 데이터를 검색하기 위해서는 샘플링과 선택의 과정이 필수적이다. 샘플링 과정을 통하여 모집단으로부터 적절한 표본의 데이터를 추출하게 된다. 이렇게 추출된 데이터는 데이터 정제 및 전처리 과정을 통과여 일관성이 없고 불완전하며 오류가 있는 데이터가 양질의 데이터로 정제된다. 정제과정은 데이터의 무결성과 품질을 보장한다. 탐색 및 변형과정은 이미 알고 있는 사실들을 수치화하는 과정을 통하여 확인하는 단계이다. 탐색단계에서 데이터의 전반적인 윤곽을 파악하고 정보화 할 수 있는 기반을 확립하게 되며 새로운 변수들이 추가되거나 기존의 변수들이 수정되기도 한다. 여기서 얻게 되는 변수들에 대한 정보는 다음 단계의 모형화에서 중요한 정보로 활용된다.

모형화 단계는 데이터 마이닝 과정에서 가장 중요한 단계이다. 앞 단계에서 선정된 주요 변수들을 사용하여 다양한 모형을 적용시켜 보는 단계로서 여러 적용된 모형을 토대로 예측력이 가장 우수한 모형을 선택하게 된다. 데이터 마이닝 결과는 사용자들에게 보기 쉽게 제공되어져야 하므로 보고 및 가시화 과정은 그래프나 각종 차트를 활용하여 최종 사용자가 사전지식 없이도 손쉽게 관찰할 수 있도록 지원해준다.

보다 자세한 데이터 마이닝에 대한 소개는 12장 5절과 14장 2절 6항을 참고하여라.

8.4.3 데이터베이스 응용

1) 분산처리 시스템(Distributed processing system)

중앙 집중 시스템(centralized processing system)과 상반되는 개념으로서 분산되어 있는 컴퓨터들에 의해 작업들을 처리하여 그 내용이나 결과를 상호 교환되도록 연결되어 있는 시스템이다. 데이터베이스 및 데이터 처리장치가 지역적으로 분산되어 조직 내의 고유 업무를 수행하고 조직간 관련업무를 처리하며 정보를 교환하기 위하여 네트워크를 통해 서로 연결한다.

분산처리 시스템은 전송속도 향상, 시스템 처리비용 증가와 소프트웨어 부족 문제 해결을 위해 등장하였다. 하드웨어 측면으로는 반도체 기술 발전에 따라 저가 고성능 프로세서와 기억소자 등장, 지역처리가 가능한 저가 고성능 PC 보급을 통하여 분산처리가 가능해졌다. 또한, LAN과 WAN의 발전, 데이터 고속 전송이 가능하게 됨에 따라 분산처리가 더욱 활성화되었다. 이에 따라 소프트웨어의 표준화 및 개방형 환경이 이루어지고 분산 응용프로그램과 객체 지향 기술이 더욱 발전되어 사용자들은 분산 자원을 통합적으로 이용하게 되고 있다.

[그림 8-20] 분산처리시스템

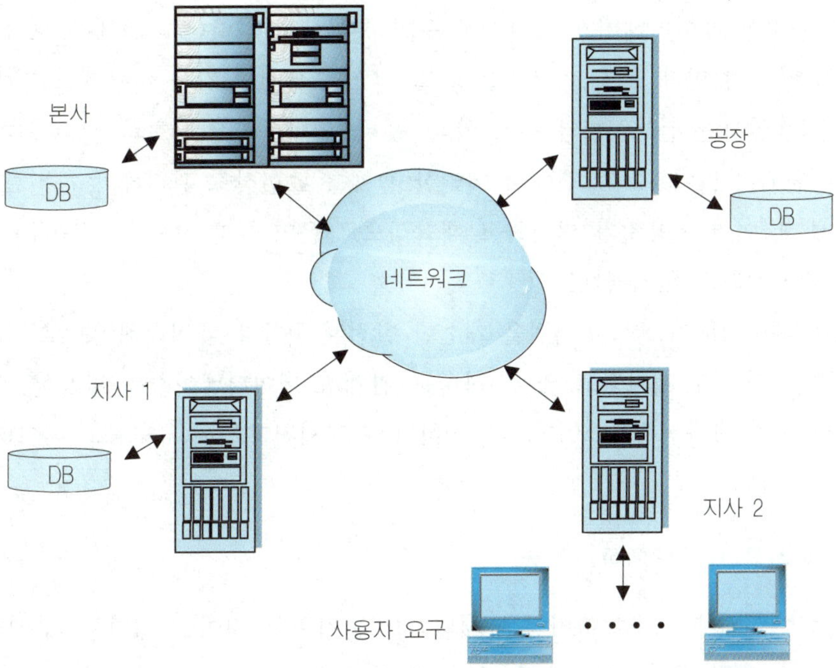

〈표 8-4〉 분산처리 장단점

장　　점	단　　점
- 자원공유 - 처리속도 향상 - 고장 및 회복에 따른 신뢰성 향상 - 규모 조정 가능 - 조직 구조에 쉽게 적응	- 통제력 상실 - 작업의 표준화 어려움 - 하드웨어와 소프트웨어의 호환성 - 보안관리의 어려움 - 복잡도 증가 - 성능 악화 가능성

8.4.4 객체지향과 객체관계형 데이터베이스

현재까지 데이터베이스 분야는 관계형 데이터베이스를 구현하는 데 연구 개발의 초점을 두었다. 그 결과 여러 상용 시스템이 출현하게 되었으나 관계형 데이터베이스 기술은 재고, 급여, 재무관리 등과 같은 기존의 비지니스 업무 처리가 주목적이었다. 다른 특수 응용부문에서 관계형 데이터베이스를 이용하고자 하는 경우에는 불편한 점이 나타나고 있다.

첫째, 관계형 데이터베이스는 복잡한 공학 분야에서 나타나는 관계를 모델링 하기에는 부족한 면이 있다. 둘째, 영상, 음성 및 텍스트 문서와 같이 비구조적인 데이터를 저장할 수는 있지만 검색하기가 쉽지 않다. 셋째, 일반화와 특수화와 같은 의미관계가 원활히 지원되지 않아 프로그램에서 이러한 관계를 표현하고 관리해야 하는 불편함이 따른다. 넷째, 여러 사용자가 협력하고 대화식으로 운영할 때 요구되는 장기 트랜잭션이 적절히 지원되고 있지 않다.

관계형 데이터베이스의 미비점을 개선한 발전된 차세대 데이터베이스로 가기 위한 방법으로 두 가지가 제시되고 있다. 하나는 관계형 데이터베이스를 확장한 객체관계형(object relational) 데이터베이스이며, 다른 하나는 객체지향형(object oriented) 데이터베이스이다(<표 8-5> 참조).

● 객체지향 데이터베이스

관계형 데이터베이스의 미비점을 개념적으로 강화한 것이 객체지향 데이터베이스이다. 그러나 객체지향 데이터베이스는 다음의 현실적 한계로 범용 비즈니스 응용분야에 사용이 어려운 실정이다.

첫째, 일관성을 지원하는 저장소 기능의 부족이다. 대부분의 객체지향 데이터베이스는 관계형 데이터베이스에 비교할만한 편리한 질의기능을 아직 제공하지 못하고 있다. 저장소에서 객체를 검색하는 단순한 방법의 지원이 가능하다. 둘째, 데이터베이스 관리시스템의 기능 부족이다. 질의 최적화, 권한부여 등의 기능이 충분히 제공되지 못하고 있어 일반 데이터베이스 사용자가 사용하기에는 불편함이 따른다.

● 객체관계형 데이터베이스

객체관계형 데이터베이스가 객체지향 데이터베이스와 관계형 데이터베이스가 갖는 문제를 동시에 해소할 수 있는 차세대 데이터베이스로 각광 받고 있다. 객체관계형은 관계형 모델과 질의어를 기반으로 추가적인 의미관계와 객체관계를 모델링하고 다룰 수 있도록 확장하였다.

〈표 8-5〉 객체지향형과 객체관계형 데이터베이스 비교

비교관점	객체지향형	객체관계형
데이터 모델	- 관계 데이터 모델에서 제공 못하는 복잡하고, 풍부한 데이터모델을 제공하나 이론적 기반 부재로 모델 확장에 장애 - 객체지향의 풍부한 표현능력은 실제 구현에 있어 복잡도를 높이며 성능을 저하시키는 위험 내포	- 객체형 및 관계형 데이터베이스의 장점을 수용하여 재사용성, 확장성과 개념적 일치성을 제공 - 객체 모델의 관계형 전환 용이
데이터 타입	- 일반적인 데이터 타입 및 복합객체 표현 용이	- 일반적인 데이터 타입 및 복합객체 표현 용이 - 객체지향측면을 관계형 데이터베이스와 상호작용 하도록 동등한 타입으로 변환
데이터 저장과 검색	- 영상, 음성 및 텍스트 문서와 같은 비구조적인 데이터 저장과 검색 용이	- 객체지향의 장점인 영상, 음성 및 텍스트 문서와 같은 비구조적인 데이터의 저장과 검색 지원 - 관계형 모델과 질의어를 기반으로 추가적인 의미관계와 데이터베이스 기능을 모델링 하고 다룰 수 있도록 확장
수행능력	- 객체지향 개념인 캡슐화, 상속성, 다형성을 지원하나 성능저하 초래 가능성	- 객체지향 개념을 지원하면서 성능저하 보완
언어영역	- 질의어 지원 부족 - 질의어의 최적화가 어렵고 수행비용 높음	- 관계형 지원언어(SQL) 활용이 가능하며, 결합, 집합 질의, 중첩 질의 등과 같은 복잡한 질의가능 - 질의어를 관계 대수/관계 해석으로 내부 변환이 가능해 질의에 대한 최적화가 상대적으로 용이
트랜잭션	- 장기 트랜잭션, 분산환경 트랜잭션을 지원 - 다수 사용자가 협력하는 대화식 운영 환경은 미지원 - 복잡한 트랜잭션을 지원 못하고 단순 질의 만을 허용	- 장기 트랜잭션, 분산환경 트랜잭션 지원 - 대화식 환경 부분 지원 - 관계형이 갖는 모든 질의 지원

객체지향 데이터베이스와 관계형 데이터베이스의 결합이 핵심인 객체관계형 방식은 세 가지로 (i) 객체지향 데이터베이스와 관계형 데이터베이스사이에 게이트웨이(gateway)를 두는 방법, (ii) 관계형 데이터베이스 위에 객체지향 계층(object-oriented layer)을 두는 방법, (iii) 객체지향 데이터베이스와 관계형 데이터베이스를 하나로 통합하여 단일 시스템으로 두는 방법이 있다.

8.4.5 데이터 품질 관리

데이터 품질(data quality)은 기업 정보시스템 구축에서 중요한 위치를 차지하고 있다. 왜냐하면 정보 기술과 데이터 웨어하우스의 확산과 함께 기업에서 높은 품질의 데이터에 대한 요구가 점점 더 증가하고 있다. 데이터의 품질을 효과적으로 관리하지 못하는 경우에는 부정확한 정보로 말미암아 기업의 재무적인 손실을 야기하기도 하며, 기업의 발전을 저해하기도 한다(Dasu and Johnson, 2003). 데이터 품질 관리를 기관이나 조직 내외부의 정보시스템 및 DB 사용자의 기대를 만족시키기 위해 지속적으로 수행하는 데이터 관리 및 개선 활동으로 정의하기도 한다.

데이터 품질 관리의 중요성이 대두됨에 따라 일부 기관에서는 데이터관리 센터를 설치해 데이터 품질 관리를 체계적으로 운영하고 있다. 데이터 관리가 체계적으로 이루어지면 데이터 관리하는 사람의 실수로 인한 오류와 데이터 변환이나 프로그램의 갱신에 따른 오류를 방지할 수 있고 궁극적으로 업무와 서비스 품질의 증대를 이룰 수 있다. 기업 간 전자적인 데이터 교환과 인터넷을 통한 공공기관 서비스가 확대됨에 따라 데이터 품질 관리의 중요성은 더욱 커지고 있다.

데이터 품질과 관련된 요소에는 데이터 값, 데이터 구조, 데이터 관리 프로세스가 있다. 이 세 요소를 통합적으로 관리하여야 완벽한 품질의 데이터 유지가 이루어진다. 또한, 데이터의 품질 기준으로는 정확성, 일관성, 유용성, 접근성, 적시성, 보안성이 있다. 데이터 품질을 높이기 위해서는 앞서의 모든 활동 즉, 데이터 관리에 대한 정책 수립, 데이터의 표준에 대한 관리, 데이터 모델에 대한 관리, 데이터 흐름 관리, 데이터베이스 관리, 데이터베이스 보안 관리, 데이터 활용 관리, 요구 사항 관리가 모두 일관성 있게 이루어져야 한다(한국데이터베이스진흥센터, 2006).

사례(1) : 월마트(wal-mart)

월마트는 연간 32%의 경이적인 성장을 기록하여, 2000년에는 총매출 1,900억불, 순이익 80억 달러, 점포수가 2,600여 개에 이르렀다. 자기자본 수익률은 30% 이상에 이르고 주식시장에서 월마트 주식가치는 장부가격의 10배가 넘는다. 이 같은 급성장과 높은 수익률을 반영하듯 월마트의 창립자 샘 월튼은 미국의 포브스(Forbes)지가 선정한 전세계 최고 갑부와 가장 존경받는 10대 기업가에 뽑히기도 하였다. 월마트가 1962년 미국 알칸사스 시골의 작은 소매상으로부터 전세계에서 가장 규모가 큰 고수익의 유통업체로 발전한 노하우는 바로 데이터베이스 정보시스템의 활용에 있다.

월마트는 현재 다양한 정보기술을 이용하고 있다. 우선 초기에 활용한 기술로는 데이터베이스와 연계된 바코드시스템과 전자문서교환(EDI: Electronic Data Interchange)을 들 수 있다. 바코드의 활용은 월마트 유통센터 및 매장에 있어서 입출하 작업의 신속화와 재고관리를 데이터베이스 시스템을 활용함으로써, 전사적인 효율화를 가져왔다. POS(Point Of Sales) 시스템은 바코드리더기로 물건의 바코드를 읽는 것으로, 물건의 계산속도를 빨리 할 뿐만 아니라, 판매정보는 즉각 월마트의 중앙컴퓨터로 연결되어 소비자수요패턴을 즉시 분석할 수 있게 해 준다. 또한 월마트는 소비자에게 이미 널리 알려진 상표의 제품을 주로 팔기 때문에 따로 광고비를 지불할 필요가 없다.

EDI의 도입은 이제까지의 일방적인 데이터 전송이 아니라, 실시간 양방향 커뮤니케이션을 본격화하는 계기를 마련하였다. 더불어 거래 관계가 있는 공급업체에게도 EDI를 채택하게 함으로써 궁극적으로는 공급관련 업무 프로세스 전체를 개선하였다. 월마트는 EDI를 채택한 주요 거래업체에 대해서는 매장 판매 데이터를 온라인으로 제공하고 있다. 이를 통해 거래업체는 적절한 조달 및 생산계획을 수립할 수 있게 되고 불필요한 재고에 따른 비용을 절감할 수 있게 되었다. 월마트는 이러한 거래업체와의 상품공급 시스템을 통해 자사 유통 센터에 재고를 갖지 않은 상태로 각 매장에서 실제 판매되는 수량만큼을 공급업체로부터 받아 유통센터를 통해 매장에 적시에 적량을 공급하는 체계를 갖추고 있는 것이다. 이러한 데이터베이스 기반 정보시스템은 결국 고객서비스의 향상으로 이어졌으며, 보다 발전적인 시스템인 QR(Quick Response)을 가능하게 하였다.

월마트는 외부 지향적인 정보기술의 활용이 경영이념과 경영전략의 수행에 유일한 방법임을 깨닫고, 이를 통한 경쟁우위 확보를 위해 기업을 둘러싼 공급 시스템과 수요 시스템 전체를 통합하는 것을 목표로 먼저 내부적인 시스템 통합을 시작하였다. 월마트는 자사의 시스템과 공급자들을 통합하였고, 최근에는 비즈니스의 수요측면, 즉 고객을 회사의 프로세스 및 시스템에 통합하려고 시도하고 있다.

월마트는 이를 위해 데이터 웨어하우스와 클라이언트/서버 응용시스템인 RetailLink를 구축하였다. RetailLink는 공급자들에게 월마트 데이터 웨어하우스에 직접적으로 접근할 수 있게 해준다. 데이터 웨어하우스에는 상점별, 상품별, 공급자별로 과거 52주간의 거래내역이 저장되어 있는데 그 용량은 7.5 테라바이트에 이른다. 이 데이터 웨어하우스는 월마트의 각 상점에 위치하고 있는 서버들과 위성을 통해 연결되어 있으며,

서버들은 다시 여러 상점의 POS 기계 및 휴대용 무선 컴퓨터에 연결되어 있다. 월마트는 위성통신을 이용한 지능적 물류망을 통한 지방점포와의 효율적 통신 연결로 30%의 사내 통신비 절감 효과를 얻었다. 판매 노하우와 상품 매뉴얼을 화상으로 전 매장에 소개할 수 있게 되어 시간과 비용을 대폭 절감하였다. 또한 자사의 차량 위치 추적으로 배송차량의 도착 시간을 예측하여 물품을 적시적소에 효과적으로 배치 가능하였다. 사용자들은 어느 상품들이 이동 중에 있으며, 점별로는 어떤 상품 이 필요하며, 현재의 재고상태는 어떤지 등에 대한 정보를 RetailLink를 통해 얻을 수 있다.

최근 월마트는 수요사슬에 대한 통합을 진행 중이다. 이를 위해 인터넷 기반의 서비스를 구현하였다. 이 웹사이트는 상품에 관한 정보를 제공하고 있으며, 고객이 신용카드로 결제를 하면 곧바로 상품이 배달된다. 즉, 공급자와 고객의 프로세스 및 정보흐름을 기업조직과 통합하여 연계시키지 못하면 변화하는 거래 형태에 대처하지 못하여 도태될 수밖에 없다. 월마트는 이러한 비즈니스 상황을 정확히 판단하고 이에 대처함으로써 다가오는 새로운 시대의 선도자가 되려고 노력하고 있다.

월마트는 다른 할인매장과 마찬가지로 중앙집중적 구매방식을 택하고 있다. 그러나 본부가 개별상품에 대한 수요예측을 하고 이를 토대로 전매장에 공급하는 경쟁자와는 달리, 월마트는 컴퓨터네트워크를 통해 각 점포에서 오는 주문정보를 중앙컴퓨터에서 처리하여 이를 지역별 물류센터에 보유중인 재고에서 필요한 상품을 배달하고, 재고수준이 낮으면 다시 주문하고 있다. 제품에 대한 주문에서 배달까지의 시간을 줄이기 위하여, 월마트의 중앙 컴퓨터는 납품기업의 컴퓨터와도 연결되어 있다. 예를 들어 시간을 줄이기 위하여, 월마트에 일상소비재를 공급하는 P&G본사의 컴퓨터와 월마트의 컴퓨터를 연결하여, 소비자 수요의 동향, 경쟁업체의 동향, P&G가 소비자 선호를 파악하는 데 필요한 모든 마케팅 데이터를 즉각적으로 파악할 수 있도록 정보네트워크를 구축하고 있다.

사례(2) : 비즈레이트(Bizrate.com)

1996년 Mohit의 80페이지짜리 MBA스쿨 레포트를 기반으로 "Binary Compass Enterprise"로 시작된 이 회사는 일련의 준비과정을 거쳐 1998년 두개의 창업투자사에 의해 투자를 받게 되었고, 비즈레이트(Bizrate)로 회사명을 바꾸었다. 이 회사는 초기에 소비자들의 직접 투표 결과를 업체(vendor)에게 제공하는 시장조사 회사로 유명해졌다. 비즈레이트는 1999년 10월 일련의 전자상거래 서비스를 시작하여 현재 두 영역에서 수익을 창출하고 있다. 우선 시장조사 영역에서 비즈레이트는 구매시점에 관리되는 소비자 조사결과에 바탕을 둔 상세한 데이터를 공급한다. 전자상거래 영역에서는 비즈레이트 웹사이트로부터 직접 소비자를 업체들에게 연결하여 수수료를 받고 있다. 비즈레이트는 "Bizrate Star Ratings"에 의하여 웹 쇼핑 중의 디렉토리 사이트로 거래가 끝난 고객들에게 업체에 대한 의견을 질문하고, 정리하여 등급을 매기는 과정을 거치고 있다. 즉 책 · 컴퓨터 · 전자 · 백화점 · 음식 · 게임 · 선물 등 각종 상품과 관련된 사이트를 소개하며, 소비자 의견 · 가격 · 웹사이트 · 상품선택 · 상품정보 등 10개 부분에 걸쳐 별의 개수로 사이트의 유용성을 평가하고, 해당 사이트의 주소 · 전화번호 · URL 등을 제공하며, 다시 5개 항목으로 평가를 내리는 과정을 거친다.

사업초기에 비즈레이트는 소비자간 신뢰를 창조하고 성실성을 보존하기 위해서 웹사이트에 광고를 하지 않았고 조사 프로그램에 참여하는 업체에게 수수료를 받지 않는 대신 그들의 조사결과를 정리한 데이터에 기반한 보다 상세한 조사보고서를 업체에게 판매하는 것을 주 수입원으로 삼았다. 보고서는 업체가 수집 · 분석하기 어려웠던 산업에 관한 세부 데이터 혹은 산업 전반이나 상품군별 데이터에 대한 정보를 기술하고 있었다. 비즈레이트의 조사결과는 소비자들에게 "어떤 업체가 인터넷상으로 신뢰할 수 있는가"에 대한 객관적이고 믿을 만한 정보원이 되었으며 업체에게는 고객 유지를 위한 길잡이의 역할을 해주었다.

1999년 10월에 선보인 새로운 웹사이트는 상점간 비교 뿐 아니라 상품간 비교도 가능하게 했으며, 소비자 투표 결과에 직접 해당 웹사이트의 링크를 걸어서 그에 따른 수수료를 받기 시작했다. 또한 "merchandising pod" 프로그램을 실시했는데 이는 별 4개 이상의 (gold 업체) 업체들에 대해 미리 지정된 공간에 배너를 보여준다. 배너에 대한 수수료를 받지는 않지만, 배너를 통해 생기는 클릭을 데이터의 일부로 수집하여 향후 수수료 책정이 가능하도록 했다. 이러한 일련의 변화는 성공적이었다. 1999년 12월 비즈레이트의 트래픽은 2배로 증가했으며, 2000년 4월 인터넷 통계기관인 media metrix에 의해 야후, msn 쇼핑몰에 버금가는 쇼핑몰 포털로 집계되었다. 또한 참여업체도 1700개에서 2700개로 증가했다.

현재 비즈레이트는 인터넷에서 가장 풍부한 소비자 데이터베이스를 자랑한다. "Bizrate Star System"에 의해 축적된 조사결과를 활용하기 위해 컴퓨터 하드웨어 · 소프트웨어 · 가전제품 · 장난감 · 의류 · 책과 음악들을 포함하는 수십 개의 상품군에 대한 상세한 소비자 피드백을 포함하는 거대한 데이터베이스를 축척했다. 이 데이터베이스는 비즈레이트를 그들의 주요한 정보 공급원으로 삼는 600만 온라인 소비자들에 의해 자발적으로 제공된 프로파일과 인구통계 자료, 이메일 주소, 그리고 다양한 상품군의 약 8,000만 트랜잭션에 대한 상세한 정보를 포함하고 있다. 비즈레이트의 데이터베이스는 매월 10%의 성장률을 보이고 있다. 이러한 데이터베이스를 기반으로 비즈레이트는 궁극적으로 고객 중심의 비교 쇼핑 허브(hub)로써, 소비자와 업체 모두에게 최상의 효율을 지원할 것이다.

사례(3) : 오라클(Oracle)

오라클은 세계적인 데이터베이스 공급업체로서 매출액이 연간 93억 달러 규모(2000년 기준)인 세계에서 두 번째 규모 소프트웨어 업체이다. IDC에 따르면, 1999년도의 전세계 데이터베이스 시스템 시장에서 오라클사는 35%의 점유율을 보였으며, IBM사가 23%, Microsoft사 7%, Informix사 5%, Sybase사 3% 등의 점유율을 나타낸 것으로 조사되었다.

캘리포니아에 본사를 둔 오라클은 1977년 IBM 메인프레임 컴퓨터용 데이터베이스 시스템을 공급하기 위하여 Larry Ellison, Robert Miner, Edward Oates와 Bruce Scott가 Software Development Laboratories사를 설립하여 출발하였다. 현재는 데이타베이스, 서버, 엔터프라이즈 비즈니스 애플리케이션, 애플리케이션 개발, 의사결정지원 소프트웨어를 판매하고 이에 대한 지원서비스, 교육, 컨설팅사업도 함께 전개하고 있다. 오라클은 고객 관계 관리 관련 제품뿐만 아니라 운영 애플리케이션, 플랫폼 인프라 등을 지원하는 글로벌 e-비즈니스 솔루션을 제공한다. 오라클 소프트웨어는 PC, 워크스테이션, 미니컴퓨터, 메인프레임, 대형 병렬 컴퓨터와 PDA, 셋톱 디바이스 등에서도 운영된다.

많은 기업들이 e-비즈니스로 전환함에 따라 오라클은 인터넷 지원 솔루션을 제공함으로 기업고객으로 하여금 시장 기회를 확대하고, 비즈니스 프로세스 효율성을 개선하여 고객 유치 및 유지비용을 절감할 수 있는 방법을 제공한다. 오라클사는 교육사업에서도 많은 수익을 올리고 있다. 특히, 1999년 오라클사의 교육관련 사업부를 Oracle University로 변경하면서 많은 이익을 거두고 있다.

한편, 오라클사는 자사의 전제품이 인터넷을 지원함에 따라 가격 정책을 변경하였다. 최종 사용자의 수에 따라 가격을 정하던 정책에서 현재는 파워 유니트 가격 정책(Power Unit Pricing)으로 변경하였다. 인터넷 상에서는 최종 사용자의 수를 관리하는 것이 어렵기 때문에 취해진 정책의 변화이다. 파워 유니트 가격 정책은 컴퓨터 시스템의 성능에 따라 가격이 차별화되는 정책이다. 이러한 정책의 변화를 통해 저성능 시스템을 사용하는 중소 업체들이 오라클을 저렴한 가격으로 사용하게 되었다. 또한, 오라클사는 오라클 비즈니스 온라인(Oracle Business Online)을 통해 ASP(Application Service Provider) 사업에 본격적으로 뛰어들었다. 2000년 6월 현재, 오라클 비즈니스 온라인의 고객은 100개 회사이지만 향후, ASP 고객이 급속히 증가할 것으로 예측하고 대비하고 있다.

주요용어

- 개체관계 모델(Entity relationship model)
- 개체관계도(ERD : Entity Relationship Diagram)
- 객체지향 데이터베이스
- 객체관계형 데이터베이스
- 계층형 모델(Hierarchical model)
- 관계(Relationship)
- 관계형 모델(Relational model)
- 네트워크 모델(Network model)
- 데이터 마이닝(Data mining)
- 데이터 마트(Data mart)
- 데이터 모델(Data model)
- 데이터 모델링(Data modeling)
- 데이터 웨어하우스(Data warehouse)
- 데이터 정의 언어(DDL)
- 데이터 조작언어(DML)
- 데이터베이스 관리시스템(DBMS)
- 분산처리 시스템(Distributed processing system)
- 오라클(Oracle)
- 질의 처리기(Query processor)
- 트랜잭션 관리기(Transaction manager)
- DDL 번역기
- MS 액세스(Access)
- SQL(Structured Query Language)
- 데이터 품질(Data quality)

복습문제

1. 바이트, 필드, 레코드, 파일의 차이점을 설명하시오.
2. 파일처리방식과 데이터베이스 방식을 비교 설명하시오.
3. 데이터베이스 구축단계를 설명하시오.

4. DW(Data Warehouse), DM(Data Mart)와 ODS(Operational Database System)의 관계 및 차이점을 설명하시오.

5. 분산처리의 장단점을 설명하시오.

6. 관계형 모델의 기본키(Primary Key)와 외래키(Foreign Key)는 테이블(Table)에서 어떤 역할을 하는가?

7. 데이터 품질 관리의 필요성을 설명하시오.

토론/프로젝트 문제

1. 매장관리용 데이터베이스 프로그램을 작성하고자 한다. 여기서 관리되어야 할 대상은 고객, 주문서, 제품 등이 있다. 이를 위한 ERD 작성하고 작성된 ERD를 바탕으로 오라클이나 MS 액세스를 사용하여 매장 관리용 프로그램을 작성하시오.

2. 본문의 사례1에서 설명된 월마트의 당시 운영시스템의 특성을 분석하고, 개선해야 할 방향을 제시하시오.

3. 본문의 사례2에서 설명된 비즈레이트의 당시 사업 특성을 분석하고, 새로운 사업방향을 제시하시오.

4. 본문의 사례3에서 설명된 오라클의 제품 특성을 설명하시고, 향후 제품 사업 방향을 설명하시오.

참고문헌

- 문송천, 데이터베이스 시스템 총론, 형설출판사, 1997.
- 이호석, 데이터베이스론, 정익사, 1998.
- 한국데이터베이스진흥센터, 데이터 품질 관리 지침, 2006.
- Dasu T. and T. Johnson, “Exploratory Data Mining and Data Cleaning, Wiley- InterScience”, 2003.
- Esprit Project 6041, “MARITIME(Modeling and Reuse of Information Over Time)”, Technical Annex, 1995.
- Hoffer J. A., Prescott M. B. and F. R. McFadden “Modern Database Management”, Addison-Wesley Publishing, 2002..
- Inmon W. H. and Hackathorn R. D., “Using the Data Warehouse”, John Wiley & Sons, 1994.
- Laudon K. C. and Laudon J. P., “Management Information Systems : Organization and Technology in the Networked Enterprise”, Prentice Hall, 2003.

- Mark Jarvis, “Oracle Corporation”, Harvard Business School Publishing, January, 2001.
- Moon, Youngme, “BizRate.com”, Harvard Business School Publishing, March, 2001.
- Peter Pin-Shan Chen, “The Entity-Relationship Model – Toward a Unified View of Data”, ACM Transactions on Database Systems, pp. 9-36, 1976.
- Robert Orfali, Dan Harkey, and Jeri Edwards, “The Essential Client/Server Survival Guide”, John Wiley & Sons, 1999.
- Tsichritzis D. and Klug A., “The ANSI/X3/Sparc Database MS Framework : Report of the Study Group on Database Management Systems”, 1995.
- Stair R. M. and Reynolds G. W., “Principles of Information Systems 4th Edition”, Course Technology, 1999.
- Kim, W. “Modern Database Systems : The Object Model, Interoperability, and Beyond”, Addison-Wesley Publishing, 1995.

참고사이트

- 월마트 ··························· http://www.wal-mart.com
- BizRate.com ··························· http://www.bizrate.com
- Oracle Corporation ··························· http://www.oracle.com

CHAPTER 9

전사적 자원관리시스템

황 재 훈 교수

연세대학교 경법대학 경영정보학부, jwhang@unitel.co.kr

CONTENTS

학습목표

- ERP시스템의 개념을 이해하고, 도입 목적을 알아본다.
- ERP시스템의 구성과 기능에 대하여 알아본다.
- 기업이 ERP시스템을 구축할 때 고려해야 할 방법론을 살펴보고, 구축 프로젝트에서의 핵심성공요소에 대하여 살펴본다.
- 국내외 ERP시스템 시장의 현황과 확장 솔루션 등 향후를 전망한다.

본 장에서는 기업의 다양한 업무영역을 지원하는 정보시스템들을 통합하여 하나의 패키지 솔루션으로 제공하는 전사적 자원관리(ERP: Enterprise Resource Planning) 시스템에 대하여 알아보도록 한다. 1절에서는 ERP시스템의 개요로서 출현배경, 정의 및 특성, 기대효과를 살펴보고, 2절에서는 ERP시스템의 구성 및 데이터의 유형, 그리고 각 기능에 대하여 간략히 알아보도록 한다. 3절에서는 ERP시스템의 구축 방법론과 구축 프로젝트 성공요소에 대해 알아보며, 마지막으로 4절에서는 국내외 ERP시스템의 현황과 전망을 살펴보도록 한다.

9.1 ERP시스템의 개요

9.1.1 ERP시스템의 출현배경

오늘날 급변하는 글로벌 경쟁 환경에서 살아남고 경쟁우위를 점하기 위해서는 고객의 요구에 부응하는 제품을 보다 빨리 개발하고, 다양하며 최적의 품질이 보장되는 제품이나 서비스를 고객이 원하는 시간에 맞출 수 있는 기업의 경쟁력이 요구된다. 이러한 경쟁력을 확보하려면 조직의 내・외부 자원에 대한 계획, 스케줄링, 실행 및 피드백을 신속하고 체계적으로 의사결정할 수 있는 기반이 필요하다.

1990년대 초에 전세계적으로 다양한 산업의 선진 기업들이 이와 같은 경쟁력 유지 및 향상을 위하여 전사 차원의 프로세스 혁신과 비즈니스 리엔지니어링(4장 참조)을 통해 프로세스 재설계를 수행하였으나, 많은 기업들은 BPR의 결과를 가시적으로 구현하기 위한 정보기반 구축, 그것도 첨단의 정보기술들을 활용하여 주어진 기간(대개 1년) 내에 구현할 수 있는 방안을 찾아야 하는 문제에 봉착하였다.

이러한 현실적인 문제를 해결할 수 있었던 실질적인 대안 중의 하나가 바로 전사적 자원관리(ERP : Enterprise Resource Planning) 시스템이었다. ERP시스템은 기업의 전체 업무의 수행을 지원하는 새로운 형태의 정보시스템으로서, 통합 데이터베이스를 바탕으로 기업 전체가 하나의 시스템을 사용함으로써 신속하고 정확한 업무수행 및 의사결정을 뒷받침하는 통합정보시스템 구축의 강력한 대안이었던 것이다. 물론 BPR 수행 결과의 실제 구현이 직접적인 동기라고 볼 수 있지만, 지난30년 간 제조산업 환경과 전략 동향을 살펴보면 그 출현배경에 대한 이해를 높일 수 있다.

<표 9-1> 제조산업 전략의 시대적 변천

구 분	1960년대	1970년대	1980년대	1990년대
경 쟁 요 소	가격	시장	품질	시간
제 조 전 략	소품종 대량 생산	기능 통합	공정 유연성	제품 주기 단축
제조 시스템	NC 기계	MRP-I	MRP-II JIT	CIM ERP

<표 9-1>의 변천 내용은 컴퓨터를 포함한 정보기술의 발전과 직접적으로 연계되어 있음을 볼 수 있다. 물론 시대별 경쟁 요소는 지금도 여전히 중요한 요소들이나 각 시기에 특히 강조되었던 요소로 이해할 수 있으며, 오늘날에는 산업 특성에 따라 강조되는 경쟁요소를 구분해 볼 수도 있다.

60년대에는 가격이 중요한 경쟁 요소이었던 만큼 원가 최소화가 중요한 목적이었다. 따라서 생산자동화의 시작인 수치제어(numerical control) 기계(예: 밀링머신 등)의 활용으로 생산성 향상을 통해 원가 절감을 이루었으며, 이후 로봇이나 자동제어장치 등으로 발전하였다. 이 시기에 컴퓨터는 회계나 재고 정보처럼 숫자 처리 위주의 관리에 주로 활용되었다.

70년대에는 시장 점유가 중요한 목적이었으며, 이 시기에는 다양한 제품 기능의 통합화가 강조되었다. 이는 곧 하나의 제품을 만드는데 소요되는 자재 정보가 복잡해짐을 의미하며, 또한 제품의 종류가 많아지면서 자재재고 및 생산계획을 효율적인 관리가 요구되어 60년대 올리키(J.A. Orlicky)가 개발한 자재소요량계획 기법인 MRP-I(Material Requirement Planning)이 컴퓨터를 기반으로 널리 보급되었고, 제조활동을 지원하는 시스템의 핵심이 되었다.

80년대에 컴퓨터의 처리 및 저장 능력이 향상되면서, 일상적인 생산계획이나 자재재고관리를 넘어서 제조현장의 인력 및 설비 등 생산자원의 능력계획(Capacity Planning)과 제조활동에 관련된 재무계획이나 판매계획 등 다양한 주변 업무까지 연계하여 관리하는 생산자원계획 기법인 MRP-II(Manufacturing Resource Planning)의 구현이 이루어졌다.

90년대에는 컴퓨터의 능력이 더욱 향상되어 1973년 해링턴(J. Harrington)이 정의했던 공장 전체의 시스템화를 추구하는 CIM(Computer Integrated Manufacturing) 구축이 더욱 일반화 되었으며, 90년대 중반 이후 기업의 모든 경영자원을 대상으로 한 계획 관리로 그 영역이 확대되어 고객 주문의 수주를 비롯하여 자재 조달, 유통, 판매 및 수금, 회계처리까지의 모든 업무 활동을 하나의 시스템으로 지원하는 ERP시스템의 보급으로 전사 통합 시스템 구축이 용이해지게 되었다.

이러한 시대적 변천을 통해 우리는 컴퓨터의 처리 및 저장 능력의 발전과 기업의 계획 관리 능력의 향상이 매우 밀접한 관계를 갖고 있음을 알 수 있으며, 또한 향후 정보기술의 발전이 또 다른 경영 기법이나 계획 관리 방식과 깊게 연관되어질 것임을 예측할 수 있다.

9.1.2 ERP시스템의 정의

1994년 글로벌 컨설팅회사인 가트너 그룹(Gartner Group)은 ERP시스템을 "기업의 업무 기능들이 상호 균형을 이루며 수행될 수 있도록 디자인된 차세대 비즈니스 시스템을 대표하는 애플리케이션 집합"(a series of applications designed to bring business functions into balance and represents the next generation of systems)으로 정의하였다.

이는 각 기업 또는 조직에서 발생하는 영업・판매 관리, 생산관리, 자재관리, 품질관리, 인적자원관리, 회계관리 등 기업 내의 모든 프로세스들을 유기적으로 연결하여 정보 공유는 물론 기업 내 자원의 계획 및 관리를 최적화하고 표준화된 방법에 따라 경영을 지원하는 시스템으로, 그 이전에 기능부문별로 개발되었던 시스템과는 달리 통합을 전제로 만들어진 새로운 정보시스템 형태임을 의미한다.

한편 미국 생산재고관리협회(APICS : American Production and Inventory Control Society)는 ERP시스템을 "고객의 주문에 대한 수주, 생산, 배송, 회계처리 등을 위하여 전사의 자원을 규명하고 계획하는 회계위주의 정보시스템"(accounting-oriented information system for identifying and planning the enterprise-wide resources needed to take, make, ship, and account for customer orders)이라고 정의하였으며, 동의어는 고객지향 제조관리시스템이라고 하였다.

여기서 주목해야 할 두 단어는 '고객'과 '회계 위주의 정보시스템'이다. 기업이 고객의 중요성을 인식하지 않았던 시절이야 없었겠지만, 특히 1990년대는 세계화의 심화로 무한경쟁시대에 돌입하면서 고객의 중요성이 어느 때 보다 강조되었던 시기였다. 따라서 신속하고 효과적인 고객 대응력 향상이 BPR의 가장 중요한 목표 중의 하나였으며, 기업 내부 관점에서 정의된 다양한 기능을 꿰뚫어 고객 관점에서 일의 시작과 끝을 새롭게 정의하는 프로세스 재설계가 핵심 관점이었다. 더욱이 다국적 기업인 대부분의 선진 기업들과 세계 진출을 꾀하는 기업들이 글로벌 시장을 대상으로 프로세스와 데이터의 표준화를 추구하고, 제조업 경영도 글로벌 최적화를 통해 내부 효율 증대를 꾀하게 되어 업무의 복잡성이 높아지고 처리 정보량이 증대되었는데, 이를 대응할 수 있는 새로운 정보시스템이 바로 ERP시스템이라는 것이다.

둘째, 회계 위주의 정보시스템이라는 의미는 기업의 모든 활동이 자금 즉 돈으로 집약된다는 것이다. 누적된 데이터로 추정한 표준회계정보를 근간으로 예산을 수립하고, 기업 내에서 발생되는 활동을 회계정보로 통합 관리하고 이를 바탕으로 일관성 있게 기업 현황을 평가하며 경영할 수 있게 하는 시스템이라는 것이다. 자재 · 인력 · 기계 · 전력 등 기업 전체에서 발생되는 모든 자원의 투여는 돈의 지불이며 반면에 생산된 모든 제품이나 서비스의 판매는 돈의 수익으로, 총수익금이 총지불액보다 클 때 기업이 생존한다는 지극히 단순하지만 가장 기본적인 논리로 이해하면 기업 활동의 정보는 결국 자금의 흐름에 대한 정보에 그대로 연결된다. 따라서 기업의 현황 파악과 향후 기획은 회계 정보에서 비롯된다는 점을 강조하는 것이다.

이러한 고객 대응의 스피드와 글로벌 경영체제, 그리고 회계 위주의 경영관리는 리얼타임의 정보 공유와 신속하고 유연한 의사결정체제의 확보를 필요로 하며, 이러한 요구를 충족하기 위해서는 기업 내부의 일관성있는 통합 정보시스템의 구축이 필수적이다. 즉 기업내부에서 처리되는 데이터가 논리적으로 하나의 데이터베이스에 저장되고 모든 사용자가 동일한 화면에서 로그온하여 업무를 수행하는 통합 애플리케이션 시스템이 ERP시스템인 것이다.

9.1.3 ERP시스템의 특성

이 절에서는 정보기술 관점에서 ERP시스템의 특성을 간략히 살펴보도록 한다. 유의할 점은 ERP시스템의 특성 중 일부는 오늘날 많은 정보시스템에서 이제는 보편화된 속성으로 볼 수 있지만 90년대에는 매우 앞선 중요한 특성이었다는 점이다.

● **글로벌 환경에의 대응 : Double-byte support**

앞의 정의에 대한 설명에서 세계화, 다국적 기업의 글로벌 시장 대상, 글로벌 (생산) 최적화 등을 언급하였는데 이를 구현하기 위해서는 시스템이 다국 언어를 지원해야 한다. 이전의 시스템들은 각국에서 개발된 시스템으로 데이터의 정의도 각기 달랐으며, 국가간 데이터의 호환도 불가능하였다. 더욱이 컴퓨터가 미국에서 발명되었던 까닭으로 영문을 기준으로 개발된 한(single) 바이트 체계인 ASCII코드 체계로는 한글을 비롯한 두 바이트 체계로 표준화된 여타 국가의 시스템과는 호환이 불가능하다. ERP시스템은 이러한 문제점을 염두에 두고 개발되었기 때문에 다국어, 다통화를 대응한다. 즉 시스템 로그온 시점에서 원하는 언어를 선택할 수 있어 메뉴 및 데이터 입출력의 현지어 활용이 가능하고, 상이한 통화간 환율을 계산할 수 있으며, 국가별 현지화(localization) 과정에서 세금이나 회계기준 등 법규나 상거래 방식, 생산방식 등을 일부 내장시켜 사용자가 선택하고 설정할 수 있도록 되어 있다.

● 뛰어난 확장성과 연계성 : Open system

과거의 정보시스템은 애플리케이션 프로그램이 특정 하드웨어나 운영체제(operating system), 데이터베이스에서만 구동하는(플랫폼 의존적 또는 플랫폼 종속적) 폐쇄적인 구조이어서 다른 시스템과의 연계나 시스템 확장이 제대로 이루어지지 않았다. 반면, ERP시스템은 운영체제나 데이터베이스와는 독립적으로(independent) 운영되도록 설계되어 있기 때문에 다양한 하드웨어 업체의 컴퓨터나 데이터베이스 중에서 선택하여 시스템을 구축할 수 있다. 물론 ERP의 시스템 요건이 높고 컴퓨터의 가격대비 성능이 날로 좋아지기 때문에 ERP시스템 도입 시 대개 새로운 고성능 하드웨어를 구입하지만, 이러한 애플리케이션의 독립성은 하드웨어 업체에 대한 기업의 거래 협상력(bargaining power)을 강화해 줄 뿐만 아니라 기업에서 이미 구입한 하드웨어나 DBMS를 재활용할 수 있다는 투자보존 측면에서 매우 중요한 의미를 갖는다.

● 클라이언트-서버 방식 : 3-계층 이상의 Multi-tier architecture

과거 메인프레임 기반의 중앙집중식 시스템 환경에서 벗어나 분산처리 구조로 데이터 및 애플리케이션 작업 부하를 줄이고 클라이언트 PC에 새로운 역할을 줌으로써 자원의 효율적 운영과 관리를 할 수 있도록 하는 3-계층 클라이언트/서버 방식이 거의 대부분의 ERP시스템에서 구현 가능하다. 더욱이 다계층(multi-tier)아키텍처라 함은 클라이언트 계층의 프리젠테이션 로직, 애플리케이션 계층의 프로세스 로직, 그리고 데이터베이스 계층의 데이터 관리 로직에 더하여 인터넷 로직, 데이터웨어하우징 로직, 납기약속 로직 등 다양한 기능을 수행할 수 있도록 추가의 계층(layer)을 구현하는 것을 말한다.

● 새로운 정보기술의 활용 : 4GL 및 CASE 툴 등

대부분의 ERP시스템은 이제는 보편화된 Visual Basic, Delphi, Java 등으로 대표되는 4세대 언어(4GL)로 개발되어 있어 유연하고 수정 및 추가 개발이 용이하다. 또한 고기능 산업용 소프트웨어 개발을 지원하는 도구로 등장했던 CASE(Computer-Aided Software

Engineering) 도구를 활용함으로써 ERP시스템의 구조 및 기능에 대한 이해를 높일 수 있으며 시스템의 수정이나 추가 개발에도 많은 도움을 받을 수 있어 효과적인 구현이 가능하다.

오늘날에는 e-비즈니스 추세로 ERP업체들이 인터넷 환경에서 구현될 수 있도록 대개 Java로 재개발하여 새로운 버전의 ERP시스템을 제공하고 있으며, 일부 업체는 객체지향적(object-oriented) 구조와 언어로 개발된 ERP시스템도 선보이고 있어 객체지향으로의 전환이 예상되기도 한다.

● 관계형 데이터베이스 : RDBMS

앞에서 언급한 바와 같이 ERP시스템은 통합 애플리케이션으로 논리적으로 하나의 통합 데이터베이스를 전제로 설계된 정보시스템이다. ERP시스템이 통합 데이터베이스 구조를 채택한다는 의미는 이전에 활용되던 파일시스템 구조로는 데이터의 독립성에 문제가 있어 Oracle, Informix, Sybase 등 상용의 관계형 데이터베이스관리시스템(RDBMS : Relational Database Management System)을 채택한다는 것을 의미한다. 앞에서 언급한 바와 같이 데이터베이스의 채택은 주로 운영체제나 하드웨어 등 전체 플랫폼에 의해 결정되지만, ERP시스템은 애플리케이션 시스템으로 DBMS 제품 등과는 독립적이므로 오히려 DBMS업체나 OS업체에서 특정 ERP시스템 운용이 가능하도록 노력하고 있다. 왜냐하면 ERP시스템을 도입하는 회사가 OS나 DBMS에 맞추어 애플리케이션을 선택하는 것이 아니라 애플리케이션의 기능 등에 따라 선택하므로 ERP시스템이 탑재될 수 없는 DBMS는 시장성을 갖지 못하기 때문이다.

● 사용자 중심의 인터페이스 : GUI 및 Multi-media 지원

과거 기업에 구축되었던 시스템과 달리 모든 ERP시스템이 그래픽 유저 인터페이스(GUI : Graphic User Interface) 환경으로 개발된 점이 기업에서 ERP를 선호하는 이유 중에 하나이다. 따라서 윈도우 환경에서 문자, 그래픽, 음성, 화상, 동영상 등의 정보를 쉽게 활용할 수 있으며, 스프레드시트나 워드프로세서와의 용이한 데이터 교환 기능으로 사용자의 대량 입력이나 관리가 편리하며, 출력에 있어서도 데이터를 다운받아서 원하는 형식으로 쉽게 바꾸거나 사용자의 의도에 맞도록 처리할 수 있다.

9.1.4 ERP시스템 도입의 기대효과

영업시스템, 생산시스템, 회계시스템 등이 각기 독립적으로 서로 다른 시스템 환경에서 개발 구축되었던 과거의 시스템 형태는 시스템의 단절을 의미하며, 이는 곧 데이터의 단절, 업무의 단절, 의사결정의 단절을 의미한다. 그러나 ERP시스템의 도입은 곧바로 기업 내 통합시스템의 구축으로 직결된다. 따라서 ERP구축에 따른 기대효과는 통합시스템의 구축 효과를 포함하며, 일반적으로 기대할 수 있는 효과는 다음과 같다.

- ◇ 부서간 리얼타임 정보 공유
- ◇ 표준화된 단일 시스템을 통한 데이터의 일관성
- ◇ 실시간 정보조회로 업무능률 향상, 경쟁력 확보, 의사결정 지원
- ◇ 고객 만족도 향상
- ◇ 최적의 공급체인 운영
- ◇ 체계적인 업무처리 환경 정립 및 합리적인 조직관리 정착

미국 생산재고관리협회(APICS)는 ERP를 도입한 기업들을 대상으로 그 효과를 조사하여 다음과 같은 각 항목별 평균 효과를 발표한 바 있다.

- ◇ 재고 감축 : 10～40％
- ◇ 주문 처리기간 단축 : 95％ 이상
- ◇ 이윤 증대 : 29％
- ◇ 구매비용 절감 : 5～10％
- ◇ 생산 리드타임 향상 : 50％ 이상
- ◇ 인건비 감소 : 25～40％

예를 들어, 주문 처리기간 단축 효과는 ERP시스템 도입 이전, 즉 통합시스템이 구축되지 못한 상황에서는 영업담당자가 고객의 문의에 대해 제품재고 또는 생산계획정보를 알 수 없으므로 생산담당자에 전화 등으로 문의 확인하는 시간이 소요되는 반면, 통합시스템이 구축되면 단지 클릭만으로 실시간에 내용을 파악하고 주문까지 처리할 수 있기 때문에 큰 폭의 효과가 나타나는 것이다.

위의 기대효과는 효과의 평균값이기는 하나 ERP시스템을 단지 도입한다고 하여 모든 효과가 저절로 얻어지는 것은 아니다. 오히려 ERP시스템을 도입하고자 하는 기업이 달성하고자 하는 목표를 명확히 규명하여 그에 적합한 프로세스 정립하고 ERP의 해당 기능을 적절히 채택하며, 사용자가 제대로 실행하는지에 대한 지속적인 업무관리가 이루어져서 기업 내부에 뿌리를 내려야 기대효과를 달성할 수 있다.

또한 국내의 경우, 98년 상반기에 조사된 중견·중소기업의 ERP 도입 이유에 대한 조사에 따르면, 경쟁력 확보(24%), 업무 혁신(19%), 원가절감(17%), 즉시 정보관리체계 구축(12%)의 순으로 나타났다([그림 9-1] 참조).

[그림 9-1] 국내 중견, 중소기업의 ERP 도입 이유(1순위 기준)

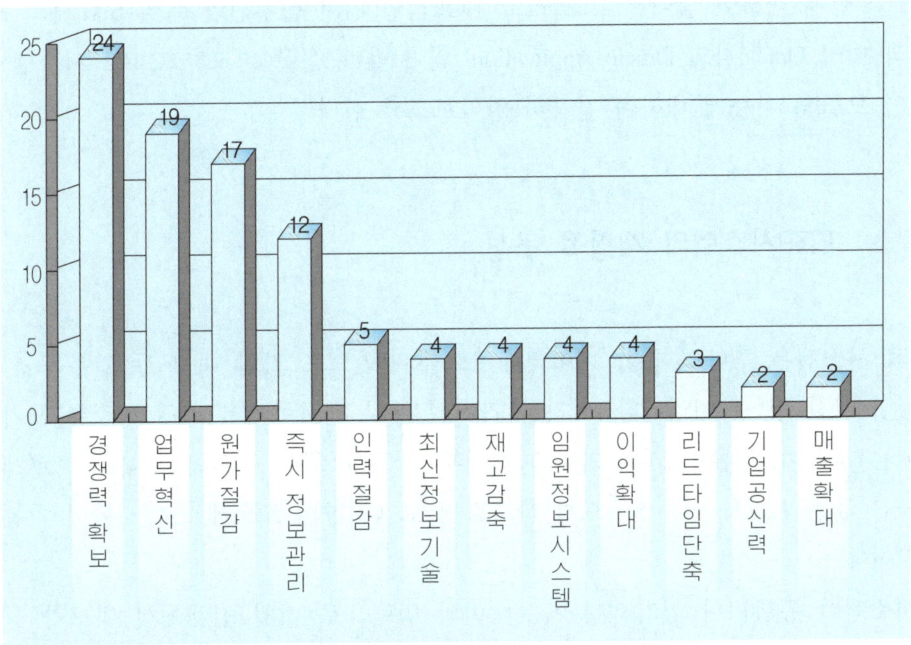

<출처: 이동길, ERP 전략과 실천, 2001>

또한 2001년도 10월 산업자원부에서 발표한 중소기업의 ERP 도입효과분석 보고서에 따르면, 평균값으로 볼 때 1인당 매출액은 2억원에서 2억 7천만원으로 34.3% 향상, 고객납기 응답기간은 10.5일에서 6.5일로 37.1% 단축, 재고보유기간은 35.9일에서 20.4일로 43.2% 단축되었고, 월차마감기간도 차월 16.2일째 되어서야 전월의 월말 매출이나 손익 등을 볼 수 있었던 것이 5.6일째 볼 수 있게 되었다는 결과를 보여주었다. 이

는 정부의 중소기업 정보화 지원 정책이 ERP시스템 구축을 통해 국내의 중소기업 경쟁력을 향상시키는 데 공헌하였음을 의미하는 것이라고 할 수 있다.

9.2 ERP시스템의 구성

본 절에서는 우선 ERP시스템의 개념적 구성을 간략히 살펴보고, ERP시스템의 데이터 유형에 대하여 알아본다. 그리고 대표적인 ERP 솔루션인 독일 SAP사의 R/3시스템과 미국 Oracle사의 Oracle Application[1]의 모듈 구성을 비교하고, R/3 시스템의 대표적인 모듈의 기능에 대하여 간략히 알아보도록 한다.

9.2.1 ERP시스템의 개념적 구성

ERP시스템은 하나의 통합 데이터베이스를 기반으로 기업 내 모든 업무가 연계되어 있어 실시간으로 처리된다. 따라서 과거의 부분 최적화에서 전체 최적화가 가능하게 되는 것이며, 프론트오피스의 고객접점부터 구매, 물류 등의 백오피스 프로세스까지 끊김 없는 처리가 이루어지도록 함으로써 고객지향의 프로세스로 전환이 가능해지는 것이다.

시스템이 통합되어 있기 때문에 한 번의 입력으로 기업 전체에서 정보가 공유되며, 이중입력을 배제함으로써 업무처리 속도를 향상시켜 생산을 비롯한 기업 내 활동의 리드타임을 단축시키고 시장지향의 생산체계를 구현할 수 있게 되는 것이다. 또한 기업 활동에 대한 실적 및 평가와 보고자료 등은 접근권한을 갖는 내부 인사관리 및 경영층과 외부 이해관계자들에게 리얼타임으로 전달될 수 있도록 함으로써 가치경영을 달성할 수 있다.

---

1) Oracle사는 Oracle DBMS 제품으로 널리 알려져서 혼동하는 경우가 있는데, Oracle사의 ERP시스템은 Oracle Application이라 한다.

9.2.2 ERP시스템의 데이터 유형

ERP시스템은 패키지 솔루션이므로 이미 솔루션 설계단계에서 기업이 수행하는 다양한 업무 프로세스를 프로그래밍하여 내장해 놓아 사용자가 선택할 수 있게 되어 있으며, 그에 해당되는 화면도 모두 개발되어 있을 뿐만 아니라 선택한 프로세스가 수행됨에 따라 화면에 데이터를 입력하는 순간 그에 해당되는 데이터베이스의 필드에 저장된다.

따라서 ERP시스템을 파악하기 위해서는 우선 시스템의 데이터 유형을 이해하여야 한다. 정보시스템의 중요한 생명 중의 하나가 데이터 관리이므로 ERP 솔루션을 제대로 구축하기 위해서는 데이터 구성에 대한 이해가 필수적이다. 여기서는 SAP R/3 시스템의 데이터 유형을 알아보도록 한다. R/3 시스템의 데이터는 크게 구성(configuration) 데이터, 마스터 데이터, 거래 데이터의 3가지 유형으로 나눌 수 있으며 다음에서 각각의 내용에 대하여 알아보도록 한다.

1) 구성(Configuration) 데이터

ERP시스템은 다양한 산업의 기업들이 활용하는 범용의 통합 패키지 시스템이다. 산업별로 또는 동일 산업의 경우라도 기업별로 업무를 수행하는 프로세스 방식이 각기 다르다는 것은 당연하다. 예를 들어 생산 전략이나 방식도 업종에 따라 <표 9-2>에서 보는 바와 같이 다양하며, 제조업체는 상이한 생산 방식 중 하나를 택하게 되며 그에 따라 구체적인 업무 프로세스의 흐름과 관리방식이 달라지게 된다.

예를 들어 치약이나 콜라와 같은 소비재 제조업체는 소품종의 동일 제품을 대량 생산하여 재고를 기반으로 판매를 하는 방식(make-to-stock)의 생산계획 전략을 갖는 반면 항공기나 선박을 제작하는 제조업체는 주문을 받아 생산하는 방식(make-to-order)의 생산계획 전략을 따른다. 또한 재고생산의 경우에도 전자제품과 같이 조립양산의 반복생산(repetitive manufacturing), 석유와 같은 화학제품이나 제철, 제지 등의 연속생산(continuous manufacturing) 등 제품 성격에 따라 생산공정 등이 다르다.

[그림 9-2] ERP시스템의 개념적 구성도

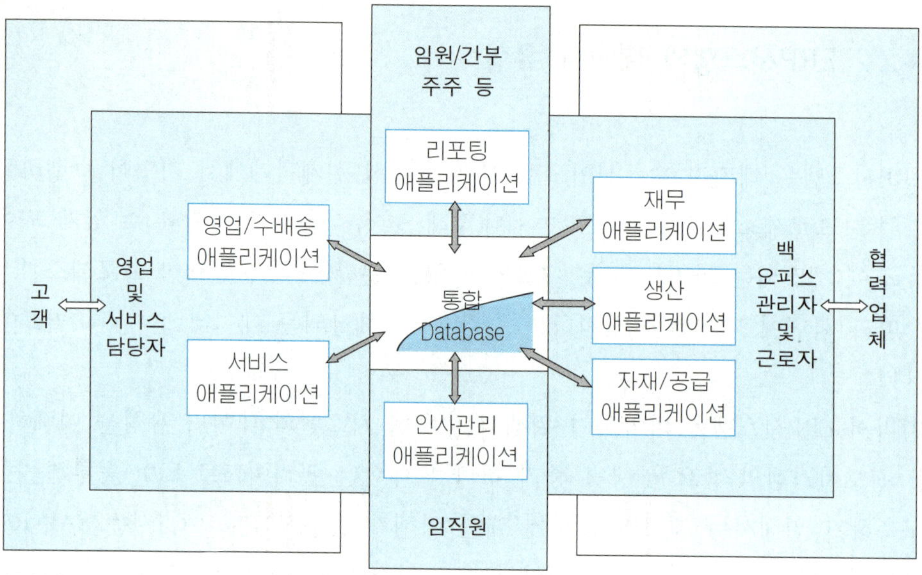

<출처 : "Putting an Enterprise into an Enterprise System," Davenport, Harvard Business Review, July-August, 1998>

<표 9-2> 대표적인 생산 전략 및 방식

생산 방식	내 용	관련 산업/제품
주문설계생산(ETO : Engineering-to-Order)	고객이 제품 기획단계부터 참가하여 생산하는 방식	선박 또는 항공기 생산, 우주항공산업, 댐건설 등
주문생산(MTO : Make-to-Order)	설계가 완료되어 있는 제품을 고객의 주문에 근거하여 생산하는 방식	기계 제작 등 범용성이 없는 특수 제품 제작
주문조립생산(ATO : Assemble-to-Order)	비교적 고가품이면서 고객의 선택 사양에 따라 조립 생산하는 방식	가구산업, 자동차산업, PC 등
재고생산(MTS : Make-to-Stock)	진열대나 창고에 두고 고객이 직접 가져가거나, 요구하면 배달하도록 완제품 재고를 생산하는 방식	전자산업, 생활용품 등

이와 같이 산업별, 업체별로 생산 프로세스부터 영업 방식, 수·배송 계획 방식, 회계처리 방식 등 기업 운영의 방식이 천차만별인데 이렇게 다양한 운영 방식이나 기준들이 과연 하나의 ERP시스템에서 어떻게 가능할 수 있을까 하는 의문을 답해 주는 것이 바로 SAP 용어로 구성(configuration)이다.

기업이 ERP에 내장된 다양한 프로세스 중에서 적합한 기능을 선택하여 시스템이 어떻게 작동할지를 정하는 정적(static) 데이터를 구성(configuration) 데이터라고 하며, 이를 정하는 것을 파라미터의 설정이라고도 한다. 즉 구성작업을 통하여 사용자는 원하는 특정 기능이 수행되도록 R/3시스템을 설정할 수 있으며, 내장된 프로세스 옵션 중에서 선택한 기능이나 업무 흐름에 따라 자동으로 수행된다.

참고로 구성과정을 통하여 지원되지 않는 기능은 개별기업이 소스코드를 수정하거나 새로이 프로그램을 개발하여 삽입하여야 하는데 이를 커스텀 볼트온(custom bolt-on)이라고 한다. 해외에서 개발된 솔루션의 경우 한국의 법규를 반영하지 못하거나 한국적 업무처리 방식을 시스템의 표준기능으로 내장되어 있지 않은 경우 이에 대한 내용을 프로그래밍하여 삽입하는 경우를 예로 들 수 있다.

그러나 이러한 소스코드의 수정이나 추가 프로그램의 개발 삽입은 최소화하는 것이 바람직하다. 왜냐하면 ERP솔루션 업체는 대개 1~2년마다 기능 강화나 새로운 정보기술 수용 등으로 인하여 새로운 버전을 출시(version-up)하는데, 소스코드를 수정하거나 추가한 부분에 대해서는 책임이 없으므로 솔루션을 도입한 기업이 새로운 버전으로 업그레이드하고자 할 때, 해당기업은 스스로 수정 또는 추가한 해당 부분을 찾아 재작업을 해야 하기 때문이다. 이를 위해서는 시스템 변경사항에 대한 철저한 문서관리가 이루어져야만 하며, 버전 업그레이드를 결정하면 추가의 비용과 기간 등 자원의 투입이 필요하게 된다.

2) 마스터 데이터(Master data)

마스터 데이터는 기업 자원에 대한 상위수준에서의 데이터 정의를 말하며 기준정보라고 하는데, 예를 들면 자재나 제품, 고객, 협력업체, 생산공정경로(routing), 자재구성표(BOM : Bill Of Material), 원장 등이 이에 해당된다. 말 그대로 시스템에서 거래를 처리할 때 가장 기본이 되는 데이터를 말하며 자주 변하지 않는 속성을 갖는다. SAP R/3시스템에는 모듈별로 주요 항목에 대한 마스터 데이터가 정의되어 있고 모듈간 마스터 데이터의 연계도 내장되어 있으므로 구축을 위해서는 이에 대한 이해가 필요하다([그림 9-3] 참조).

[그림 9-3] SAP R/3 시스템의 마스터 데이터 상호 연계성(예)

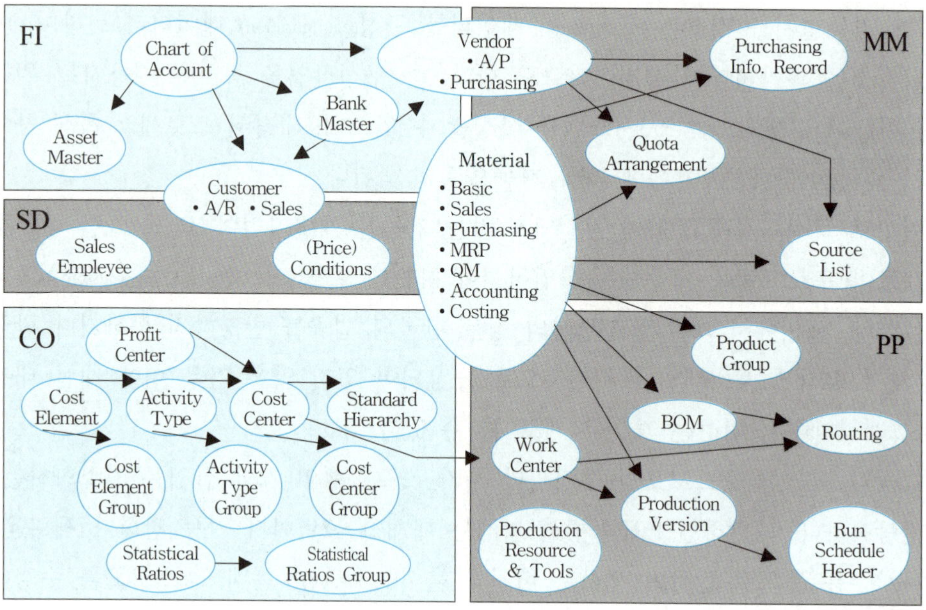

FI : Financial Accounting　　MM : Material Management　　SD : Sales & Distribution
PP : Production Planning　　CO : Controlling

3) 거래 데이터(Transaction data)

ERP시스템이 가동되어 일상 업무가 시스템에서 처리되면서 데이터베이스에 입력되는 거래 내역 데이터를 총칭하여 거래 데이터라고 한다. 예를 들어, 구매주문이 생성되면 주문의 내역, 생산현장으로 전달되는 생산지시 등이 발생되는데 그 내용이 모두 거래 데이터이다. 마스터 데이터와 구분하면 영업사원에 대한 마스터 데이터는 인적자원관리 모듈의 임직원 정보로서 사원번호, 생년월일, 입사일자 등 거의 변하지 않는 데이터들이 마스터 데이터 값으로 관리되는 반면 고객의 주문 데이터는 주문번호가 지속적으로 새로이 생성되며 주문의 내역 등 주문별 데이터 값들이 거래 데이터로 저장되어 관리된다.

신규 기업이 새로이 ERP시스템을 기반으로 시작한다고 가정하면 논리적으로는 개업 전 날까지는 신규 시스템의 거래 데이터를 담는 데이터베이스 필드에는 어떤 값도 없어야 할 것이다. 그러나 기존업체의 경우에는 기존(legacy) 시스템에 이미 마스터 데이터와 거래 데이터를 담고 있기 때문에 이를 새로운 ERP시스템으로 이전하여야 한다.

따라서 데이터 이관(data conversion) 작업은 대개 연휴기간 등 거래가 전혀 발생되지 않는 기간에 수행하는 것이 일반적이다.

9.2.3 ERP시스템의 기능구조

ERP시스템은 기업에서 발생하는 정상적인 모든 업무 기능을 기본적으로 포함하며, 각 기능간의 연계를 세부 프로세스에 따라 데이터와의 연계까지를 내장하고 있다. <표 9-3>은 R/3시스템, <표 9-4>는 Oracle Application의 주요 기능모듈의 구성을 보여주는데, 이외에도 시스템 운영이나 워크플로우, 산업별 특화 솔루션 등 여타의 시스템 관련 모듈들도 있다([그림 9-4] 참조).

<표 9-3> SAP R/3의 주요 기능 모듈 구성

모듈 명	모듈 약자	한글 명	분 야
Sales & Distribution	SD	영업/유통관리	로지스틱스
Material Management	MM	재고/구매관리	
Production Planning	PP	생산계획/관리	
Quality Management	QM	품질관리	
Plant Maintenance	PM	공장보전관리	
Project System	PS	프로젝트 관리	
Human Resource	HR	인적자원관리	인 사
Financial	FI	재무회계	회 계
Controlling	CO	관리회계	
Treasury	TR	자금관리	
Investment Management	IM	투자관리	
Real Estate Management	RE	부동산 관리	

여기서는 SAP R/3시스템의 대표적인 기능 모듈로 로지스틱스 부문 중 영업/유통관리(SD), 재고/구매관리(MM), 생산계획/관리(PP)와 회계 부문 중 재무회계(FI), 관리회계(CO) 모듈의 기능에 대해서만 간략히 살펴보도록 한다.

<표 9-4> Oracle Application의 주요 기능 모듈 구성

모듈 명	모듈 약자	한글 명	분 야
General Ledger	GL	일반회계	통합회계시스템
Account Payable	AP	외상매입관리	
Account Receivable	AR	외상매출관리	
Fixed Asset	FA	고정자산관리	
Bill of Material	BOM	부품표 관리	
Engineering Change	ENG	설계변경관리	생산관리시스템
Master Scheduling/MRP	MS/MRP	생산관리/자재소요계획	
Work In Process	WIP	공정관리	
Capacity Planning	CAP	부하관리	
Costing	COST	원가관리	
Order Entry	OE	수주관리	공급체인관리
Inventory	INV	재고관리	

[그림 9-4] SAP R/3시스템 메인 화면

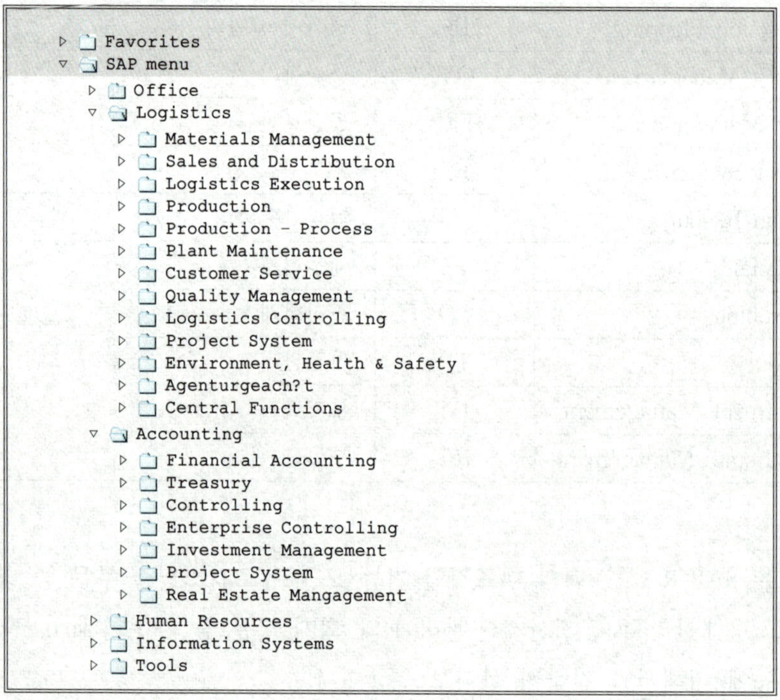

1) 영업/유통관리(Sales & Distribution)

영업/유통관리(SD) 모듈에서는 고객에게 상품이나 서비스의 판매에 관련된 제반 활동들을 지원하고 이에 관련된 데이터를 관장한다. 마스터 데이터의 종류에는 Business partners, Products, Pricing, Agreement 등이 있는데, 이는 순서대로 누구에게, 무엇을, 얼마에, 어떤 조건으로 팔 것인지에 대한 기초정보를 말하며 이에 대한 데이터를 저장해 놓으면, 고객을 직접 상대하는 담당자들이 거래프로세스 수행시 마스터데이타에 저장된 정보를 활용하게 된다. 이외에도 거래형태별로 필요한 출력형태를 정의하는 Output, 지급조건, 인도조건 등을 정의하는 Others 등이 마스터데이터에 포함된다.

SD 모듈에서 제공되는 대표적인 기능은 다음과 같다([그림 9-5] 참조).

● 사전영업활동(Sales support)

영업사원이 수주하기 전에 수행하는 잠재고객 방문, 우편물 전송, 전화 응대 등의 활동을 기록하고 유지 관리할 수 있도록 한다.

[그림 9-5] R/3시스템의 SD 모듈 기능 화면

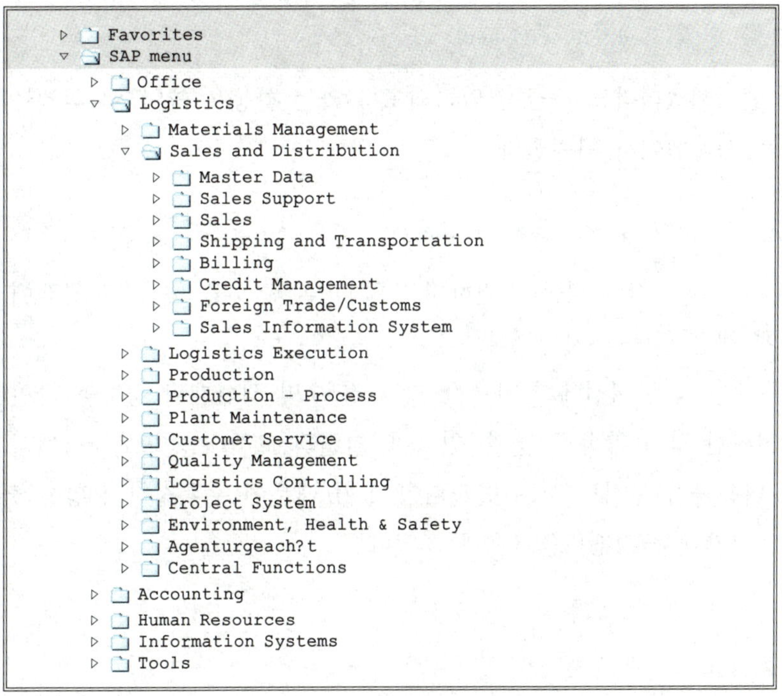

● **판매**(Sales)

고객의 문의(inquiry) 대응, 견적서(quotation) 작성 및 관리, 계약(contract)의 일련의 업무과정을 수행하며, 배달일정 지정(scheduling agreement), 반품(return) 등에 관련된 활동을 지원한다. 판매 종류도 일반판매(standard sales), 현금판매(cash sales), 긴급판매(rush sales), 위탁판매(consignment) 등 다양한 형태를 구현할 수 있는 기능을 제공한다.

● **배달 및 수배송**(Shipping & Transportation)

배달은 고객의 주문을 근거로 제품을 배달하는 기능으로 배달지시(delivery), 출하준비(picking), 포장(packing), 출고(goods issue) 활동을 수행하는 화면들을 제공한다. 수·배송에서는 효율적으로 수배송이 이루어지도록 하는 수·배송 계획과 실행부분으로 나눌 수 있으며 이를 모니터링 할 수 있도록 지원한다.

● **매출**(Billing)

제품의 출고와 동시에 매출을 인식하면서 회계전표가 시스템 내부에서 자동생성되어 회계부문(FI 및 CO 모듈)에 등록된다.

● **미수금 관리**(Credit management)

매출로 인식되었더라도 대금이 입금되도록 하는 활동은 영업부서의 책임으로 이에 대한 활동을 시스템에서 지원한다.

● **수출 및 관세**(Foreign trade/customs)

수출에 필요한 법적 문서를 지원하며 관세의 결정, 수출 품목 및 고객에 대한 법적 요건 검사에 대한 활동을 지원한다.

특히, 주문을 받는 시점에서 가용한 재고 정보 및 생산계획 정보를 확인할 수 있어 고객에게 정확한 납기 약속을 할 수 있으며, 일련의 고객대응 프로세스에서 각 프로세스의 처리 내용들이 문서로 서로 연결되어 있기 때문에 수주진척 상황을 한눈에 확인할 수 있어 고객대응 경쟁력을 높일 수 있다.

2) 재고/구매관리(Material management)

재고/구매관리(MM) 모듈에서는 자재구매에 대한 계획 및 구매오더 생성, 자재 입고 시 주문내용과의 일치 여부를 확인하는 송장 검증, 그리고 자재 및 제품의 재고 관리 활동들을 지원하고 이에 대한 데이터를 관장한다. 마스터 데이터 종류에는 자재 및 제품 정보를 정의하는 Material, 구매거래처인 협력업체를 정의하는 Vendor, 구매오더 발주 시 여러 업체에 나누는 기준을 정의하는 Quota Arrangement 등이 있다.

MM 모듈에서 제공되는 대표적인 기능은 다음과 같다([그림 9-6] 참조).

● 구매(Purchasing)

업체 또는 다른 물류창고로부터 자재 또는 제품을 구매하는 활동을 지원하는 것으

[그림 9-6] R/3시스템의 MM 모듈 기능화면

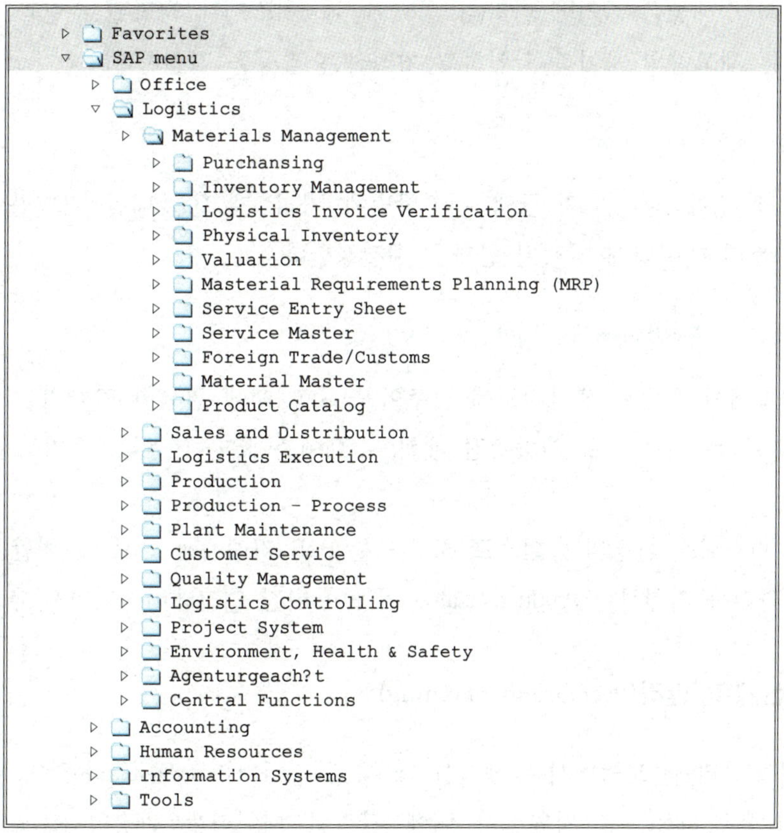

로 구매요청(purchase requisition), 견적요청서(request for quotation) 작성 및 관리, 구매오더(purchase order) 생성 및 관리, 계약(contract)의 일련의 활동을 지원한다.

● **재고관리(Inventory management)**

자재 및 제품에 대한 다양한 입고관리 및 출고관리, 재고이동관리, 그리고 재고 예약관리 등을 수행한다.

● **송장 검증(Logistics invoice verification)**

발주된 주문내역과 협력업체로부터 도착한 품목과 수량 등에 대한 송장을 검증하는 활동을 지원하며 미리 정해놓은 편차범위에서 벗어나게 되면 대금지급이 이루어지지 않도록 하는 등의 활동이 포함된다.

● **재고 실사(Physical inventory)**

기업에서 정해놓은 주기에 따라(년, 분기, 또는 월) 시스템에 저장된 수량과 실제 창고에 존재하는 재고량의 차이를 확인하고 처리하는 활동을 지원한다.

● **재고 평가(Valuation)**

기업에서 정해놓은 재고 금액 평가방법에 따라 재고에 대한 가치를 평가하여 Material 마스터 데이터에 지정된 단가를 재결정한다.

● **자재소요계획(Material requirements planning)**

생산계획에서 수립된 생산일정에 맞추어 필요한 때에 필요한 만큼의 자재가 확보되도록 계획하는 기능으로, 재발주점 계획, 수요예측에 따른 계획, 주기적 계획 등도 포함한다.

특히 e-비즈니스 환경의 출현으로 B2C 또는 B2B 거래(13장 참조)를 지원할 수 있도록 카탈로그 관리를 지원하는 Product catalog 기능이 버전 업그레이드되면서 추가되었다.

3) 생산계획/관리(Production planning)

생산계획/관리(PP) 모듈에서는 생산을 계획(planning)하고, 실행(execution)하며, 관리(control)하는 전반적인 활동들을 지원하며 이에 관련된 데이터를 관장한다. 또한 외부의

CAD(Computer Aided Design), PDM(Product Data Management), 현장데이터 수집(Plant Data Collection), APS(Advanced Planning & Scheduling) 시스템들과의 표준 인터페이스를 제공한다. 이 모듈은 조립양산 제조형태를 지원하는 PP와는 별도로 흐름생산을 지원하는 PP-Process를 갖고 있다. 여기서는 PP 모듈에 대한 내용만 살펴보도록 한다.

마스터 데이터 종류에는 제품 또는 반제품을 이루는 구성자재의 정보를 구조화한 목록표인 Bill of Material(BOM), 작업장의 생산능력과 원가계산에 필요한 활동유형을 정의하는 Work Center, 제품 생산에 필요한 작업의 단계와 작업별 정보를 정의하는 Routing, 생산에 사용되는 각종 기기 및 공구의 내용을 정의하는 Production Resource and Tools(PRT) 등이 있다.

PP 모듈에서 제공되는 대표적인 기능은 다음과 같다([그림 9-7] 참조).

[그림 9-7] R/3시스템의 PP 모듈 기능화면

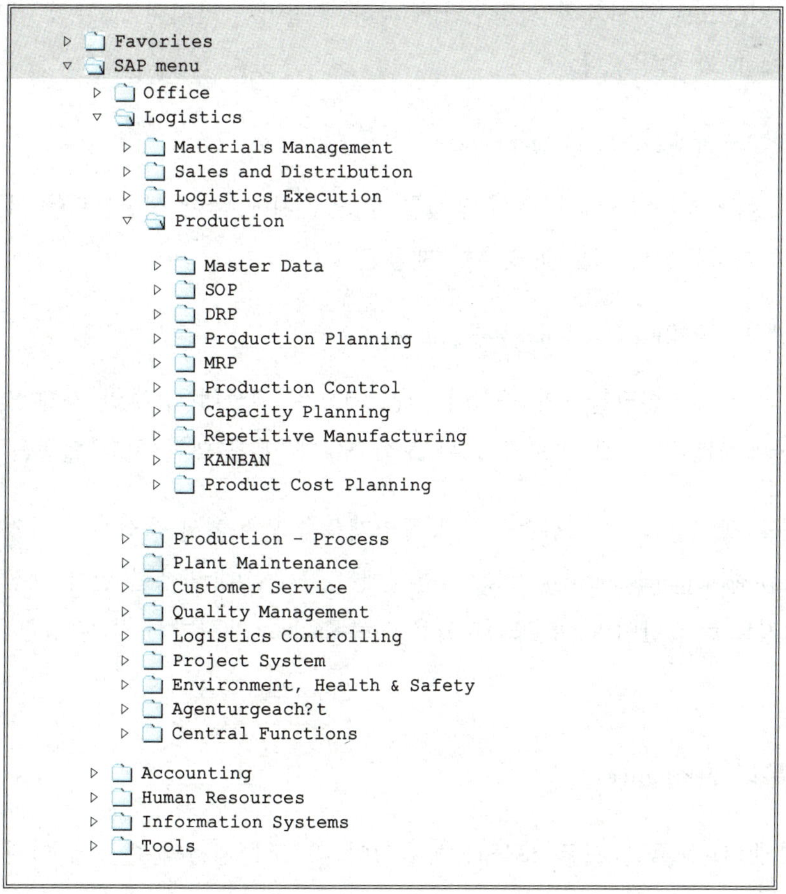

● **Sales and Operations Planning(SOP)**

수요예측이나 판매계획에 기초한 일관성 있는 생산계획을 수립하도록 연결고리 역할을 수행하는 것으로 제품군(product group) 레벨에서 생산계획을 수립하며 그 결과는 수요관리로 전송된다.

● **수요관리(Demand management)**

SD 모듈의 계획 기능과 SOP와 통합되어 제품 및 주요 반제품에 대한 소요량과 소요날짜를 결정하는 기능으로, 장기 계획이나 시뮬레이션 기능을 포함한다.

● **기준생산계획(Master production scheduling)**

완제품 및 주요 반제품의 독립소요량을 충족하기 위한 제품 재고 확보를 위한 계획을 짜는 기능으로 생산계획 확정구간에 따라 유형이 달라지며 그 수행 레벨은 생산계획 전략에 따라 달라진다.

● **생산능력계획(Capacity planning)**

계획된 생산량과 일정에 맞추어 생산할 수 있는지에 대한 생산능력을 계획하는 활동을 지원하며 그 상세 정도에 맞추어 제공된다.

● **생산오더처리(Production order processing)**

생산오더는 제조현장관리의 중심이 되는 것으로 생산내용, 투입 자재 및 자원, 원가 등 생산에 관련된 주요 정보를 모두 포함하는데 이에 대한 처리 활동을 지원한다.

이외에도 장기간 특정 생산라인에서 동일제품을 반복해서 생산하는 환경에 사용되는 반복생산(repetitive manufacturing) 기능, 후공정에서 요구량이 발생한 만큼 생산이나 구매가 이루어지도록 간판이나 바코드를 활용하는 Kanban 생산방식 등 다양한 기능을 제공한다.

4) 재무회계(Finance)

재무회계(FI) 모듈은 모든 모듈과 통합되어 각 모듈에서의 활동에 따라 발생하는 회계 거래처리 내역을 그대로 보관하는 총계정원장을 비롯하여 채권/채무관리, 고정자산관리, 기금관리 등 각종 재무 및 회계에 관련된 활동을 지원하며 이에 관련된 데이터를 전표형태로 관장한다. 마스터 데이터의 종류에는 개별 법인 단위 레벨에서 모든 회계처리가 정해진 계정과목에 따라 처리되도록 생성 관리하는 계정과목표인 Chart of Account, 고정자산에 대한 내역을 정의하는 Asset Master, 은행에 대한 데이터를 정의하는 Bank Master 등이 있다.

FI 모듈에서 제공되는 대표적인 기능은 다음과 같다([그림 9-8] 참조).

- **총계정원장(General ledger)**

모든 재무회계 관련 거래가 발생하면 자동으로 전기를 수행하며, 재무전표와 연관된 여타 모듈의 전표를 동시에 조회할 수 있다. 계정과목은 대차대조표 계정과 손익계산서 계정으로 분류하여 저장 관리하며, 모든 회계처리에 대한 활동을 지원한다.

- **채권관리(AR : Account Receivable)**

총계정원장의 보조원장으로 고객별 채권현황정보를 관리하며 SD 모듈의 영업정보와 통합관리 되어 거래에 대한 회계처리 뿐만 아니라 신용한도 등 여신 및 영업관리의 통합을 구현한다.

- **채무관리(AP : Account Payable)**

총계정원장의 보조원장으로 거래처(vendor)별 채무현황 정보를 관리하며 MM 모듈의 구매정보와 통합관리 되어 대개 정기적으로 일괄 대금지급 처리를 수행한다.

- **자산관리(Fixed asset)**

총계정원장의 보조원장으로 자산의 취득에서 폐기까지 자산 관련 거리처리를 관리한다. 국가별 감가상각표를 지원하며, 자산 수명 주기 전반에 걸친 완벽한 감가상각 및 시뮬레이션, 이자 계산 등의 기능이 제공된다.

- **기금관리(Funds management)**

기업의 내부 조직에 적합한 비용 예산을 편성하고 책정된 예산에 대한 통제 기능을 제공한다.

[그림 9-8] R/3시스템의 FI 및 CO 모듈 기능 화면

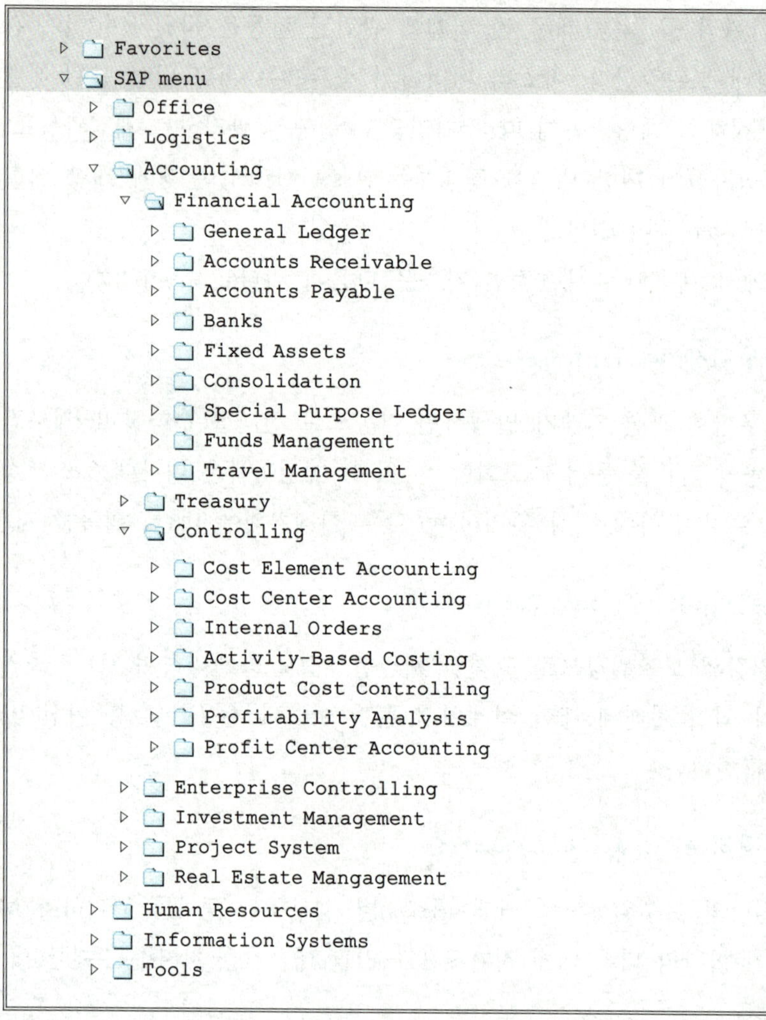

● **특별목적 원장(Special purpose ledger)**

사용자의 목적에 따라 총계정원장이나 보조원장의 전부 또는 일부의 데이터를 수집할 수 있도록 사용자가 원장을 정의할 수 있으며, 일반 재무회계에 존재하지 않는 할당이나 배부 기능을 정의하여 특별한 목적의 보고서를 작성할 수 있다.

5) 관리회계(Controlling)

관리회계(CO) 모듈도 재무회계 모듈과 마찬가지로 모든 모듈과 통합되어 있으며,

내부적으로 설정한 목표나 실적 등을 분석하는 활동들을 지원하며 이에 관련된 데이터를 관장한다. 크게 3부분으로 나눌 수 있는데, 각 관리단위(object)별 비용 관리 부분(overhead cost management), 제조원가 관리 부분(product costing), 그리고 손익분석 부분(profit analysis)으로 구성되어 있다.

마스터 데이터의 종류로는 조직부서에 대한 분석 및 평가를 수행하기 위해 구분하여 정의하는 Cost center 및 Profit center, 손익에 대한 구체적인 분석과 원인 규명을 목적으로 분류하는 Cost element 및 Activity type 등 설정할 수 있는 기준이 다양하다.

CO 모듈에서 제공되는 대표적인 기능은 다음과 같다([그림 9-8] 참조).

- **코스트센터별 비용관리**(Cost center accounting)

코스트센터별로 비용계획 수립 및 실적비용 집계를 통해 비용 집행의 효율성을 분석하고 센터간 의존도에 따라 비용을 배분하여 원가 계산 및 관리를 할 수 있도록 한다.

- **오더별 비용관리**(Internal orders)

이벤트성 비용이나 자산화 할 비용을 관리할 수 있도록 하는 기능으로 코스트센터와 구분하여 오더를 기준으로 관리할 수 있도록 한다. 오더별 예산 수립 및 실적에 대한 예산통제가 가능하다.

- **활동원가 계산**(Activity-based costing)

기업 내부의 여러 코스트센터를 걸쳐 수행되는 업무를 프로세스로 구분하여 프로세스 단위로 비용을 집계 분석할 수 있도록 하여 프로세스의 부가가치를 분석하고 비부가가치 활동을 규명 제거할 수 있도록 한다.

- **표준원가 관리**(Product cost accounting)

제조 품목에 대한 표준원가를 계산하여 그 정합성을 검증하고 그 결과를 재고단가로 확정하는 과정으로 이를 바탕으로 표준대비 실적에 대한 다양한 차이분석을 수행할 수 있다.

- **특성별 손익분석**(Profitability analysis)

제품의 특성(크기, 색상 등), 판매특성(영업조직, 판매 지역 또는 국가 등) 또는 그 조합에 따라

총원가 손익에 대한 다양한 분석활동을 지원하며, 사용자의 관점에 따라 원가 항목을 구성하여 분석할 수도 있다.

- **사업별 손익 관리(Profit center accounting)**

기업 내 조직 체계인 손익센터별로 수익 및 비용을 사전에 계획하고 사후에 집계하여 손익을 분석한다. 센터별 운영자산(operation asset)을 관리하여 투자자산 수익률(return on asset : ROA) 분석 정보 등도 제공한다.

9.3 ERP시스템 구축방법론 및 성공요소

기업에서 통합시스템 구축의 필요성을 인식하고 이를 구축하고자 할 때 첫번째 고려사항은 자체 개발을 할 것인지, 아니면 패키지 솔루션으로 ERP시스템을 구입할 것인지가 될 것이다. 만약 ERP시스템의 구입으로 결정하면 국내외 다양한 솔루션 중 어떤 솔루션으로 구축할 것인지 ERP솔루션을 선정하여야 하며, 이에 따라 시스템 구축 프로젝트를 수행하게 된다. 본 절에서는 우선 자체 개발과 패키지 솔루션의 장단점을 간략히 살펴보고, ERP시스템 구입에서의 선정 기준에 대하여 알아본다. 그리고 ERP시스템의 구축 방법론과 프로젝트에서의 성공요소에 대하여 차례로 알아보도록 한다.

9.3.1 통합시스템 구축 대안 : 자체 개발 vs. 솔루션 구입

기업에서 정보시스템을 구축하는 대표적인 두 가지 대안은 회사 내부의 전산 인력을 활용하여 자체 개발하는 것과 좋은 시스템으로 정평이 있는 외부의 솔루션을 구입하여 구축하는 것이다. 최근에는 핵심역량에 집중하려는 목적으로 비핵심부문의 아웃소싱 전략이 언급되면서 정보시스템 부문의 아웃소싱도 기업의 중요한 의사결정 대안으로 주목받고 있으며(7장 참조), 특히 애플리케이션 부문에 대해서는 ASP(Application Service

Providing) 사업이 새로운 비즈니스 모형으로 관심을 끌고 있다.

사실 어느 대안을 채택하든 기업은 많은 투자비용을 지불해야 하며, 또한 구축 후 기업 운영에도 많은 변화를 가져올 것이 분명하다. 일반적으로 기업은 투자 의사결정의 주제에 대해서는 손익분기점 분석(breakeven point analysis)을 비롯한 비용 대비 이익 분석(cost-benefit analysis), 또는 투자회수율(ROI : Return On Investment)이나 투자회수기간(payback period) 등을 분석하며 정량화하기 어려운 정성적인 요인도 함께 고려하여 의사결정을 한다.

정보시스템 관점에서 통합시스템 구축의 두 가지 대안에 대한 장단점은 <표 9-5>에서 보는 바와 같다. <표 9-5>에서 언급된 ERP솔루션 구입의 장점 중 두 가지 내용을 보다 상세히 살펴보도록 한다.

<표 9-5> 통합시스템 구축 대안의 장단점

구 분	장 점	단 점
자체 개발 (In-House system)	ㅇ 사용자 요구사항이 제대로 구현되었는지를 검증하면서 반복적으로 재개발이 가능하므로, 개발 초기에 사용자의 요구사항을 충실히 만족시킬 수 있다. ㅇ 사내 보유 인력을 활용함으로써 비용을 줄일 수 있다.	ㅇ 개발부서의 업무나 기술 구현 지식 미흡으로 개발이 지연될 수 있다. ㅇ 잦은 요구사항의 변동 때문에 시스템이 복잡해지게 되고, 많은 유지 보수 노력이 필요하게 된다. ㅇ 새로운 정보기술을 적용할 경우 시스템의 대폭 수정이 불가피할 수 있다. ㅇ BPR 등 업무 개선 기회를 충분히 제공하지 못할 수 있다.
솔루션 구입 (Packaged system)	ㅇ 표준화된 선진 업무 프로세스를 받아들임으로써 자연스럽게 BPR 등 업무 개선을 수행할 수 있다. ㅇ 정보 분석을 위한 다양한 툴이 제공되어 활용이 가능하다. ㅇ 통합 시스템 환경에서 여타 애플리케이션과 접속이 용이하다. ㅇ 지속적으로 최신 정보기술로 구현된 업그레이드 버전을 제공받을 수 있다.	ㅇ 패키지 솔루션의 제약으로 사용자의 요구사항이 충분히 반영되지 못할 수 있다. ㅇ 도입 초기에 솔루션이나 컨설팅 등 구축 비용이 많이 들 수 있다. ㅇ 패키지 솔루션에 맞추어 현업의 업무 프로세스를 상당 부분 바꾸어야 할 필요가 있다. ㅇ 일단 시스템이 적용되면 계속적으로 종속될 가능성이 높다.

1) 선진 프로세스의 제공

ERP시스템의 도입을 통해 선진 프로세스(best practices)를 벤치마킹할 수 있다는 말을 많이 한다. 이는 두 측면에서 이해할 수 있다. 첫째는 프로세스 측면으로 ERP시스템을 구축하려면 시스템에 내장된 프로세스와 데이터의 구성 등에 대해 이해하여야 하는데, 해외 솔루션의 경우, 이미 개발과정에서 표준화된 선진 프로세스의 처리가 가능하도록 구성되어 있기 때문에 솔루션에 대한 공부가 곧 선진 프로세스에 대한 이해가 된다.

둘째는 프로세스와 직결된 것이지만 데이터 측면에서 어떤 내용이 시스템에서 저장되고 유지되고 어떻게 활용되는지를 이해함으로써 그 효용가치를 인식하여 선진화할 수 있다는 것이다. SAP R/3시스템의 자재 마스터 데이터에는 자재의 속성을 정의하는 필드가 약 700여 개 있는데, 이는 산업별로 자재에 대해 정의하는 내용이 다르기 때문이기도 하지만 저장하여 유지 관리해야 하는 자재 데이터의 속성들이 무엇인지를 분석하고 수용함으로써 개별기업의 업무 수준을 향상시킬 수 있다.

2) 최신 정보기술의 구현과 지속적인 버전-업

정보기술의 발전 속도는 날로 가속화되고 있음은 주지의 사실이다. 하드웨어의 처리 및 저장 능력의 발전으로 새로운 아키텍처 구성이 나올 뿐만 아니라 인터넷 환경의 보편화, 객체지향 프로그래밍 언어, 모바일 애플리케이션의 발전 등 정보기술의 발전은 급속할 뿐만 아니라 다양하며 복잡해지고 있다. 이러한 변화를 개별 제조기업이나 유통업체 등의 정보시스템 부서에서 한정된 인력으로 신기술에 대한 교육을 병행하면서 시기적절하게 첨단의 기술을 수용한다는 것은 매우 힘든 일이다.

그러나 솔루션 업체는 경쟁력 있는 솔루션 개발에 생존이 달려 있기 때문에 워드프로세서 등 사무자동화(OA : Office Automation) 툴 및 인터넷 환경과의 완벽한 인터페이스 등을 포함하여 첨단 정보기술과의 접목과 검증된 솔루션의 제공을 하지 않을 수 없다. 따라서 전문 개발인력을 보유하고 지속적으로 솔루션에 대한 버전 업그레이드를 수행한다. SAP사의 경우, 임직원 중 연구개발인력이 22%이고 매출액의 20% 이상을 R&D에 투자하는 것을 보면 가히 솔루션 개발 노력과 경쟁력을 짐작할 수 있다.

일단 솔루션 구입 대안을 결정하고 솔루션을 선택할 때는 지속적인 버전-업 서비스를 받을 수 있는지, 개발력이 충분한지 등 장기적으로 신뢰할 수 있는 업체인지의 여부를 신중하게 검토하여야 한다. 왜냐하면 ERP시스템 구축에는 대개 많은 투자가 발생되며, 일단 시스템을 적용하고 나면 여타 시스템으로의 전환이 용이하지 않기 때문에 계속해서 솔루션에 종속될 가능성이 높기 때문이다.

9.3.2 ERP시스템의 선정

통합시스템 구축에 대한 대안을 검토하여 ERP솔루션 구입을 결정하면 적절한 솔루션을 채택하여야 한다. 이 때 고려해야 할 사항으로 가트너그룹에서는 기술적인 차원에서 6가지 항목을 제시하였다([그림 9-9] 참조).

● 테크놀로지(Technology)

전반적인 시스템 환경에 대한 고려사항으로 클라이언트-서버 아키텍처의 지원, 다중 플랫폼 및 네트워크 지원, 관계형 데이터베이스의 지원 여부, 솔루션 개발 소프트웨어 및 툴, GUI개발 툴의 보유 여부, 보안 기능 수준 등이 포함된다.

● 구성 모듈 및 기능(Function)

제조, 재무 및 회계, 유통자원 관리 등 모듈의 구성과 모듈별 세부기능, 기존 모듈 변경 및 추가 개발의 최소화 여부 등을 상세히 살펴보아야 하며, 해외 사업장이나 해외 거래가 많은 기업의 경우에는 현지 언어 지원이나 현지화 여부, 외환처리나 단위 등에 대한 글로벌 표준 내장 여부 등도 검토하여야 한다.

[그림 9-9] ERP시스템 선정 기준

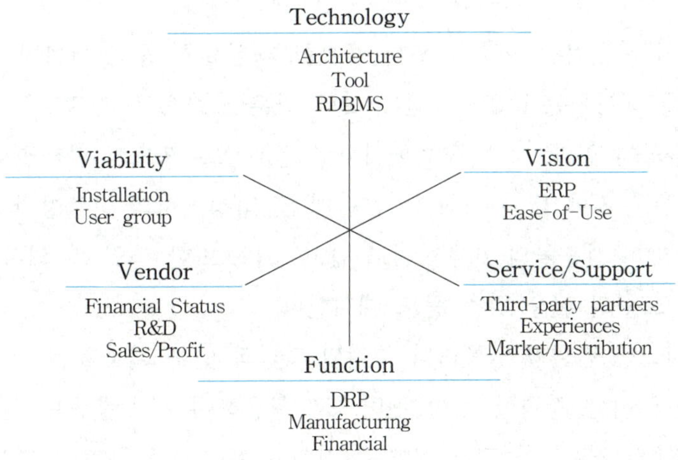

● **비전**(Vision)

ERP 솔루션으로서의 경쟁력과 사용자의 사용 편이성, 업그레이드 계획이나 신규 제품 개발 계획 등이 전반적으로 포함된다.

● **서비스 및 지원**(Service/Support)

자체 컨설팅 인력 및 조직 구조, 자체 방법론의 유무, 사전/사후 서비스, 교육 지원 여부 및 내용, 전문 컨설팅사와의 파트너십 현황, 기술지원 협력업체의 현황 등이 포함된다.

● **시장에서의 위치**(Viability)

솔루션을 도입하고 구축한 기업 수, 구축한 기업의 솔루션 평판 등이 조사 분석되어야 한다.

● **솔루션 업체**(Vendor)

솔루션 개발업체의 재정 상태, 개발력 및 개발투자 수준, 매출 및 이익률 등을 분석 비교하여야 한다.

9.3.3 ERP 구축 방법론

ERP시스템의 성공적인 구축을 위한 중요한 핵심요소 중의 하나가 구축 방법론이다. 구축 방법론의 가치는 ERP시스템을 보다 적은 노력으로 빠르고 정확하게 구축할 수 있다는 효율성에 있다. 구축 방법론에서는 전체 프로젝트의 단계별로 어떤 활동들이 이루어져야 하는지에 대한 지침과 각 단계 및 과정에서의 산출물이 무엇인지를 구체적으로 제공하며, 산출물의 표준형식도 담고 있다. 또한 작업 및 의사결정을 효율적으로 지원하는 도구의 활용 방법 등도 제시한다.

과거에는 시스템 컨설팅 업체마다 누적된 경험과 연구 결과를 바탕으로 표준 개발 방법론을 만들고 이를 강력한 영업 전략으로 활용하여 시스템구축 컨설팅 서비스를 제공하였다. ERP의 경우 시스템이 워낙 복잡하여 프로젝트 초기에 고객의 불평이 높아, 보다 많은 솔루션의 판매가 목적인 ERP개발업체 중 일부는 직접 구축 방법론을 개발하여 제공하고 있다.

각 방법론마다 전반적인 시스템 구축의 흐름은 유사하지만 세부적인 구축 프로세스 절차와 내용은 상이한 부분이 다소 많다. <표 9-6>는 SAP사가 R/3 시스템의 구축 방법론으로 개발한 ASAP(Accelerated SAP)와 Oracle사의 Oracle Application 구축 방법론인 AIM(Applications Implementation Methodology)을 최상위 레벨에서 비교한 것이다.

<표 9-6> SAP사의 ASAP와 Oracle사의 AIM 구축 단계 비교

SAP사의 구축 방법론 : ASAP	
1 단계	프로젝트 준비 (Project preparation)
2 단계	비즈니스 청사진 작성 (Business blueprint)
3 단계	시스템 구현 (Realization)
4 단계	최종 준비 (Final preparation)
5 단계	시스템 가동 및 지원 (Go live & support)

Oracle사의 구축 방법론 : AIM	
1 단계	프로젝트 정의 (Definition)
2 단계	업무 분석 (Operation analysis)
3 단계	솔루션 설계 (Solution design)
4 단계	시스템 구현 (Build)
5 단계	전환 (Transition)
6 단계	가동 (Production)

두 대표적인 ERP솔루션 업체의 방법론 상이점은 솔루션의 속성에서도 일부 기인한다. SAP R/3시스템은 시스템 내부구성이 매우 치밀하게 짜여져 있어서 소스코드의 수정이나 추가가 용이하지 않은 반면 Oracle Application은 자체 표준 모델의 골격에 준하여 도입기업의 업무 프로세스에 따라 개발하여 완성하도록 되어있다. 신사복으로 비유하자면 R/3시스템은 완전기성복으로 바지나 소매 끝단 정도를 조정하여 맞추는 정도인 반면 Oracle Application은 반 기성복으로 다소의 재단을 거쳐 옷을 완성하는 것이라 할 수 있다. 따라서 AIM방법론에서는 업무 분석이 초기단계에서 강조되는 반면 ASAP방법론은 시스템 운영이나 워크샵을 통한 R/3 시스템의 표준안에 대한 선택과 수용 여부에 중점을 둔다.

여기서는 SAP사의 ASAP 방법론의 단계별 활동을 간략히 살펴보도록 하자.

(1) 프로젝트 준비 단계는 프로젝트가 목표 일정 내에 시스템을 성공적으로 구축할 수 있도록 계획하는 단계로서 다음의 내용들이 포함된다.

◇ 프로젝트 조직 및 구축 목표 설정
◇ 프로젝트 헌장(charter) 작성
◇ 최초 프로젝트 기획 및 관리 기준과 절차 정의
◇ 1차 팀 교육
◇ 기술요건 기획 및 하드웨어 구입
◇ 프로젝트 발대식(kick-off)

(2) 비즈니스 청사진 작성 단계는 개발 시스템의 환경 구축을 포함하여 결성된 프로젝트 팀을 교육 훈련하고 프로세스를 파악하는 단계로서 다음의 내용들이 포함된다.

◇ 인터뷰를 통한 고객요구 취합
◇ 업무 기반에 대한 청사진 작성을 위한 설문 실시 및 모델링
◇ 2차 팀 교육
◇ 개발 시스템 설치
◇ 워크샵을 통한 조직 구조 및 프로세스 정의
◇ 임원의 청사진 품질 검증

(3) 시스템 구현 단계는 실제로 ERP시스템을 구현하는 활동을 포함하여 실제 가동될(productive) 시스템을 정의하고, 인터페이스 등 필요 프로그램을 개발하여 전체 ERP시스템이 제대로 작동되는지를 확인하는 통합 테스트를 실시하고, 데이터 전환과 최종 사용자 교육을 준비하는 실질적인 단계로서 다음의 내용을 포함한다.

◇ 조직 구조 및 주요 프로세스 조사 결과를 바탕으로 기본 컨피규레이션 세팅
◇ 비즈니스 시나리오 검증 및 승인
◇ 프로토타입 시스템 완성 및 검증
◇ 인터페이스 및 데이터 전환 방법의 설계, 실행 및 검증
◇ 시스템 권한 설계, 구현 및 검증
◇ 최종 통합 테스트 기획 및 실시
◇ 최종 사용자 교육 교재 개발 및 교육 준비

(4) 최종 준비 단계에서는 사용자 교육을 실시하고 실제 시스템의 가동을 최종 점

검하는 활동들을 수행하는 단계로서 다음의 내용을 포함한다.

◇ 실제 가동 계획
◇ 최종 사용자 교육 실시
◇ 실제 시스템의 통합 및 스트레스 테스트 실시
◇ Help Desk 구성

(5) 시스템 가동 및 지원 단계는 가동된 실제 시스템의 신속한 안정화를 도모하기 위해 실행되어야 하는 다양한 사후관리 활동을 수행하는 단계로서 다음의 내용을 포함한다.

◇ 실제 시스템 운영의 문제점 파악 및 즉시 해결방안 지원
◇ 가동 시스템의 정확성 체크
◇ 시스템 사용 최적화
◇ 가동 후 업무 효과 측정

9.3.4 ERP 프로젝트의 성공요소

ERP시스템 구축 프로젝트는 일반적으로 통합시스템이라는 기간시스템 구축 목적과 병행하여 BPR 개념에서의 프로세스 개선 목적을 갖는다. 따라서 ERP 프로젝트는 단순한 패키지 소프트웨어의 설치가 아니라 비즈니스 프로세스의 변화이며 변화관리 프로세스라고 할 수 있다. 정보시스템 프로젝트이지만 사용자 즉 현업 중심의 프로젝트이어야만 한다. 다음의 8가지 항목도 시스템 관점 뿐만 아니라 경영 관점에서의 성공요소를 포함한다.

● 분명한 목표 설정

통합시스템을 구축함으로써 얻을 수 있는 기대효과는 다양하나 한번에 모든 효과가 달성될 수는 없다. 따라서 도입 기업은 현재의 문제점을 파악하여 ERP도입으로 해결하고자 하는 포인트가 무엇인지 그리고 향후 어떤 비전을 달성하고자 함인지를 구체적으로 설정하여야 한다. 설정된 목표는 ERP시스템 가동 후 목표달성 여부에 대한 관리지표로 활용함으로써 구축 효과를 최대화할 수 있다.

● 최고 경영층의 적극적 참여

어느 프로젝트이든 최고 경영층의 지원과 참여가 사기를 진작하고 성공의 가능성을 높이겠지만, 특히 ERP프로젝트는 전사의 프로세스를 재설계하기 때문에 부문간 갈등의 소지가 높다. 따라서 경영층의 조정과 승인이 필수적이며 이를 통한 전사의 공감대 조성이 절대적으로 필요하다.

● 정직한 내부문제 규명과 변화관리

문제의 해결과 발전은 정확한 문제의 파악에서 시작된다. 아무리 좋은 시스템을 구축한다 하더라도 문제의 해결이 선행되지 않는다면 잘못된 결과를 단지 빠르게 산출할 뿐이다. 따라서 전 조직이 열린 마음으로 문제의 규명과 새로운 프로세스 및 문화를 받아들일 자세를 갖추는 것이 필요하며 이를 위해서 프로젝트 팀은 변화관리를 계획하고 주도하여야 한다.

● 적합한 팀 조직

프로젝트 참여인력은 업무별로 전문지식과 문제의식을 갖춘 사람으로 구성되어야 한다. 그래야만 내부 문제의 파악이 용이하며 향후의 프로세스를 제대로 재설계할 수 있기 때문이다. 결국 시스템의 주인은 사용자이므로 주인의식을 갖고 ERP시스템에 대한 기능을 제대로 활용할 수 있기 때문이다.

● 프로젝트 진행 및 내용 투명화

ERP프로젝트는 신제품 개발과 같이 단위 부서의 프로젝트가 아니라 전사 프로젝트이며 그 결과가 전 부문에 영향을 미치기 때문에 진행과정과 내용이 충분히 모든 구성원에 전달되어야만 한다. 조직 전체적인 변화에 대한 수용은 시간을 요하기 때문에 변화될 내용이나 취지 등을 충분히 숙지시켜야 가동 후 혼란과 불평을 최소화할 수 있다.

● 마스터 데이터의 정확성

시스템의 신뢰성은 입력정보의 정확성에서 비롯된다. 기존의 시스템이 기능별로 구축되어있는 경우에는 동일한 데이터가 시스템마다 일관성을 갖지 못하는 경우가 많다. ERP시스템은 통합데이터베이스를 전제로 하기 때문에 이러한 중복 또는 누락된 데이터의 정비가 선행되어야 하며 그 과정에서 필요시에는 코드체계의 정비 등이 수행되어야 한다.

● **철저한 사전교육과 시스템 점검**

사용자에 대한 ERP시스템 사전교육은 아무리 강조해도 지나치지 않는다. 변화에 대해서는 정도의 차이는 있겠지만 누구나 저항감을 갖게 되므로 이를 최소화하는 가장 효과적인 방법이 교육 및 훈련이다. 또한 실제 시스템 가동 전에 철저한 시스템 및 네트웍 등에 대한 퍼포먼스를 포함하여 시스템 환경에 대한 점검이 매우 중요하다. 가동 직후의 비정상적이거나 불안정한 시스템 상태는 불만과 저항을 곧바로 증폭시키며 안정화에 커다란 걸림돌이 되기 때문이다.

● **지속적인 사후관리 및 추진의지**

ERP프로젝트는 단순히 정상적인 시스템 안정화에만 있는 것이 아니다. 기업 내 모든 활동이 시스템에서 제대로 처리, 저장, 분석되어 프로젝트 초기에 설정한 목표가 달성되어야 한다. 따라서 정상적인 운영이 되었는지를 확인하려면 결산이 안정화되어야 하며, 시스템의 정보와 실물이 일치되는지를 지속적으로 관리하여야 하며, 궁극적으로 목표한 성과가 달성되는지를 확인하여야 한다. 또한 그 과정에서 파악된 문제점의 해결 방안을 지속적으로 추진하는 의지가 필요하므로 프로젝트 팀을 정규조직으로 하는 경향이 많다.

9.4 ERP시스템 현황과 전망

1994년 삼성전자가 경영혁신팀을 발족하여 BPR을 수행하고 ERP시스템 구축을 결정하면서 국내에 본격적으로 해외 ERP솔루션이 도입되기 시작하였고, 90년대 후반에 국내 ERP시장은 세계적인 추세 및 국내 솔루션의 출시로 폭발적인 성장을 이루었다.

통합시스템 구축을 바탕으로 다양한 확장 솔루션들이 계속해서 등장하였으며 e-비즈니스 열풍이 몰아치면서 또 다른 국면을 맞이하게 되었다. 본 절에서는 ERP 시장의 현황을 살펴보고, 국내 ERP 솔루션의 위치, 확장 ERP솔루션 및 e-비즈니스 환경에서의 ERP솔루션에 대한 전망을 간략히 알아보도록 한다.

9.4.1 ERP 시장 현황

세계적으로 ERP시장은 1990년대 후반에 매년 30% 이상의 성장률을 보였으나, 2000년 중반부터는 성장속도가 완만한 상태이며 IDC자료에 의하면 2012년 4백5십만 달러 정도의 시장으로 예측하고 있다. 국내의 경우도 마찬가지로 90년대 후반에 60% 내외의 초고속 시장성장률을 보였고 특히 2001년 산업자원부의 1만개 ERP보급 등 중소기업 정보화 추진정책으로 그 확산이 가속화되었으나, 최근에는 급속히 둔화되었으며 2009년 한국IDC 자료에 의하면 2013년까지 연평균 6.1%성장하여 년 1147억원 가량의 시장으로 예측하고 있다. 국내의 ERP구축 사이트를 산업 분야별로 나누어 보면, 제조업 부문이 가장 활발하게 도입되었으며 다음으로는 유통·무역 부문, 서비스 부문으로 나타났다.

이러한 지속적인 시장의 성장은 기업의 통합정보시스템 구축방안이 자체 개발보다는 솔루션 구입이 보편화되고 있음을 시사하는 것이며 또한 시스템 개발의 아웃소싱이 정착되고 있음을 의미한다. 향후 정보산업의 모습도 개별 기업에서는 시스템 운영을 위주로 정보시스템 인력을 보유하고 솔루션의 개발은 전문업체에 집중될 것으로 예상되며 솔루션의 경쟁은 더욱 치열해질 것임을 예측할 수 있다.

9.4.2 국내 ERP 솔루션

ERP시스템의 국내 도입은 1995년 삼성전자에서 최초로 SAP R/3시스템을 구축하면서 대기업을 중심으로 해외 ERP솔루션 구축이 활성화되었고, 국내 ERP솔루션은 중소기업들을 겨냥하여 90년대 중·후반에 활발히 출시되었다. 초기의 국내 ERP솔루션은 통합시스템을 전제로 개발되기보다는 단위업무 시스템을 확장한 형태로 시작되었다. 예를 들어 삼성SDS의 UniERP시스템은 삼성전자 협력업체들의 전산화 지원을 목적으로 생산계획 및 자재소요계획(MRP) 애플리케이션으로 개발된 OMEGA솔루션을 바탕으로 영업, 회계, 인사 부문으로 확장, ERP 솔루션으로 완성되었다.

국내 ERP시스템이 해외 솔루션에 비해 국내시장에서 자리를 잡을 수 있었던 이유는 우선적으로 가격경쟁력에 있다. ERP솔루션은 카피당 비용을 부과하는 PC용 소프트웨어와는 달리 사용자 수를 기준으로 유저당 비용을 부과하기 때문에 해외 솔루션의 경우 고가의 단가가 부담이 크기 때문이다.

또 다른 중요한 요인은 해외 ERP솔루션이 국제 표준을 담고는 있었지만 한국의 기업 환경과 경영 방식을 수용하지 못한 점에 있다. 이는 한국의 경영환경이나 업무기반이 아직 국제적 수준에 못 미치고 있음을 의미하는 면도 있지만 한국적 특성에 기인하는 점도 있다.

예를 들어 유럽에서는 국가간 무역거래가 자유로운 까닭으로 유럽기반의 R/3시스템에는 국내의 무역업무를 포함한 일반무역업무처리방식을 지원하는 프로세스가 없었으며, 또 국내에서는 지방세 제도로 인해 서울 본사는 서울 사업자 등록을 하고 지방공장은 해당 도에 사업자 등록을 하여 세금을 납부해야 하는데 이러한 기능이 부재하였던 점 등을 들 수 있다.

그러나 이러한 국가별 비즈니스 관행이나 세법 등의 기능도 글로벌 솔루션업체가 적극적인 현지화(localization) 노력을 기울여 추가적으로 기능이 구현되었으며, 또한 대기업 시장이 포화됨에 따라 중견 중소기업(SMB : small & medium business) 시장을 겨냥하여 가격을 인하하거나 저가의 솔루션을 제시하는 등 적극적으로 공략하고 있어 경쟁이 치열해지고 있는 실정이다.

지난 몇 년간 시스템 기반이 미흡하였던 국내 중소기업들이 정부의 정보화 지원과 상대적으로 저렴한 국내 솔루션을 구축함으로써 시스템 기반의 경영체제를 확립하기에 적절하였다고 본다.

한편 국내 솔루션 관점에서는, 한국 고유의 법규나 관행에 맞추어 처리할 수 있도록 구현함으로써 국내를 주요 시장으로 하는 중소기업에는 매력적으로 다가갈 수 있으나, 아직 충분히 국제 표준을 담지 못하고 그 기능이 해외 솔루션에 비해 상대적으로 단순하여 고객의 다양한 요구사항을 대응하려면 많은 추가의 개발노력을 투입하여야 하고 아직 국제적으로 경쟁력 있는 수준이라고 보기는 어렵다. 지속적인 연구개발을 바탕으로 기능 추가와 구현기술 수준 향상을 이루어 중국을 비롯한 동남아시아 진출의 성공을 기대해 본다.

9.4.3 확장 ERP 솔루션 및 ERP 솔루션의 변화

확장 ERP솔루션(extended ERP solution)이란 기존의 ERP시스템에 기능이나 기술적 사항을 추가하여 기업의 경쟁력을 배가하는 것을 목적으로 하며, 이에는 공급망관리(SCM: Supply Chain Management), 고객관계관리(CRM: Customer Relationship Management), 전사적전략관리(SEM: Strategic Enterprise Management), 제품수명주기관리(PLM: Product Life-cycle Management), 공급자관계관리(SRM: Supplier Relationship Management) 등 다양한 확장 솔루션이 포함된다. 여기서는 대표적인 확장 솔루션인 공급망관리와 고객관계관리에 대하여 간략히 살펴보고, 14장에서 상세히 알아보도록 한다. 그리고 마지막으로 최근 ERP솔루션의 발전 동향에 대하여 살펴보도록 한다.

● **공급망관리**

공급망관리는 기업 경영이 내부 자원에 대한 계획, 실행, 통제 활동으로 이루어진다는 협의의 개념에서 벗어나 고객 및 협력업체와 다양한 비즈니스 파트너들과 일관된 정보를 공유하고, 리얼타임의 대응력을 갖추고, 최적의 계획, 스케줄링, 실행을 수행할 수 있도록 한다는 의미를 갖는다.

기능의 관점에서 보면, 고객의 주문 문의에 철저히 대응할 수 있도록 지원하는 납기약속(ATP : Available-to-Promise), 불확실한 미래 수요에 대한 과학적 예측을 지원하는 수요예측(DP : Demand Planning), 다양한 시뮬레이션 기법과 유연성을 제공하는 생산계획(APS : Advanced Planning & Scheduling) 및 상세 일정계획 지원 등을 포함하며, 이를 최적으로 구현하기 위한 다양한 통계나 경영과학 모형의 복잡한 알고리즘들을 내장하여 제공한다.

● **고객관계관리**

고객의 중요성에 대한 강조는 2000년대를 들어와서 더욱 높아지고 있다. 고객관계관리(CRM)는 수익성 높은 고객의 유지와 충성 고객의 확보를 통한 기업의 경쟁 우위

확보 및 유지를 목표로 고객을 세그먼트(segment)별로 분류하고 각기 적합한 마케팅 프로그램과 전략을 개발, 검증, 구현, 측정, 피드백하는 일련의 과정을 말한다.

이를 위해서는 통합 고객 데이터베이스 구축이 전제되며 온라인 분석처리(online analytical process : OLAP) 도구이나 데이터 마이닝(data-mining) 도구를 필요로 하는데, ERP기반의 확장 CRM솔루션에서는 이미 구축된 ERP시스템의 통합 데이터베이스를 기반으로 하여 ERP시스템과는 독립된 CRM전용 데이터 웨어하우스와 다양한 분석 기능을 제공하는 CRM 어플리케이션을 제공한다. Siebel이나 Vantive 등 단독 CRM 솔루션이 기능측면에서 높은 경쟁력을 갖지만, 이미 ERP시스템을 구축한 기업의 입장에서는 통합성이 검증된 확장 ERP 솔루션에 관심을 두는 것은 자연스러운 현상이라고 본다.

● ERP시스템의 발전 동향

1990년 후반을 들어서면서 불어닥친 인터넷 기반의 e-비즈니스 열풍은 가히 새로운 패러다임으로의 전환이었다. 오프라인 기업들의 온라인 비즈니스에 대한 관심이 고조되었고 ERP업체 또한 이를 구현할 수 있는 다각도의 대응책 강구에 매진하였다. Oracle을 필두로 자체 ERP솔루션을 인터넷 환경에서 구현되도록 재개발하여 출시하였으며, e-비즈니스 거래 기능을 구현하기 위해 자체 개발이나 전문 솔루션 매입 또는 전문 솔루션업체와의 합작 등 신속하게 시장에 대응하여 이제는 인터넷 환경 지원은 당연한 것이 되었다.

한편 기업은 기업간 경쟁에서 한 걸음 더 나아가 가치사슬(value chain)의 경쟁력을 높여야 하는 새로운 경쟁 환경에 처하게 되었고, 이는 제품 중심, 기업 내부 관점, 운영효율화의 관점에서 솔루션 중심, 가치사슬 중심, 적응력(adaptability) 강화의 관점으로의 전환을 의미하는 것이다. 이에 따라 향후 ERP의 발전 방향도 인간 중심형, 확장 통합형, 적응형 ERP에 맞추어질 것으로 예상된다.

1) 사용자 인터페이스의 변화

정보시스템은 무엇보다 사용자인 인간의 요구사항을 충족하여야 한다는 점에서 차세대 ERP시스템의 첫 번째 요건은 '인간 중심형'이라고 하겠다. 사용자가 힘들게 정보나 기능, 서비스를 찾지 않아도 자신의 직무나 역할에 맞도록 개별 세팅한 화면에서 알아야 할 내용을 모두 확인하고 의사결정을 내리며 실행에 옮길 수 있는 사용자 인터페이스(UI: User Interface)를 제공하여야 한다. 사용자 인터페이스는 대체로 엔터프라이즈 포털(enterprise portal) 형태로 제공되고 있다.

다음으로 중요한 요건은 '확장 통합형'이다. 확장 통합이라고 표현하는 이유는 기존 ERP에서의 기업 내부 통합 이외에 대외적인 통합과 연동이 요구되기 때문이다. 기업의 임직원이 진행하는 업무를 프로세스 관점에서 보면 실제로 가치사슬 전반에 걸친 협업을 추진하는 것임을 알 수 있다. 그 만큼 기업 내외부에 걸친 확장형 프로세스 통합이 선행되어야 기업의 경쟁력을 제고할 수 있다.

이와 맞물려 있는 또 한 가지 요소가 바로 '협업 지원형'이다. 사용자가 기업 내외부의 정보 소스를 찾아다니지 않아도 자신이 알아야 할 정보를 바로 입수하거나 전달받을 수 있도록 기업 전반에 걸친 프로세스 통합과 정보 통합이 선행되어야 비로소 협업을 효과적으로 지원할 수 있다. 협업 지원은 사람과 사람을 잇는 기능이기 때문에 언제 어디서나 관계자라면 누구와도 연락을 취하고 공동의 문제를 해결하거나 개선방안을 논의할 수 있어야 하며, 구체적인 도구로는 인스턴트 메시징, 온라인 채팅, 어플리케이션 공유 등이 있다.

2) 접근 경로의 다양화

고객 중심 경제에서는 고객과의 상호작용 시점을 전후해 임직원이 필요한 모든 정보와 업무 거래에 접근할 수 있어야 한다. 더 이상 ERP 사용자는 사무실에 머물러 있는 것이 아니라, 고객 곁에서 다양한 경로를 통해 시스템에 접근할 수 있어야 한다. 모바일 기업 연맹(MEA)의 정의에 따르면, 기업이 보유한 다양한 인적, 물적, 재무, 지적 자원들을 적재적소에 배치하고 다양한 가치를 창출하는 기업이 진정한 모바일 기업의 모습이다. 이러한 모바일 기업의 비전은 기업 운영의 전 부문에 걸쳐 요구되는 사항이므로 모바일 액세스를 실현하는 통합 플랫폼(예: 모바일 인프라)을 통해 모바일 ERP, 모바일 CRM, 모바일 SCM 등의 솔루션을 구현할 수 있다.

3) 분석 기능 강화

인간 중심형 ERP 환경에서는 사용자 인터페이스의 역할별 개인화(role-based personalization) 외에도 업무 수행에 필요한 의사결정 지원을 위해 다양한 분석 기능을 제공한다. 최근 들어 기업이 ERP와 함께 비즈니스 인텔리전스(BI), 전략적 기업 경영(SEM) 등의 솔루션을 도입하는 사례가 늘고 있다. 이는 정보에 대해서도 생산 위주의 사고방식에서 탈피해 인간 중심, 사용자 중심의 정보 기술 투자가 확산 되고 있음을 보여 준다. 다시 말해서 정보의 활용을 통한 업무 프로세스 지원 및 역량 강화를 꾀하고 있다는 뜻이다.

4) 팀 협업 증대

이제 많은 기업들은 대부분의 반복 업무를 자동화하고 최신 분석 정보에 기초해 의사결정을 내릴 수 있는 역량 있는 사용자들이 조직의 경계를 넘나들며 협업(collaboration)을 추진할 수 있도록 함으로서 경쟁력을 강화하고 있다. 특히 사용자 역할별 인터페이스, 모바일 등 다양한 채널을 통한 액세스, 다각적인 분석 기능 등을 활용할 수 있게 되면서 지리적으로 분산된 다양한 팀원 간의 협업이 가능해졌다. 이는 가치사슬의 경쟁시대라 할 수 있는 오늘날의 정보화시대, 고객중심의 경쟁시대에서 생존하고 성장하기 위해서는 필수불가결한 요소이라고 하겠다.

5) 개방형 통합 플랫폼의 확산

이제 ERP시스템의 통합 범위는 기업 내부가 아니라 고객과 공급업체 등 기업 경계면 혹은 가장자리에 있는 다양한 이해 당사자로 확대되었다. 이처럼 통합의 범위를 확대하기 위해서는 과거와 같은 내부 통합 방식에서 벗어나 XML, 웹 서비스 등 산업 표준을 준수하는 개방형 통합 플랫폼을 이용한 접근법을 구사하여야 한다.

개방형 통합 플랫폼은 사용자, 정보, 프로세스 등 세 차원의 통합을 실현하고 정보기술에 대한 기존의 투자를 활용하도록 서비스 지향 아키텍처를 지원하는 플랫폼이어야 한다. 사용자 통합기술로는 모바일을 포함한 다중채널 액세스, 엔터프라이즈 포털, 협업 기능 등이 있으며 정보 통합기술로는 정형 정보통합을 위한 비즈니스 인텔리전스(BI), 비정형 정보 통합을 위한 지식 경영(KM), 시스템 간의 기준정보통합을 위한 마스터데이터 관리(MDM) 등이 있다. 프로세스 통합은 통합 브로커(integration broker)와 비즈니스 프로세스 관리(BPM)를 통해 추진한다.

정보기술 투자의 활용도를 제고하기 위한 기업의 노력은 다양한 통합 기술에 대한 투자로 이어졌다. 기업용 애플리케이션 통합(EAI)이나 비즈니스 프로세스 관리, 엔터프라이즈 포털, 협업, 비즈니스 인텔리전스, 컨텐트 관리, 마스터 데이터 관리 등에 관한 논의는 과거에 ERP의 등장으로 기업 내부 정보 및 프로세스의 통합을 이루고자 했던 노력과 일맥상통한다. 다만 이제는 통합의 범위가 확대된 것이라고 볼 수 있다.

사용자를 중심으로 통합의 범위를 확대하다 보면 여러 종류의 특정 애플리케이션에서 제공되는 업무 프로세스를 담당자의 역할과 수행업무에 맞게 통합해야 하는 필요성에 직면한다. 이를 위해서 개방형 웹 서비스 기술 표준에 기반을 둔 서비스 지향 아키텍처(SOA : Service-oriented Architecture)가 요구되며 다양한 서비스를 중심으로 복합 애플리케이션을 조립, 구성하는 역량이 필요하다.

다행히도 대다수 ERP 벤더가 이처럼 새로운 아키텍처를 지원하기 위해 공동의 표준 마련에 나서고 있다. 개방형 통합을 실현하는 기술표준의 지원만큼 중요한 요소는 EAI, BPM, EP, BI, MDM 등 다양한 통합 기술을 상호 통합한 통합 플랫폼을 마련하는 것이다. IBM의 웹스피어(WebSphere), 마이크로소프트의 닷넷(.Net), SAP의 넷위버(NetWeaver) 등 상호 운영성을 확보한 통합형 통합 플랫폼을 이용해 총소유비용(total cost of ownership: TCO) 절감효과를 얻을 것으로 예상된다.

사례(1) : 삼성SDI의 성공사례

삼성SDI는 세계 최대의 브라운관 생산업체로서 수원, 독일, 말레이지아, 중국 등 국내외 생산거점과 세계 여러 국가에 영업법인을 두고 본사 관리형 체제로 경영하는 다국적 기업이다. 급변하는 경영환경에 능동적으로 대처하고 경쟁력 우위 확보를 위해 경영혁신의 필요성을 느끼던 터에 1995년 삼성그룹의 각 계열사 정보화 지수 평가에서 하위권으로 분류되었던 사건이 ERP 구축의 결정적인 계기가 되었다. 일반 소비자를 대상으로 하지 않는 비즈니스 속성 때문에 상대적으로 폐쇄적인 문화를 갖고 있었고, 현업의 정보화 마인드도 미흡하였으며, 시스템 또한 원칙과 표준 없이 단위 시스템간 연계가 되지 않아 전사적인 정보 공유가 이루어지지 못한 상태이었다.

ERP시스템 도입을 결정한 삼성SDI는 BPR과 ERP도입을 동시에 추진하여 접목시킨다는 목표로 프로세스 관점에서의 업무재설계와 ERP 교육을 통한 혁신방안 도출이라는 상이한 시작점에서 동시에 출발하여 두 축을 중간에 하나로 통합하여 프로젝트를 완성하는 Y자형 접근방법으로 프로젝트를 추진하였으며, 전사의 기간시스템을 한꺼번에 대체 가동하는 빅뱅 방법을 성공적으로 추진하였다.

삼성SDI의 성공요인을 살펴보면 다음과 같다.

(1) 철저한 현황 분석과 분명한 비전 설정

본격적인 프로젝트 추진 전에 이미 현황 분석을 통해 문제점을 파악하였는데 그 내용은 고객지향적 인식의 부족, 장시간의 리드타임, 프로세스에 대한 책임 관리자의 부재 등이었다. 이를 바탕으로 달성하고자 하는 목표를 분명하게 설정하고 이에 따라 프로세스의 목표를 구체화하여 전사가 한 방향으로 나아갈 수 있도록 하였는데, 이는 매우 중요한 프로젝트 성공요인이다.

(2) 추진원칙의 명확화

이미 앞에서 언급한 바와 같이 경영혁신과 ERP도입을 동시에 추진하며, 빅뱅 접근방법으로 ERP의 전 기능을 검토하여 추진하고, 시스템의 주인은 결국 사용하는 현업이 책임진다는 등 프로젝트 추진에서 명확한 원칙을 공표함으로써 전 직원이 책임과 권한을 갖고 참여하게 함으로써 프로젝트의 성공을 꾀하였다.

(3) 기반 체제의 사전 정비

정보시스템의 성패는 여러 요인에서 기인되는데, 기준정보인 마스터데이터와 업무표준 등 기반 체제의 정비를 선행하는 것이 매우 중요하다. 삼성SDI는 부품 및 제품코드와 자재구성표(Bill of Material) 등 생산에서의 기초 데이터 정비와 시방서, 변경관리 등 업무 수행의 기본이 되는 각종 자료의 표준을 재정비함으로써 시스템의 원활한 운영체제를 구축함으로써 시스템 가동 후의 안정화를 도모하였다.

(4) 강력한 리더십

삼성SDI의 ERP 프로젝트는 최고경영자의 강력한 리더십이 주효했다는 평가가 널리 알려진 사례이다. 삼성전자 ERP프로젝트에서 경험을 갖고 있던 당시 손욱 대표는 ERP 프로젝트를 시작부터 진두지휘하여 96년에 CIO로 영입한 송대관 상무와 함께 경영방침과 새로운 시스템의 방향을 일치시키고 현장의 저항을 해소하며 부문간 이해를 조정하는데 강력한 뒷받침을 제공하였던 것이다. 특히 외산 ERP시스템 도입에 흔히 발생되는 ERP솔루션의 소스코드 수정이나 프로그램 추가(customizing)가 현업의 관행 고수나 저항에서 비롯되며 또한 버전-업이 될 경우 문제를 야기시킬 수 있음을 인식하고, 대표인 본인에게 그 타당성을 설득하여 승인을 얻을 경우에만 솔루션 수정을 할 수 있도록 함으로써 기존의 업무 방식을 과감히 시스템이 제시하는 프로세스로 가능한 수용하게 하여 성공을 꾀하였다. 또한 임원들의 업적평가항목 중 20%인 정보마인드 평가 권한을 CIO에게 이양하여 대표의 의지를 표명하고 전 직원이 시스템 구현과 안정화에 참여하도록 유도하였다.

사례(2) : FoxMeyer의 실패사례

FoxMeyer는 미국의 대형 약품 도매업체였다. 한국에서는 각 제약회사가 자사의 영업유통망을 통해 전국의 약국에 약품을 배달하는 반면 미국은 땅이 워낙 광대하여 대형 약품도매업체가 제약회사의 약품을 지역별 창고에 모아두고 각 지역의 약국에 약품을 조달하는 이원적 체제로 되어있다. 1995년 FoxMeyer의 매출은 51억 달러(약 6조 6,300억원)로 미국에서 4번째로 큰 약품 도매업체로서 ERP시스템을 도입하였으나, 96년 8월 파산하고 말았다. 이 회사의 이사회는 파산의 원인이 잘못된 ERP시스템의 구축에서 기인하였다고 판단하고 구축을 담당하였던 컨설팅업체를 대상으로 소송을 제기하기까지 하였다. 우리는 실패 사례의 요인들을 면밀히 살펴봄으로써 값진 교훈을 얻을 수 있다.

FoxMeyer의 ERP시스템 도입의 4가지 목표는 비용 절감, 재고 회전율 제고, 수주 제고, 업무 효율화 달성이었으며, 순수 프로젝트 비용만도 6,500만 달러(약 845억원)가 투입되었다. 그러나 시스템 구축 후 ERP시스템이 제대로 업무를 지원하지 못한 결과 시간이 핵심요소인 유통산업에서 결국 무너지게 되었던 것이다.

그 실패 요인은 다음의 4가지로 요약된다.

(1) 잘못된 시스템 용량 산정

ERP프로젝트는 일정기간 동안 내부인력 중 팀을 구성하여 프로젝트를 수행한다. 따라서 소수의 팀원들이 시스템을 사용함에는 전혀 문제가 되지 않지만 일단 실제 시스템을 전사 인력이 사용하게 되면 과부하로 시스템이 다운될 여지가 크다. FoxMeyer의 경우 실제 비즈니스에서 하루 50만 건의 거래가 발생하는데 사전에 이에 대한 용량 산정이 잘못되었고 가동 전 시스템 검증이 미흡하여, 결국 가동 후 잦은 시스템 다운으로 업무가 제대로 수행되지 못하였던 것이다.

(2) 지나친 기존 시스템과의 인터페이스

ERP시스템의 효과는 전체를 하나의 통합시스템으로 구축할 때 얻어질 수 있는 것인데 FoxMeyer사는 일부의 모듈만 도입하고 기존의 약 20개 애플리케이션 시스템과 인터페이스하여 구축하였다. 이는 결국 통합시스템이 아니라 과거의 단위기능 시스템의 구축을 의미하는 것으로 제대로 통합시스템을 구축하지 못한 것이다.

(3) 무리한 창고 자동화 투자

대개 ERP시스템의 도입은 전사 프로젝트로서 ERP솔루션을 비롯한 관련 소프트웨어의 구입, 신규 하드웨어 투자, 컨설팅 비용 등 대규모의 투자비용이 발생되는데, FoxMeyer는 이러한 전사 대형 프로젝트와 함께 창고자동화까지 동시에 구축하려는 무리한 투자를 감행함으로써 자금 유동성에 어려웠던 점도 실패요인으로 작용하였다.

(4) 소홀한 사용자 교육

ERP시스템의 도입은 프로세스 재설계가 포함되는 프로젝트로 업무처리 방식의 변화나 조직 변화 등 기업 내부 변화의 폭이 크기 때문에 시스템 사용법은 물론 변화된 업무처리 방식, 책임 소재 등 관련 사항에 대한 교육을 포함하여 변화관리 활동이 매우 중요하다. 이러한 교육의 미흡은 아무리 좋은 시스템이라 하더라도 사용되지 않는 시스템으로 전락시키게 마련이며, FoxMeyer의 경우에도 가동 후 실무선에 혼란을 초래하여 업무와 시스템이 따로 운영되는 최악의 사태를 가져왔고 이로 인해 결국 회사가 문을 닫는 결과로 연결되었던 것이다.

주요용어

- ERP시스템
- 커스터마이징(Customizing)
- 컨피규레이션(Configuration)
- CBO(Customer Bolt-On)
- 마스터 데이터
- 레거시(Legacy) 시스템

복습문제

1. ERP시스템의 출현 배경은 무엇인가?
2. ERP시스템의 특성에 대하여 정리해 보시오.
3. 마스터 데이터와 거래 데이터의 차이를 설명해 보시오.
4. 새로운 정보시스템 구축에서 고려할 수 있는 대표적인 두 가지 대안은 무엇이며, 그 장단점은 무엇인가?
5. 정보기술 관점에서의 ERP 선정기준은 무엇인가?
6. ERP 구축 방법론의 각 단계별 활동을 정리해 보시오.
7. ERP 프로젝트의 성공요소에 대하여 설명해 보시오.
8. 국내 ERP 솔루션의 경쟁력은 무엇이며, 나가야 할 방향은 무엇인가?
9. 대표적인 확장 ERP 솔루션에 대하여 정리해 보시오.
10. ERP와 e-비즈니스와의 관계에 대하여 설명해 보시오.

토론/프로젝트 문제

1. 정보기술 발전과 기업의 계획 및 관리 능력의 관계를 논하여 보시오.
2. BRP과 ERP의 관계를 논하여 보시오.
3. 통합시스템으로서 ERP 구축을 통해 달성할 수 있는 기대효과는 무엇인가?
4. 기업이 가지고 있는 정보시스템 전략과 아웃소싱의 관계는 무엇인지 생각해보자.
5. 구성 데이터의 기능은 무엇인가?
6. ERP시스템 도입을 통한 프로세스 벤치마킹의 의미는 무엇인가?
7. e-비즈니스 환경에서의 ERP 솔루션의 나가야 할 방향은 무엇인가?

참고문헌

- e-ERP, 박병형, 태영출판사, 2001.
- ERP, 경영혁신의 새로운 패러다임, 윤재봉 외 2인, 대청미디어, 1998.
- ERP 전략과 실천, 이동길, 대청미디어, 2001.
- SAP 혁명, ERP연구회, 대청정보시스템, 1997.
- 김병곤, 오재인, "ERP, 패키지의 성공적인 커스터마이징 전략", 경영정보학연구, 제10권, 제3호, 2000년 9월, pp. 121~144.
- 김태웅, 남용식, "ERP시스템의 도입과 성과에 관한 연구", 경영정보학연구, 제10권, 제1호, 2000년 3월, pp. 61~79.
- 비즈니스 시나리오를 통한 SAP R/3 이해, 황재훈 외 4인, 어람출판사, 1999.
- 사례를 통한 ERP 도입전략과 비즈니스 개혁, 박진우 외 3인 공역, 박영사, 2001.
- Davenport, T. H., "Putting an Enterprise into an ERP System", Harvard Business Review, July-August, 1998, pp. 121~131.
- Hiquet, B. D., "SAP R/3 Implementation Guide", Macmillan Technical Publishing, 1998.

참고사이트

- SAP(R/3) ······ http://www.sap.com, http://www.sap.co.kr
- Oracle(Oracle Application) ······ http://www.oracle.com, http://www.oracle.com/kr
- J.D.Edwards(OneWorld) ······ http://jdedwards.com
- SSA(BPCS) ······ http://www.ssax.com
- Baan(Triton) ······ http://www.baan.com
- Peoplesoft(Peoplesoft) ······ http://peoplesoft.com
- QAD(MFG/PRO) ······ http://qad.com
- Wonderware(Protean) ······ http://wonderware.com

〔**국내 ERP 솔루션 업체**(솔루션 이름)(무순)〕

- 삼성SDS(UniERP) ······ http://www.sds.samsung.co.kr
- 소프트파워(TopEnterprise, TopERP) ······ http://www.topsoft.co.kr(전신: 한국기업전산원)
- 영림원(K.시스템) ······ http://www.ksystem.co.kr
- 한국하이네트(인프라ERP) ······ http://www.koreahinet.co.kr
- 더존컨설팅(NEO-ERP, NEO-M) · http://www.duzon.co.kr
- 지엔텍(Vision21) ······ http://gntech.co.kr
- 삼일아이에스(World-Quest) ······ http://www.world-quest.net

CHAPTER 10

유비쿼터스 컴퓨팅

이 경 전 교수

경희대학교 경영학과, klee@khu.ac.kr

CONTENTS

학습목표

- 유비쿼터스 컴퓨팅의 개념과 관련 용어들을 학습함으로써 유비쿼터스 컴퓨팅이 의미하는 바를 인식하여 이와 관련한 여러 동향을 이해하고 새로운 경영정보시스템을 설계할 수 있는 기본 능력을 가진다.
- 유비쿼터스 컴퓨팅을 구성하는 기본 기술들에 대한 이해를 통해, 계속적으로 발전하는 이 분야의 기술 동향을 이해하고, 이를 통해 새로운 경영정보시스템을 구상할 수 있는 능력을 가진다.
- 유비쿼터스 기술을 활용하여 기업의 가치사슬을 관리하는 방안을 학습함으로써 기업 경영에서의 유비쿼터스 활용 능력을 제고한다.
- U-Commerce 분야의 여러 시나리오와 비즈니스 모델에 대한 학습을 통해 새로운 유비쿼터스 컴퓨팅 기반 비즈니스 모델 설계 능력을 가진다.

이 장에서는 유비쿼터스 컴퓨팅의 개념과 관련 용어들을 살펴보고, 유비쿼터스 컴퓨팅을 구현하기 위한 기술, 그리고 이러한 기술을 통하여 새롭게 가능해질 기업의 경영정보시스템과 비즈니스 모델을 U-Commerce 분야를 중심으로 살펴본다.

이 장을 학습하면 유비쿼터스 컴퓨팅으로 인해 새롭게 가능해질 경영정보시스템과 비즈니스 모델, 그리고 새로운 사회 환경에 대한 인식을 가지게 되고, 관련 정보 기술의 이해를 바탕으로 새로운 비즈니스 모델과 비즈니스 프로세스를 설계하는 기본 능력을 갖추게 될 것으로 예상된다.

10.1 유비쿼터스 컴퓨팅의 개념

1990년대 초반에 Mark Weiser박사가 발표한 여러 논문들을 통해 알려진 유비쿼터스 컴퓨팅의 특징은 첫째, 눈에 보이지 않는 방법으로 컴퓨터가 작동되어야 하며, 둘째, 일상적인 모든 물리공간에 컴퓨터가 탑재되어 물리공간의 존재가 확장될 수 있으며, 셋째, 무선으로 연결된 수없이 많은 컴퓨터들과 끊임없이 상호작용을 할 수 있어야 한다는 것(continuous interaction), 넷째, 우리가 일상적으로 사용하는 가전제품, 의류, 가구 등 모든 물건과 장소에 컴퓨터가 내재된다는 것이다. 마지막으로, 유비쿼터스 컴퓨팅은 단지 사용자의 지시에 의해서만 필요한 서비스를 제공하는 차원을 넘어서, 컴퓨터 스스로 주변환경과 사용자의 상태를 인식하고 이에 적절한 서비스를 각각의 사용자에 따라 다르게 제공할 수 있어야 한다는 것이다. 유비쿼터스 컴퓨팅은 가상현실(virtual reality)의 반대되는 개념으로, 가상현실은 컴퓨팅기술로 가상적인 현실을 창조해내는 것에 주안점이 있다면, 유비쿼터스 컴퓨팅은 컴퓨팅기술로 현실 공간을 정보화한다는 점을 강조한다.

10.1.1 유비쿼터스 컴퓨팅 관련 개념

유비쿼터스 컴퓨팅은 여러 유사한 컴퓨팅의 개념과 관련을 가지고 있는데, 이를 통해 유비쿼터스 컴퓨팅의 특성을 파악해 볼 수 있다. 유비쿼터스 컴퓨팅의 일부분인 모바일 서비스 관련 부분을 13장 5절의 m-commerce를 참조하여라.

Silent computing(조용한 컴퓨팅)은 인간의 주위에 심어져 있는 컴퓨터들이 주인이 의식하지 않아도 마치 하인처럼 있는 둥 없는 둥 알아서 정해진 일만 묵묵히 수행하는 것을 실현하는 컴퓨팅을 의미한다. 유비쿼티스 컴퓨팅 환경에서 사물 속에 내재되어 숨어있는 컴퓨터들의 연결은 우리가 의식할 수 없을 정도로 조용하기 때문에 Calm technology라고 부르기도 한다.

유럽연합(EU)은 2001년에 시작된 '정보화 사회기술 계획(IST : Information Society Technologies research program)'의 일환인 '사라지는 컴퓨팅 계획(disappearing computing initiative)'은 일상 사물에 RFID 태그를 부착하여 사물간의 지능적이고 자율적인 감지와 통신이 가능한 환경을 구축하려는 계획으로, 주변의 일상 사물에 센서, 구동기, 프로세서 등을 내장시켜 사물 고유의 기능 외에 정보처리 및 정보교환 기능이 증진된 정보 인공물을 개발하여 새로운 가능성과 가치를 창출하고, 궁극적으로는 인간의 일상 활동을 지원 및 향상시킬 수 있는 환경을 구축하는 것을 목표로 한다.

Pervasive computing(편재형 컴퓨팅)은 거의 모든 공간에서 컴퓨터를 사용할 수 있다는 미래적 개념으로, 전산이 컴퓨터의 범위를 넘어서 컴퓨팅과 네트워킹 기능이 내장된 핸드헬드 컴퓨터나 스마트폰 등의 소형 컴퓨팅 기기와 가전기기 등으로 확장되는 것을 말한다. 이 개념에 의하면 모든 컴퓨터들은 서로 연결되므로 사용자는 언제 어디서나 원하는 정보를 이용할 수 있게 된다. 미국 표준기술연구소(National Institute of Standards and Technology)의 정보기술 응용부(ITAO)가 중심이 되어 컴퓨팅이나 센서가 디바이스, 기기, 장치, 혹은 집과 사무실, 공장, 양복 등 모든 곳에 존재하도록 하는 Pervasive computing 프로젝트를 추진해왔다.

Wearable computing(입는 컴퓨팅)도 관련되는 개념이다. 웨어러블(wearable) PC는 휴대형 PC와 전혀 다른 형태의 몸에 차고 다닐 수 있는 컴퓨터를 말한다. 웨어러블 컴퓨터의 최대 특징은 차고 다니면서 언제 어디서나 간편하게 사용할 수 있다는 점이다. 웨어러블 컴퓨터는 지금의 스마트폰과 같이 팜톱컴퓨터의 기본기능 외에 착용하고 있는 동안 계속적으로 작동한다. 심지어 이용자가 요구하지 않았을 때조차도 수시로 정보를 이용자에게 알려 주기 때문에 많은 메모리 용량이 필요하기도 하다. 입는 컴퓨터가 상용화되기 위해서는 몇 가지 문제점이 해결되어야 한다. 그 문제점으로 첫 번째가 데이터 입력장치, 즉 키보드 처리문제인데 이에 대해 음성인식기능을 하나의 대안으로 제시하고 있으며, 두 번째는 전원공급 문제가 있다. 웨어러블 PC가 상용화되면 착용한 상태에서도 활동할 수 있기 때문에 자동차, 비행기 정비 등 두 손이 자유롭지 않으면서 도면 등을 확인해야 하는 작업에서 매우 유용하게 활용할 수 있다.

Implant computing(체내이식형 컴퓨팅)은 Wearable computing(입는 컴퓨팅), 즉 컴퓨터를 옷이나 안경처럼 착용할 수 있게 해줌으로써 컴퓨터를 들고 다니기 거추장스러운 것에서 인간의 몸의 일부로 만드는 기술이 발전된 차세대 컴퓨팅 패러다임이다.

이 외에도 컴퓨터가 1회용 종이처럼 매우 저렴화될 수 있는 것을 실현하는 기술인 Disposable computing(1회용 컴퓨팅), 센서 등을 통해 신선한 정보를 컴퓨터가 미리 감지하여 사용자가 필요로 하는 정보를 제공해 주는 컴퓨팅 기술을 의미하는 Sentient computing(감지 컴퓨팅) 등의 관련 개념들이 있다.

10.1.2 상황인식 컴퓨팅

여러 유비쿼터스 컴퓨팅 관련 개념 가운데 가장 활발하게 연구되고 논의되는 것이 Context-aware computing(상황인식 컴퓨팅)이다.

상황인식 컴퓨팅(context-aware computing)은 1994년 Schilit와 Theimer에 의하여 최초로 논의되었으며, 사용자의 작업과 관련 있는 적절한 정보 또는 서비스를 사용자에게 제공하는 과정에서 상황(context) 즉, 사용장소, 주변 사람과 물체 및 사용자와 해당 application 자체 등을 사용하고, 시간이 경과하면서 이러한 대상의 변화까지 수용할 수 있는 시스템을 말한다. '사용자의 작업과 관련 있는 적절한 정보 또는 서비스를 사용자에게 제공하는 과정에서 '상황(context)'을 사용하는 경우, 이를 상황인식 시스템으로 정의'할 수 있다. 이러한 상황의 종류는 다양할 수 있으나, 일반적인 상황 정보는 사용자 상황(정상, 병환, 사고피해, 장애발생), 물리적 환경 상황(실내, 자동차, 실외, 야외), 컴퓨팅 시스템 상황(전원 On/Off, 인터넷 On/Off-line, 로그 In/Out), 사용자-컴퓨터 상호 작용 이력, 건축물 및 내부 구성물체의 IPv6 운영 상황 등으로 분류될 수 있다.

Context-aware services(상황인식 서비스)는 사용자가 입력한 정보와 상황정보들이 결합되어 이용자가 처한 상황(situation)에 맞게 사용자가 원하는 수준으로 조정되어 제공되는 스마트서비스를 말한다. 컨텍스트(Context: 상황정보)는 애플리케이션이 운용 환경의 일부와 애플리케이션에 의해서 감지할 수 있는 정보를 포함한다. 이것은 일반적으로 지역, 신원, 활동 그리고 사람들 및 그룹, 물체의 상태를 포함한다. Context는 장소 또는 컴퓨팅 환경과 관련이 있다. 건물과 방 같은 장소에서는 온도와 조명 등의 물리적인 변화를 측정할 수 있는 센서가 설치될 수 있다. Context는 바로 사용자와 다른 이용자 사용자와 시스템 혹은 디바이스간의 인터랙션에 영향을 미치는 사람, 장소, 개체의 현재 상황을 규정하는 정보들을 말하고 이런 Context는 시스템으로 하여금 다양한 Sensing device와 Application을 통해 파악되어 모아져서 Action을 하게 하는데 이용되거나 다른 Context와 묶여 제 3의 결론을 내리는 추론을 하는데 사용되기도 한다.

상황인식 컴퓨팅의 경영학적 응용의 하나인 Context-awareness marketing(상황인식 마케팅)은 21세기형 마케팅 산업으로 소비자의 신상이나 소득, 직업과 같은 정적인 정보가 아니라, 상황인식을 통해 실시간으로 획득된 신선한 정보를 토대로 한 마케팅 산업이다. 예를 들어 A라는 소비자가 거리를 걷거나 전철을 타고 이동할 경우, A의 PDA나 지능형 에이전트에 실시간으로 시간에 따라, 기분에 따라, 주변 지역에 따라 레스토랑의 메뉴, 쇼핑센터의 세일여부와 상품목록, 위치 등의 정보가 제공되고 추가적인 정보를 조회해 볼 수 있는 새로운 마케팅 형태를 의미한다.

10.1.3 위치 기반 서비스

상황인식 컴퓨팅과 관련되는 것으로 위치인식, 위치기반 서비스 등의 개념이 있다. Location awareness(위치인식)는 사람과 사물의 위치를 실시간으로 추적하여 자동으로 인식함으로써, 현재 위급 상황이나 앰블런스 서비스에 이용되고 있으며, 친구 찾기, 길 찾기 서비스, 위험 물질 추적, 타겟 마케팅 등에 이용되고 있는데, 이를 위치 기반 서비스(LBS : Location-based Service)라고 부른다. LBS는 GIS(Geographic Information Systems), GPS(Global Positioning System), 텔레메틱스를 포함하며, 특정 플랫폼을 통해 위치관련 정보를 제공해 주는 모든 서비스를 망라하는 개념이다. 무선 단말기를 통해 나의 위치를 찾는 것이 GPS이고, 그 주변의 정보를 찾도록 도와주는 것이 GIS라면, 나를 중심으로 나의 주변정보를 확인해 실질적인 서비스를 제공해주는 것이 LBS이다. 긴급상황이 발생했을 때 그에 관한 서비스를 제공 받거나, 특정장소를 예약하거나, 전자 할인쿠폰을 제공받거나 하는 등의 모든 행위는 위치정보를 기반으로 할 때 가능하다. 이는 특정 시간에 특정한 장소에 있는 사람들에 맞는 모바일 전자상거래 거래방식인 위치기반 전자상거래(location-based commerce)의 활성화를 위한 기본 인프라이기도 하다.

10.1.4 M2M과 T2T

유비쿼터스 컴퓨팅의 중요한 특징중의 하나는 사물들이 사람을 거치지 않고 직접 커뮤니케이션한다는 점이다. Machine to Machine(M2M)은 기기간 유무선 통신을 지원하는 기술을 말한다. 도로교통을 원활하게 하기 위한 교통신호간의 정보교환과 이에 사용되는 장치들이 M2M기술의 한 예이며, 텔레메틱스, 텔레메트리(자동검침), 자료수집, 리모트 컨트롤, 로보틱스, 상태 추적, 도로교통시스템, 물류 서비스, 원격진료, 보안 시스템 등에 이용되고 있다. Things to Things(T2T)은 유비쿼터스 컴퓨팅 환경 하에서 서로 떨어져서 존재하는 도로, 다리, 터널, 빌딩, 건물, 화분, 냉장고, 컵, 구두, 종이 등과 같은 물리적인 사물들끼리 스스로 연결되는 것을 지칭하는 것으로, 사물들의 인터넷화를 의미한다.

M2M과 T2T의 응용이라 할 수 있는 Wireless telemetry(무선검침)은 무선데이터 통신을 통해 기계장치의 데이터나 수치 값 들을 주기적으로 또는 원하는 시간에 맞춰 중앙처리센터로 보내거나, 중앙센터에서 각 지점으로 메시지 명령을 내려 보내 원격제어 및 원격검침을 가능하게 하는 서비스이다. 일반적으로, Telemetry는 원격지에서 통신 회선을 통하여 강우량, 사람의 맥박 등을 계측하는 것을, 위성 분야에서는 지상에서 궤도상의 위상 상태를 감시하는 것을 말한다. 또 하나의 응용분야인 텔레메틱스(telematics)는 위치측정시스템(GPS)과 무선통신을 활용, 운전자와 탑승자에게 교통정보와 응급상황 대처 능력을 제공하는 기술로, 원격으로 차량의 운전상태를 진단하고 무선인터넷으로 이메일이나 각종 정보를 이용할 수 있게 해주는 서비스를 의미한다.

10.1.5 대표적 유비쿼터스 컴퓨팅 프로젝트

Things That Think(TTT: 생각하는 사물)는 1995년부터 개시한 MIT 미디어랩의 프로젝트로 미래의 컴퓨팅은 '컴퓨터가 우리 주변의 일상생활에 들어와서 그것들이 서로 협조하면서 우리들의 생활을 돕는다'는 생각에 기초한다. '생각하는 사물' 연구 프로젝트가 가지는 성격은 지금까지 컴퓨터 기술에 대한 관점을 바로잡아, 컴퓨터는 사람이 쫓아다녀야 하는 대상이 아니라 컴퓨터가 지능화되어 스스로 사람들의 욕구에 맞추도록 하자는 데 있다.

Cooltown project는 HP인터넷 및 이동 시스템 연구소(Internet and Mobile Systems Laboratory)를 중심으로 시작된 연구 프로그램으로서 '현실세계와 가상세계의 연결을 위한 Real World Wide Web의 구현' 및 이를 위한 소프트웨어, 서비스, 정보기기의 연구개발을 목표로 하였다. 누구나 다양한 정보기기를 이용해 자신이 속해 있는 공간 및 그 안에 존재하는 모든 사물 등과 관련된 서비스(e-service)를 인터넷을 통해 이용할 수 있는 세상을 구현하려는 연구이다. 개방형 표준에 근거한 월드와이드웹(WWW)과 휴대용 무선 단말기, 정보가전기기 등을 이용하여 생활의 모든 환경을 인터넷과 상호 융합하고 하는 프로젝트이다. 넓은 의미로는 모든 현실세계의 사람, 물건, 장소가 웹페이지를 보유하게 되어 인터넷상의 가상공간과 현실세계를 하나의 묶음으로써 현실생활에 도움이 될 수 있는 웹 서비스를 실현하고자 하는 것이고, 실질적으로는 스마트 정보기기를 웹과 연동하기 위한 일련의 핵심 애플리케이션 및 표준을 개발, 기기 컴퓨팅의 구현과 함께 이를 활용하기 위한 정보기기의 개발 등을 추진해왔다.

MIT의 Oxygen project는 다양한 인간활동을 지원하기 위한 것으로, 공기 중에 있는 산소처럼 자유롭게 어디서나 이용할 수 있는 인간 중심의 프로젝트로서, 디바이스기술, 네트워크기술, 소프트웨어기술, 인지기술 등에 모두 도전하고 있다.

10.2 유비쿼터스 컴퓨팅 기술

유비쿼터스 컴퓨팅 기술은 1) 자동 인식 기술, 2) 유무선 네트워킹 기술, 3) 위치 인식 기술, 4) 센서 네트워크 기술 등 네 가지의 기술로 분류할 수 있다.

10.2.1 자동 인식 기술

자동인식(Auto-ID : Auto Identification)이란 원거리에서 모니터링이나 트랜잭션을 할 때 기계가 인간의 개입 없이 물체의 인식 및 사용작용을 하는 것을 돕기 위해 사용되는 일련의 기술과 자동화 시스템을 말하는 넓은 의미의 용어이다. 자동인식은 종종 자동 정보 포착과 함께 사용되는데 어떤 아이템의 확인을 원할 때 아이템에 관한 정보를 획득하여 사람 없이도 컴퓨터에 정보를 입력할 수 있도록 하는 것을 말한다. 대부분의 자동인식 시스템의 목적은 일의 능률 향상과 데이터 입력의 실수를 줄이기 위함에 있다. 그리고 인간에게 더욱 높은 부가가치 창출을 위한 업무를 수행할 수 있도록 도와준다.

자동인식 시스템의 목적은 적합한 기기나 장치에 데이터를 운반하는 것과, 특정 응용을 만족하기 위하여 기계가 읽을 수 있는 방법으로 적절한 시간 및 장소에서 데이터를 회수하는 것으로 나누어진다. 데이터는 제조, 운송 중인 상품, 위치, 차량, 동물 또는 개인의 특성에 관한 항목을 담고 있다. 예를 들어 생산라인에서 페인트 스프레이 공간으로 들어가는 자동차 차체의 페인트 색깔, 유연한 제조 셀에 대한 설정 명령, 혹은 상품 선적에 동반하는 목록과 같은, 특별한 항목의 정보 등이다. 현재 가장 널리 사용되고 있는 자동인식 시스템은 바코드와 QR코드이다. 바코드와 QR코드는 아이템에 직접 또는 아이템에 붙여질 스티커 위에 인쇄된 기계가 읽을 수 있는 기호체제이다. 각 기호는 특성(예; 글자, 번호, 구두점) 부호화, 인쇄 및 해독 요구, 오류 검사 등의 기능을 하기 위한 각각의 규칙을 가지고 있다. 그 외에도 스마트 카드(Smart Card), 음성 인식(Voice Recognition), 홍채 인식과 같은 생체인식 기술, 광학문자인식, RFID(radio frequency identification)등이 자동인식 시스템에서 사용되는 기술들이다.

1) RFID

Radio Frequency Identification(RFID)은 자동인식기술의 하나로서 전파 신호를 통해 비접촉식으로 사물에 부착된 얇은 평면 형태의 태그를 식별하여 정보를 처리하는 시스템을 가리킨다. 바코드 및 스마트카드와 유사한 기능을 수행하나 원거리에서 인식이 가능하고 충돌방지기능이 있어 동시에 여러 개를 인식할 수 있다는 기술적 장점 때문에 바코드, QR코드, 스마트 카드 등에 비해 활용범위가 넓고 경쟁력이 매우 높다. RFID는 판독 및 해독기능을 하는 판독기(RF reader)와 고유 정보를 내장한 RF 태그(RFID tag), 그리고 운용 소프트웨어 및 네트워크로 구성되며, RF 태그는 반도체로 된 트랜스폰더 칩과 안테나로 구성된다. RF 태그는 내부 전원 없이 판독기의 전파신호로부터 에너지를 공급 받아 동작하는 수동식과 전지가 포함된 능동식이 있으며, 또, 실리콘 반도체 칩을 이용한 칩 태그와 LC소자, 또는 플라스틱/폴리머 소자로만 구성된 무칩 태그로 구분 된다. 고유 정보 기록방식에 따라서는 read-only형과 read-write형으로도 구분된다. 현재 150KHz 이하 저주파로부터 5GHz 이상 마이크로파까지의 다양한 주파수

대의 시스템이 상용화되고 있다

표준화는 국제표준화기구인 ISO 산하 IEC JTC1/SC31/WG4에서 표준(안)을 개발, 운용, 관리를 맡고 있으며, 때때로 단거리 전용통신(DSRC: dedicated short range communication)이록 불리기도 한다.

마그네틱이나 바코드 등이 특정 표시가 필요하고 훼손이나 파손 등으로 시간이 지날수록 인식률이 점차 떨어지는 반면에 RFID는 이 같은 단점을 극복할 수 있어 RFID가 기존의 바코드 및 마그네틱카드 시장을 급속히 대체하면서 출입통제를 비롯해 근태관리, 물류관리, 주차관리 등 분야에서의 새로운 솔루션으로 급부상해왔다.

스마트 태그(Smart tag)는 컨텐트의 실시간 인식을 가능케 해주며, 보다 빠르게 정보를 접근 및 분석할 수 있게 해주는 관련 옵션을 제공하는 바코드의 차세대 버전이다. 해당 제품의 세부정보(ID)를 담고 있으며, 고주파(RF) 신호를 받으면 내장된 정보를 전송하도록 설계되어 있다. 즉, 스마트 태그를 이용해 사물에 지능, ID, 인터넷 연결성을 포함시킬 수 있다.

유비쿼터스 칩(Ubiquitous chip)은 세상에 있는 인공물(건축물, 사회기반 구축물, 제조물 등) 이나 자연물(동, 식물, 토양 등) 또는 인간에게 장착하는 소형, 경량, 저가의 내구성이 뛰어난 개체식별(ID), 상태감지(센서), 정보발신(통신) 등의 기능을 가진 기기 군을 말한다. RFID와 센싱 디바이스로 구성된다.

스마트 카드(Smart card)는 외형상 전화카드와 비슷하나, 마이크로프로세서와 기억장치를 내장하고 있어 자체적으로 간단한 작업을 수행할 수 있는 카드를 말한다. 집적회로(IC) 카드에는 IC 메모리와 중앙 처리 장치(CPU)를 탑재한 반도체 칩이 매입되어 있는데, 자기 카드에 비해 기억 용량이 크고 CPU가 내장되어 있어 처리 능력이 있기 때문에 똑똑한 카드라는 의미로 사용된다. 암호 처리, 접속 대상의 인증, 기억 데이터의 관리 등 보안 기능이 뛰어나 안정성이 높고 위조가 불가능한 특징이 있어서 은행 카드, 신분 증명 카드, 유료 방송 수신 카드 등으로 사용되고 있다.

접촉식 스마트 카드(Contact smart card)는 카드가 인터페이스장치(IFD : Interface Device)에 삽입되었을 때 카드 접점이 IFD 접점과 접촉함으로써 작동되는데 고도의 보안을 요하며 카드내 특정 암호화 알고리즘을 수행할 필요가 있는 분야에서 주로 사용된다. 공중전화 카드의 경우 전화기에 삽입해야 하고 은행 자동화 창구에서 돈을 인출할 때도 카드를 넣어야 하는 데 이러한 방식이 접촉식이다.

비접촉식 스마트 카드(Contactless(Proximity) smart card)는 정보처리 기능에 필요한 연산 및 기억소자는 접촉식카드와 같지만 카드내 칩을 구동하기 위한 전원공급이 카드내 코일의 전자결합을 통해 이루어지고 RFID와의 통신을 위해 전자유도방식을 이용하는 형태이다. 버스나 지하철을 탈 때 사용하는 교통카드가 전형적인 비접촉식이다.

2) 모바일 RFID

모바일 RFID는 기존의 고정형 또는 PDA 등 핸드헬드 형태의 RFID 리더기에서, 휴대전화에 리더기를 탑재하고 인식된 태그와 부합되는 정보를 이동통신망으로 고객에게 보내주는 형태를 말한다(문광영 2006). 휴대전화를 통해 RFID 서비스를 제공하기 위해서는 단말기에 RFID 리더기가 탑재돼야 한다.

모바일 RFID의 서비스 추진 방향은 크게 태그 기반 서비스와 리더기 기반 서비스로 나눌 수 있다. 태그 기반 서비스는 신용카드나 휴대전화에 RFID 태그를 장착해 소지한 사용자가 백화점 또는 할인 마트 등 서비스 공간에 설치된 고정형 리더기를 지나갈 때 태그를 인식하고, 인식된 고객에 맞는 각종 정보를 휴대전화로 고객의 이동동선 등의 정보로 활용하는 서비스다. 일반 사용자 대상의 리더기 보급에 다소 시일이 소요되기 때문에 우선적 태그 기반 서비스를 제공하는 것이다. 리더기 기반 서비스는 특정 상품 및 특정 장소에 RFID 태그를 부착한 후 사용자가 휴대전화에 장착된 리더기를 태그에 접촉 시 해당 정보를 제공하는 서비스로 앞서 설명된 모바일 RFID의 궁극적인 서비스 목표다.

10.2.2 유무선 네트워킹 기술

유비쿼터스 컴퓨팅과 관련된 네트워킹 기술은 언제 어디서나 인터넷이 가능하게 하는 네트워킹 기술과 실세계 개체간의 근거리 통신이 가능하게 하는 기술로 나눌 수 있다. 전자의 기술로는 기존의 Mobile internet 기술과 WiBro, HSDPA 등의기술이 있고, 후자의 기술로 대표적인 것은 Bluetooth, IrDA, Zigbee 등이 있다.

Wireless Broadband Internet(WiBro, 와이브로)는 시속 60㎞ 이상 달리는 차량 등 이동 중에도 언제 어디서나 노트북PC나 휴대전화 등을 이용해 고속으로 무선인터넷에 접속할 수 있는 서비스를 뜻한다. 와이브로는 2.3GHz 주파수를 사용하여 초고속 휴대 인터넷을 가능하게 하며 기존의 무선랜과 비슷한 개념이다. 기존 무선LAN과의 차이점은 무선랜은 도달거리가 짧아서 이동 중일 때나 AP(Access Point)에서 멀어지면 사용을 할 수가 없다. 하지만 와이브로는 유선 인터넷을 이용하듯 저렴한 가격으로 무선 인터넷을 이용할 수 있고 이동 중에도 끊김 없이 인터넷을 할 수 있다.

HSDPA(고속 하향 패킷 접속: High Speed Downlink Packet Access)는 무선 이동 환경에서 최대 10Mbps의 고속 패킷 데이터 서비스를 제공하기 위한 전송 규격으로, 이동 통신을 이용한 인터넷 접속이 증가함에 따라 정보의 흐름이 하향에 집중되는 현상을 보이는 데 따라, 하향의 전송 규격을 보완한 것이다.

Bluetooth(블루투스)는 최대 데이터 전송속도 1Mbps에 최대 전송거리 10m의 무선데이터통신인데, 1Mbps는 사용자가 면허 없이 이용할 수 있는 2.4GHz의 ISM(Industrial Scientific Medical)대(帶)를 사용해 비교적 손쉽게 동시에 저렴한 비용으로 실현할 수 있는 전송속도다. 전송거리 10m는 사무실 내에서 사용자가 휴대하고 있는 기기와 책상 등에 설치해 둔 기기간의 전송거리로 충분하다는 판단에 따른 결정이다. 이에 대해 적외선통신규격「IrDA(Infrared Data Association)」방식은 최대 데이터 전송속도가 4Mbps로 블루투스를 앞서지만 최대 전송거리는 1m로 짧다. 또 블루투스는 음성부호화방식인 CVSD(Continuous Variable Slope Delta Modulation)를 채용해 문자 데이터의 전송은 물론이고, 음성 전송에도 사용할 수 있다. 뿐만 아니라 통신 비밀을 유지하기 위한 암호기술을 사용한다. 그러나 적외선 통신방식과 비교할 때 블루투스가 갖는 가장 큰 특징은 휴대정보통신기기를 가방이나 주머니에 넣은 채로 다른 정보통신기기와 통신할 수 있는 점이다. 예컨대 블루투스 방식에서는 디지털 카메라로 촬영한 영상 데이터를 PC나 휴대전화기와의 케이블접속 등과 같은 번거로운 절차 없이 일정 거리 안에서는 어떤 상태에서든 그대로 전송할 수 있다. 가로막고 있을 경우에는 통신이 불가능하다. 이 때문에 적외선통신에서는 기기간의 인터페이스를 조정해야 한다.

Infrared Data Association(IrDA: 적외선통신)은 케이블 없이 적외선으로 데이터를 전송하는 기술이다. 무선적외선 방식의 IrDA통신포트는 간이LAN과 맞먹는 수준인 초당 11만 5천 2백비트의 디지털 정보를 송수신할 수 있기 때문에 웬만한 문서나 멀티미디어 정보를 전달하는 데 무리가 없다. 따라서 IrDA통신 기능이 포함된 노트북PC를 사용할 경우 사용자들은 데스크톱PC의 적외선 포트를 향해 노트북을 펼쳐놓고 데이터

송신버튼을 클릭하기만 하면 원하는 곳에 정보를 보낼 수 있다. IrDA기술은 일반 리모컨 등에서 활용하고 있는 적외선을 이용해 전파를 이용한 통신방식처럼 상호 간섭하거나 다른 기기를 오동작시키는 등 예기치 않는 현상이 거의 발생하지 않기 때문에 안정성이 매우 높은 기술로 평가 받고 있다.

Zigbee는 저속 전송 속도를 갖는 홈 오토메이션 및 데이터 네트워크를 위한 표준기술로, 버튼 하나로 하나의 동작을 잡아 집안 어느 곳에서나 전등 제어 및 홈보안 시스템 등을 할 수 있고, 인터넷을 통한 전화 접속으로 홈 오토메이션을 더욱 편리하게 이용하려는 것에서부터 출발한 기술이다. IEEE 802.15.4에서 표준화가 진행되며, 주파수 대역은 2.4GHz, 868/915MHz를 사용하고, 데이터 전송 속도는 20~250kbps이다.

10.2.3 위치 인식 기술

위성항법장치(GPS : Global Positioning Systems)는 정지 지점이거나 이동 지점을 불문하고 전 세계의 항공, 해상 및 육상에서 실시간으로 정확한 위치 측정을 할 수 있는 시스템으로, 미국 국방성에서 개발한 군용항법시스템이지만 민간용으로 제한된 범위 안에서 사용할 수 있으며 인공위성을 이용한 전파항법시스템이다. 위성을 통해 위치를 측정하는 기술을 통칭하는 말로도 이용된다. 인공위성에서 수신기까지의 거리(두 변의 길이)는 위성에 탑재된 원자시계의 정확도를 기반으로 한다. 원자시계는 6,000년에 1초 정도의 오차가 나는 정확도를 갖췄다. 각 위성에서 발사하는 신호의 발생시점과 수신시점의 시간차를 측정한 뒤 여기에 빛의 속도를 곱해 계산하면 GPS 수신기와 인공위성 사이의 거리를 알 수 있다. 모두 4개의 위성을 이용해 GPS 수신기를 들고 있는 지점의 정확한 위치를 알 수 있다.

자동위치추적(ALI : Automatic Location Identification) 서비스는 GPS를 이용해 이동통신서비스 업체들이 휴대폰 가입자의 위치를 오차 수십 미터 이내까지 찾을 수 있는 서비스로 위급 상황이나 재난구조에 많은 도움을 주고 있다. 미국의 경우 E911(enhanced 911)은 첨단위성 및 정밀 GPS기술을 이용해 이동통신서비스 업체들이 휴대폰 가입자의 위치를 오차 수십 미터 이내까지 정확히 찾아내 이를 소방서와 경찰서 등에 자동적으로 알려 주는 서비스이고, E911 PhaseⅡ는 미 연방통신위원회가 통신사업자들에게 의무

사항으로 ALI(Automatic Location Identification) 기능이 가능하도록 한 것으로, Phase I 이 발신자 확인만 가능한 것에 비해 Phase II는 발신자의 정확한 위치추적까지 가능하다.

10.2.4 센서 네트워크 기술

유비쿼터스 센서 네트워크(USN : Ubiquitous Sensor Network)는 각종 센서에서 감지한 정보를 무선으로 수집할 수 있도록 구성한 네트워크로, WPAN(Wireless Personal Area Network), Ad-Hoc network 등의 기술이 발전함에 따라 센서 네트워크 기술이 매우 활성화되고 있다. 센서의 종류로는 온도, 가속도, 위치 정보, 압력, 지문, 가스 등 다양하게 존재한다. 물류의 흐름을 파악하기 위하여 RFID(Radio Frequency Identification) 기술을 이용하여 사물에 태그(tag)를 부착하여 각종 물류정보의 흐름을 파악하는 기술이나, UC 버클리에서 추진 중인 프로젝트로 군사용으로 활용 가능한 초소형 먼지센서 개발연구가 하나의 사례이다.

스마트 더스트(smart dust)는 센서, 전산 기능, 양방향 무선 통신 기능 및 전원 장치를 가진 극소형 전기 기계 장치로, 먼지 크기로 공기 중에 떠다니면서 실내외 환경 변화와 신체 증상 등을 감시, 보고하고, 도심 빌딩, 지하철이나 주변 환경에서 데이터를 수집 및 감시하여 화재나 생화학 테러 등에 신속 대처케 하며, 이밖에도 군사, 기상, 환경, 의료 분야 용도로도 응용된다.

10.3 유비쿼터스 기업 정보 시스템: RFID 기반 공급망 관리 사례

본 절은 경영과컴퓨터 2006년 3월호의 김대헌씨의 원고를 중심으로 RFID 기술의 구현과 관련되어 유통산업을 중심으로 진행되고 있는 공급망 관리의 변화에 관한 주요 이슈 및 사전 점검사항을 살펴본다. RFID(Radio Frequency Identification) 기술은 유통업체들을 중심으로 공급체인에 도입되면서, 업계에 큰 변화를 줄 수 있는 잠재력을 지닌 차세대 핵심기술로 시장에 널리 알려져 있으며, 월마트와 같은 대형 거대 유통 전문기업들을 중심으로 대표적 사례들을 찾아볼 수 있다.

10.3.1 기존의 공급망 관리

공급망 관리는 공급자, 생산자, 배송센터, 고객, 소비자 등의 물리적인 관계와 서비스, 정보, 현금 등의 논리적인 관계가 통합된 프로세스를 하나의 개체로 보고 이를 최적화하고자 하는 기업의 전략적 경영방식을 의미하며, 공급망 관리의 기본은 가치사슬의 모든 단계의 물품 흐름의 데이터를 감지하여 소비자의 선호에 응대 할 수 있는 민첩한 조직체계를 이루는 것이다.

하버드 비즈니스 리뷰의 조사에 따르면 결손품은 운영업무 뿐만 아니라 상위 계획 및 전략에도 모두에게 큰 부정적인 영향을 주는 것으로 판명되었다. 흥미로운 사실은 매장에 물건이 없는 경우, 구매 예정자의 반 이상의 고객을 놓친다는 점을 지적했다. 예를 들어 월마트와 같은 대형 유통업체에서 이는 매출의 4% 손실을 의미한다. 월마트의 규모로 볼 때 85억 달러에 달하는 상당히 큰 손실이다. 충분한 생산이 당연한 해결책이겠지만 빠르게 감소하고 있는 제품생명주기를 고려한다면 이것 역시 기업에게 다른 영향을 줄 것이다.

가장 효율적인 방법은 공급체인상의 적재적소에 적절한 양의 물품을 배치할 수 있는 끝과 다른 한 쪽 끝을 잇는 가시성(end-to-end visibility)있는 해결책인데, 현재까지의 방법으로는 1980년 일대 혁명을 야기했던 가장 원론적인 태그기술인 바코드 사용이 물품 정보를 캡처하는데 해결책으로 활용되어 왔다. 그러나 바코드는 다음과 같은 한계를 갖고 있다.

1. 먼지, 오염 등의 영향으로 쉽게 손상된다.
2. 사람이 관여해야 하며, 조준 및 접촉으로 인식하여야 한다.
3. 정보의 부재: 식별코드와 입력 자료만 인지할 수 있다.
4. 속도 및 확장성: 건 단위 처리, 실제 생활에서는 수백 개가 읽혀져야 함에도 불구하고 한번에 1개의 물건밖에는 읽혀지지 않는 것이 문제이다.

이와 같은 한계로 기존 바코드 방식으로 운영되어온 공급체인은 "정물일치"를 이를 수 있는 가시성을 제한하고 있어 업무효율을 향상 시킬 수 있는 자동화 된 프로세스의 개발이 필요하게 되었으며, 바코드 구현의 문제점들에서 벗어나, 보다 유연하고 진보적이며 세련된 미래지향적인 새로운 기술인 RFID 기술이 대두하게 되었다.

10.3.2 RFID를 이용한 공급망 관리

RFID는 바코드와 같이 조준에 의한 인식이 아닌 무선 인식을 통해 자동으로 데이터를 캡처하고 사물 하나하나에 태깅이 가능케 하였다. 또한 매우 빠르고 신뢰성 있으며, 물리적으로 육안 식별이 안되는 곳에 부착하더라도 해당 사물의 정보를 손쉽게 파악할 수 있다.

RFID 리더의 경우 각각 태그의 종류 및 형태(수동형/능동형)에 따라 인식거리가 몇 cm에서 몇 m로 다양하며, 칩에 저장되는 데이터 또한 작게는 몇 bit에서 크게는 1메가로 다양하게 제공되고 있다. 한편 칩의 소형화를 통해 얇은 종이는 물론 사람이 입는 옷에도 사용자가 전혀 불편함을 느끼지 않으면서 영구적으로 내장될 수 있어 기존의 관련 기술들을 한 차원 뛰어넘는 RFID의 다목적성(versatility)이라는 이점을 제공하고 있다.

간단히 RFID 기술의 특징을 살펴보면 다음과 같이 정리해 볼 수 있다.

- ◇ **비조준** : 바코드처럼 정확한 인식 작업을 필요로 하지 않는다.
- ◇ **동시에 다수인식** : 1회에 하나의 태그만 인식하는 바코드와는 달리 인식범위 내에 있는 다수의 태그들에 들어있는 정보들을 충돌 없이 한번에 인식해 낼 수 있다.
- ◇ **많은 정보저장 능력(개별 ID)** : 각각의 전자태그에 대량의 데이터 저장이 가능하다.
- ◇ **리더기를 통한 새로운 정보 기록** : 리더기를 통해 태그에 새로운 정보를 기록할 수 있다.
- ◇ **센서와의 결합** : 태그에 CPU를 내장하여 다양한 센서와의 연동이 가능하며, 능동형 태그의 경우 자체적으로 배터리를 내장하여 독립적인 처리가 가능하다.

이러한 특징을 통해 RFID 기술은 과거의 기술들과 비교했을 때 공급망 관리 측면에 있어 10배 이상의 영향력을 발휘 할 수 있을 것으로 예견되고 있다. 즉 RFID 기술을 통해 특정 물건이 어디서 만들어졌고 현재의 위치는 어디이며 어떠한 이동 경로를 따라 수송되고 있는지를 알려주게 됨으로써 기업은 과거와는 비교할 수 없는 빠른 재고관리와 동시에 소비자의 신뢰도 함께 얻을 수 있는 이점을 제공받을 수 있게 되는 것이다. 예를 들면 현재의 시스템을 활용할 경우, 선반에 10개의 물품이 있다면 그에 대한 가장 기본적인 정보만이 창고 외부에 위치한 컴퓨터에 설치된 업무 소프트웨어 시스템 안에 있을 것이며 일일이 사람 손을 통한 재고파악을 거쳐 데이터가 업데이트 될 것이다.

하지만 RFID 태그를 활용할 경우 10개의 물품, 제품 수명, 로트 번호와 기간 그리고 출납 창고 등 매우 상세한 정보들까지 언제 어디서든 하나의 리더기를 통해 실시간으로 확인 할 수 있게 되는 것이다. 특히 RFID 기술은 지속적인 소프트웨어 기술과 칩 개발 기술을 통해 앞으로 저렴한 비용을 투자하여 실시간으로 해당 물품에 대한 모든 상세한 정보를 제공받을 수 있게 되어 공급체인의 재고관리에 근본적인 변화를 주게 될 것으로 전망하고 있다.

공급체인에 RFID 기술을 사용함으로서 얻을 수 있는 실제 장점들 중 가장 큰 장점은 전체적인 가시성이라 할 수 있을 것이다.

공급체인을 운영할 때 가장 큰 문제는 바로 '불확실성'일 것이다. 불확실성의 대표적인 이론은 채찍효과(Bullwhip Effect)로서 공급체인을 거슬러 올라가면서 발생하는 수요정보의 왜곡현상을 말하며, 이 현상은 공급체인의 불확실성의 원천이 되고 있음을 알 수 있다.

이러한 채찍효과는 실제 기업에 과도한 재고 투자, 낮은 고객 서비스 수준, 판매 기회 손실, 잘못된 생산계획, 비효율적인 생산/배송 계획 등과 같은 부정적인 영향을 미칠 수 있다. 이러한 부정적인 영향을 최소화하기 위해 물품의 흐름과 정보가 일치하는 즉 '정물일치'로 가시성을 높이는 해결책으로 대두된 것이 바로 RFID 관련 기술이다.

10.3.3 RFID 기술 적용시 이슈 및 사전 점검사항

RFID기술을 적용하기 위해 기업차원에서 몇 가지 짚고 넘어가야 할 사항들이 있다.

그중 첫째로 데이터 캡처 방법과 관련된 기술적 관심사항이이다. 현재의 RFID 기술로는 0.5 미리 두께의 철제를 투과하여 해당 칩의 정보를 인식할 수 있기 때문에 제품의 내부 깊숙한 곳에 태그를 부착하는 방식은 아직 구현되지 않는다. 따라서 자동차와 같은 기계 제품의 부속품들에 대한 정보인식에는 적합하지 않다. 이는 간단한 물리학 이론에 따라 물이나 철제로 인해 라디오 주파수가 굴절되므로 태그가 설치된 주변 환경에 따라 데이터 인식 효율이 크게 좌우되는 것이 현실이다. 따라서 관련 기술을 적용하기 위해 이러한 한계점을 충분히 제고할 필요가 있을 것이다.

또한 아직은 고가인 전자태그의 원가측면도 함께 고려해야 할 것이다. RFID 태그 가격에 관련해서는 마치 "닭이 먼저냐 달걀이 먼저냐"라는 명제와 같다. 즉 태그의 가격이 저렴해지면 RFID 관련 시범사업들이 많아질 것이라는 주장과 반대로 시범사업이 활성화 되어 다양한 분야에 RFID기술이 적용된다면 자연스럽게 태그의 생산단가가 내려가 가격이 저렴해질 것이라는 주장이 공존하고 있다.

한편 회사의 시스템과 효율적인 데이터 전송과의 통합 문제도 사전에 충분히 검토해야 할 사항이다. 대형 사업장의 경우 RFID 관련 시스템 구축은 설비투자와 유통라인을 건드려야 할 대규모의 투자가 될 수도 있기 때문에 사전에 회사의 시스템과 도입할 RFID 기술이 얼마나 잘 통합되어 운영할 수 있는가 하는 문제를 충분히 검토할 필요가 있다.

글로벌 공급체인을 보유한 업체에게는 표준 문제가 풀어야 할 숙제이다. 공통적으로 산업에 적용이 가능한 표준이 매우 중요한 요소이며 이는 자칫 중복투자의 우려가 발생할 수 있기 때문에 새로 시장에 적용되는 기술일수록 더욱 간과해서는 안되는 영역이다. 현재 RFID 관련 표준을 정하는 움직임이 정부 차원에서 빠르게 진행되고 있어 근시일내에 해결될 것으로 예상하고 있다.

RFID를 적용하고자 하는 기업들은 정식으로 본 사업을 구축하기에 앞서 아래와 같은 원칙을 주지할 필요가 있으며 시범사업을 통해 현재 해당기업의 공급체인 프로세스상의 문제점은 없는지를 사전에 파악할 필요가 있다. 결함이 있는 공급체인 프로세스에서는 사용할 수가 없다. 따라서 먼저 프로세스를 재설계하고 RFID를 구현하여야 한다. 지원 프로세스가 빈약하면 RFID는 값싼 바코드로 전락할 수 있다는 사실을 인식할 필요가 있다. 공급체인의 효율은 정보 정확성과 가용성에 크게 의존된다. RFID 태그는 수작업 없이 전통적인 바코드 방법에서 벗어나 신뢰성 높은 데이터 캡처 방법을 제공한다.

과거에는 고가인 전자칩의 가격으로 컨테이너 태깅, 창고 자동화 등에 주로 관련 기술들이 적용이 되어 왔지만 앞으로 그 수요가 서서히 늘어나 다양한 분야에서의

RFID 도입이 이루어지게 되면 규모의 경제에 의해 태그의 단가를 지속적으로 하락시킬 수 있을 것이며 단/중기에서는 개별 아이템별 태깅이 적용 가능한 수준으로 낮아질 것이다. 전자태그의 단가가 몇 센트 수준으로 더 떨어질 경우, 의류, 제조, 배송, 의약과 같은 새로운 시장에서 본격적인 RFID 관련 사업들이 활발하게 이루어질 것으로 전망하고 있다.

10.4 유비쿼터스 비즈니스 모델: U-Commerce를 중심으로

U-Commerce는 사업자, 소비자, 상품 그리고 서비스 사이에 이음매 없는(seamless) 커뮤니케이션이 가능케 하는 상업적 작용으로 정의할 수 있다. 이 정의는 U-Commerce가 기존의 상거래와 비교해볼 때 본질적으로 갖고 있는 특징이 Seamlessness(연결완전성)[1]이며 이러한 연결완전성으로 가능해지는 가상 디지털 공간과 물리 공간의 통합(integration)이라는 특징을 강조하기 위한 것이다. 여기서 연결완전성의 의미는 상거래 프로세스 안에서 제품, 서비스, 공간, 경제주체 등의 정보가 상호 끊김 없이 전달된다는 것을 의미하고, 이런 특징이 나타날 수 있게 된 원인은 모든 사물에 디지털 정보가 내재(embed)되기 때문이다. 임베드된 디지털 정보는 소비자가 아날로그 정보를 디지털 정보로 바꾸는 비용(예: 타이핑)을 없애주어 끊어짐 없이 정보의 흐름이 진행되도록 하기 때문이다.

끊어짐 없는 정보의 활용은 물리 공간과 가상 디지털 공간과의 통합을 이끄는데, 이것은 물리 공간에서의 상거래 활동에서도 정보들이 가상 디지털 공간처럼 끊어짐 없이 이용되어 두 공간의 구분이 없는 상태를 의미한다. 이런 특징을 지닌 U-Commerce환경은 거래비용이 감소하는 효과를 낳고, 거래정보의 품질을 향상시키며 거래 과정을 투명하게 하는 특징을 가지고 있다. 끊어짐 없는 정보의 활용은 긍정적인 효과를 이끌지도 하지만, 정보가 어디에 어떻게 저장되고 활용되느냐에 따라 프라이버시를 침해할

1) Seamlessness: 본서에서는 연결완전성으로 번역하였다. Seam이란 파이프의 이음매와 같은 두 사물을 연결한 부분을 일컫는 말로, Seamless하다는 것은 이음매가 없이 깔끔히 연계된다는 것을 의미한다. 결국 Seamlessness는 연결이 완전함을 의미하는 용어가 된다.

수 있는 부정적 가능성 또한 가지고 있다. 정보의 연속성이라는 특징이 정보의 수집을 용이하게 할 가능성을 가지고 있기 때문이다. 더욱이, U-Commerce 환경에서는 개인의 정보 및 상거래 정보를 체계적으로 저장할 수 있을 것이고, 체계적인 정보 저장이 오용될 경우 심각한 프라이버시 위협을 받을 수 있기 때문이다. 따라서 U-Commerce 환경에서는 정보의 연결완전성과 프라이버시는 trade-off 관계가 있다고 할 수 있다.

[그림 10-1]은 프라이버시와 연결완전성의 관계를 나타낸 것으로 U-Commerce기술로 인해 더 높은 프라이버시 보호와 동시에 연결완전성이 더 높아지는 지점(A에서 B로)으로 이동될 수 있는 방안을 찾아야 함을 나타내고 있다.

[그림 10-1] 프라이버시(Privacy)와 연결완전성(Seamlessness)과의 관계

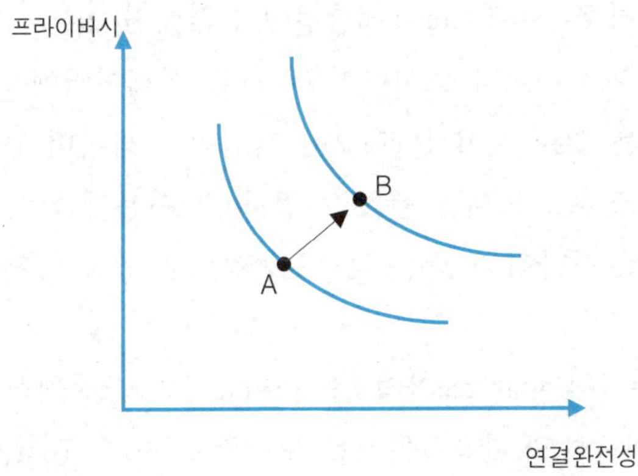

10.4.1 연결완전성(Seamlessness)

시나리오 A: 디지털 카메라를 사기 위해 집 근처의 전자제품 상점을 찾은 Tom은 매장을 둘러보다가 마음에 드는 모델을 발견했다. 점원이 친절하게 몇몇 정보를 알려주었지만, 상세 정보와 상품평을 알아보고 싶어 자신의 단말기를 꺼내 제품의 RFID 태그 정보를 스캐닝 했다. 단말기에 기본적인 정보가 디스플레이 됐고, 또 부가 정보들의 링크가 제공되었다. 기본 정보 및 궁금한 점이 링크된 페이지를 확인해본 결과 괜찮다는 생각을 했고, 더 싼 가격으로 상품을 공급하는 상점이 근처에 있음을 알게 되어 그곳에서 구입을 하였다. 물론 제품을 진열하여 Tom에게 정보의 링크를 제공한

디스플레이어에게도 경제적 인센티브가 돌아갔다.

시나리오 B: Jane은 근무를 마친 뒤 지하철을 타고 친구의 생일 파티 장소로 가고 있었다. 지하철 안에서 앞에 앉은 여자의 핸드백을 보고 친구의 생일 선물로 사주면 좋겠다는 생각을 했다. 안면이 없기 때문에 직접 물어보기 어려워 RFID 리더기(reader)가 장착된 자신의 단말기를 이용해 앞에 앉은 여성의 가방에 부착된 태그를 스캐닝했다. 이때 주변의 반경 2m안에 있는 다양한 상품들의 태그가 동시에 스캔 됐지만, 제품 필터링을 통해 가방에 대한 정보만을 추출하였다. 가방에 대한 기본 정보를 본 후 가방과 관련된 추가적인 정보를 얻기 위해 웹 접속을 한 후 친구의 생일 파티 장소 근처의 상점에 들러서 친구의 생일 선물로 상기 가방을 구입했다. Jane이 스캔을 한 가방의 주인은 가방 판매사로부터 일정 금액의 보상을 받았다.

위의 A, B 두 시나리오는 U-Commerce환경에서 끊어짐 없는 정보 활용의 상거래가 이루어지는 예를 보여주는 것이다. A시나리오는 디스플레이어에게 경제적 인센티브가 돌아가는 예를 보여주는 것이고, B시나리오는 약간의 프라이버시 침해가 있음에도 인센티브를 제공하는 비즈니스 모델을 통해 사업자 및 사용자들의 참여를 유도하는 예를 보여주는 것이다. 두 시나리오 모두 연결완전성으로 인한 경제적 인센티브 가능성을 보여주고 있다.

위의 시나리오 A는 U-Commerce환경 중 물리공간의 상점에서 소비자들이 어떻게 해당 상품의 정보를 획득하고 활용하는지를 보여주고 있다. Tom은 상품의 정보를 최초로 획득할 때 직접 타이핑을 하지 않고 상품에 임베드된 디지털 정보를 읽어 옴으로써 상거래 프로세스에서 정보의 흐름이 끊어지지 않고 정보를 활용할 수 있었다. 이런 연속적 정보 활용은 상거래 중 특정정보가 언제 어디서 어떤 과정 중에 발생했는지 근원지를 알 수 있도록 하기 때문에 인센티브 체계가 만들어질 수 있도록 이끄는데, 이 때문에 디스플레이어에게 인센티브를 제공할 수 있었다.

시나리오 B의 경우는 프라이버시가 약간 침해되더라도, 선구매자들에게 인센티브를 제공하여 단점을 극복하겠다는 것이 주요 골자이다. RFID 태그가 부착된 옷을 착용하고, 다른 소비자의 디바이스에서 스캐닝이 가능하도록 허용한다면, 구전마케팅과 비슷하게 소비자가 입고 있는 옷이 광고로 활용될 수 있다. 그러나 입고 있는 옷의 정보(e.g. 브랜드/가격)를 알리게 되어 의도하지 않았지만 프라이버시를 침해당하는 기분을 느낄 수도 있다. B시나리오는 이에 대한 경제적 보상을 제공하여 참여자를 유인하려는 것으로, 인센티브를 통해 연결완전성이 지속되도록 하고 있다.

10.4.2 프라이버시

U-Commerce 환경은 상거래 정보의 질을 높여 인센티브 체계를 세우는 효과를 이끌지만, 반대로 역효과를 낳을 가능성을 가진다. 체계적 정보 저장이 프라이버시 침해로 이어질 가능성을 지니고 있기 때문이다. B시나리오는 약간의 프라이버시 침해를 인센티브를 제공하는 비즈니스 모델로 극복하는 예를 제공하였다. 그러나 아무리 인센티브 체계를 잘 정립하여 각각의 경제주체들에게 이익과 효용을 제공한다 할지라도 프라이버시가 심각하게 침해될 요인이 존재한다면, U-Commerce에 참여하지 않는 소비자들이 생길 것이다. 이탈자들이 많이 생겨난다면 디지털 네트워킹에서 중요한 네트워크 효과가 발생하지 않게 될 것이므로 앞의 두 모델이 활성화될 가능성이 줄어든다. 따라서 프라이버시를 보호할 수 있는 방안이 반드시 제공되어야 할 것이다.

10.4.3 RFID 기반 비교쇼핑

앞서 설명한 시나리오 A의 사업 참여자는 디스플레이어, 쇼핑 네트워크, 판매자(Retailer), 그리고 소비자(Customer)로, [그림 10-2, 10-3]은 시나리오 A를 추상화 하여 표현한 것으로 [그림 10-2]는 RFID 기반 비교쇼핑에서의 검색 프로세스를 [그림 10-3]은 구매와 지불 프로세스를 추상화한 것이다.

[그림 10-2] 의 프로세스는 다음과 같은 순서로 진행된다. ①, ①-1에서 유비쿼터스 쇼핑네트워크인 SN은 사전에 회원사를 모집하고, ②의 경우 디스플레이어는 자신이 등록된 SN ID를 입력한다. ③의 단계에서는 PID(제품 ID)로 다른 끊어짐 없이 자동적으로 SN에 접속할 수 있고 이때 차후 인센티브를 위해 디스플레이어를 식별할 수 있는 DID(디스플레이어 ID)가 자동적으로 따라가게 된다. ④, ⑤의 단계를 거쳐 소비자들은 SN에 접속해 자신이 원하는 판매자의 리스트를 받아보게 된다.

[그림 10-3]은 지불과 인센티브의 프로세스가 포함된 것이다. ⑥의 단계에서 소비자가 SN에게 지불을 하면 ⑦-1의 단계에서 SN이 스캐닝을 통해 정보를 검색하도록 제공한 디스플레이어에게 인센티브를 제공하며 ⑦-2의 단계에서는 디스플레이어에게

인센티브를 제외한 나머지 금액을 송금한다. ⑧의 단계는 배송을 의미한다.

[그림 10-2] 상품 정보 및 판매자 탐색 및 발견 과정

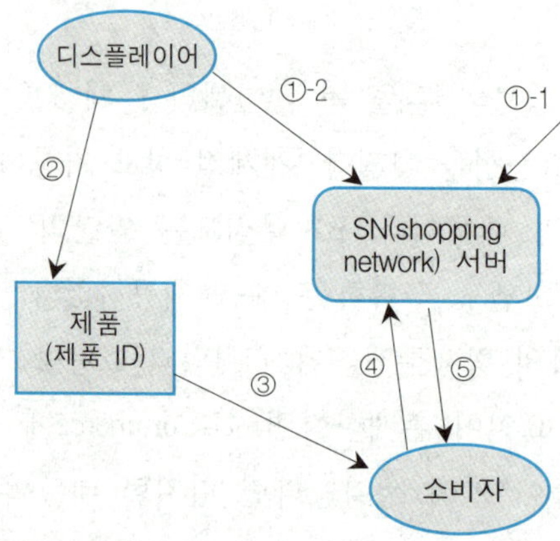

[그림 10-3] 구매와 지불 과정

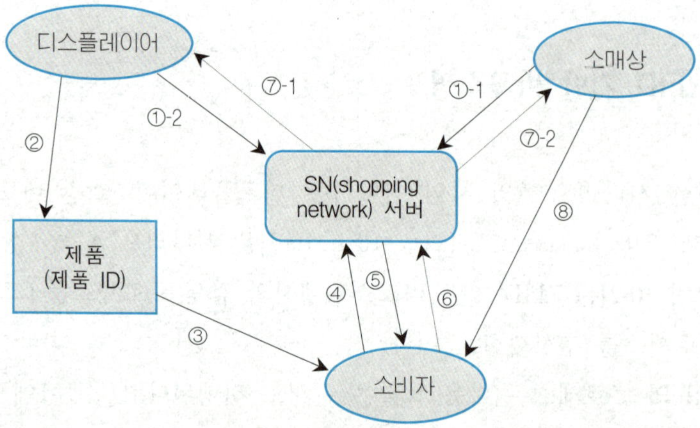

이 비즈니스 모델에서 가치의 흐름은 상품의 RFID 태그에 임베드된 정보가 유저의 단말기에서 스캐닝된 후 쇼핑 네트워크를 통해 가격을 검색한 다음 상품을 구매하는 것으로, 기존의 상거래에서 찾아볼 수 없었던 연속적인 정보의 흐름으로 분석할 수 있을 것이다. 참여자들이 얻을 잠재적 이익은 디스플레이어와 판매자의 공정한 수익 보장과 소비자의 정보획득 용이성이며, 사업주도자가 얻을 가치는 쇼핑 네트워크를 제공함으로써 얻을 수수료가 될 것이다.

RFID 기반 비교쇼핑 모델은 오프라인 매장에서 최초 정보를 제공한 디스플레이어에게 인센티브가 돌아가도록 설계한 모델이다. U-Commerce 환경 이전의 소비자의 모습은 웹사이트에서 미리 가격 검색을 하고 Tom의 상점에 방문해 상품을 눈으로 확인 후 가격 흥정을 한 후 검색 가격과 차이가 심하면 다른 매장으로 이동하는 것이었다. 최근 대형 쇼핑몰에 젊은 층의 학생이 방문하면 점원이 고객응대를 하지 않는 이유도 앞의 이유처럼, 이미 가격검색을 하고 매장을 방문하는 것이라고 생각하여, 해당 매장의 가격이 인터넷의 가격보다 높은 경우 다른 매장으로 손님이 이동할 것이라고 예측하기 때문이다. 그러나 RFID 기반 비교쇼핑은 정보를 제공한 디스플레이어에게 인센티브를 제공하기 때문에 디스플레이어의 역할을 포기하지 않아 디스플레이어에게도 그리고 매장을 방문한 손님에게도 이익이 되는 win-win 모델을 제공한다. 디스플레이어는 매장을 방문한 손님이 상품을 물리적으로 확인하고, 더 낮은 가격의 상품을 제공하는 상점을 비교 쇼핑을 통해 구입하지만 그 구입 횟수에 비례한 경제적 보상이 뒤따르므로 면대면 접촉을 하는 손님에게 최선을 다할 것이다. RFID 기반 비교쇼핑 모델은 사업자에게도 디스플레이어에게도 소비자에게도 가치를 제공하지만 반드시 디스플레이어가 판매자이고 싶은 욕구를 이겨낼 수 있을 정도로 매력적이어야 하며 본 모델을 최초 제공 시 현재 하나의 역할을 두 역할로 분리할 때 가질 수 있는 거부감을 최소로 하여 많은 참여자가 생기도록 해야 할 것이다.

위의 모델을 실현하기 위한 기술적 요구사항으로는 소비자의 단말기에 RFID 리더 모듈이 장착되어야 하며, 쇼핑 네트워크는 현재의 PC 기반의 비교 쇼핑결과와 같은 다양한 정보를 소비자의 작은 액정에 효율적으로 디스플레이 해야 하는 점이다.

10.4.4 U-Referral marketing

앞의 모델이 B2C(Business-to-Consumer)적인 예라면 B시나리오는 C2C(Consumer-to-Consumer)적 모델이다. B시나리오의 참여자는 선 구매자, 네트워크 사업자, 그리고 정보를 스캐닝하고 상품을 구입하는 잠재 구매자이다. [그림 10-4]는 시나리오 B의 내용을 추상화하여 나타낸 것으로 그 프로세스는 다음과 같다. ①에서는 잠재고객이 RFID 모듈이 장착된 단말기를 통해 마음에 드는 상품을 스캐닝하여 정보를 요청하고 ②에서는 RFID에 내장된 기본적인 상품정보와 상품의 광고서버의 callback URL[2]을 보내준다.

③은 상품의 세부정보를 요청을 의미하는 단계이고 ④는 고객DB에 상품의 스캐닝 횟수를 기록하고 ⑤는 요청한 세부 정보를 상품 DB에서 호출하여 보내주는 것을 의미한다.

[그림 10-4] Referral Marketing의 구조

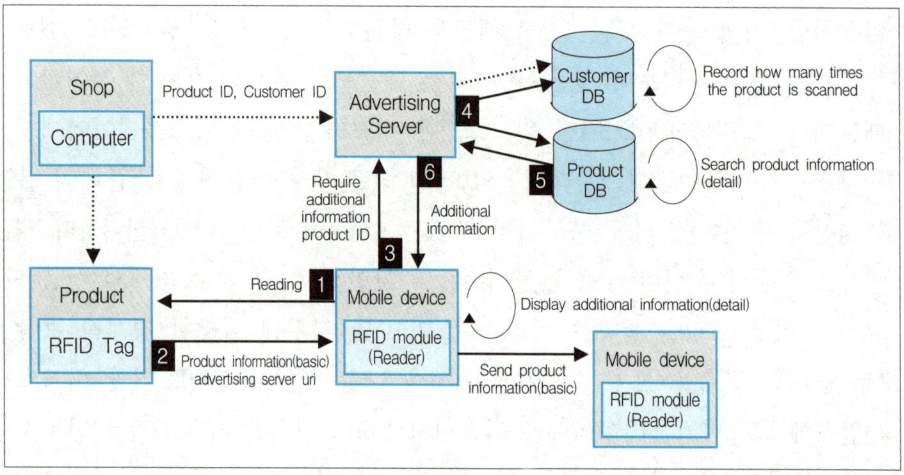

이 비즈니스 모델에서 가치의 흐름은 상품의 태그에 임베드된 정보가 구매자의 단말기에서 스캐닝된 후, 사업자의 상품 DB를 통해 상품을 검색하고 구입을 하면, 선구매자에게 인센티브를 제공하는 것으로 분석할 수 있다. 참여자들이 얻을 잠재적 이익은 구매자의 정보 획득의 용이성과 선구매자의 경제적 보상 그리고 네트워크 사업자의 홍보효과 등이 될 것이다.

U-Referral marketing은 소비자가 또 다른 소비자의 상품 정보를 스캔을 통해서 획득하고 이에 따른 구매가 이어졌을 때 정보제공자에게 경제적 인센티브를 보장해주는 모델이다. U-Referral marketing 모델은 광고주가 특정 모델을 통하여 TV, 잡지, 인터넷 등의 매체에서 따로 광고를 하는 것이 아니라 상품을 소비하는 소비자들이 광고 모델이 되고 그에 따른 경제적 보상을 받는 형태이다. U-Commerce 환경 이전에 가장 유사한 모델로 기존의 구전 마케팅이나 암웨이 모델을 기장 가까운 예로들 수 있을 것이다.

2) Call Back URL: 이동전화 문자메시지를 받았을 때 확인 버튼을 누르면 해당 메시지가 유도하는 모바일 인터넷 사이트로 연결되는 경우가 있다. 이렇게 연결이 가능한 것은 해당 문자 메시지에 Call Back URL이 내재되어 있기 때문이다.

그러나 기존의 구전 마케팅은 인센티브 체계가 없다는 단점을, 암웨이는 인센티브 체계는 갖추고 있지만 그 네트워크의 구조가 고정적, 폐쇄적이라는 단점을 지니고 있다. 반면, U-Referral marketing 모델에서는 스캐닝을 한 사람이 어떤 사람으로부터 스캐닝을 했는지 정보의 근원지를 알 수 있기 때문에 인센티브 체계를 만들 수 있어 합리적이며, 동시에 스캐닝을 당하는 사람, 스캐닝을 하는 사람 모두에게 자유와 주체적 동의를 허락하기 때문에 피해를 입지 않도록 하는 가치를 참여자들에게 제공하고 있다.

U-Referral marketing 모델도 RFID 기반 비교쇼핑 모델처럼 소비자의 단말기에 RFID 리더 모듈이 장착되어야 하는 수준의 인프라가 요구된다. 한편, 사회적 필요조건으로는 프라이버시 보호가 있다. 선구매자가 손쉽게 정보 제공의 결정 권한이 있어야 하며, 스캐닝을 하는 소비자가 상품의 정보를 제공하는 선구매자의 신원을 파악할 수 없도록 익명성을 보호해야 한다. U-Referral marketing 모델이 성공하기 위해서는 소비자가 스캐닝을 통한 정보의 획득과 이를 제공한 사람에게 인센티브가 부여되는 프로세스를 거부감 없이 받아들이고, 하나의 구매(소비) 패턴으로 받아들일 수 있도록 이끄는 것이 중요하다.

RFID 기반 비교쇼핑(Lee & Seo, 2005)과 Referral marketing(이경전 & 이종철, 2005) 두 비즈니스 모델 모두 정보를 제공하고 있는 사람들에게 경제적 보상이 돌아가도록 설계된 예이다. 또한 두 모델이 시사하는 바는 정보의 연결완전성이라는 성격 때문에 인센티브를 줄 수 있게 되었고, 인센티브를 줄 수 있기 때문에 연결완전성이 완성된다는 점이다. 그리고 연결완전성 때문에 프라이버시 문제로 발생할 수 있는 이탈자를 비즈니스 모델이라는 제도적인 시스템의 도입으로 유인책을 마련함을 보여주고 있다.

10.4.5 U-추천

지금까지의 추천은 고객의 ID와 같은 개인 정보부터 기타 상거래 정보까지 모두 사업자의 서버에 저장하여 제공하는 것이 일반적이었다. 그러나 프라이버시를 최대한 보호하는 추천시스템을 유비쿼터스 환경에서 구축하기 위해서, 상인의 서버가 구매자의 아이디나 성향을 파악해서 추천하는 것이 아니라, 임시적으로 형성되는 피어 네트워크를 통해서 추천이 이루어지도록 하는 모델을 생각해볼 수 있다(Kim, Lee & Kim 2006).

Kim, Lee & Kim(2006)은 U-추천 모델을 제안하였는데 그 내용은 다음과 같다. 소비자가 UrZone(Ubiquitous recommendation Zone)에 들어서면 자신의 구매 기록과 대조하여 자신과 비슷한 구매기록을 가진 다른 피어의 에이전트가 추천을 한다. 만약 소비자가 추천을 받은 제품, 서비스, 콘텐츠를 선택하게 되면, 추천을 해준 피어들에게 1/n로 인센티브가 부여된다. 물론 추천자들의 기여도에 따라 인센티브에 가중치가 있을 수 있다. [그림 10-5]는 Lee, K & Lee, J(2006)의 U-추천 모델을 추상화한 것이다.

[그림 10-5] Ubiquitous Personal Agent(Lee, K & Lee, J 2006)

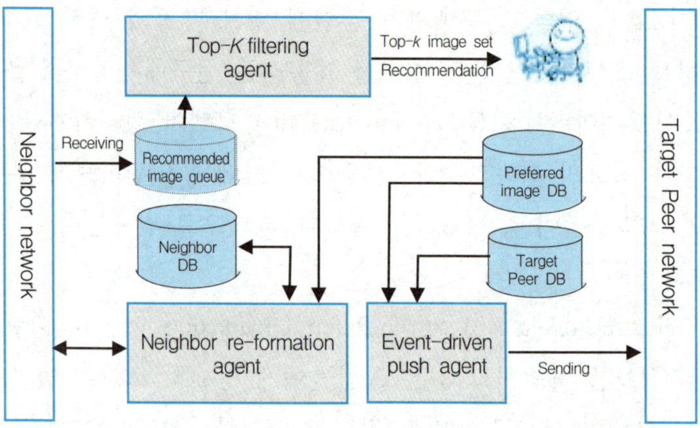

10.4.6 U-지불

'지불'의 경우는 상거래 프로세스 중 프라이버시 위협이 가장 큰 과정이다. 지불 이전까지는 소비자의 노력을 통해 자신을 알리지 않을 수 있지만, 지불을 하게 되면 실제로 누가 해당 상품을 구매했는지 알 수 있기 때문이다. 이경전 & 정무정(2005)의 연구에서는 연결완전성이 지켜지면서도 소비자의 프라이버시가 지켜질 수 있는 시나리오를 제시하고 있다. 소비자인 James가 원피스 선물을 사기 위해 결제를 하려고 할 때, 점원이 상품 태그 정보를 스캐닝하자 James의 단말기에 결제정보 어플리케이션이 실행이 되고 James가 공인인증서를 통해 결제명령을 내리자 상점의 계좌 확인 창에 해당 금액이 입금되고, James는 자신의 단말기에 전자 영수증을 전송받는다는 내용이다. 아래의 [그림 10-6]은 위의 시나리오의 지불 프로세스를 추상화한 것이다.

[그림 10-6] Ubiquitous Payment 구조

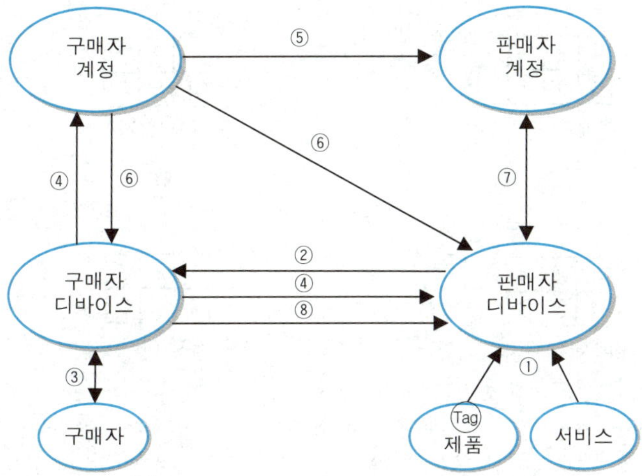

각각의 순서는 ①에서 상품을 선택한 후 구매자가 지불을 하려고 할 때 판매자가 단말기에 스캐닝을 하면 판매자 단말이 상품 태그를 인식하고, ②의 단계에서 구매자 단말이 판매자 단말이 생성한 상품 ID, 가격, 암호화된 판매자 ID(ID와 계좌주소), 판매자 트랜잭션 ID(TID)를 인식한 후 ③의 단계에서 상품목록 및 가격 확인 후 공인인증서 인증(구매자의 결제승인)을 실시한다. 이후 ④의 단계에서는 판매자 단말로 구매자 TID와 판매자 TID를 전송하고, 동시에 구매자 금융기관에 TID와 함께 지불명령을 내린다. ⑤는 송금을 실시하는 것을 의미하고 ⑥에서는 TID와 송금결과 전송, ⑦에서는 수금을 확인하며, 끝으로 ⑧의 단계에서 판매자의 결제완료확인이 인증된 영수증TID 생성(Receipt_TID, 최종 TID)한 후, 이를 구매자 단말이 인식한다.

위의 시나리오는 지불 시스템이 소비자의 단말기에서 시작된다는 점이 기존의 C/S 구조와 대조를 이룬다. 먼저 U-Commerce 이전의 신용카드 거래의 경우는 지불 정보가 신용카드사까지 도착하는데 중간에 불필요한 벤더를 거치게 되는 반면 이 시나리오는 지불프로세스에 구매자(Payer), 판매자(Payee), 그리고 그들의 주거래 금융기관들만이 참여하는 구조로 불필요한 참여자들을 줄이는 차이점을 가지고 있다. 또 다른 차이점은 바로 트랜잭션 ID를 생성하는 것으로 구매자과 판매자의 ID노출 없이 금융기관을 이용한 결제가 가능하게 한 것인데, 트랜잭션 ID를 거래 하나당 구매자과 판매자의 디바이스에서 생성된 두 트랜잭션 ID가 결합되어 유일한 트랜잭션 ID가 되며 이 트랜잭션 ID 중 지불 프로세스 참여자가 필요한 정보만을 소유하게 되는 구조이다.

[그림 10-7] 지불관련 정보소유

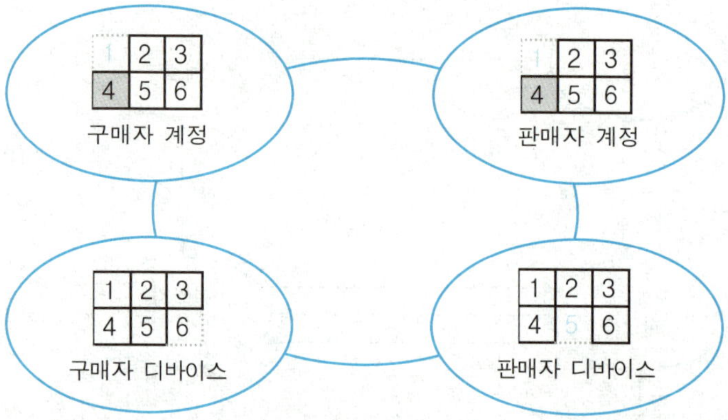

1 Product list　2 Payment amount　3 Payee account address
4 Transaction ID　5 Payer ID　6 Payee ID

[그림 10-7]은 지불 프로세스 참여자들이 어떤 정보를 소유하는지를 나타내고 있다. 구매자의 단말기에는 판매자의 ID를 소유하고 있지 않고, 판매자의 단말기에는 구매자의 ID가 존재하지 않는다. 둘의 경제주체는 서로의 ID를 소유하지 않음으로써 서로가 누구인지는 모르나 제품, 서비스의 제공과 지불이 가능하면서 그리고 환불과 같은 사후처리까지도 완벽히 가능하다. 구매자의 주거래 금융기관(payer account)과 판매자의 주거래 금융기관(payee account)은 구매자의 상품 목록을 소유하지 않음으로써 구매자의 프라이버시가 지켜지도록 하고 있다.

사례 : 실버릿지 그랜드 RFID 파일럿 프로젝트

실버릿지 그랜드는 중풍이나 치매 같은 노인성 질환으로 고통받고 있는 노년층을 위해 개원한 노인 전문 요양시설이다. 실버릿지 그랜드의 디지털 케어 레크레이션 프로그램은 첨단 디지털 장비와 기술을 활용하여 노인들의 건강에서부터 시설 내 동선에 이르기까지 일거수일투족을 총체적으로 관리할 수 있는 것이 특징이다. 디지털 장비 가운데 RFID가 대표적인 케이스인데 노인들의 의복이나 휠체어 등에 전자태그를 부착해 실시간으로 활동 동선을 체크하고 대응할 수 있도록 안전관리 시스템을 구축하는 것이 목적이다.

RFID 메인은 간호사실에 설치하고 지하식당과 2층 휴게소, 화장실에 안테나를 설치했다. 처음엔 휠체어에만 태그를 설치했는데 목에 거는 태그 형태도 병행하고 있다. 지하식당이나 2층 휴게소는 휠체어 타고 들어가면 감지하도록 되어 있다. 중증 노인

어르신들은 일대일 케어가 원칙이다. 화장실 가겠다고 하는 경우 잠시 한눈을 파는 사이에 행적이 묘연해지는 경우도 있다. 데이터가 축적되면 어디에 있는지 통계 데이터를 뽑아 패턴화를 시킬 계획인데, RFID와 CCTV, PDA를 하나로 묶은 시스템이라고 할 수 있다. RFID 시스템 구축에 투입된 시스템 및 애플리케이션은 2.45GHz 액티브 태그를 썼는데 900MHz UHF가 나와서 안테나가 4개 붙는 4채널을 설치하여, 4~5미터까지 인식이 가능하게 하였다.

실버릿지가 실버타운이 아닌 요양시설이다 보니 노인성 질환 입소 대상자들이 대부분이다. 때문에 이들에 대한 안전관리를 전문가들이 하고 있음에도 불구하고 시스템화할 필요가 있다고 판단했고, 간호사들의 업무에 도움을 주고 노인들을 편하게 모실 수 있는 측면을 고려했다.

RFID 구축은 시설물 내에 설치된 수신 장비와 재실중인 노인 및 휠체어에 부착된 RFID 전자태그를 인식하여 개인별 이동 현황 및 현재 위치, 이상 징후 등의 데이터를 실시간으로 간호사들의 PC와 PDA 단말기에 제공하는 것이 주된 내용이다. 이 시스템의 구축으로 거동이 불편한 노인들의 안전관리 및 위급 상황에 신속하게 대처할 수 있어 높은 신뢰성과 고품질 서비스를 제공하게 될 것으로 기대하고 있다.

"어떤 사고를 예방하기 위해 도입하고자 한 건 아니다. 향후 입소 인원이 50명 정도 되는데 인원이 커질 수 있고 관리의 사각지대가 생길 수도 있다. 투약 관리 부분도 문제가 될 수 있다. 안전한 부분이 제일 문제였다. 건물 안에서건 밖에서건 문제의 소지는 많다. 모니터링이 되어야 하는 부분이다. 이를 통해 어르신들의 질환별로 행동 패턴들을 정형화시킬 수 있다는 게 장점이다. RFID를 일반 사람들에게 적용하기엔 무리가 많다. 질환을 가지고 있는 노인분들이기에 가능했다"고 윤용 사장은 전했다.

주요용어

- ☒ 유비쿼터스 컴퓨팅
- ☒ 상황인식 컴퓨팅(Context-aware computing)
- ☒ 위치기반 서비스(LBS : Location-Based Service)
- ☒ M2M(Machine-to-Machine) & T2T(Things-to-Things)
- ☒ 자동인식기술
- ☒ RFID(Radio Frequency Identification)
- ☒ 유무선 네트워킹
- ☒ 위치인식 기술(GPS : Global Positioning System)
- ☒ 센서 네트워크 기술
- ☒ U-Commerce
- ☒ 연결완전성(Seamlessness)
- ☒ 프라이버시
- ☒ RFID-based comparison shopping
- ☒ U-Referral marketing
- ☒ U-Recommendation

복습문제

1. 유비쿼터스 컴퓨팅이 기존의 인터넷 컴퓨팅이나 모바일 컴퓨팅과 차이점이 있다면 무엇인가?
2. 유비쿼터스 컴퓨팅과 관련 용어들간의 차이점을 비교하시오.
3. 유비쿼터스 컴퓨팅을 구현하는 주요기술은 무엇인가?
4. RFID와 모바일 RFID는 어떻게 다른가?
5. RFID 기술의 특징과 한계를 정리하시오.

토론/프로젝트 문제

1. 상황 인식 서비스는 가장 필요한 서비스인가? 필요하다고 해도 정말 구현 가능한 기술인가? 토론해보시오.
2. RFID 기술 적용시 고려할 점을 정리하시오.
3. U-Commerce에서 연결완전성과 프라이버시를 동시에 제고할 수 있는 방안

에 대해 논의해보시오.

4. 기업 경영에서 유비쿼터스 기술을 활용하여 생산성과 효과성을 향상할 방안을 생각해보시오.

5. 유비쿼터스 비즈니스 모델을 하나 구상하고 동료들과 토론해보시오.

참고문헌

◆ 김대헌, RFID 적용에 따른 공급망 관리 변화, 경영과컴퓨터 2006년 3월호

◆ 김완선 기자, 한국유니시스, 실버릿지 그랜드에 RFID 파일럿 프로젝트 완료, 경영과컴퓨터, 2006년 3월호

◆ 문광영, RFID의 대중화와 모바일 RFID, 경영과컴퓨터, 2006년 6월호.

◆ 이경전, 이종철, 유비쿼터스 구전 마케팅 시나리오와 비즈니스 모델 개발, 한국지능정보시스템학회 논문지, 12(1), 2006..

◆ 이경전, 정무정, 연결완전성 제고와 프라이버시 보호를 위한 유비쿼터스 지불 프로세스의 설계, 한국지능정보시스템학회 논문지, 12(3), 2006.

◆ 이경전, 주정인, 유비쿼터스 상거래 환경에서 디지털 영수증 비즈니스 모델의 제안, 경희 비즈니스 연구, 2006.

◆ 이경전, 주정인, 유비쿼터스 상거래의 연구 동향과 접근 방향, 경희 비즈니스 연구, 2005.

◆ 이경전, 주정인, U-Media에 기반한 상거래 비즈니스 모델의 제안, 경희비즈니스연구, 제3권 제2호, 121-135, 2006.

◆ 이경전, e-Business 용어 사전, 산업자원부/전자거래진흥원, 2004.

◆ 조위덕, 이경전, 이호근, 권오병, 김경규, 이은종, 유비쿼터스 패러다임과 u-소사이어티, 진한 M&B, 2006.

◆ Kim, H., Lee, K., Kim, J., A Peer-to-Peer CF-Recommendation for Ubiquitous Environment, Lecture Notes in Computer Science 4088: 678-683, 2006.

◆ Lee, K. and Lee, J., Design of Ubiquitous Referral Marketing: A Business Model and Method, Lecture Notes in Computer Science 4082:103-112, September, 2006.

◆ Lee, K. and Seo, Y., Design of a RFID-Based Ubiquitous Comparison Shopping System, Lecture Notes in Artificial Intelligence 4251:1251 - 1267, 2006.

◆ Lee, K., Jeong, M., Ju, J., Seamlessness & Privacy Enhanced Ubiquitous Payment, Lecture Notes in Computer Science 4082:143-152, September, 2006.

◆ Mark Weiser, Some Computer Science Issues in Ubiquitous Computing, CACM, July 1993

제 4 편
경영정보시스템 구현 (MIS DO) - 응용시스템

CONTENTS

CHAPTER 11

웹기반 의사소통과 의사결정지원

이 건 창 교수

성균관대학교 경영학부, center.iis@gmail.com

CONTENTS

학습목표

- 기업의 정보화를 실질적으로 추진하는 정보화 조직체계에 대한 유형을 이해하고, 이 조직을 구성하고 있는 각 구성원 및 관련 기관들의 역할 및 권한을 이해한다.
- 의사결정지원시스템(DSS)의 특징과 구성요소들에 대해서 살펴본다.
- 그룹의사결정지원시스템(GDSS)의 형태와 기업에서의 활용방안을 살펴본다.
- 인터넷의 등장과 활용에 따른 웹 의사결정지원시스템(Web DSS) 개념에 대하여 학습한다.
- 기업의 의사결정과정이 인터넷에서의 의사결정지원시스템으로 인하여 어떻게 달라지고 있는지 구체적인 사례를 통하여 학습한다.
- 기업의 여러 경영활동에 대한 구체적인 의사결정을 지원하기 위해서 의사결정지원시스템이 갖추어야 할 특징 및 구성요소들을 확인한다.
- 최근 등장하고 있는 인터넷 웹 의사결정지원시스템과 관련된 중요 이슈들에 대해서 알아본다.

기업 경영환경의 급속한 변화에 따른 불확실성의 증가로 기업은 정확한 정보를 바탕으로 한, 효율적인 의사결정의 필요성이 증대되었다. 경영환경의 글로벌화로 과거에 비해 광범위한 경영상태에 대한 판단과 경쟁의 격화로 과거보다 스피드한 의사결정이 요구되고 있다. 전통적인 거래 처리나 정보보고 목적이 정보시스템과는 그 목적이 다른 의사결정지원시스템(DSS : Decision Support System)은 기업의 중요한 정보시스템으로서 이미 그 역할을 하고 있었으나, 최근에 트위터, 페이스북 등 이른바 소셜네트워킹이 스마트폰의 확대로 더욱 보편화되면서 웹상에서 구현되는 의사결정지원시스템의 중요성이 강조되고 있다.

본 장에서는 의사결정지원시스템의 개념 · 특징 · 구조 등을 살펴보고, 기업 내에서 웹 기반 커뮤니케이션 시스템에 대한 소개 및 소시얼 네트워크에 기반한 의사결정지원을 설명한다.

11.1 의사결정지원시스템

11.1.1 의사결정문제의 유형

의사결정의 유형은 기업조직의 구조와 상당히 밀접한 관계가 있다. 기업은 일반적으로 최고경영층, 중간경영층 그리고 하위경영층으로 이뤄진 계층형 구조를 갖는다. 따라서 [그림 11-1]에서 보는 바와 같이 각 계층별로 경영활동 수준과 의사결정 문제는 조금씩 다르다.

[그림 11-1] 경영활동수준, 경영계층 그리고 의사결정 문제

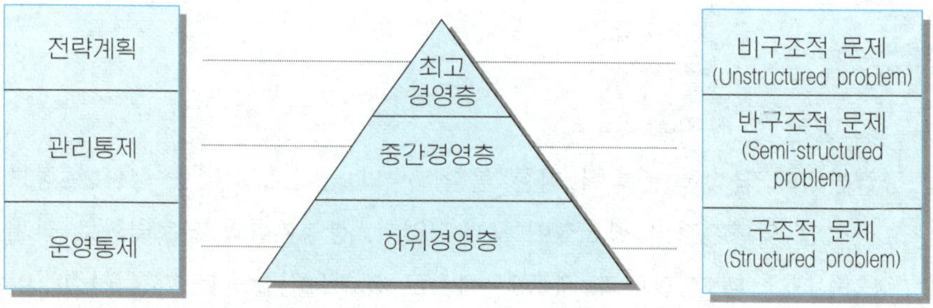

의사결정의 유형은 구조적 문제(structured problem), 반구조적 문제(semi-structured problem), 그리고 비구조적 문제(unstructured problem)로 구분된다. 여기서 구조적이라는 의미는 의사결정에 필요한 일정한 규칙과 절차가 존재한다는 것을 말한다. 반면에 비구조적인 의사결정문제의 경우 의사결정에 필요한 규칙과 절차가 존재하지 않아서 의사결정자의 판단이 필요한 경우이다. 반구조적인 의사결정 문제는 의사결정에 필요한 규칙과 절차가 어느 정도 존재하나 나머지 부분은 의사결정자의 판단을 필요로 하는 문제이다. 따라서 이러한 세 가지 유형의 의사결정 문제를 지원하는 정보시스템은 서로 다른 특성을 갖게 될 것이다. 일반적으로 의사결정지원시스템은 반구조적인 의사결정 문제와 비구조적인 의사결정 문제를 효과적으로 해결하기 위한 정보시스템의 유형이다.

11.1.2 의사결정지원시스템의 정의 및 특성

의사결정지원시스템의 목적과 특성을 정리해보면 다음과 같다.

1) 의사결정 과정을 지원한다.

의사결정지원시스템은 일반적으로 구체적인 문제의 해결 절차가 없는 비구조적 문제나, 또는 일부만 존재하는 반구조적 문제의 의사결정 문제의 해결 과정을 지원한다.

2) 독립된 의사결정 뿐만 아니라 상호 의존적인 의사결정도 지원해야 한다.

의사결정지원시스템은 개인에 의한 의사결정 뿐만 아니라 다수의 의사결정자가 행하는 의사결정도 지원해야 한다. '독립된 의사결정의 경우' 의사결정자가 의사결정에 대해 전적으로 충분한 책임과 권한을 가지는 반면에, '순차적인 의사결정의 경우' 의사결정자는 일부분의 의사결정만을 하고 다음 의사결정자에게 나머지 의사결정을 넘긴다. '집단의사결정'은 여러 의사결정자들이 모여 협상과 조정을 통하여 의사결정을 한다. 이 같이 의사결정지원시스템은 여러 유형의 의사결정 과정을 모두 지원한다.

3) 의사결정과정의 모든 단계를 지원해야 한다.

의사결정 모델에서는 사이먼 박사가 제안한 '제한된 합리성'(bounded rationality)을 가정하며, 의사결정 단계를 다음과 같이 4단계로 나누어서 설명한다. 의사결정지원시스템은 이들 각 단계를 효과적으로 지원해야 한다([그림 11-2] 참조).

- **문제탐색 단계(Intelligence phase)**

의사결정자가 주어진 문제를 효과적으로 해결하기 위해서는 무엇보다도 해당 문제의 성격과 특성이 무엇인지를 파악하여야 한다. 이를 위해 주어진 문제와 관련된 내적 요소와 외적 요소 그리고 활용가능한 자원에는 무엇이 있는지를 검토해야 한다.

[그림 11-2] 사이먼의 의사결정단계

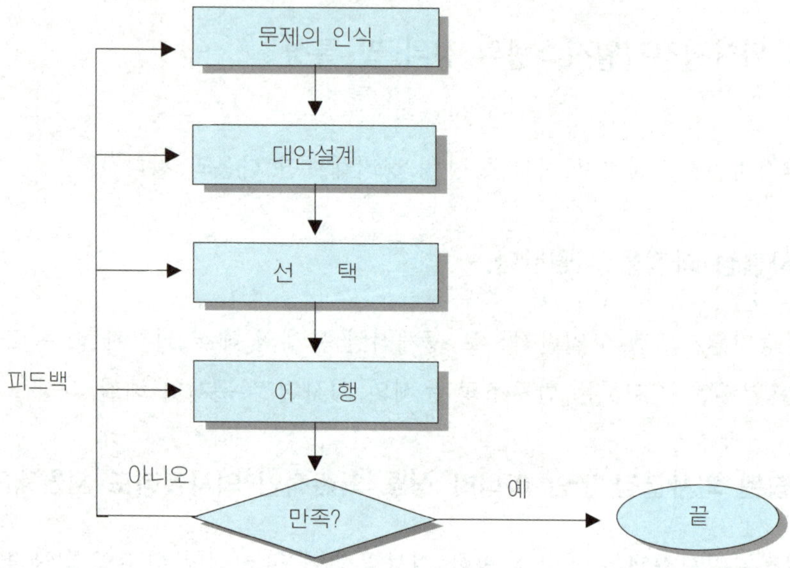

● **대안설계 단계(Design phase)**

해당 문제의 특성과 성격이 파악되면, 그에 합당한 대안(alternative)을 설계하여야 한다. 여기서 대안이란 곧 해(solution)를 의미하는데 한 문제에 대한 대안은 복수개가 일반적이다.

● **대안선택 단계(Choice phase)**

주어진 문제에 대하여 대안이 설계가 되면 이중 어느 하나를 최종적으로 선택하여야 한다. 대안을 선택하는 것은 의사결정자의 성향에 따라 달라지는데, 진보적이고 위험을 감수하려는 성향이 있는 의사결정자의 경우에는 대안선택이 보다 진취적인 경우가 많다. 반면에 보수적이고 위험 회피적인 성향을 갖는 의사결정자의 경우 대안 선택은 매우 신중하며 따라서 선택된 대안도 매우 보수적이다. 사이먼 교수가 제안한 의사결정 모델에서는 의사결정자가 '제한된 합리성'을 가지고 있다고 가정하기 때문에 대안의 선택시 기준은 개개의 의사결정자가 가지고 있는 '만족기준'(satisfying criterion)이다.

● **실행단계(Implementation phase)**

대안이 선택되었으면 선택된 대안을 실행해야 한다. 실행된 결과는 의사결정자의 만족도에 따라서 각 단계로 피드백 된다. 이때 의사결정의 어느 단계로 피드백 되느냐는 피드백의 결과에 따라 달라진다. 이러한 실행의 결과가 만족스러우면 의사결정 과정이 끝나지만, 만약 만족스럽지 않다면 이를 다시 각 의사결정의 단계로 피드백 하여 보다 나은 의사결정이 되도록 한다.

4) 사용자 편의 위주의 사용환경을 제공해야 한다.

의사결정지원시스템은 사용자가 사용하기에 편리한 인터페이스 및 환경변화 적응성 등을 가지고 있어야 한다. 왜냐하면 의사결정지원시스템 사용자는 의사결정 문제의 성격상 다른 정보시스템의 사용자 보다 더 많은 판단을 해야 하기 때문이다.

11.1.3 의사결정 시스템의 구조와 구성요소

의사결정시스템을 구성하는 하부 구성요소는 [그림 11-3]에서 보는 바와 같이 자료, 모델, 지식 그리고 사용자 인터페이스 시스템이다. 이들 각각에 대하여 살펴보도록 하자.

[그림 11-3] 의사결정지원시스템의 구성요소

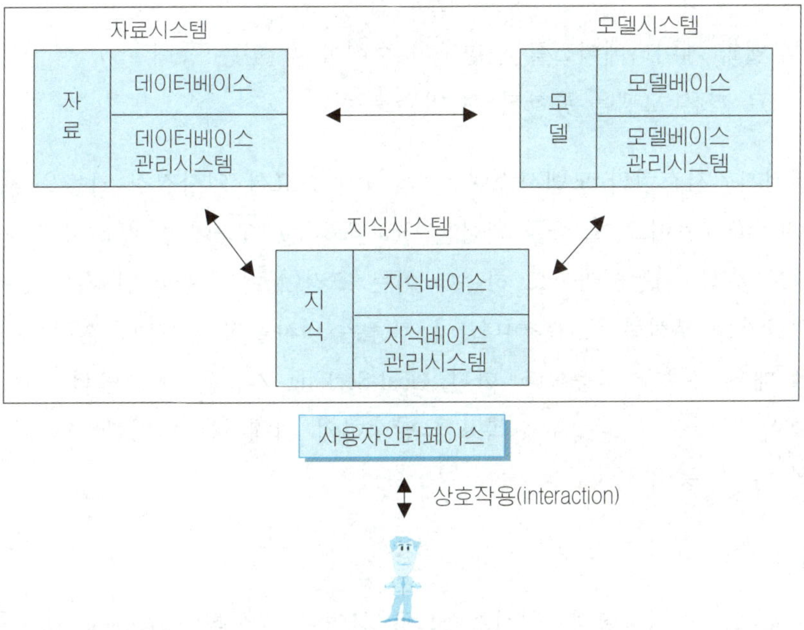

● 자료시스템

의사결정지원시스템은 효과적인 의사결정지원을 위한 자료(data)가 필요하다. 따라서 이러한 자료를 체계적으로 저장하고 관리하기 위한 데이터베이스와 데이터베이스 관리시스템이 필요하다. 이들이 갖추고 있어야 할 기능을 정리하면 다음과 같다.

첫째, 자료 획득과 추출과정에서 다양한 자료의 원천을 결합시킬 수 있는 능력
둘째, 빠르고 쉽게 자료를 추가하고 삭제할 수 있는 능력
셋째, 자료의 보호 · 복구 · 일관성 유지 등의 능력

● 모델시스템

의사결정지원시스템의 가장 뛰어난 측면은 자료와 의사결정모델을 결합하여 의사결정 기능을 제공할 수 있다는 것이다. 따라서 의사결정지원시스템은 다양한 모델을 체계적으로 저장하고 관리하기 위한 모델베이스 및 모델베이스 관리시스템이 필요하다. 의사결정지원시스템을 위한 모델시스템은 다음과 같은 주요 기능들을 가지고 있어야 한다.

첫째, 의사결정의 모든 단계를 지원할 수 있도록 모델들을 분류하고 유지할 수 있는 능력
둘째, 모델과 데이터베이스를 연결하여 수행할 수 있는 능력
셋째, 서로 다른 모델을 통합할 수 있는 능력

의사결정지원시스템의 모델시스템은 두 가지 중요한 의사결정 기능을 제공하는데 하나는 What-if 기능이고 또 다른 하나는 Goal-Seeking 기능이다. What-if 기능은 '조건-결과 민감도 분석' 기능이라고도 하는데 이는 조건이(또는 상황이) 변화할 때 결과가 어떻게 변화할지를 분석하는 기능이다. 이 기능은 의사결정과정에서 흔히 부딪치는 분석 유형에 매우 유용한 기능이다. 한편, Goal-Seeking 기능은 '목표탐색' 기능이라고도 하는데, 이는 주어진(또는 희망하는) 목표를 달성하기 위해서는 어떠한 조건이 요구되는지를 분석하는 기능이다.

● 지식시스템

지식(knowledge)은 의사결정지원시스템으로 하여금 정성적인(qualitative) 정보를 제공하

는 역할을 한다. 모델시스템이 계량적인 정보를 생성하는 것이라면 지식시스템은 계량화되기 어려운 정성적인 정보를 제공하는 역할을 한다. 지식시스템의 역할이 가장 두드러지는 문제유형은 비구조적인 의사결정문제 중의 하나인 전략계획(strategic planning) 문제인데, 전략계획은 경쟁환경의 향후동향, 경쟁자의 전략적 행위, 국내의 경제동향에 관한 분석 등 다양한 정성적인 지식을 요구하기 때문이다. 따라서 지식시스템은 다양한 의사결정 문제에 대한 의사결정지원시스템의 지원능력을 향상시켜 주는 역할을 한다.

● **사용자 인터페이스 시스템**

의사결정지원시스템의 유연성, 유용성 등의 특성은 사용자 인터페이스로부터 나온다. 입력을 위한 사용자 인터페이스는 사용자가 시스템과 커뮤니케이션을 할 수 있도록 하며, 여기에는 키보드, 터치 패널, 조이스틱, 음성명령 등이 포함된다. 또한 출력을 위한 인터페이스는 디스플레이 스크린, 음성출력 등이다. 한편, 사용자와 시스템과의 대화방식에는 질의응답 방식, 명령어 방식, 메뉴 방식, 입력 방식 등이 있다. 각각의 방식은 사용자, 업무 그리고 의사결정의 상황 등에 따라 각기 서로 다른 장·단점을 지니고 있다.

11.1.4 의사결정지원과 OLAP

의사결정지원에 있어서 '지원'의 개념은 막연한 것이 아니라 구체적이어야 한다. 즉, 의사결정자로 하여금 문제인식, 대안설계, 대안선택 각 단계별로 적정한 판단을 할 수 있도록 그때그때 실시간으로 지원이 되어야 한다. 또한 '지원'은 대개의 경우 기업이 축적하고 있는 방대한 자료분석에서 시작되는 경우가 일반적이며, 그 이유는 다음과 같다.

첫째, 기업에서 이뤄지는 의사결정은 순간적인 감각에 의한 정성적인 판단보다는 일정기간 축적된 자료를 기초로 이뤄지는 경우가 더 일반적이다.

둘째, 대개의 경우 축적된 자료의 양이 방대하므로 의사결정자가 눈으로 대충 보아서는 해당 자료 안에 있는 숨어있는 의미를 파악할 수가 없다.

셋째, 축적된 자료는 항상 온라인으로 연결되어 있어서 실시간으로 즉각적으로 의사결정자에게 분석결과가 주어져야 한다. 왜냐하면 의사결정자가 필요로 하는 의사결정은 대개 시간을 다투는 경우가 많고 문제가 발생되었을 때에 즉각적으로 대응할 필요가 많기 때문이다.

위의 모든 필요를 충족하는 시스템으로, 대용량 자료를 온라인으로 항상 분석하여 의사결정자로 하여금 실시간으로 적정한 의사결정을 하도록 지원해주는 OLAP(Online Analytic Processing)시스템이 있다. 1990년대 초반부터 데이터웨어하우스와 함께 많은 발전을 이룩한 OLAP 기술은 기업들에게 단순한 거래처리를 넘어선 정보의 의사결정 문제에의 활용 가능성을 보여주었다. OLAP는 최종사용자(end-user)가 다차원 정보에 온라인으로 직접 접근하여 대화식으로 정보를 분석하여 기업의 전반적인 상황을 이해할 수 있게 하고 의사결정을 지원하는 데 그 목적이 있다. OLAP과 대비되는 개념으로 OLTP(Online Transaction Processing)가 있는데, 은행의 창구 업무나 항공사의 예약 처리업무 등이 전형적인 OLTP의 예이다. OLAP은 OLTP에서 발생한 원시 데이터를 활용할 수 있도록 가공하고 분석하는 과정이라고 볼 수 있다.

일반적으로 기업의 데이터는 전산 부서에 의해 관리되며 기업의 전산시스템은 데이터의 수집과 갱신에 초점을 맞추어 설계되어 사용자가 직접 사용하기는 불편하다. 이에 비해 OLAP 환경에서 정보는 사용자가 쉽게 이해할 수 있고 조작하기 쉬운 형태로 존재한다. 따라서 필요한 시점에 정보 매개자 없이 정보원에 직접 접근하여 다양한 각도에서 분석을 수행할 수 있다. OLAP의 특징을 정리하면 다음과 같다.

1) 다차원 정보

다차원 정보란 사용자들에 의해 이해되는 기업의 실제차원을 반영하는 정보를 말한다. 예를 들어 (1) 이번 달 매출액이 지난달에 비해서 얼마나 상승했는가? 혹은 하락했는가? (2) 지난 해 같은 달에 비해서 어떠한가? (3) 목표치를 달성했는가? (4) 경쟁사의 매출액과 비교해서는 어떠한가? 등과 같이 여러 가지 차원에서 정보를 볼 수 있다. 이와 같이 정보란 본질적으로 비교를 통해 얻어진다. 다차원성은 OLAP의 가장 큰 특성이며 OLAP을 한마디로 표현할 경우 '다차원 정보분석'이라 할 수 있다.

2) 대화식 분석

OLAP 환경에서 사용자는 정형화된 보고서를 단순히 조회하는 방식에서 벗어나 대화식으로 정보를 분석하게 된다. 대화식 정보분석에서 하나의 질문에 대한 답은 또 다른 질문을 이끌어낸다. 사용자는 필요한 데이터를 요청하고 결과를 얻고 얻은 결과를 분석하며 이 새로운 정보를 이용해 또 다른 질문을 던진다. 이처럼 OLAP환경에서 사용자는 시스템과의 상호작용을 통해 정보를 분석하며 원하는 결과를 얻을 때까지 계속해서 분석을 수행하게 된다. 따라서 OLAP시스템은 이러한 대화식 분석과정에서 사용자의 사고 흐름이 중간에 끊어지지 않도록 사용자 질의에 신속한 답을 제공해야 한다.

3) 의사결정에 활용

OLAP 시스템의 목적은 다차원 정보분석을 통해 사용자가 조직의 전반적인 상황을 이해할 수 있게 하고 의사결정을 지원하는데 있다. 이에 사용자는 중간 매개자(전산부서)나 매개체(리포트) 없이 온라인상에서 직접 데이터에 접근하여 의사결정에 필요한 정보의 획득과 분석을 할 수 있다.

11.1.5 의사결정지원 사례: 아마존

지금까지 설명한 의사결정지원시스템의 제반 사항을 성공적인 웹 의사결정지원시스템을 구축한 아마존(http://www.amazon.com)을 예로 살펴보자. 아마존은 인터넷이 처음 민간부문에 오픈된 1995년도부터 이른바 원조 닷컴 기업으로서의 명성을 지금도 이어가고 있는 인터넷 기업이다. 아마존이 가지고 있는 최대장점중의 하나는 고객의 재구매율과 고객충성도를 올리기 위하여 의사결정지원시스템을 적극 활용하고 있다는 점이다.

아마존에서 “The Last Man on the Mountain”이라는 책을 구매한다고 가정하자. 사용자가 [그림 11-4]와 같은 설명화면을 처음 대면했을 때 과연 이 책이 구매할 만한 책인지의 여부를 판단하고자 할 것이다. 문제인지(intelligence) 단계에서 아직 책을 읽어보지 않은 소비자의 판단을 돕기 위해서는 출판사(에디터)나 이미 책을 구매하여 읽어본 다른 사람들의 의견은 매우 유용한 정보가 될 것이다. 에디터는 책에 대한 긍정적 평가정보를 제공할 가능성이 크지만 독자 의견은 다양하게 나타날 수 있다.

아마존에서는 [그림 11-5]와 같이 독자의견을 제공하는데 이는 실제로 아마존의 신뢰도를 유지하는데 크게 기여하고 있는 의사결정지원 항목이다. 이 책을 구매한 독자

중에서 15명이 자신의 평가를 아마존 사이트에 등록하였는데, 9명이 5점 척도에서 최고인 별 다섯 개의 점수를 주었고, 평균 4.5점으로 평가하였음을 알 수 있다. 보다 자세한 독자의견을 보고 싶으면 실제 독자들이 올린 평가내용을 하나하나 읽으면서 본 책에 대한 보다 상세한 평가의견을 살펴 볼 수 있다.

[그림 11-4] 아마존에서 책을 선택했을 때의 화면

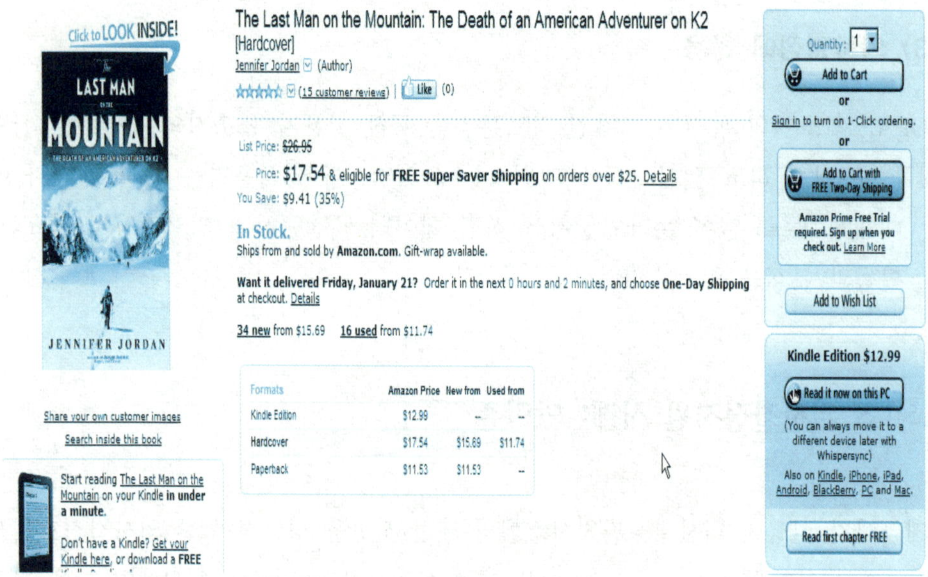

[그림 11-5] 독자 서평의 요약

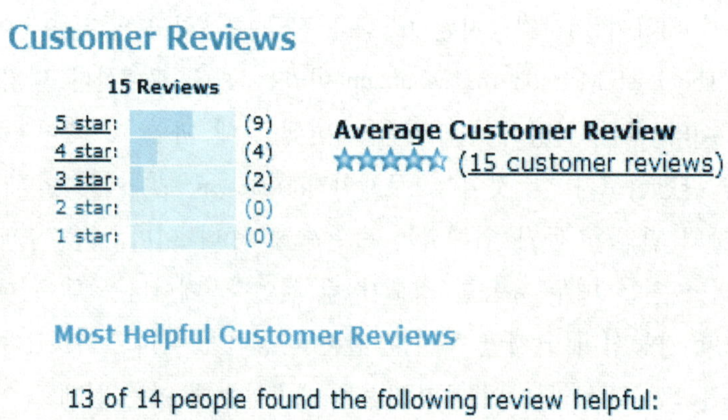

아마존이 고객의 판단에 도움을 주는 또 다른 정보는 'The Last Man on the Mountain'과 유사한 주제와 내용의 책에 대한 정보(연계판매촉진 정보)를 제공하는 것이다. [그림 11-6]은 'The Last Man on the Mountain'을 구매한 고객이 함께 구매한(시기적으로 시차가 있을 수 있지만) 책으로 가장 빈도가 높은 두 권의 책을 보여주고 있다. 고객이 흥미를 가질 수 있는 확률이 상당히 높은 책에 대한 정보를 제공함으로써 대안설계단계에서 해당 소비자의 대안을 다른 책으로까지 확대할 수 있고 이는 곧 매출증대로 이어지는 긍정적 효과가 있다. [그림 11-6]의 오른쪽에 있는 작가의 목록은 고산등정에 관한 베스트셀러를 내었던 작가의 링크를 제공하고 있다. 연계촉진판매정보는 고객의 의사결정을 도와주는 역할과 잠재된 구매욕구를 촉진하는 역할을 동시에 하고 있다.

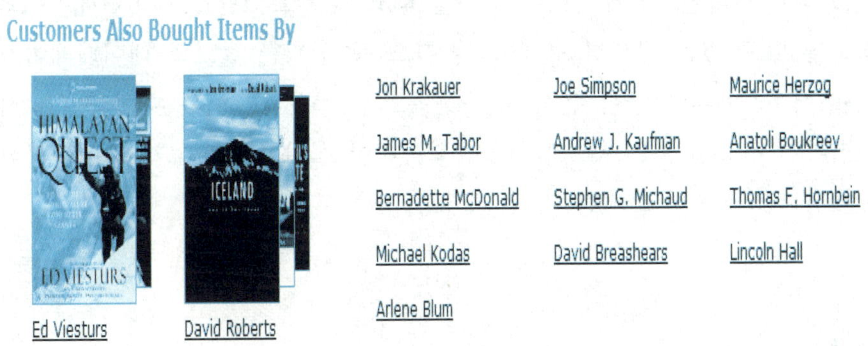

[그림 11-6] 연계촉진판매 정보의 예

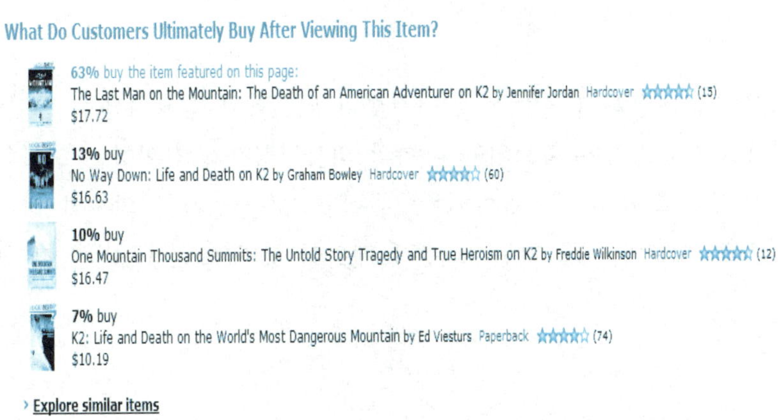

[그림 11-7] 의사결정 지원 정보의 효과

아마존이 제공하는 정보는 대안선택 단계인 고객의 실제구매에 어느 정도 역할을 하였을까? [그림 11-7]은 'The Last Man on the Mountain'이라는 책을 아마존에서 조사해보고 다른 독자들의 의견도 보고 난후에 10명중 6명은 이 책을 구매하였다는 것을 보여준다. 즉, 이 책에 대한 아마존 웹사이트가 제공하는 일련의 의사결정지원 결과 60% 이상의 고객이 최종적으로 구매라고 하는 대안선택을 하는 것으로 나타났다. 연계촉진판매 정보 제공의 효과로는 'The Last Man on the Mountain'을 알아보러 들어온 고객 중 13%가 연계촉진판매 정보를 제공하는 아마존의 웹 의사결정지원에 의하여 'No Way Down'이라는 책을 추가로 더 구입했고, 10%가 'One Mountain Thousand Summits'를, 7%가 'K2: Life and Death on the World's Most Dangerous Mountain'이라는 책을 추가로 구입한 것으로 나타났다.

아마존의 웹 의사결정지원시스템에는 어떤 모델베이스시스템이 어떻게 작동하고 있을까? 고객 프로파일, 고객 구매이력 등을 담고 있는 고객정보 데이터베이스와 책에 대한 정보를 담고 있는 제품정보 데이터베이스 등 엄청난 규모의 데이터베이스 혹은 데이터웨어하우스에서 다양한 분석(책의 연관성, 고객 간의 유사성 등)을 수행하는 분석 모델과 데이터마이닝 모델이 OLAP 환경에서 작동하여 실시간으로 고객에게 정확한 연계판매촉진 정보를 제공하고 있는 것이다.

11.2 그룹 의사결정지원시스템

최근 복잡해진 경영환경 속에서 의사결정의 난해함과 중요성으로 말미암아 점점 더 개인 의사결정의 역할이 축소되고 다수의 의사결정자가 참여하는 그룹의사결정지원시스템이 대두하고 있다. 본 절에서는 다수의 의사결정자가 의사결정시 의사결정 과정을 지원하는 그룹의사결정지원시스템에 대하여 살펴보고 성공적인 사례를 살펴보기로 한다.

11.2.1 그룹의사결정지원시스템의 정의 및 유형

그룹의사결정지원시스템(GDSS: Group Decision Support Systems)은 다수인의 의사결정을 지원하는 의사결정지원시스템을 말한다. 예를 들어 '회의 참가자는 그룹의사결정지원시스템이 설치된 개인용 컴퓨터 앞에 앉아서 키보드와 마우스 등을 이용하여 자기의 의견을 입력한다. 참가자들은 자신의 터미널에 자신의 원가절감 방안이나 주간 효용분석 등을 입력하고, 시스템은 각 참가자들이 입력한 자료를 수집하여 수치에 대한 평균이나 제안된 리스트를 공용스크린에 보여줌으로써 의사결정이 수렴될 수 있도록 한다'. 이 같은 그룹의사결정지원시스템은 회의에 참여한 의사결정 집단을 지원하는 일련의 하드웨어, 소프트웨어, 절차(procedure)가 결합된 의사결정지원시스템이다. 그룹의사결정지원시스템의 유형에는 [그림 11-8]과 같이 대표적인 4가지 유형이 있다(Desanctis & Gallupe 1987).

[그림 11-8] 그룹의사결정지원시스템의 4가지 유형

1) 의사결정실(Decision room)

의사결정실은 가장 보편적이며 전통적인 그룹의사결정지원시스템의 유형이다. 의사결정자가 같은 건물에서 근무할 때 많이 사용되는 방법이다. 의사결정자들은 원탁으로 둘러싸인 회의실에 앉아서 얼굴을 맞대고 말을 사용하거나 각자의 앞에 놓여 있는 컴퓨터 시스템을 사용하여 회의를 한다.

2) 근거리 의사결정망(Local decision network)

근거리 의사결정망 유형은 의사결정실 유형이 갖고 있는 시간적 공간적인 제약을 약간 극복한 그룹의사결정지원시스템의 형태이다. 이는 의사결정자가 동일 지역 내에 분산되어 있을 때 사용되는 방법이다. 각 의사결정자들은 데이터베이스와 다양한 모델 및 프로시저를 저장하고 있는 중앙서버(central server)와 연결된 전자 메세지 등을 이용하여 의사결정을 한다.

3) 원격회의(Teleconferencing)

원격회의 유형은 여러 명의 의사결정자가 두 개 혹은 세 개 이상의 의사결정실을 연결하여 의사결정을 하는 방식으로 다수의 의사결정자가 한 장소에 모여서 의사결정을 하는 것보다 비용과 시간을 절약할 수 있다.

4) 원거리 의사결정망(Remote decision making)

원거리 의사결정망 유형은 의사결정자들이 동일 지역이 아닌 공간적으로 널리 분산되어 있는 경우에 사용되는 그룹의사결정지원시스템이다. 이는 인터넷과 같은 원거리 통신망을 이용하여 정보를 분석하거나 공유한다. 이와 비슷한 유형으로서, 최근에는 분산된 의사결정지원시스템과 컴퓨터 통신시스템을 결합한 분산의사결정지원시스템(DDSS: Distributed Decision Support System)이 등장하고 있다.

11.2.2 그룹의사결정지원시스템 사례

기업이 새로운 프로젝트를 시작할 때, 팀원 구성에 필요한 인적자원을 현재 조직 내에서 조달하는 것이 일반적이지만 필요한 인적자원을 찾지 못하는 경우에는 원거리에 있는 인적자원을 활용할 수도 있어야 한다. 뿐만 아니라, 필요에 따라서는 팀원 중 일부를 원거리에 파견하는 경우도 생긴다. 이와 같은 경우에 프로젝트의 원활한 진행을 도울 수 있는 효율적인 도구로서 그룹의사결정지원시스템을 사용할 수 있다.

지리적으로 분산된 팀원, 또는 부서가 한자리에 모여서 머리를 맞대고 프로젝트를 진행하기는 현실적으로 어려움이 많다. 문화적, 지리적 차이를 극복하고 브레인스토밍(brainstorming)을 해야 하고, 프로젝트의 시작에서 끝까지 공동작업으로 이끌어 나가야 한다. 이 경우, 효율적인 그룹의사결정지원시스템이 필요하다. Cogos사(http://www.cogos.com)에서는 이를 위해, Andromeda 2001 시스템을 개발하였다. Andromeda 2001은 웹 상에서 기업이 현재 추진하는 프로젝트와 관련된 이슈, 이벤트, 토론, 브레인스토밍 등 공동작업에 필요한 모든 과정을 지원한다. [그림 11-8]은 웹 상에서 현재 진행 중인 프로젝트의 브레인스토밍을 위해서 관련 이슈 등을 확인하는 화면이다.

[그림 11-8] Andromeda 2001를 이용한 브레인스토밍 자료 화면

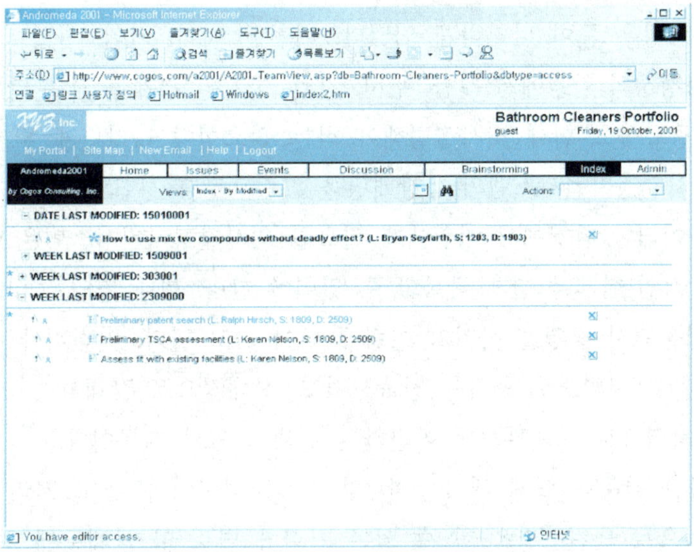

프로젝트에 참여한 부서와 구성원들은 Andromeda 2001 웹 의사결정지원시스템을 이용하여 수시로 정보를 교환하고 필요하면 실시간으로 브레인스토밍 작업도 하면서 프로젝트를 성공적으로 이끌어 나간다. 이러한 시스템은 다음 단원에서 설명하게 될 웹 의사결정지원시스템과도 유사하다.

11.3 웹 의사결정지원시스템

11.3.1 등장배경

인터넷이 지역적인 한계를 뛰어넘어 관련 이해당사자들을 연결시켜 주는 역할을 하게 되자 개인이나 그룹 차원의 의사결정의 범위를 벗어나 다른 부서, 다른 기업, 국제적 협력 체제를 커버할 수 있는 새로운 형태의 의사결정지원시스템인 웹 의사결정지원시스템으로 발전하게 되었다. 기업들이 웹이라는 단일화된 통신 프로토콜을 사용함으로써 하나의 부서가 지역적으로 분산된 경우, 실체가 없이 여러 부서로 구성된 가상의 프로젝트 팀을 구성하는 경우, 기업의 경계를 넘어서 다른 기업과 전략적 제휴를 맺고 협력하는 경우 등이 나타나게 되었다. 이러한 지역, 기업, 산업, 국가를 초월한 초국가적 기업경쟁의 환경에서 그룹, 부서, 기업, 국가의 경계를 넘는 파트너와 필요에 따라 정보를 공유하고 함께 의사결정해야 하는 필요성이 나타나게 된 것이다. [그림 11-9]는 웹 의사결정지원시스템의 등장배경을 그림으로 도시한 것이다.

그렇다면, 이러한 환경에서 기업에게 필요한 의사결정지원시스템은 어떤 것일까?

첫째, 지역적인 한계를 쉽게 극복할 수 있어야 한다. 현대 기업은 더 이상 어느 특정지역에만 머물면서 경영을 하기가 어렵게 되어 가고 있다. 인건비가 저렴하고 원자재 수급이 원활한 지역으로 공장을 진출시키고, 상대적으로 잠재고객을 직접 접할 수 있는 대도시 지역으로 판매부서를 이전하는 추세에 있기 때문이다.

둘째, 부서간 갈등을 쉽게 해결할 수 있는 시스템이어야 한다. 지리적으로 분산된 부서는 현실적으로 의견조정을 할 수 있는 기회가 별로 없기 때문에 여러 가지 갈등

[그림 11-9] 웹 의사결정지원시스템의 등장배경

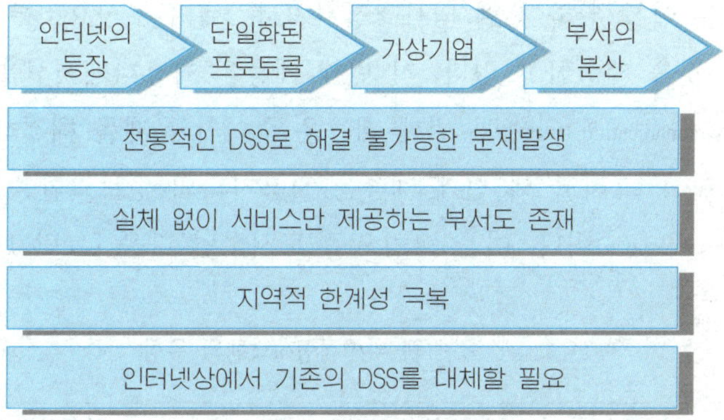

상황이 발생한다. 이러한 상황 속에서 공동의사결정을 내리려면 갈등해결 기능이 수반된 의사결정지원시스템이 필요하다.

따라서 이 같은 특징을 가지는 웹 의사결정지원시스템을 다음과 같이 정의할 수 있다. 웹 의사결정지원시스템은 '웹 상에서 개인, 또는 복수 의사결정자의 컴퓨터지원 협동작업(CSCW: Computer Supported Cooperative Work)을 지원하는 보다 발전된 형태의 의사결정지원시스템'이다.

11.3.2 웹 의사결정지원시스템의 구성요소

웹 의사결정지원시스템은 기존의 의사결정지원시스템([그림 11-3])에 지능형 에이전트와 인터넷이라는 구성요소를 추가로 가지고 있다. 웹 의사결정지원시스템에서 지능형 에이전트와 같은 자율성 모듈을 사용하는 가장 큰 목적은 인터넷이라는 정보통신도구의 특성에 맞춰서 의사결정지원시스템의 문제해결능력을 크게 향상시키기 위한 것이다. 지능형 에이전트는 인공지능(AI: Artificial Intelligence) 분야에서 이미 오래 전부터 중요한 연구대상으로 다루어져 왔으며, 최근 정보통신 환경이 급성장하면서부터 인공지능, 전자상거래 같은 분야에서 활용도가 크게 증가하고 있는 추세이다. 웹 의사결정지원시스템의 구성요소를 기존의 의사결정지원시스템과 비교·정리하면 다음 <표 11-2>와 같다.

웹 의사결정지원시스템은 지능형과 인터넷에 기반하고 있기 때문에 실제로 시스템을 구축할 때는, 이 외에도 여러 가지 추가적인 구성요소들이 필요하다. 이건창 등(1997)의 연구에서는 이를 위하여 웹 의사결정지원시스템의 구성요소를 크게 3계층으로 나누어서 구성할 것을 제안하고 있다. 첫 번째 계층은 커뮤니케이션을 위한 네트워크 통신층(network tele-communication layer), 두 번째 계층은 주어진 문제를 해결하기 위한 문제해결층(problem-solving layer), 그리고 세 번째 계층은 사용자와의 정보교환을 위한 사용자 인터페이스층(user interface layer)이다. 이를 그림으로 도시하면 다음 [그림 11-10]과 같다.

<표 11-2> 웹 의사결정시스템의 특징

개인 의사결정지원시스템	그룹의사결정지원시스템	웹 의사결정지원시스템
데이터베이스	데이터베이스	(분산형) 데이터베이스
모델베이스	모델베이스	(분산형) 모델베이스
사용자 인터페이스	사용자 인터페이스	인터넷 지원 사용자 인터페이스
개인의사결정자	복수의사결정자	개인 혹은 복수의사결정자
	그룹 응용 소프트웨어	지능형에이전트, 인터넷

[그림 11-10] 웹 의사결정지원시스템의 계층별 구성요소

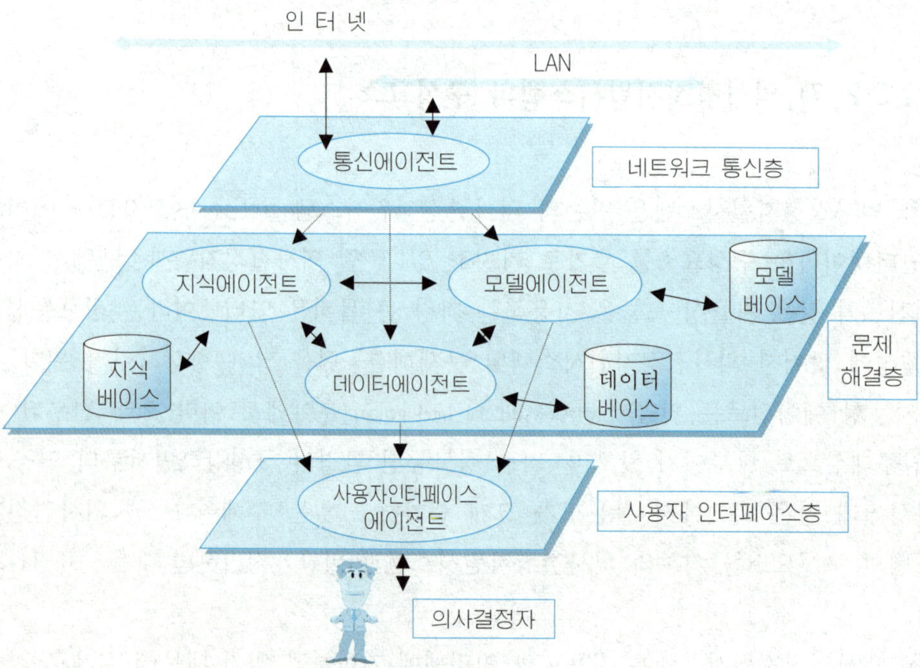

웹 의사결정지원시스템에서 계층과 구성모듈들의 기능을 살펴보면 다음과 같다. 네트워크 통신층은 인터넷, 또는 LAN 기반의 통신을 담당하는 계층으로서 통신 에이전트(communication agent)를 주요 구성요소로 갖고 있으며, 문제해결층과 연결되어 있다. 문제해결층에서 특정 정보를 요구하는 경우자체 서버나, 다른 서버에서 정보를 찾아내어 제공해주기도 하며, 다른 웹 의사결정지원시스템과 정보교환을 통해서 협동작업을 수행하는 데 중요한 역할을 한다. 문제해결층은 주어진 의사결정문제를 해결하기 위한 주요 모듈인 지식 에이전트(knowledge agent), 데이터 에이전트(data agent), 모델 에이전트(model agent)와 같은 다양한 모듈로 구성되어 있다. 문제해결층은 네트워크 통신층, 사용자 인터페이스층과 연결되어 있으며, 문제해결을 위한 자료수집, 모델구축, 결과에 대한 해석 및 제시 등의 기능을 수행한다. 사용자 인터페이스층은 의사결정자와의 대화를 통하여 사용자의 기호나 제약조건, 목표 등을 받아들이고 이를 문제해결층에 전달하며, 아울러 문제해결층에서 제시되는 다양한 결과의 제시 및 해석 등을 사용자에게 전달하는 역할을 담당한다.

11.3.3 웹 의사결정지원시스템을 이용한 사례

본 항에서는 고객 구매의사결정지원, 제품설계 및 제조공정 등 몇 가지 사례를 통하여 실제 경영환경에서 웹 의사결정지원시스템을 얼마나 잘 활용할 수 있는지 그 가능성을 생각해보자.

1) 고객 구매의사결정지원시스템

많은 고객들이 사이버 쇼핑몰을 이용하는 이유로 시간과 공간의 제약을 극복할 수 있다는 점은 잘 알려진 사실이다. 이 외에도 사이버쇼핑몰의 또 다른 중요한 특징 중 하나는 다양한 대안을 제시할 수 있다는 것이다. 예를 들어 사이버쇼핑몰은 기존의 일반적인 오프라인 상거래와 달리 특정 시점 한 장소에서 다양한 종류의 제품들을 진열하여 보여줄 수가 있다. 구매자의 입장에서는 대안이 많은 장점을 가지지만 또한 이들을 비교 평가해야 하는 부담감도 가지게 된다. 대부분의 인터넷 상거래 홈페이지들이 특정 정보를 수집한 후에 수집한 정보를 사용자들에게 제공하거나 또는, 사용자들이 원하는 정보를 단순하게 검색해주는 수준에 머무르고 있다. 고객 개인의 선호 정보에 따라 구매자의 구매 의사결정 과정을 적절히 지원할 수 있는 기능을 필요로 한다.

고객 의사결정지원시스템(CDSS : Customer Decision Support System)은 인터넷 상에서 고객의 구매의사결정을 지원함으로써 고객이 쉽게 제품을 구매할 수 있도록 하는 웹 의사결정지원시스템이다(O'Keefe & Mceachern, 1998). General Electric Plastic, United Technologies Corporation, Carrier사의 홈페이지에 CDSS를 다음과 같은 개념들로 구현하였다.

첫째, **필요성의 인식**. 고객은 자신이 어떤 물건을 구매할 필요가 있다는 것을 인식해야만 비로소 구매가 이루어진다. 해당 고객에게 어떤 물건이 좋다는 것을 홍보하고 그 결과로서 고객의 구매욕구가 일어날 수 있도록 유도한다.

둘째, **정보검색**. 고객은 자신의 구매욕구를 만족시키기 위해서 제품 또는 정보를 찾는데 금전적 가치기준과 자신의 경험과 선호에 따라서 정보를 검색한다. CDSS는 알맞은 정보를 수집하기 위해서 특정 정보들을 전문적으로 제공하는 정보브로커(information broker)와 검색엔진을 이용한다. 고객은 인터넷에서 많은 정보를 획득하여 과거에 비해서 많은 대안을 갖게 되었지만 대안들을 검색하고 비교 평가해야하는 부담을 새로이 갖게 되었다. 미국의 Pricegrammber, Shopzilla, Bizrate 등과 국내의 다나와, 에누리, 비비 등과 같은 다양한 지능형에이전트 형태의 비교검색엔진이 등장하여 고객에게 다차원의 비교검색 기능을 제공한다.

셋째, **평가**. 검색된 정보를 바탕으로 자신의 경험과 직관에 의존하여 제품을 평가한다. 때로는 다른 상인이나 고객들의 조언을 얻어서 평가를 하기도 한다. 합리적인 의사결정을 하는 고객들은 다양한 요인들을 비교하고 평가하여 구매하기를 원한다. 현재의 비교검색엔진은 배송비를 포함한 가격의 비교에서부터 고객의 과거 거래 내역이나 선호도 등의 고객의 특성을 고려한 비교까지 지원하여 고객의 평가와 판단을 돕고 있다.

넷째, **구매**. 고객은 자신이 선택한 물건을 주문하고 여기에 대한 가치를 지불한다. 지불에는 배달, 설치, 교육 등의 서비스비용이 포함되기도 하는데, CDSS는 이러한 서비스에 대한 과정까지도 지원한다.

다섯째, **구매 후 평가**. 고객은 구매한 물건을 평가하고 그 평가정보를 이용하여 미래의 구매의사결정에 다시 반영하게 된다. 따라서 자사의 제품을 구입한 구매고객에 대한 고객지원 및 고객관리는 매우 중요하다고 할 수 있으며 CDSS는 이를 지원한다.

[그림 11-11]은 CDSS가 인터넷 상에서 고객 구매의사결정 지원과정을 보여준다. 고객은 자신이 원하는 제품 정보를 찾아 나서기도 하지만 CDSS는 이보다 한발 앞서서 고객이 원하는 정보를 미리 제공할 수도 있다. 뿐만 아니라 CDSS는 고객이 경쟁사, 검색엔진, 정보브로커 등을 통하여 정보를 수집하는 부담을 덜어주기 위해 CDSS가 가지고 있는 모델과 데이터를 활용하고 여기에 추가로 정보브로커나 검색엔진에서 제공하는 정보를 종합한 후에 이를 분석하여 고객의 요구에 가장 알맞은 정보를 제공한다. 이렇게 함으로써 고객과 지속적으로 친밀한 관계를 유지할 수 있고 고객의 구매의사결정을 보다 효율적으로 지원할 수 있다(O'Keefe & Mceachern, 1998).

[그림 11-11] CDSS의 구매의사결정지원 과정

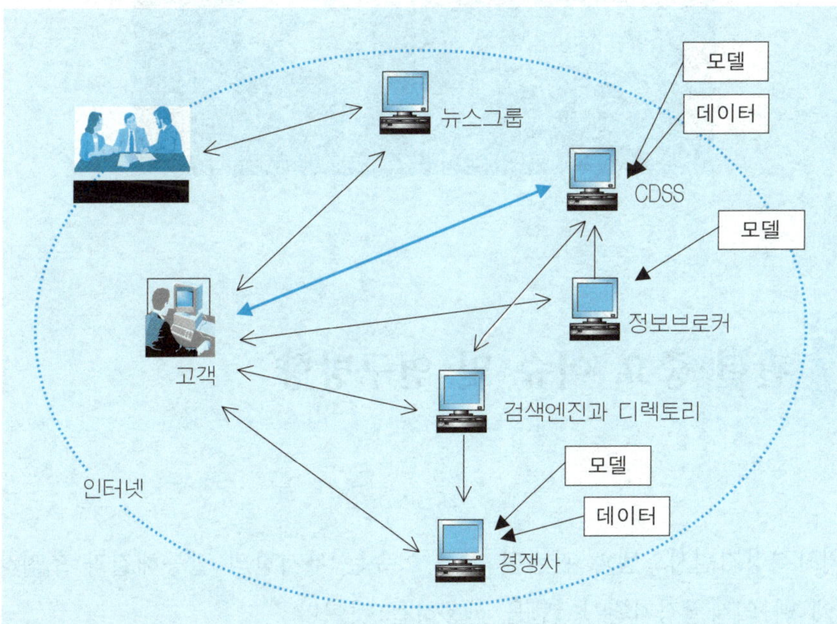

2) 인터넷 기반의 제품 공동설계

과거 엔지니어링 분야에서는 인터넷을 단순히 생산계획이나 제품정보를 공지하는데 주로 사용하였다. 그러나 이제는 전 세계에 흩어져 있는 엔지니어들이 CAD/CAM 설계도면과 같은 고급 정보를 서로 주고받으면서 공동작업을 진행할 수 있다. 여기서 주목할 점은 여러 기업이 공동으로 공동설계 작업을 진행할 때 웹 의사결정지원시스템의 기능을 활용할 수 있다. STEP(STandard for the Exchange of Product data)은 웹 환경에서 공동제품설계와 제조 작업을 가능하게 하는 기술 표준으로, [그림 11-12]은 STEP 프로토콜을 이용하여 복 수개의 기업이 서로 주고받은 설계 정보도면의 예이다. 이를 통해 가상기업들이 웹 상에서 서로 상대방이 제시한 설계도면을 보면서 공동작업을 진행할 수 있으며 동적인 의사결정을 내릴 수 있다.

[그림 11-12] STEP 프로토콜에 의한 설계도면의 공유

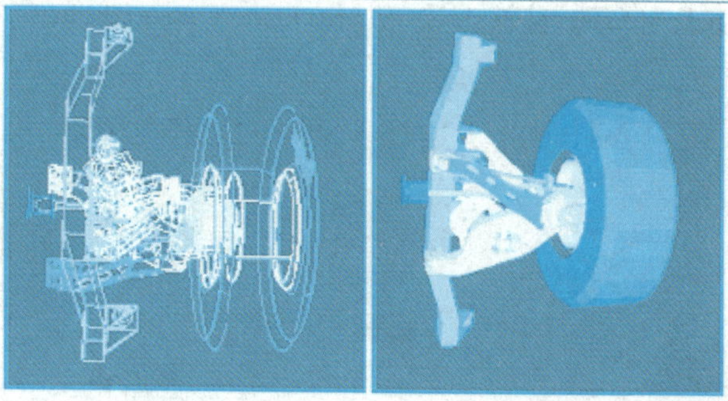

11.4 관련 중요 이슈 및 연구방향

웹 의사결정지원시스템과 관련된 최근 이슈는 부서간의 갈등해결과 조직 간의 갈등 완화에 웹 의사결정지원시스템을 사용하는 것이다.

11.4.1 제품개발부서간의 갈등해결 지원

기업에서는 일반적으로 다수의 제품개발부서를 동시에 운영한다. 그런데, 문제는 이들 개발부서들이 공동으로 작업을 하는 경우가 많다는 것이다. 뿐만 아니라, 개발부서들이 지리적으로 멀리 떨어져 있는 경우에 공동작업이 매우 어렵다는 것이다. 이

때, 부서들 간에는 제품설계와 관련하여 시간적 · 지리적으로 여러 가지 오해와 갈등의 소지가 발생하기 마련이다. 이러한 문제점을 해결하기 위해서는 최소한 다음과 같은 요건을 갖춘 공동작업 도구가 필요하다.

첫째, 실시간으로 공동작업이 가능해야 한다.
둘째, 제품 설계정보를 자유롭게 교환할 수 있어야 한다.
셋째, 정보교환 비용이 저렴해야 한다.

이런 경우에 가장 유용하게 사용될 수 있는 도구는 바로 인터넷을 이용한 공동작업도구 즉, 공동의사결정지원시스템으로 대표적인 것이 IBM/Dassault System의 CATIA 시스템(http://www.catia.ibm.com)이다. CATIA는 웹 기반의 CAD/CAM/CAE 지원도구로서 제품 설계와 생산, 직무 생산성 강화, 제품 개발 프로세스 개선 등에 활용 가능하다. 전자제품, 자동차, 항공기, 선박의 설계와 제작에 많이 사용되며, 13,000여 기업들이 이 솔루션을 사용하고 있다. 현대자동차를 비롯한 국내 많은 기업들도 CATIA 데이터 형식을 지원하는 여러 가지 프로그램들을 개발, 또는 운영하고 있다. CATIA 시스템의 가장 큰 장점은 컴퓨터 기반의 디지털 도면설계, 제조, 자료관리에 있다. CAIIA는 제품수명주기관리(PLM: Product Life cycle Management)를 지원하는 대표적 솔루션이다.

항공기와 같이 전 세계에 지리적으로 분산된 기업들이 CATIA 시스템을 이용하여 공동으로 제품을 설계하는 경우, 디지털 설계도면 정보를 손쉽게 교환할 수 있을 뿐만 아니라 공동작업과 데이터 수정이 용이하다. CATIA 시스템이 제품 수명주기 전체를 관리하면서 관련된 기업과 부서간의 정보교환과 공동작업을 지원함으로써 부서간의 갈등해결을 지원하는 웹 의사결정지원시스템의 역할을 하고 있다. [그림 11-13]는 CATIA 시스템을 이용하여 제작한 제품 이미지를 웹 상에서 확인하는 그림이다.

[그림 11-13] CATIA를 이용해 제작한 제품 이미지

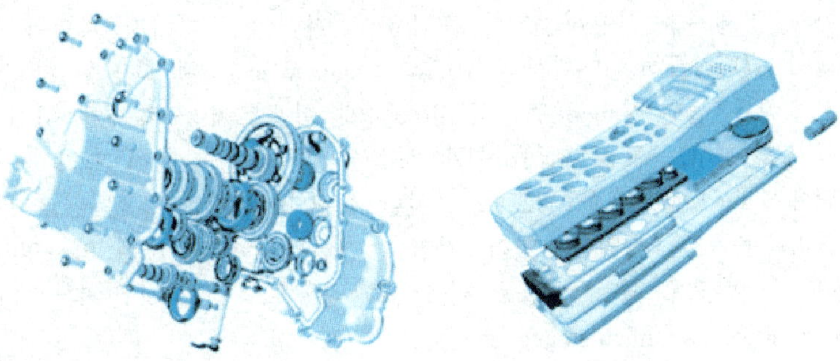

11.4.2 공동 프로젝트 팀의 갈등해결 지원

기업에서 프로젝트를 진행할 때, 지리적으로 분산된 부서가 한자리에 모여서 머리를 맞대고 프로젝트를 진행하기는 현실적으로 어려움이 많다. 이 경우에 문화적, 지리적 차이점을 극복하고 브레인스토밍(brainstorming) 뿐만 아니라, 프로젝트의 시작에서 끝까지 공동작업을 지원하는 의사결정 지원시스템이 필요하다. 이러한 시스템 사례로서 앞서 Cogos사(http://www.cogos.com)에서 개발한 Andromeda 2001 시스템을 살펴보았다. Adromeda 2001 은 웹 상에서 기업이 현재 추진하는 프로젝트와 관련된 이슈, 이벤트, 토론, 브레인스토밍 등 공동작업에 필요한 모든 과정을 지원한다.

프로젝트에 참여한 부서와 구성원들은 웹 상의 Andromeda 2001 웹 의사결정지원시스템을 이용하여 수시로 정보를 교환하고 필요하면 실시간으로 브레인스토밍 작업도 하면서 프로젝트를 성공적으로 이끌어 간다. 따라서 갈등이 발생할 수 있는 소지를 사전에 예방할 수 있고 프로젝트를 긍정적인 방향으로 진행할 수 있다. 이러한 기능은 앞에서도 설명한 웹 의사결정지원시스템을 이용한 부서간 공동작업 내지는 상호 정보교환에 의한 갈등해결 기능이라고 할 수 있다.

사례 : 인터넷 기반의 웹 의사결정지원시스템 – MicroStrategy Web –

Microstrategy사는 웹 상에서 기업의 의사결정을 지원하기 위한 여러 가지 툴들을 개발하였으며, 이를 사용하여 성공한 몇 가지 사례들도 함께 소개해 놓고 있다. 다음의 인터넷 브라우저 화면은 Microstrategy사에서 내놓은 대표적인 프로그램인 MicroStrategy Web의 소개 화면이다. MicroStrategy Web은 이 회사의 지능형 플랫폼의 최종 사용자 인터페이스이다. 이러한 웹 기반의 의사결정지원 시스템은 사용자가 어떠한 운영체제를 사용하는가에 관계없이 접근이 용이하고 자료를 공유할 수 있는 특징이 있다. 특히 이 회사의 MIcroStrategy Web은 웹 화면을 사용자가 친숙한 사이트–예를 들면 Yahoo 등–와 비슷하게 함으로써 사용자가 어떤 훈련이나 교육을 받지 않고서도 프로그램을 쉽게 사용할 수 있는 장점이 있다. 또한 운영비용의 측면에서도 프로그램을 별도로 설치할 필요가 없기 때문에 프로그램 설치비용과 훈련비용을 대폭 줄일 수 있다. 기업의 경영자가 이러한 웹 의사결정지원시스템을 보다 적극적으로 활용할 경우 더욱 효과적으로 의사결정을 할 수가 있을 것이다(자료 : http://www.microstrategy.com).

MicroStrategy Overview - Microsoft Internet Explorer
파일(F) 편집(E) 보기(V) 즐겨찾기(A) 도구(T)
주소(D) http://www.microstrategy.com/Software/Products/Web/index.asp
이동
MicroStrategy
Best in Business Intelligence
Software
Solutions
Partners
Customers
Services
Company
Worldwide
Go!
Search
I am looking for...
Order FREE Eval CD
Email Me With More Info
Call Me With More Info
Subscribe to Newsletter
How can we help you?
MicroStrategy 7 Platform
Web
Fact Sheet
FAQs
Features
Feature Comparison
Resources:
Web QuickTour
Select a Product...
Home > Software > MicroStrategy 7 Platform > Web > Overview
MicroStrategy Web
MicroStrategy Web is the recommended end user interface for the MicroStrategy 7 business intelligence platform. Using this easy-to-use HTML-only web solution, users access, analyze and share corporate data through any web browser on any operating system. MicroStrategy Web provides ad-hoc querying, industry-leading analysis, quick deployment and rapid customizability, making it even easier for users to make informed business decisions.
MicroStrategy Web is Available in Three Versions:
1. Web Analyst
2. Web Reporter
3. Web Viewer
For more details on the three available versions of MicroStrategy Web view the Feature Comparison Chart.
Benefits
Easy Reporting and Analysis - Since MicroStrategy Web
Email this Link
Printer Friendly Version
Customer Successes
G.E. Capital Fleet
U.S. Army
Nielsen Media Research
Implementation
ZOOM
MicroStrategy - Best in Business Intelligence
인터넷

주요용어

- ⊡ 고객 의사결정지원시스템
- ⊡ 구조적 문제(Structured problem)
- ⊡ 그룹의사결정지원시스템(GDSS : Group Decision Support Systems)
- ⊡ 반구조적 문제(Semi-structured problem)
- ⊡ 비구조적 문제(Unstructured problem)
- ⊡ 사이먼의 의사결정단계
- ⊡ 원격회의(Teleconferencing)
- ⊡ 웹 의사결정지원시스템
- ⊡ 의사결정 단계
- ⊡ 의사결정실(Decision room)
- ⊡ 지능형 에이전트
- ⊡ Goal-Seeking
- ⊡ STEP(STandard for the Exchange of Product data)
- ⊡ What-if

복습문제

1. 의사결정의 5단계에 대해서 설명해 보시오.
2. 그룹의사결정지원시스템과 개인 의사결정지원시스템과의 가장 큰 차이점은 무엇인가?
3. 웹 의사결정지원시스템의 등장배경의 구성요인은 무엇인가?
4. 웹 의사결정지원시스템을 이용한 갈등해결에서 필요한 기능들은 무엇이 있는가?
5. 향후 웹 의사결정지원시스템에 활용 가능한 기술들은 어떤 것들이 있는가?

토론/프로젝트 문제

1. 본분에서 언급한 아마존의 사례와 같이, 고객 의사결정지원시스템을 적용한 e-Business 기업을 찾아보고 프로세스와 특징에 대하여 논의해 보시오.
2. 웹 의사결정지원시스템을 구성하고 있는 요소들에는 어떠한 것들이 있으며, 각 요소들이 가지는 역할은 무엇인지 정리해 보시오.

3. 의사결정지원시스템의 종류별 특징을 정리해 보고, 각 지원시스템을 비교하여 차이점은 무엇이 있으며 각 지원시스템을 적용한 사례를 찾아서 논의해 보시오.

참고문헌

- 이건창 · 권오병 · 이원준, "지능형 에이전트를 이용한 인터넷 DSS 설계에 관한 연구 - 마케팅과 생산관리간의 전략적 통합문제를 예로 하여", *경영정보학연구*, 제7권, 제3호, 1997. pp. 1~22.
- Desanctis, G., and B. Gallupe "A Foundation for the Study of Group Decision Support Systems", *Management Science*, 33(5), May 1987, pp. 589-609.
- Ellis, C.A. and G. Rein, "Groupware : some issues and experiences", *Communications of the ACM*, 34(1), 1991, pp. 39-58.
- O'Keefe, R.M. and T. Mceachern, "Web-based Customer Decision Support Systems," *Communications of the ACM*, 41(3), 1998, pp. 71-78.

CHAPTER 12

지능형 정보시스템

김 우 주 교수

연세대학교 정보산업공학과, wkim@yonsei.ac.kr

CONTENTS

학습목표

- 지능형 정보시스템의 본질을 이해하고 그 구성 요소들과 구현 가능한 유형들을 살펴본다.
- 지능형 정보시스템의 대표적 방법론인 지식기반시스템, 인공신경망, 사례기반 시스템, 그리고 데이터 마이닝 기법들에 대해 알아본다.
- 지능형 정보시스템의 경영분야 응용 사례들을 살펴보고 그 의미를 이해한다.

본 장에서는 정보시스템의 진화된 분야 중 하나인 지능형 정보시스템에 대하여 개략적 원리와 기업에서의 활용 현황을 알아본다. 1절에서는 지능형 정보시스템의 개요에 대하여 알아보고, 2절, 3절 및 4절에서는 지능형 정보시스템 구축을 위한 대표적 방법론인 지식기반시스템, 인공신경망 및 사례기반시스템을 소개한다. 5절에서는 최근 각광받고 있는 데이터 마이닝 기법과 이의 기업 응용 패러다임인 BI(Business Intelligence)에 대해서도 알아보고 이의 고객 관계 관리에서의 응용 방법에 대해 살펴본다.

12.1 지능형 정보시스템 개요

기업의 경영 활동에 컴퓨터가 도입된 이래로 정보시스템은 이제 기업의 모든 활동에 있어 가장 중추적인 역할을 수행하고 있다. 정보시스템의 업무 영역은 단순 반복적 업무 처리에서 더 나아가 기업의 전략적 도구로서 이용하고 있으며 또한 이를 기업의 주요 경쟁력으로 인지하고 있다. 정보시스템의 위상 변화와 함께 정보시스템의 업무 영역은 단순 반복적 업무 처리에서 이미 기업의 전술적 또는 전략적 의사 결정에까지 확대되고 있다. 그러나 이와 같이 정보시스템이 기업의 중간관리자나 최고경영층의 의사결정을 지원 또는 대행하기 위해서는 단순 정보시스템 이상의 능력을 갖추어야 하며 이를 위한 시스템을 우리는 지능형 정보시스템이라 부르고자 한다.

12.1.1 지능형 정보시스템이란?

지능형 정보시스템(intelligent information systems)이 일반적 정보시스템과 구별되는 가장 주요한 특성은 바로 지능(intelligence)일 것이다. 지능형 정보시스템을 정의하기에 앞서 먼저 지능이란 무엇인지 브리태니카 백과사전에서의 지능에 대한 정의를 알아보기로 하자.

"지능이란 스스로 변화하거나 환경을 바꾸거나 또는 새로운 것을 발견함으로써 환경에 효과적으로 적응하는 능력을 말한다."

사실 이와 같은 지능적 능력은 사실 여러 개별 능력들의 복합적 조합의 결과이며, 이들 개별 능력들은 인지(perception)능력, 학습(learning)능력, 기억(memory)능력, 추론(reasoning) 및 문제 해결(problem solving) 능력 등이다. 경영정보시스템에 있어서의 지능형 정보시스템이란 이상의 능력들을 가능케 하는 구성 요소들을 바탕으로 기업 환경의 변화에 효과적인 적응을 할 수 있도록 전술적 전략적 제안이나 의사결정지원을 수행하는 정보시스템이라 정의할 수 있겠다. 다음의 [그림 12-1]은 이러한 지능형 정보시스템의 전형적인 구조를 도식화하여 보여주고 있다.

[그림 12-1]에서 볼 수 있듯이 먼저 지능형 정보시스템은 환경의 변화나 상태 정보를 인지할 수 있는 기능과 이렇게 인식된 정보들을 저장할 수 있는 기억 장치, 그리고 환경의 변화와 상태 정보와 내부 기억 정보를 바탕으로 문제를 인식하고 또한 그 대응 방안을 추론할 수 있는 추론 또는 문제 해결 기능을 갖추어야 한다. 마지막으로 추론 및 문제해결 능력에 의해 제시된 전략이나 전술의 결과로서 오는 피드백 정보를 이용하여 시스템 스스로의 지식이나 기억을 보다 효과적인 방향으로 조정할 수 있는 학습 기능도 매우 중요한 지능형 정보시스템의 요소라 하겠다.

[그림 12-1] 지능형 정보시스템의 구조도

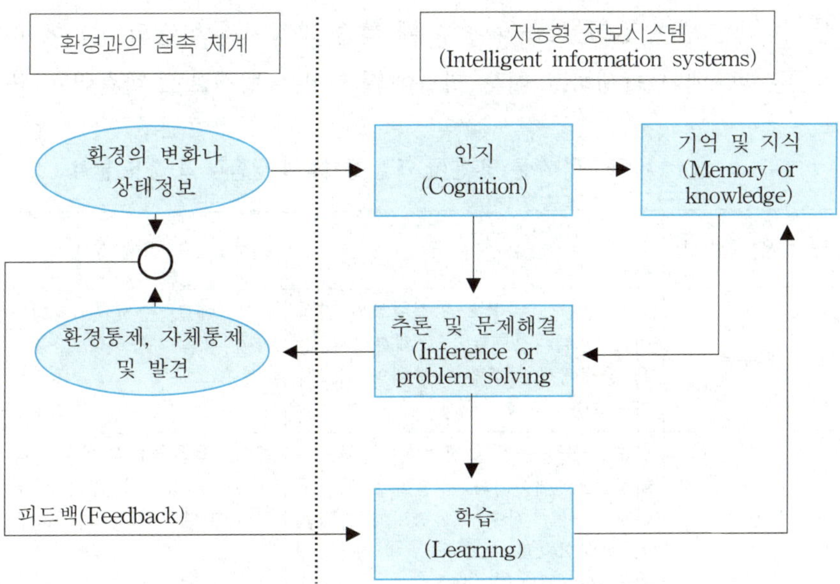

12.1.2 지능형 정보시스템의 유형

지능형 정보시스템은 인지, 기억 및 지식, 추론 및 문제 해결 방법, 그리고 학습 요소로 구성되며 지능형 정보시스템의 유형 역시 이 요소들의 구성 방법에 따라 결정된다. 먼저 인지(cognition) 관점에서 나누어 본다면 어떠한 형태의 정보를 인지할 수 있는가에 따라 가장 일반적인 텍스트 정보 인식 외에도 문자 인식, 이미지 인식, 음성 인식, 및 각종 센서를 통한 인식 정보들로 나누어지며, 기억 및 지식 관점에서는 기억된 정도 또는 지식의 표현 방식에 따라 기호 기반 표현(symbolic representation)과 분산 표현(distributed representation)으로 나누어 질 수 있다. 기호 기반 표현 방식은 전통적으로 인공지능이나 전문가시스템 분야에서 폭넓게 사용되고 있으며, 분산 표현 방식은 인공신경망이나 연결주의(connectionism) 등에서 사용하고 있다(Witten, I. H. and E. Frank, 2000). 추론 및 문제 해결 방법 관점에서는 많은 접근 방법들이 있으며, 다음의 <표 12-1>에서 그 주요 방법들과 그 장단점을 정리하고 있다.

지능형 정보시스템은 그 학습 방법에 따라서도 나누어 볼 수 있는데 크게 자율적 학습(unsupervised learning)과 감독 학습(supervised learning)으로 나누어진다. 자율적 학습의 경우, 학습 과정에 있어 그 목표나 학습 성과에 대한 평가 기준이 없는 상황에서 자발적으로 학습을 할 수 있는 반면 감독 학습의 경우 매 학습 과정에서 학습의 성과에 대한 평가와 이에 따른 피드백이 발생하고 이를 학습에 반영하는 방식으로 학습이 이루어진다.

<표 12-1> 대표적 추론 및 문제 해결 방법들의 장점과 그 응용 분야

추론 및 문제해결방법	장 점	응용 분야
사례기반추론	과거 경험을 바탕으로 정형화된 지식이나 문제해결모형이 구체화되지 않은 상태에서도 다양한 문제의 해결이 가능하다.	분류, 예측, 추정 등 광범위한 분야에 적용 가능하다.
인공신경망	단순한 노드들의 복잡한 연결 구조를 바탕으로 데이터의 유형이나 모형화하고자 하는 함수의 복잡도에 관계없이 상대적으로 정교한 문제 해결 능력을 가지고 있다.	패턴 인식이나 복잡한 분류 문제에 특히 강하며 기타 매우 광범위한 분야에 적용 가능하다.
의사결정나무기법	상대적으로 체계적이고 구조화된 지식의 학습 및 이용이 용이하다.	주로 분류 문제에 많은 응용 분야를 가지고 있다.
연관규칙	방대한 자료를 바탕으로 단순하지만 효과적인 지식을 추출하고 이용할 수 있는 방법론이다.	초기 장바구니 분석에 많이 이용되었으며 최근 그 응용 분야가 다양한 범위로 확산되고 있다.
퍼지논리	불확실하고 애매한 정보에 대한 처리를 가능하게 한다.	분류, 예측, 추정 등 광범위한 분야에 적용 가능하다.
유전자알고리즘	복잡한 최적화 문제에 있어서 상대적인 강점을 가지고 있다.	최적화 분야에 주요 초점이 있지만 다른 기법과의 연계를 통해 많은 응용 분야들을 가지고 있다.

12.2 지식기반시스템

12.2.1 지식과 지식표현 방법

일반적으로 지식이란 데이터(data), 정보(information), 사실(facts)들과 같은 의미로 사용되기도 하지만 '정보를 보다 체계화하고 개념화 한 것'으로 볼 수 있다. 또 다른 측면에서 지식을 정의하면, '컴퓨터가 지능적으로 작동하는 데 필요한 정보로서 사실, 믿음, 문제를 해결하는 방법, 절차, 개념의 정의 등을 포함하며 또한 이것들 간의 관계(relationships)'를 말한다. 지능형 정보시스템에서의 지식은 그저 저장되어 있는 것이 아닌 달성하고자 하는 목적을 성취하는데 사용될 수 있어야 한다.

지식 표현이란 지식을 컴퓨터와 사람이 동시에 이해할 수 있는 형태로 나타내는 것을 말하며 추론의 효율성, 지식 획득의 용이성, 저장의 간결성 및 표현의 정확성, 다양성 등을 갖추어야 한다. 본 절에서는 가장 대표적인 지식 표현 방법인 규칙 및 프레임에 대해 살펴본다. 이 외에도 논리나 그래프를 이용한 지식표현 방법들이 있으며, 지식 표현 방법은 지능형 정보시스템이 해결하고자 하는 목적에 부합되며 지식 획득, 추론, 문제해결에 효율적 형태라면 그것이 어떤 형태이든 상관이 없다.

1) 규칙을 이용한 지식 표현

규칙(rule)은 가장 범용적인 지식표현 방법 중의 하나이다. 규칙은 IF 문장과 THEN 문장으로 연결된 형태를 가지며 IF 구문의 조건이 만족되거나 발생한 상태이면 THEN 구문이 수행되거나 논리적으로 참이 되는 형태이다. 규칙의 형태는 같아도 실제 지식의 해석은 서로 다를 수 있다. 다음은 규칙으로 표현된 지식들의 예를 보여 준다.

① IF 불이 나면
THEN 소방서에 신고하라.

② IF 권력에 야심이 있는 재력가라면
THEN 정계에 진출할 것이다.

③ IF　송곳니가 있는 포유류이면
THEN　그것은 육식동물이다.

④ IF　밤을 새워 일하면
THEN　다음날 피곤하다.

위의 예에서 모양은 모두 IF-THEN의 형태를 가지고 있으나 각 규칙은 의미적으로 다음과 같이 해석될 수 있다.

① IF　상황　THEN　행동
② IF　전제　THEN　결론
③ IF　증거　THEN　가설
④ IF　원인　THEN　결과

규칙형태의 지식 추론은 어느 규칙의 IF 문장이 만족되면 THEN 문이 사실로서 나타나고 다시 이 THEN 문의 내용을 IF 문으로 하는 다른 규칙을 작동(trigger)시킴으로써 이루어진다. 그러나 이러한 규칙 표현이 대표적인 지식 표현 방법임에도 불구하고 컴퓨터를 이용하여 이를 수행하고자 할 경우 IF 문장이 만족되는지의 여부를 판단하기 위해서 아직도 단순한 패턴 매칭을 사용하고 있다. 즉, 앞의 ④의 예에 나타난 IF 문의 "밤을 새워 일하면"을 "밤에 안자고 일하면"으로 바꾼다면 의미론적으로는 식별능력이 없고 문자적 비교 능력만 갖춘 컴퓨터의 경우 전혀 다른 규칙으로 인식하게 되는 것이다. 이 경우 글자 수준에서 서로 완벽하게 일치되어야만 동일한 IF 문 또는 THEN 문으로 간주되기 때문이다. 현재 지식기반시스템의 대부분은 이러한 단순 패턴 매칭 수준으로 작동되고 있으나 지금까지의 지식 활용 범위가 상황(또는 조건)과 이에 따른 행동(또는 결론)의 형태에 머물고 있어 가장 보편적으로 사용하고 있는 것이다.

2) 프레임을 이용한 지식 표현

영화의 한 장면을 기억할 때, 사람들은 장면 정보를 보다 구조화하여 하나의 틀을 만들어 기억하게 된다. 예를 들어 영화의 어떤 장면 중 주인공이 어느 집 앞에 있는 장면이 있다고 하자. 이때 집의 크기, 창문의 위치, 배경하늘, 정원의 형태, 배경음악 등을 하나의 틀로서 기억한다. 그리고 집안으로 들어가는 장면에서 현관의 크기, 초인종의 소리 등이 떠오르고 다시 주인공이 안으로 들어갔을 때 거실의 탁자, 벽걸이 장식, 마루 등의 모습이 한 화면으로 연상된다. 이렇듯 영화의 한 장면처럼 프레임이란 '어떤 대상, 객체에 대한 여러 개의 상황정보들을 하나의 구조화된 틀로서 표현할 수 있는 자료구조'를 말한다. 프레임에는 대상의 특성에 대한 기술적인 정보뿐만 아니라 프레임에서의 정보 추출 방식까지도 규정하고 있다.

하나의 프레임의 구조는 보통 여러 개의 슬롯(slot)으로 구성된다. 슬롯은 프레임이 나타내고자 하는 대상의 하나하나의 특성들을 나타낸다. 각 슬롯은 이러한 특성들의 값을 저장한다. 예를 들어 특정 퍼스널컴퓨터에 대한 프레임은 모델명, CPU, 메인메모리, 하드디스크 콘트롤러 타입, 버스, 제조업체 등의 속성을 가잘 수 있으며, 이를 위해 각각의 슬롯이 생성되어 각 특성들의 값인 GK51P-6100, 펜티엄 III 800, 256MB, E-IDE, PCI, 컴팩 등이 슬롯에 들어가게 된다.

위와 같은 단일 프레임들이 모여 프레임간의 계층적 구조 또는 관계를 표현할 수 있다. 다음 [그림 12-3]의 예를 보자. 여기서 'is-a'는 하나의 개념(프레임)이 다른 개념(프레임)의 부분집합(subset) 관계, 하위유형(subtype) 관계 또는 특수화(specialization) 관계를 표현할 수 있게 하며, 'instance-of'는 특정 개념 프레임의 구체적인 인스턴스(instance) 관계를 보여주며 'is-a'나 'instance-of'란 호(arc)를 사용하여 표현한다.

프레임을 이용한 지식 표현에서 매우 중요한 특징은 'is-a'를 비롯한 관계들은 프레임간의 개념상속(inheritance)의 특징을 갖는다는 것이다. 개념상속이란 '하위 프레임이 상위 프레임의 슬롯값을 상속받는다'는 것을 말한다.

[그림 12-3]의 예에서 PC 팬티엄은 퍼스널컴퓨터와 'is-a' 관계이므로 PC 팬티엄에 용도라는 슬롯이 없더라도 '용도는 개인용'이라는 정보를 퍼스널컴퓨터 프레임으로부터 상속받는다. 상위 프레임으로부터 슬롯을 상속받을 때, 그 값까지도 함께 상속받는

[그림 12-2] 퍼스널컴퓨터 프레임

슬롯	값
모델명	GK51P-6100
CPU	펜티엄 III 800
메인메모리	256MB
하드디스크 콘트롤러 타입	E-IDE
버스	PCI
제조업체	컴팩

[그림 12-3] 퍼스널컴퓨터에 관한 프레임

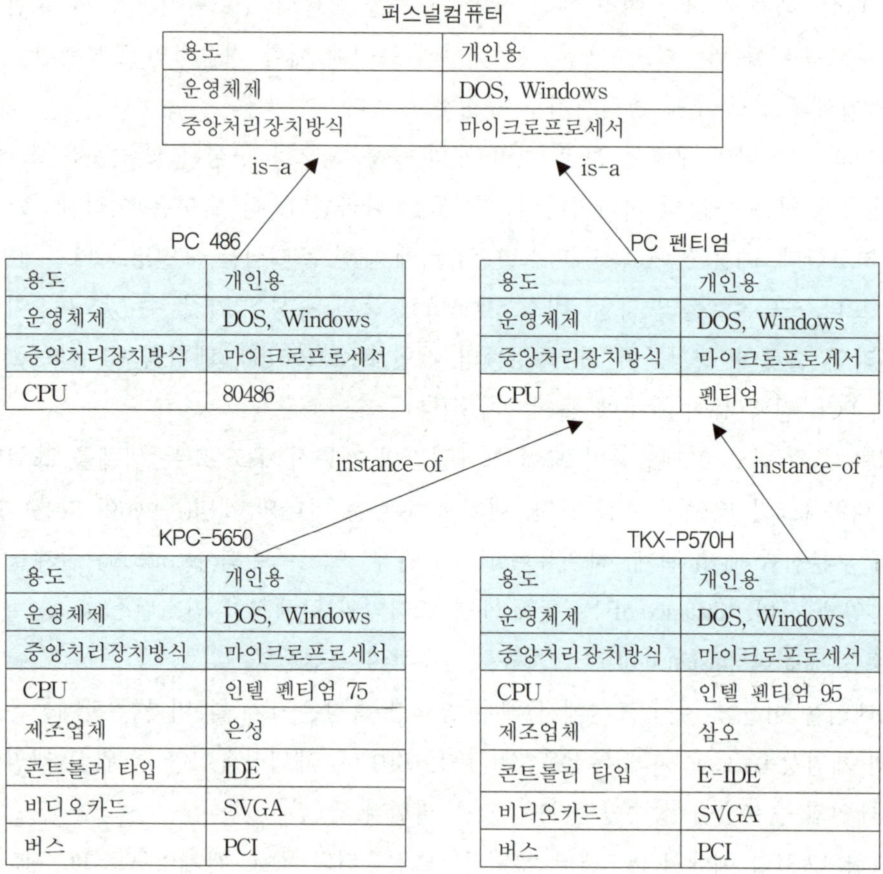

데 이러한 상속 값이 하위 프레임의 입장에서 보면 해당 슬롯의 기본값(default value)이 된다. [그림 12-3]에서 어두운 색의 슬롯과 값들은 상속받은 것임을 나타낸다. 하위 프레임에서 다른 대체 값이 없으면 이것을 자신의 슬롯 값으로 받아들이지만, 만약 하위 프레임 고유의 값이나 예외적인 값이 있다면 상속된 값에 우선하게 된다. 위의 그림에서 TKX-P570H 프레임이 CPU라는 슬롯을 상속받았으나 그 값은 보다 구체적인 값으로 대체될 수 있다.

'is-a'나 'instance-of' 외에도 지식 표현을 위해 필요한 관계를 임의로 설정할 수 있으나 모든 관계에 상속이 적용되는 것은 아니다. 'is-a'나 'instance-of'와 같이 명확히 프레임 간의 상하관계를 규정하는 관계에만 상속특성이 부여되는 것이다.

12.2.2 추론(inference)

추론이란 이미 알고 있는 사실과 지식으로부터 새로운 사실을 유추하여 내는 것을 말한다. 지식기반시스템이 다른 시스템과 다른 점 중의 하나가 바로 이러한 추론을 할 수 있는 능력이 있다는 것이다. 추론의 한 예를 들어 보자. 바둑이는 늘 자기 집에 있거나, 그렇지 않으면 뒷마당에 있다고 하는 지식이 있다. 그리고 바둑이가 지금 자기 집에 없다는 사실을 알았다. 이러한 지식과 사실을 토대로 바둑이는 뒷마당에 있음을 추론해 낼 수 있다. 일반적으로 추론이라 하면 위의 예처럼 논리적 바탕 위에 유추해 내는 것을 먼저 생각할 수 있으나, 추론을 보다 광범위하게 해석하면 주어진 지식을 이용하여 원하는 결론이나 해답을 도출하기 위한 모든 작업으로 볼 수 있다. 따라서 추론을 어떤 특정한 형식에 국한하지 않고 때로는 탐색으로 때로는 계산의 문제로 볼 수도 있는 것이다. 추론은 지식의 표현과 밀접한 관련이 있다. 지식 표현의 방식이 추론방식을 결정하기 때문이다. 본 절에서는 규칙으로 표현된 지식을 바탕으로 하는 추론 방법들을 살펴본다.

1) 추론의 예

다음과 같은 규칙이 있다고 하자.

ⓐ IF 포유류이다
AND 맹수이다
AND 황갈색이다
AND 검은 반점이 있다
THEN 그 동물은 치타이다

ⓑ IF 포유류이다
AND 맹수이다
AND 황갈색이다
AND 줄무늬가 있다
THEN 그 동물은 호랑이다

ⓒ IF 고기를 먹는다
THEN 맹수이다

ⓓ IF 털이 있다
THEN 포유류이다

그리고 어떤 동물이 다음과 같은 사실을 가지고 있음을 알고 있다.

ⓔ 고기를 먹는다
ⓕ 털이 있다
ⓖ 검은 반점이 있다
ⓗ 황갈색이다

사실 ⓔ와 ⓒ번 규칙의 조건을 매치시키면 다음의 결론이 도출된다.

ⓘ 맹수이다

사실 ⓕ와 ⓓ번 규칙의 조건을 매치시키면 다음의 결론이 도출된다.

ⓙ 포유류이다

도출된 사실 ⓘ, ⓙ와 나머지 주어진 사실 ⓖ, ⓗ 그리고 규칙 ⓐ로부터 그 동물은 '치타이다'라는 결론을 얻을 수 있다. 그런데 이렇게 추론하는 과정에서 규칙의 수가 많을 경우, 제시된 사실과 매치되는 조건문을 가진 규칙을 찾는 과정이 오래 걸릴 수도 있다. 이러한 과정은 일종의 탐색과정으로 인식할 수 있으며, 추론을 수행하는 소프트웨어인 추론기관(inference engine)들은 그 탐색속도를 빠르게 하기 위하여 각각 알맞은 탐색 방법을 내장하고 있다. 이러한 방법에 대해서는 다음의 역방향 추론과 정방향 추론에서 설명하고 있다.

12.2.3 역방향 추론

체인(chain)이란 각각의 문제와 그것의 해답을 연결하는 모든 추론과정들의 집합을 말한다. 그리고 어떤 가설에서 추론을 시작하여 이 가설을 지지하는 사실을 역으로 추적해 가는 추론을 역방향 추론이라 한다. 이 추론의 시작점을 목표(goal)라고 하며, 추론의 방향은 이 목표를 지지하는 하위 목표 또는 사실들이 참인지를 알아보는 방향으로 진행된다. 예를 들어, 앞 절에서 예로 든 동물원 예제에서 어떤 동물이 치타인지를 알고 싶다고 하면, 질문 또는 추론의 목표는 치타이고 이것은 지식에서 "THEN 치타이다"라는 결론이 참인지 아닌지를 밝히고자 하는 것이다. 따라서 추론의 시작은 "THEN 치타이다"를 결론으로 하는 규칙의 THEN 부분부터 시작하여 거꾸로(역방향) 추론이 진행되어 그 규칙의 조건부분이 참인지를 알아보게 된다.

예를 들어 다음과 같은 규칙이 있다고 하자.

ⓐ A ⇒ C
ⓑ D ⇒ E
ⓒ B AND C ⇒ F
ⓓ E OR F ⇒ G

목표는 G가 참인지를 알아보는 것이라 하자. 역방향 추론에서는 G를 결론부로 삼는 규칙이 있는지를 살펴본다. ⓓ번 규칙이 그것이므로 다시 ⓓ번 규칙의 조건부를 본다. G가 참이 되기 위해서는 ⓓ번 규칙의 조건부인 E나 F가 참이 되어야 한다. 이때 E와 F 중 어느 쪽을 먼저 다음의 목표로 삼는가를 결정해야 하는데 보통은 깊이우선 탐색방법에 따라 진행되게 되어 E가 다음의 목표가 된다. 추론기관은 다시 E가 결론부인 규칙이 있는지를 살펴본다. ⓑ번 규칙이 그것이므로 이제 현재의 목표는 ⓑ번 규칙의 조건부인 D가 된다. 추론기관은 다시 D를 결론부로 하는 규칙이 있는지를 살펴본다. 그러한 규칙이 없으므로 사용자에게 D가 참인지를 질문한다. 만약 사용자가 D가 참이라고 대답하였다면 규칙 ⓑ에 의해 E도 참이라고 결론짓고 계속하여 ⓓ번 규칙에 의하여 G는 참이라고 결론짓는다.

그러나 만약 사용자가 D를 거짓이라고 한다면 E는 참이라고도 거짓이라고도 할 수 없게 된다. 더 이상 E를 통해서는 결론에 도달할 수 없으므로 추론기관은 F로 백트래킹(backtracking)하여 F를 다시 목표로 삼는다. F는 ⓒ번 규칙의 결론이고 B와 C가 AND로 연결되어 있어 둘 다 필요하므로 이들 둘이 현재의 목표가 된다. B는 더 이상 자신을 결론부로 갖는 규칙이 없으므로 추론기관은 사용자에게 B의 진위를 물어본다. 만약 사용자가 거짓이라고 대답하면 C의 진위에 상관없이 ⓒ번 규칙의 조건은 거짓이 되고 이러한 경우 추론기관은 G가 참이라고 결론짓는데 실패하게 된다.

그러나 B를 참이라고 사용자가 대답한다면, 이제는 C가 참인지를 살피게 된다. C는 ⓐ번 규칙의 결론 부이므로 추론기관은 A를 새로운 목표로 삼는다. 더 이상 A를 결론부로 하는 규칙이 없으므로 A의 진위여부를 사용자에게 물어 보게 된다. 사용자가 A를 참이라고 대답한다면 ⓐ번 규칙에 의해 C가 참이 되고, 다시 ⓒ번에 의해 F가

참, 그리고 ⓓ번 규칙에 의해 G가 참이 된다.

이렇게 역방향 추론은 목표를 선정한 후 추론의 순서를 결정하므로 이를 목표 지향적(goal driven) 추론방식이라고도 한다.

12.2.4 정방향 추론

정방향 추론에서는 사용자가 추론하고자 하는 문제와 관련하여 알고 있는 모든 사실들을 먼저 제공하여야 한다. 그러면 추론기관은 각각의 사실과 지식베이스에 있는 규칙들의 조건부분과 매치하여 일치하는 규칙을 찾아 해당 규칙을 수행하고 그 규칙의 결론부분을 참으로 밝혀진 새로운 사실로서 추가한다. 이러한 과정은 추론기관이 더 이상 지식베이스에 있는 규칙들의 조건부분과 사실들과 매치됨으로써 새로운 결론을 내릴 것이 없을 때까지 진행된다. 앞 절에서 언급한 예제를 다시 사용하여 이것을 설명하도록 하겠다.

ⓐ A ⇒ C
ⓑ D ⇒ E
ⓒ B AND C ⇒ F
ⓓ E OR F ⇒ G

만약 A와 B가 참이라는 사실로 주어진다면 추론기관은 A를 이용하여 ⓐ번 규칙으로부터 C를 참이라 하고, B와 C를 이용하여 ⓒ번 규칙으로부터 F를 참이라 하고 계속 G를 참이라 한다. 이와 같은 과정이 [그림 12-4]에 나타나 있다.

[그림 12-4] 정방향 추론의 진행의 예시

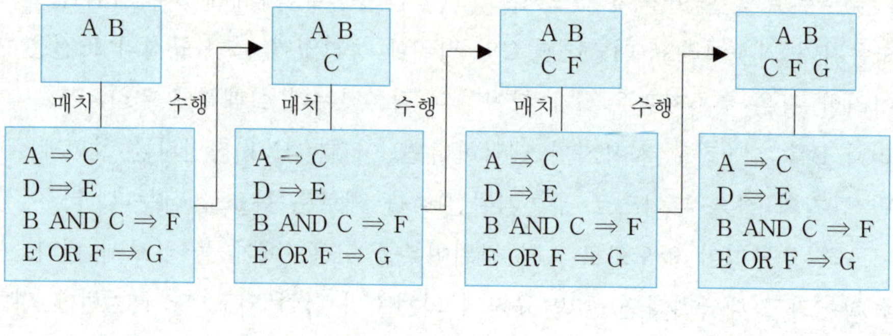

정방향 추론은 사실이 주어짐에 따라 추론이 형성되므로 데이터 지향적(data driven)이라 한다.

12.2.5 비즈니스 규칙 관리(BRM)

최근에 기업에서 빠른 환경의 변화에 이에 따른 대응의 효율성을 높이기 위해 비즈니스 규칙 관리(business rule management)에 대한 관심이 높아지고 있다. 기업 업무의 모든 분야에 걸쳐 규칙의 형태로 규정된 많은 지식이나 절차가 존재하며 이들은 문서상이나 컴퓨터의 코드 형태로 관리되어 왔다. 하지만 환경의 변화에 대한 대응이나 기업 전략이나 전술의 변화를 신속하게 기업의 운영 방식에 반영하는 데에는 문서나 코드 형태의 관리 체계는 많은 한계점을 가지고 있다. 마치 데이터를 프로그램에서 분리함으로써 데이터베이스관리시스템이 성공을 거두었듯이 규칙도 문서관리나 프로그램에서 분리하여 독립적으로 정의하고, 저장하며, 관리할 수 있는 접근 방법이 대두되었으며 이와 관련한 포괄적 이슈들을 비즈니스 규칙 관리라 부르고 있다.

또한 기술적으로도 최근의 규칙 추론 엔진들은 고성능의 알고리즘과 동시 접속자에 대한 복수 업무 처리 기능을 가지고 있으며 규칙 표현 역시 보다 자연어적으로 변화되었다. 데이터 인터페이스 역시 JavaBean, SQL, XML은 물론 다양한 형태의 미들웨어들과도 인터페이스가 가능하다. 또한 2002년 이후 최근까지 OMG, W3C, OASIS, JSR 등의 국제기구에서의 규칙 표현 표준화에 대한 연구도 활발히 이루어지고 있다. 대표적 표준 형태는 XML기반의 RuleML과 RDF기반의 SWRL 등이 있다.

특히 실시간기업(RTE: Real Time Enterprise)을 지향하는 기업들은 신속한 비즈니스 프로세스의 변경과 실행이 요구되며 이를 가능하기 하는 하나의 수단으로 비즈니스 규칙 관리 시스템이 각광받고 있다. 비즈니스 프로세스는 비즈니스 규칙을 대부분 내포하고 있으며 비즈니스 규칙을 규칙 생명 주기 관리의 관점에서 생성, 저장, 활용 및 나아가 수정이나 폐기의 전 과정을 시스템적으로 관리하는 방식을 말한다.

12.3 인공신경망

12.3.1 인공신경망이란?

인간의 두뇌는 대단히 복잡한 구조를 가지고 있으며, 현재의 정보 처리 기술로 해결하기 어려운 많은 문제들을 해결하고 있다. 따라서 인간의 탁월한 사고능력, 기억력, 문제 분석 및 해결 능력 등을 보여주고 있는 인간 두뇌의 기능 요인들을 분석하고 모방하고자 하는 연구들이 많이 수행되었다. 이러한 노력의 결과로 등장한 인공신경망(neural network)은 기본적으로 인간의 신경체계(nervous system)를 소프트웨어 또는 하드웨어적으로 모형화하고 있으며 이로 인해 인간의 기본적 행동 특성들을 보여주기도 한다. 먼저 인간의 신경 체계를 모형화하기 위해 [그림 12-9<a>]의 신경세포의 최소 단위인 뉴런(neuron)을 살펴보기로 하자.

[그림 12-9] 뉴런 구조 및 인공신경망의 모형화

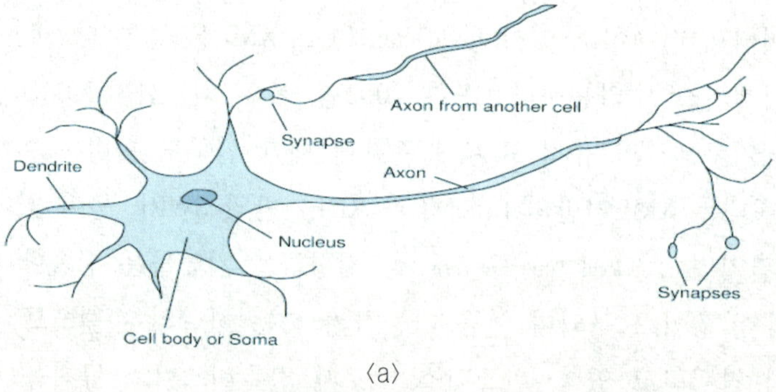

〈a〉

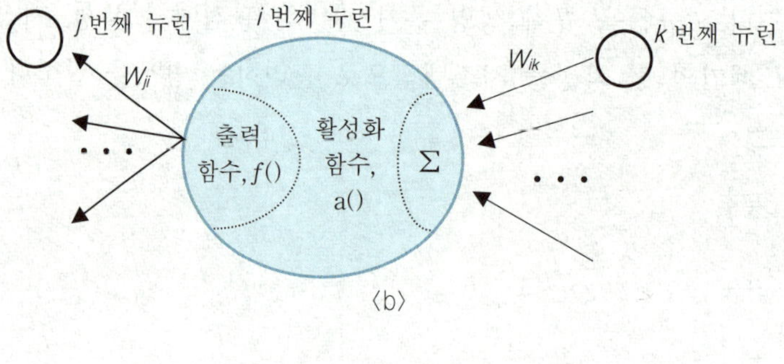

〈b〉

그림에서 볼 수 있는 바와 같이 뉴런은 체세포(soma)와 핵(nucleus)으로 구성되며 뉴런은 다른 뉴런들과 연결된 축색 돌기(axon)와 수상 돌기(dendrite)를 통해 정보를 교환하게 된다. 축색 돌기는 다른 뉴런의 정보가 입력되는 통로이며 수상 돌기는 다른 뉴런들에 해당 뉴런의 정보를 전달하는 통로이다. 또한 축색 돌기와 수상 돌기 또는 체세포와의 접점을 시냅스(synapse)라 하며, 먼저 임의의 뉴런이 정보를 전달하고자 한다면 축색 돌기를 통해 화학적 자극을 시냅스에 방출하며 이는 다른 뉴런의 수상 돌기에 전달되고 이에 의해 다시 다른 뉴런 역시 반응하게 되며 새로 반응하게 된 뉴런 역시 다른 뉴런들에 이 정보를 전달하려 하게 되는 것이다.

이러한 실제 신경 세포인 뉴런을 모형화한 것이 바로 [그림 12-9<b>]에 나타나 있다. 먼저 각 뉴런은 하나의 노드로서 표현할 수 있으며, 각 뉴런 간의 연결 정도는 각 노드간의 간선에 할당한 연결 강도(weight)로 표현할 수 있을 것이다. 일반적으로 다른 뉴런들에 의한 자극은 단순 합으로서 처리하게 되며, 각 뉴런의 이러한 외부 자극에 대한 반응을 활성화 함수, a()로서 해당 자극의 외부 전달 정도는 출력 함수, *f*()로서 모형화 한다. 많은 경우 *f*()는 *f*(x)=x의 형태로 간주함으로써 단순화시키는 것이 일반적이며 활성화 함수로는 다양한 형태의 함수를 활용하고 있다.

이와 같은 기반에 바탕을 둔 인공신경망에 대한 연구는 크게 두 가지 방향으로 진행되고 있다. 하나는 인간의 지능에 대한 본질적인 이해를 하고 이를 구현해 보고자 하는 방향이며, 다른 하나는 인공신경망이 갖는 특성을 이용하여 실제 응용문제에 적용하고자 하는 것이다. 인공신경망을 실제 문제에 응용하고자 하는 경우, 인간의 지능 또는 두뇌의 기능성이나 구조를 밝히기보다는 인공신경망을 어떠한 문제에 적절히 이용할 수 있는 형태의 도구로서 개발하고 있다. 본 절에서는 인간 두뇌에 대한 본질적 탐구라기보다는 인공신경망이 보이는 특성을 실제 문제의 해결에 어떻게 적용하여 효과를 거둘 수 있는지에 관해 더 중점적으로 다루고자 한다.

인공신경망에 대한 정의는 여러 학자들에 의해 서로 다르게 내려지고 있는데, 그 중 대표적인 인공신경망에 대한 정의 두 가지를 알아보기로 한다. 먼저 카우딜(Caudill)과 버틀러(Butler)의 인공신경망에 대한 정의(1992)는 다음과 같다.

> 인공신경망은 비알고리즘적이고 아날로그 방식이며 다수의 처리 장치를 이용한 동시 작업을 특징으로 하는 정보처리 시스템(information processing system)이다.

한편, 헥트-닐센(Hecht-Nielsen)은 인공신경망의 구조적 측면을 중시하여 인공신경망을 단일 방향성을 갖는 신호 채널로서 상호 연결된 처리단위들로 구성되어 있는 병렬, 분산 정보 처리 구조로서 정의하고 있다(Gentner, D., 1983). 인공신경망에 대한 여러 가지 정의들을 요약해 본다면 인공신경망이 기존의 정보처리 시스템이나 기법들과 구별되는 특성들을 다음의 세 가지로 정리해 볼 수 있다.

◇ 병렬 처리(Parallelism)
◇ 분산 정보 처리(Distributed information processing)
◇ 자동 학습 능력 및 적응성(Inherent learning capability and adaptability)

12.3.2 인공신경망의 종류 및 기초 이론 소개

1) 역전파 인공신경망

● 역전파 인공신경망의 구조

역전파(back-propagation) 인공신경망의 전형적 구조는 다음의 [그림 12-10]에서 볼 수 있는 바와 같이 많은 수의 상호 연결(connection)을 갖는 신경 회로(neuron)를 모형화한 노드들로 구성되는데, 이들 노드들은 다시 그 역할에 따라 크게 세 가지 그룹으로 나누어 볼 수 있다. 첫 번째 그룹은 입력층(input layer)이고, 두 번째 그룹은 출력층(output layer)이다. 마지막 세 번째 그룹이 은닉층(hidden layer)을 구성하게 되는데, 이들 은닉층은 입력층과 출력층 사이에 위치한다.

대개의 경우에는 입력층, 은닉층, 출력층의 순으로 연결되며 층 내의 연결고리는 없고 층과 층간의 연결고리는 모든 조합에 대해 발생하게 된다. 경우에 따라서는 하위층에서 모든 상위층에 대해 모든 가능한 연결고리를 갖는 경우도 있는데 이러한 상태를 우리는 완전연결(fully connected) 상태라 부른다. 또한 은닉층의 경우, 복수의 층을 가지게 할 수도 있으며 앞의 [그림 12-10]은 두 개의 층을 갖는 퍼셉트론 구조(two-layered perceptron)의 경우를 보여주고 있다.

● 역전파 인공신경망의 활용 예

역전파 인공신경망의 가장 대표적인 적용 분야는 예측이나 분류 문제이며 실제 기업에 있어서도 고객을 대상으로 하는 예측이나 분류 문제를 정확하고도 신속하게 해

[그림 12-10] 역전파 인공신경망의 구조도

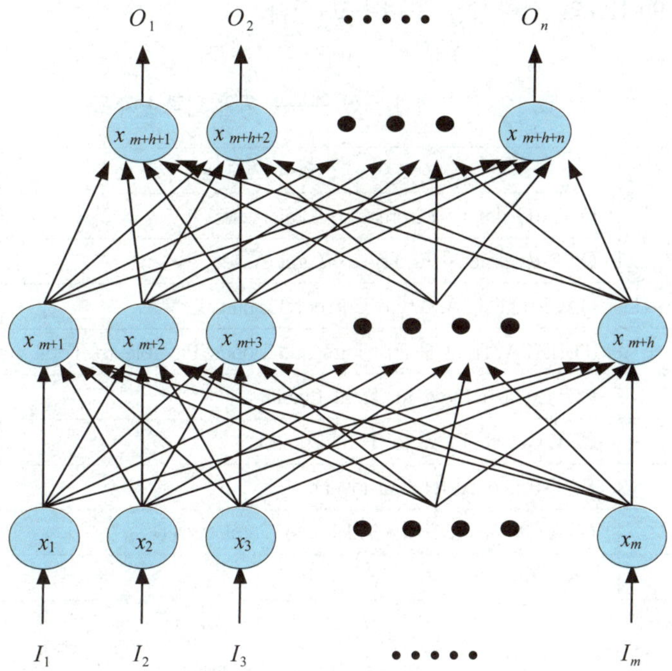

결하는 것은 그 기업의 경쟁력에 큰 영향을 미치는 요인임에 분명하다. 본 절에서는 은행에 있어서 고객 기업에 대한 도산 예측에 대한 적용 사례를 예로서 살펴보고자 한다.

기업 도산 예측은 은행이나 투자금융 등과 같은 금융기관에서 일반 기업에 대한 대출, 증권 투자 등에 고려되어야 되는 중요한 정보이다. 기업의 재무 상태 등의 각종 정보들을 근거로 앞으로 발생할 수도 있는 도산의 가능성을 예측함으로써 대출이나 투자로부터의 위험을 감소시키는 것을 목적으로 하는 것이 일반적이다. 기업 도산 예측 문제의 예에서는 아래의 <표 12-2>와 같은 아홉 가지 기업 정보를 이용하여 해당 기업의 차년도에서의 도산 가능성을 예측하려 한다고 가정하자.

우리나라 기업을 대상으로 전년도 198개 기업들에 대한 도산/비도산 여부자료(자료구성 : 도산 50%, 비도산 50%)를 준비하였다. 이제 이를 이용하여 기업 도산 예측을 위한 역전파 인공신경망을 [그림 12-11]와 같이 모형화하고 학습을 수행하였으며 금년도 284개 기업의 도산/비도산 자료(자료구성 : 도산 50%, 비도산 50%)를 이용하여 그 성과 검증을 실시하였다. 검증 결과 기업 도산 예측 역전파 인공신경망은 금년도의 기업에 대한 도산/비도산 예측에서 90.41%의 정확성을 보여주고 있다.

<표 12-2> 기업 도산 예측을 위한 입력 변수들

일련 번호	입력 변수 명
1	OITA(Ordinary Income to Total Asset)
2	OETA(Owner's Equity to Total Asset)
3	QACL(Quick Asset to Current Liability)
4	TBBPTA(Total Borrowings and Bonds Payable to Total Asset)
5	CFTL(Cash Flow to Total Liability)
6	CFTA(Cash Flow to Total Asset)
7	FAT(Fixed Asset Turnover)
8	GVATA(Gross Value Added to Total Asset)
9	SALES

<표 12-3> 예제 기업 자료

변수명	OITA	OETA	QACL	TBBPTA	CFTL	CFTA	FAT	GVATA	SALES	Bankruptcy
예제 기업 자료	4.4	22.5	28.2	44.1	8.9	6.9	4.3	22.8	22,2737.0	No

이와 같은 구축된 기업 도산 예측을 위한 역전파 인공신경망을 개발하기 위해서는 먼저 이를 학습시키기 위한 자료가 필요한데, 자료의 구성은 입력 자료 벡터와 출력 자료 벡터로 나뉘어 구성된다. 예를 들어 이상의 기업 도산 예측용 역전파 인공신경망에 대한 학습용 자료의 한 예가 <표 12-3>과 같이 있다고 하자. 이러한 자료를 역전파 학습 기법에 적용하기 위해서는 우선 입력 자료 벡터와 출력 자료 벡터를 정의하여야 하며, 또한 각각의 변수들을 해당 구간에 임의의 방법으로 정규화시킨 후 [그림 12-11]에서의 입력 노드들에 입력하게 된다. 이 경우, 입력 자료 벡터는 <표 12-3>에서의 OITA~SALES에 이르는 아홉 개 자료가 될 것이고 출력 자료 벡터는 도산 여부를 나타내는 도산 여부(bankruptcy) 필드 하나로 구성하게 될 것이다.

[그림 12-11] 기업 도산 예측용 역전파 인공신경망 모형

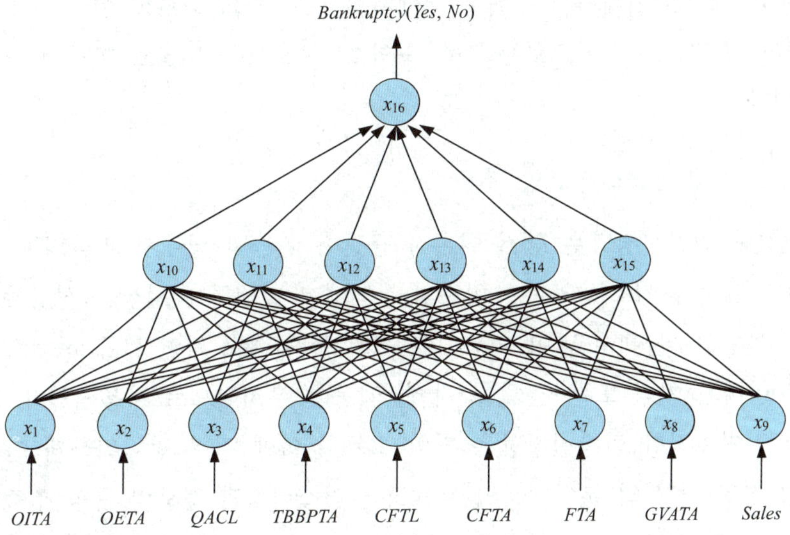

2) 자기조직화 인공신경망

● 자기조직화 인공신경망의 구조

코호넨(Kohonen)에 의해 개발된 자기조직화(SOFM : Self Organizing Feature Map) [Hecht-Nielsen, R., 1991; Kohonen, T., 1982] 인공신경망은 역전파 인공신경망과 함께 가장 널리 알려진 인공신경망 알고리즘 중 하나이다. 특히 이 자기조직화 인공신경망이 앞에서 다룬 역전파 인공신경망과는 학습 관점에서 많은 차이점을 가지고 있다. 역전파 인공신경망처럼 감독학습(supervised learning) 방법에 기반을 두기보다는 오히려 자율학습(unsupervised learning) 방식을 채택하고 있으며, 자율학습 방법 중에서도 경쟁 학습(competitive learning) 방식을 기반으로 하고 있다.

자기조직화 인공신경망의 구조를 설명하기에 앞서 자기조직화 인공신경망의 본질적 목적을 먼저 짚어보기로 하자. 코호넨의 자기조직화 인공신경망은 기본적으로 임의 차원의 입력 패턴을 1차 혹은 2차원 이상 맵의 임의의 노드로 위상적으로 정렬된 특성을 유지하며 맵핑하는 데 있다. 따라서 [그림 12-12]에서 볼 수 있는 바와 같이 좌측 상단의 입력 층에는 입력 패턴을 표현하는 임의의 수의 입력 노드들이 배치되게 되며, 이와 같은 입력 패턴들이 맵핑될 출력층이 [그림 12-12]에서는 2차원 격자형으로 배치되어 있다. 이 그림은 아주 전형적인 2차원 특성 맵의 구조를 보여주고 있으며,

만약 1차원 특성 맵의 경우에는 이러한 2차원 출력 층이 1차원 출력 층으로 바뀌게 된다. 한편 [그림 12-12]에서는 출력층 내에서의 노드 간의 피드백 연결 구조는 생략되어 표현되어 있으나, 이론적으로는 출력 층의 모든 노드들은 상호 피드백 연결을 가지고 있게 된다.

● 자기조직화 인공신경망의 활용

자기조직화 인공신경망은 먼저 이론적 근간이 인간의 뇌에서 관찰되는 특징을 바탕으로 하기 때문에 기초적으로는 인간의 두뇌에서 발생하는 현상을 설명하거나 시뮬레이션 하려는 연구들에서 많이 이용되어 왔고, 실제 현실적인 활용 목적으로는 초기에는 주로 이미지 처리 또는 인식, 소리 인식 등에 우선적으로 사용되었다. 그러나 최근에 들어 자기조직화 인공신경망은 거의 모든 분야에 걸쳐 광범위하게 이용되고 있으며, 특히 경영 및 산업 분야에서의 자율적 클러스터링과 정보의 특성 추출이 필요한 분야에서는 매우 적극적으로 이용되고 있다.

[그림 12-12] 자기조직화 인공신경망의 구조

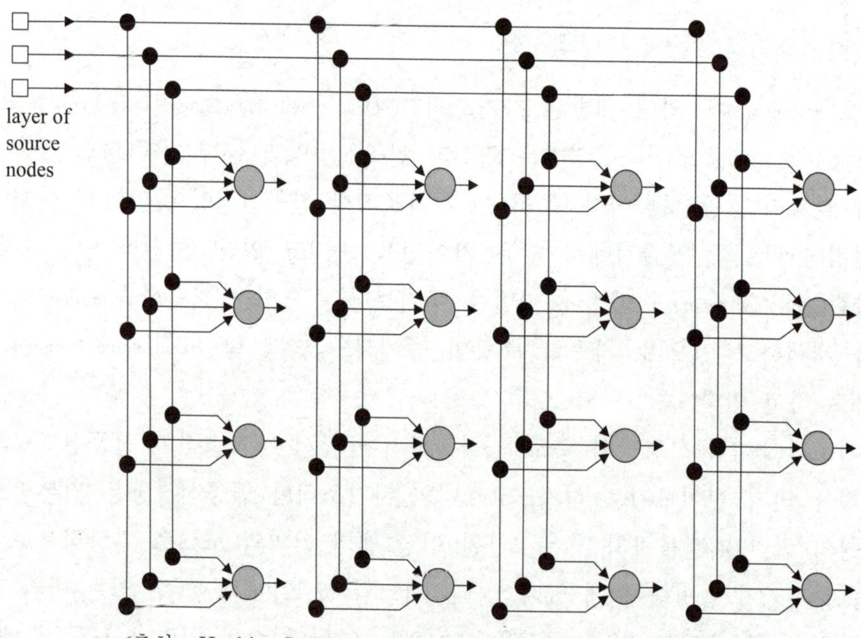

<출처 ; Haykin, S., Neural Networks : A Comprehensive Foundation, Macmillan College Publishing Company, Inc., 1994.>

Microsoft는 잘 알려진 바와 같이 워싱턴주 Redmond에 그 본부를 두고 있는 세계적 컴퓨터 소프트웨어 개발 기업이다. 매년 Microsoft는 약 팔백오십만 명의 고객들에게 사천만 통의 우편물을 발송하고 있으며, 이들 우편물의 대부분은 고객으로 하여금 제품을 업그레이드하거나 또는 관련 제품의 구매를 유발시키는 데 그 목적을 가지고 있다. 일반적으로 초기 우편물은 모든 고객을 대상으로 하지만 이차 우편물의 발송에 있어서는 수신 고객이 얼마나 그 우편물에 반응할 지에 대한 고려가 매우 중요하다.

이와 같은 상황에서 Microsoft는 인공신경망을 이용하여 반응 가능성이 높은 고객을 평가 선정함으로써 그들의 우편물 발송으로 인한 이익을 극대화하고자 하였다. 결과적으로 인공신경망을 이용함으로써 이용하지 않았을 경우의 우편물에 대한 고객의 반응률 4.9%를 8.2%로 향상시켰으며 따라서 우편물 발송비를 35%나 절감하고도 동일한 수익을 달성하게 되었다. 이러한 인공신경망을 개발하기 위해서 먼저 고객의 우편물에 대한 반응 여부를 결정하는 유의한 결정 변수들을 추출하는 작업이 이루어졌으며 다음은 추출된 대표적 결정 변수들이다.

- ◆ Recency 구매나 혹은 등록 등의 이벤트가 가장 최근에 발생했던 시간
- ◆ First date to file 최초 구매가 발생한 날짜. 이는 고객의 충성도를 추정하기 위한 변수이다.
- ◆ 상품 구매와 등록 건수
- ◆ 구매 혹은 등록 상품들의 누적 가치
- ◆ 상품의 출시 시점과 고객의 구매 시점간의 차이. 일반적으로 출시 시점에 가깝게 그 상품을 구매한 고객들이 주요 우편물 구매 유도 대상 고객이라 할 수 있다.

이외에도 상품 등록 카드에 포함된 여러 가지 질문들에 대한 응답 정보들이 추가적인 변수들로 포함되었으며 또한 해당 기업 고객의 종업원 수, 사업 장소, 사업 규모 등의 데이터들을 구매하여 확보하였다. 당연히 이들 자료들은 인공신경망의 학습이 가능하도록 모두 수치데이터로 변환되었으며 이들 값에 대한 최소/최대치로 설정되었다. 초기에는 총 25개 변수들에서 출발하여 반복적 학습 과정을 통하여 계속적인 변수의 유의성 검사를 하였으며 그 결과 최종적으로는 모두 9개의 변수가 선정되었다.

인공신경망의 출력 값은 0에서 1사이의 수치적 값으로서 고객에 우편물을 발송해야 되는지에 대한 강도를 나타내며 결과적으로 그 값이 0.45 이상인 경우 그 이하인 고객에 비해 월등히 반응률이 좋아지는 것을 발견하였다. 이러한 발견이 궁극적으로 앞에서도 언급한 바와 같이 35%의 비용 절감을 가능하게 한 것이다.

12.4 사례기반시스템

12.4.1 사례기반시스템이란?

사례기반시스템(case-based reasoning system) 역시 지능형 정보시스템적 접근 방법을 이용하여 문제를 해결하고자 하는 방법론이라 할 수 있으나, 정형화되고 일반화된 논리적 지식을 바탕으로 하는 전통적 인공지능 기법과는 사뭇 다른 접근 방법을 채택하고 있다. 사례기반시스템은 문제 해결을 위해 이러한 지식보다는 오히려 과거에 경험했던 특정의 구체적 사례를 바탕으로 접근하고 있다. 즉 새로운 문제가 발생하였을 때, 발생한 문제와 가장 유사한 상황을 갖는 과거 사례를 추출하고 이를 바탕으로 새로운 문제에 대한 해를 도출하는 것이다. 이러한 접근 방법은 실제 인간이 문제를 해결함에 있어 많은 경우에 과거 사례를 그대로 혹은 일부 수정을 통해 재사용하는 방법을 사용하고 있다는 전제에 그 이론적 바탕을 두고 있으며, 또한 이러한 전제는 경험적으로나 인지심리학적으로도 그 타당성을 인정할 수 있다(Agrawal, R. and R. Srikant, 1994 ; Quinlan, J. R., 1993).

이러한 사례기반시스템이 전통적 인공지능기법과 구별되는 또 하나의 특징은 사례기반시스템 역시 앞에서 다룬 인공신경망과 같이 문제 해결 방법론에 환경 적응 능력 즉 학습 방법론이 자연스럽게 내포되어 있다는 점이다. 즉 새로운 문제를 해결함과 동시에 이러한 해결 과정은 곧 또 다른 새로운 문제를 해결함에 있어 필요한 지식의 축적을 의미한다는 것이다. 인공신경망도 마찬가지이지만 이와 같은 학습 방법을 우리는 점진적 학습(incremental learning)이라 부르고 있다.

12.4.2 사례기반시스템의 수행 과정

일반적으로 사례기반추론기관 또는 시스템은 크게 네 단계를 거쳐 해당되는 문제를 해결하게 된다. 먼저 해결해야 할 새로운 문제가 발생하였다고 가정하자.

◇ **사례의 추출** 해결하여야 할 문제와 가장 유사한 과거 사례를 추출한다.

◇ **사례의 재사용** 추출된 과거 사례를 바탕으로 해결하여야 할 문제에 대한 해

를 제안한다. 이 때 일반적으로 현재 해결해야 할 문제와 과거 사례의 차이점을 파악하는 작업과 과거 사례의 해법을 전체적 혹은 일부분을 이용할 수 있는지에 대한 판단이 수행되고 이에 따라 필요하다면 과거 사례의 해법에 대한 조정을 함으로써 최종 해를 제안하게 된다.

◇ **사례의 교정** 사례기반추론에 의해 제안된 해를 평가하고 평가 결과를 바탕으로 필요하다면 사례를 재교정하며 경우에 따라서는 완벽한 해를 얻게 될 때까지 평가와 교정을 반복할 수도 있다.

◇ **사례의 학습** 앞의 세 가지 단계를 거쳐 발생한 새로운 사례에 대해 어떠한 형태로든 기존의 사례 저장 공간에 반영함으로써 미래에 발생할 새로운 문제에 대응할 수 있도록 하는 과정이다.

[그림 12-13] 사례기반시스템의 수행 과정도

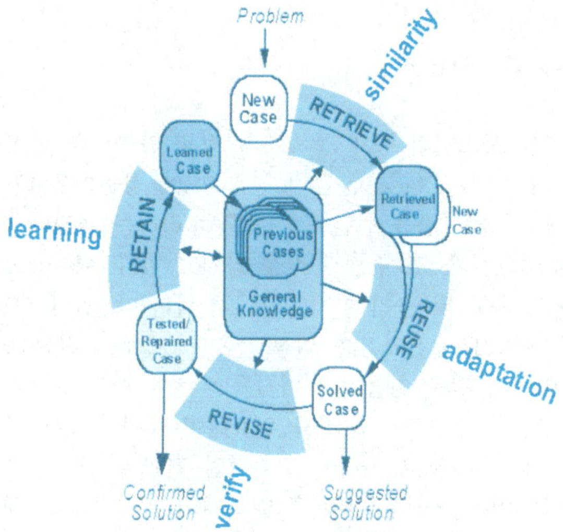

<출처 ; Aamodt, A. and E. Plaza>

[그림 12-13]은 이상의 네 가지 사례기반추론 과정을 도식화하여 보여주고 있다. 이 그림에서도 볼 수 있듯이 사례기반시스템 방법론은 사례 그 자체만을 순수히 이용할 수도 있지만, 많은 경우 적용 도메인에 대한 논리적 혹은 모델링 지식을 이들 각 과정에서 보완적으로 이용할 수도 있다.

12.4.3 사례기반 시스템의 응용 분야

사례기반시스템의 응용 분야는 이 방법론의 범용적 특성으로 인해 거의 모든 산업 분야를 막론하고 있는 것이 사실이다. 그럼에도 불구하고 상대적으로 도메인 지식이 정형화하기에 너무 복잡하거나 또는 그 전체를 파악하기가 매우 어려운 상황일 때 지식기반 접근 방법에 비해 상대적 우위를 가지고 있다. 따라서 그 응용 대표적 분야로서 법률, 의료 진단, 고도의 복잡성을 갖는 제품의 고장 진단, 계획 분야 등에 많이 응용되고 있다. 여기에서는 상세한 개별 응용 분야를 나열하기보다는 이들 응용가능분야에 대해 자세히 기술하고 있는 콜로드너의 책(Kolodner, J., 1983)이나 사례기반시스템의 응용 사례 인덱스 사이트인 http://www.ai-cbr.org/applied.html를 참조하기를 권한다.

사례(2) : British Airways의 CaseLine

CaseLine은 사례기반시스템의 실제 문제에의 적용 가능성을 단적으로 보여 준 대표적 사례기반시스템의 예이다. CaseLine은 보잉 747-400 항공기에 대하여 도착과 출발시간 사이에 항공기에 대한 고장을 진단하고 이를 수리하는 과정에 대한 기술적 지원을 엔지니어들에게 제공하는 데 그 주요 목적을 가지고 있다. 이 시스템은 과거의 결함들과 이에 대한 성공적 복구 및 수리 이력을 제공하게 된다. 일단 파일럿이나 진단 장비에 의해 항공기의 고장이 발견되거나 의심될 경우 이에 관련된 상세 사항들이 지상스텝들에게 전달되며, 이 경우 항공기의 이착륙 일정에 맞추어 주어진 시간 내에 엔지니어들은 고장의 원인을 파악하고 수리를 완료하여야 한다. 그러나 결함의 원인이 불분명하거나 혹은 너무 복잡하고 원인이 결과적인 결함과 연관성이 없는 경우도 많아서 이와 같은 업무는 매우 어려운 과업 중의 하나이다. 또한 이러한 과업의 지체는 곧 항공기의 운항 일정을 깨뜨릴 뿐만 아니라 지체로 인해 엄청난 비용도 유발시키게 된다. 그렇다고 고장을 그대로 방치한 채 항공기를 이륙시키는 것은 결과적으로 엄청난 재앙을 가지고 올 수도 있다. CaseLine은 이러한 문제를 해결하고자 개발되었으며 사용자는 먼저 진단 결과 정보를 이 시스템에 입력하고 가능한 수리 및 복구 관련 정보를 탐색하게 된다. 이 시스템은 초기에 약 200여 개의 과거 고장 이력 및 이에 대한 성공적 복구 사례로서 출발하였으며 이러한 사례들은 시간의 경과와 함께 새로운 사례가 계속 추가됨으로써 사례의 양적 증가와 함께 그 해의 질적 향상도 같이 이루어져 왔다. 먼저 CaseLine에서 제공하는 세 가지 주요 탐색 모드는 아래와 같다.

◆ ATA chapter : 두 자리 숫자로 이루어진 단순 코드로서 항공기 유지보수 매뉴얼에

서의 고장들을 참조할 수 있도록 해준다.

- EICAS message : 정확해야 하지만 길이는 자유로운 알파벳과 숫자 조합의 고장을 나타내는 문장
- Reported defect : 길이가 자유로운 임의의 고장을 기술하는 문장

이들 메시지들은 단독으로 혹은 다른 사례 추출 방법론들을 함께 이용하여 사례 추출에 사용될 수 있으며 일반적으로 완전 매칭이 요구되면 단일 사례가, 부분 매칭이 요구될 경우에는 복수의 사례가 추출된다. 또한 CaseLine은 엔지니어로 하여금 가장 성공 가능성이 높은 수리 절차를 찾아낼 수 있도록 지원하게 되나 최종적으로는 항공기 유지보수 교본을 따르도록 규정되어 있으며 반드시 승인된 절차들을 수행하여야 한다. 그럼에도 불구하고 CaseLine은 고장 분석과 발견에 관련된 많은 과거의 비생산적 절차들을 제거함으로써 고장으로 인한 고비용의 항공기 지체 빈도를 현격히 감소시켰다.

이 시스템에 대한 British Airways의 초기 평가에서 다음과 같은 세 가지 사례기반시스템의 효과가 인식되었다.

- 사례기반시스템은 개발자나 사용자 모두에게 직관적 통찰력을 제공한다.
- 사례기반시스템은 사람의 추론이나 문제 해결 방식에 보완적 역할을 수행할 수 있다.
- 사례기반시스템은 문제의 상황에 대한 풍부한 배경을 담고 있을 수 있다. 즉 아무것도 버리지 않고 저장하며 단지 이들 정보에 접근하는 방식을 제공하는 것이다.

만약 규칙을 기반으로 한 진단시스템이 개발되었다면 당연히 규칙들이 관련된 지식을 표현하고 있어야 하며 일반적으로 개별 규칙들이 존재하는 이유들은 시간에 따라 모호해 질 수도 있다. 반면 사례의 경우 당시 상황에 그 존재 의미가 밀접히 연관되어 있다. 만약 British Airways가 CaseLine을 사용함에 있어 고장 수리에 대한 오점에 대해 소송이 걸린다 해도 그들은 엔지니어가 과거 특정 수리 성공 사례에 따랐음을 입증할 수 있으나, 규칙 기반 시스템을 사용했다면 그들은 그 규칙이 적합한 규칙인가를 증명해야만 한다.

12.5 데이터 마이닝

12.5.1 데이터 마이닝의 개념 및 필요성

데이터 마이닝에 대한 간략한 소개는 8.4.2와 14.2.6에 언급되어 있으나 본 절에서

는 좀 더 상세히 살펴보고자 한다. 데이터 마이닝의 개념은 기존의 지식탐사(knowledge discovery)의 개념이 1990년대 중반에 들어서면서 상업적 요구와 맞물려 새롭게 재단장한 것이다. 일반적으로 데이터 마이닝을 지식의 자동 추출 개념으로 생각하기 쉬우나 현재까지의 기술 수준은 자동 추출이라고 하기보다는 컴퓨터와 인간의 상호 도움을 요구하는 반자동적인 지식 추출이라고 볼 수 있다. 실질적으로 추출된 지식의 가치성 및 효용성은 아직까지 컴퓨터에 의해서 자동적으로 평가받기는 매우 힘든 일이며 따라서 이에 대한 평가는 인간에 의해서 이루어지고 있기 때문이다. 데이터 마이닝에 사용되는 핵심 기술들은 기존의 기계학습(machine learning), 인공지능(artificial intelligence), 데이터베이스, 통계학, 그래픽스 등 다양한 기존의 학문으로부터 발전된 것들이다. 통계학으로부터 나온 데이터 분석 기법들은 데이터 마이닝 전 과정의 기초 기술로서 역할을 하는 반면, 인공지능 분야에서 발전한 인공신경망, 의사결정나무 기법, 유전자 알고리즘(genetic algorithm), 퍼지(fuzzy), 사례기반추론(case based reasoning) 등의 방법들은 데이터 마이닝의 지식획득 기술을 발전시키는 중요한 역할을 하고 있다. 데이터 마이닝은 이러한 각 분야들로부터 나온 기술들을 종합적으로 활용함으로써 데이터 내에 숨겨져 있는 의미 있는 패턴 및 지식을 추출해 낸다.

의사결정지원을 위한 지식탐사 기술은 대용량 데이터베이스에 대한 OLTP(Online Transaction Processing)로부터 시작되어 OLAP(Online Analytic Processing), 데이터 마이닝 기술로 그 계보를 형성하고 있다. 1990년대 초반부터 데이터웨어하우스와 함께 많은 발전을 이룩한 OLAP 기술은 기업들에게 단순한 거래처리를 넘어선 정보의 활용 가능성을 보여주었고, 이를 계기로 적극적인 데이터의 활용을 통한 의사결정의 중요성이 강조되었다. 데이터 마이닝은 이러한 관심의 고조와 데이터베이스 마케팅 분야의 성공, 데이터웨어하우스의 확산, 컴퓨터 기술의 발달 등의 주변 여건에 힘입어 급속히 부상하였으며 1990년대 후반에 들어서면서부터는 OLAP을 대체할 차세대 기술로서 각광을 받고 있다.

데이터웨어하우스와 데이터 마이닝은 데이터웨어하우스가 효과적인 데이터 마이닝의 출발점이 된다는 점에서 서로 밀접한 관계를 가지고 있다. 데이터웨어하우스가 구축되어 있는 환경은 많은 시간과 노력을 소모하게 되는 데이터의 수집(data collection), 데이터 정제(data cleansing), 데이터 형식화(data formatting) 등의 과정에 대한 부담을 줄임으로써 데이터 마이닝의 과정이 보다 쉽고 효율적으로 진행될 수 있는 조건을 제공하게 된다. 그러나 데이터웨어하우스가 구축되지 않은 경우에도 데이터 마이닝은 비록 많은 시간을 소요하지만 수행이 가능하고, 때로는 상당한 시간의 학습을 요구하는 데이터 마이닝 알고리즘을 동작시키기 위해서는 데이터웨어하우스와는 별도로 데이터 파일을 생성하여 마이닝을 수행하는 경우도 존재하므로 반드시 필요한 선결 조건이라고 볼 수는 없을 것이다.

데이터 마이닝의 응용 분야는 대용량 데이터베이스가 구축된 거의 전 분야에 걸쳐 있다고 할 수 있다. 의학, 법률, 화학 등 그 활용 범위가 매우 광범위하며 대표적 응용 예로는 카드 도용사고 방지(fraud detection), 위험 관리(risk management), 고객 불만 관리(claim prevention) 등의 일반적 분야는 물론 전자상거래 기업에 있어 보다 중요한 고객 유지(customer retention, churn management), 고객 유치(customer acquisition), 고객 세분화 및 프로파일링(customer segmentation and profiling), 수요 및 판매 예측(forecasting), 가격 산출(pricing), 마케팅 효과 관리(campaign effect analysis), 타겟 마케팅(target marketing), 텔레마케팅(tele marketing), 다이렉트 메일링(direct mailing), 교차 판매(cross-selling/up selling) 등의 분야에 대해서도 보다 효과적으로 적용되고 있다. 특히 주목을 받고 있는 데이터 마이닝 응용 분야는 기업의 경쟁 전략으로서 각광받고 있는 고객관계관리(CRM) 분야라 할 수 있는데, 그 주요 역할은 바로 CRM에 관련된 전략적 혹은 전술적 지식들을 추출하고 이를 응용할 수 있도록 하는 것이다(Berry, M. and G. Linoff, 1997).

12.5.2 데이터마이닝의 절차

데이터 마이닝 작업을 수행하기 위해 필요한 절차는 [그림 12-14]에서 보는 바와 같이 크게 다섯 단계로 나누어 볼 수 있는데(Watson, I. and F. Marir, 1994; Willshaw, D. J., and C. von der Malsburg, 1976), 각각의 단계를 좀 더 자세히 살펴보기로 하자.

그 첫 번째 단계는 자료 수집(data collection) 단계로서 데이터 마이닝의 대상이 되는 데이터베이스 내에 산재되어 있는 데이터들을 수집하여 하나의 대상 자료로서 정리하는 과정을 말한다. 이때 데이터베이스나 데이터웨어하우스 내에 포함되지 않은 부족한 데이터는 설문 등을 통하여 직접적으로 보충하기도 하고 타 데이터들로부터 파생, 유도하여 재산출하기도 한다.

[그림 12-14] 데이터마이닝의 수행 절차도

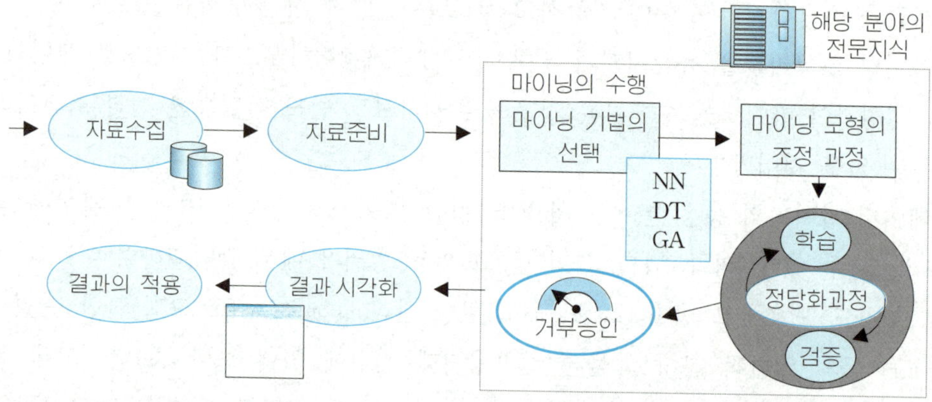

이렇게 수집된 데이터들은 두 번째 단계인 자료 준비 단계에 넘겨져 데이터 마이닝 엔진에 전달하기 위한 전처리 과정을 거치게 된다. 전처리 과정으로 사용되는 방법에는 주로 데이터 변형(data transformation), 결측값(missing value) 처리, 데이터 변환(data translation), 데이터 축소(data reduction) 등이 포함된다.

데이터 마이닝의 세 번째 단계는 전처리가 완료된 데이터를 실제로 데이터 마이닝 엔진에 적용하는 단계로서 분류, 군집화, 시계열 예측, 연관 규칙 등의 기능을 활용하게 된다. 각각의 기능을 여러 학문 분야로부터의 다양한 기법들을 이용하여 구현 가능한데, 인공신경망, 판별분석, 의사결정나무, SOM(Self Organized Mapping), K-Means 알고리즘 등을 들 수 있다. 이러한 기법들은 주어진 문제의 성격이나 데이터의 특성에 따라 성능 및 활용 패턴이 달라질 수 있는데, 최근에는 다수의 기법들을 함께 사용하고, 서로의 장단점을 보완함으로써 그 성능을 향상시키려는 시도들도 진행되어 왔다. 데이터 마이닝 수행 단계는 다시 학습(training), 검증(validation), 테스트(test) 등의 세 가지 세부 과정으로 나뉘어져 수행되는 것이 일반적이다.

네 번째 단계는 데이터 마이닝 결과의 시각화 과정으로 분류, 군집, 연관 분석 등의 마이닝 결과 생성된 혹은 추출된 지식을 다양한 방법으로 사용자에게 보여준다. 이때, 각 사용 기법들의 특징이나 산출물의 종류에 따라 각기 다른 적절한 화면이 제공된다. 사용자는 마이닝 결과를 확인하면서 결과의 좋고 나쁨에 따라 이전의 마이닝 단계로 되돌아가 데이터를 변형하거나 혹은 마이닝 기법들을 바꾸어 마이닝을 다시 시도할 것인지 아니면 현재의 결과를 받아들이고 이를 활용하는 단계로 넘어 갈 것인지를 결정하게 된다.

다섯 번째 단계는 마이닝 결과를 활용하는 것이다. 시각화 과정을 거쳐 사용자로부터 승인을 받은 결과는 마이닝 목표에 따라 다양한 방법으로 활용되게 된다. 예를 들어 이탈 고객 탐지를 위한 마이닝을 수행하였다면 이전의 이탈 고객 관련 자료로부터 생성된 마이닝 결과물을 다음달 이탈 고객을 탐지하는데 직접 활용하여 예상 이탈 고객들을 찾아내고 이들에게 적절한 서비스를 제공하는 것과 같은 과정이 이 단계에 포함된다. 이 과정은 이전 단계들인 데이터 수집, 준비, 마이닝 등의 과정들 못지않게 매우 중요한 단계이다. 이 단계를 통하여 마이닝 결과로서 생성된 모델을 실무에 적용하고 또한 그 모델에 실질적인 적용 결과를 반영함으로써 모델을 지속적으로 변형, 적응시켜 나가는 작업이 수행되게 된다. 따라서 이 과정을 얼마나 잘 수행하는가에 따라 데이터 마이닝의 효과가 극대화될 수 있다.

데이터 마이닝 과정은 단계별로 순차적으로 진행되지만 그 결과에 따라 순환 반복적으로 수행될 수도 있다. 현 단계의 결과가 만족스럽지 않으면 이전 단계로 돌아가 재처리하거나 아니면 처음 데이터 수집 과정부터 새로 시작하는 등 만족스러운 결과가 나올 때까지 전체 단계가 계속 반복되게 되는 것이다.

12.5.3 데이터마이닝의 응용 분야와 기법들

데이터 마이닝의 주된 적용 분야들로는 크게 연관규칙(association rule), 분류(classification), 군집화(clustering), 예측(prediction), 시각화(visualization), 최적화(optimization) 등을 들 수 있는데, 이들 응용 분야들을 다음의 [그림 12-15]에서 도식화하여 보여주고 있다. 본 절에서는 이들 중 최근 인터넷과 전자상거래 시대에 있어 가장 활발하게 활용되고 있는 분야인 연관 규칙 발견 기법, 분류 기법, 군집화 기법들에 대하여 좀 더 상세히 알아보고자 한다.

1) 연관 규칙

먼저 연관규칙분석이란 문헌에 따라서는 장바구니 분석(market basket analysis)이라고도 불리고 있는데 그 목적을 하나의 거래나 사건에 나타나는 항목들의 발생 빈도를 분석하여 유용한 지식 패턴을 발견하는 것이라고 정의할 수 있다(Anderson, J. R., 1983). 여기서

만약 어떤 항목들이 함께 발생한 사건을 항목 집합(또는 거래 집합)으로 표현한다면 연관 규칙이란 임의의 항목 집합의 존재가 다른 항목 집합의 존재를 암시 또는 추정 한다는 것을 의미하며 일반적으로 다음과 같이 표기할 수 있다.

Item Set A --> *Item Set B*(support 2,230, support rate 42%, confidence: 87%)
where A = {*a, b, c*} and B = {*d, e*}

[그림 12-15] 데이터 마이닝 기법의 응용 분야들

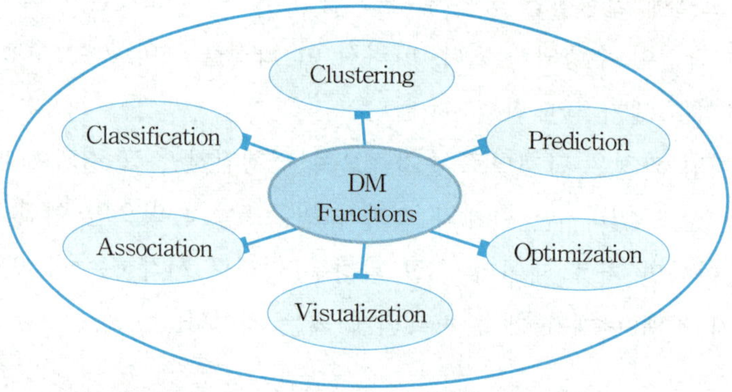

이 예제 연관규칙을 해석해 본다면 임의의 고객이 *a, b, c* 등의 항목에 대한 구매를 했다면 동시 혹은 향후에 *d*와 *e* 제품을 구매할 확률이 87%이며, 이러한 경우가 과거에 2,230번 발생하였으며, 이는 전체 구매 사례들 중 약 42%에서 나타나고 있다는 것을 말하고 있다.

한편 이와 같은 연관규칙을 발견하기 위해서는 전체 거래들 중에서 항목 집합 *A*의 발생 빈도, 항목 집합 *B*의 발생 빈도, 두 항목 집합 *A, B*의 동시 발생 빈도 및 항목 집합 *A*가 발생한 경우들에 대한 항목 집합 *B*의 발생 빈도 등을 계산하여야 한다. 이러한 과정을 우리는 연관규칙 마이닝이라 부른다. 장점으로는 데이터의 형태(수치형 데이터, 문자형 데이터)에 영향을 적게 받는 반면 단점으로는 관련된 항목의 수가 증가함에 따라 가능한 조합의 수가 지수적으로 증가하는 문제점을 지니고 있다. 이러한 문제점을 해결하기 위하여 최소지지도(minimum support threshold)나 항목의 계층 구조 개념을 도입할 수는 있지만 발생 건수가 드문 항목에 대한 규칙이 무시되거나 또는 흥미로운 신규지식의 발견이 힘들어지는 단점도 지니고 있다.

이상에서 간단히 소개한 연관 규칙의 활용 영역들은 대개 다음과 같다.

◇ **소매업** 판매 상품간의 관계에 대한 연관 규칙 탐사를 통해 상품 진열이나 매장 레이아웃 결정에 반영하여 교차 판매(cross selling) 효과를 도모.

◇ **카탈로그 디자인** 판매 상품간의 관계 분석을 통하여 카탈로그에 들어가는 상품 조합이나 쿠폰 디자인에 활용.

◇ **서비스업** 신용카드를 사용하는 서비스업에 대해 서비스 상품 이용 패턴을 발견하여 다음 사용 서비스에 대한 정보 획득.

◇ **금융업** MMF 수익증권, CD 투자 신탁 등 고객들이 원하는 서비스의 조합이나 순서에 대한 발견.

◇ **의 료** 환자의 병력으로 합병증(후유증)의 발병 가능성을 줄일 수 있는 치료법에 대한 탐색.

특히 의료 분야를 제외한 이들 대부분의 분야들은 모두 현재 전자상거래 기업들의 핵심적인 사업 영역으로서 이러한 연관 규칙 및 관련 기법의 전자상거래에서의 고객 관리 및 서비스 분야에서의 응용 가치는 매우 크다고 할 수 있다.

2) 분류 기법

분류 기법은 데이터 마이닝의 기법들 중 가장 많이 사용되고 그 활용 범위 또한 매우 넓은 기법으로서 이미 분류상의 소속 집합을 알고 있는 데이터들을 대상으로 각 소속 집단의 차별적인 특성들을 도출해내고, 이 특성들을 이용하여 소속 집합을 알 수 없는 미지의 사례에 대하여 그 사례가 해당되는 소속 분류를 추정하는 과정이라 할 수 있다. 예를 들어 남자와 여자의 두 가지 소속 집단으로 이미 나뉜 사례들이 주어졌다면 분류 기법을 활용하여 사례들을 탐색함으로써 남자와 여자를 구별해 낼 수 있는 기준 또는 지식을 추출할 수 있다는 것이다. 이렇게 추출된 분류 지식은 향후 임의의 성별이 알려지지 않은 사람에 대한 관련 정보들이 주어졌을 때 그 사람의 성별을 추정하는데 이용될 수 있는 것이다. 분류 기법을 위하여 사용되는 구체적인 데이터 마이닝 기법으로는 통계학을 바탕으로 하는 판별 분석(discriminant analysis)이나 앞에서 다룬 인공신경망, 의사결정나무(decision tree) 분석, 사례기반추론(case based reasoning) 등의 여러 가지 방법들이 사용될 수 있는데 이들 방법들은 각각의 특성에 따라 추출된 지식의 형태에 많은 차이를 보이게 된다. 예를 들어 인공신경망은 앞에서 살펴본 바와 같이 학습된 인공신경망 내부의 기본 계산 단위인 뉴런(neuron)과 뉴런을 연결하는 연결가중치

(connection weight)의 형태로 지식이 표현되며, 의사결정 나무는 사례로부터 생성된 의사결정나무(decision tree) 혹은 규칙(rule)의 형태로 그 분류 지식이 표현되는 것이다.

분류 기법의 활용 분야는 매우 광범위한데 예를 들면 신용카드회사에서의 신용카드 사고예방, 통신회사에서의 이탈고객(churn) 탐지, 유통 회사에서의 DM(Direct Mail) 발송 시 고객 응답률 향상 등을 들 수 있다. 분류를 위한 데이터 마이닝에 가장 많이 적용되는 기법으로 의사결정나무기법과 인공신경망을 들 수 있는데, 본 절에서는 의사결정나무기법에 대해 간략히 소개하고자 한다.

의사결정나무기법이란 유한한 수의 사례 속성들을 이용하여 분류나 예측을 수행하는 알고리즘으로 정의될 수 있는데 이때 학습 과정을 목적에 따라 하나의 큰 사례 집합을 여러 개의 작고 서로 배타적인 부분 집합들로 나누는 과정이라 할 수 있다. 특히 의사결정나무는 인공신경망이나 여타 분류 기법에 비하여 분류나 예측 결과에 대한 논리적 근거를 명확히 제시할 수 있다는 장점을 가지고 있으며, 현재 사례로부터 이와 같은 의사결정나무를 구체적으로 도출할 수 있는 알고리즘들로는 CART(Classification And Regression Trees)[Bezdek, J.C., R. Ehrlich, and W. Full, 1984], CHAID(Chi-square Interaction Detection Analysis), C4.5[Porter, B. W. and E. R. Bareiss, 1986](or see 5.0) 등을 들 수 있다. 다음의 [그림 12-16]은 C4.5를 이용하여 추출될 수 있는 의사결정나무의 한 예를 보여주고 있다.

[그림 12-16] 의사결정나무의 구조 예

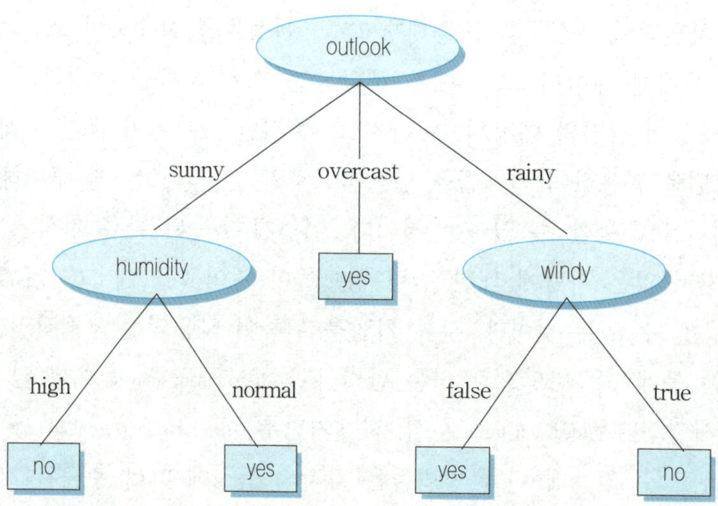

3) 군집화(Clustering) 기법

군집화란 임의의 사례 집합이 주어졌을 때 그 집합 내의 사례간의 유사성을 바탕으로 유사한 사례끼리 역시 임의의 수의 배타적 집합들로 묶어 주는 것을 말한다. 군집화를 위한 기법들은 일반적으로 교사학습(learning by teacher) 혹은 감독학습(supervised learning)이라 불리는 기법들과 대조되어 비교사 학습 혹은 비감독 학습 기법(unsupervised learning)이라고도 불리고 있다. 군집화가 하나의 사례 집합을 유사한 사례들끼리의 여러 군집으로 나누어 가는 과정인 만큼 유사성의 척도를 어떻게 정의할 것인가 하는 문제와 몇 개의 군집으로 나눌 것인지에 대한 결정은 궁극적으로 군집화의 결과를 결정하는 중요한 요인이라 할 수 있다. 이러한 군집화 기법에 사용되는 대표적 기법으로는 통계학을 기반으로 하는 계층적 군집(hierarchical clustering) 방법들과 인공지능 분야에서 발전된 SOFM(Self Organizing Feature Map)[Kohonen, T., 1982], K-Means 알고리즘 등을 들 수 있는데, 최근 분명한 군집 경계를 사전에 짓지 않는 퍼지 개념을 도입한 FCM(Fuzzy C-Means clustering) 방법(Berry, M. and G. Linoff, 2000) 역시 이러한 군집화 방법론으로서 많이 이용되고 있다.

기업에 있어서 군집화의 주된 응용 분야는 고객분할(customer segmentation), 마켓분할(market segmentation) 등이며, 특히 고객 분할을 위한 군집화는 타겟 마케팅, 캠페인 관리 및 CRM 등의 응용 분야들을 위한 기반 지식 제공자로서의 역할이나 이차적 지식 획득을 위한 기초 정보 제공자로서의 역할을 수행하게 된다. 여러 군집화 기법들 중 현재 가장 많이 이용되는 기법은 SOFM으로서 자율적으로 입력 자료의 패턴이나 규칙성을 찾는 자율학습(unsupervised learning)이며 입력 패턴들이 임의의 차원으로 맵핑되는 특성을 가지는 인공신경망이다. 한편 또 하나의 대표적 군집화 기법인 K-means 기법은 미리 획득하고자 하는 군집의 수를 정해주면 각 입력 패턴들과 지정된 수의 군집의 중심값 간의 거리를 최소화하는 방향으로 반복적인 학습 과정을 통하여 군집들을 구성하게 된다(Watson, I. and F. Marir, 1994).

주요용어

- 개념상속(Inheritance)
- 고객관계관리(CRM)
- 군집화(Clustering) 기법
- 데이터 마이닝(Data mining)
- 데이터웨어하우스(Data warehouse)
- 분류 기법
- 사례기반시스템(Case-based reasoning system)
- 생성규칙(Production rule)
- 역방향 추론
- 역전파 인공신경망
- 연관 규칙
- 연쇄(Chain)
- 의사결정나무기법
- 인공신경망(Neural network)
- 인스턴스(Instance)
- 인지(Cognition)
- 자기조직화 인공신경망
- 전문가시스템(Expert system)
- 점진적 학습(Incremental learning)
- 정방향 추론
- 지능형 정보시스템(Intelligent information systems)
- 지식기반시스템(Knowledge based system)
- 콜센터 시스템
- 특성 맵(Feature map)
- 퍼셉트론(Perceptron)
- K-means 기법
- OLAP(Online Analytic Processing)
- SOFM(Self Organizing Feature Map)

복습문제

1. 지능형 정보시스템을 구성하는 네 가지 기본 구성 요소들은 무엇인가?

2. 형식적으로는 규칙형태의 표현이라도 그 의미적 차이점을 예를 들어 설명하시오.
3. 추론에서 패턴 매칭이 어떻게 일어나는가?
4. 정방향추론과 역방향추론의 차이를 설명하시오.
5. 인공신경망이 기존의 인공지능 방법론이나 정보처리시스템과 구별되는 세 가지 특성들이 무엇인가?
6. 역전파 인공신경망과 자기조직화 인공신경망의 차이점이 무엇인지 밝히시오.
7. 자기조직화 인공신경망의 인터넷이나 웹 분야에서의 응용 분야에는 무엇들이 있는가?
8. 사례기반 시스템의 수행 과정 네 단계를 보이고 이에 대해 간략히 설명하시오.
9. 데이터 마이닝의 과정 중 자료 준비 단계에서 발생하는 작업들을 무엇인가?
10. 분류 기법 중 하나인 의사결정나무 기법이 다른 기법들에 대해 갖는 상대적 장점은 무엇인가?
11. 데이터 마이닝이 기업에 있어서 지능형 정보시스템 관점에서 어떠한 역할을 할 수 있는가?

토론/프로젝트 문제

1. 특정 문제영역을 선택하여 여러 가지 지식 표현기법을 이용하여 지식베이스를 구축해 보시오.
2. 특정 문제영역을 선택하여 역방향 추론용 지식을 수집한 후 이것을 웹 기반 추론 사이트로 구축하여 보시오.
3. 인공신경망을 응용할 수 있는 기업 사례를 조사하고 인공신경망 시스템을 포함하는 정보시스템의 구조를 설계하고 이 때 인공신경망의 역할을 기술하시오.
4. 위의 문제에서 인공신경망 외의 다른 대안을 찾아보고, 인공신경망과 새로 수립된 대안 간의 장단점 분석을 수행하시오.
5. 사례기반시스템을 적용할 수 있는 사례를 조사하고 이 때 필요한 사례 표현 방법, 사례 추출 방법, 사례 보정 방법, 사례 학습 방법들을 결정하고 그 설계를 수행하시오. 또한 설계를 바탕으로 몇 가지 가상적 예를 통하여 그 과정을 보이시오. 역시 선택된 문제에 대해 사례기반시스템이 유일한 방법인지 아니면 다른 대안이 있다면 그 대안과의 장단점 분석을 통하여 사례기반시스템의 적용 타당성을 보이시오.

6. 현재 국내외적으로 실제 기업에 적용되고 있는 데이터 마이닝 활동 사례를 세 가지 이상 조사하고 각 사례들간의 장단점을 분석하고 이 중 한 사례를 선택하여 그 향후 확장 방향이나 개선 방향을 논하시오.

참고문헌

- 김우주 · 최대우 · 김정수, "플랜트 건설 공사를 위한 사업관리 전문가시스템의 개발", 정보기술응용연구, 제2권, 제1 · 2호, 2000. 6..
- 이재규 외, 전문가시스템 원리와 개발, 법영사, 1996.
- 이재규 외, 전문가시스템의 응용과 사례분석, 법영사, 1995.
- 이재규 외, UNIK를 이용한 전문가시스템의 개발, 법영사, 1996.
- Aamodt, "Case-Based Reasoning: Foundational Issues, Methodological Variations, and System Approaches", Artificial Intelligence Communications, 7(1), 1994, pp. 39~59.
- Acron T. and S. Walden, "SMART: Support management cultivated reasoning technology for Compaq customer service," In Proceedings of AAAI92. Cambridge, MA: AAAI Press/MIT press, 1992.
- Agrawal, R. and R. Srikant, "Fast Algorithm for Mining Assoication Rules," Proceedings of the 20th VLDB Conference, Santiago, Chile, Sept., 1994.
- Aikins, J. S., "A Representation Scheme Usning Both Frames and Rules" in Rule Based Expert Systems, B. G. Buchanan and E. H. Shortliffe, eds., Addison-Wesley, 1984.
- Anderson, J. R., The Architecture of Cognition, Harvard University Press, Cambridge, 1983.
- Barletta, R., "An Introduction to Case-Based Reasoning," AI Expert, August, pp. 43~49, 1991.
- Berry, M. and G. Linoff, Data Mining Techniques for Marketing, Sales, and Customer Support, Wiley, 1997.
- Berry, M. and G. Linoff, Mastering Data Mining: The Art and Science of Customer Relationship Management, Wiley, 2000.
- Bezdek, J.C., R. Ehrlich, and W. Full, "FCM: The Fuzzy c-Means Clustering Algorithm", Computers and Geosciences, 10, 1984, pp. 191~203.
- Breiman, L., J. Friedman, R. Olshen, and C. Stone, Classification and Regression Trees, Chapman & Hall, New York, 1984.
- Chakrabarti, S. et al., "Focused Crawling: A New Approach to Topic-Specific Web Resource Discovery", Proceedings of the Eighth International WWW Conference, Elsevier, 1999.

- Chen, H., C. Schuffels, and R. Orwig, "Internet Categorization and Search: A Machine Learning Approach", Journal of Visual Communication and Image Representation, Special Issue on Digital Libraries, 7 (1), 1996, pp. 88~102.
- Davis, R. and B. G. Buchanan, "Meta-Level Knowledge," in Rule Based Expert Systems, B. G. Buchanan and E. Shortliffe, eds., Addison-Wesley, 1984.
- Davis, R., "What are intelligence? And why?", AI Magazine, 19 (1), 1998, pp. 91~110.
- Dietterich, T. G., "Ensemble methods in machine learning", Multiple Classier Systems, Cagliari, Italy, 2000
- Durkin, John, Expert Systems : Catalog of Applications, Intelligent Computer Systems, P. O. Box 4117, Akron, Ohio 44321-0117, 1993.
- Durkin, John, Expert Systems : Design and Development, Macmillan Publishing Co., 1994.
- Gentner, D., "Structure Mapping - A Theoretical Framework for Analogy", Cognitive Science, 7, 1983, pp. 155~170.
- Giarratano, J. and G. Riley, Expert Systems : Principle and Programming, PWSKENT Publishing Co., 1989.
- Hecht-Nielsen, R., Neurocomputing, Addison-Wesley, 1991.
- Ketler, K., "Case-Based Reasoning : An Introduction," Expert Systems With Application, vol. 6, pp. 3~8, 1993.
- Kim, Wooju, Yong U. Song and June S. Hong, "Web enabled expert systems using hyperlink-based inference," Expert Systems with Applications, Vol. 28, Issue 1, January 2005, pp. 79-91.
- Kohonen, T., "Self-organized formation of topological maps of patterns", Biological Cybernetics, 43, 1982, pp 59~69.
- Kohonen, T., The Self-Organizing Map, Springer, 1995.
- Kolodner, J., "Maintaining Organization in A Dynamic Long-Term Memory", Cognitive Science, 7, 1983, pp. 243~280.
- Kolodner, J., Case-Based Reasoning, Morgan Kaufmann Publishers, San Mateo, CA, 1993.
- Lawrence, S. and C. L. Giles, "Accessibility of Information on the Web", Nature, 400, 1999, pp. 107~109.
- Lee, J. K., I. K. Lee, S. M. Ahn, and H. R. Choi, "Automatic rule generation by the transformation of Expert's diagram : LIFT," International Journal of Man-Machine Studies, vol. 30, pp. 275~292, 1990.
- Maes, P., "Agents that reduce work and information overload", Communi-

cations of the ACM, 37 (7), 1994, pp. 30~40.
- Ong, L. S. and A. D. Narasimhalu, "Case-Based Reasoning," in The Handbook of Applied Expert Systems, J. Liebowitz, ed., CRC Press, 1998.
- Peppers, D. and M. Rogers, Enterprise One to One, Doubleday, 1997.
- Porter, B. W. and E. R. Bareiss, "PROTOS: An Experiment in Knowledge Acquisition for Heuristic Classification Tasks", Proceedings of the First International Meeting on Advances in Learning(IMAL), Les Arcs, France, 1986, pp. 159~174.
- Quinlan, J. R., C4.5: Programs for machine learning, San Mateo, CA: Morgan Kaufmann, 1993.
- Rich, E., Artificial Intelligence, McGraw-Hill, 1983.
- Ross, B. H., "Some Psycological Results on Case-Based Reasoning", Case-Based Reasoning Workshop, DARPA, 1989, pp. 144~147.
- Roussinov, D. G., "A Scalable Self-Organizing Map Algorithm for Textual Classification: A Neural Network Approach to Thesaurus Generation", Communication and Cognition, 1998, http://www.ist.syr.edu/~roussinov/ssom/SSOMw.html.
- Rumelhart, D. E., G. E. Hinton, et al., "Learning Representations by Back-Propagating Errors", Nature, 323, 1986, pp. 533~536.
- Schank, R., Dynamic Memory: A Theory of Reminding and Learning in Computers and People, Cambridge University Press, 1982.
- Shapiro, S. C., ed., Encyclopedia of Artificial Intelligence, Wiley & Sons, 1987.
- Smith, R., Collins Dictionary of Artificial Intelligence, Great Britain : Harper Collins Publishers, 1990.
- Turban, E., J. Lee, et al., Electronic Commerce: A Managerial Perspective, Prentice Hall, 2000.
- Watson, I. and F. Marir, "Case-Based Reasoning: A Review", The Knowledge Engineering Review, 9 (4), 1994, pp. 355~391.
- Weiss, S. M. and N. Indurkhya, Predictive Data Minig, Morgan Kaufman Publisher, 1998.
- Werbos, P., Beyond Regression: New Tools for Prediction and Analysis in the Behvioral Sciences, Harvard University, 1974.
- Willshaw, D. J., and C. von der Malsburg, "How patterned neural connections can be set up by self-organization", Proceedings of the Royal Society of London, Series B 194, 1976, pp 431~445.
- Witten, I. H. and E. Frank, Data Mining: Practical Machine Learning Tools and Techniques with JAVA Implementation, Morgan Kaufmann, 2000.

◆ Ziemke, T., "Adaptive Behavior in Autonomous Agents", Presence-Teleoperators and Virtual Environments, 7(6), 1998, pp. 564~587.

참고사이트

- 코리아엑스퍼트 ··· http://www.koreaexpert.com
- AI on the Web ··· http://www.cs.berkeley.edu/~russell/ai.html
- Blaze Advisor ··· http://www.blazesoft.com/
- ILOG ··· http://www.ilog.com/
- KSTEC ··· http://www.kstec.co.kr
- WeBIS ··· http://www.waisolutions.com

CHAPTER 13

전자상거래와 소셜미디어

이 호 근 교수

연세대학교 경영학과, h.lee@yonsei.ac.kr

CONTENTS

학습목표

- 전자상거래의 개념을 이해하고 유형을 분류해 본 후 국내외 전자상거래 현황을 분석한다.
- B2C e-Business 환경의 변화를 이해하고 인터넷을 활용한 마케팅 전략과 비즈니스 모델을 살펴본다.
- B2B e-Business의 역사와 새로운 비즈니스 모델을 사례와 함께 살펴본다.
- 무선 인터넷 시장과 기술동향, 그리고 스마트폰을 활용한 새로운 비즈니스 모델에 대하여 논의한다.
- 다양한 형태의 소셜미디어에 대하여 살펴보고 기업이 채택할 수 있는 소셜미디어 전략에 대하여 살펴본다.

본 장에서는 전자상거래와 소셜미디어에 대해서 살펴보기로 한다. 먼저 전자상거래의 정의 및 분류에 대해서 알아보고 국내외의 전자상거래 시장현황을 분석한 다음, 전자상거래의 대표적인 영역인 B2C e-Business와 B2B e-Business에 대해서 구체적으로 논의한다. 아울러 인터넷과 이동통신 시장의 성장으로 자연스럽게 등장한 스마트폰과 최근 우리사회에 큰 영향을 미치고 있는 다양한 소셜미디어에 대하여 고찰해 본다.

13.1 e-Business의 정의 및 분류

정보기술의 발전 및 보급, 그리고 인터넷 사용의 급속한 확산은 새로운 비즈니스 환경을 조성하면서 컴퓨터와 네트워크를 통한 전자상거래(e-Commerce) 시장을 빠르게 성장시켰다. 통계청에 따르면, 2009년 국내 전자상거래 시장규모는 약 672조원에 달하고 있다. 전자상거래는 개인, 기업, 정부간에 다양한 전자적인 매체를 통해 네트워크 상에서 상품 및 서비스를 온라인으로 교환 또는 거래하는 것으로 구매자와 판매자를 좀더 효율적인 방법으로 연결할 수 있고, 경제적 프로세스를 재설계함으로써 새로운 시장(marketplaces)과 기회를 창출하는 것으로 알려져 있다. 전자상거래는 이를 사용하는 기관에 따라 다르게 정의되고 있는데 대표적인 몇 가지를 소개하면 <표 13-1>과 같다.

〈표 13-1〉 전자상거래의 정의

구 분	전자상거래 정의
OECD	전자상거래란 개인과 조직 모두를 포함해서 텍스트, 음성, 화상 등을 포함한 디지털 데이터의 처리 전송에 기초한 상업활동과 관련된 모든 종류의 거래를 말한다.
APEC	인터넷 또는 다른 네트워크 상에서 비즈니스를 수행하기 위해 컴퓨터와 전자적 네트워크를 사용하는 것이며, 여기서 비즈니스란 기업의 공급자 또는 소비자와의 관계에서 가치를 창조하는 모든 활동을 의미한다.
한국전산원	전자상거래란 기업, 정부기관과 같은 독립된 조직간 혹은 조직과 개인간에 다양한 전자적 매체를 이용하여 상품이나 서비스를 교환하는 방식을 말한다.

전자상거래란 용어는 e-Business와 혼용하여 사용되고 있으나 e-Business는 전자상거래의 개념보다 좀더 포괄적이라 할 수 있다. 미국의 전문 조사기관인 IDC는 e-Business를 "고객, 공급업체, 협력업체 등과의 사업 운영을 위한 전자적 연결"이라고 정의하고 있다. 다시 말해서, e-Business는 인터넷 중심의 전자 매체를 통해서 공급자, 기업, 개인, 정부 등의 경제주체 간의 가치네트워크를 통해 경제적인 부가 교환되는 온라인 상거래를 말한다. e-Business는 마이클 포터의 가치 모델(value model)을 구성하는 기업경영의 주요활동을 위해서 정보기술과 네트워크를 활용하는 것이다. [그림 13-1]

에서처럼 기업은 제조나 생산에 필요한 원자재의 수급을 위한 인바운드 로지스틱스(원자재 수급)를 위해 공급자와의 정보시스템을 네트워크로 연결하여 온라인 구매를 할 수 있다. 완성된 제품의 유통을 위한 아웃바운드 로지스틱스나 마케팅 및 판매, 나아가서는 고객서비스를 온라인으로 수행하기 위해 유통기업이나 고객을 네트워크로 연결하는 행위도 e-Business의 범주에 포함된다. 이처럼 e-Business는 단순히 전통적인 상거래의 개념을 넘어 정보 네트워크를 기반으로 기업 전반의 내부활동과 고객관리 부문 및 공급망 관리 부문을 효율적으로 연결하는 광범위한 의미를 가지고 있다.

[그림 13-1] e-Business의 가치사슬

(자료원 : 한국정보화진흥원)

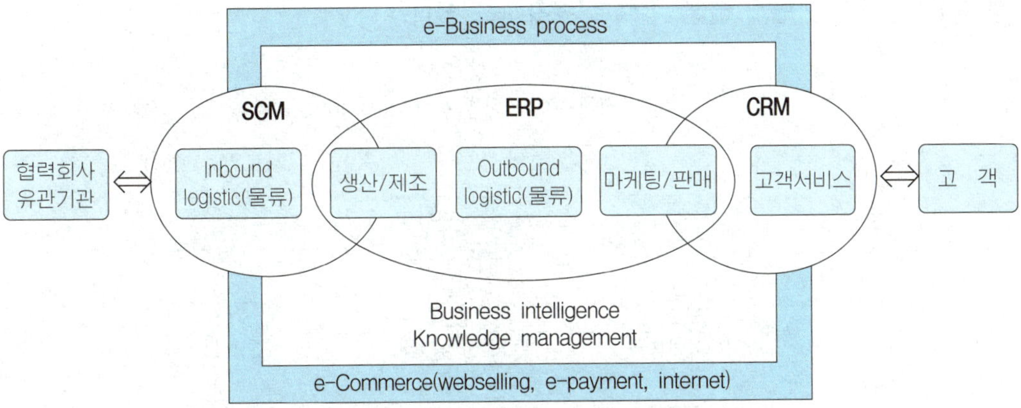

13.1.1 e-Business의 분류

인터넷과 같은 통신망을 통해서 정보를 제공하거나 상품 또는 서비스를 온라인으로 거래하는 e-Business는 고객, 기업, 정부 등의 경제주체 대상에 따라 다양하게 분류될 수 있다. [그림 13-2]는 OECD에서 전자상거래의 주체에 따라 e-Business 유형을 9가지로 분류한 것이다. 그러나 [그림 13-2]에 나와 있는 9개의 분류가 모두 일반적으로 사용되는 것은 아니다. 이들 가운데 큰 시장을 형성하고 있는 e-Business와 이러한 분류에 포함되지는 않지만 최근 새로이 부상하고 있는 대표적인 형태(예를 들면, P2P)들을 소개하면 다음과 같다.

1) B2C(Business-to-Consumer)

기업 대 소비자간 e-Business는 인터넷 사이트를 통해서 정보, 상품 및 서비스가 기업과 소비자간 사이에 거래되는 유형이다. 인터넷의 급속한 발전으로 기업은 소비자를 바로 연결할 수 있는 채널을 소유하게 되었으며, 이를 바탕으로 기존 소비자와의 관계를 개선하여 새로운 부가가치를 창출할 수 있게 되었다. 불특정 소비자를 대상으로 한 전자상거래 사업은 온라인 상점, 온라인 증권, 온라인 뱅킹, 온라인 포털, 온라인 여행사, 온라인 교육 등 다양하다. 특히, 온라인 상점은 B2C의 대표적인 사업 모델이며 저렴한 가격, 다양한 부가정보의 제공, 시공간에 관계없이 이용할 수 있는 편리성 등의 장점으로 인해 빠른 속도로 성장하고 있다.

[그림 13-2] 경제주체에 따른 e-Business 유형

(자료원 : OECD)

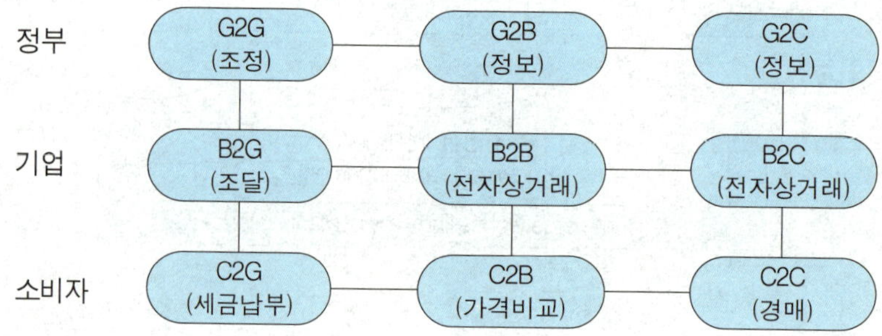

2) B2B(Business-to-Business)

기업 대 기업간의 e-Business는 정보의 교환 및 원자재의 구매를 위해 전자문서교환(EDI) 시스템을 활용하는 형태로 시작되었다. 그러나 최근 인터넷의 발전으로 기존의 기업간 EDI, VAN과 같은 폐쇄적인 네트워크에서 벗어나 저렴하고 보편적인 인터넷을 통해서 기업간 구매 또는 판매가 이루어지는 개방적 e-Business로 확대되고 있다. 또한 산업별로 제 3자 또는 업체간 컨소시엄을 형성하여 불특정 다수의 기업이 온라인상에서 시장을 형성하는 B2B 전자시장(B2B e-Marketplace)이 생겨나고 있다. B2B 전자시장(B2B e-Marketplace)은 단일업체가 인터넷을 통해 거래기업 및 계열기업을 대상으로 기업간 거

래를 하는 B2B와 달리, 불특정 다수의 공급자와 수요자가 모여 자유롭게 거래를 할 수 있도록 해주는 일종의 '가상시장'(virtual market)으로 내부적으로는 비용절감과 외부적으로는 매출확대를 기할 수 있다.

3) G2B(Government-to-Business) & G2C(Government-to-Consumer)

정부 대 기업간 e-Business는 무역 EDI를 시작으로 통관, 물류, 조달 등의 분야로 확대된 정부주도의 e-Business를 의미하는 것으로, 정부와 민간기업간의 정보교환, 공공 데이터베이스 활용 및 공공조달과정을 전자적으로 처리하는 일련의 활동을 포함한다. 한국을 포함한 대부분의 국가는 자국의 전자상거래를 진흥시키고자 정책적으로 정부나 공공부문의 전자 구매 환경을 활성화하는 전략을 추진하고 있다. 따라서 G2B는 기업간 전자상거래와 함께 향후의 전자상거래 시장을 주도해 나갈 분야로 등장하고 있다. 정부 대 기업간 e-Business는 전자정부 구현이라는 목표 아래 정부가 공공 부문의 전자구매와 세금부과 및 징수 등과 같은 대민 행정 서비스를 온라인화한 것이다. 국내 조달청의 경우, 입찰과 계약에 관한 조달업무를 인터넷 기반 전자상거래 체제로 전환하여 조달청-공공기관-기업간 문서를 온라인으로 교환하고 있으며 인터넷을 통해 조달 전 과정의 처리상황 및 정보를 실시간으로 공개하고 있다. 정부와 소비자간(G2C) 전자상거래는 소비자가 세정부문에서 전자신고, 세금 납부 및 민원 관련 정보 또는 서비스를 인터넷을 통해서 제공받는 형태로 이루어지고 있다.

4) C2C(Consumer-to-Consumer)

소비자와 소비자간 e-Business는 제 3자가 중개인의 역할을 담당하면서 소비자간에 다양한 상품과 서비스를 온라인으로 거래할 수 있도록 하는 형태로 인터넷 경매나 채팅서비스 등이 여기에 해당한다. 소비자간 전자상거래는 인터넷을 통해서 실수요자간에 정보가 공유됨으로써 상품과 서비스의 거래가 이루어진다. 대표적인 C2C 모델은 eBay, G마켓, 그리고 옥션과 같은 오픈마켓 서비스이다.

5) P2P(Peer-to-Peer)

P2P e-Business는 중개자 없이 정보를 가진 상대방과 직접 연결해 주는 것으로 컴

퓨터들간의 직접적인 자료교환을 통해 온라인 상의 각 개인이 가지고 있는 수많은 문서와 정보를 손쉽게 공유할 수 있도록 해준다. P2P 방식은 MP3 음악파일 공유 목적으로 19세 소년 숀 패닝에 의해 개발된 냅스터를 통해 유명해졌으며, 국내에서는 소리바다가 비슷한 형태로 서비스를 제공하고 있다.

13.1.2 B2B와 B2C의 비교

다양한 e-Business 유형 중에서 B2C와 B2B는 현재까지 가장 활성화되고 발전된 e-Business 분야이다. 하지만 B2C와 B2B e-Business는 경제주체간 온라인 거래의 성립이나 거래의 수행에서 여러 가지 차이점을 보인다. B2B와 B2C 온라인 거래의 차이점을 정리하면 <표 13-2>와 같다.

〈표 13-2〉 B2B와 B2C의 비교

	B2B 주문	B2C 주문
주문 규모	평균 $75,000	평균 $75
참여자	다수의 거래기업	소비자와 상인(기업)
가 격	협상을 통한 장기간 계약, 경매나 카탈로그 구매	주로 카탈로그 구매로 고정된 가격을 적용
의사 결정권자	구매 규모에 따라 조직내 사전 승인이 필요	소비자 개인이 직접 구매의사결정
온라인 주문의 동기	구매 비용 절감	편의성 및 가격
온라인 사이트의 선택	기업에게 제공하는 가치 및 파트너쉽	브랜드, 가격 및 광고
주문 수행의 복잡성	주문 수행 절차가 복잡하고 관리체계가 필요	주문 수행이 상대적으로 간단함 (지불 후 택배)
지불(Payment)	신용(구매)카드, 금융기관에 의한 신용 보증	대부분이 신용카드로 구매

(자료원 : Morgan stanley dean witter internet research)

13.2 e-Business 시장 현황

본 절에서는 인터넷이 창출하는 e-Business 시장규모를 살펴보고자 한다. 국제통신연합(ITU)의 연구 조사에 의하면, 인터넷 사용 인구는 2001년 4억 명에서 2010년에는 전세계 인구의 1/3에 해당하는 20억명으로 추산되고 있다. 한편, 통계청 자료에 따르면, 2010년 기준 우리나라의 인구 100명당 인터넷 이용자 수는 78명이며, 2009년 국내 B2B e-Business 시장 규모는 593조원에 달하고 있다. 조사기관에 따라 시장규모에 대한 예측은 상이하지만 공통적인 특성은 e-Business 시장이 고속 성장을 하고 있다는 것이며, B2B e-Business 규모가 B2C e-Business 보다 월등히 크다는 것이다.

13.2.1 국내 e-Business 시장

국내 e-Business 시장은 B2B와 B2C 거래가 활발한 가운데, 최근 몇 년간 전자정부 추진 정책과 더불어 급성장한 G2B 시장이 꾸준한 성장을 하고 있다. 통계청에서 조사한 자료에 의하면 2009년 국내 전자상거래 시장 규모는 672조원을 넘었다. 국내 e-Business 시장은 B2B 시장이 가장 큰 규모를 보여주고 있는데, 2000년에 52조원이었던 B2B 시장규모는 2009년 593조원으로 크게 성장했다. B2B 시장의 증가와 함께 B2B e-Marketplace 시장규모도 성장을 계속하여 2009년 기준 국내 B2B e-Marketplace 시장 규모는 37조원에 이르고 있는데 이는 2001년에 비해 1,000% 이상 성장한 것이다. 국내 인터넷 쇼핑몰 시장(B2C와 C2C)은 2009년 기준 20조원 규모로 B2B 시장에 비해 규모 면에서는 작지만, 인터넷 쇼핑몰 등 B2C 시장 사업자의 지속적인 성장이 두드러지고 있다. 2010년 현재 국내에는 1,012여개의 인터넷 쇼핑몰이 운영되고 있으며, 옥션, G마켓, 11번가 등이 대표적이다. 2009년 인터넷 쇼핑몰 거래규모(B2C와 C2C)는 20조 6,410억원에 달하고 있으며 이 중, B2C 거래가 12조 430억 원을 차지하고 있다. 국내 인터넷 쇼핑몰 시장 규모는 전년도 대비 13%의 성장을 이루면서 성장세는 다소 둔화되고 있지만, 규모는 꾸준히 증가하고 있다. [그림 13-3]은 유형별 국내전자상거래 시장 규모를 나타낸 그래프이다.

[그림 13-3] 한국의 B2B 및 B2C e-Business 시장 규모

(자료원 : 통계청)

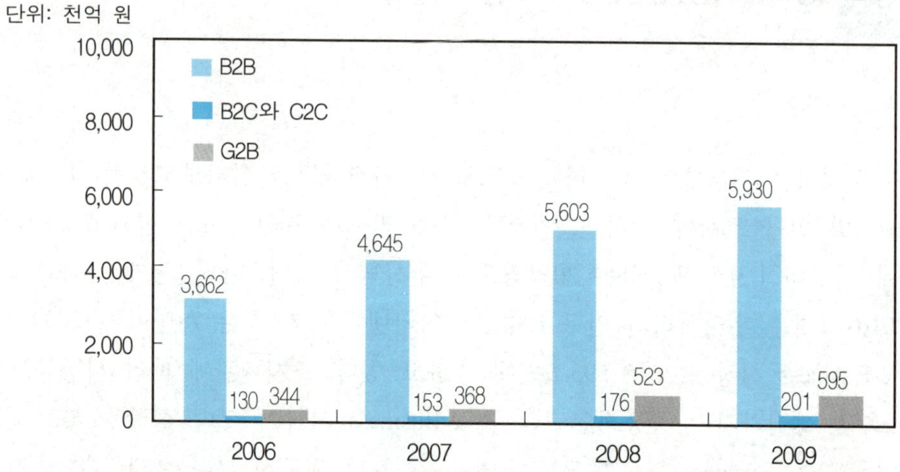

13.2.2 해외 e-Business 시장

북미 지역의 e-Business 시장은 미국 전자상거래 시장의 지속적인 성장에 힘입어 여전히 전세계 e-Business 시장을 이끌고 있다. e-Marketer의 자료에 따르면, 미국의 B2C e-Business 시장규모는 2009년 세계불황의 여파로 224억 달러로 전년에 비해 감소하였지만, 앞으로 꾸준히 증가하여 2013년에 3천억 달러를 초과할 것으로 전망된다([그림 13-4] 참조).

[그림 13-4] 미국 B2C 시장 규모 전망

(자료원 : eMarketer, 2009)

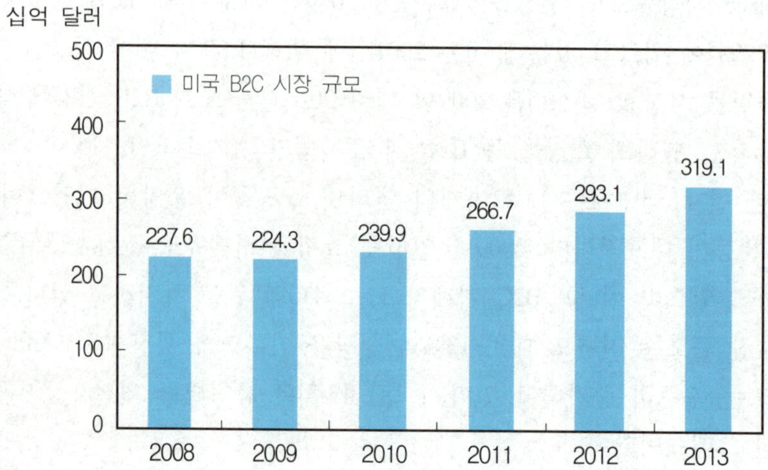

한편, 미국의 B2B e-Business 주요 사업자들은 제너럴 일렉트릭, 델 컴퓨터, 시스코와 같은 회사들이며 다수의 산업분야에서 Chemdex, PlasticsNet, Metalsite, Petrocosm 등과 같은 e-Marketplace가 구축되어 운영되고 있다.

13.3 B2C e-Business

13.3.1 B2C e-Business와 유통채널의 변화

제조업체와 소비자 사이를 유통업체인 도매업자나 소매업자가 연결하고 있는 [그림 13-5]를 산업의 가치 사슬(value chain)이라고 한다. 제조업자가 상품을 생산하면 도매상과 소매상을 거쳐 일반 소비자에게 제품이 전달되는 유통경로를 거치는 것이 전통적인 가치사슬이다. 그러나 인터넷 사용의 확산으로 전통적인 가치사슬에 중개소멸(dis-intermediation)과 재중개(re-intermediation)라는 두 가지 변화가 일어나고 있다.

Dis-intermediation은 제조업자가 자사의 웹 페이지를 통해 소비자에게 직접 자사제품을 온라인으로 판매하는 것이 가능해짐으로써 기존의 중간상인(intermediary)이 사라지

[그림 13-5] 인터넷이 유통채널에 미치는 영향

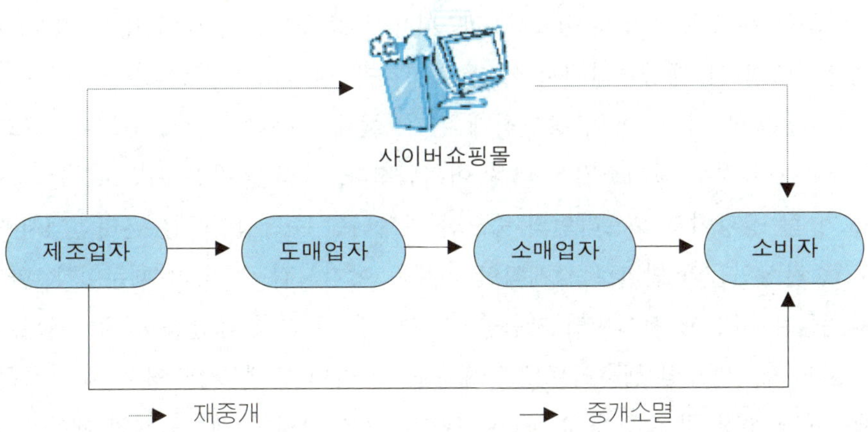

거나 그 기능이 크게 축소된다는 것이다. 일반적으로 유통채널상의 중간상인이 차지하는 마진이 가격의 30~80%에 이르므로 제조업체가 자신의 웹사이트를 통해 직접 고객에게 온라인 판매를 한다면 중간상인의 마진을 제거하고 거래가격을 낮출 수 있다는 것이 중개소멸의 배경이다.

Re-intermediation은 인터넷의 활성화로 온라인상에서 중간상인의 역할이 더욱 중요해 진다는 이론이다. 인터넷상에서는 수많은 제조업자나 컨텐츠 제공업자가 존재하므로 소비자가 자신이 원하는 제품이나 서비스를 판매하는 사이트를 찾는 것이 더욱 어려워 질 수 있다. 따라서 온라인상에서 소비자가 필요로 하는 사이트를 찾아 주거나, 다양한 제품간의 비교 서비스 등을 제공하는 새로운 온라인 중개상에 대한 수요가 늘어 날 수 있다. 기존의 중개상인(유통업자)들이 물리적인 가게나 상점, 그리고 창고 등을 기본적인 인프라로 사용하는 반면, 온라인 중개상인들은 컴퓨터와 네트워크와 같은 IT가 중요한 인프라가 된다. 판매자와 소비자를 연결시켜 주는 기본 역할은 동일하지만 유통서비스를 위한 인프라가 달라지므로 재중개라는 용어가 사용되고 있다.

제조업자나 판매자의 입장에서는 유통에서 중간상인을 배제하는 중개소멸이 상당히 매력적인 대안으로 인식될 수 있을 것이다. 중간상인의 마진을 제조업자가 흡수하거나, 제품의 가격을 낮출 수 있기 때문이다. 그러나 현실적으로 제조업자가 중간상인을 우회하는 중개소멸은 쉽지 않다. 첫째, 중간상인이 제공하는 유통 서비스를 제조업체가 온라인으로 흡수할 경우 오히려 거래비용이 증가하거나 가치사슬내의 부가가치가 줄어들 수 있다. 중간상인은 소비자의 제품탐색과 평가를 도와 소비자의 구매를 유도하고, 반품 및 보증서비스를 제공함으로써 소비자의 위험을 관리해주는 역할을 수행한다. 제조업자가 기존의 중간상인들이 제공하던 이러한 서비스를 직접 수행할 경우 조직의 변화와 새로운 투자가 필요하므로 비용이 증가할 가능성이 많다. 또한 유통업체를 대상으로 하던 대량거래에서 개별 소비자를 대상으로 하는 소량거래로 전환할 경우 물류비용이나 거래비용이 증가하게 된다. 둘째, 기존의 중간상인들이 제조업자의 중요한 파트너일 경우 중개소멸은 더욱 어려워진다. 아직 온라인 시장보다는 오프라인 시장규모가 큰 상황에서 오프라인의 중요한 파트너인 중간상인들을 온라인에서 제외시킬 경우, 중간상인들의 반발로 경제적인 손해를 야기시킬 수 있기 때문이다. 마지막으로, 네티즌들은 다양한 사이트의 제품을 비교한 후 최적의 대안을 선택하려는 성향을 가지고 있다. 제조업체의 웹사이트를 통해 직접 온라인 판매를 할 경우 제품 품목이 자사의 제품에만 한정 될 수밖에 없으므로 네티즌들은 다양한 제조업체의 제품을 비교하고 선택의 폭을 늘리는 온라인 중개상인을 더욱 선호할 가능성이 높기 때문이다.

단기적으로는 오프라인의 중간상인들을 대체하는 새로운 중간상인들이 태동하는 재중개가 인터넷으로 인해 야기되는 유통채널 변화의 주류가 될 것으로 전망된다. 여행자를 위한 온라인 예약산업에서는 travelocity나 expedia와 같은 온라인 여행사가 오프라인의 여행사 역할을 대신하고 있으며, 국내의 증권거래시장에서는 70%의 거래가 온라인 중개상인들에 의해 이루어지고 있다. 그러나 장기적으로 e-Business 시장의 규모가 확대되면 특정한 제품군을 중심으로 dis-intermediation이 가시화될 것으로 전망된다.

13.3.2 인터넷 마케팅

기업과 소비자간의 상거래가 전통적인 대면거래에서 온라인 상거래로 변화하면서 마케팅 분야에서도 새로운 메커니즘이 생겨나고 있다. 기업이 인터넷 마케팅을 성공적으로 수행하기 위해서는 무엇보다도 인터넷의 특성을 파악하는 것이 중요하다. 인터넷은 시공간을 초월하여(anytime, anywhere) 구매가 가능하게 한다는 장점 이외에도 쌍방향 마케팅 커뮤니케이션 채널을 제공한다는 특징이 있다. 쌍방향 마케팅 커뮤니케이션 채널은, e-Business 기업의 제품정보를 탐색하고 온라인 구매를 하기 위해 소비자가 온라인 사이트를 방문하는 것처럼, e-Business 기업이 원하는 시간에 원하는 소비자에게 온라인으로 접근할 수 있다는 의미이다.

고객과의 쌍방향 커뮤니케이션 채널을 활용할 경우 마케팅이 어떻게 달라 질 수 있는 가를 와인닷컴의 사례를 통해 살펴보자. 와인닷컴은 인터넷을 통해 와인을 온라인으로 판매하는 e-Business 기업으로 e-Vineyard를 흡수 합병한 회사다. 와인닷컴은 인터넷이 제공하는 쌍방향 마케팅 커뮤니케이션 채널과 고객에 대한 데이터베이스를 결합하여 기존의 오프라인 마케팅과는 다른 새로운 고객관리를 수행하고 있다. 첫째, 와인닷컴의 고객이 되기 위해서는 고객의 정보, 예를 들면 결혼기념일, 본인의 생일, 배우자의 생일 등에 대한 정보를 제공하여야 한다. 와인닷컴은 고객의 데이터베이스로부터 특별한 기념일(예를 들면 결혼기념일)을 파악하고, 기념일 전에 축하 전자메일을 보내며 와인을 추천한다. 둘째, 고객의 과거 거래정보를 활용한 마케팅이다. 와인닷컴은 새로운 와인이 출시될 때마다 와인의 맛을 시각적으로 나타낸 "tasting chart"를 제작한다. "tasting chart"가 제작되면, 데이터베이스에서 새로운 와인과 유사한 "tasting chart"를 가지는 와인들(즉, 새로운 와인과 맛이 유사한 기존 와인들)을 모두 추출한 다음, 이들 기존와인을 구매한 경력이 있는 고객의 리스트를 만든다. 이렇게 추출된 고객리스트가 새로운 와인을 위한 목표고객들이 되므로, 이들에게 전자메일을 통해 새로운 와인을 추천한다. 셋째, 고객이 특별한 이벤트를 위해 와인이 필요할 경우 와인닷컴에 전자메일을 보내면, 이벤트의 성격에 맞는 와인을 친절하게 추천한다. 마지막으로 고객이 와인닷컴 사이트에 들어와 와인을 탐색만 하고 나가도 고객이 어떠한 와인 사이트에 얼마나 머물렀는지를 알려 주는 로그파일이 저장된다. 와인닷컴은 이러한 로그파일을 데이터 마이닝 기법을 사용하여 분석함으로써 고객의 기호도를 파악하고 이를 마케팅에 활용한다.

인터넷이 제공하는 쌍방향 마케팅 커뮤니케이션을 성공적으로 활용하는 기업은 와인닷컴 뿐만이 아니다. 카드를 판매하는 홀마크사는 고객이 1년 동안 카드를 보내고 싶은 가족이나 친구의 생일을 웹 페이지에 등록해 두면, 기념일전에 전자메일을 통해 고객에게 가족의 생일이 다가왔음을 알리면서 카드를 추천한다. 이러한 고객과의 커뮤니케이션 채널의 구성은 오프라인에서도 가능하지만, 인터넷은 전자메일이라는 거의 무료에 가까운 마케팅 도구를 사용하여 저렴한 비용으로 새로운 마케팅을 수행할 수 있도록 한다는 것이 큰 차이라고 하겠다.

전통적인 마케팅 전략은 1960년대 제롬 메카시가 제시한 마케팅믹스(4P)에 의존해 왔다. 4P란 제품(product), 가격(price), 유통(place), 판매촉진(promotion)을 의미하는 것으로 오랫동안 마케팅의 전략적 수행요소로 자리를 지켜왔다. 하지만 4P는 제품의 가격, 유통, 판촉에 관한 것으로 제품 중심의 마케팅이다. e-Business는 기존의 시장과 비교할 때 시장점유율(market share) 보다는 고객점유율(customer share)이 전략의 중심이 되기 때문에 제품중심보다 고객중심적인 마케팅이 더욱 중요하다. 인터넷 마케팅에서는 기존의 4P 보다 4C가 중요한 개념이 되고 있는데, 4C란 컨텐츠(contents), 커뮤니티(community), 커머스(commerce), 고객화(customization)의 4가지 요소를 의미한다.

고객이 원하는 컨텐츠(contents)를 제공함으로써 고객이 사이트를 방문할 수 있는 동기를 부여해야 하며, 고객이 원하는 커뮤니티를 구성하여 고객들이 상호 커뮤니케이션을 통해 사이트에 대한 브랜드 로열티를 형성할 수 있도록 하는 것이 인터넷 마케팅에서는 무엇보다도 중요하다. 커머스(commerce)도 고객이 원하는 제품을 제공하는 것에 초점을 맞추어야 하며, 개별고객을 위한 맞춤 서비스를 통한 고객화(customization)도 인터넷 마케팅의 중요한 요소로 활용되어야 하는데, 최근 개인화된 홈페이지(personalized homepage)가 고객화의 예라고 할 수 있겠다. [그림 13-6]은 제품 중심의 기존 마케팅 믹스가 e-Business 환경에서는 고객(customer) 중심의 4C로 전환되어야 한다는 인터넷 마케팅의 개념을 도식화한 것이다. 인터넷이 제공하는 쌍방향 마케팅 커뮤니케이션 채널을 활용하여, 고객이 원하는 컨텐츠, 커뮤니티, 커머스 그리고 고객화의 믹스(mix)를 구성하는 것이 인터넷 마케팅의 핵심이다.

[그림 13-6] 마케팅 전략의 변화

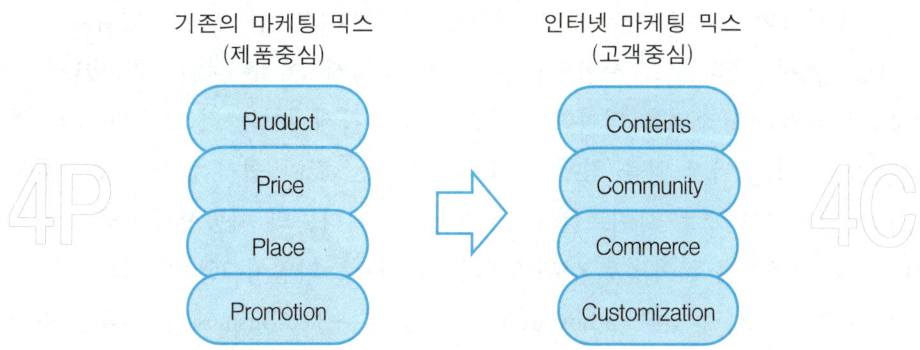

13.3.3 e-Loyalty

고객유지율(retention rate)을 5% 증가시키면 기업의 수익은 25%에서 95%까지 증가할 수도 있는 것으로 알려져 있다. e-Business 환경에서는 새로운 고객을 유치하는데 상당한 마케팅 비용이 투입되어야 하므로 이미 확보한 기존 고객이 다른 사이트로 빠져나가지 않도록 유지하는 전략이 중요하다. 즉, 기존 고객의 충성도(loyalty)를 확보하는 것이 e-Business 기업의 사활과 직결된다고 하겠다. 최근 조사에 의하면 2년 이상 된 e-Business 기업의 충성고객이 6개월도 되지 않은 신규고객보다 매출이나 수익 공헌도에서 2배 이상의 가치를 보여 주고 있다. 따라서 한번 들어온 고객의 로열티를 증가시켜 고객유지율을 높게 유지하는 것이 무엇보다도 중요하다.

e-Business 기업이 브랜드 이미지를 통해 e-Loyalty를 확보해야 하는 이유는 여러 가지가 있다. 인터넷 시장에서 소비자가 느끼는 위험은 기존시장에 비해 더 크다. 눈으로 제품을 직접 확인할 수 없는 가상의 공간에서 거래가 이루어지기 때문에 고객은

브랜드 이미지가 있는 사이트에서만 구매하는 경향이 있다. e-Business는 기업의 진입장벽(entry barrier)이 낮기 때문에 누구나 쉽게 시장 참여자가 될 수 있고, 퇴출장벽(exit barrier)이 낮아 e-Business 사이트가 사이버 공간에서 쉽게 사라질 수 있다. 오프라인에서는 가게를 설립하고, 가게 내 인테리어를 구성하며, 재고를 확보해야만 고객을 유치할 수 있으나 e-Business 기업은 컴퓨터와 인터넷만으로 사업을 시작할 수 있으며, 컴퓨터의 스위치를 끔으로써 온라인 상점의 문을 닫을 수 있다. 온라인으로 상품을 구매하고 지불까지 마친 상태에서 사이트가 사라져 버리는 사례가 종종 발생하는 사이버 공간에서 브랜드와 로열티는 가장 중요한 경쟁우위요소가 될 수밖에 없다.

인터넷상에서 네티즌이 사이트와 사이트를 쉽게 옮겨 다닐 수 있다는 점도 e-Loyalty가 중요한 요소임을 의미한다. 오프라인의 가게에서는 더 나은 가게가 있어도 지리적으로 멀리 떨어져 있을 경우 가게를 교체하는 것이 쉽지 않으나 인터넷상에서는 마우스 클릭 한번으로 사이트를 옮길 수 있다. 네티즌의 이동성(mobility)이 용이하므로 인터넷 시장에서는 분야별로 상위 5개의 e-Business 기업이 75%의 트래픽을 독점하고 있는 것으로 알려져 있다. e-Loyalty의 중요성 때문에 e-Business 기업들은 마케팅과 광고에 엄청난 재원을 투입하고 있다. 오프라인의 가게들이 매출의 4% 정도를 광고비로 지출하는 반면 초창기의 e-Business 기업들은 매출의 65%까지 마케팅과 광고비에 투입되고 있는데, 이는 브랜드 이미지와 e-Loyalty의 확보가 얼마나 중요한가를 보여주는 예라고 하겠다.

e-Loyalty를 확보하기 위해서는 네티즌으로부터 신뢰를 받는 것이 무엇보다 중요하다. 인터넷 경매 사이트인 eBay의 경우 거래 후 구매자가 판매자에 대한 등급을 책정(rating) 하도록 하고 이를 공개함으로써 사이트의 신뢰성을 증가시키고 있다. 뿐만 아니라, 거래당 200달러까지 보험 서비스를 제공함으로써 구매자를 보호하고 있는데, 이러한 정책이 온라인 경매 서비스의 거래위험을 줄이고 궁극적으로 eBay에 대한 e-Loyalty를 증가시켰다고 볼 수 있다. 온라인 금융사이트를 운영하는 벤가드(Vanguard) 그룹은 자사의 금융상품과 경쟁사의 금융상품을 비교할 때 경쟁사의 제품이 우수할 경우 이를 진솔하게 소비자에게 알려줌으로써 사이트가 제공하는 컨텐츠에 대한 신뢰를 확보할 수 있었고, 이는 벤가드 그룹에 대한 e-Loyalty의 확보에 큰 공헌을 한 것으로 알려져 있다.

e-Loyalty를 확보하기 위해서는 e-Business 기업이 목표로 하는 타겟마켓을 명확히 할 필요가 있다. e-Business 기업이 모든 네티즌을 상대로 브랜드를 확보하기는 어렵기

때문이다. 벤가드 그룹은 장기적인 안목으로 일년에 2-3회 투자하는 소비자를 목표고객으로 하고 있으며, 웹사이트의 컨텐츠도 이러한 목표고객이 원하는 내용으로 구성되어 있다. 따라서 단기적인 투자수익을 추구하는 데이트레이더 등은 벤가드 그룹의 사이트에서 로열티를 얻기가 어렵다. 벤가드 그룹이 서로 다른 투자성향을 가진 네티즌을 모두 목표시장으로 설정했다면 e-Loyalty의 확보가 불가능하였을 것이다. 많은 e-Business 기업들이 네티즌들을 사이트로 끌어 들이기 위해 경쟁적으로 가격을 낮추거나 가격할인쿠폰 등을 제공하고 있다. 네티즌 가운데 저렴한 가격만을 추구하는 계층을 프라이스 버터플라이(price butterfly)라고 부르는데, 이들을 목표시장으로 설정할 경우 e-Loyalty의 확보가 어렵다는 사실을 인식해야 한다. 프라이스 버터플라이들은 더욱 저렴한 가격을 제공하는 사이트를 발견하면 빠져나갈 가능성이 많은 고객층이기 때문이다. e-Loyalty를 위해 목표시장을 설정할 때 가격보다는 서비스나 신뢰도에 의해 로열티가 결정되는 네티즌을 대상으로 해야 하는 이유가 여기에 있다.

13.3.4 온라인 공동체

온라인 공동체(online community)는 e-Loyalty를 확보하기 위해 사용할 수 있는 중요한 전략이다. 1980년대 정보서비스 시장에서 경쟁회사였던 AOL, CompuServe, Prodigy 가운데, 오늘날 가장 경쟁력 있는 e-Business 기업으로 성장한 AOL의 성공배경에는 온라인 커뮤니티가 있었다. 온라인 공동체에 대한 정의나 범위는 학자마다 다양하게 주장되고 있으나 주로 온라인을 매개체로 서로 관련 있는 목적을 가지고 만남의 장을 형성하고 그 관계를 지속해 나가는 과정이라고 종합해 볼 수 있다. 온라인 공동체의 타입은 크게 4가지로 볼 수 있다. 첫째는 아마존이나 와인닷컴 같이 거래를 목적으로 만들어진 공동체를 들 수 있다. 와인닷컴은 와인을 온라인으로 판매할 뿐 아니라 와인 매니아들이 와인에 대한 정보를 공유할 수 있는 가상공간을 제공하고 있다. 와인 제조법이나 특정한 와인의 안주 만드는 방법 등 다양한 컨텐츠를 제공하고 이들에 대한 정보를 교환하는 커뮤니티를 구성한 것이 와인닷컴의 e-Loyalty를 크게 증가시켰다. 온라인 공동체의 두 번째 형태는 특정한 토픽이나 이슈에 관심이 있는 네티즌들이 모이는 커뮤니티를 들 수 있다. 예를 들면, 정원 가꾸기에 관심이 있는 사람들의 커뮤니티인 가든웹(Garden-Web)이나 재테크에 관심이 있는 사람들의 커뮤니티인 모트리풀(Motley

Fool), 그리고 자녀의 출산과 양육에 관한 정보를 교환하는 커뮤니티인 페어런츠 플레이스(Parents Place)가 여기에 속한다고 볼 수 있다.

온라인 공동체의 세 번째 형태는 오락이나 엔터테인먼트를 위한 새로운 환경을 제공하는 커뮤니티를 들 수 있다. 예를 들면, ESPNet에서는 네티즌들이 가상공간에서 자신의 프로농구팀을 구성하고 이들 농구팀간의 토너먼트를 할 수 있는데, 게임의 승부는 자신의 팀에 속한 프로농구 선수들의 오프라인 시합에서 보여 주는 실적에 의해 결정된다. 디즈니나 워너브라더스 등 기존의 엔터테인먼트 기업들도 자사의 웹사이트에 이러한 커뮤니티를 구성하고 있음은 물론이다. 마지막 형태의 온라인 공동체는 삶의 경험을 공유하는 관계 형성을 위한 커뮤니티를 들 수 있다. 예를 들면, AOL의 암 포럼(cancer forum)에서는 암 환자들이나 가족들이 병을 치료해 가면서 겪은 경험에 관한 정보를 교류하고 있다. 이들은 온라인 공동체에서의 만남뿐만 아니라 오프라인에서도 만나 삶의 경험을 공유하고 유용한 정보를 교환하고 있다.

e-Business 기업 중 온라인 공동체를 비즈니스 모델로 시작한 사이트는 점차 커머스의 영역으로 비즈니스 모델을 확대하고 있으며, 커머스를 비즈니스 모델로 시작한 기업들은 점차 온라인 커뮤니티를 추가함으로써 e-Loyalty를 증가시키는 추세에 있다. 예를 들면, 자녀의 출산과 양육을 위한 공동체인 페어런츠 플레이스(Parents place)는 정보공유와 컨텐츠 제공이라는 서비스로 시작하였으나 점차 출산관련제품의 광고시장이 형성되고 나아가서는 이들 광고제품을 온라인으로 주문 받는 형태로 발전하고 있다. 가든웹에서도 정원수나 분수대와 같은 제품의 광고에서 점차 온라인 판매로 확대하고 있으며, 재테크를 위한 공동체인 모트리풀은 온라인 증권거래서비스를 제공하고 있다. 반면, 커머스로 시작한 e-Business 기업들은 자사에서 판매하는 제품과 관련된 커뮤니티를 형성하여 e-Loyalty를 확보하는 방향으로 나아가고 있는데 와인닷컴의 와인 커뮤니티가 대표적인 예라고 볼 수 있다.

13.3.5 B2C e-Business 모델

e-Business 기업은 자사의 비즈니스 모델을 명확히 설정할 필요가 있다. 마하드반(Mahadevan)은 인터넷 비즈니스 모델을 포털모델(portal), 시장제공모델(market maker), 그리고 제품 · 서비스 판매모델(product · service provider)이라는 3가지로 분류하고 있다. 포털모델은

야후나 AOL과 같이 상품과 서비스에 대한 정보를 위한 커뮤니티를 형성하거나 소비자가 원하는 최종 사이트의 탐색을 도와주는 관문서비스를 제공하는 모델을 의미한다. 시장제공모델은 판매자와 소비자를 모아 온라인상에서 마켓플레이스를 창조하는 모델로 인터넷 경매 사이트가 대표적인 비즈니스 모델이다. 시장제공모델은 포털모델과 역할이 비슷해 보이지만 시장거래를 위한 신뢰성 제고와 같은 부가적인 가치를 제공하며, 커머스에 초점이 맞추어져 있다. 예를 들면, eBay와 같은 경매사이트는 포털사이트와는 달리 거래되는 품목에 대한 상세한 정보를 제공하고 거래제품에 대한 품질보증이나 소비자의 정보보호와 같은 가치를 제공한다. 마지막으로, 제품・서비스 판매모델은 아마존과 같은 인터넷 서점처럼 제품의 재고를 유지하면서 직접 고객에게 온라인 판매를 수행하는 모델이다.

비즈니스 모델을 설정하기 위하여 세 가지 요소를 고려해 보아야 한다. 첫째는 가치요소(value stream)로서 e-Business 사이트가 고객에게 어떠한 가치를 제공함으로써 네티즌을 유인할 수 있는가를 의미한다. 온라인 공동체를 구성하여 네트워크 효과(network externality)라는 가치를 제공할 수도 있고, 온라인 예약이나 온라인 증권거래와 같이 거래비용을 절감하는 것도 가치창출의 예가 될 수 있다. 인터넷 경매와 같이 판매자와 구매자 사이의 정보 비대칭성(information asymmetry)을 줄이거나 온라인 거래를 위한 보안이나 신뢰 같은 부가서비스를 제공하는 것도 가치제공의 형태이다. e-Business 모델의 두 번째 요소는 수익원천(revenue stream)이다. e-Business 기업의 수익은 아마존과 같이 상품을 판매한 마진이나 eBay와 같은 경매 사이트에서 판매자로부터 받는 수수료, 야후와 같은 포털 사이트에서 받는 광고료 등 다양한 형태가 될 수 있다. AOL이나 웹상의 신문・잡지 사이트처럼 정기구독료나 MP3 파일 다운로드 시 요금을 부과하는 가격전략도 수익의 원천이 될 수 있고, 정보의 비대칭성을 줄이는 대가로 일정 수수료를 부과하는 수익모델도 가능하다. 경험재에 해당하는 온라인 게임이나 소프트웨어 시장에서는 미래의 수익을 도모하기 위해 free version을 제공하고 있는데, 이러한 무료버전도 수익의 원천으로 인식할 수 있을 것이다. 예를 들면, Adobe사는 PDF 파일을 읽을 수 있는 소프트웨어(프리웨어)를 무료로 제공하여 PDF 시장의 표준을 장악함으로써 PDF 파일을 만드는 소프트웨어 시장에서 매출을 달성하고 있다. e-Business 모델의 세 번째 요소는 로지스틱스(logistics stream)이다. 로지스틱스는 수요와 공급을 연결하는 물류나 정보의 흐름을 의미하는 것으로 앞에서 언급한 바 있는 중개소멸과 재중개라는 형태를 고려해 볼 수 있다. 또한 새로운 형태의 정보중개자로 야후와 같은 정보제공자(infomediation), 여러 가지 시장을 연결해 주는 meta-mediation의 형태도 로지스틱스의 관점에서 본 비즈니스 모델이라고 할 수 있다. 마하드반이 제시한 e-Business 모델들을 이러한 세 가지 요소의 관점에서 정리하면 <표 13-3>과 같이 나타낼 수 있다.

〈표 13-3〉 시장 구조에 따른 비즈니스 모델 분류

비즈니스 모델	시장 구조		
	포털모델	시장제공 모델	제품/서비스 판매모델
가치요소			
온라인 공동체	V	V	V
거래비용의 감소		V	V
정보비대칭성의 제거		V	
부가가치 창출 프로세스	V	V	
수익원천요소			
판매 마진			V
거래수수료	V	V	
광고	V	V	
다양한 가격(구독료, 다운로드 요금 등)			V
정보비대칭성 감소에 대한 수수료		V	
무료제공	V	V	V
로지스틱스요소			
Dis-intermediation/re-intermediation			V
정보제공자(info-mediary)	V		
메타 미디에이션		V	

(자료원 : Mahadevan, 2000)

사례(1) : 사이버상의 새로운 중개인 eBay

1995년 설립된 eBay는 Pierre Omidyar가 아내와 켄디박스 수집에 관한 대화 도중 인터넷을 통해 켄디박스를 거래할 사람들을 찾고 싶다는 아이디어에서 비롯되었다. eBay는 구매자와 판매자가 효율적이고 재미있는 경매 형태로 거래를 할 수 있도록 웹에서 소비자와 소비자간 거래를 중개하는 C2C e-Business 모델에서 출발하였다. 전통적인 경매 시장에서는 존재할 수 없는 대규모의 사람들이 시·공간을 초월하여 자신들의 물건을 거래하기 위해서 모여들었으며 일정 규모 이상의 critical mass가 형성되면서 판매자와 구매자는 네트워크 효과(network externality)를 누리게 되었다. 인터넷의 등장으로 기존 유통구조에서 중간상인이 사라지게 될 것이라는 예상과는 달리 eBay는 개인과 개인을 연결시켜주는 인터넷상에 새롭게 등장한 사이버 중개인(cyber intermediary)이다.

eBay의 수익원은 거래되는 물건에서 발생하는 수수료인데 이는 크게 두 가지로 구분된다. 첫째는 판매자가 자신이 경매에 올리고 싶은 제품을 등록하고 게시할 때 지불하는 요금으로 eBay 전체수익의 45%를 차지한다. 두 번째 수익원은 온라인 경매로 거래가 성사되었을 때 판매자가 거래가격의 일정비율을 수수료의 형태로 지불하는 것으로 eBay 수익의 55%에 해당한다. eBay는 온라인 경매뿐만이 아니라 경매와 관련된 제품군별로 community 기능을 제공함으로써 e-Loyalty를 제고하고 있다.

2010년 현재 eBay는 1억 5천 종의 제품을 취급하고 있고, 등록된 회원수는 2억 5천만 명이며, 실제 활동 회원만 해도 9천만 명에 이른다. 국내에서도 eBay가 2001년 인수한 한국 옥션이 2,100만 명, 2009년 인수한 G마켓이 1,800만 명의 회원을 보유하고 있다. 2010년 4분기 매출은 22억 5천만 달러이며 순이익은 4억 3천만 달러에 달한다.

eBay는 흑자를 기록하고 있는 e-Business 기업 가운데 하나이다. 수천 개에 달하는 인터넷 경매사이트가 존재하는 미국 내 온라인 경매시장의 70% 시장점유율을 달성할 수 있었던 성공배경에는 eBay 특유의 전략과 정책이 있다. eBay는 온라인 커뮤니티와 경매서비스를 결합하여 소비자의 e-Loyalty를 증가시켰고, 구매자가 거래 후 판매자를 평가한 정보(feedback forum)를 공유함으로써 사이트의 신뢰성을 제고시켰다. 모든 경매거래에 보험서비스를 적용함으로써 인터넷 경매가 가지고 있는 거래위험을 줄인 점도 eBay 성공요인 가운데 하나로 알려져 있다.

<eBay 홈페이지>

eBay는 경매 서비스를 전세계로 확장시키고 있으며 현재 오스트리아, 호주, 캐나다, 프랑스, 독일, 아일랜드, 이태리, 한국, 일본, 뉴질랜드, 스위스 및 영국에서 나라별 사

이트를 운영하고 있다. eBay는 eBay 진화의 다음 단계로 eBay Stores Hub의 문을 열었다. eBay Stores는 일반 상점들을 eBay 사이트에 모아 놓은 채 경매 또는 고정 가격 거래 방식으로 회원들이 편리하게 상품을 검색하거나 구매할 수 있게 한 것이며 다른 기업(상인)들을 대상으로 한 B2B 모델을 도입한 것이다.

13.4 B2B e-Business

13.4.1 EDI와 B2B e-Business

1950년대부터 기업, 공공기관 등은 조직내부의 업무 처리에 소요되는 시간, 인력, 비용의 절감을 목적으로 컴퓨터를 도입하기 시작하였으나 다른 조직이나 기업과의 정보 및 문서를 교환하기 위해서는 우편, 전화, 텔렉스를 주로 사용하였다. 그러나 전자적인 자료교환을 위한 통신수단의 발달과 저렴해진 통신비용 덕분에 새로운 통신매체가 전자적인 자료의 교환에 활용되기 시작하게 된다. EDI(Electronic Data Interchange)는 기업간 거래문서를 정형화된 표준문서로 변형하고 이들을 컴퓨터와 컴퓨터간 정보통신수단을 사용하여 전자적으로 교환하는 것을 의미한다. 미국에서는 이미 1960년대 중반부터 이러한 형태의 전자적인 자료의 교환을 은행간의 수표 결제에 이용하기 시작하였으며, 1970년대 중반에는 운송분야로 확대되었다. 국내에서는 1980년대 후반부터 민간 부문은 철강 분야에서, 공공부문은 통관업무에 이용하기 시작하였다

초기의 EDI는 기업과 기업간에 전화선을 활용한 모뎀이나 전용선을 B2B e-Business를 위한 네트워크로 활용하였으나 VAN(Value Added Network) 사업자의 등장으로 다수 기업간의 전자적 자료교환이 용이해지게 된다. VAN은 가입자에게만 접근이 허용되는 제한된 네트워크이지만 VAN 간의 상호접속을 통해 서로 다른 기업간의 자료 전송을 가능케 함으로써 B2B e-Business를 위한 중요한 기반 네트워크로 자리를 잡게 된다. VAN을 사용한 EDI의 도입은 기업 간의 거래 과정에서 종이문서의 사용을 줄였을 뿐만 아니라, 인력 그리고 시간을 단축시켜 효율성을 제고시키는 역할을 수행하였다.

VAN을 중심으로 발전해 온 EDI는 인터넷의 등장으로 새로운 국면을 맞이하게 되었다. 지리적 제한이 없는 개방화된 접속망인 인터넷은 VAN에 비해서 비용이 저렴할 뿐만 아니라 설치 및 유지보수가 쉬워 B2B e-Business의 활성화를 위한 촉매역할을 수행하게 된다. 특히, 표준화된 자료의 전송만 가능했던 전통적 EDI에 비해 혁신적인 인터넷 기술을 바탕으로 한 웹 EDI는 비표준화된 자료, 심지어는 음성 및 동화상까지 전달할 수 있어 B2B e-Business의 활용범위를 크게 확대하고 있다.

[그림 13-7]은 기업과 기업간의 전자적 문서교환(EDI)으로 시작된 B2B 비즈니스 모델이 다수의 공급자 체인망을 관리하기 위한 온라인 구매모델(e-SCM), 다수의 고객기업을 관리하고 마케팅을 수행하기 위해 도입하는 온라인 마케팅 모델(e- CRM), 그리고 다수의 판매기업과 구매기업이 온라인상에서 시장을 형성하는 사이버 마켓모델(e-Marketplace)로 발전하여 왔음을 보여 주고 있다. B2B e-Business 모델의 대표적인 형태인 온라인 구매모델(e-SCM), 온라인 마케팅 모델(e-CRM), 그리고 e-Marketplace에 대해 간략히 살펴보기로 한다.

[그림 13-7] B2B e-Business 모델 분류

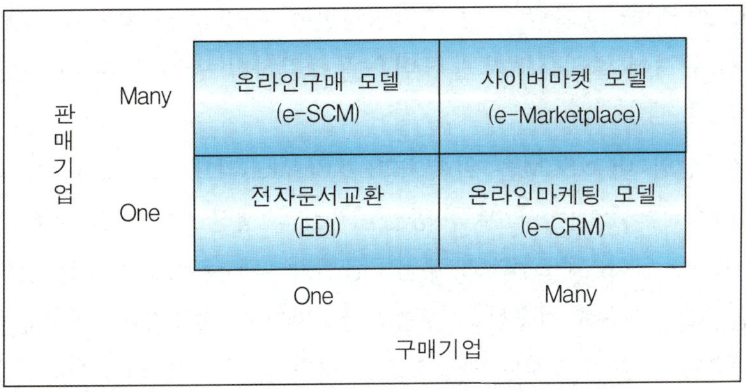

13.4.2 e-SCM

1) 기업간 프로세스 혁신과 EDI

EDI가 처음 도입될 당시에는 기업간의 자료교환을 온라인으로 수행함으로써 기업

간 거래에 소요되는 시간과 비용을 절감하는 것이 목적이었으나, 그 이용범위가 확산되면서 B2B 네트워크가 기업간 프로세스를 재설계하는 도구로 사용되기 시작하였다. 1980년대 중반부터 본격적으로 산업전반에 파급된 EDI 기술은 생산자와 유통체인 간의 물류혁신을 달성하는 데 중요한 역할을 담당하게 된다. 산업 내 가치사슬의 핵심멤버가 된 공급자는 단순한 주문 정보 뿐만 아니라, 수요예측, 재고・생산계획, 품질정보, 도면정보 등을 온라인으로 제공하여 구매기업이 공급망 관리를 위해 B2B 네트워크를 사용하는 것이 가능하도록 하였다. 유통산업에서는 CRP(Continuous Replenishment Program), 제조산업에서는 JIT(Just In Time), 의류산업에서는 QR(Quick Response)이라는 이름으로 도입된 B2B e-Business 네트워크는 산업 내 물류비용을 크게 감소시키는 데 공헌하였다.

CRP는 유통산업 내에서 제조업체와 구매업체(유통업체) 모두에게 혜택을 주는 새로운 물류체계이다. 기존의 공급체계에서 구매기업은 주문을 통해 생산업체로부터 제품을 공급받으며, 구매기업(유통기업)은 자사 분배창고의 재고에 대한 관리를 직접 하였으나, 새로운 물류방식인 CRP를 도입할 경우 제품주문과정은 사라지고 생산업체가 유통체인의 재고관리를 직접 책임진다. 즉, 유통체인은 EDI를 통해 제조업체에게 매일 제품별 판매실적과 재고 정보를 전송하고 제조업체는 주어진 정보를 기반으로 어떠한 제품을 언제, 얼마만큼 공급할 것인지를 결정한다. CRP를 도입한 유통체인은 재고량과 재고고갈을 동시에 줄임으로써 물류비용을 절감하고 안정된 수요로 생산비를 절감할 수 있었다.

CRP가 유통산업 내 e-SCM을 위한 B2B e-Business라면, JIT(Just In Time)는 제조산업 내에서 구매업자(자동차 메이커)와 부품 공급업자간의 생산성 향상을 위해 도입된 B2B e-Business라 볼 수 있다. 제조업자가 부품공급업자에게 주문을 보내는 것이 아니라 조립일정계획을 EDI를 통해 전송하고 부품공급업자가 조립공장내 생산에 차질이 생기지 않도록 필요한 부품을 적시에 공급하도록 하자는 것이 JIT의 기본 개념이다. JIT는 기업간의 다양한 정보교환을 위해 EDI를 사용하므로 B2B e-Business 네트워크는 JIT의 중요한 도구가 된다. 미국 내 자동차 업계에서 최초로 JIT를 도입한 크라이슬러는 JIT를 통해 조립공장내 부품재고의 평균 보유시간을 5일에서 2일로 줄였는데 이는 약 10억불 정도의 재고비용감소효과와 동일한 것이었다.

QR(Quick Response)은 의류산업의 제조와 유통을 담당하는 기업들이 파트너가 되어 각각이 보유한 기술과 유통, 의류 및 원자재 생산자간의 정보를 신속하게 교류함으로써 디자인에서 판매까지의 사이클 타임을 줄이고 디자인상의 불확실성을 60%이상 감소시킬 수 있었다. CRP나 JIT처럼 유통업체는 소매점에서 수집된 일일 매출정보를 제조업자 및 원사공급업체와 공유함으로써 시장에서 필요로 하는 제품만 생산하여 불필요한 재고를 줄이자는 것이 QR의 목적이다. QR의 도입으로 직물업체는 정확한 생산 계획이 가능해져 재고감소, 판매증가, 재무적 성과 향상 등의 혜택을 얻을 수 있었고, 의류유통업체는 낮은 재고수준, 과다재고로 인한 가격인하의 감소 등을 통해 경쟁 우위를 달성할 수 있었다.

CRP, JIT, 그리고 QR의 공통점은 기업간 거래업무의 혁신을 위해 EDI를 사용함으로써, 재고비용과 물류비용을 크게 줄였다는 점이다. [그림 13-8]에 나와 있는 것처럼, 기업간의 거래업무를 주문에 의해 처리하는 것이 아니라 시장에서의 정보를 제조업체나 공급업체와 공유함으로써 산업 내 물류비용을 줄이는 데 초점을 두고 있다. 이러한 e-SCM 모델은 EDI와 VAN을 사용하였으나 최근에는 인터넷을 사용한 웹 EDI로 전환하는 추세에 있다.

[그림 13-8] e-SCM 모델들의 공통점

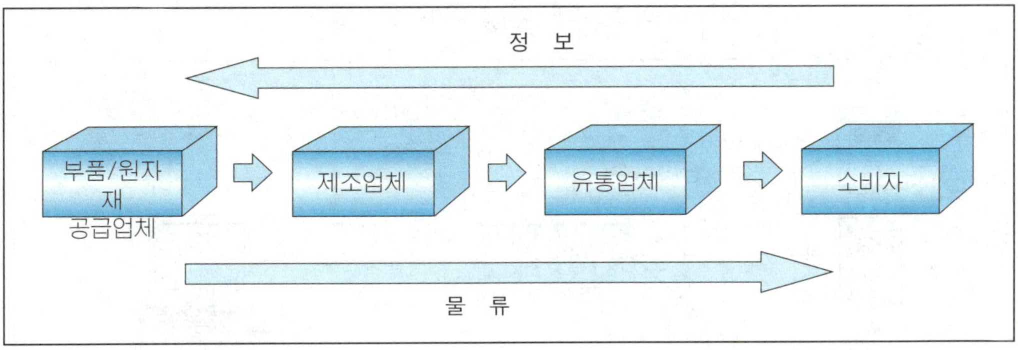

2) 인터넷 구매입찰모델

CRP, JIT, 및 QR은 인터넷이 활성화되기 이전부터 이미 사용해오던 e-SCM 모델이다. 인터넷이 활성화되면서 가장 일반적으로 사용되는 새로운 모델은 기업이 필요한 원자재나 부품을 자사의 웹을 통해 입찰을 받는 방식이다. 제너럴 일렉트릭(GE)은 1996년 최초로 온라인 구매 시스템을 도입하여 조달 업무의 효율화와 조달업체의 선별을 위해 인터넷상에 부품업체와 정보를 공유하는 TPN Post(Trading Process Network Post)를 구축하였다. 구매자는 이 시스템을 통해 입찰정보를 인터넷으로 공시하고, 공급자들이 인터넷을 통하여 입찰에 응하면, 구매자는 공급자들의 정보를 평가하여 온라인상으로 이들과 협상을 하게 된다. TPN Post를 도입함으로써 GE는 입찰과정을 21일에서 10일로 반 이상 줄일 수 있었고 구매와 관련하여 30%이상 작업과정을 단축할 수 있었으며, 잠재적인 다양한 공급자들을 입찰에 끌어들임으로써 물품 구매가격을 5%에서 최대 20%까지 절감할 수 있었다.

[그림 13-9]는 인터넷 구매입찰 모델을 보여 주고 있다. 인터넷 구매입찰 모델은 구매 프로세스와 관련된 시간과 노력을 줄인다는 장점도 있지만, 가장 큰 혜택은 구매단가를 인하시킬 수 있다는 점이다. GE가 시작한 새로운 구매모델은 글로벌 네트워크인 인터넷의 장점을 활용하는 것이다. 전세계 모든 공급업자를 입찰에 초대함으로써 다수의 공급자간 경쟁을 통해 구매단가를 인하시키는 것이 인터넷 구매입찰의 가장 큰 목적이라고 볼 수 있다. GE는 20억 달러에 해당하는 자재를 온라인 입찰을 통해 구매함으로써 구매단가 인하로 7억 달러의 비용을 절감한 것으로 평가하고 있다. 이러한 장점 때문에 최근 많은 기업들이 인터넷 구매입찰모델을 채택하고 있다.

[그림 13-9] 인터넷 구매입찰 모델

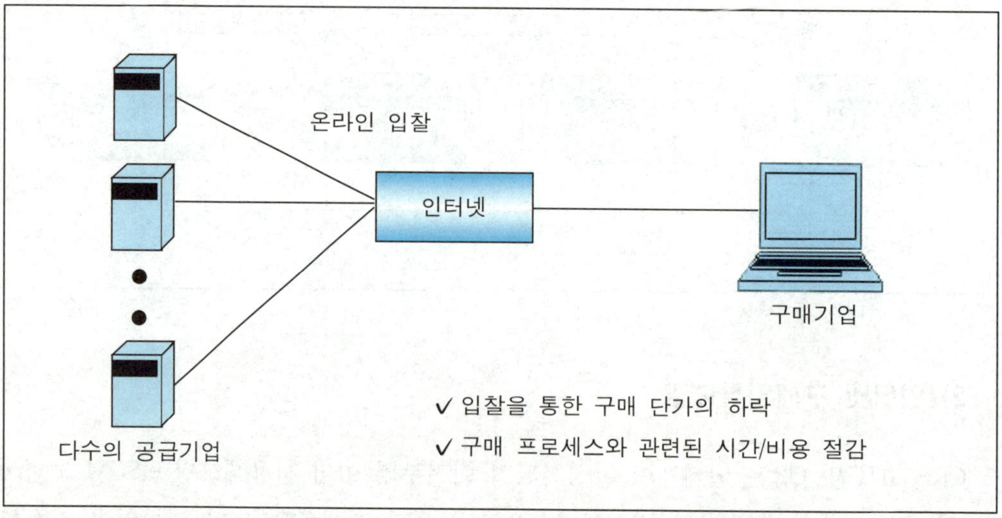

13.4.3 e-CRM 모델

1) B2B e-Business의 전략적 활용

B2B e-Business 분야에서 온라인 구매모델이 EDI나 VAN을 사용하는 기업들에 의해 1970년대부터 도입되어 왔던 것처럼, 고객기업이나 유통기업을 EDI를 사용하여 성공적으로 연결한 사례도 1970년대부터 나타나고 있다. EDI를 e-SCM 모델을 위해 사용하였던 주목적은 물류비용과 재고비용을 절감하는 데 있었으나, 고객기업이나 유통기업을 EDI로 연결한 경우, 즉 EDI를 e-CRM 모델을 위해 사용하는 경우는 보다 전략적인 목적을 달성하기 위함이었다. 고객기업이나 유통기업을 EDI 네트워크로 연결함으로써 진입장벽을 형성하고, 고객이 쉽게 다른 경쟁사로 넘어가지 못하도록 하기 위해 B2B 네트워크가 사용되었다. 어메리칸 에어라인(AA)의 SABRE와 어메리칸 호스피탈 서프라이(AHS)의 ASAP System이 초기의 e-CRM 특성을 잘 보여 주고 있다.

제2차 세계대전 이후 항공사들은 폭증하는 이용객과 화물, 그리고 좌석 재고를 효율적으로 관리하기 위하여 항공예약 시스템을 운영하기 시작하였다. 1960년대에 들어와 어메리칸 에어라인(AA)은 IBM과 합작하여 SABRE라는 온라인 항공 예약시스템을 구축하고 이를 1970년대 후반부터 중요한 유통채널인 여행사들에 설치하기 시작하였다. AA의 SABRE와 연결된 여행사의 단말기는 항공권 탐색 시 AA의 항공편을 첫 페이지에 보여 주도록 설계되었다. 여행사에서 이루어지는 예약의 80% 이상이 SABRE의 첫 페이지에서 이루어졌으므로 AA는 B2B 네트워크를 통해 다른 항공사보다 시장에서 유리한 위치를 확보할 수 있었다. 이후에 다른 항공사들의 소송에 의해 AA의 항공편을 첫 페이지에 리스트하는 것이 금지 되었으나 어메리칸 에어라인은 B2B e-Business 네트워크로 경쟁사들보다 유통채널인 여행사를 먼저 연결함으로써 B2B e-Business를 전략적으로 활용한 성공사례를 남겼다.

어메리칸 에어라인이 B2B 네트워크로 유통기업을 연결하였다면 어메리칸 호스피탈 서플라이(AHS)는 고객기업을 직접 연결함으로써 e-CRM을 전략적으로 활용한 사례이다. AHS는 의료산업의 유통기업으로 주 고객이 종합병원이나 개인병원이었다. 의료산업의 물류는 "다품종 소량주문"이라는 특성을 지닌다. AHS가 병원에 공급하는 물품

수가 13만여 가지를 넘어 서면서 병원으로부터의 주문관리 비용이 급증하기 시작하였다. AHS는 고객인 병원에 주문단말기를 설치하고 이를 B2B 네트워크를 통해 자사의 주문처리 컴퓨터와 연결하여 병원이 온라인으로 주문하는 ASAP(Analytic Systems Automatic Purchasing)를 도입하였다. AHS의 ASAP에 연결된 병원들은 이 시스템에 익숙해져 AHS의 경쟁사로 공급선을 교체하는데 비용(switching cost)이 발생하게 된다. 즉, 공급선을 AHS의 경쟁사로 교체할 경우 하드웨어와 소프트웨어를 교체해야 하고, 시스템 사용방법을 다시 배워야 하므로 ASAP를 사용하는 병원이 공급선을 바꾸는 게 쉽지 않았다. 이처럼 B2B 네트워크는 AHS가 경쟁사들에 대해 진입장벽을 구성하는 역할을 수행함으로써 e-CRM이 전략적인 도구로 사용될 수 있음을 보여 주고 있다. AHS의 B2B e-Business는 이외에도 경쟁사와 서비스의 차별화가 가능하도록 하였다. AHS 는 ASAP를 통해 병원의 재고관리 소프트웨어를 제공함으로써 경쟁사와의 서비스 차별화를 이룩하였다. AHS가 경쟁사보다 높은 가격에 제품을 공급하면서도 시장점유율을 계속적으로 늘릴 수 있었던 배경에는 ASAP라고 불리는 B2B e-Business 네트워크가 있었던 것이다.

인터넷이 활성화되기 이전에 VAN이나 EDI를 사용하여 유통기업이나 고객기업을 연결하였던 기업들은 고객이 공급선을 쉽게 바꾸지 못하도록 공급자 교체비용(switching cost)을 발생시키고, 경쟁사에 대한 진입장벽을 형성하며, 서비스의 차별화를 위하여 B2B e-Business를 활용하였다고 볼 수 있다.

2) 인터넷을 활용한 e-CRM 모델

인터넷은 표준을 사용하는 개방적인 네트워크이므로 B2B e-Business로 공급자 교체비용이나 진입장벽을 형성하기 위해서는 VAN을 사용하던 방식과는 다른 방법을 필요로 한다. 물류회사인 FedEx는 인터넷 시대에 B2B 네트워크로 고객의 공급자 교체비용이나 진입장벽을 형성할 수 있는 새로운 방법론을 제시하고 있다. FedEx가 최대의 글로벌 물류회사로 성장할 수 있었던 배경에는 첨단 네트워크를 통해 제공하는 실시간 화물 추적 서비스가 있다. 전자상거래 시장의 확대로 많은 인터넷 쇼핑 사이트가 생기자, FedEx는 이들 인터넷 쇼핑볼 기업들을 대상으로 택배서비스를 제공하면서 자사의 화물추적시스템을 고객인 인터넷 쇼핑회사의 정보시스템과 연동시키는 서비스를 제공하고 있다. 예를 들어, 델 컴퓨터의 고객이 델의 사이트에서 주문번호를 입력하면,

FedEx의 화물추적 서비스 시스템에서 배달 서비스중인 고객의 제품위치와 배달일정에 대한 정보를 제공한다. 즉, FedEx는 자사의 화물추적 시스템과 인터넷 쇼핑회사의 웹을 B2B e-Business 네트워크로 연결하여, 인터넷 쇼핑회사가 다른 택배회사로 빠져 나가는 것을 막고 있는 셈이다. 과거 VAN이나 EDI를 사용하던 어메리칸 에어라인이나 AHS와 유사하게 인터넷 환경에서 새로운 공급자 교체비용(switching cost)과 진입장벽을 형성할 수 있음을 FedEx 사례에서 알 수 있다.

인터넷으로 B2B e-Business의 인프라가 전환되면서 e-CRM의 새로운 모델이 등장하고 있는데, 이는 인터넷을 통해 고객관리를 함으로써 마케팅 및 고객서비스 비용을 크게 줄이는 모델이다. 네트워크 장비 공급업체인 시스코는 고객으로부터 온라인 주문을 받고 고객서비스를 온라인으로 수행하기 위해 인터넷을 활용한다. 고객서비스를 위해 한 달 평균 백만 명의 고객이 시스코 웹 페이지를 방문한다. 이 가운데 40%인 40만 명이 인터넷이 없었다면 전화를 통해 고객서비스를 사용할 것으로 예상되는 고객들이다. 한 달에 40만 건의 전화를 줄임으로써 시스코는 전화콜당 15달러의 비용이 소요되는 고객서비스 비용을 크게 절감할 수 있었다. 고객이 온라인으로 주문하면 자체 내의 정보시스템에 의해 생산계획이 자동적으로 수립되므로 고객의 주문을 수령하는 영업사원 인건비도 크게 줄어들었다. 뿐만 아니라, 새로운 소프트웨어가 개발되면 90%의 고객이 시스코의 웹사이트를 통해 다운로드를 받게 함으로써, 소프트웨어를 우편으로 제공하던 과거에 비해 고객 서비스 비용을 크게 절감하였다. 인터넷을 사용한 e-CRM 모델을 통해 시스코는 연간 5억 5천만 달러의 마케팅 비용을 절감한 것으로 평가되고 있다. 시스코의 사례로부터 인터넷을 활용한 e-CRM을 도입할 경우, 마케팅 비용을 절감하면서 고객의 만족도를 증가시킬 수 있음을 알 수 있다.

13.4.4 e-Marketplace 모델

아직 e-Marketplace에 대한 통일된 개념은 없지만, e-Hub라고도 불리는 e-Marketplace는 B2B 거래의 한 종류로서 인터넷상에서 불특정 다수의 공급회사와 구매회사간의 비즈니스 거래를 유발시켜주는 가상의 시장(매개공간)으로 정의할 수 있다. e-Marketplace의 가장 큰 장점은 시장에서 거래의 투명도(transparency)를 증가시킨다는 것이다. 거래의 투명도는 거래파트너 투명도(partner transparency), 제품 투명도(product transparency), 가격 투명도(price transparency), 재고 투명도(availability transparency)로 구성된다. [그림 13-10]에서 보여 주는 것처럼 e-Marketplace가 존재하지 않을 경우에는 공급회사나 구매회사가 직접 거래 파트너를 탐색해야 한다. 하지만 e-Marketplace가 시장 내 공급자와 이들의 제품 및 가격에 대한 정보, 나아가서는 재고에 대한 정보를 보유하고 있다면, 구매기업은 자사의 수요에 가장 적합한 공급자와 적합한 거래가격에 제품을 구매할 수 있게 된다. 공급사도 구매자 탐색비용이 줄어들고, 온라인으로 모든 거래를 처리함으로써 영업비용을 절감하고 판매 프로세스를 간소화함으로써 업무 효율을 높일 수 있다. 인터넷은 글로벌 네트워크이므로 글로벌 시장과 연계하여 잠재적인 구매자와 판매자를 확보함으로써 비즈니스 기회를 확대할 수 있고, 구매, 조달의 효율 증대, 가치사슬 통합, 생산 효율 증대 등과 같은 참여 업계의 공동 이익을 도모할 수 있으며, 네트워크에 의한 시너지 효과도 기대할 수 있다.

B2B e-Marketplace는 기업이 구매하는 품목에 따라 크게 특정 산업에 한정된 수직적(vertical) e-Marketplace와, 여러 산업을 대상으로 하거나 특정 산업과 관계없는 수평적(horizontal) e-Marketplace로 구분한다. 수직적 e-Marketplace에서는 제품이나 제조 프로세스에 직접 투입되는 원자재인 생산용 자재의 거래가 이루어지고, 수평적 e-Marketplace는 산업분야에 관계없는 MRO(Maintenance, Repair, and Operation)부품이라고 불리는 모든 업무용 자재를 취급한다. 통계청 자료에 의하면, 국내 e- Marketplace는 2001년의 273개에서 2010년 1,356개로 늘어났다. 또한, e-Marketplace 시장규모는 2001년 3조 7천억 원에서 2009년 37조원을 달성하며 매년 33%씩 성장하며 지속적인 성장세를 이어가고 있다.

[그림 13-10] e-Marketplace의 출현

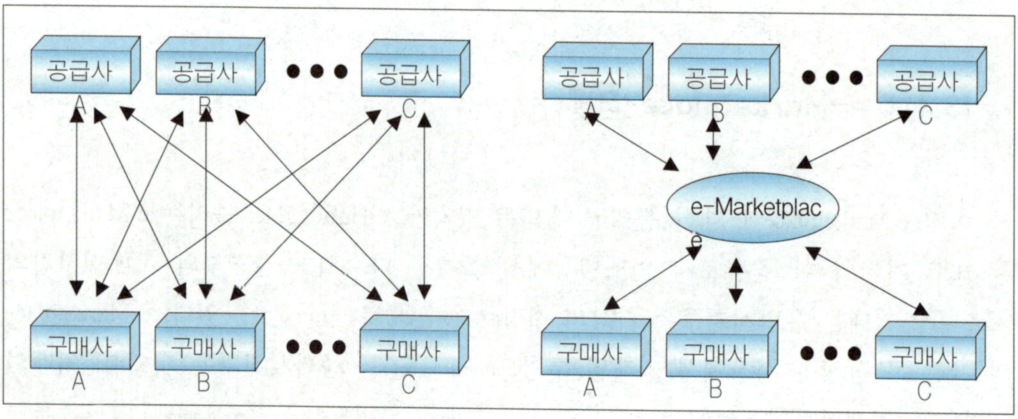

사례(2) : Direct Model을 이용한 Dell Computer

컴퓨터 통신 판매로 유통 혁명을 일으키며 일약 컴팩, 휴렛패커드를 물리치고 제1의 컴퓨터 회사로 발돋움한 델 컴퓨터는 수직 상승의 '로켓성장'을 기록한 대표적인 기업이다. 델의 고속 성장을 떠받치고 있는 것은 바로 인터넷이다. 이른바 인터넷 시대에 맞는 경영혁신이 델을 디지털 경제의 선두 주자로 만들어 주고 있는 것이다. 델의 성장은 마이크로소프트나 인텔과 같은 뛰어난 기술 혁명으로 이룬 것은 아니다. 그 해답은 '유통'에서 찾아볼 수 있다.

델은 고객이 요구한 규격대로 컴퓨터를 만들어 배달하는 고객 직접 주문 제작 방식인 Direct Model을 도입하고 있다. Direct Model 판매 방식은 고객이 인터넷을 통하여 온라인으로 컴퓨터를 주문하면, 온라인 주문서에 따라 컴퓨터가 생산되어 택배를 통해 고객에게 전달되는 것이다. 고객의 온라인 주문서에 따라 컴퓨터를 제조하기 위한 부품 명세서와 일정계획이 수립되며 계획에 따라 컴퓨터가 조립되는데, 처음 주문에서 최종 선적까지 약 36시간이 소요된다. 이 과정에서 부족한 부품이 파악되면 부품 제조업체에게 온라인으로 주문함으로써 부족한 부품을 확보한다. 델은 Direct Model로 중간상인을 거치지 않고 고객에게 직접 온라인으로 PC를 판매하는 비즈니스 모델을 활용하고 있다.

델의 Direct Model의 특성 및 장점을 보면 다음과 같다. 첫째, 중간 유통채널을 배제하고 고객에게 직접 PC를 판매한다. 델은 중간상인이나 대리점을 거치지 않고, 오직 자사 고객센터에서의 전화응답과 인터넷 주문만으로 모든 영업을 하고 있다. 중간상인을 배제함으로써 유통마진을 대폭 줄일 수 있었고, 경쟁사에 비해 10~15% 정도의 저렴한 가격으로 제품을 공급할 수 있었다. 둘째, 고객화(customization)를 들 수 있다. 기존의 IBM이나 컴팩 같은 기업은 사전에 PC를 제작하고 이들을 유통채널을 통해 판매한다. 하지만 델은 먼저 고객으로부터 주문을 받고 주문에 따라 제작하는 방식(built-to-order)을 취하고 있다. 고객의 주문 후 36시간 내 제품을 완성함으로써 소비자 만족도를 100%까지 끌어 올리고, 고객이 원하는 사양을 제공할 수 있었다. 고객과의 직접접촉은 고객이 요구하는 사항을 알 수 있도록 하였고, 이는 경쟁사에 비해 차별적인 고객화 서비스를 가능하게 한 원동력이 되었다.

셋째, 재고비용의 감소로 비용절감이 가능하다. 기존의 PC 제조업자들은 유통채널에 제공하기 위해 PC를 사전에 제작하지만 델은 built-to-order 방식을 사용하므로 고객의 주문만큼만 생산하게 된다. 델은 Direct Model을 사용하여 재고 보유기간을 6일로 줄였는데, 이는 타 경쟁사 재고 보유기간 20-50일 보다 훨씬 작은 4일 이내이다. 제품 수명주기가 짧아 재고 유지기간이 길수록 재고위험이 큰 PC 산업에서 델은 Direct Model로 재고위험을 대폭 줄여 시장에서 경쟁력을 갖출 수 있었다. 넷째, 공급자(supplier)와 장래의 시장 흐름 정보를 공유함으로써 부품조달 리드타임을 1~3일정도로 단축하였다. 그 결과 현금흐름이 향상되어 재무적인 리스크를 줄이는 데 큰 공헌을 하게 되었다.

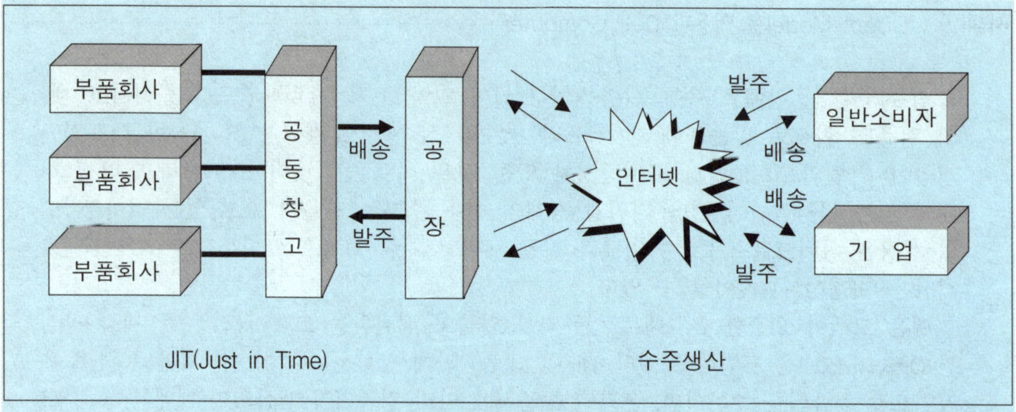

<델의 Direct Model>

델은 인터넷을 활용하기 이전인 1993년부터 Direct Model을 활용하여 왔다. Direct Model로 기존의 유통기업에 의존하지 않는 델은 인터넷을 활용한 고객과의 B2B 거래가 용이하였다. 하지만 경쟁회사인 컴팩이나 IBM 등은 기존의 유통기업에 크게 의존하는 비즈니스 모델을 가지고 있었으므로 인터넷을 활용하는 데 한계가 많았다.

(자료원: 닛케이 비즈니스)

13.4.5 전자정부

우리나라는 정보화 기술의 발전 및 인터넷 사용의 대중화에 힘입어 세계적 수준의 IT인프라를 갖추고 있다. 여기에 질 높은 행정서비스에 대한 국민의 욕구와 전자정부를 향한 정부의 강력한 추진의지가 반영되어 전자정부가 출범했다.

'대한민국 전자정부'는 2000년대 들어 전자정부 기반확산을 위한 핵심 11대 과제를 추진하면서 본격적인 초석을 마련하였고, 이른바 G4C(Government For Citizen)라고 하는 민원서비스가 2002년 11월 그 첫 선을 보였다. 이 시스템을 통해 국민들은 행정기관 방문이나 대행업체를 찾을 필요 없이 가정에서 직접 빠르고 편리한 민원서비스를 제공 받을 수 있게 되었을 뿐만 아니라, 행정업무의 효율성도 크게 제고되었다. 특히, 'Single Window' 개념은 정보의 중복관리 및 오류를 방지하여 무결성을 확보함으로써 대국민 서비스 향상을 통한 정부 서비스에 대한 만족도 및 신뢰도를 제고하고 있다.

국내 전자정부 시스템의 큰 축 가운데 하나가 국가종합전자조달시스템(Korea On-line e-Procurement System, KONEPS, 나라장터)으로 알려진 G2B e-Business이다. 우리나라의 조달제도는 일정규모 이상의 물품, 시설, 용역 발주를 조달청에 위임하는 중앙집중방식을 취하고 있는데, 39,000여 공공기관과 15만여 민간기업이 중앙 조달에 참여하고 있다. 2009년 기준으로 연간 공공조달 규모는 122조원에 이르고 있으며 85조원이 KONEPS를 통해 이뤄지고 있다. 최근 발표자료에 의하면 2008년 기준 KONEPS 시스템을 통한 프로세스 효율화를 통한 비용절감효과는 약 8조원 가량으로 분석되고 있다(임규건 외, 2010).

G2B 나라장터는 주요 공공조달 기관(조달청, 국방부, 선도 공기업 등) 사이의 내부 EDI와 전자 입찰을 위해 1997년 시행된 조달 EDI 시범사업으로 태동하였다. 이후 2000년 전자입찰시스템 운영을 거쳐, 2001년 조달 EDI 확산 사업을 통해 기반을 마련하게 된다. 기존에는 소규모 기관들이 전자적 처리를 할 수 없었고, 조달 정보의 단일 창구 부재, 업체정보 관리의 중복성의 문제를 안고 있었지만, G2B 나라장터는 이러한 문제를 해결하였을 뿐만 아니라, 조달청이 담당해 온 전자조달을 전체 공공기관으로 확산시키는데 큰 공헌을 하였다. 즉, 범 정부적으로 프로세스 리엔지리어닝을 실시하여 특정기관의 업무처리 방식에 치우치지 않고 고객에게 One-Stop 서비스를 제공할 수 있도록 기존의 업무 방식을 조정하게 된 것이다.

2010년 11월 기준, 약 23만건의 전자입찰에 1,850만 명이 참가했으며 매일 20만 명이 KONEPS를 방문하여 입찰서, 계약서, 대금청구서 등 25만 건 이상의 문서를 온라

[그림 13-11] KONEPS의 운영실적

(자료원 : 조달청)

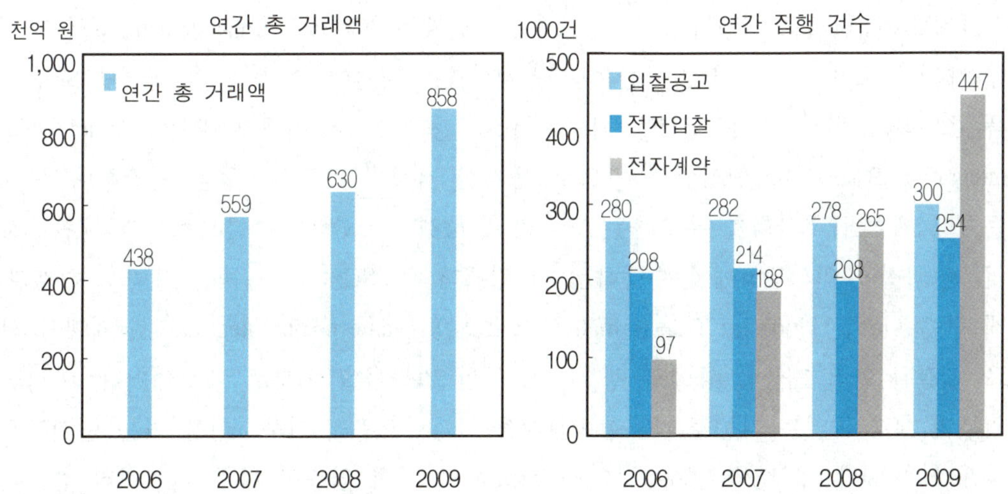

인으로 처리한다. [그림 13-11]은 운영실적을 보여 주고 있다. KONEPS의 이러한 성공의 이면에는 정부의 강한 의지가 반영된 Master Plan, 부처간 이견을 조정하고 반영할 수 있는 범정부적인 협력체계, 그리고 세계 최고 수준의 인터넷 인프라 기반이 큰 공헌을 하였다고 볼 수 있다. KONEPS의 도입으로, 국가 예산의 절감과 기업의 편의성이 증가되었고, 조달행정의 투명성 및 효율성이 제고되었을 뿐만 아니라, 정부를 대상으로 사업을 하는 민간기업들의 전자상거래가 확산되는 계기가 마련되었다고 볼 수 있다.

13.4.6 e-Transformation

생산, 소비, 유통 등 제반 경제활동 방식이 근본적으로 디지털 방식으로 바뀌어 감에 따라 산업기반의 e-Transformation에 대한 관심이 증가하고 있다. e-Transformation이란 기업의 현재 프로세스를 인터넷 방식으로 단순히 전환시키는 것이 아니라, 인터넷과 디지털 기술의 급진적 발전에 따른 사회, 문화적 변화에 대응하여 기업의 경영시스템과 업무 프로세스, 기업문화를 혁신하는 전환 작업을 의미한다.

e-Transformation의 대상은 제조업과 같은 전통산업에 속한 기업들이다. 전통적인 오프라인 기업들은 인터넷 환경으로부터 소외되어 있으며, 디지털 경제시대에서 과거의 "비용경쟁"이 아닌 "가치경쟁"이라는 새로운 디지털 환경변화에 적응하는 것이 필요하기 때문이다. 컨설팅 회사인 PWC(Price Waterhouse Coopers)는 e-Transformation의 발전단계를 네 단계로 설명하고 있다. 첫 번째 단계는 "Channel Enhancement"로서 기업 내 개별 프로세스를 인터넷 기반으로 변환시키는 것인데, 예를 들면 인터넷 쇼핑몰을 운영하여 인터넷상의 고객을 확보하는 것 등이다. 두 번째 단계는 "Value Chain Integration"으로 이미 인터넷 기반으로 옮겨진 각각의 프로세스들을 연결하여 보다 큰 프로세스의 효율화를 추구하는 단계라고 하겠다. 고객의 주문으로부터 배송까지의 전 과정을 인터넷상에서 수행하는 델 컴퓨터의 e-SCM이 그 좋은 예라고 하겠다. 세 번째 단계는 "Industry Transformation"으로 앞의 value chain integration 단계에서 서로 연결된 여러 기능들 중에서 경쟁력이 약한 기능들을 외부로 내보내거나, 아니면 외부의 경쟁력 있는 기능들과의 협력관계를 구축함으로써 아웃소싱을 하는 단계라고 하겠다. 마지막 네 번째 단계는 "Convergence"로 전혀 업종이 다른 기업끼리 전략적 협력관계 하에 고객에게 새로운 서비스를 제공하는 단계라고 하겠다.

전통 기업의 e-Transformation은 기존의 가치사슬 해체에서 출발한다. e-Transformation을 성공적으로 추진하기 위해서는 비즈니스에 대한 기본 가정을 고객의 관점에서 새롭게 정립하는 한편, 핵심역량을 중심으로 사업구조를 재편하는 것이 무엇보다 중요하다. [그림 13-12]는 전통기업이 e-Transformation을 통해 새로운 e- Company로 사업구조를 재편하는 과정을 보여 주고 있다. 전통적인 오프라인 기업은 먼저 조직 내에서 가치를 창출하는 프로세스를 분해하고 이들의 디지털화와 혁신을 통해 e-Transformation을 이룩한 다음에야 완전한 e-Company로 거듭날 수 있다.

[그림 13-12] 전통기업의 e-Transformation 단계

(자료원: e-bizgroup)

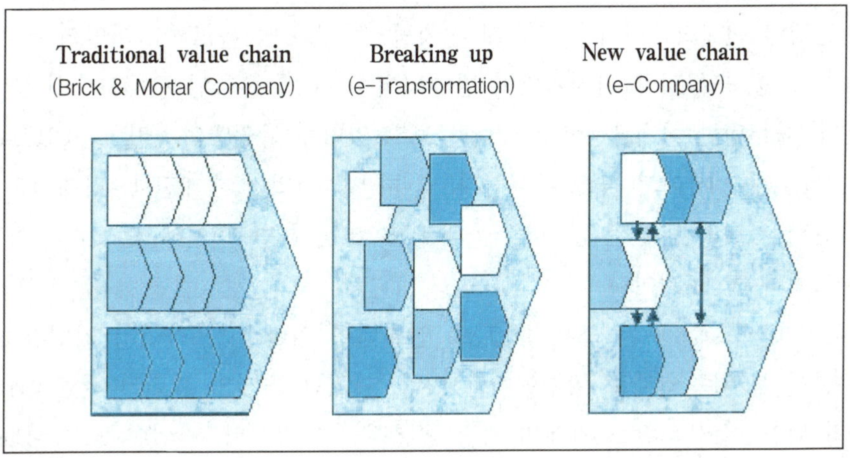

전통적인 기업들이 e-Transformation을 도입해야 하는 이유는 여러 가지가 있다. 첫째, 디지털 경제하에서는 스스로 e-Transformation을 수행하고 그 사례를 널 리 홍보해야만 지속적인 시장점유율(market shares)과 고객점유율(customer shares)을 확보하는 것이 가능하다. 둘째, 기업이 오프라인에서 소유하고 있는 기존의 경쟁 우위에, 인터넷이라는 채널을 추가함으로써 시장에서 새로운 경쟁우위를 확보할 수 있고, 새로운 시장을 개척할 수 있다. 셋째, 정보화 사회에서는 오프라인과 인터넷을 순조롭게 통합한 기업만이 살아남을 수 있기 때문이다.

13.4.7 B2B e-Business 추진 시 고려 사항

국내 B2B c-Business 시장이 활성화하는데 시간이 소요되는 이유는 B2B e-Business 도입에 장애요인들이 많이 존재하기 때문이다. 따라서 국내에서 성공적인 B2B e-Business를 도입하기 위해서는 장애요인들을 제대로 이해하고, 이들을 극복할 수 있는 방안을 함께 마련해야만 한다.

첫째, B2B e-Business는 투명한 거래 관행을 요구한다. B2B e-Business는 기업 간의 정보시스템을 네트워크로 연결한다고 해서 되는 것이 아니라 네트워크의 도입에 맞도록 거래관행이 선진화되어야 순조롭게 진행될 수 있다. 예를 들어, 기업의 구매과정에서 리베이트 등 불투명한 거래관행이 만연되어 있다면, 온라인 구매모델의 도입이 어렵게 된다. 불투명한 거래관행에서 혜택을 보고 있던 기득권층의 반발로 B2B e-Business의 도입이 실패한 사례가 다수 존재한다. 불투명한 기업간 거래관행, 경제외적 요인에 의한 기업간 거래의사 결정 등은 한국 내 B2B 시장의 발전 저해 요소로써 가장 시급히 해결되어야 할 문제이다.

둘째, B2B e-Business는 조세정책과도 연결되어 있다. 오프라인의 기업간 거래 중 상당 부분이 무자료 거래로 이루어지고 있다. 기업간 거래와 관련된 세금(부가가치세)을 탈세하기 위한 것이 무자료 거래의 가장 근본적인 동기이다. 기업이 B2B e-Business를 도입하면, 모든 거래가 컴퓨터에 남게 되고, 이는 향후 부가가치세 납부의 근거자료가 되기 때문에 B2B e-Business의 장점을 이해하면서도 이를 회피하는 기업이 많다. B2B e-Business의 확산을 위해서는 조세정책을 융통성 있게 적용하고 부가가치세 감면 등을 통해 기업에게 인센티브를 제공하는 정책을 고려할 필요가 있다.

셋째, 기업간 거래에 있어서 반드시 수반되는 결제수단 방안이 아직 미미하다는 것이다. 국내에서 기업간 거래의 결제수단으로 어음이 주로 사용되어 왔다. 최근 정부와 금융권이 B2B 전자결제 시스템을 구축하기로 하고 기존 금융관행에 맞춰 현금 및 외상 결제가 가능한 방안을 모색하고는 있으나, 아직 막대한 인프라 구축에 드는 비용과 그 비용의 부담 문제, 그리고 정부정책의 부재 등이 제약요인으로 작용하고 있다. 최근 정부가 기업간 거래의 지불시스템을 어음에서 신용카드(구매카드)로 유도하는 정책을 도입하고 있는 것도 B2B e-Business를 위한 어음제도의 한계를 극복하고 거래의 투명도를 증가시키기 위한 것으로 해석할 수 있다.

마지막으로 B2B e-Business의 도입 시 가장 유념해야 할 요소는 기업간 경쟁보다는 기업간 협력이라는 마인드 전환의 중요성이다. 현재 글로벌 시장에서는 B2B 거래가 단순히 거래중계에 치중한 사업모델에서 협력을 통해 기업 및 산업의 새로운 가치를 창출하는 기반으로 발전되고 있는 추세이다. 그러나 많은 업체들이 협력을 위해 제휴관계를 맺고도 막상 수행 단계에서는 협조가 제대로 진행이 안되고 있는 것이 국내 B2B 사업의 현실이다. 협업에 대한 경험 및 노하우가 부족해 자신만의 힘으로 B2B e-Business를 추진하게 되면 역량이 분산되거나 중복되는 경우가 많아 비효율적이 된다. 그러므로 사업 아이디어를 공유하는 기초적인 기업간 연합의 형태부터 시작해서 구매기업이 판매기업, 솔루션 및 기반 서비스 제공업체 등과 협력을 통해 B2B e-Business를 도입해야 한다는 인식이 중요하다.

13.5 m-Commerce

Durlacher Research의 정의에 의하면 m-Commerce(mobile commerce)는 모바일 커뮤니케이션 네트워크를 통해 수행되는 금전적 가치를 지닌 모든 거래행위를 말한다. 즉, m-Commerce는 무선 네트워크를 중심으로 이루어지는 모바일 환경에서의 상거래 활동을 의미한다. 기존의 전자상거래와 유사하지만 모바일 환경에서 이동통신 단말기의 특성에 따라서 제공되는 컨텐츠 및 애플리케이션이 달라지며, 수익원을 비롯한 비즈니스 모델도 기존의 전자상거래와 차이가 있다. 공정거래위원회에 따르면 2009년 m-Commerce의 국내 시장 규모는 약 1,500억 원으로 규모인 것으로 추정된다. 아직까지 m-Commerce 시장은 초기단계로 스마트폰 보급 확대에 따라 향후 큰 폭으로 확대될 것으로 전망된다. ABI(Allied Business Intelligence)의 전망에 따르면 세계 m-Commerce시장은 2009년 183억 달러에서 2015년에는 1,190억 달러의 시장을 형성할 것으로 보인다.

m-Commerce에서 사물에까지 정보교류가 가능하게 확장된 유비쿼터스 컴퓨팅은 10장에서 다룬다.

13.5.1 스마트폰의 보급과 무선데이터 시장의 확대

최근 스마트폰 사용자가 급증하면서 무선인터넷에 대한 관심이 높아지고 있다. 국내에서는 무선전화 가입자가 2010년 포화율 100%를 돌파하였고, 2011년 5,210만 명으로 전망된다. 2009년 말 50만 명에 불과했던 국내 스마트폰 사용자 수는 2010년 말 700만 명을 넘어섰다. 대신증권에 따르면 2011년에는 스마트폰 사용자 수가 1,500만 명을 돌파하여 인구 대비 보급률이 30%를 초과할 전망이다. 한국인터넷진흥원에 따르면 2009년 스마트폰 이용자의 무선인터넷 이용률은 80.7%로 일반이용자 48.7%보다 2배 가까이 높게 나타났다. 이렇게 스마트폰 가입자의 증가는 자연스럽게 무선인터넷 시장에 대한 전망을 밝게 하고 있다. 2001년 국내 소비자의 이동전화 이용패턴은 음성통화 대 데이터 통신 비율이 95대 5로, 전체 무선통신 서비스 가운데 데이터 부분이 5%에 불과했으나, 2010년경에는 무선 데이터 시장이 4조원을 넘었고, KT경제경영연구소에 따르면 2012년에는 5조 8천억 원으로 확대될 것으로 예상된다.

13.5.2 m-Commerce의 특성

Leavy는 '무선인터넷이 제대로 보급되기 위해서는 소비자가 무선인터넷을 사용하여 무엇인가 의미 있는 것을 하도록 하는 것이 가장 중요'하다고 하였다. 고객들에게 의미 있는 무선인터넷 서비스를 제공하기 위해서는 크게 세 가지 요소에 대한 고려가 필요하다. 첫째 무선인터넷 매체특성에 대한 이해, 둘째 휴대폰이라는 단말기의 한계에 대한 고려, 셋째 과금 구조에 적합한 서비스의 개발이 그것이다.

스마트폰의 등장은 이러한 무선인터넷 서비스 활성화의 전제조건을 모두 충족시켰다. 스마트폰의 보급으로 단말기에 대한 한계가 거의 없어졌고, 무선랜(Wi-Fi)의 확장과 스마트폰 전용요금제(정액제)로 인해 무선 통신 요금에 대한 부담이 줄어들었다. 또한 많은 기업들이 무선인터넷의 특성을 고려한 서비스를 확장하고 있으며, 이에 따라 모바일 비즈니스는 본격화 될 전망이다.

1) 무선 인터넷 매체 및 서비스 특성

무선 인터넷 매체와 서비스는 크게 7가지의 특성을 가지고 있다. 첫째는 어디에서나 실시간으로 네트워크에 접속해 정보 검색이 가능한 편재성(Ubiquity), 둘째는 언제 어디서나 네트워크에 접속이 가능한 접근성(reach)이다. 셋째는 개인 전용단말기 이용에 따른 상대적으로 우수한 보안성(security)이며, 넷째는 휴대폰, mp3 플레이어, 카메라 폰 등이 통합된 컨버전스 기기의 활용에 따른 복합성(convergence)이다. 다섯째는 일정한 시점에서 휴대폰이나 개인 전용단말기 사용자의 위치를 파악할 수 있는 위치성(localization), 여섯째는 단시간 내에 필요한 정보에 접근이 가능한 즉시 연결성(instant connectivity), 그리고 마지막으로 상대적으로 보다 고객화된 서비스를 제공할 수 있는 개인화(personalization)라는 특성을 가지고 있다. 이러한 특성은 기존의 유선 인터넷에서의 전자상거래와 m-Commerce를 구분하는 근본적인 특성이면서 동시에 m-Commerce에서 제공되어야 할 서비스 개발에도 필수적으로 반영해야 할 요소들이다(<표 13-4> 참조).

〈표 13-4〉 무선인터넷의 특징

특 성	내 용
Ubiquity(편재성)	어디서나 실시간 정보검색 가능
Reach(접근성)	언제, 어디서나 네트워크에 접속
Security(보안성)	개인 전용단말기 이용에 따른 보안기능
Convergence(복합성)	간단한 통신도구 이용
Localization(위치성)	특정시점에 사용자의 위치를 명확히 제공
Instant Connectivity(즉시 연결성)	단시간내에 필요한 정보를 검색 가능
Personalization(개인화)	고객화되고 차별화 된 고객 서비스 제공

13.5.3 스마트폰과 m-Commerce

1) 스마트폰 마켓 플레이스

현재 전세계적으로 가장 많이 팔리고 있는 스마트폰 중의 하나인 애플 아이폰의 성공에 가장 큰 역할을 한 것은 앱스토어(App store)이다. 앱스토어는 Application store의 준말로 각종 애플리케이션을 자유롭게 사고 팔 수 있는 마켓 플레이스를 의미한다. 애플은 앱스토어라는 스마트폰 마켓 플레이스를 만들어 외부개발자나 컨텐츠 제공자들이 아이폰을 위한 응용 서비스를 개발하게 함으로써 모바일 컨텐츠 시장의 비약적인 증가를 이루어냈다.

2010년 3월 현재 168,733개의 컨텐츠와 응용 서비스가 앱스토어에 올라가 있다. 이 가운데 26%(43,716개)는 무료이지만, 74%에 해당하는 125,057개가 유료로 제공되고 있다. 앱스토어 컨텐츠는 e북이 가장 많으며 그다음 게임과 엔터테인먼트 순이다. 아이폰 사용자의 폭팔적인 증가에 힘입어 전 세계적으로 34,000개가 넘는 개발자들이 앱스토어에 컨텐츠를 제공하고 있다.

가트너(Gatner) 보고서에 따르면 2009년 한해 동안 아이폰 사용자들이 앱스토어에서 25억 개의 애플리케이션을 다운로드 받았으며 그 규모는 42억 달러에 해당한다. 2013년에는 스마트폰 사용자들이 216억 개의 애플리케이션을 다운로드 받아 애플리케이션 시장규모가 295억 달러에 해당할 것으로 전망되고 있다. 애플의 앱스토어 성공은 모바일 OS 사업자와 휴대폰 제조업자들이 유사한 스마트폰 마켓 플레이스를 도입하게 하는 계기가 되었다.

기업들은 다양한 방법으로 앱스토어를 활용하여 비즈니스 모델을 창출하고 있다. 앱스토어의 가장 일반적인 활용은 애플리케이션의 판매이다. e북, 게임, 음반, 영화 등 디지털 컨텐츠의 전반이 앱스토어를 통해 판매되고 있다. 포털 서비스, B2C 서비스, 소셜미디어 서비스 등을 제공하는 인터넷기업의 경우 비즈니스 확장을 위한 채널로 활용하고 있다. eBay는 모바일환경에 적합한 eBay 애플리케이션을 무료로 제공하여 2009년 모바일을 통해 600만 달러의 거래를 이루었다. 페이스북 역시 페이스북 애플리케이션을 무료로 제공하여 2010년 페이스북 접속자의 30%가 모바일을 통해 접속하였다. 마지막으로 샤넬, 구찌, 메르세데스-벤츠, UNIQLO, 스타벅스를 비롯한 많은 기업들이 마케팅을 위한 채널로 앱스토어를 활용하고 있다.

2) 즉시접속성과 편재성(Instant connectivity and ubiquity) 서비스

모바일이 가진 즉시성 또는 실시간성을 이용한 서비스는 기존의 유선인터넷에서의 전자상거래와 차별되는 점이다. 스마트폰 이용자는 항상 기기를 휴대하면서 3G나 무선랜을 통해 언제든지 인터넷에 연결할 수 있으며, 필요한 정보를 찾거나 기능을 이용하기 위해 즉시 애플리케이션을 실행하거나 웹에 접속할 수 있다. 바로 이러한 특징이 Commerce와 결합됨으로써 새로운 가치가 창출된다. 예를 들어 eBay의 경우, 스마트폰을 통해 이동 중에도 필요한 물품을 바로 구매할 수 있으며, 물건을 사고팔기 위해 사이트에 접속해 있을 필요 없이 Push 기능을 통해 스마트폰으로 즉시 통지를 받고 내용을 확인할 수 있다.

3) 위치기반 서비스(Location based service)

위치정보와 서비스를 결합하면 새로운 비즈니스가 창출된다. 스마트폰의 LBS (Location Based Service) 기능을 통해 유선인터넷 환경에 없었던 새로운 서비스가 생겨났다. 스마트폰의 보급과 함께 가장 대중화 된 LBS 관련 애플리케이션은 구글, 네이버, 다음 등의 포털기업들이 만든 지도 애플리케이션이다. 위치정보를 활용할 수 있다는 점은 스마트폰의 가장 기본적인 강점이기 때문에, 많은 애플리케이션들이 위치정보에 기반하여 사용자의 현재 위치에서 가까운 점포의 위치를 안내하고 있으며, 나아가 할인 쿠폰 발행 등을 통해 보다 적극적으로 방문을 유도하기도 한다. 이렇게 LBS는 지역업소에게 새로운 상거래의 기회를 제공해 준다. 스마트폰을 통해 오프라인과 온라인을 효과적으로 연계함으로써, 오프라인 상거래를 유도하고 수익을 창출한다.

LBS와 증강현실(AR: Augmented Reality)이 결합된 서비스도 생겨나고 있다. 증강 현실은 실제 환경에 가상의 사물이나 정보를 합성하여 보여주는 기술이다. 위치정보와 카메라를 동시에 활용한 증강현실 애플리케이션은 이용자가 위치한 실제 거리에 유용한 정보를 합성하여 보여준다. 애플리케이션에 따라 맛집을 검색해 보여주거나 은행, 병원, 주유소 등을 표시해 주기도 한다. 특정 장소에서 이용자가 세부 정보를 입력함으로써 장소에 대한 정보를 추가하거나 타인이 입력한 정보를 조회할 수도 있다. 이와 같은 모든 서비스는 이용자로 하여금 상거래를 유도하는데 이용된다. 모바일 광고는 m-Commerce와 밀접한 관계를 갖고 있는데, 위치 정보와 광고가 결합됨으로써 더 강력하게 상거래를 유도할 수 있다. 이용자에게는 광고 이상의 유용한 정보를 제공해주며, 상거래를 유도함으로써 광고주와 이용자 모두에게 혜택을 제공한다.

4) 소셜 커머스(Social commerce)

소셜미디어 서비스는 스마트폰의 킬러앱 중의 하나로 소셜미디어와 상거래를 결합한 소셜 소셜커머스가 큰 관심사로 떠오르고 있다. 최근 등장한 온라인 쇼핑 서비스들은 대부분 페이스북이나 트위터와의 연동을 기본적으로 지원한다. 고객들의 쇼핑활동 내역을 소셜미디어 서비스와 연계함으로써 입소문 마케팅을 일으키고 프로모션 효과를 만들어 낸다. 국내에서도 페이스북과 트위터의 가입자가 증가함에 따라 이를 활용하는 다양한 마케팅 기법과 소셜커머스 사례들이 등장하고 있다. 소셜 커뮤니티 안에서 일정 수 이상의 구매자가 모이면 저렴한 가격으로 물건을 구매하게 하거나, 트위터를 통해 팔로워(follower)에게 할인쿠폰을 제공하는 이벤트도 소셜커머스의 한 가지 사례이다.

13.5.4 m-Commerce를 통한 기업가치증대

m-Commerce를 통해 기업은 다음과 같은 가치를 창출할 수 있다.

첫째, 모바일 플랫폼이라는 새로운 채널을 통한 비즈니스 모델의 창출이다. 기업들은 다양한 방법으로 스마트폰 마켓플레이스를 활용하여 비즈니스 모델을 창출한다. 애플리케이션을 판매하거나, 비즈니스 확장을 위한 채널, 또는 마케팅을 위한 채널로 활용할 수 있다. 앞으로 모바일을 활용한 다양한 광고기법들이 나타날 것이다.

둘째, 고객의 정보 데이터를 더 많이 확보할 수 있다. m-Commerce의 중요한 특징인 위치정보와 소셜미디어 서비스를 활용해서 현재 고객이 어느 장소에서 접속하고 있는지를 알 수 있고, 또한 고객의 프로필과 활동 내역을 상세하게 확보하여 분석할 수 있다. 물론 이와 같은 부분에서 고객의 프라이버시 문제는 고려되어야 한다.

마지막으로 m-Commerce를 통해 고객의 Loyalty를 증대시킬 수 있다. 새로운 플랫폼이 성숙기에 접어들 때까지 이용자들은 이동성이 높으며, 새로운 서비스에 대한 욕구가 강하다. 그러므로 고객들의 관점에서 사용하기 쉽고 유용한 m-Commerce 환경을 제공한다면, 이러한 모바일 서비스를 통해 기업은 Loyalty를 확보하고 강력한 브랜드를 형성할 수 있다.

13.6 소셜미디어(Social Media)

13.6.1 소셜미디어의 개념 및 등장 배경

디지털화의 급속한 진행과 상호성을 기반으로 한 소셜미디어(social media)의 활성화는 기업 제반 활동에 있어 많은 변화를 주고 있다. 디지털 흐름을 주도하는 이동통신 기기(스마트폰), 인터넷 서비스(Wi-Fi 서비스), 넷북 등을 근간으로 페이스북(Facebook), 트위터(Twitter), 유튜브(YouTube) 등의 소셜미디어를 통해서 기업과 소비자, 소비자와 소비자는 상호의견을 주고받고 있으며, 이런 쌍방향 커뮤니케이션 활동을 통한 소셜미디어의 영향력은 더욱 커지고 있다. 따라서 기업들은 소셜미디어 도입과 효과적인 운영이 비즈니스의 성공에 필수적이란 사실을 인지하고 소셜미디어가 가져오는 기회를 최대한 활용할 수 있어야 한다.

〈표 13-5〉 웹 1.0 Vs 웹 2.0 비교

(자료원 : LG주간경제 산업정보, 2006.5)

웹 1.0	구분	웹 2.0
포털위주의 웹 포털상의 서비즈는 사용자가 변경 불가	제공서비스	플랫폼으로서의 웹 웹은 다양한 서비스를 이용하는 수단
정보/콘텐츠의 폐쇄성	정보/콘텐츠	정보/콘텐츠의 공유와 개방성을 강조
기술중심 정보전달의 효율성 추구	가치 제공 수단	참여, 공유 중심 집단적 지성을 이용한 다양성 추구
인터넷 익스플로러 → 높은 OS 종속성	브라우저	Firefox, RSS Reader 등 웹 접속 가능한 모든 프로그램
전문가, 프로그래머, 관련업체 등	정보제작자	개인이 중심이 되는 모든 네트워크 사용자
MP3.com Britannica online 개인용 홈페이지 publishing Stickiness(예시)	대응 개념 예시	Nepster Wikipedia 블로그 participation Syndication(배포)

위키피디아(Wekipedia)에서는 사람들이 의견, 생각, 경험, 관점 등을 서로 공유하기 위해 사용하는 온라인 도구나 플랫폼으로 소셜미디어를 정의하고 있다. 형태는 문자(Text), 이미지, 오디오, 비디오 등으로 다양하다. 다시 말해, 소셜미디어는 웹 2.0 기반의 사회적 활동이나 매체를 통틀어 지칭한다고 할 수 있다.

소셜미디어란 용어를 업계에서 최초로 사용한 사람은 뉴미디어 관련회사인 가이드와이어 그룹(Guidewire)의 창업자인 크리스 쉬플리(Chris Shipley)로 알려져 있다. 그녀는 미국 UC Berkeley의 Hass 경영대학원이 주최한 'Bolgon 2004컨퍼런스'에서 블로그와 소셜 네트워크, RSS(Really Simple Mechanism) 등의 발전이 기업에 무궁무진한 기회를 가져다 줄 것이라고 하였다.

소셜미디어가 등장하게 된 배경은 첫째 첨단 정보 통신과 멀티미디어 기술의 발전 및 융합으로 사회와 문화에 새로운 패러다임이 등장하고 있다는 것이다. 인터넷의 대중화, 디지털 카메라 및 MP3의 보급 등으로 오디오, 비디오 등을 활용한 사이버상의 대인 커뮤니케이션이 발전함에 따라 사용자들이 콘텐츠를 소비하는 동시에 생산도 하는 Prosumer(프로슈머)의 활동이 가속화되었다.

둘째, 사회의 분화와 재통합에 따른 커뮤니티 문화의 진화를 들 수 있다. 개인화와 네트워크화로 대표되는 사회의 분화와 재통합이 나타남에 따라 퍼스널 미디어의 등장이 소셜 네트워킹 서비스의 등장으로 이어지고 이는 곧 퍼스널과 소셜의 융합을 촉진하게 된 것이다.

셋째 사람들의 친화욕구와 자기표현욕구가 증대하고 있다는 점이다. 개인주의화와 더불어 편리한 인터넷 매체의 발달로 누구나 손쉽게 커뮤니케이션하고 표현할 수 있는 욕구가 증대하고 있다. 이러한 트렌드의 이면에는 멀티미디어 양방향성 소통으로 인한 참여와 공유라는 새로운 문화가 자리 잡고 있다.

13.6.2 소셜미디어의 특징

소셜미디어의 성장은 웹 2.0(Web 2.0)의 참여 · 개방 · 공유의 가치를 내세우면서 시작되었다. '집단지성(collective intelligence)'으로 대표되는 웹 2.0의 가능성은 많은 사람들의 공감을 얻었고, 이를 실제 비즈니스로 구현할 수 있는 인터넷 인프라가 뒷받침되면서 새로운 패러다임이 확산되는 계기를 만들었다.

소셜미디어의 특징은 내용적인(콘텐츠)측면과 기술적인 측면에서 볼 수 있다. 소셜미디어는 사용자간 관계를 활용하기 때문에 콘텐츠를 신속하게 전파할 수 있으며 한번 콘텐츠가 공개되면 영향력이 단발에 그치지 않고 지속적으로 발휘되어 진다. 전통적인 매스미디어는 영향력이 통상 자국 내로 국한되는 반면 소셜미디어는 국가와 계층의 경계를 넘어 다양한 대상에게 확산되는 특징이 있다. 즉, 소셜미디어에서는 콘텐츠가 특정한 사회집단에 머물러 있지 않고 소통이 쉽지 않은 다양한 대상과도 소통을 가능하게 한다. 뿐만 아니라 일방적 소통이 아닌 관계 맺기와 상호 작용을 기반으로 하기 때문에 기업은 브랜드를, 개인은 개성과 인간미를 효과적으로 표출할 수 있다.

소셜미디어의 주요한 기술 특징은 바로 개방성과 확장성이다. 자사의 서비스 내에서만 사용할 수 있도록 기능을 가둬두지 않고, 외부 개발자가 자신의 서비스나 애플리케이션에 연결할 수 있도록 API(Application Programming Interface)를 제공하는 것이다. API공개를 통해 유연한 확장성을 제공함으로써 소셜미디어는 외부개발사를 끌어들임으로써 검색, 광고, 게임, 쇼핑 등을 포괄하는 '소셜 플랫폼'으로까지 성장하고 있다.

소셜미디어의 최근 트렌드는 스마트 폰의 확산과 함께 모바일 환경이 중시되고 있다는 점이다. 모건스탠리는 모바일 인터넷이 유선 인터넷보다 빠른 성장을 보이고 있으며 2012년에는 스마트폰 출하량이 데스크탑과 노트북을 포함한 전체 PC 출하량을 넘어 설 것으로 전망하고 있다. 국내에서는 2009년 말 아이폰이 출시된 이후 스마트폰 시장이 빠르게 성장하면서 모바일 인터넷을 지원하는 소셜미디어가 주목을 받고 있다. 또한 모바일 인터넷이 스마트폰뿐만 아니라 태블릿 디바이스 등 다양한 플랫폼으로 확대되면서 모바일 환경을 지원하는 소셜미디어의 성장도 가속화될 것으로 보인다.

13.6.3 소셜미디어 서비스 종류

본 절에서는 소셜미디어의 대표적인 서비스를 소개하고자 한다. 소셜미디어의 종류는 관점에 따라 다양하지만 [표 13-6]에서 보는 바와 같이 사회적 실재감 및 미디어 풍요도(social presence and media richness)와 자기표현 및 노출(self-presentation and self-disclosure)수준에 따라 크게 6가지로 구분할 수 있다. 사회적 실재감은 행위자들이 커뮤니케이션 상호작용에 참여(involve)한다는 느낌을 얼마만큼 가지는가를 의미한다. 즉, 상대가 그곳에 있다고 느끼는 정도나 상대와 직접 만나서 대화하는 것과 흡사한 느낌의 정도를 뜻한다.

이러한 사회적 실재감은 커뮤니케이션에 사용되는 매체가 얼마나 풍부한 정보를 제공해줄 수 있으며 얼마나 다양한 표현방법을 사용하는지(매체풍요도)에 따라 달라진다. 자기표현은 타인에게 자신의 아이덴티티를 표현하는 행위를 말하며, 소셜미디어에서는 개인정보, 사진 등을 통해 자신의 아이덴더티를 나타낼 수 있다. 이러한 자기표현은 자아 노출의 정도를 어느 정도 하느냐에 따라 달라진다.

〈표 13-6〉 소셜미디어 서비스 종류

(자료원 : A.M. Kaplan, M.Haenlein, 2010)

		사회적 실재감 및 미디어풍요도 정도		
		낮음	중간	높음
자기 표현 및 노출 정도	높음	블로그(Blogs)	소셜네트워킹 사이트 (예: 페이스북)	가상세계-소셜월드 (예: 세컨드라이프)
	낮음	협업 (예: 위키피디아)	콘텐츠 커뮤니티 (예: 유투브)	가상세계-게임 (예: 워크래프트)

1) 협업(Collaborative projects)

협업은 사람과 사람, 사람과 기업, 기업과 기업 등 서로 다른 두 가지 혹은 그 이상이 서로 자신이 가진 특기나 기술을 이용하여 서로 협력하여 만들어 내는 과정으로 단순히 힘을 합하는 것이 아니라 새로운 가치 창출에 그 목적이 있다. 대표적인 서비스라 할 수 있는 위키피디아는 만들어지는 정보의 양적인 증가뿐만 아니라 부족한 내용의 보충이나 오류의 수정, 편집 방향에 대한 사용자들 간의 토론이 수시로 이루어지면서 웹 2.0이 내세운 참여·개방·공유의 가치와 함께 소셜미디어가 갖는 공유와 수평적 협업을 잘 보여주고 있다. 위키피디아(Wikipedia)는 2001년 '모든 언어로 된 자유백과 사전' 프로젝트로 시작되었다. 누구나 자유롭게 문서를 생성·수정·삭제할 수 있도록 하는 위키(Wiki)의 플랫폼을 기반으로, 사용자들의 자발적인 참여를 통해 끊임없이 성장하고 있다. 위키피디아는 현재 전 세계 272개의 언어로 1,000만 건 이상의 항목을 제공하고 있다. 위키피디아 한글판인 위키 백과(http://ko.wikipedia.org)에는 2010년 7월 14만여 개의 문서가 작성되어 있다.

2) 블로그(Blogs)

블로그는 Web(웹)+Log(일기)의 합성어로 네티즌이 웹에 기록하는 일기나 일지를 의미한다. 매일 15,000개 이상의 블로그가 새로 만들어지고 있고 전 세계적으로 그 수가 1,700만개에 달한다. 기존의 개인 홈페이지에 비해 만들고 관리하기가 매우 쉬우며 등록된 글이 시간 순으로 표시되는 대표적인 1인 미디어식 글쓰기이다. 이탈리아 명품 패션 브랜드 돌체앤가바나는 블로거를 활용하여 고객과 효과적으로 소통하고 있다. 돌체앤가바나는 2009년 가을패션쇼에 4명의 유명패션 블로거를 초청해 그들의 감상소감을 블로그에 실시간으로 올리도록 하여 이들을 따르는 전 세계 수만 명의 고객으로부터 피드백을 받을 수 있었다. 이에 반해서 델(Dell) 컴퓨터는 미국의 영향력 있는 블로거인 제프 자비스(Jeff javis)가 자신의 블로그에 델컴퓨터 수리과정에서 겪었던 여러 불만들을 올리면서 이 내용이 블로거 사이에서 화제가 되어 주가가 하락하기도 하였다. 델의 경영진이 직접 사과를 함으로써 마무리되었지만, 이사건 이후 델은 고객서비스를 강화하는 동시에 기업 블로그를 개설해 소비자와 직접 소통에 나서게 된다. 델은 자연스럽게 소비자와 소통함으로써 델이 언제나 고객의 이야기에 귀를 기울이고 있다는 인식을 심어주려고 노력하고 있다.

3) 콘텐츠 커뮤니티(Contents communities)

콘텐츠 커뮤니티는 특정 종류의 콘텐츠를 만들고 이를 서로 공유하는 커뮤니티이다. 사진 공유를 기반으로 한 플리커(flickr.com)나 동영상 기반의 유튜브(youtube.com), 북마크 공유 서비스인 딜리셔스(del.icio.us)등이 콘텐츠 커뮤니티에 속한다고 할 수 있다. 대표적인 서비스인 유튜브(Youtube)는 2006년 6,340만 명의 이용자로 시작해 2010년에는 4억 8,800만 명으로 성장하였다. 이러한 성장에 힘입어 유튜브를 통한 기업들의 마케팅과 홍보도 급증하고 있다. 미국의 믹서기 제조회사인 블렌텍(Blendtec)은 과일뿐만 아니라 올림푸스 카메라, 아이폰, 아이패드 등 딱딱하고 비싼 물건들까지 갈아버리는 자사제품의 모습을 동영상에 담아 유튜브에 올리고, 바이럴 마케팅을 위해 Will it Blend?(과연 섞일까?)라는 페이지도 만들어 홍보를 극대화하였다. 유튜브를 활용한 블렌텍의 사례는 뉴욕타임즈에 기사화되었고 기업 브랜드를 저비용으로 전세계에 알릴 수 있게 되었다.

4) 소셜 네트워킹 사이트(Social networking sites)

소셜 네트워킹 사이트란 온라인상에서 공통의 관심사를 가진 사용자 간의 관계 맺기를 지원하고, 축적된 지인 관계를 통해 인맥 관리, 정보 공유 등 다양한 커뮤니티 활동을 할 수 있도록 하는 서비스를 의미한다. 커뮤니티가 주로 비슷한 관심사의 사람들이 한 장소에 모여 활동하는 그룹을 지칭한다면, 소셜 네트워킹 사이트에서는 개인이 중심이 되어 다른 개인과 관계를 맺고, 이러한 개개인의 관계가 모여 축적됨으로서 더 큰 네트워크를 형성하는 구조를 가진다. 글로벌 홍보대행사인 버슨마스텔라의 조사에 따르면 Fortune 100대 기업의 79%가 페이스북이나 트위터 등 소셜 네트워킹 사이트를 마케팅 및 홍보 채널로 활용하고 있다. 기업들은 소셜미디어를 통해 실시간으로 소비자와 이야기를 나누며 잘못된 정보를 바로잡는 등 위기 및 브랜드 관리를 하기도 한다. GM은 금융위기로 대량 해고 및 재무위기를 겪는 동안 자사 블로그 '패스트레인(fastlane.gmblogs.com)'과 트위터, 각 직원의 개별 트위터 등을 통해 소비자와 1대1 커뮤니케이션을 시도해 악성 루머나 시장 불신을 잠재웠다.

5) 가상세계(Virtual worlds)

가상세계는 크게 두 가지 유형으로 나누어진다. 첫째는 '세컨드 라이프'와 같이 현실 사회의 시뮬레이션에서 출발한 소셜형 가상세계(virtual social world)이다. 세컨드라이프(Second life)는 린든랩(Linden lab)에서 개발하고 서비스하는 3차원 가상공간으로 전 세계적으로 가입자 숫자가 2,000만 명에 육박하고 있다. 기업이 세컨드 라이프를 이용하는 가장 보편적인 방법은 자사의 브랜드를 홍보하는 방법이다. 델, 도요타, 아디다스, 나이키 등 수많은 현실 세계의 기업들이 세컨드 라이프에 진출하여 곳곳에 광고판을 설치하고 있으며 가상공간에 자사 매장을 오픈하기도 하였다. 또한 스타우드 호텔은 신축 예정인 호텔과 똑같은 호텔을 세컨드 라이프 내에 먼저 건설하고 가상세계 이용자들이 자신들의 가상 호텔을 먼저 이용하게 했다. 그 결과 동선이나 내부 디자인 등 실제 호텔이 건립되었을 때 생길 수 있는 문제점들을 미리 시뮬레이션해 보고, 온라인 사용자들의 의견을 현실세계의 호텔 디자인에 반영하기로 했다.

둘째는 MMORPG(Massive Multiplayer Online Role Playing Game, 대규모 다중 사용자 온라인 롤플레잉 게임)와 같이 허구적인 공간의 시뮬레이션에서 출발한 게임형 가상세계(virtual game world)

이다. 월드 오브 워크래프트(World of Warcraft, 와우 [WoW])는 블리자드 엔터테인먼트에서 개발한 MMORPG로, 유료가입자가 전세계적으로 1,200만 명을 돌파한 가장 많은 인기를 얻고 있는 게임이다. 도요타 자동차는 대부분 젊은 층으로 구성된 WoW 플레이어들에게 기업의 이미지를 제고하고 제품을 홍보하기 위해 월드 오브 워크래프트에 광고를 시작하였다. 가격이나 디자인 면에서 젊은 층을 타겟으로 한 '야리스'제품을 게임 내 광고를 통해 선보여 올드한 브랜드 이미지를 버리고 젊은 세대를 고객으로 확보할 수 있었다.

사례(3) : 소셜 네트워킹 사이트 페이스북(Facebook)

페이스북은 2004년 2월 하버드 재학생 마크 주커버그(Mark Zuckerberg)가 개인의 사진이나 동영상 음악 등 다양한 콘텐츠의 배포 및 공유를 목적으로 학내 콘텐츠 공유 사이트로 시작하였다. 페이스북은 본격적인 서비스를 시작한지 5년만인 2010년 말 현재 가입자 수가 5억 명을 넘어서고, 전체 인터넷 이용자의 25%가 접속하는 등 소셜네트워킹 업체 중 가장 두드러진 성장세를 보이고 있다. 파이낸셜타임스(FT)는 미국 월스트리트 최대 투자은행인 골드만삭스가 페이스북의 자산가치를 500억달러로 산정했다고 보도했다. 이 같은 자산 가치는 이베이나 야후, 타임워너를 능가하는 것으로, 페이스북 이용자 1명이 100달러의 가치가 있는 셈이다.

페이스북이 이처럼 성공할 수 있었던 요인은 여러 가지 측면에서 조명될 수 있겠지만 크게는 소비자의 요구사항에 대한 변화를 정확하게 파악한 점과 페이스북의 개방정책에서 찾을 수 있다. 먼저 소비자의 요구 변화 측면에서는 인터넷이용자의 정보수집과 소비행태의 변화를 들 수 있다. 이는 이용자의 인터넷에 대한 관점이 정보 탐색과 소비의 수단으로서 뿐만 아니라 이용자들간 소통수단으로서의 유용성을 인식하게 된 것을 의미한다. 페이스북은 사용자간 의사소통이 대화중심으로 쉽고, 일상적으로 사용할 수 있는 적합한 서비스를 제공함으로써 서비스의 사용자를 확대 하였다. 또한 소통방식의 기술이 모바일 환경으로 변화하는 추세를 읽고 모바일 의사소통에 적합한 가벼운 플랫폼을 지향하는 등 소통방식과 관련한 기술의 변화를 정확하게 파악하고 그에 걸맞은 서비스를 개발하여 제공하였다. 키워드 중심의 검색엔진 기술을 이용한 일반적인 검색 서비스와 비교해 볼 때 페이스북은 많은 정보를 제공하기 보다는 사용자가 신뢰할 수 있는 정보를 제공한다. 즉, 정보의 양이 많아질수록 사용자는 믿을 수 있는 정보원(源)을 선호한다는데 착안하여 자신과 관계를 가지고 있는 사람들로부터 얻을 수 있는 정보의 즉시성(real time)과 의미성(semantic)의 측면에서 유용한 검색 서비스를 제공하고 있다.

페이스북 개방정책측면에서는 오픈전략을 통한 페이스북 사이트의 플랫폼화를 들 수 있다. 페이스북은 2007년 5월 소셜 네트워킹 업계 최초로 API(Application Programming Interface) 공개를 통해 외부개발자가 게임을 비롯한 다양한 애플리케이션을 개발하여 수익을 얻을 수 있도록 하였다. 개발자에게는 수익을, 소비자에게는 다양한 제품과 서비스를 이용할 수 있는 기회를 제공함으로써 자신을 플랫폼화한 것이다. 다양한 애플리케이션이 제공되면서 유저들이 페이스북 내부에서 음악 듣기, 소셜게임 등 할 수 있는 것이 많아지게 되었고, 페이스북에서 보내는 시간 및 재방문률이 높아지게 되었다. 마침내 페이스북은 플랫폼 개방을 통해 급성장하여 2008년 6월 마이스페이스(Myspace)를 누르고 전세계 1위 자리를 차지하게 된다.

2008년 12월 페이스북은 Facebook Connect 서비스를 통해 타 사이트, 애플리케이션, 이동단말기, 게임시스템 등에서 이용자들이 페이스북 계정으로 로그인하여 함께 쓸 수 있게 하였다. Facebook Connect는 데이터 이동성을 적용한 서비스로 출시 당시 Facebook Connect를 적용한 제휴사이트가 100여개였으나, 2010년 말 기준 80,000개 이상으로 급속히 증가해 출시 1년 만에 80배 이상 성장하였다.

페이스북의 개방전략을 통한 다양한 애플리케이션의 공급 증가는 이용자 수의 빠른 확대, 체류시간의 증가, 재방문율 제고 등으로 이어지고 이는 다시 보다 많은 외부개발자의 참여로 이어지는 선순환 고리를 확립하게 된 것이다.

13.6.4 기업에서 소셜미디어 활용시 고려사항

소셜미디어가 사회제반 여러 영역에서 변혁을 가져오는 주요 동인으로 부상함에 따라 선진기업은 소셜미디어를 마케팅, 홍보는 물론 여타 분야에도 적극 활용하고 있다. 기업은 소셜미디어 확산에 따른 기회와 위협을 분석하여 제대로 활용할 필요가 있다. 기업이 소셜미디어를 비즈니스 활동에 적극적으로 활용하기 위해서는 다음과 같은 사항을 고려하여 진행하여야 한다.

1) 운영주체 및 역할의 명확화

기업이 소셜미디어를 제대로 활용하기 위해서는 '일단 해보자'라는 의욕만으로는 성공하기 어렵다. 무엇보다도 별도의 전담인력을 구성하여 이를 전담하게 하고 지속적으로 역량을 강화하는 것이 필요하다. 소통을 담당할 전담 조직에 폭넓은 책임과 권한을 부여하여 새로운 이슈가 부상할 때, 소셜미디어 각각의 특성에 적합한 방법으로 재빠르게 대응함으로써 지속적인 쌍방향 소통이 가능하도록 해야 한다.

소셜미디어를 통한 '소통의 질'제고를 위해 전담인력을 전문화하고 지속적으로 역량을 강화해야 한다. 전담인력이 운영자 역할을 뛰어넘어 '정보와 미디어의 큐레이터'

역할을 수행하기 위해서는 전문지식과 운영노하우가 필요하다.

뿐만 아니라, 외부와의 소통에 임직원 모두가 참여하도록 해야 한다. 모든 임직원이 참여하여 소셜미디어를 활용할 때 소통효과가 극대화된다. 특히 스타 CEO의 일거수일투족은 사내 임직원뿐만 아니라 일반인에게도 관심의 대상이므로 이를 활용하여 대외 이미지를 제고할 수 있다. 또한 전담인력과 실무 부서 담당자가 정기적으로 소통하는 자리를 마련함으로써 '일관된 목소리'를 낼 수 있는 기반도 마련하고 사내 교류를 활성화해야 한다. 이러한 활기찬 소통환경이 조성되어야 외부인도 부담 없이 기업과 소통을 시도하게 된다.

마지막으로, 외부와의 소통 시 발생할 수 있는 리스크를 최소화하기 위해 가이드라인을 수립하여 모든 임직원이 공유할 필요가 있다. 이는 구성원의 의사표현을 최대한으로 보장하면서 기밀정보 유출, 회사 공식입장의 왜곡 등과 같은 최소한의 기준에 대해서만 지침을 제시하는 게 바람직하다.

2) 자발적인 소통생태계의 조성과 투명한 커뮤니케이션

소셜미디어를 통한 커뮤니케이션의 핵심은 '대화'이다. 일방적인 커뮤니케이션보다는 소비자와의 대화가 필요하며, 따라서 기업이 일방적으로 정보를 제공하기 보다는 소비자와의 이해와 공감대를 얻을 수 있도록 소셜미디어를 활용해야 한다. 기업이 모든 콘텐츠를 지속적으로 생산하고 전달하는 것은 과도한 자원과 역량이 요구되고 성공가능성도 불투명하다. 이에 일방적인 콘텐츠의 제공이 아닌 참여자가 자발적으로 관련 콘텐츠를 생산, 확산할 수 있도록 흥미로운 이슈 제시 등을 통해 사용자가 자발적으로 콘텐츠를 생산 할 수 있는 환경을 조성해주어야 한다. 즉, 기업의 역할은 모든 콘텐츠를 끊임없이 제공하는데 있는 것이 아니라 소통의 생태계가 조성되도록 촉매제 역할을 수행하는 것임을 인식해야 한다.

그동안 기업은 정보의 비대칭성을 이용하여 기업에 유리한 일방적, 선별적 정보만을 소비자에게 전달해 왔다. 그러나 이제는 고객들이 해당기업에 대한 정보뿐만 아니라 경쟁기업에 대한 비교 정보까지 접근할 수 있게 되면서 오히려 기업보다 더 많은 정보를 가질 수 있게 되었다. 그러므로 기업이 자사에 유리하게 포장되어 있는 정보를 선별적으로 홍보하는 것이 아니라 있는 그대로의 실체를 기반으로 솔직하게 고객에게 접근하는 노력이 필요하다. 사우스웨스트 항공사는 소셜미디어 웹사이트를 이용해 기업홍보에 성공을 거둔 대표적인 사례이다. 'Nuts about Southwest'라는 표제의 자사 웹사이트를 활용하여 사우스웨스트 항공사에 대한 부정적, 비판적인 의견을 상쇄시켰다. 이 사이트는 운영 기본 방침을 '투명성'에 기본을 두고, 고객의 문의나 요구사항에 대해 정중하고 솔직한 태도로 신속하게 대응하고 있다. 사우스웨스트는 소비자들이 흥미를 갖는 정보만 나열하는 것이 아니고 회사에 대해 부정적인 얘기를 할 수 있는 장을 마련함으로써 기업의 진정성을 바탕으로 한 회사와 소비자 간의 신뢰구축에 역점을 두고 있다.

3) 미디어의 통합적 관리(Cross media strategy)

기업은 매스미디어와의 통합적 관점에서 소셜미디어를 활용하여 그 시너지 효과를 극대화해야 한다. 소셜미디어는 매스 미디어의 대체재가 아니라 상호보완재임을 인지하고 크로스 미디어 전략으로 접근하여야 한다.

이를 위해 소셜미디어와 매스미디어를 포트폴리오화하여 각각의 특성별로 목적과 상황에 따라 유연하게 활용할 수 있어야 한다. 시간과 공간이 한정적인 메스 미디어에서는 사실 위주의 간결한 메시지를 전달하고, 소셜미디어는 충분히 주변 정보를 함께 제공하는 것이 바람직하다. 또한 다양한 소셜미디어를 통합적으로 관리함으로써 사용자 편의성 및 확산 효과를 제고함과 동시에 운영 효율성도 추구해야 한다. 즉, 블로그, 트위터, 유투브 등을 서로 연동시켜 자유롭게 이동하며 사용할 수 있도록 사용자 환경을 개선하여 상호간 교차 트래픽을 유도하여야 한다.

사업영역, 제품·서비스, 소통대상, 지역별로 소셜미디어를 세분화하여 유기적으로 운영하는 것도 기업의 소셜미디어 활용시 효과적인 방법이다. 신속성이 중요한 소셜미디어의 특성상 동일한 채널이라도 지역별로 별도 계정을 운영하여 모니터링 역량과 현장 대응력을 강화할 수 있다. IBM의 경우 기업 트위터 개설시 본사 차원의 통합계정이 아닌 각국 지사별로 자체 계정을 개설하여 현지 밀착형 소통을 추구하고 있다. 또한 제품·서비스 단위로 별도의 소통채널을 개설하여 이슈를 명확히 하고 전문성을 강화하고 있다.

13.7 e-Business의 미래

정보통신의 발전과 보급으로 인터넷을 이용하는 형태가 바뀌고 있다. 전자상거래나 e-Business라는 용어가 우리에게 친숙하게 된지 얼마 되지 않아 m-Commerce라는 새로운 용어가 새로이 태어났고, 이제는 스마트 TV를 활용한 t-Commerce(TV-Commerce)와 v-Commerce(Video-Commerce)라는 비즈니스 용어들이 등장하고 실생활에 적용되고 있는 추세이다. t-Commerce는 컴퓨터가 아닌 스마트 TV 수신기로 인터넷을 사용할 수 있게 만든 웹 TV로 주부, 노인 등 컴퓨터에 익숙하지 않은 일반인들도 간단한 리모콘 조작을 통해서 손쉽게 인터넷에 접속할 수 있다는 점에서 현재 많은 주목을 받고 있다.

e-Business가 확대되는 미래에 오프라인 비즈니스는 어떻게 변할 것인가? e-Business는 오프라인과는 다른 특성을 가지고 있다. 제품을 직접보고 검사하면서 구매 의사결정을 내리는 오프라인 쇼핑과는 달리 인터넷 쇼핑에서는 컴퓨터 스크린에 나와 있는 정보에 의존하여 구매에 대한 의사 결정을 내려야 한다. 또한 온라인 구매 즉시 제품을 소유할 수 있는 것이 아니라 구매와 제품의 소유 사이에 택배라는 서비스 기간이 필요하다. 따라서 온라인으로 쇼핑을 하더라도 제품품질에 대한 위험이 적은 표준화된 제품이나 구매의사 결정과정에서 "touch & feel"이 중요하지 않은 제품, 그리고 구매 후 일정기간이 지나서 소유를 하더라도 큰 문제가 없는 제품거래가 온라인 시장으로 흡수될 가능성이 크다. 현재 인터넷에서 가장 큰 시장을 형성하고 있는 서적, 음반, 컴퓨터와 같은 제품군은 이러한 특성을 만족하고 있다. 결론적으로 오프라인 소매시장의 모든 제품이 온라인 쇼핑의 대상이 될 수 없으며 따라서 인터넷 쇼핑시장이 아무리 발달하더라도 기존의 오프라인 가게를 완전히 대체하리라 보기는 어렵다. e-Business는 오프라인 소매점을 대체하기 보다는 기존의 오프라인 소매서비스를 보완하는 것으로 인식해야 한다.

스마트폰의 보급이 확대되고 다양한 소셜미디어가 새로이 나타나면서 전자상거래 시장도 다양한 형태로 발전하리라 예상된다. 아이폰이나 구글폰과 같은 스마트폰의 보급이 확대되면서 앱스토어나 안드로이드마켓과 같은 앱마켓(application)이 등장하여 다양한 형태의 콘텐츠가 거래되는 새로운 경제체제가 부상하고 있다. 페이스북과 트위터와 같은 소셜미디어의 등장으로 소셜쇼핑(social shopping)이라 불리는 새로운 형태의 전자상거래도 생겨나고 있다. 개방·공유·참여라는 특징을 가지는 소셜미디어 시대에는 소비자들이 자신의 경험과 의견을 다양한 형태로 전달하고, 소셜네트워크가 제공하는 장점을 전자상거래에 접목하는 새로운 형태의 전자상거래 비즈니스 모델이 지속적으로 소개될 것으로 보인다.

주요용어

- E-Business
- B2C(Business-to-Consumer)
- B2B(Business-to-Business)
- G2B(Government-to-Business) & G2C(Government-to-Consumer)
- C2C(Consumer-to-Consumer)
- P2P(Peer-to-Peer)
- 중개소멸(Dis-intermediation)
- 재중개(Re-intermediation)
- 인터넷 마케팅
- E-Loyalty
- 온라인 공동체(Online community)
- E-SCM
- E-CRM
- E-Marketplace
- E-Transformation
- M-Commerce
- 소셜미디어(Social media)

복습문제

1. e-Business란 무엇이며 그 유형은 어떻게 분류되는가?
2. 재중개와 중개소멸의 대표적인 사례는 무엇인가?
3. 기존 마케팅 전략과 인터넷 마케팅 전략과의 차이점은 무엇인가?
4. e-Marketplace의 등장 배경을 설명하고 수직적, 수평적 e-Marketplace를 구분하시오.
5. e-SCM과 e-CRM의 차이는 무엇이며 각 산업분야에서 어떻게 적용되고 있는가?
6. 스마트폰이 모바링 산업의 생태계에 미친 영향은 무엇인가?
7. 소셜미디어는 무엇이며, 어떠한 형태가 존재하는가?

8. 기업이 소셜미디어를 활용할 때 인식해야 하는 요소는 무엇인가?

9. e-Business의 미래가 오프라인과는 어떠한 관계가 있는지 설명해 보시오.

토론/프로젝트 문제

1. e-Commerce에서 community의 역할에 대해서 생각해 보시오.
2. e-Business가 제공하는 가치에 대해 논의해 보시오.
3. B2B, B2C e-Business 환경을 고려하여 새로운 비즈니스 모델을 구성하여 토론해 보시오.
4. 원활한 e-Business 가치사슬을 이룩하기 위해 고려해야 할 요소에는 어떤 것들이 있는가?
5. 국내 B2B 시장에서 성공적인 e-CRM을 수행하고 있는 기업을 찾아보고 평가해 보시오.
6. 우리나라에서 스마트폰의 도입이 상대적으로 늦은 이유를 연구해 보시오.
7. 소셜미디어가 기업에게 제공하는 기회와 위협요인이 무엇인지 논의해 보시오.
8. 소셜미디어와 전자상거래가 결합된 소셜쇼핑의 비즈니스 모델에 대해 논의해 보시오.

참고문헌

- 공영일, "페이스북의 부상(浮上)과 시사점", 정보통신정책, 2010. 10
- 김기영 · 김범환 · 윤명길 · 조연상, "전자상거래의 이해", 청목출판사.
- 김범섭, "국내 스마트폰 대중화 시대의 모바일 커머스 동향 및 전망", KT경제경영연구소, 2010
- 김성희 · 장기진, 전자상거래.com, 도서출판 청람, 2004. 8.
- 김종대, "모바일 시장에 부는 기회의 바람, 앱스토어", LGERI 리포트, 2009.8.
- 김재윤, "무선인터넷 비즈니스의 이해", 삼성경제연구소, 2001. 10
- 류한석, "모바일 커머스가 가져올 새로운 변화", KT경제경영연구소, 2010
- 미즈호 은행, "세컨드라이프 속에서의 가상세계, 가상경제의 가능성," 2007
- 박동현, "오프라인상업의 e-전환을 위한 요소기술의 디지털 전환", 과학기술정책연구원. 정책연구 2000-11.
- 박종의 · 심은섭, "B2B 생존과 파워", 2001.3
- 박천교, "m-Commerce 기술 및 시장동향", ETRI, 2003.
- 배명훈, "기업들의 세컨드라이프 진출",정보통신정책, 2008
- 산업자원부, "전자상거래 동향", 2004. 4

- 삼성경제연구소, “소통방식의 변화를 주도하는 페이스북”, 2010.10
- 삼성경제연구소, “확산되는 소셜미디어와 기업의 신소통전략”, 2010.7
- 안중호, “경영을 위한 정보시스템”, 제2판, 홍문사.
- 안중호, 박철호, “인터넷과 전자상거래.” 2001.3, pp.410-419
- 에이드리언 J. 슬라이워츠키 외, “초일류기업의 디지털 비즈니스 디자인”, 세종서적, 2001
- 오라클 솔루션 연구회, “e-비즈니스 시스템”, 교우사.
- 이재규 · 이경전, “전자상거래원론”, 2011.
- 이정우, “무선인터넷 응용프로토콜의 동향분석 및 ME와 WAP을 활용한 무선인터넷 게임 개발에 관한 연구”, 석사학위논문, 연세대학교 산업대학원.
- 임규건, 이대철, “DB운영 데이터 분석을 통한 G2B 시스템 평가”, 5th International Conference on IT Applications and Management, 2010. pp. 253-257.
- 진재영, “국내 무선인터넷 시장 활성화를 위한 제언,” 정보통신정책, 제15권 13호, 2003. 7.
- 전자신문, “소셜 네트워크로 기업 위기관리?” 2010. 02. 15
- 정보통신정책연구원, “국내 인터넷 쇼핑 시장 분석 및 전망”, 2004. 6
- 정제호, “스마트폰 마켓플레이스 도전과 기회”, 산업정책연구 2009. 10
- 조달청, “국가종합전자조달(G2B) 현황 및 향후 과제”, 2003. 1
- 조달청, “조달통계”, 2010.11
- 최용록, “전자상거래와 e-비즈니스 개론”, 두남, 2003
- 통계청, “2010년 3분기 전자상거래 및 사이버쇼핑동향”, 2010. 11
- 한국은행, “2010년 3/4분기 국내 인터넷뱅킹서비스 이용현황”, 2010. 10
- 한국인터넷진흥원, “2009 무선인터넷이용실태조사”, 2009. 12
- 한국전산원, “e-비즈니스 주요 통계”, 2004. 4
- 한국전산원, “6월 e-비즈니스 동향”, 2004. 6
- 한국전산원, “국내 분야별 정보화 동향”, 2004. 8
- 한국전자거래진흥원, “eBixKorea” vol. 47 2003. 2, vol.56 2003. 11 vol.63 2004. 6
- 한국전자거래진흥원, “미국 B2C 현황”, 2003. 1
- 한국정보산업연합회 조사 연구팀, “소셜미디어(Social Media)란 무엇인가?”, 2007
- 후쿠시마 요시아키, “SCM 경영혁명”, 21세기 북스.
- e비즈니스지원팀, “e-비즈니스 주요통계,” 한국전산원, 2004. 4.
- KT 경제경영연구소, “페이스북의 오픈그래프 전략을 통해 살펴본 웹의 진화 방향”, 2010
- LG경제연구원, “웹 2.0시대, 사업패러다임이 바뀐다“, 2006.5
- LG경제연구원, “social Media 시대에 걸맞는 기업 브랜드 관리”, 2009. 09

◆ Allison Enright, "Cover story: How the Second Half Lives," Marketing News, Feb. 15, 2007.
◆ A.M. Kaplan, M.Hanlein, "Users of the world, unite! The challenges and oppertunities of social media", Kelley school of business, 2010
◆ Armstrong, A. and Hagel III, J. "The Real Value of On-Line Communities," Harvard Business Review, May-June 1996, pp. 134-141.
◆ Asrian J. Slywotzky, David J. Morrison, Karl weber, "How Digital is your Business?", Sejong Books.
◆ Benjamin, R, and Wigand, R "Electronic Market and Virtual Value Chains on the Information Superhighway," Sloan Management Review, Winter 1995, pp62-72
◆ Copeland, D. C. and McKenney, J. L. "Airline Reservations Systems: Lessons from History," MIS Quarterly, September 1988, pp. 353-370.
◆ Coppel, Jonathan, "E-commerce : Impact and Policy Challenges", OECD Economics Department Working Papers NO.252, 2000.
◆ David Bell eds, 『Cyber culture』, (London : Routledge, 2004), p.50.
◆ Drew Leavy, "A mobile internet must first be built before it can sell," Marketing, 2000. 12.
◆ eBay, "eBay Annual Report" 2009
◆ Forrester Research, "Global eCommerce Approaches Hypergrowth", 2000.4
◆ Fredrick Newell, "Loyalty.com," 2000.
◆ Kaplan, S. and Sawhney, M. "E-Hubs: The New B2B Marketplaces," Harvard Business Review, May-June 2000, pp.97-102.
◆ Lyytinen, K. and Yoo, Y., "Issues and Challenges in Ubiquitous Computing", Communications of The ACM, Vol. 45, No. 12, 2002, pp. 63-65.
◆ Mahadevan, B. "Business Models for Internet-Based e-Commerce", California Management Review, Vol. 42, No.4, Summer 2000, pp. 55-69.
◆ Miller, A. IEinstein, Picasso: Space, Time, And the Beauty That Causes Havoc. New York, Basic Books, 2002..
◆ Mukhopadhyay, T., Kekre, S. and Kalathur, S. "Business Value of Information Technology: A Study of Electronic Data Interchange," MIS Quarterly, June 1995, pp. 137-155.
◆ Palmer, J. and Markus, L. "The Performance Impacts of Quick Response and Strategic Alignment in Specialty Retailing," Information Systems Research, September 2000, pp. 241-259.
◆ Porter, Kelley A., eBay, Inc., Harvard Business School Case Study, 9-700-007, Sept. 1999.

- Reichheld, F. and Schefter, P. "E-Loyalty: Your Secret Weapon on the Web," Harvard Business Review, July-August 2000, pp. 105-113.
- Sarkar, M. B., Bulter, B. and Steifield, C. "Intermediaries and Cybermediaries: A Continuing Role for Mediating Players in the Electronic Marketplace", Journal of Computer-MediatedCommunication, 1996 (http://www.usc.edu/dept/annenberg/ journal.html).
- Thomas R.Eisenmann, Brian feinstein, "facebook platform", harvard business school, 2008
- Timmers, P. "Business Models for Electronic Markets", Electronic Markets, Vol. 8, No. 2 (1998), pp.3-8.
- Turban, McLean, Wetherbe, Information Technology for Management 7th ed., Wiley, 2010.
- Watson, R. T., L. F. Pitt, P. Berthon and G. M. Zinkhan, "U-Commerce: Extending the Universe of Marketing." Journal of the Academy of Marketing Science, 30(4), 2002, pp. 329-343.
- W.G. Mangold, D.J Fualds, "social media: the new hybrid element of the promotion mix", Kelley school of business, 2009
- Witter, Dean, "B2B vs. B2C The Uniqueness of Enterprise Market", Morgan Stanley Collaboratice Commerce, April 2000

참고사이트

- 전자거래진흥원 ………… http://www.kiec.or.kr
- 조달청 ………………… http://www.pps.go.kr
- 지식경제부 ……………… http://www.mke.go.kr
- 정보통신정책연구원 …… http://www.kisdi.re.kr
- 통계청 ………………… http://www.kostat.go.kr
- 한국인터넷진흥원 ……… http://www.kisa.or.kr
- 한국정보화진흥원 ……… http://www.nia.or.kr
- Accenture ……………… http://www.accenture.com
- Apple ………………… http://www.apple.com
- Blendtec ……………… http://www.blendtec.com/willitblend/
- Cisco ………………… http://www.cisco.com
- Dell …………………… http://www.dell.com
- eBay …………………… http://www.ebay.com
- e-biz group …………… http://ww.e-bizgroup.com/where/transformation.htm
- eMarketer ……………… http://www.emarketer.com
- Facebook ……………… http://www.facebook.com

- FedEx ························· http://www.FedEx.com
- Inews24 ······················ http://www.inews24.com
- Wikipedia ···················· http://www.wikipedia.org
- YouTube ······················ http://www.youtube.com

CHAPTER 14

공급망 관리와 고객관계 관리

임 규 건 교수

한양대학교 경영대학, gglim@hanyang.ac.kr

CONTENTS

학습목표

- 기업정보시스템의 관계를 이해하며 SCM과 CRM의 역할과 중요성을 이해한다.
- 공급망에 대해서 이해한다.
- 공급망 관리의 필요성과 그 개념에 대해서 이해한다.
- 공급망 채찍효과에 대해서 이해하며 그 해결책에 대해서 이해한다.
- 고객의 평생가치란 무엇인지 이해한다.
- 고객관계관리의 개념에 대해서 이해한다.
- 고객관계관리의 단계에 대해서 이해한다.
- 운영적 CRM, 분석적 CRM, 협업적 CRM 시스템에 대해서 이해한다.
- 데이터마이닝에 대해서 이해한다.
- 웹로그 분석에 대해서 이해한다.
- 파트너관계관리에 대해서 이해한다.

기업의 데이터와 정보를 처리하는 기업정보시스템은 데이터와 정보의 처리뿐만 아니라 이제 지식을 처리하는 단계로까지 발전하였다. 자재소요계획(MRP: Material Requirements Planning), 생산자원계획(MRPII: Manufacturing Resource Planning) 에서부터 발전한 전사적 자원관리(ERP: Enterprise Resource Planning) 시스템은 기업정보시스템의 근간으로서 기업의 전사적인 자원을 관리하고 있다. [그림 14-1]처럼 ERP를 중심으로 하는 최근 기업의 전사적 자원관리는 기업 내부에서부터 기업 외부로 까지 확장되고 있고 있으며, 이 가운데 조달부분에서는 파트너와의 협업체계인 공급망 관리(SCM: Supply Chain Management)와 고객부분으로의 확장인 고객관계 관리(CRM: Customer Relationship Management) 시스템이 대표적이다. 본 장에서는 최근 이슈가 되고 있는 SCM과 CRM에 관한 개념과 관련된 기술, 그리고 동향에 대해서 살펴본다.

14.1 공급망 관리

14.1.1 전자조달과 공급망

대부분의 기업에 있어 생산활동의 주요한 원천인 원재료나 부품의 원활한 조달은 매우 중요하며 어떤 경우 생산비용의 70%를 차지하기도 한다. 원활치 못한 조달은 재고 부족으로 인한 생산차질이나 또는 재고 과잉으로 비용의 부담 등을 야기 시키며 심지어 기업 생존에 위협을 주기도 한다. 기업에 있어서 조달부분의 비용절감은 곧바로 기업의 순이익으로 연결되며, 효율적이고 효과적인 구매 및 조달기능은 경쟁력 강화를 위한 주요한 전략적 기능으로 부각되고 있다.

최근 많은 기업들이 전자조달을 통한 구매업무의 효율성 증대와 기업경쟁력 강화를 위해 B2B 전자시장을 비롯한 기업 간 구매정보시스템을 구축했거나 진행 중에 있다. 참여 기업들의 경험에 따르면 대략 8~40%의 경비절감 효과가 있는 것으로 나타나고 있다(Brookes, 2000, AMR, 2000). 이러한 전자조달은 확장되어 공급망(supply chain) 전체를 효율적이고 효과적으로 관리하고자 하는 공급망 관리(SCM: Supply Chain Management)라는 이름으로 추진되고 있다.

[그림 14-1] 기업정보시스템의 확장(SCM/CRM)

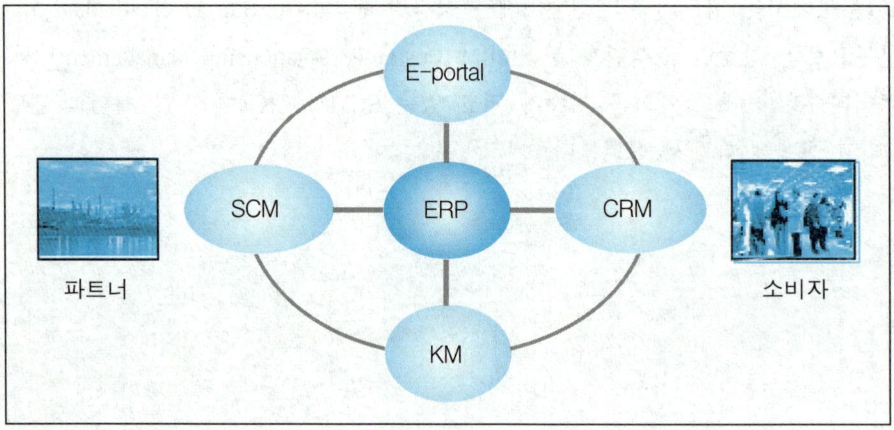

14.1.2 공급망의 정의

공급망(supply chain)은 원자재업자로부터, 공장과 창고를 거쳐 고객에 이르기까지의 자재, 정보, 지불, 서비스의 흐름을 지칭한다. 공급망은 제품, 정보, 그리고 서비스를 최종 고객까지 만들어서 전달하는데 직·간접적으로 연관된 모든 참여자들로 구성된다. 여기에는 제조업체와 공급업체뿐만 아니라, 유통업체, 창고업자, 소매상, 그리고 고객들도 포함된다.

Supply chain이라는 용어는 공급망, 공급체인, 공급사슬 등으로 다양하게 번역되어 사용된다. 공급체인이나 공급사슬이라는 용어는 제품이 공급업체로부터 제조업체, 유통센터, 소매상 그리고 고객에게로 순차적으로 이동하는 선형적인 이미지를 상기시킨다. 그러나 현실적으로 대부분의 공급사슬은 각 단계마다 여러 참여자가 상호 작용하는 망(network) 형태이다(Chopra and Meindl, 2001). 따라서 본장에서는 공급사슬의 구조를 설명하는 데는 공급망(supply network)이라는 용어를 사용하겠다.

14.1.3 공급망의 참여자와 구성요소

전형적인 공급망은 1) 고객(customers), 2) 소매상(retailers), 3) 도매상/유통업체(wholesalers/distributors), 4) 생산업체(manufacturers), 5) 부품/원자재 공급업체(component/raw materials suppliers) 등 다양한 단계의 참여자로 구성될 수 있다.

공급망은 참여자들 간에 정보, 제품 및 자금의 동적인 흐름을 원활하게 한다. 델컴퓨터(Dell computer) 사이트에서 온라인으로 컴퓨터를 구매하는 과정을 예로 들면, 델의 공급망은 1) 고객, 2) 고객의 주문을 받는 웹페이지, 3) 델의 조립공장, 4) 델의 공급업체와 5) 이들의 하위 공급업체들로 구성된다고 볼 수 있다. 웹페이지는 고객에게 제품 가격과 사양, 제품구색 및 제품의 가용성 등에 관한 정보를 제공한다. 제품을 선택한 후에 고객은 주문정보를 입력하고 결제를 한다. 이후에 고객은 웹페이지에 재접속하여 주문의 처리상태를 조회할 수 있다. 공급망에서는 고객의 주문정보로부터 시작되는 여러 정보, 제품 및 자금의 양방향 흐름을 시각화하고 정보를 공유하고 이를 촉진하는 것이 매우 중요하다. 공급망의 구성은 크게 아래와 같이 상위흐름, 내부흐름, 하위흐름의 3가지로 분류해 볼 수 있다.

- ◇ **상위흐름 공급망**(Upstream supply chain): 이 부분은 조직의 첫째 상단(first-tier)에 있는 공급업자(생산업자 겸/또는 조립업자)와 그들의 2차 공급업자들을 포함한다. 이러한 관계는 왼쪽으로 계속 여러 단계를 자재의 처음 생산처까지 확장될 수 있다.
- ◇ **내부 공급망**(Internal supply chain): 자재가 조직 내로 들어올 때부터 제품이 조직 밖의 유통업자에게 나갈 때까지, 즉 공급업자로부터 들여온 입고분을 출고분으로 전환하는 과정에서 조직이 수행하는 모든 과정을 포함한다.
- ◇ **하위흐름 공급망**(Downstream supply chain): 이 부분은 제품을 최종 고객에게 전달하는데 관련된 전과정을 포함한다. 넓게 보면, 공급망은 상품이 사용된 후에 폐기에 이르면 사실상 끝난다.

[그림 14-2]는 왼쪽에 공급자를 가지고 오른쪽에 유통업자와 고객을 갖는 특정 회사의 비교적 간단한 공급망을 보여준다. 그림의 윗부분은 일반적인 공급망을 보여 주고 아래 부분은 장난감 생산 업체의 공급망을 예로 들었다. 그림에서 볼 수 있듯이

[그림 14-2] 공급망의 구성요소

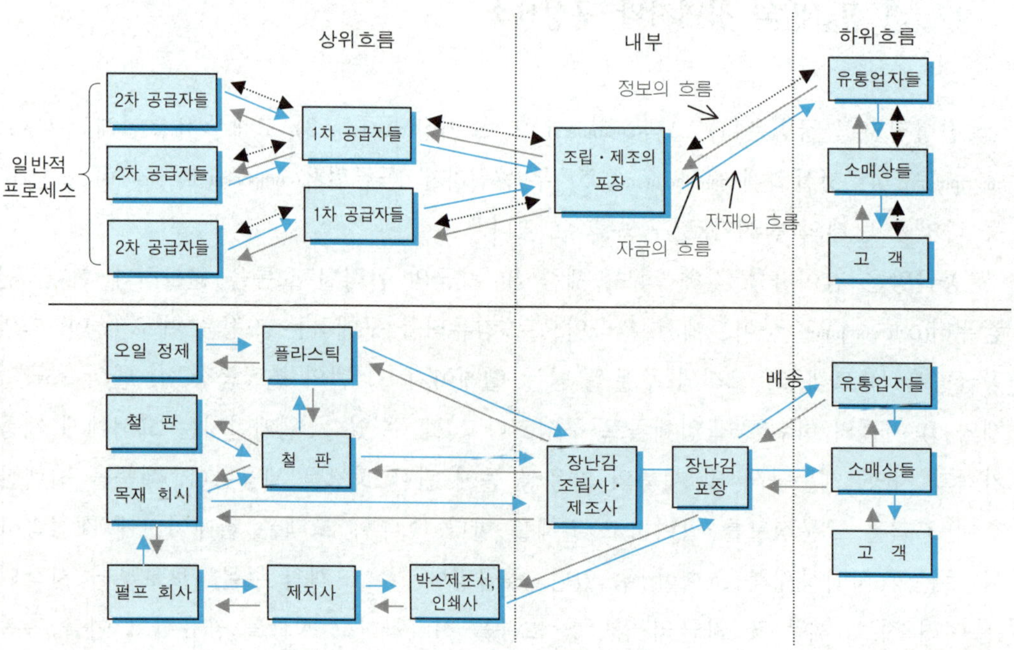

공급업자도 그들 자체의 공급업자들을 반복적으로 가질 수 있다. 또한 자재는 공급자 쪽에서 고객방향으로 자금은 그 반대방향으로 흐르고 정보의 흐름은 양방향으로 흐르고 있음을 알 수 있다.

14.1.4 공급망의 목표

모든 공급망의 목표는 생성되는 가치를 최대화하는 것이다. 가치는 여러 측면에서 측정될 수 있지만 상거래 목적의 공급망에서는 전체 수입에서 공급망 전체의 비용을 차감한 공급망 수익성(supply chain profitability)에 초점을 맞춘다. 공급망 수익성은 공급망의 모든 참여자들이 공유해야 하는 총수익에 해당하며 성공적인 공급망일수록 공급망 수익성이 높을 것이다.

공급망에서 유일한 양(+)의 현금흐름의 원천은 고객이다. 다른 모든 현금흐름은 공급망 참여자들 간에 이루어지는 자금교환일 뿐이다. 그러므로 공급망 수익성의 최대화는 참여자간에 신뢰를 바탕으로 상호협업(collaboration)할 때만 가능한 것이다. 개별 참여자 자신의 수익성만을 최대화하기 위해 취하는 모든 활동은 공급망 내의 다른 참여자들에게 비용을 발생시키게 된다. 예를 들어, 제조업체 중심의 공급망에서 제조업체의 판촉행사 때문에 도매상이나 소매상이 미리 제품을 매입하는 전방매입(forward buying)은 제조업체의 재고는 줄여주지만 도매상이나 소매상의 창고나 매장에 쌓이는 유통재고를 증가시킨다. 미국에서는 고객에게 판매되지 않았는데도 불구하고 제조업체의 판촉행사 때문에 미리 매입하는 양이 전체의 약 25%라고 알려져 있다(한동철, 2002). Wal-Mart는 매장 POS시스템(POSS: Point Of Sales System)에서 최종적으로 고객에게 제품이 판매된 실적을 기준으로 제조업체나 업체에게 대금을 결제하는데, 이것은 철저한 고객위주의 공급망 관리 기법으로서 판매로 인한 양의 현금흐름이 발생한 시점이 진정한 공급망의 목표가 완성되는 시점임을 철저하게 반영한 것이다.

14.1.5 공급망 프로세스

공급망은 고객의 주문을 수행하기 위해 공급망 참여자들 간에 발생하는 프로세스의 연속이다. 공급망에서 발생하는 프로세스는 순환관점과 Push/Pull 관점으로 대별할 수 있다.

[그림 14-3]과 같은 순환관점은 공급망의 모든 프로세스를 고객주문순환(customer order cycle), 보충순환(replenishment cycle), 제조순환(manufacturing cycle) 및 조달순환(procurement cycle)의 연속으로 분할한다(Chopra and Meindl, 2001). 각 순환은 인접한 두개의 참여자들의 인터페이스에서 실행된다. 이러한 순환관점은 각 순환의 처리과정과 바람직한 산출물 그리고 수행주체 및 이들의 역할과 책임을 명확하게 보여준다.

그러나 모든 공급망이 분리된 4개의 순환을 모두 포함하지는 않는다. 소매상이 완제품 재고를 관리하고 제조업체나 유통업체에 보충주문을 내는 식료품 공급망에는 4개의 순환이 존재할 것이다. 반면에 웹을 통한 직접판매를 시행하는 델 컴퓨터는 소매상과 유통업체가 공급망에서 제외되기 때문에 보충순환이 제거되고 고객주문순환과 제조순환은 하나로 합쳐진다. 결국 델 컴퓨터의 공급망에는 고객주문, 제조순환과 조달순환만이 존재하게 된다.

한편, 공급망 내의 과정들이 실제 고객주문에 의해서 실행되는가(pull 과정) 아니면 예측된 고객주문에 의해서 실행되는가(push 과정)에 따라서 구분하는 것이 Push/Pull 관점이다. Pull 과정에서 고객주문은 확실하게 알 수 있지만 Push 과정에서의 고객주문은 예측을 해야 한다.

Push 과정과 Pull 과정은 일정한 경계에 의해서 구분하는데, 주문생산방식(MTO: Make To Order)의 컴퓨터 제조업체인 델 컴퓨터에서 고객주문은 조립라인의 가동을 촉발하기

[그림 14-3] 공급망 순환 프로세스

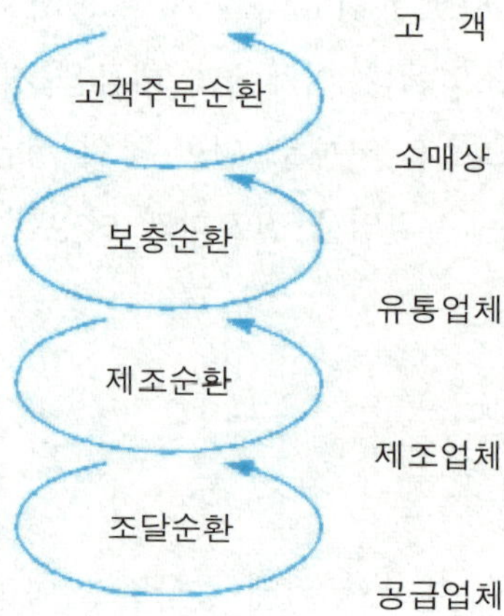

때문에 제조순환은 고객주문순환의 일부분이 되며 이 순환에 속한 모든 처리과정은 Pull 과정이다. 그러나 델이 고객주문에 대응해서 부품주문을 하지는 않는다면 조달순환에 속하는 부품재고 보충 처리과정은 예측된 고객수요를 기반으로 하기 때문에 Push 과정으로 분류된다.

Push/Pull 관점은 공급망 설계에 관한 전략적 의사결정에 매우 유용하게 활용된다. 순수 Push 관점과 순수 Pull 관점을 양극단으로 하는 연속선상에서 공급망을 설계할 수 있다. 특정한 공급망 프로세스를 Push 과정에서 Pull 과정으로 이전시키면 이를 수행하는 참여자의 역할이나 책임도 변화하게 된다. 참여자의 단계와 Push 과정, Pull 과정의 구성비율은 공급망의 성능에 큰 영향을 준다.

14.1.6 공급망의 문제점과 해결방안

1) 공급망의 문제점

공급망의 문제점은 주로 두 가지 원인에서 발생한다. 첫째가 불확실성이고, 둘째가 빈약한 조정이다. 공급망의 불확실성의 주요인은 eToys, Amazon.com, ToysRUs를 포함한 온라인 장난감 소매상들이 1999년 연말 인터넷으로 장난감 주문폭주에 대해서 재고가 부족하여 제품을 제대로 배송하지 못한 사건과 같이 수요예측(demand forecast)이다. 수요예측은 경쟁, 가격, 기후조건, 기술적인 개발, 고객의 일반적인 신뢰, 그 외의 수많은 요인들에 의해서 영향을 받는다. 또 다른 공급망의 불확실성은 배달시간과 생산지연인데, 배달시간은 배송에 방해가 되는 기계의 실수에서부터 도로사정과 교통혼잡에 이르기까지 여러 가지 요인들에 의해 좌우된다. 자재와 부품의 품질문제 역시 생산지연을 야기시킨다.

빈약한 조정은 내부부서와 사업 파트너들과의 조정 부족, 비효율적인 고객 서비스와 품질이 낮은 제품 제공, 높은 재고 비용, 수익의 감소, 급배송의 추가 비용 등 다수가 있다. 이러한 공급망의 문제점은 공급망의 왜곡된 정보와 이로 인한 비효율적인 비용증가를 초래하는데, 그 중 대표적인 것이 소위 채찍효과(bullwhip effect)이다.

2) 채찍효과와 원인

공급망에 내재되어 있는 [그림 14-4]와 같은 채찍효과(bullwhip effect)는 소비자의 실제 수요에 대한 약간의 변화나 계절적인 변화가 소매상－도매상－제조업체－원재료 공급자의 공급량을 대폭적으로 확대시키게 되는 현상을 일컫는다. 채찍효과는 공급망에서 수요정보를 왜곡시키는 결과를 야기하는데 이것은 여러 단계에 걸쳐서 수요에 대한 다양한 현상으로 나타나기 때문이다. 그 결과 공급망의 조정이 잘되지 않고 공급망 수익성이 저하되는 결과를 가져온다. 구체적으로 채찍효과는 다음의 두 가지 현상을 의미한다.

- ◇ **수요왜곡** : 공급망에 있어서 소매상－도매상－제조업체의 주문현상이 실제 소비자가 구매하는 실제수요보다 더 큰 규모의 변화를 유도하는 것
- ◇ **변화확산** : 주문량의 변화가 공급망을 따라가면서 증대되는 것

[그림 14-4] 채찍효과

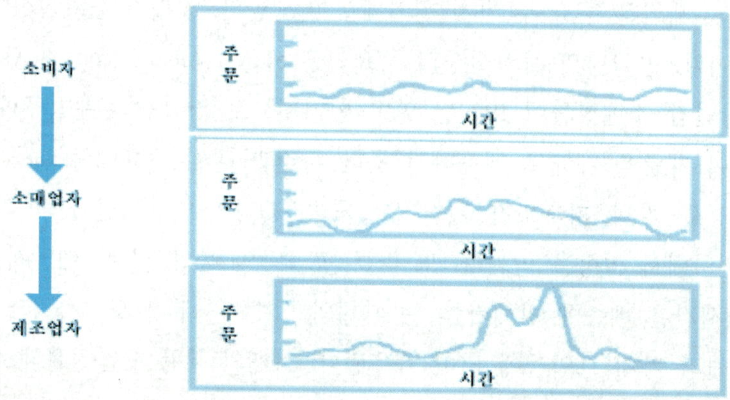

이 효과는 처음 일회용 기저귀 생산업체인 Procter & Gamble(P&G)의 재고 데이터 분석에 의해서 발견되었다. 매장에서의 실제 판매는 안정적이고 예측 가능한 것이었는데도 유통업자가 엉뚱하게 주문을 하자, 결과적으로 P&G사에 생산과 재고문제를 유발시켰다. 이 문제는 공급업자들에 대한 P&G의 불규칙적인 주문, 부정확한 정보의 흐름과 더불어 공급망상의 여러 부분에서 불필요한 재고를 발생시켰다. Hewlett Packard사도 프린터 주문과 관련하여 P&G사에서와 같은 현상이 발생하였고 이 때문

에 적시(just in time)에 주문을 충족시키는데 어려움을 경험했다(Lee et. al., 1997).

채찍효과는 공급망에서 왜곡된 정보의 전달현상이 막대한 비효율성, 과다한 재고, 빈약한 고객 서비스, 수익의 감소, 비효과적인 배송, 그리고 잘못된 생산 일정 등의 문제를 야기한다. 채찍 효과의 원인은 크게 네 가지 정도로 나누어 볼 수 있다(황승진, 2000). 첫째는 빈약한 수요예측이다. 최종고객과 생산업체 사이에 있는 각 단계에서 수요증가나 감소가 이중, 삼중으로 계속 발생하여 최종소비자의 실제 수요가 왜곡되는 것이다. 따라서 이 경우에는 이중, 삼중 예측을 하지 않고 단일 수요예측을 할 수 있도록 해야 하는데 이를 위해서는 정보공유(information sharing)가 필요하다. 두 번째 원인은 일괄주문 방식이다. 물건이 하나가 팔리면 그 때 주문되는 것이 아니라 100개가 팔릴 때까지 기다렸다 한꺼번에 주문을 하는 것이다. 여러 도매상이나 소매상으로부터 동일한 시점에서 한꺼번에 주문을 받으면 일정 시점에서 수요가 급격히 증가하는 현상이 벌어진다. 따라서 이를 해결하기 위해서는 도소매업체들의 주문시점을 골고루 분배하고 가급적 일괄주문 간격을 줄이도록 노력해야 한다. 세 번째 원인은 생산업체의 유동적인 가격정책에 있다. 생산업체는 도소매업체에게 일정기간 가격할인을 해주는데 이 때 도소매업체들은 한꺼번에 많은 물량을 구입해서 재고로 쌓아놓고 몇 달 동안 주문을 하지 않곤 한다. 재고로 쌓아두는 대신 싸게 산 상품을 바로 팔아 차익을 챙길 수 있으나 수요가 불규칙하고 왜곡될 수밖에 없다. 따라서 이를 해결하기 위해서는 상시저가(EDLP: Every Day Low Price)정책을 적절히 사용하거나 제품은 할인해 주되 일정 간격으로 나누어 배달하는 방법을 쓸 수 있다. 네 번째 원인은 공급망에서의 분배문제이다. 특정제품에 대한 수요가 폭증하면, 제조업체는 일정하게 도-소매업체별로 제품을 할당할 수밖에 없다. 이 때 도소매업체에 충분한 제품이 공급되지 않기 때문에 다음에 비슷한 상황을 대비해서 실수요보다 더 많은 양을 주문하게 되는 것이다. 이러한 것을 방지하기 위해서는 반품제약을 엄격히 하거나 제품할당 시 과거 주문 실적에 근거하여 수요를 탄력적으로 조정하는 방법이 있다. 또한 조기예약을 정착시키거나 시장에서의 가격기능으로 조절하는 방법도 생각해 볼 수 있다.

14.1.7 공급망의 문제점 해결방안

여러 해 동안 기업들은 공급망 문제점에 대한 많은 해결방안을 개발해 왔다. 초기

해결방안의 하나는 수직적 통합(vertical integration)이었다. 일례로 Henry Ford는 자동차용 타이어의 생산을 관리하기 위하여 남미에 있는 고무 농장을 구입했다.

또 다른 일반적으로 이용하는 분명한 해결책은 재고를 축적해 놓는 것이다. 이 방법은 생산 과정상 제품과 부품의 흐름을 원활하게 한다. 이 방식의 주된 문제는 각 제품과 부품의 재고 수준을 올바르게 결정하기가 매우 어렵다는 점이다. 만일 재고 수준이 높게 설정되면 재고 보관비용이 매우 클 것이다. 반대로 재고가 너무 낮으면 높은 수요나 느린 납기에 대하여 보장이 어려워져 판매기회 또는 고객을 손실하게 된다. 어떤 경우도 판매기회의 손실과 나빠지는 명성을 포함한 종합적인 손해가 매우 클 수 있다. 그래서 기업들은 재고를 통제하기 위한 여러가지 시도를 한다.

기업들은 합당한 공급망과 재고관리를 통해 공급망의 연결고리와 모든 활동을 조정할 필요가 있다. 성공적인 조정은 재화를 공급자로부터 생산자와 고객에게 원활하게 제 시간에 이동하게 하며, 기업으로 하여금 낮은 재고와 비용을 유지하도록 해야 한다. 이와 같은 조정은 기업들이 상호 의존적이지만 항상 동일 목표로 함께 일하지는 않기 때문에 필요하다. 사업 파트너들은 모두 그들의 공동 목적을 달성하기 위하여 상호 신뢰하고 공급망을 설계하거나 재설계하는데 함께 참여해야 한다.

앞서 언급한 불확실성을 적절히 조절하기 위해서 불확실성의 원인을 확인하고 그것이 공급망의 다른 활동에 어떻게 영향을 주는지 이해할 필요가 있다. 그런 후에 불확실성을 줄이거나 제거할 수 있는 특별한 방안을 마련해야 한다. 즉, 모든 사업 파트너 사이의 효과적이고 효율적인 의사소통 환경이 필요한 것이다. 예를 들면 전산화된 판매시점(POS: Point-of-Sale) 정보는 하루에 한번 또는 실시간으로 유통센터, 공급업자, 배송업자에게 전달되어 최적화된 재고수준을 유지시켜 준다. 공급망의 문제점들을 해결하기 위한 몇 가지 다른 방안들은 아래와 같다.

◇ 수요 절정기간에는 자가 처리보다는 아웃소싱을 이용한다.
◇ 적절한 때마다 생산에 투입하기 보다는 구매한다.
◇ 최적의 배송 계획을 세운다.
◇ 공급업자와 전략적인 동반자 관계를 만든다.
◇ 공급품, 자재, 부품은 필요할 때마다 공급업자가 소량으로 공급하는 적시(JIT: Just In Time) 접근방식을 이용한다.
◇ 구매와 판매의 리드타임(lead time)을 줄인다.

◇ 공급업자 수를 줄인다.
◇ 공급자와 구매자의 관계를 개선한다.
◇ Dell이 맞춤형 컴퓨터에 대해서 했던 것처럼 주문이 들어온 후에 생산한다.
◇ 공급업자와 밀접하게 일하여 정확한 수요를 획득한다.

위의 해결 방안들은 대부분은 정보기술의 지원으로 강화될 수 있다. 특정 공급망 상의 문제들에 대한 정보기술 해결방안들을 <표 14-1>에 정리하였다(임규건 외, 2003).

〈표 14-1〉 공급망의 문제와 정보기술 해결방안

공급망의 문제	정보기술 해결방안
선형의 순차적인 프로세스가 매우 느리다.	워크플로우 소프트웨어를 이용한 병렬 처리
각 단계 사이의 기다리는 시간이 매우 길다.	DSS 소프트웨어를 이용하여 원인을 찾고, 인트라넷과 그룹웨어를 사용하여 의사소통과 협업을 촉진
부가가치가 없는 활동들의 존재.	SCM, 시뮬레이션 소프트웨어를 사용하여 가치 분석
종이 문서의 느린 전달.	전자 문서와 EDI, 전자메일과 같은 의사소통 시스템 활용
잘못된 배송과 낮은 품질 등 때문에 반복되는 프로세스 활동들.	소프트웨어 에이전트를 활용한 전자적 확인, 전자 통제 시스템 활용으로 사람의 실수를 제거
규모의 경제를 얻기 위한 공급망 프로세스간의 작업의 일괄 처리. (예: 배송의 절감)	SCM 소프트웨어 활용 및 분석, 온라인 배송을 위한 문서의 디지털화
지연이 발생한 후의 늦은 학습.	추적 시스템, 지연의 고려, 동향 분석, 지능형시스템을 활용한 사전 검출
승인 같은 행정 통제의 과다. 승인자가 다른 장소에 있을 때.	워크플로우 소프트웨어를 사용한 병렬 승인, 전자 승인 시스템 활용, 요구 분석
정보의 부족 또는 너무 느린 흐름.	인터넷/인트라넷, 모니터링과 알림기능의 소프트웨어 에이전트, 바코드, POS 터미널에서의 직접 정보 수집
자재 이동의 동기화 부족.	워크플로우와 추적 시스템. 소프트웨어 에이전트에 의한 동기화
조절, 협력, 의사소통의 부족.	그룹웨어 제품, 지속적인 모니터링, 알림, 협업 도구활용
창고로부터의 선적 지연.	창고에 로봇 사용. 창고관리 소프트웨어의 사용
공급망상의 중복. 과다한 구매 요청과 과다한 처리와 포장.	웹을 통한 정보 공유, IT에 의해 지원되는 협업 파트너들의 팀 생성(Epner, 1999)
재고실에 너무 오래 있음으로 인한 부품과 구성품의 쇠퇴.	인트라넷과 그룹웨어를 사용하여 대내외적으로 정보공유를 통한 재고 수준의 절감
스케줄링 문제. 생산의 통제 부족.	B2B 모델링을 위한 지능형에이전트(gensym.com)활용

14.1.8 공급망 관리의 기능 및 연구분야

공급망 관리의 기능은 모든 공급망의 활동들을 계획하고, 조직하고, 조정하는 것이다. 공급망 관리의 주요 기능은 시장과 고객의 요구를 잘 이해할 수 있게 해주는 정보관리, 공급자로부터의 물리적인 제품의 흐름관리, 생산 프로세스 관리, 공급자와 고객과의 자금흐름관리 등을 들 수 있다. 이러한 공급망 관리를 광의로 정의할 때는 조달-판매-협력으로 구성된 기업의 가치사슬에서 발생하는 총체적 활동들을 포함한다. 여기에는 전사적 자원관리(ERP)와 같은 기업내부의 공급망은 물론이고 기업외부의 B2B공급망도 포함된다. 여기에는 익스체인지(exchange), 전자조달(e-procurement), e-마케팅, 공급업체 관계관리, 그리고 협의의 공급망 관리에 해당하는 Streamlined 공급망 관리 등이 포함된다. 공급망 관리의 일반적인 정의는 공급망 수익성을 최대화하기 위해 참여자들 간에 흐름을 관리하는 것(Chopra and Meindl, 2001), 즉, 공급자로부터 최종 소비자에까지 이르는 상호 관련된 가치활동들의 흐름인 공급망 상의 제품, 서비스, 정보, 자금 등의 흐름을 효과적으로 통합하고 관리함으로써 경쟁우위를 확보하는 것을 의미한다(산업자원부, 2002). Johnson and Pyke(1999)는 미국대학에 개설된 공급망 교과목의 강의계획서를 분석하여 공급망 관리의 연구분야를 다음의 12개 범주로 분류하였다.

- ◇ 위치선정(Location)
- ◇ 수송과 로지스틱스(Transportation and logistics)
- ◇ 재고와 수요예측(Inventory and forecasting)
- ◇ 마케팅과 채널 재구조화(Marketing and channel restructuring)
- ◇ 소싱과 공급업체관리(Sourcing and supplier management)
- ◇ 정보와 전자중개 환경(Information and electronic mediated environments)
- ◇ 제품설계와 신제품 소개(Product design and new product introduction)
- ◇ 서비스와 판매후 지원(Service and after sales support)
- ◇ 역로지스틱스와 환경(Reverse logistics and green issues)
- ◇ 아웃소싱과 전략적 제휴(Outsourcing and strategic alliances)

◇ 성과측정과 인센티브(Metrics and incentives)

◇ 글로벌 이슈(Global issues)

14.1.9 공급망 관리의 발전단계

기업의 전산화된 시스템의 발전단계를 보면 1960년대 초기 재고관리와 구매시스템의 개념이 도입된 이후 1970년대에 자재소요계획(MRP: Material Requirements Planning), 1980년대 생산자원계획(MRP II: Manufacturing Resource Planning), 1990년대 전사적자원관리(ERP: Enterprise Resource Planning) 이후에 2000년도에는 공급망 관리(SCM: Supply Chain Management)로 발전하고 있다.

공급망 관리는 1980년대에 미국에서 처음 생성되어 현재까지 발전되어 온 개념이다. 1990년대에 공급망 관리는 CRP(Continuous Replenishment Program), VMI(Vendor-Managed Inventory), CMI(Co-Managed Inventory), JMI(Jointly-Managed Inventory), CAO(Computer-Assisted Ordering), QR(Quick Response), ECR(Efficient Customer Response), CFAR(Collaborative Forecasting And Replenishment), CPFR(Collaborative Planning, Forecasting and Replenishment) 등 다양한 기법들이 개발되면서 진화적으로 발전을 거듭하고 있다. 공급망 관리가 한국에 전파된 것은 1990년대 중반에 미국계 컨설팅업체와 SI업체에 의해서였다. 1990년대 중반 이후에는 제조업체를 중심으로 공급망 관리가 실행되었고, 1990년대 후반에는 유통산업으로 확대되었다.

다음의 [그림 14-5]는 기업의 공급망이 비공식 망 단계에서부터 1단계(조직기능정비), 2단계(사내프로세스 정비), 3단계(망 전체정비)를 거치면서 발전해가는 단계를 도식적으로 보여주고 있다(후쿠시마, 1999). 한편 인터넷상의 전자상거래가 활성화되면서 공급망 관리의 주요 관심사도 진화하고 있다. 공급망 관리의 도입초기에는 단일 공장운영의 효율화가 주된 관심사였지만, 이후에 공급망은 지리적으로 떨어져 있는 사업장을 연결하는 기업전체로 확장되었고, 가치사슬을 따라서 모든 참여자들이 연결되는 Streamlined 공급망 관리로 진화하였다. Streamlined 공급망 관리에서 참여자들은 각각 독립적으로 점대점(Point-to-Point) 방식으로 직접 연결된다. 이 방식은 전략적으로 중요한 물품을 공급하는 파트너와의 강한 통합에 적합하다. 그러나 참여자들이 많아지면서 이들을 직접 연결하는 것은 비용이 매우 많이 들게 되고, 또한 인프라 수준이 열악하고 정보자원이 부족한 중소업체(SME: Small and Medium-sized Enterprises)들은 공급망에서 소외되는 문제가 발생한다.

이런 문제를 해결하기 위해 등장한 것이 [그림 14-6]과 같은 전자시장을 중심으로 하는 지능형 e-비즈니스 허브이다. e-허브(e-Hub)는 개방되고 유연한 단일의 접속점을 제공하며 참여자들은 이를 통해 가상의 공급망을 구성하게 된다. e-허브는 전자시장의 기능과 중소업체를 위한 ASP(Application Service Provider) 서비스를 제공한다. e-허브에서 공급망을 구성하는 모든 참여자들의 비즈니스 프로세스는 최적으로 운영되며 동기화가 달성된다. 공급망 관리 진화의 마지막 단계는 여러 e-허브들이 통합되는 인터허브(Inter Hub) 모형이다.

[그림 14-5] 공급망 관리의 발전단계

공급망 제3단계 (망 전체 정비)	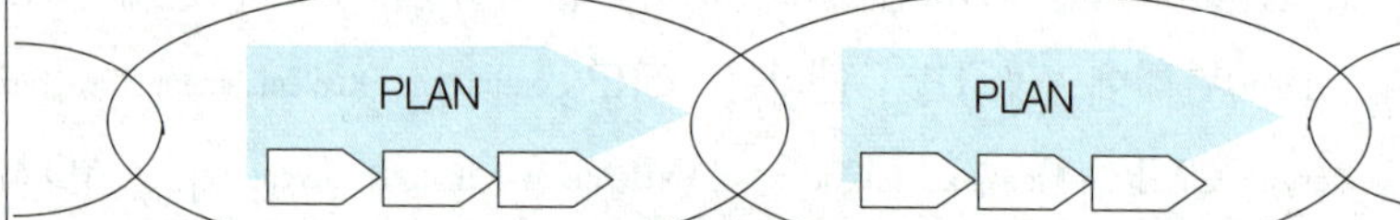 • 기업내 · 외부를 포함하는 공급업체에서부터 최종 고객까지를 포함한 망전체를 통합하여, 최적화 되어 있는 상태 • 각 기업은 다양한 고객, 자사의 핵심역량, 새로운 가치창조에 초점을 맞춰서 활동 전개
공급망 제2단계 (사내 프로세스 정비)	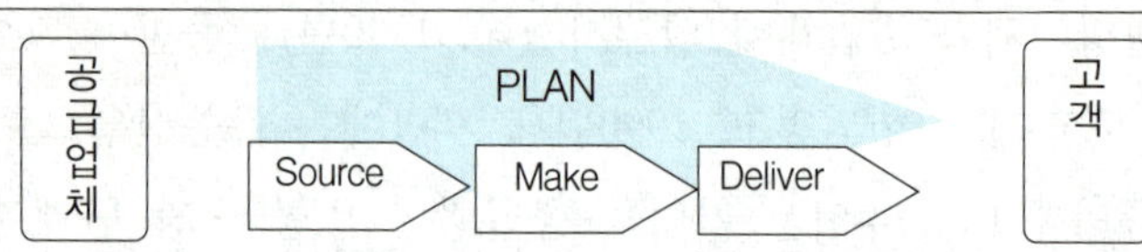 • 사내 전체가 횡단적으로 각각의 프로세스, 관리, 업무가 통합되어 있는 상태 • 계속적으로 개혁을 꾀할 수 있으며, 비즈니스 구조로서도 세계수준의 성과를 달하고 있는 상태
공급망 제1단계 (조직 기능 정비)	• 조직 기능 분담이 이루어지고, 기업내에서의 최적화가 이뤄져 있는 상태 • 경영, 비용, CS 등의 향상을 꾀할 수 있음 • 기업 전체가 최적화에 도달해 있지 않고, 그것을 실현하기 위한 방법, 툴을 갖지 못한 상태
공급망 이전단계 (비공식 망)	• 프로세스 정비 이전의 혼돈상태 • 공급망의 개념, 방침이나 기초적 업무설계가 이루어져 있지 않은 상태 • 조성은 비공식적으로 이루어지며, 프로세스가 비관리 상태여서 충돌이 빈발

[그림 14-6] 공급망 관리 초점의 진화

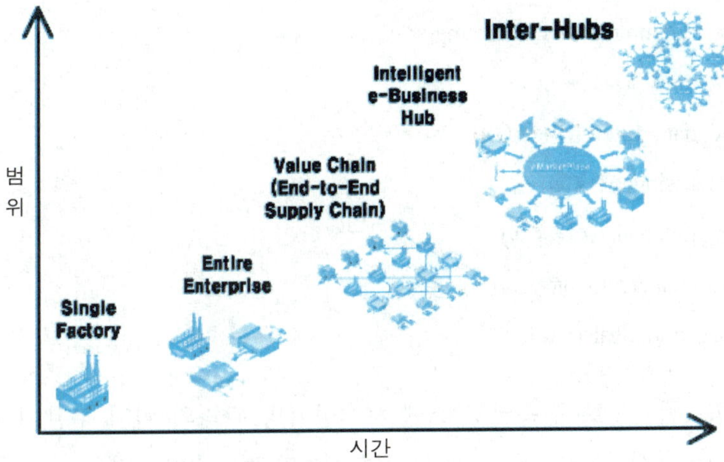

14.1.10 공급망 관리의 정보기술 응용

공급망 관리의 핵심은 정보공유(information sharing)이다. 소비자의 수요, 재고정보, 시장상황 등의 데이터를 공급망 관리에 참여하는 모든 업체가 공동으로 분석하고 활용함으로써 더욱 더 효율적인 공급망 관리 시스템의 구축이 가능해 진다. 정보가 공유되면 비용절감은 물론 공급망 전체의 수익이 증대된다. 실질적으로 정보기술의 지원 없이는 정보를 공유하는 공급망을 구축할 수 없다. 미국의 Council of Logistics Management에 따르면 대표적인 공급망 관리 관련 소프트웨어는 아래와 같다.

◇ Purchasing(구매)
◇ Physical distribution system modeling(물리적 분배시스템모델링)
◇ Freight rate maintenance and audit(배송검사)
◇ Transportation analysis(운송분석)
◇ Traffic routing and scheduling(운송라우팅과 일정계획)
◇ Stock/pallet location(선반관리)
◇ Distribution requirements planning(유통소요계획)
◇ Labor performance(노동인력 성과)

- ◇ Material handling(자재관리)
- ◇ Material requirements planning(MRP, 자재소요계획)
- ◇ Inventory planning and forecasting(재고계획 및 예측)
- ◇ Inventory control(재고관리)
- ◇ Electronic data Interchange(EDI)
- ◇ Order processing(주문처리)
- ◇ Vehicle maintenance(차량관리)
- ◇ Warehouse management(창고관리)
- ◇ Promotions and deals(판촉)

이상의 소프트웨어들로 구축된 시스템들이 공급망 관리의 여러 부분에서 활용되고 있는데, 이미 기업에서 구축되어 있는 기존의 시스템(ERP, CRM 등)과의 통합문제가 발생한다. 이런 경우에는 EAI(Enterprise Application Integration)와 같은 미들웨어를 사용해 통합할 수 있다. 최근에는 시스템 통합 도구로서 부각되고 있는 EIP(Enterprise Information Portal) 또는 CIP(Corporate Information Portal)를 통해 다양한 여러 시스템들을 통합하여 하나의 윈도우 창에서 보여준다.

14.1.11 공급망 관리 솔루션

공급망 관리에 대한 기대는 산업분야와 적용범위에 따라 다르지만 전사적 자원관리(ERP)를 구현한 기업이라면 그 다음 단계로 공급망 관리에 관심을 갖게 된다. 인터넷데이터센터(internet data center)는 전세계 공급망 관리 응용시장의 규모가 2004년에 225억 달러로 연평균 10.6%의 성장률로 성장할 것으로 전망하였다. 공급망 관리 솔루션 시장은 크게 제조업 부문(연평균 성장률 12.1%), 엔지니어링 부문(8.5%), 도·소매업 부문(13.3%)의 세 부문으로 나누어진다. 제조업 부문의 공급망 관리 솔루션 업체에는 SAP, Oracle, Invensys, Baan Company, Aspen Technology 등이 있으며, 도-소매업 부문에는 JDA, Retail Solutions, J.D. Edwards 등이 있다.

사례(1) : ChevronTexaco사의 SCM 구축사례

ChevronTexaco(이하 CT)는 유전과 정유공장을 소유한 미국 최대 석유회사이다. CT의 주요 사업영역은 가솔린(석유)을 시추, 정유, 수송, 판매하는 것이다. 석유산업의 '쌍둥이 악마'로 알려진 고갈과 보류의 문제는 수년간 개선목표가 되어 왔으나 별 성과 없이 석유 산업을 어렵게 하고 있다. '쌍둥이 악마'는 개별 펌프에서의 석유 고갈과 주유소의 저장탱크가 꽉 차있어서 배송이 중지되는 보류라고 불리는 현상을 말한다. 이러한 문제의 주된 원인은 공급사슬과 관련이 있다. 공급사슬에서의 석유 흐름은 석유탐사, 시추, 그리고 추출로 시작된다. 석유가 땅속으로부터 추출된 이후 정유공장으로 배송되어 처리되고 저장소로 옮겨지면 소매 펌프를 거쳐 고객에게 전달된다. 전체 공급사슬 기간은 위치, 운송수단 등에 따라 수개월에서부터 수년이 걸리는 이유로 인하여 공급사슬의 석유 획득, 처리, 유통을 부합시키는 것은 어려운 일이다.

CT는 원유와 정유의 자체적인 생산이 가능하지만 최고 수요를 맞추기 위해서 구매하기도 한다. 과거에 CT는 단지 많은 석유 제품들을 만들고 나서 판매하려고 하는 공급 주도적 전략을 사용하는 대량생산 제조기업과 같이 행동하였다. 이 전략의 문제점은 과다 생산할 때마다 추가적인 재고 혹은 저장비용을 발생시키고 만약 과소생산하면 판매기회를 잃는다는 점이다. 이러한 문제로 인해 CT는 공급주도 전략으로부터 수요주도로 비즈니스 모델을 변경하기로 결정했다. 즉 얼마나 많은 석유를 처리하여 고객에게 '푸시(push)'할 것인가에 집중하는 것이 아니라, 고객들이 얼마나 많은 석유를 원하고 있는지 파악한 다음 이를 어떻게 획득할지에 대해 생각하기 시작했다. 이러한 변화에 따라 비즈니스에 있어서의 주된 변환과 정보기술에 의한 광범위한 지원이 필요하게 되었다.

CT는 고갈과 보류의 문제를 해결하기 위하여 주유소의 탱크마다 전자 모니터를 설치하였다. 이 모니터는 케이블을 통하여 석유 수준에 대한 실시간 정보를 주유소의 IT 기반 시스템으로 전송한 후 인공위성을 통해 해당정보를 CT의 재고관리 시스템으로 전송하게 하였다. 이렇게 축적된 데이터를 기반으로 하는 전사적 자원계획(ERP) 및 비즈니스 계획 시스템(BPS)을 통해 얼마나 많이 정유할 것인지, 현물시장에서 얼마나 많이 구매할지, 그리고 언제 각 소매 주유소로 얼마나 많이 수송할지에 대해 의사결정을 수행한다.

기업 전체에 걸쳐 데이터 공유를 가능하게 하는 통합 시스템은 공급사슬에서 고객과 직면하여 처리하는 모든 접점에서의 의사결정을 향상시킨다. 그 결과 CT는 첫해에 3억 달러 이상, 그 이후 매년 1억 달러 이상 이익이 증대되었다. Worthen(2002)의 연구에 따르면, 석유산업 상위 20% 기업들은 평균적 기업들에 비하여 공급 사슬을 2배정도 효율적으로 운영하고 있다. 이들 성공적 기업들은 재고를 절반 정도 수준으로 가져가고 있으며, 중요한 수요증가(20%이상)에 두 배 정도 빨리 대응할 수

있으며, 주유소 배송 횟수를 어떻게 최소화할 수 있는지를 알고 있는데, CT도 이러한 범주에 속하고 있다.

(자료원 : Worthen(2002), SCDigest(2006), chevrontexaco.com의 “Human Energy Stories” (2008년 5월 접속)에서 발췌)

14.2 고객관계 관리

14.2.1 고객 평생가치와 고객관계 관리

기업이 고객을 대하는 방식은 판매자 위주의 대중마케팅(mass marketing)에서 고객 위주의 일대일(One-to-One) 마케팅 또는 맞춤형 마케팅(customized marketing)으로 발전하면서 크게 바뀌고 있다. 예전의 고객은 단순한 판매의 대상, 수익의 대상으로 판매자와 고객은 대립되는 양상이었다. 그러나 맞춤형 마케팅의 필요성이 중요시되는 요즘에는 판매자와 고객은 서로 협력하여 고객의 니즈(needs)를 충족시키는 관계로 발전하였다. 이러한 관계에서는 고객이란 일시적인 판매대상이 아니라 지속적으로 변화되는 니즈를 충족시켜주어야 할 대상으로 인식되며, 고객이 기업에 주는 수익은 개별거래에 의한 일회성 판매 수익이 아니라, 그 고객이 평생 동안 기업에게 영향을 미칠 수 있는 전체 수익으로 측정할 수 있다. 즉, 기업 입장에서의 고객의 평생 가치(lifetime value)는 고객의 생명주기(Life Cycle) 전체에서 발생하는 총 가치를 의미한다.

이제까지의 전통적 마케팅이 주로 목표 시장의 설정, 고객의 응답률 등 신규 고객의 창출에 주로 초점을 맞추어 왔다면 고객의 평생가치를 염두에 두는 마케팅은 이후의 과정, 즉 신규 고객의 고부가가치 고객화와 구매 고객의 지속성 유지, 이탈 고객의 방지 등 고객과의 관계에 보다 많은 무게 중심을 두고 있다. <표 14-2>는 마케팅의 관점 변화를 보여주고 있다.

이러한 마케팅의 변화에 따라 등장한 고객관계 관리(CRM: Customer Relationship Management)란 고객의 평생가치를 높이기 위해 고객과의 관계를 총체적으로 관리하고자 하는 것으로 고객이 비즈니스의 핵심이고, 기업의 성공은 고객들과의 관계를 효과적으로 관리하는 것에 달려 있다고 인식하는 접근방법이다. Turban과 Lee(2004) 등은 고객관계관리(CRM)를 장기적 가치를 최적화하기 위하여 고객을 선별하고 관리하는 비즈니스 전략이라고 정의하며, Kalakota와 Robinson(1999)은 CRM을 강력한 협동체제를 바탕으로 하는 통합된 영업, 마케팅 및 고객 서비스 전략이라고 정의하고 있다. 통합된 영업, 마케팅 및 고객 서비스란 영업, 마케팅 및 고객 서비스가 하나의 채널을 통해 발생하고 이들의 데이터베이스가 통합되어 고객 위주의 서비스 체계가 갖추어져 있는 상태이다.

〈표 14-2〉 마케팅의 변화

과　　거	현　　재
대중 마케팅(mass marketing)	일대일 마케팅(one-to-one marketing)
표준화된 제품	맞춤화된 제품
시장 점유율	지갑의 점유율
현재 가치	평생 가치
프로그램 주도형 마케팅	이벤트 주도형 마케팅
제품을 알라!	고객을 알라!
제품을 관리하라!	고객을 관리하라!
제품의 차별화	고객의 차별화
획득	교차판매/유지
100% 시장, 10% 고객	10%시장, 100% 고객

(자료원 : "The One To One Future", Don Peppers and Martha Rogers)

이러한 고객의 평생 가치를 바탕으로 하는 고객관계 관리는 일반적인 마케팅 관점에서도 중요하지만 인터넷 시대의 전자상거래 기업에 있어서는 더욱 중요하게 다가오고 있다. 전자상거래는 고객에 대한 생명주기 전 단계에 걸친 관리를 가능하게 하며 고객의 평생 가치를 극대화할 수 있는 기술적 배경과 환경을 제시하고 있기 때문이다.

14.2.2 CRM의 등장 배경

CRM의 등장을 마케팅 관점에서 이해하면 기존의 불특정 다수를 향한 대중마케팅(mass marketing)이 목표시장을 겨냥한 목표마케팅(target marketing)으로, 더욱 범위가 좁아져 고객에 초점을 맞추는 고객마케팅(customer marketing), 일대일 마케팅(one-to-one marketing)으로 발전하고 이제는 실시간에 모든 서비스를 고객에 맞추는 실시간마케팅(real-time marketing)으로 진화하면서 나타났다고 할 수 있다.

그리고 기업 정보시스템적 관점에서는 ERP가 점차 확장되어 공급부분으로는 SCM, 그리고 고객부분으로는 CRM으로 확장되어 통합되는 과정으로 파악할 수 있다.

14.2.3 고객관계 관리의 단계

기업에 있어서 고객 관계의 관리는 정보 및 지식의 획득, 획득된 정보 및 지식의 분석, 이를 활용한 고객 대응의 연속적인 순환 과정이라 볼 수 있다. 이러한 고객 관계 관리의 과정은 궁극적으로 고객 획득(customer acquisition) 단계, 고객 강화(customer empowerment) 단계, 고객 유지(customer retention) 단계, 고객 성장(customer growth) 단계 등 4단계의 고객과의 단계적 관계를 형성하게 된다(이재규 외, 2002).

1) 고객 획득(Customer acquisition) 단계

초기에 잠재적 고객에게 상품을 판매하고 최초로 고객과의 관계가 형성되는 단계이다. 이 단계에서는 고객의 상품 구매를 이끌어내기 위한 모든 방법들이 관련 된다. 과거 대부분의 마케팅 활동들은 이 단계에 초점을 맞추고 있었다 할 수 있다.

2) 고객 강화(Customer empowerment) 단계

고객이 스스로 자신의 관계를 기업에 대해 강화시키는 단계이다. 예를 들면 스스로 해당 기업이나 구매 제품의 특징을 배우거나 친숙해지는 과정이다. 이 단계에서는 고객으로 하여금 계속적인 관심을 가지도록 유도하며 또한 고객이 기업이나 제품에 대한 궁금증이나 문제 해결 방안을 스스로 탐색하여 찾을 수 있도록 배려해야 한다.

3) 고객 유지(Customer retention) 단계

고객 유지 단계는 현재의 고객을 향후 지속적인 고객으로 남게 하고자 노력하는 단계이다. 기존 고객과의 모든 접촉이나 지원은 이 단계와 관련된 업무들이며 판매 후 관리(after service), 콜 센터 등 기존고객 중심의 모든 서비스를 총괄한다.

4) 고객 성장(Customer growth) 단계

고객 성장 단계는 고객으로 하여금 해당 기업의 또 다른 제품이나 서비스를 구매하도록 유도하는 단계이다. 예를 들어 냉장고를 판매했다면 냉각기의 우수성을 인지시키고 에어컨의 구매를 촉진시키는 것이다. 이 단계에서는 현존 고객의 니즈를 정확하게 파악하고 이를 만족시킬 수 있는 추가적 제품이나 서비스를 제공한다.

14.2.4 CRM의 유형

CRM의 유형은 그 목적의 관점에 따라 크게 운영적(operational) CRM, 분석적(analytical) CRM, 협업적(collaborative) CRM의 세 가지로 분류할 수 있다.

운영적 CRM이란 기업의 운영중에 고객관점으로 서비스를 준비하고 제공하고자 하는 것으로서 고객 서비스(customer service), 주문 관리(order management), 송장 및 청구(invoice/billing), 영업 마케팅 자동화(sales and marketing automation), 사후서비스(after service) 등과 같은 근본적인 비즈니스 기능들을 보다 고객 중심적 방식으로 업무 수행이 이루어지도록 하는 것이다. 이로 인해 기업은 고객으로부터의 가치를 최대화하고자 하는 것이다.

분석적 CRM은 고객 데이터, 판매데이터, 기타 다양한 정보를 분석하여 보다 고객에 대한 폭 넓고 깊이 있는 지식이나 정보를 추출함으로써 고객 관련 업무의 질적 수준을 높이고, 새로운 서비스 또는 가치를 찾고자 하는 목적을 가지고 있다.

협업적 CRM이란 고객, 공급자 및 파트너와의 일관성 있고 끊임이 없는 의사소통 채널을 효율적으로 통합 관리함으로써 고객, 공급자 및 파트너의 가치는 공유할 수 있는 체계를 구축하여 공동의 목표를 협업적으로 달성하고자 하는 것이다.

[그림 14-7]은 현재 CRM 시스템들이 표방하는 시스템의 구성을 도식화하여 보여주고 있다. 그림에서 나타난 바와 같이 운영적 CRM은 다시 ERP, SCM, 기타 레가시 시스템(legacy system)과 같은 백오피스(back office) 시스템과 고객서비스, 마케팅 자동화, 판매 자동화 같은 프론트오피스(front office) 시스템들로 구성된다. 분석적 CRM은 데이터웨어하우스(data warehouse)에 바탕을 두고 만들어지는 각종 데이터마트(data mart)를 분석하는 데이터마이닝(data mining) 등 분석시스템들로 구성된다. 협업적 CRM은 창구, 콜센터(call center), DM, e-mail, Web, Mobile 등의 다양한 의사소통 시스템으로 구성된다. 기업들은 이들 세 가지 분류의 CRM 시스템을 모두 구축하였을 때 CRM이 갖는 역량을 충분히 이용할 수 있게 될 것이다. 그러나 일시에 이들 전체 시스템을 구축하기가 어려운 경우에는 전략적 고려를 통해 단계적으로 추진하는 것이 필요하다.

[그림 14-7] CRM시스템의 구성(자료원: META Group)

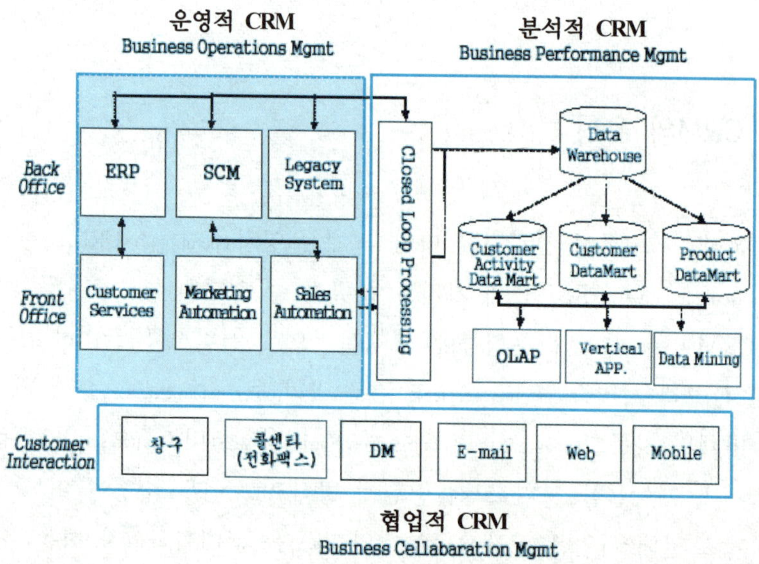

14.2.5 CRM 시스템 및 특징

본 절에서는 최근의 주요 CRM 상용 시스템들의 구성과 특징들을 사례와 함께 살펴보고자 한다.

1) 운영적 CRM

운영적 CRM에서 강점을 가지는 상용 도구로는 Siebel, SalesLogix, Xchange, SAP의 mySAP 등을 들 수 있다. 이 중 Siebel, SalesLogix, Xchange 등은 운영적 CRM 중 특히 프론트오피스에 해당하는 분야에 강점을 가지고 있다. 또한 mySAP은 SAP의 강력한 ERP 시스템을 근간으로 백오피스 분야에서 많은 강점을 가지고 있다. 이들 중 Siebel의 CRM 솔루션은 닷컴 응용 도구, 콜센터 솔루션, 필드 서비스, 채널 관리, 마케팅 솔루션 등으로 구성되어 있는데 특히 주요 솔루션인 마케팅 및 콜센터 솔루션 각각의 특징은 아래와 같다.

- **마케팅 솔루션의 특징**

◇ 기 구축된 데이터마트에 대한 다양한 비즈니스 분석을 할 수 있는 온라인분석처리(OLAP: OnLine Analytical Processing) 기능 제공

◇ 마케팅 전문가와 프론트오피스 사용자에게 편리하게 각종 마케팅 활동을 수행할 수 있도록 지원

◇ 제품분석, 고객분석, 캠페인분석, 판매분석, 채널분석, 경쟁사분석, 서비스분석 등의 기능 지원

◇ 캠페인 정의, 생성, 관리, 수행 및 데이터베이스 마케팅 수행, 웹 마케팅, 고객관리와 모든 채널로부터 수집된 고객 응답 분석 가능

- **콜센터 솔루션의 특징**

◇ 영업 기회의 정의와 등록 가능

◇ 고객의 관심을 끌기 위해 이미 정의된 캠페인의 재사용 가능

◇ 캠페인 결과를 평가하고 이를 다음 캠페인 제작에 반영할 수 있도록 지원

2) 분석적 CRM 시스템

- **온라인 분석처리**

OLAP은 스프레드시트(spread sheet)와 그래픽을 사용해 온라인으로 수행되는 의사결정지원시스템(DSS: Decision Support System) 모델링과 같은 최종사용자의 활동으로 제시된다.

OLAP은 복잡한 관계를 가진 수많은 데이터 간의 관계를 분석하며 특정 패턴과 일상적인 추세에서 이상 현상을 찾아주며 사용자의 질의에 응답을 하여 준다. 일반적으로 OLAP는 아래와 같은 온라인 질의를 가능하게 해 준다.

◇ 몇 년간의 판매데이터와 같은 대용량 데이터에 접근한다.
◇ 판매, 상품, 지역, 채널과 같은 많은 비즈니스 요소 간의 관계를 분석한다.
◇ 판매량, 예산, 비용과 같은 데이터를 계산하여 준다.
◇ 월별, 분기별, 연도별 합계 데이터를 비교한다.
◇ 지역별 판매량, 제품별 판매량 또는 각 지역내 제품별 판매 등 다양한 관점에서 데이터를 표현해 준다.
◇ 데이터간의 복잡한 계산을 제공한다(특정지역에서 각 판매 채널별로 특정 판매수익함수로 계산된 기대수익 등).
◇ 사용자의 요구에 빨리 응답할 수 있어서 사용자가 시스템에 의한 장애 없이 분석을 실행할 수 있다.

● **데이터마이닝**

분석적 CRM의 기반 기술은 데이터마이닝이나 웹마이닝 기술이라 할 수 있으며 이러한 관점에서 보면 분석적 CRM에서 보다 강점을 가지는 상용 도구들로 SAS, SPSS, BroadVision, Vignette, E.piphany, KANA, Art Technology 등을 들 수 있다. 이 중 대표적인 SAS는 원래 통계 패키지로 유명한 소프트웨어 기업으로서 데이터마이닝 분야에서 그 강점을 가지고 있다. SAS의 CRM 솔루션의 특징은 아래와 같다.

◇ 고객 중심의 기업 데이터웨어하우스 구축 용이
◇ 뛰어난 고객 분석 능력: 해외 및 국내 시장에서 검증된 데이터마이닝 솔루션을 보유하고 있으며, 카드, 은행, 통신 등의 산업별 특성에 맞는 연계 판매, 고객 이탈 방지, 수익성 분석 솔루션 등을 보유
◇ 캠페인 관리 솔루션과 고객정보, 고객분석 솔루션과 연계하여 제공할 수 있는 방안을 제시

3) 협업적 CRM 시스템

● **웹기반 고객 관리**

웹을 통한 고객과의 상호작용과 고객커뮤니티 생성 등 고객과의 협업체계를 갖추어 놓는 것은 중요하다. 주요한 웹기반의 고객관리는 아래와 같다.

◇ 웹상에서의 고객 서비스 제공
◇ 검색과 비교 기능의 제공
◇ 제품과 서비스 제공
◇ 기술과 정보 서비스 제공
◇ 맞춤형 제품과 서비스 온라인 주문
◇ 개인화된 웹페이지
◇ FAQ
◇ 채팅방
◇ 전자 메일과 자동응답
◇ 헬프데스크와 콜센터
◇ 사후관리

이중 일반적인 웹기술들을 적용하여 ID 부여와 고객정보관리를 통한 게시판, 동호회 등을 이용하여 고객 커뮤니티를 구성하여 고객의 충성도(loyalty)를 확보하는 것은 매우 중요하다. 웹을 통한 고객 커뮤니티의 특징들은 아래와 같다.

◇ 고객과 해당 웹사이트, 고객과 고객 간의 강한 유대감을 형성하여 고객들이 전환장벽(switching barrier)을 인식하여 다른 사이트로 쉽게 옮겨가지 못하도록 한다.
◇ 고객이 고객을 끌어당기는 수확체증의 법칙(Increasing returns of scale)을 실현할 수 있다.
◇ 정보 · 컨텐츠 생산과정에 고객을 직접 참여시킴으로써 비용절감과 고객만족증대를 가져올 수 있다.
◇ 고객정보를 획득할 수 있는 원천으로 활용될 수 있으며 고객 데이터베이스 축적을 통해 마케팅 자원으로 활용될 수 있다.

● 인터넷 기반 콜센터

협업적 CRM 시스템의 대표적인 것은 고객에 대한 일관된 의사소통 창구인 콜센터이다. 최근 콜센터 시장의 흐름은 기존의 전화 기반의 콜센터에서 고객과 상담원(agent)

이 서로 떨어진 곳에서 실시간으로 음성 및 문자, 자료를 교환하며 상담할 수 있는 인터넷 기반 콜센터(internet based call center) 중심으로 변하고 있다.

인터넷 기반 콜센터 솔루션은 일반 전화뿐만 아니라 인터넷상에서도 고객에게 상담원의 지원을 제공할 수 있다. 고객이 제품에 대한 추가적인 정보나 기술적인 지원을 원할 경우 해당 웹페이지의 '상담원 요청' 버튼을 누르면 하이퍼텍스트(hypertext) 연결을 통해 고객을 콜센터 상담원과 연결하여 인터넷 폰이나 일반전화기를 통한 음성통화, 채팅, 화상통화, 파일전송 등을 통해 상담원과 쌍방향 커뮤니케이션을 할 수 있게 된다. 접속한 고객의 ID를 통해 콜센터 상담원은 고객의 과거 및 현재의 기록을 실시간으로 참조하면서 고객의 문제점을 파악하고 맞춤화된 서비스를 제공할 수 있을 뿐만 아니라 고객 선호에 따라 새로운 제품의 선전 및 추천도 할 수 있다.

사용되는 기술로는 고객의 웹 화면과 상담원의 웹 화면을 동기화(synchronization)시켜 동시에 서로 네비게이션하면서 대화가 가능한 에스코트 브라우징(escort browsing) 기술, 인터넷 텔레포니(internet telephony) 기술을 적용한 인터넷전화, 인터넷 팩스기능, 기타 채팅, 화상통화, 파일전송 등 인터넷 기술들이 적용되고 있다.

● 기타 CRM 캠페인

그 외에 다양한 시스템들을 활용하여 CRM을 위한 각종 캠페인을 할 수가 있다. 대표적인 CRM 캠페인들은 아래와 같다.

- ◇ **충성도(Loyalty) 확보 캠페인** : 마일리지 같은 각종 Loyalty program. 기존 고객의 데이터베이스를 이용하여 이탈 예상 고객 모델을 만들어 충성도 확보 캠페인을 실시.
- ◇ **신규고객 확보(Prospecting) 캠페인** : 신규고객을 확보하기 위해 고객의 니즈와 기업 이익 관점에서 목표 고객을 세분화하고, 신용 등급을 기준으로 고객을 선별하며, 적절한 자원을 조달.
- ◇ **고객 재확보(Win back) 캠페인** : 이탈고객에 대한 인센티브 부여. 고객이 기업과의 관계를 단절한 시기로부터 1주 이내에 캠페인을 실시할 경우 4주 후 캠페인을 실시하는 경우보다 고객을 재확보 할 가능성이 4배 이상 높다고 알려져 있다.
- ◇ **교차 판매(Cross-sell) 및 상향 판매(Up-sell)** : 고객의 소비 지출을 증가시키기 위한 캠페인으로 한 명의 고객에게 다양한 대체 제품과 품질이 향상된 제품을

반복적으로 판매하는 전략. 고객의 니즈와 구매 습관, 고객의 반응 등을 면밀히 관찰하고 자료를 확보하고 있어야 한다.

14.2.6 데이터마이닝과 웹로그 분석

분석적 CRM을 위한 대표적인 방법이 데이터마이닝과 웹로그 분석이다. 다량의 데이터로부터 유용한 지식을 추출하는 과정은 데이터 베이스내의 지식발견(KDD: Knowledge Discovery in Database), 혹은 지식발견(knowledge discovery)이라 알려져 있는 광범위한 연구 주제에서 출발한다(Fayyad 외, 1996). KDD의 목표는 데이터에서 타당성, 일반화, 잠재적 유용성을 정의하고 최종적으로 이해 가능한 패턴을 찾아내는데 있다. KDD 도구의 발전은 <표 14-3>에서처럼 4단계로 나누어 볼 수 있다. 시간이 흐름에 따라 KDD는 더 복잡한 비즈니스 문제에 대해서도 대답을 주게 되며 회고적 데이터의 분석에서 미래의 예측을 가능하게 해주는 지능적 데이터마이닝으로까지 발전하고 있다.

〈표 14-3〉 지식발견의 발전 단계

KDD 발전 단계	비즈니스 문제	관련 기술	특 성
데이터 수집(1960년대)	지난 5년간의 나의 총 수익은 얼마인가?	컴퓨터, 테이프, 디스크	회고적, 정적인 데이터 전달
데이터 접근(1980년대)	3월의 광주지역에서의 상품판매는 얼마나 되나?	RDBMS, SQL	회고적, 레코드수준에서의 동적인 데이터 전달
데이터 웨어하우징과 의사결정 (1990년대 초반)	대전지역에서 구체적 판매는?	OLAP, 다차원 데이터베이스, 데이터웨어하우스	회고적, 다양한 수준에서의 동적인 데이터 전달
지능적 데이터마이닝 (1990년대 후반)	다음달에 서초구 지역의 상품판매는 어떻게 될까? 그 이유는?	개선된 알고리즘, 멀티프로세서 컴퓨터, 대용량 데이터베이스	미래의, 순향적인 정보 전달

1) 데이터마이닝(Data mining)

데이터마이닝은 대용량 데이터베이스에서 가치 있는 비즈니스 정보를 찾아내는 것으로서 가치 있는 광석의 맥을 캐내는 것의 유사성으로부터 그 이름이 생겨났다. 데이터 마이닝의 개념 및 필요성, 데이터 마이닝 절차, 응용분야와 기법 등은 8장 4.2절과 12장 5절의 데이터 마이팅을 참고하기 바란다.

2) 데이터마이닝 응용

가트너그룹의 보고에 의하면 전 세계적으로 포춘 1000대 기업의 절반이상이 데이터마이닝 기술을 사용한다. 데이터마이닝은 아래와 같이 다양한 분야에서 지속적인 경쟁우위를 창출하기 위한 비즈니스 기회를 제공하고 있다.

- ◇ **소매와 판매** : 판매예측. 정확한 재고수준과 상점간의 분배계획을 결정
- ◇ **은행** : 불량대출과 신용카드사용 사기, 새로운 고객에 의한 신용카드 사용, 새로운 대출상품에 대해 호감을 가지는 고객의 유형을 예측
- ◇ **생산과 제품** : 기계고장 예측, 생산능력의 최적화를 통제하는 핵심요소의 발견
- ◇ **중개업무 및 증권거래** : 채권가격의 변화를 예측, 특정한 사건과 시장 전체에 대한 주가변화의 범위를 예측, 주식의 매매시기를 결정.
- ◇ **보험** : 범죄예측, 의료보험비용 예측, 의료보험에 영향을 주는 요소 분류, 고객의 신상품 구매를 예측
- ◇ **컴퓨터하드웨어와 소프트웨어** : 디스크드라이브 고장 예측, 새로운 시스템을 구축하는데 얼마나 걸리는지 예측하거나 잠재적인 보안위험 예측
- ◇ **수사분야(경찰)** : 범죄 패턴, 지역 또는 중요 행위 추적, 범죄문제를 해결하는데 도움을 줄 수 있는 특성의 정의
- ◇ **정부와 국방** : 군사장비 이동비용 예측, 잠재적인 군사협약에 따른 전략 실험, 자원소비 예측
- ◇ **항공산업** : 여행 고객들에 대한 데이터를 분석하여 추가항로의 실행가능성 확인
- ◇ **의료산업** : 중요 질병을 가지는 환자의 인구 정보의 연관성, 병의 징후에 대한 더 나은 통찰력과 그것의 원인, 적합한 치료방법을 개발
- ◇ **방송** : 황금 시간대 방송되는 최고의 프로그램과 어떠한 광고가 최대의 수익을 주는지 예측
- ◇ **마케팅** : 고객이 메일에 반응하거나 특정제품을 구매하는가에 대한 예측을 위해 사용될 수 있는 고객 인구정보의 분류

3) 웹마이닝(Web mining)

데이터마이닝은 일반적으로 데이터웨어하우스에 저장된 데이터에 주목한다. 그러나 클릭스트림(click stream) 데이터의 분석을 통해 '웹에서 고객이 무엇을 하는가'에 대한 웹상의 대용량 데이터를 분석하는 것은 일반적인 데이터마이닝과 약간의 구별이 필요하다. 웹사이트의 방문 기록은 모두 로그 파일에 남게 된다. 방문자의 방문 시간, 방문 경로, 이동 경로, 방문 횟수, 사용 키워드, 상품목록 클릭 정보, 배너 클릭 정보와 같은 각종 클릭 정보 등의 정보들이 로그 파일이 남게 된다. 특히 로그 정보는 웹의 특성상 지속적이고도 빈번히 발생하기 때문에 그 양이 방대하다.

웹로그 정보는 고객의 생활수준, 성별, 나이별, 지역별 분포 등과 같은 고객등록 정보와, 고객이 전자상거래를 이용하여 상거래를 수행할 때 발생되는 구입 물품, 가격, 개수, 날짜 등의 구매정보와 연계하여 웹마이닝을 통해 고객의 구매 패턴을 파악하는 자료로써 활용될 수 있다.

고객등록 정보들과 구매 정보, 웹로그 정보에 대한 웹마이닝을 통해서 어떤 제품들이 교차 판매에 유리한지, 어떤 정보들을 어떻게 링크 시킬 것인지, 어떤 판촉광고가 방문자들에게 인기가 있었는지, 어떤 지역의 방문자가 어떤 키워드를 많이 사용하는지 등에 대한 다양한 정보의 분석을 통해 웹사이트를 활성화시키는데 필요한 주요 정책결정에 도움을 줄 수 있다. 또한 웹 로그 데이터를 분석함으로써 고객이 광고를 클릭한 수, 광고가 게재된 페이지에 머무른 횟수 및 시간 등을 분석함으로써 광고 효과 등을 평가할 수도 있으며 이에 따라 웹페이지 내의 광고 가격을 산출해 낼 수도 있다.

이와 같이 웹 상에 존재하는 데이터들과 고객 및 기타 관련 정보들을 일관성 있게 그리고 효율적으로 분석하기 위해서는 이를 체계적으로 지원할 수 있는 환경이 갖추어져야 하는데, (Cooley 외, 1997)은 [그림 14-8]과 같이 이를 위한 하나의 웹 데이터마이닝 환경에 대한 구조를 제시하고 있다. 이 구조도에는 이제까지 각기 다루었던 여러 가지 주제들을 하나의 통합된 관점에서 바라볼 수 있게 해주고 있는데, 전체적으로는 좌측의 자료 수집 부분, 중앙의 통합 데이터웨어하우스, 그리고 우측의 자료 분석 부분 등 크게 세 부분으로 나누어져 있다.

[그림 14-8] 웹 데이터마이닝 환경

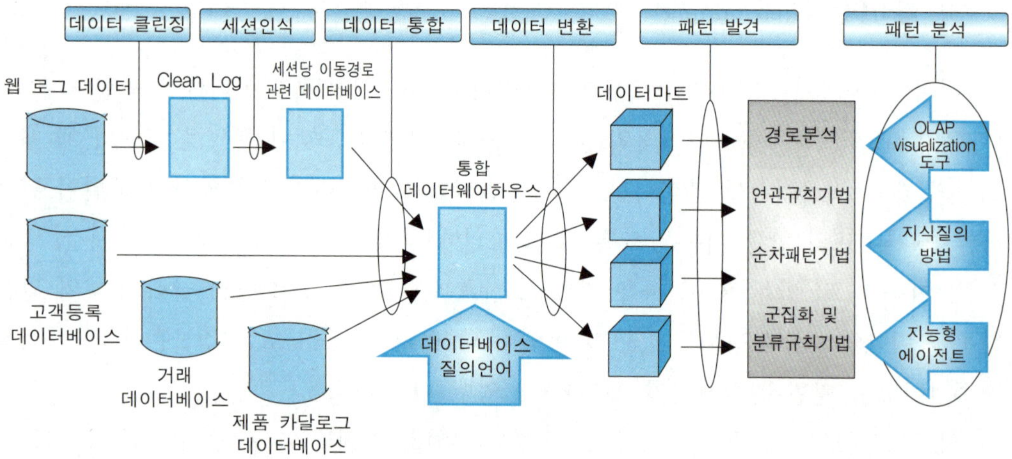

이 구조에서는 웹 로그 데이터 파일, 고객 등록 데이터베이스, 거래데이터베이스 및 제품 카탈로그 데이터베이스 등이 데이터웨어하우스에 하나로 통합되어 모든 관련된 데이터들을 통합 관리하게 된다. 데이터웨어하우스를 기반으로 각각 필요로 하는 분석에 대해서 데이터마트가 구성되어 다양한 분석 기법을 통해 패턴이 분석된다. 특히 이 그림에서 보다 진취적인 사항은 바로 데이터마이닝 기법들에 의해 얻어진 지식들에 대하여 다시 질의나 OLAP 또는 시각화 기법을 통해 보다 고급의 지식을 얻는 과정과 데이터마이닝에서 얻어진 지식을 자동적으로 지능형 에이전트들이 접근하여 이용하는 측면을 들 수 있다.

웹상에서 일어나는 일들이 향후 수년 이내에 수십억 건을 돌파할 것으로 예상되고 있다. 웹사이트를 통해 수집되는 대용량의 정보들을 기업의 데이터웨어하우스와 통합하는 것은 가까운 미래에 그 기업에게 매우 커다란 기회를 제공하게 될 것이다. 즉 이러한 데이터들에 대한 마이닝을 통하여 고객의 행동양식의 패턴 발견과 프로파일링을 통해 콘텐츠의 근거 자료들을 제공함으로써 보다 적극적으로 온라인 고객을 끌어들이고 확보하기 위한 효과적인 웹 콘텐츠 개발과 인터넷 비즈니스 수행으로 경쟁적 디지털 시장 환경 하에서 선점적 우위를 차지할 수 있게 될 것이다.

14.2.7 CRM의 평가

고객 서비스 프로그램은 비교적 비용이 많이 들기 때문에 예산상 정당화될 필요가 있다. 그런데 문제는 실질적인 기업의 이익은 구매를 지속하는 충성 고객에 의해서만 획득될 수 있는데, 대부분의 이득이 무형적이라는 것이다. CRM 도입 초기에는 고객획득에 소요되는 비용이 크기 때문에 대부분의 고객관계는 이익을 창출하지 못한다(Reichheld & Schefter, 1992). 그러나 수 년 후에 충성 고객을 유지하는 비용이 낮아지고 고객들의 구매량이 증가하게 되면 CRM 프로그램은 큰 수익을 창출할 수 있다(Reichheld & Schefter, 2000). 초기 투자 시에는 대부분의 이득이 무형적이라서 고객 서비스의 제공 수준을 결정할 때 매우 심사숙고해야 한다(Petersen, 1999). 고객 서비스의 수준을 결정하는 한 가지 방법은 측정기준에 현재의 상태를 비교해 보는 것이다. 예를 들어 웹 기반의 고객 서비스를 평가하는데 사용되는 몇 가지 측정기준은 아래와 같다.

- ◇ **응답시간** : 많은 기업들이 24시간 내지 48시간을 응답시간의 목표로 사용한다. 지능형 에이전트를 사용하면 응답은 실시간으로 행해질 수 있다. 최소한 고객의 질의에 대한 접수 통지는 즉각적으로 제공되어야 한다.
- ◇ **사이트 가용성** : 고객은 24시간 내내 언제든지 사이트에 접속할 수 있어야 한다. 이것은 시스템의 가동 휴지시간이 가능한 0에 근접해야 함을 의미한다.
- ◇ **다운로드 타임** : 보통 사용자들은 파일을 다운로드 할 때 20초~30초 이상 참고 기다리지 않는다(때때로 어떤 사람들은 6초~8초 이상 기다리지 않는다).
- ◇ **적시성** : 사이트의 정보는 최신이어야 한다.
- ◇ **보안과 프라이버시** : 프라이버시에 관한 조항과 보안 수단의 설명은 필수적이다.
- ◇ **실행** : 실행은 신속해야 하며, 배송은 약속된 일자에 행해져야 한다.
- ◇ **반품 정책** : 구매된 아이템을 반품하는 것은 신뢰와 충성도를 증진시키고, 원하지 않는 아이템을 반품할 수 있다는 것이 고객의 구매의지를 고취시킨다.
- ◇ **네비게이션** : 웹 사이트 상에서 네비게이션의 용이함은 고객만족의 또 다른 필수요건이다.

14.2.8 CRM의 실패

CRM 구축을 추진한다고 해서 모두 성공하는 것은 아니다. 실패 비율도 높은 것으로 보고되고 있다. 예를 들어, 2000년 9월 29일의 Zdnetindia.com/news에 따르면 상위 125개 사이트의 42%에 해당하는 사이트들이 e-CRM에 실패했다고 추정되었다. itgreycells.com에 의하면 CRM 실패율은 대략 50% 정도로 파악되며 점차 개선되고 있는 상황이다. CRM 실패의 주요 원인들은 아래와 같다.

◇ 특정한 비즈니스 문제를 정의하고 집중하는데 실패
◇ 적극적인 고위 경영진들의 지원 부족
◇ 불충분하게 정의된 프로세스를 자동화하려는 시도
◇ 불명확한 이득
◇ 사용 편의성 미흡

CRM의 실패는 부실한 고객 서비스를 의미하므로 중대한 문제를 야기할 수 있다. DeFazio(2000)는 CRM을 실행하고 CRM의 실패를 회피하기 위한 방안으로 아래와 같은 대응방안을 제시하였다.

◇ 조직의 고객 응대 방법을 결정하기 위해 설문조사를 시행한다.
◇ CRM을 위해서 판매, 서비스, 마케팅 그리고 채널/파트너 관리 4가지 구성요소들을 주의 깊게 살펴본다.
◇ CRM 성공 측정 기준을 설정한다. 그렇지만, 양적 측면만 강조하지 말고 질적 측면에 보다 주의한다.
◇ CRM 소프트웨어가 조직의 목표 달성을 어떻게 지원할 수 있는지 숙고한다.
◇ CRM 구축 전략을 결정한다. 현존하는 CRM 프로세스를 개량할 것인지 아니면 CRM을 리엔지니어링할 것인지 결정한다.
◇ 조직의 모든 수준, 특히 일선 대리인, 현장 서비스, 판매원들에 대해서 평가한다.
◇ 조직의 요구사항을 반드시 실행해야 할 것, 희망하는 것, 중요하지 않은 것 등으로 우선순위를 정한다.

◇ 종합 패키지 또는 특정 기능만을 필요로 하는 지에 따라 적절한 CRM 소프트웨어를 선택한다.

14.2.9 파트너 관계관리

기업의 고객에 대한 관리의 중요성과 함께 비즈니스 파트너를 가지고 있는 모든 기업들은 파트너들과의 관계 또한 잘 관리해야 한다. 비즈니스 파트너들에 대해서 CRM을 적용시키려는 노력을 파트너관계관리(PRM: Partner Relationship Management)라고 한다. 기업은 파트너를 식별하고, 선택하며, 유지해야 하며 조직 간에 원활한 의사소통이 이루어져야 하고, 필요한 정보는 갱신되고 공유되어야 한다. 인터넷 기술이 확산되기 전에는 파트너십을 지원하는 자동화 프로세스는 거의 없었고 전화나 팩스, 우편 같은 수작업 방법에 국한되었었다. EDI도 대기업의 규모가 큰 파트너들만을 대상으로 하였고 PRM을 추진하는 체계적인 방법도 없었다. 그러나 근래의 인터넷 기술은 여러 조직들을 쉽고, 빠르며, 저렴하게 연결하는 방법을 제공하고 있다. 근래의 PRM 솔루션들은 웹 기술을 사용하여 정보를 안전하게 분배하고 관리하며 업체들과 비즈니스 파트너들을 연결하여 관계를 촉진시켜 준다. PRM 솔루션에는 파트너 프로파일, 파트너 의사소통, 리드(leads) 관리, 표적화된 정보 분배, 확장된 기업 연결, 파트너 계획, 중앙 집중식 예측, 그룹 계획, 전자메일, 웹기반의 경보 알림, 메시징, 가격표, 커뮤니티 게시판 등의 기능들을 제공한다.

사례(2) : 바클레이스은행의 통합CRM 구축사례

영국에 본점을 두고 있는 바클레이스 은행은 세계 10위안에 속하는 최대 은행으로서 약 7만8천여 명의 근로자와 2,600여개의 지점 및 자회사를 두고 있으며, 2010년 현재 60여개 국가에서 다양한 금융서비스를 제공하고 있다. 최근 금융업의 통합과 대형 지주회사들이 등장하는 등 급속한 환경 변화에 따른 치열한 경쟁속에서 바클레이스 은행은 통합 CRM 구축을 통해 캠페인 응답률 증대 및 매출향상, 비용절감 등 경쟁우위의 성과를 거두고 있다. 바클레이스 은행은 은행, 보험, 카드, 증권 등 개별 창구의 고객 패턴을 통합 CRM을 통해 정제된 고객 데이터로 변환하고, 이를 기반으로 고객에게 맞춤형 서비스 제안, 연계 서비스를 이용한 새로운 상품개발 및 캠페인, 마케팅에 적극적으로 활용하고 있다.

바클레이스 은행은 전사적으로 고객에게 단일한 관점을 유지하도록 하는 것이 통합 CRM을 구축할 때 가장 중요한 요인임을 강조하고, 운영(operational)과 분석(analytical)의 DW(Data Warehouse)기능으로 분리하여 통합 CRM 구축하였다. 운영용 CRM은 은행 지점, 콜센터 등 고객과의 직접적인 채널과 연계되며, 분석용 CRM은 예측모델을 활용하여 이벤트 분석, 트리거 분석 등 고객의 행동패턴을 분석한고 이를 운용 CRM에 제공한다. 바클레이스 은행그룹의 마케팅 CRM 책임자 매트 해리스는 *'은행의 경우 고객의 행동정보가 다양하게 분포될 수 있기 때문에 이를 기반으로 고객행동을 예측할 수 있다'*는 장점을 강조하였다. 즉 분석CRM과 운영CRM 관점에서 고객을 분석함으로서 고객선별을 최적화 한다는 것이다. 예를 들어 이자가 높은 신용카드의 현금서비스 사용빈도가 많은 고객은 대출 가능성이 높다는 예측분석을 통해 이를 마케팅 프로그램으로 즉시 활용이 가능하다는 것이다.

바클레이스 은행은 통합 CRM을 이용하여 상품, 채널, 고객 등의 조합을 통해 신뢰성 높은 데이터를 구축할 수 있었다. 이러한 데이터를 기반으로 업무, 운영, 태도, 실행의 4가지 관점으로 구성되는 매트릭스 구조의 고객분류 프레임워크를 구성하였다. 바클레이스 은행은 세분화된 고객분류 정보를 토대로 다양한 프로그램과 연계하여 최적화된 서비스를 제공하였으며, 그 정확도가 90~95%까지 향상된 것으로 파악하고 있다.

바클레이스 은행은 통합 CRM 구축을 통해 DM, 캠페인 등의 응답률을 50%가량 향상시켰으며, 매출 30% 향상, 영업이익 35% 향상, 고객비용 30% 절감, 예산 5% 절감의 효과를 창출하였다. 바클레이스 은행이 통합 CRM 구축을 통해 보다 높은 이익을 창출 할 수 있었던 가장 큰 성공요인은 고객 중심의 새롭고 유용한 정보시스템을 발 빠르게 도입함으로서 불확실한 미래 환경에 적극적으로 대처하였기 때문이다.

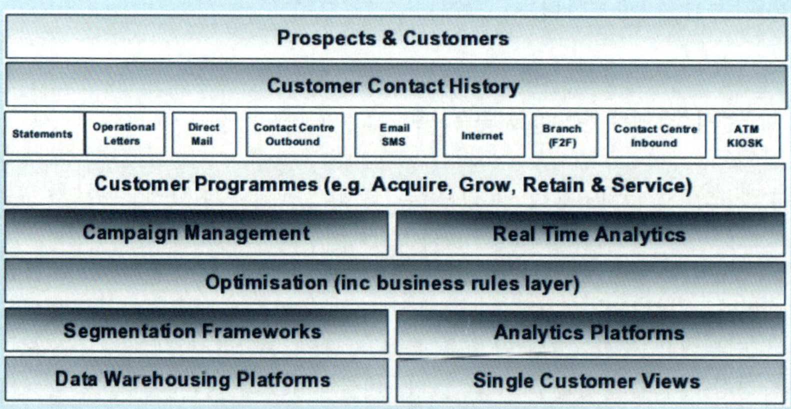

<Barclays Bank의 통합 CRM Operating Model>

주요용어

- ASP(Application Service Provider)
- CPFR(Collaborative Planning, Forecasting and Replenishment)
- CRP(Continuous Replenishment Program)
- e-허브(e-Hub)
- EAI(Enterprise Application Integration)
- ECR(Efficient Customer Response)
- EIP(Enterprise Information Portal)
- MRO(Maintenance Repair and Operations)
- Push/Pull 공급망
- 간접자재(Indirect material)
- 고객 평생 가치(Customer lifetime value)
- 고객관계 관리(Customer Relationship Management: CRM)
- 고객주문순환(Customer order cycle)
- 공급망 수익성(Supply chain profitability)
- 공급망(Supply chain)
- 공급망 관리(Supply Chain Management: SCM)
- 군집화(Clustering)
- 내부 공급망(Internal supply chain)
- 대중 마케팅(mass marketing)
- 데이터 베이스내의 지식발견(Knowledge Discovery in Database: KDD)
- 데이터마이닝(Data mining)
- 데이터웨어하우스(Data warehouse)
- 목표마케팅(target marketing)
- 보충순환(Replenishment cycle)
- 분류(Classification)
- 분석적 CRM(analytical CRM)
- 상위흐름 공급망(Upstream supply chain)
- 수직적 통합(Vertical integration)

- 실시간마케팅(Real-time marketing)
- 연관성(Association)
- 연속성(Sequencing)
- 예측(Forecasting)
- 온라인 분석처리(OLAP : OnLine Analytical Processing)
- 운영적 CRM(Operational CRM)
- 웹마이닝(Web mining)
- 인터넷 기반 콜센터 (Internet based call center)
- 인터허브(Inter hub)
- 일대일 마케팅(One-to-one marketing)
- 자율 학습(Unsupervised learning)
- 전자조달(E-Procurement)
- 제조순환(Manufacturing cycle)
- 조달순환(Procurement cycle)
- 지도 학습(Supervised learning)
- 직접자재(Direct material)
- 채찍효과(Bullwhip effect)
- 파트너관계관리(PRM : Partner Relationship Management)
- 하위흐름 공급망(Downstream supply chain)
- 협업적 CRM(Collaborative CRM)

복습문제

1. 통합의 관점에서 기업정보시스템의 발전 방향에 대해서 기술하시오.
2. 공급망을 정의하고, 참여자들에 대해서 기술하시오.
3. 공급망에서의 각 파트너들 사이의 정보공유의 중요성에 대해서 설명하시오.
4. 특정 기업을 예로 들어 공급망을 상위흐름, 내부, 하위흐름 공급망으로 구분하여 분석하시오.
5. Pull 과정의 공급망과 Push 과정의 공급망을 비교 설명하시오.
6. 공급망 프로세스 순환에 대해서 설명하시오.

7. 채찍효과의 발생원인과 해결방안을 기술하시오.
8. 공급망상의 문제점을 해결하는 전통적인 방안에 대해서 설명하시오. 그러한 문제점들을 요즘에는 어떻게 해결할 수 있는가?
9. 인터넷과 디지털기술이 공급망 관리에 어떤 영향을 주었는지 기술하시오.
10. 마케팅의 변화에 대해서 기술하시오.
11. 고객 평생가치에 대해서 설명하시오.
12. 고객 관계관리의 4단계에 대해서 설명하시오.
13. OLAP의 의미와 그 역할을 설명하시오.
14. 데이터마이닝의 방법론 중 연관 규칙 기법에 대해 간략히 설명하시오.
15. 운영적 CRM, 분석적 CRM, 협업적 CRM에 대해 각각 설명하고 비교하시오.
16. 웹기반 콜센터의 필요성과 적용 사례에 대해서 기술 하시오.
17. 웹마이닝과 데이터마이닝의 유사점과 차이점, 특징에 관해서 비교 설명하시오.
18. 데이터마이닝 사용 기술중에서 의사결정나무를 사용하는 방법에 대해서 설명하시오.
19. CRM 솔루션의 평가 및 측정은 어떻게 할 수 있는지 제시하여 보시오.
20. 파트너관계관리의 필요성에 대해서 설명하시오.

토론/프로젝트 문제

1. 델 컴퓨터와 같이 BTO(Build To Order) 방식의 생산계획을 운영하는 국내 기업을 선정하고, 해당 기업의 공급망에 대해서 공급망 프로세스 순환과 Pull/Push 관점에서 조사하여 분석하시오.
2. 공급망 관리 솔루션을 하나 선택하여 그 기능과 특징에 대해서 분석하고, 적용 사례에 대해서 조사하시오. 그 효과는 어떠했는가?
3. G2B 나라장터(www.g2b.go.kr) 사이트를 방문하고, 전자조달에 대해서 조사하고, 해당 사이트의 공급망 관리는 어떻게 발전해야 하는 지에 대해서 토의 하시오.
4. 하나의 비즈니스를 선정하여, 해당 비즈니스에서의 목표 시장과 목표 고객을 설정하고, 그 비즈니스에서의 고객관계 관리 마케팅 전략을 수립하시오.
5. 분석적 데이터마이닝 도구로서 SPSS의 기능과 특징에 대해서 조사하고, 데이터마이닝에 적용한 예를 보여라.

6. CRM 캠페인 사례에 대해서 조사하시오. 조사한 사례의 효과는 어떠했는가? 투자 비용 대비 이득에 대해서 토의 하시오.
7. 국내 웹마이닝 지원 도구들에 대해서 조사하고, 웹마이닝 적용 사례를 조사하시오.
8. 파트너관계관리 지원 소프트웨어에 대해서 조사하고, 그 적용 사례에 대해서 분석하시오.

참고문헌

- 박종의, 심은섭, "B2B 생존과 파워", 명진출판, 2000.
- 임규건 외, "경영을 위한 정보기술", 교보문고, 2007
- 임규건, 이재규, 이대철, "전자정부 G2B 시스템의 성과평가 분석을 위한 새로운 평가 모델 및 방법론 개발", Information Systems Review, Vol. 10, No.2, 2008.8, pp. 269-289.
- "전자상거래 백서", 산업자원부, 전자거래협회, 2003.
- 한동철, "공급망 관리", 시그마인사이트컴, 2002.
- 후쿠시마 요시아키, "SCM경영혁명", 한국능률협회컨설팅 GPS본부 SCM팀 옮김, 21세기북스, 1999.
- AMR, "E-Procurement: Unleashing Corporate Purchasing Power", Time, Inc. in associated with AMR Research, Inc., May 2, 2000, www.fortune.com/sections/eprocurement2000, July 19, 2000.
- Barbara Reilly, David Hope-Ross, Jonathan Luebbers, and Eric Purchase, "E-Procurement: A Blueprint for Revolution or Hype?", Gartner, Feb 9, 2000.
- Berry, M. and G. Linoff, Mastering Data Mining : The Art and Science of Customer Relationship Management, Wiley, 2000.
- Brookes, Martin, "The shocking Ecomomic Effect of B2B", The Goldman Sachs Group, Inc., pt. V.
- Carl Simmons, "E-Procurement: Overview", Gartner 5 July 2000.
- Chopra, S. and P. Meindl, "Supply Chain Management: Strategy, Planning, and Operation", Prentice Hall, 2001.
- Dale Neef, "e-Procurement From Strategy to Implementation", Prentice Hall, 2001.
- Daniel Amor, "The E-Business (R)evolution", Prentice Hall PTR, 2000.
- David Hope-Ross, Barbara Reilly, Tracey Doyon, Jonathan Luebbers, and Eric Purchase, "E-Procurement: Perspective, Preparation and Selection", Gartner, 7, May, 2001.

- Efraim Turban, David King, Jae. K. Lee, Merrill Warkentin, and H. Michael Chung, Electronic Commerce 2004: A Managerial Perspective, Prentice Hall, 2004.
- Goldman Sachs, "B2B: 2B or Not 2B?", Goldman Sachs Investment Research, September 14. 1999.
- Hanson, W., "Principles of Internet Marketing, South-Western College Publishing", 2000.
- Johnson, M. E. and D. Pyke, "A Framework for Teaching Supply Chain Management", 1999.
- Kalakota R. & Robinson M., "e-Business Road map for success", Addison- Wesley, pp.231-264., 1999.
- Kaplan S. & Sawhney M., "E-Hubs: the new B2B marketplaces", Harvard Business Review, May-June, pp.97-103, 2000.
- Kemp, T., "Small Suppliers:Weak Retail Link", InternetWeek, Feb 20, 2001. www.internetweek.com/ newslead01/lead22001.htm.
- J. K. Lee et al., Premier e-Business Cases from Asia. Singapore: Prentice Hall and Pearson Education South Asia, 2007.
- Lee, H, V. Padmanabhan, and S. Whang, "The Bullwhip Effect in Supply Chains", Sloan Management Review, pp. 93-102, Spring 1997.
- Lee, J. and E. Turban, "Planning Business-to-Business E-Procurement Market Places", In Paul B. Lowery, J. Owen Cherrington, and Ronald R. Watson, eds., The E-Business Handbook, pp. 167-187., St. Lucie Press, 2002.
- Lim, G. G. and J. K. Lee, "Buyer-Carts for B2B EC: The b-Cart Approach", Journal of Organizational Computing and Electronic Commerce, Vol. 13, No.3&4, pp.289-308, 2003. 9.
- McPherson, K., "Data: The Critical and the Important", URL: http://www.clickz.com/ cgi-bin/gt/fn/emm/emm.html?article=1279, February 2000.
- Novak, R. A., and Simco, S. W., "The Industrial Procurement Process: A supply Chain Perspective", Journal of Business Logistics, Vol.12, No.1, 1991, pp.145-167.
- Patricia B. Seybold, "Customers.COM", Random House, Inc, 1998.
- ricewaterhouseCoopers, "E-Business Technolgy Forecast", Pricewaterhouse Coopers Technology Center, 1999.
- Richard, P.J., and T.M. Devinney. "Modular Strategies: B2B Technology and Architecture Knowledge.", California Management Review, 2005.
- Sculley, A. B. and W.W. Woods, B2B Exchanges ISI publications,1999.

◆ Silverstein, B., Business-to-Business Internet Marketing, Gulf Breeze, FL: Maximum Press, 1999.
◆ Turban, E., E. McLean, and J. Wetherbe, Information Technology for Management, 5th Ed, John Wiley & Sons, Inc., 2007.
◆ Turban, E., King, D., Lee, J., Viehland, D., Electronic Commerce 2010: A Managerial Perspective, Prentice Hall, 2010.
◆ Witten, I. H. and E. Frank, Data Mining: Practical Machine Learning Tools and Techniques with JAVA Implementation, Morgan Kaufmann, 2000.

참고사이트

◆ Amazon.com ······ http://Amazon.com
◆ Dell Computers ······ http://www.dell.com
◆ gensym ······ http://gensym.com
◆ ICEC ······ http://icec.net
◆ SAP ······ http://www.sap.com

제 5 편

경영정보시스템 통제

(MIS SEE)

CONTENTS

제 15 장 기업의 성과 측정/관리

CHAPTER 15

기업의 성과 측정/관리

김 재 경 교수

경희대학교 경영학부, jaek@khu.ac.kr

CONTENTS

학습목표

- 비즈니스 인텔리전스의 개념을 이해한다.
- 비즈니스 인텔리전스의 범위를 이해한다.
- 정보시스템의 통제에 대해 살펴보고, 정보보호 관리에 대해 이해한다.
- 정보시스템 조직의 예산통제 방식에 대해 이해한다.

현재 기업 경영자들 사이의 최대 관심사 중 하나는 효과적이고 효율적인 방법으로 기업의 성과를 측정하여 이를 관리하는 방안이다. 기업들은 '어떻게 하면 기업 가치를 높일 수 있는가?', '전략의 실행력을 제고할 수 있는 방법은 무엇인가?' 와 같은 문제를 해결할 수 있는 방안을 찾고자 그리고 기업을 효율적으로 경영하고자 정보시스템에 대한 많은 투자를 하고 있다.

그러나 최근 경영 전 분야에 걸쳐 정보시스템에 대한 의존도가 높아짐에 따라 정보시스템에 대한 투자 규모 및 비용이 급증하고 있으며 사이버 범죄 등 다양한 위협이 증가하고 있다. 이에 따라 경영정보시스템에 대한 적절한 통제의 필요성이 대두되고 있다.

본 장에서는 기업성과를 효과적으로 측정하고 이를 관리할 수 있는 기초가 되는 개념인 비즈니스 인텔리전스(BI: Business Intelligence) 대해 알아보고 정보시스템의 통제와 정보보호에 대해 고찰해 본다. 마지막으로 정보시스템 조직의 예산통제 방식에 대해 살펴본다.

15.1 비즈니스 인텔리전스

15.1.1 비즈니스 인텔리전스의 개요

자동차 네비게이션(navigation)은 운전자를 목적지까지 가장 빠르고 안전하게 안내하며 운전자가 운행 중의 다양한 위험 요인들로부터 효과적으로 대처할 수 있도록 미리 알려준다. 기업 경영에서의 네비게이션 역할을 수행하는 것이 바로 '비즈니스 인텔리전스(business intelligence)'이다. 비즈니스 인텔리전스는 경영인이 전략을 세우는데 필요한 데이터를 수집하고, 수집된 데이터를 가장 효과적이고 효율적인 방법으로 가공하여 적절한 의사결정을 하도록 도와주며, 경영상의 다양한 위협이나 위험을 자동적으로 알려주는 시스템이라고 할 수 있다. 인텔리전스를 직역하면 '지식 · 정보'이며, 지식과 정보는 데이터를 가공하여 특정한 의미가 내포된 데이터이다. 따라서 비즈니스 인텔리전스는 데이터를 수집하고, 수집된 데이터를 가공하여 올바른 의사결정을 내릴 수 있도록 지원하는 시스템 및 기술이라고 할 수 있다.

[그림 15-1] 비즈니스 인텔리전스의 과정

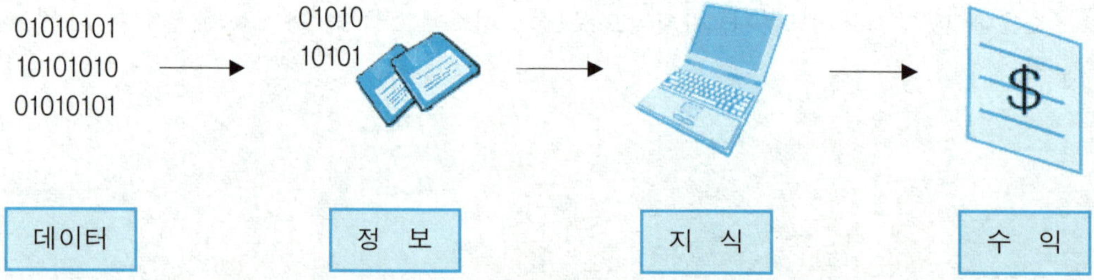

현재 비즈니스 인텔리전스는 경영상의 핫이슈로 떠오르고 있다. 이 현상은 ERP(Enterprise Resource Planning, 전사적자원관리)만이 살길이라 생각하고 너도나도 ERP를 도입하던 상황과 유사하다. ERP는 프로세스를 혁신하고 전사적으로 프로세스를 통합하여 현업의 업무처리를 지원해 준다. 이러한 프로세스 혁신과 통합을 통해 경영의 효율성을 극대화하고자 지난 몇 년간 많은 기업들이 ERP를 도입하여 성과를 거두었다. ERP의 도입성과에 관한 조사에 따르면, 응답자의 약 88%가 어느 정도 성공적이었다고 응답하고 있다. 그러나 과연 전략적 의사결정이나 성과향상을 위해서 ERP만으로 충분한가라는 질문에 많은 기업들이 회의적인 반응을 보이고 있다. ERP는 프로세스 통합이나 거래처리 효율성 제고와 같은 주로 기업 내부 효율성에 초점을 맞추기 때문에 사용자의 의사결정 지원, 성과향상을 위한 분석정보를 제공하는 데에는 한계가 있다. 따라서 ERP를 통해 업무의 효율성을 극대화시킨 기업들은 성과 향상 및 의사결정 지원의 도구로써 비즈니스 인텔리전스를 필요로 하고 있다.

[그림 15-2] ERP와 비즈니스 인텔리전스의 비교

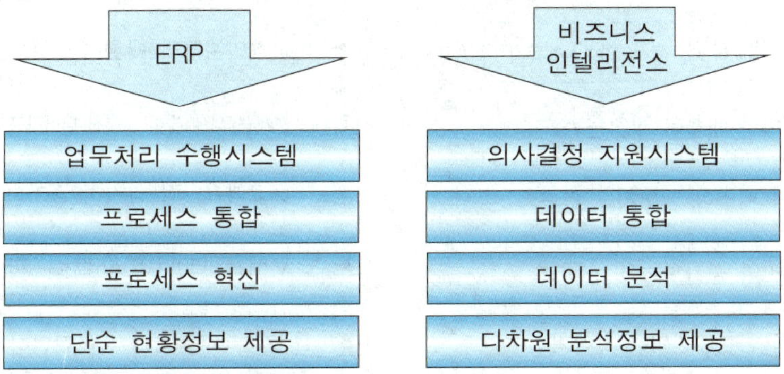

비즈니스 인텔리전스라는 용어는 1990년대 초 가트너 그룹(Gartner Group)의 하워드 드레스너(Howard Dresner)에 의해 만들어진 용어이다. 그의 정의에 따르면, 비즈니스 인텔리전스는 데이터 웨어하우스(data warehouse)와 데이터 마트(data mart) 등에 의한 데이터 통합과 OLAP(On Line Analytic Processing) 등의 다차원 분석 기술, 데이터 패턴을 탐구하는 데이터 마이닝(data Mining) 기술, 유전자 알고리즘(genetic algorithm)이나 전문가 시스템(expert system)과 같은 인공지능 기술들을 업무 프로세스와 분석에 적용하는 것을 말한다. 즉, 비즈니스 인텔리전스는 데이터 통합 기술과 다차원 분석을 통해 기업의 의사결정지원, 트랜드 분석, 사업단위 간의 비교, 전략적 사업결정에 대한 모니터링, what-if 분석을 통해 기업의 성과를 측정하고 이를 효과적으로 관리할 수 있도록 한다. 또한 비즈니스 인텔리전스는 전략수립과 전략의 성과모니터링, 정확한 수익성 분석, 기업가치 증대를 위한 가치동인의 효과적인 관리를 수행한다. 따라서 비즈니스 인텔리전스는 의사결정 지원 및 전략수립과 실행을 포괄하는 기업을 위한 종합시스템패키지라 할 수 있다.

15.1.2 비즈니스 인텔리전스의 필요성

다음 [그림 15-3]과 같이 '왜 매출액이 목표달성을 하지 못하고 있는가?'라는 간단한 질문이 있다고 할 때, 많은 기업들이 이러한 문제의 근본적인 원인을 파악하는 데 어려움을 겪고 있다.

[그림 15-3] 의사결정을 위한 질문과 답변

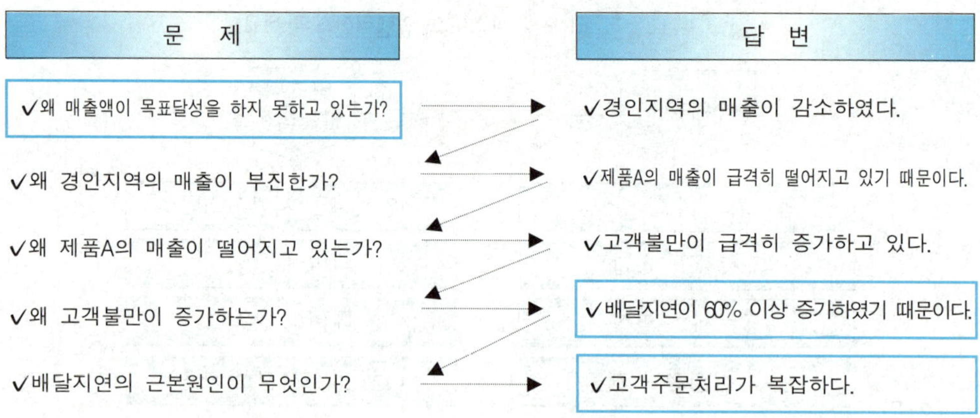

대부분의 기업들은 이 문제의 원인을 "경인지역의 매출 감소"로 파악하거나, 많은 프로세스와 여러 단계를 거쳐 혹은 직관적인 경험에 의해서 "고객 주문처리가 복잡하다"라는 원인을 파악하게 된다. 이와 같이 복잡한 의사결정 프로세스로 인해, 문제점의 원인을 파악했을 때에는 이미 상황이 종료되었거나 너무 늦어버린 경우가 많다. 따라서 기업은 경영상의 다양한 문제 제기 및 해결책을 직관적이거나 경험을 통해서가 아니라 데이터를 기반으로 도출해야만 지능적인 기업이 될 수 있다.

위의 단순한 예에서 나타난 바와 같이 현재의 기업들은 문제의 근본적인 원인을 파악하는데 어려움을 겪고 있으며, 이로 인해 기업이 기업경영에 중대한 영향을 끼치는 다양한 문제가 발생할 수 있는데, 정리하면 다음과 같다. 첫째, 성과정보의 즉각적인 획득이 곤란하다. 많은 기업들은 원하는 때에 원하는 성과정보를 얻지 못하고 많은 경로와 수작업을 통해 이를 얻고 있다. 따라서 경영진들은 성과현황을 보는 것에 그치고 '왜 이러한 문제가 발생했는가?'라는 질문에 대한 답변을 얻는 데는 한계가 있다.

혹여 문제의 해결책을 마련했다 해도 많은 시간이 소요되거나, 이미 때가 늦어 버리는 경우가 많다. 둘째, 전략과제의 일관성 및 성과에 대한 책임이 불분명하다. 대부분 기업의 전략과제는 전사적인 차원과 하위 조직단위와의 일관성이 없기 때문에 상황에 따라 어느 부문에 중점을 두고 관리해야 하는지 알 수가 없다. 때문에 성과에 대한 책임을 물을 때, 이에 대한 책임소재를 파악하기가 어렵다. 셋째, 의사결정을 최적으로 지원할 수 있는 체계가 미흡하다. 현재의 시스템들은 현황정보만을 제공하는 데 치우쳐 있고, 주요 의사결정 과제에 적절한 해답을 주지 못하며, 주요 변수들 간의 관계를 파악하기가 힘들다.

그렇다면 이러한 문제점의 원인은 무엇인가? 시스템 측면에서 보면, 통합되어 있지 않은 데이터와 시스템의 급격한 증가가 주요한 원인이다. 현재 많은 기업들은 업무의 효율화 및 프로세스의 혁신 등의 이유로 많은 시스템을 도입하고 있다. 그러나 대부분의 경우 시스템간의 데이터가 일치하지 않고, 그로 인해 데이터를 신뢰할 수 없게 된다. 그리고 기하급수적으로 늘어나는 데이터를 효과적으로 관리하지 못하여 경영진들은 정확한 판단의 근거를 상실하게 된다. 경영관리 측면에서 보면, 전략과 연계된 성과의 관리 미흡이 그 원인이 된다. 실제로 많은 기업들은 전략 및 의사결정사항이 무엇인지, 그것이 얼마나 유효한지, 어느 관점에서 성과를 모니터링 해야 하는지, 전략의 실행력을 어떻게 측정해야 하는지에 대해 명확한 정의를 내리기가 어렵다.

기업은 다양한 시스템과 데이터를 통합하여 도출된 정보를 바탕으로 생존을 위한 전략을 세우고 이에 대한 성과를 정확히 측정/관리할 수 있는 체계를 정립함으로써 기업 내에서 발생할 수 있는 다양한 문제점을 해결할 수 있다. 때문에 이를 위한 도구로써 많은 기업들이 비즈니스 인텔리전스를 도입하고 있다.

15.1.3 비즈니스 인텔리전스의 범위

비즈니스 인텔리전스는 인텔리전스 인프라, 전략 인텔리전스, 분석 인텔리전스, 확장 인텔리전스, 인텔리전스 정보전달로 크게 5부분으로 구성되어 있다. 최근에는 전사적 성과관리(CPM: Corporate Performance Management)나 비즈니스 성과관리(BPM: Business Performance Management)와 같은 신개념이 등장하고 있으나, 비즈니스 인텔리전스의 프레임워크에서 크게 벗어나지 않는다. <표 15-1>은 비즈니스 인텔리전스의 영역별 기능을 정리한 것이다.

<표 15-1>에서 보는 바와 같이 비즈니스 인텔리전스 영역에는 다양한 시스템과 기반기술이 요구되기 때문에 비즈니스 인텔리전스를 이해하기 위해서는 이러한 시스템 및 기술에 대한 이해가 선행되어야 한다. 기반기술은 ETL(Extraction, Transformation, Loading), 데이터 웨어하우스, 데이터 마트, 데이터 마이닝, OLAP, 전사포털 등이 포함되며, 최근에는 에이전트 기술이나 인공 신경망, 유전자 알고리즘과 같은 인공지능 기법과의 연계를 고려한 비즈니스 인텔리전스 영역들이 기술적으로 확장되고 있다. 본 장에서 이 모든 기반 기술을 자세히 다루기보다는, 각각의 기술을 간략히 소개하고 어떻게 상호 연계되고, 작용하는지를 간략히 보여주도록 하겠다.

〈표 15-1〉 비즈니스 인텔리전스의 구성내용

구 성	내 용	구성요소	비 고
인텔리전스 인프라	비즈니스 인텔리전스를 구현하기 위한 다양한 기술 및 데이터 통합기반 제공	- ETL - 데이터웨어하우스 - 데이터마트	
전략 인텔리전스	경영전략을 효과적으로 수립하고 실행하기 위해 필요한 가치동인 관리, 경영성과 관리, 전략실행 모니터링, 원가 및 수익성 등에 관한 분석정보를 제공	- VBM - BSC - ABC/ABM	경영자 등 관리자 중심
분석 인텔리전스	특정 이슈의 해결을 위한 전문적인 의사결정 모델부터 업무 기능의 영역별 보고서 및 조회를 위한 기능까지, 분석을 위한 다양한 정보를 생성하고 제공	- OLAP - 데이터마이닝 - 의사결정분석도구	분석가, 관리자 및 담당자 중심
확장 인텔리전스	기업내부뿐만 아니라 고객, 공급자 등외부 이해관계자와의 거래 및 운영 프로세스에서 생성되는 데이터를 분석하여 정보를 제공	- CRM 인텔리전스 - SCM 인텔리전스	관리자 및 담당자 중심
인텔리전스 정보전달	비즈니스 인텔리전스에서 생성된 정보를 사용자의 요구에 맞도록 제공	- 전사포털 - 경보 시스템	

1) 인텔리전스 인프라

기업에서 사용하는 데이터는 굉장히 방대하며 다양한 레거시 시스템(Legacy System)에 흩어져 있다. 기업이 분석을 위해 흩어져 있는 데이터를 모아서 효과적으로 사용하기 위해서는 반드시 데이터웨어하우스와 같은 데이터 통합 체계가 필요하다. 데이터를 체계적으로 쌓아서 이를 효과적으로 관리/운영해야지만 비즈니스 인텔리전스의 다른 모든 체계가 안정화될 수 있기 때문에 데이터 통합 기반인 인텔리전스 인프라가 비즈니스 인텔리전스 구축에서 가장 중요하다. 인텔리전스 인프라는 데이터 웨어하우스와 데이터 마트로 구성된다. 데이터웨어하우스와 데이터마트에 대한 기술적 내용은 8장의 4절에서 자세히 설명되어 있다.

● 데이터 웨어하우스

데이터베이스는 시스템이 요구하는 많은 정보를 실시간으로 처리하고 이를 관리할 수 있는 요소로 기업의 귀중한 자산으로써 인식되어 왔다. 기존에는 대부분 단순 정보처리의 개념으로써 OLTP(On-Line Transaction Processing)를 많이 이용하였으나, 최근의 경영환경의 변화 및 경영자의 의사결정 지원의 요구가 대두됨에 따라 OLAP을 이용한 경영활동의 총괄분석 및 트랜드 분석 정보의 필요성이 증가하였다. 또한 시스템마다 다른 데이터베이스를 사용하기 때문에 데이터 통합성의 결여, 중복관리, 유지보수의 어려움, 부정확성, 시간지연, 환경변화에 대한 유연성 저하 등의 문제점이 제기되고 있다.

[그림 15-4] 비즈니스 인텔리전스 프레임워크

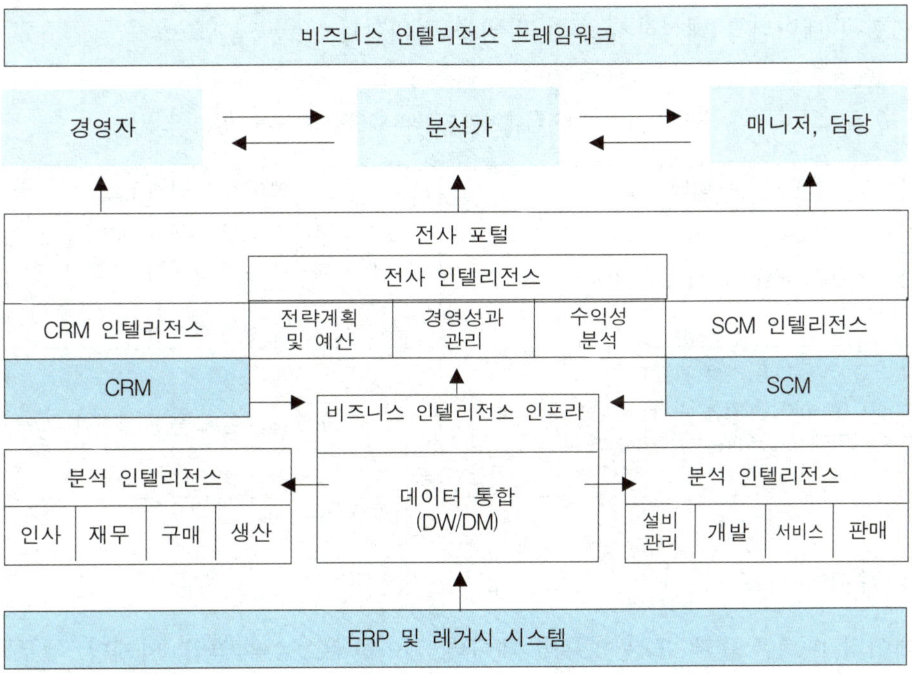

따라서 이러한 문제점을 해결하기 위해서 기업의 모든 데이터를 통합하여 이를 체계적으로 관리할 수 있는 데이터 통합창고인 데이터 웨어하우스의 구축이 요구된다. 기업의 데이터는 데이터 웨어하우스를 통해 전사적으로 통합 관리되기 때문에 유지보수와 관리비용을 절감할 수 있게 된다. 또한 데이터 웨어하우스 시스템은 유연하여 확장이 용이하며, 웹으로도 언제 어디서든 접속할 수 있다.

데이터 웨어하우스는 크게 데이터를 추출(extraction), 변형(transformation), 로딩(loading)하는 ETL, 메타 데이터, 그리고 프리젠테이션 및 분석 툴로 구성된다. ETL이란 다양한 소스시스템으로부터 필요한 데이터를 추출하여 변환 작업을 거쳐 타겟 시스템으로 전송 및 로딩하는 모든 과정을 말한다. 데이터 웨어하우스는 방대한 규모의 운영 데이터를 얻기 위해 OLTP 시스템에 부담을 주지 않으면서 분석을 위한 데이터의 수집, 이동, 변화, 저장 과정을 수행해야 한다. 기업 내부에 존재하는 다양한 운영시스템, 데이터베이스, 네트워크 환경을 고려하면 이 작업이 상당히 복잡함을 짐작할 수 있다.

메타 데이터는 데이터의 데이터로써 데이터 웨어하우스에 어떤 데이터를 어떻게 저장할 것인지를 세부적으로 기술하는 설명자의 역할을 하는 데이터를 말한다. 따라서 카테고리, 주제, 그룹, 계층 등의 데이터 웨어하우스 정보로 구성된다. 이 정보는 프로젝트, 고객, 조직과 같은 실제 실체(entity)로 구성된 주제 중심적인 데이터를 포함하고, 변형된 데이터를 해석하기 위한 방법을 정의한다.

〈표 15-2〉 데이터웨어하우스와 데이터 마트의 비교

	데이터 마트	데이터 웨어하우스
장점	- 저렴한 비용으로 단기간 내 구축	- 전사 데이터에 대한 단일 데이터 뷰 제공 - 원활한 데이터 공급 및 분석 정보의 정확성 보장 - 전사적 정보의 통일성 유지
단점	- 중복된 ETL 작업 필요 - 추출 주기, 시간에 따라 상이한 정보 발생 - 운영계 시스템의 부하 발생 우려 - 기업경영 변화에 따른 즉각적인 대응 곤란	- 전사 데이터 모델링에 의한 장시간 소요

● 데이터 마트

데이터 마트란 주제 또는 업무별 데이터 웨어하우스로써 영업, 마케팅, 재무와 같은 부서나 개별업무에 특별히 초점을 맞춘 소규모의 데이터 웨어하우스이다. 데이터 웨어하우스가 말 그대로 데이터 창고처럼 많은 데이터가 모여 있는 것이라고 한다면, 데이터 마트는 특별한 목적을 바탕으로 필요한 데이터만을 선택적으로 수집해 놓았기 때문에 데이터 웨어하우스보다 그 범위가 작다. 데이터 마트는 데이터 웨어하우스의 데이터를 필요한 만큼만 이동시켜 데이터를 개별 조작할 수 있고, 필요한 데이터는 전사적인 차원이 아닌 각 부서의 크기로 분해되어 부서 내의 자원만 선택 가능하다. 또한 부서의 요구에 초점을 맞추어 부서가 원하는 분석용 소프트웨어의 선택이 가능하기 때문에 기업에서 많이 선호되고 있다. 데이터 마트와 연관된 데이터 관리에 대해서는 8장을 참조하여라.

2) 전략 인텔리전스

전략 인텔리전스의 핵심은 전략의 실행력이다. 많은 기업들이 전략을 훌륭하게 수립했더라도 이를 제대로 실행하지 못하고 실패하는 경우가 있다. 이러한 실행력의 한계로 인해 다양한 기회를 놓치고 전략의 효과성을 입증하지 못한다. 전략 인텔리전스는 이러한 문제점에 대해 효과적인 대응책을 제공하는 경영관리체계이다. 즉, 전략 인텔리전스는 전략의 주요 지표 수립뿐만 아니라 전략의 실행력을 강화함으로써 조직의 모든 분야의 성과를 효율적으로 측정/관리 할 수 있는 통합 경영관리체계라 할 수 있다. 기업은 전략 인텔리전스를 통해 차별적인 전략의 수립과 실행을 지원함으로써 기업의 지속적인 경쟁우위를 지켜야 한다.

전략 인텔리전스는 전략과 운영업무를 연결하는 고리 역할을 수행하기 때문에 최고 경영진으로부터 전 직원에 이르기까지 전략을 이해할 수 있게 한다. 과거에는 경영진들이 세운 전략을 각 부서별로 혹은 개인별로 다르게 인식하여 경영진이 원하는 방향으로 기업이 나아가지 못하는 우를 범하기도 하였다. 그러나 전략 인텔리전스를 통해 기업은 전략을 전 직원이 이해하고 실행할 수 있는 방향을 제시하고 지속적인 커뮤니케이션을 함으로써 전략의 '실행'과 '피드백'을 균형 있게 관리할 수 있게 된다. 또한 원가의 효과적인 절감 및 기업의 진정한 가치의 지표를 제시하여 궁극적으로 기업의 수익성을 극대화할 수 있게 된다.

전략 인텔리전스는 크게 VBM, BSC, ABM으로 구성이 되며, 각 구성요소를 통합한 전략 인텔리전스 모델은 [그림 15-5]와 같다.

[그림 15-5] 전략 인텔리전스 모델

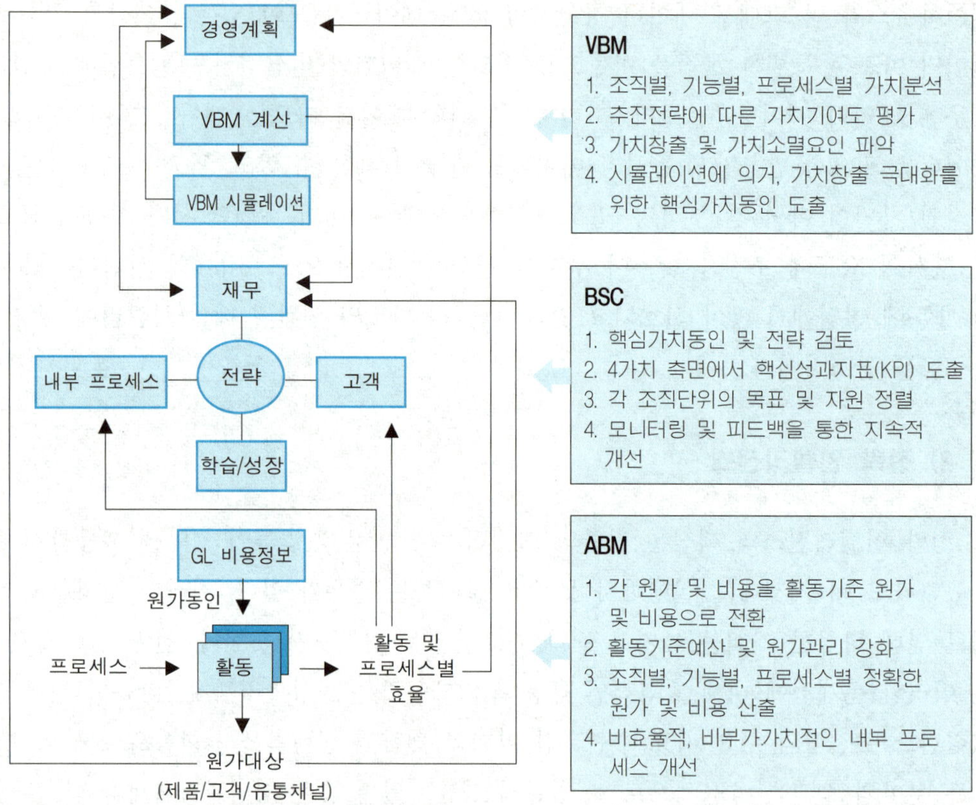

● VBM

대부분 기업 경영의사결정의 문제점을 보면 손익 등 단기성과 중심의 회계적 지표들의 강조, 사업성격이 상이한 사업부 간의 성과비교의 어려움, 사업부의 연간 계획과 예산이 서로 밀접하게 맞물려 돌아가지 않는다는 점 등이 있다. 이러한 문제점은 기업가치 측정에 대한 지표를 단순한 성과중심의 회계 지표들을 이용하는 데에서 발생한다. 이러한 지표들은 손익을 위주로 기업을 외형적으로만 평가하기 때문에 기업이 실질적으로 벌어들인 수익을 파악할 수 없다. 따라서 기업들은 단순한 지표로 자신들의 사업 및 기업전체를 평가할 것이 아니라, 투하자본 및 현금흐름을 기반으로 가치를 측정해야 한다.

가치기반경영(VBM: Value Based Management)은 경영의사결정의 판단기준을 손익 위주에서 기업가치 중심으로 전환하여 장기적으로 기업의 미래 성장이 유지되도록 [그림

15-6]과 같이 계획(Plan), 실행(Do), 통제(See)함으로써 기업가치를 극대화해 나가는 경영사고를 의미한다.

[그림 15-6] VBM의 개념

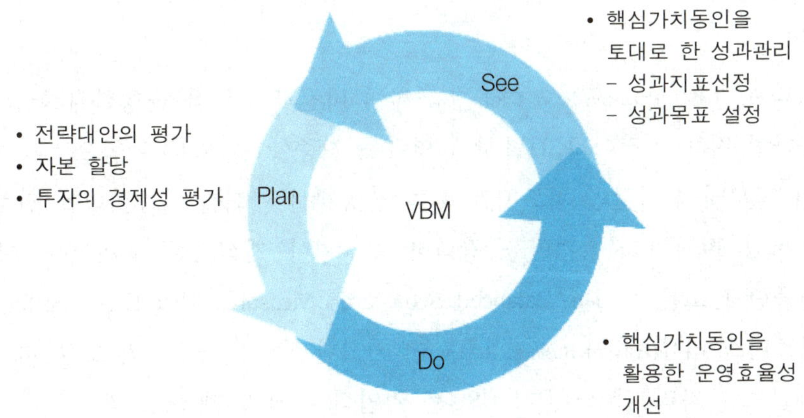

기업은 VBM을 토대로 목표, 전략, 자원배분, 성과측정 및 보상을 가치창출과 연결함으로써 기업문화를 가치지향적으로 변화시킬 수 있다. VBM은 모든 기업경영 활동의 중심에 기업가치를 놓고 이를 증대시키기 위한 분야를 선택하여 경영자원을 집중한다. 이러한 경영사고 하에서 기업은 장기적으로 수익성이 뒷받침되는 성장을 추구함으로써 긍정적으로 기업의 가치를 극대화시키고, 주주, 채권자, 근로자를 포함한 모든 내・외부 이해관계자들의 부를 증대시키는 것을 목표로 설정하고 있다. 이러한 가치 중심적 사고는 최고경영자뿐만 아니라 현장의 근로자에 이르기까지 모두 공유하고 있어야 하며 이러한 사상을 조직 구성원 간에 제대로 공유하지 못한다면 경영자원의 효과적 활용은 힘들게 될 것이다.

VBM을 측정하기 위한 지표로는 경제적부가가치(EVA: Economic Value Added)지표와 투자자산수익률(ROIC: Return On Invested Capital)지표가 있다. EVA 지표는 단순회계지표만으로는 기업가치 측정에 부적절하기 때문에 생겨난 지표로써 기업이 자신들의 이익을 평가하는 기준이 그 동안 잘못되었다는 것을 전제로 시작한다. 기업은 구조상 자신의 자본비용보다 더 큰 이익을 획득하지 못하면 손실을 보게 된다. 따라서 기업은 자본비용을 포함한 모든 비용을 초과하는 부가가치를 측정할 수 있는 지표를 사용해야 하며, 이 지표가 바로 EVA이다.

ROIC는 영업활동에 투하된 자본을 이용하여 얻은 영업이익률을 나타내며, 기업이 자본을 영업활동에 얼마나 효과적으로 활용하고 있는가를 나타내는 지표이다. ROIC 차트 분석을 통해 기업은 문제점을 확인하고 이를 개선함으로써 ROIC를 극대화할 수 있는 방안을 강구할 수 있게 된다.

● BSC

균형성과관리(BSC: Balanced Score Card)는 조직의 비전과 전략을 균형화된 핵심성과지표로 구체화하여 전체 조직이 목표달성에 역량을 집중할 수 있도록 함으로써 계획수립, 배분, 성과측정 및 상시적인 피드백을 통해 경영개선 기회를 극대화하는 전략경영 도구이면서 조직 전체의 지식기반을 강화하는 강력한 지식기반 체계이다. 이 개념은 1992년 캐플란과 노튼이 "The Balanced Scorecard－Measures That Drive Performance"를 하버드 비즈니스 리뷰(Harvard Business Review)에 기고한 후 오늘날 거의 모든 회사들의 핵심 경영기법으로 자리 잡고 있다. BSC는 기업의 성과를 재무, 고객, 내부 프로세스, 학습 및 성장의 네 가지 관점에서 종합적이고 균형적으로 측정하는 성과관리 시스템이다. 현재 BSC는 전략경영 지원과 균형적인 성과관리, 합리적인 성과측정 및 동기부여 그리고 책임경영체제의 기반 확보 등의 근거로서 사용되고 있다.

그렇다면 BSC가 기업에 필요한 이유는 무엇인가? 현재 대부분의 기업은 생존하기 위한 전략을 최고 경영층에만 한정하기 때문에, 기업의 모든 사람들이 전략을 이해하고 실행하며 전략을 중심으로 일체화 되는 데에는 한계가 있다. 이러한 문제점을 해결하기 위하여 성과관리 시스템이 설계되었으나, 이 성과관리 시스템 또한 내재되어 있는 장벽으로 인해 다양한 문제를 유발하게 되었다. 다음 [그림 15-7]은 기존 성과관리 시스템의 네 가지 장벽을 나타내고 있다.

이러한 장벽으로 인해 발생되는 기존의 성과관리시스템들의 문제점을 정리하면 다음과 같다. 첫째, 사용하는 성과 측정지표들이 기업의 전략과는 상관없이 임시방편적인 절차를 통해 도출된다. 둘째, 주로 재무지표를 평가지표로써 사용하고 있기 때문에, 향후 어떻게 성과를 향상시켜 나갈 것인가에 대한 고려가 없으며 과거에 발생한 성과에만 치중한다. 셋째, 주로 각 사업부문에 초점을 맞추기 때문에 기업 전체적으로 통합해야 한다는 인식은 결여되어 있다. 따라서 이러한 성과관리시스템들은 단기적, 영업적, 전술적 행동에 영향을 주기 때문에, 최고경영층과 기업의 전 구성원들이 전략을 함께 공유하고 실행하도록 하는 강력한 성과관리도구로써는 부족하다. 반면 BSC는 다

[그림 15-7] 성과관리시스템의 네 가지 장벽

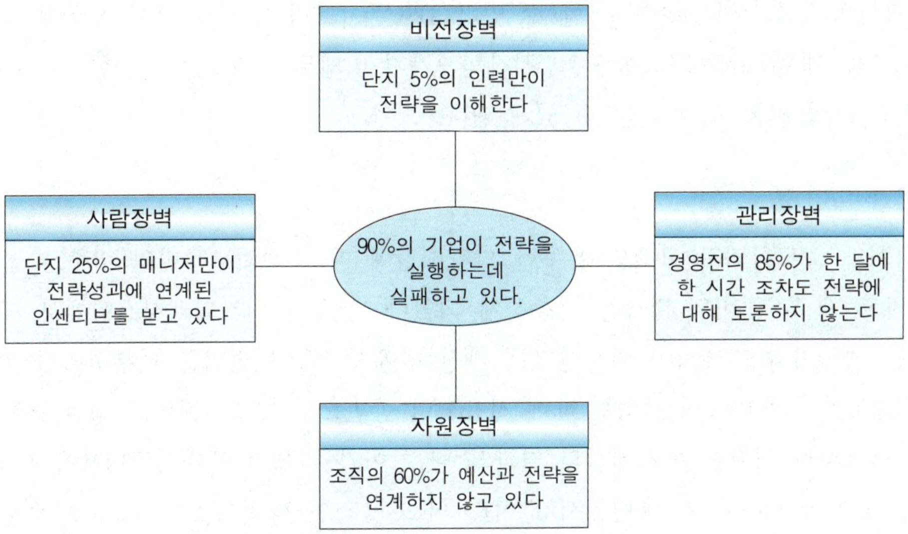

[그림 15-8] BSC의 네 가지 관점

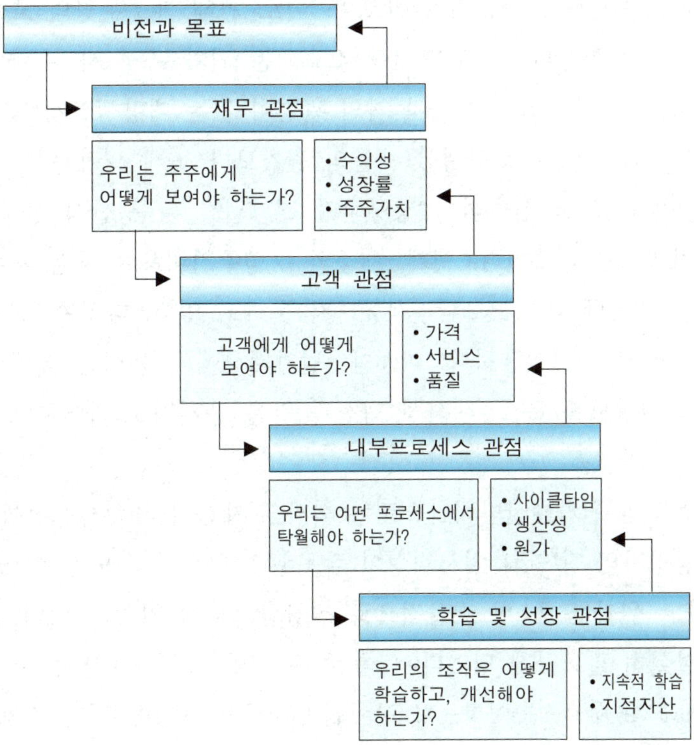

차원적이고 통합적인 관점에서 조직의 성과를 측정할 수 있는 시스템을 지원해주는 기업경영의 필수적인 요소라고 할 수 있다. BSC는 [그림 15-8]과 같이 재무적인 관점 외에 고객, 내부 프로세스, 학습 및 성장의 3가지 비재무적 관점을 포함함으로써 조직의 전략을 입체적으로 관리할 수 있게 된다.

● ABM

사회가 고도화되고 고객의 욕구가 다양해짐에 따라 직접노무비의 비중은 급격히 감소하고 제조간접비의 비중은 급증하게 되었다. 전통적 원가회계시스템에서 제조간접비는 생산량과 비례하여 발생한다는 가정 하에서 제조간접비를 배부하였다. 이 방법은 제조간접비 비중이 적었던 때에 사용되던 방법으로 제조간접비가 생산량에 비례하지 않더라도 정확한 원가계산의 결과와 별 차이가 없으며 원가측정비용을 대폭 줄일 수 있어서 비용-수익 측면에서 오히려 더 효율적인 방법이었다. 그러나 오늘날과 같이 제조간접비의 비중이 증가되고 있는 상황에서는 다음과 같은 문제점이 있다.

첫째 감소일로에 있는 직접노무비 등에 의해 증가일로에 있는 제조간접비를 배부하므로 정확한 제품원가가 산출되지 않으며, 이로 인해 제조운영의 효율성과 효과성을 적절히 보여주지 못한다. 둘째 단위당 소요되는 원가 측정 시, 수량에 비례되도록 원가를 측정하므로 제조간접비 증가와 거의 관련이 없는 대량생산제품의 원가가 제조간접비 증가에 책임이 있는 소량생산 제품의 원가보다 높게 산정된다. 셋째 재무자료를 위주로 한 원가정보를 산출하여 경영진의 원가절감 및 생산성 향상과 같은 정책수립에 대한 기여도가 미흡하다. 넷째, 제품의 수명주기비용은 제품의 수명주기 동안에 발생한 모든 비용에 대한 정보를 제공하지 못하고 있다. 다섯째, 원가비중이 높은 기술원가에 대한 고려가 미흡하다. 여섯째, 원가계산에 이용되는 레벨이 단순화되어 있기 때문에, 원가정보를 품질, 생산성 혁신과 같은 총체적 성과에 대한 정보로 변환하기 어렵다.

때문에 전통적인 원가계산방식만으로는 회사의 제품가격 의사결정이 왜곡되고, 이로 인해 최고경영자의 장/단기 의사결정이 잘못된 방향으로 유도할 수 있다. 불필요한 활동을 제거하고 원가를 좀 더 효율적으로 절감함으로써 기업의 수익 증대에 도움이 되는 방안이 절실히 필요하게 되었다. 이를 위해 개발된 원가계산 방법이 바로 활동기준원가(ABC: Activity Based Costing)이다. ABC는 원가관리의 초점이 원가 자체에 있는 것이 아니라 활동에 있음을 인식하고, 원가를 발생시키는 활동별로 그 요인, 즉 원가동인

(cost driver)을 확인·측정하여 그 원가동인을 기준으로 원가를 배부하고 활동별로 원가를 측정하는 기법이다.

[그림 15-9]에서 나타난 바와 같이 ABC는 회사의 자원은 활동에 의해 소비되고 최종적으로 분석하고자 하는 제품, 고객, 유통경로, 공정과 같은 원가대상은 활동을 통해 생산되거나 유지된다고 가정한다. 따라서 ABC는 자원에서 활동으로 그리고 활동에서 각 원가대상으로 각각의 원가발생 동인에 따라 긴밀한 상호 인과관계를 분석하고 이를 통해 원가대상에 이르는 세밀하고 정확한 원가를 추적하여 왜곡되지 않고 정확한 원가를 산출할 수 있다.

따라서 활동기준원가관리(ABM: Activity Based Management)는 의사결정과정에서 경영자를 지원하는 강력한 도구이며, ABC 원가정보를 이용하여 다양한 전략과 운영 의사결정이 이루어지게 하는 경영활동이라 정의할 수 있다. ABM은 ABC를 활용함으로써 활동들에 대한 정확한 분석과 평가를 통해 기업 전체의 활동에 대한 능률을 개선할 수 있다. 또한 왜곡된 원가의 원인을 찾고 이를 개선함으로써 기업이 잘못된 제품을 선택하는 전략상의 오류를 범하는 것을 방지할 수 있다.

[그림 15-9] ABM의 개요

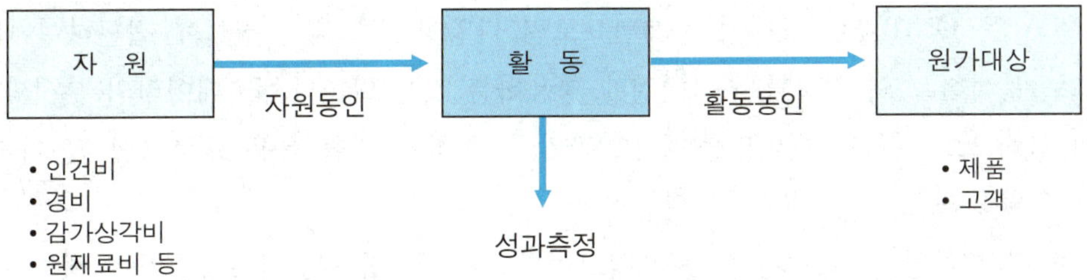

3) 분석 인텔리전스

분석 인텔리전스는 통합된 데이터를 기반으로 다양한 분석을 수행할 수 있는 기반이 된다. 즉, 데이터 웨어하우스나 데이터 마트의 통합된 데이터를 이용하여 다양한 분석을 실시하고, 이를 자동적으로 보고서나 성과지표로 생성할 수 있다. 분석 인텔리전스가 제공하는 분석 기능은 <표 15-3>에 정리되어 있다.

〈표 15-3〉 분석 인텔리전스의 분석 기능

분　　석	제공되는 정보
다차원 분석	조직, 지역, 제품 등 차원별, 차원간 다차원 분석
트랜드 분석	데이터 트랜드의 그래프 분석 및 상세분석(Drill Down)
매트릭스 분석	의미있는 변수 간 상관관계 도출
포트폴리오 분석	사업별, 제품별 포지셔닝 분석 및 의사결정 포트폴리오 분석
비교 분석	다양한 항목별 비교
예측 분석	미래 예측
What-if 분석	변수별 데이터 조작을 통한 시뮬레이션 및 시나리오 계획
투자의사결정 분석	내부수익율, 순현재가치 등 다양한 함수에 의한 투자의사결정 지원
모델링	다양한 모델링 수용가능

분석 인텔리전스는 다차원 분석인 OLAP와 통합된 데이터웨어하우스에서 유용한 정보를 추출할 수 있는 데이터 마이닝으로 구분할 수 있다.

● OLAP

OLAP은 OLTP와는 상대되는 개념으로써 다양한 각도에서 정보에 접근하여 대화식으로 분석하고 이 정보를 의사결정에 활용하는 것을 말한다. 즉 데이터의 분석과 관리의 목적으로 다차원 데이터를 수집, 관리, 표현하기 위한 응용 프로그램 및 기술의 종류를 말한다.

OLAP의 가장 큰 특징은 다차원 정보이다. 다차원 정보는 사용자들이 이해하는 기업의 실제 차원(기간, 제품, 부서, 지역 등)을 나타낸다. 이 다차원 정보는 OLAP을 다른 시스템과 구분할 수 있는 가장 핵심 요소라 할 수 있으며, OLAP을 다차원 분석이라 부르는 이유가 되기도 한다. 또한 OLAP은 온라인에서 직접 데이터에 접근 가능하며, 대화식으로 정보를 분석한다. 따라서 사용자는 OLAP를 이용하여 기업운영에 필요한 의사결정을 지원할 수 있다.

● 데이터 마이닝

데이터 마이닝은 데이터 웨어하우스와 같은 대용량 데이터베이스를 철저히 조사, 분석하여 숨어 있는 정보 지식을 찾아내어 고객의 행동 패턴을 예측하는 개념으로써 데이터베이스에서의 지식 발견(KDD: Knowledge Discovery in Database)이라고도 불린다. 데이터 마이닝의 기법 중 많이 사용되는 기법은 장바구니 분석(basket analysis) 혹은 연관성 분석(association rule mining), 의사결정나무(decision tree), 인공 신경망(neural network), 군집분석(clustering analysis) 등이다.

그렇다면 데이터 마이닝과 OLAP의 차이점은 무엇일까? 데이터 마이닝과 OLAP의 가장 큰 차이점은 OLAP는 데이터를 요약하여 현황 정보를 보여주는 반면 데이터 마이닝은 데이터를 분석하여 그 데이터 속에 숨어있는 패턴을 기반으로 예측을 할 수 있다. 또한 OLAP는 과거에 발생한 정보를 바탕으로 다차원 분석 및 상세 분석을 실시한다. 때문에 찾고자 하는 내용을 충분히 알고 있고 성능이 좋은 분석 도구와 분석가가 있고 시간이 충분하다는 전제조건이 따른다. 반면, 데이터 마이닝은 이러한 제약이 없고 데이터 깊숙이 숨어있는 정보와 패턴을 찾는다. OLAP과 데이터 마이닝의 비교를 정리하면 <표 15-4>와 같다. 참고로 데이터마이닝에 대한 기술적 내용은 8장의 4.2절과 12장 5절, 그리고 14장 2.6절에서 자세히 설명되어 있다.

4) 확장 인텔리전스

확장 인텔리전스는 CRM과 SCM과의 연계를 통해 기업 비즈니스를 좀 더 유연한 방향으로 전환하고자 하는 개념이다.

〈표 15-4〉 OLAP과 데이터마이닝

OLAP	데이터 마이닝
요약, 트랜드, 예측	숨겨진 패턴, 통찰에서 지식 발견
분석	예측과 통찰
뮤추얼 펀드 구매 고객의 수입분포는 어떠한가?	다음 6개월 동안 누가, 왜 뮤추얼 펀드를 구매할 것인가?

● CRM 인텔리전스

고객관계관리(CRM: Customer Relationship Management) 인텔리전스는 고객의 평생가치를 분석하고 극대화하는데 중점을 둔 비즈니스 인텔리전스의 한 분야이다. 궁극적으로 CRM 인텔리전스는 고객에 대한 최적의 통찰력을 제공함으로써 이익을 극대화하도록 돕는다.

기업은 기존고객에 대한 평생가치를 극대화하기 위하여 기존 고객을 보다 충분히 이해할 필요가 있다. 이것은 새로운 고객을 끌어들이는 데 드는 비용을 좀 더 효율적으로 활용할 수 있는 가능성을 제공해 준다. 그리고 가치가 높은 고객과 관계를 잘 유지하는 것은 회사의 수익성에 큰 영향을 미치게 된다. 자세한 내용은 14장 2절 고객관계 관리를 참조하여라.

● SCM 인텔리전스

공급망관리(SCM: Supply Chain Management) 인텔리전스는 기존 SCM 시스템에서 추출한 데이터를 기반으로 프로세스 최적화, 수요계획, 품질관리 등에 필요한 다양한 분석기능을 수행하는 기술을 일컫는 것으로, 기존 SCM 투자에 대한 ROI를 높일 수 있는 기술을 말한다.

공급망관리 기능과 제품수명관리 부문에 비즈니스 인텔리전스 개념을 도입하는 효과는 매우 크다. 기존의 SCM은 거래처리 및 운영의 자동화로 큰 효익을 제공해 왔으나, 이 시스템은 공급망의 운영적 효과성을 분석하고 개선하는 데에 대한 어떠한 정보도 제공하지 못한다. 현재의 공급 환경은 매우 복잡하고 이러한 복잡한 공급망에서 반드시 필요한 요소들을 효과적으로 관리하는 것은 회사의 관리능력과 수익성에 직결된다. 따라서 지능적인 의사결정을 지원할 수 있도록 공급망 내에서 효과성을 제대로 측정할 수 있는 메커니즘으로써 SCM 인텔리전스가 필요하다. 자세한 내용은 14장 1절 공급망 관리를 참조하여라.

〈표 15-5〉 SCM과 SCM 인텔리전스의 비교

SCM	SCM 인텔리전스
SCM 사이클에서 구매와 생산을 관리	모든 SCM 구성요소의 전체적인 뷰 제공
거래처리, 운영적	분석적
전술적 의사결정	전략적 의사결정
운영효율성 제고를 통한 비용절감	원가절감, 수익성장의 기회 발견
현재 상태 데이터 표현	시계열적 누적 데이터
자재 및 생산계획 지원	What-if 예측, 통합 시뮬레이션
수율을 보여주나 영향을 주는 요인 분석 미흡	수율에 영향을 미치는 상세요인 분석

5) 인텔리전스 정보전달

사용자의 요구에 맞는 비즈니스 인텔리전스 정보를 생성했다고 하더라도 사용자가 시스템에 접근해서 필요한 정보를 획득하기 어렵거나 예외사항을 효과적으로 관리할 수 없다면 비즈니스 인텔리전스를 제대로 활용하고 있다고 할 수 없다.

비즈니스 인텔리전스의 정보는 여러 인텔리전스에 분산되어 있기 때문에 이러한 정보에 통합적으로 접근하기 위해서는 통합된 접근 체계가 필요하며, 이러한 역할을 수행하는 것이 전사포털이다. 또한 예외정보가 발생하는 경우 사용자가 일일이 정보를 모니터링하고 찾아가는 것이 아니라 시스템이 자동으로 이 정보를 알려준다면 전달의 효과가 높을 것이다. 따라서 비즈니스 인텔리전스의 다양한 영역에서 발생되는 정보를 효과적으로 전달해줄 수 있는 체계로써 전사포털과 경보시스템이 필요하다.

● 전사포털

전사포털의 정의는 다양한 비즈니스 인텔리전스 영역에 흩어져 있는 정보와 지식을 통합하여 개인의 업무와 권한수준에 따라 웹 브라우저 기반의 단일화된 인터페이스를 통해 제공함으로써 스스로 업무수행을 할 수 있도록 하는 것이다. 즉, 전사포털은 기업의 모든 정보, 컨텐츠, 지식, 그리고 자원에 대한 개인화된 접근을 가능하게 하고 비즈니스를 수행할 수 있게 하는 통합 프레임워크라 할 수 있다.

전사포털에서 제공되는 컨텐츠로는 기업 내부의 모든 정형화/비정형화 된 데이터와 정보를 ERP, CRM, SCM, e메일 등의 다양한 응용프로그램을 통해서 제공하며 산업정보, 경제금융정보, 보고서, 뉴스 등의 외부정보까지 포함된다. 전사포털은 이러한 다양한 컨텐츠를 사용자의 요구에 맞도록 개인화, 맞춤화하여 제공하기 때문에 기업의 모든 정보를 교류하는 단일 자원이며 동시에 일상 업무처리와 의사결정을 위한 중요도구이다.

● 경보 시스템

경보시스템은 성과지표나 이벤트를 사전에 설정하여 이 범위를 초과할 경우 즉시 담당자와 관리자에게 경보통지를 하게 되어 시의적절한 조치를 취할 수 있게 해주는 시스템을 말한다. 따라서 사용자가 직접 정보를 찾아가는 것이 아니라 시스템에서 일정한 이벤트가 발생할 경우 사용자에게 자동적으로 경보를 제공하기 때문에 성과지표와 같은 비즈니스 인텔리전스의 정보를 전달해주는 획기적인 시스템이라 할 수 있다. 사용자는 일일이 특정 이벤트나 성과지표를 모니터링 할 필요가 없이, 사전에 조건만 미리 정의하면 시스템에서 알아서 통보해 주기 때문에 이벤트나 성과지표에 적절한 행동을 취할 수 있게 된다.

15.1.4 업종별 비즈니스 인텔리전스

비즈니스 인텔리전스의 영역과 지원기술은 매우 다양하다. 그러나 업종별로 특이성을 반영하지 않는다면 비즈니스 인텔리전스에서 제공하는 정보는 효용가치가 떨어진다. 따라서 업종의 특성을 반영하기 위해 변화의 트랜드를 파악하고, 그 업종에 특화된 가치창출 프로세스를 정의하며, 각 프로세스 내의 성과를 모니터링하고 극대화하기 위한 분석항목을 효과적으로 반영해야 할 필요가 있다. 또한, 기업의 인텔리전스를 높일 수 있는 방안은 다양하지만, 이러한 방안들이 모든 기업에 적합한 것은 아니며 해당 기업이 처한 환경에 적합한 방안을 적절히 선택, 실행하여 비즈니스 인텔리전스 추진의 효과를 극대화하도록 해야 한다.

1) 보험업의 비즈니스 인텔리전스

보험산업은 많은 회사들이 다양한 상품을 제공하기 때문에 굉장히 복잡하고 다양하다. 게다가 인수합병이나 경영 패러다임의 변화로 인해 보험회사의 포트폴리오에 더 많은 상품들이 지속적으로 추가되고 있다. 거대한 정보의 홍수 속에서 보험업체는 치열한 보험산업에서 생존하고자 비즈니스 인텔리전스를 도입하고 있다.

- **비즈니스 인텔리전스와 CRM**

전형적인 보험회사는 방대한 고객 데이터베이스와 상품군, 다양한 판매채널, 지리적으로 분산된 시장을 보유하고 있다. 따라서 보험업자들은 CRM 프로세스의 각 단계에 있는 방대한 데이터를 활용하여 새로운 상품과 서비스를 개발하고 고객의 니즈를 만족시킬 수 있도록 비즈니스 인텔리전스를 도입하고 있다.

보험회사의 CRM 프로세스를 살펴보면 다음의 세 단계로 구분될 수 있다. 첫째, 가장 수익성 있거나 잠재적으로 수익성 있는 고객을 파악한다. 둘째, 고객들의 니즈(needs)와 구매패턴을 이해한다. 셋째, 고객들의 기대 전부를 알기 위해 고객과 상호작용한다. [그림 15-10]에 나타난 바와 같이 비즈니스 인텔리전스는 CRM의 각 프로세스에서 적극적으로 활용될 수 있다.

● 비즈니스 인텔리전스와 채널관리

전통적으로 보험회사들은 자신들의 상품을 판매하기 위해 독립적인 대리인, 브로커, 직접 판매인력에 의존해 왔다. 이러한 판매 채널은 현재에도 주요 채널이고, 가까운 미래까지 현재의 채널이 유지될 것이다. 인터넷의 발달로 인해 판매채널이 온라인으로까지 확장되었으나, 대부분의 보험상품들은 트랜잭션의 복잡성으로 인해 온라인 채널에서 큰 성공을 거두지 못하고 있는 실정이다. 게다가 기존 채널과 새로운 채널간의 충돌에 대한 보험업자들의 우려가 온라인 채널의 확장에 방해요인으로 작용하고 있다. 이와 같이 채널의 개발 및 채널간의 충돌을 예방할 수 있는 통찰력을 제공하는 데 비즈니스 인텔리전스가 사용된다.

[그림 15-10] 비즈니스 인텔리전스의 역할

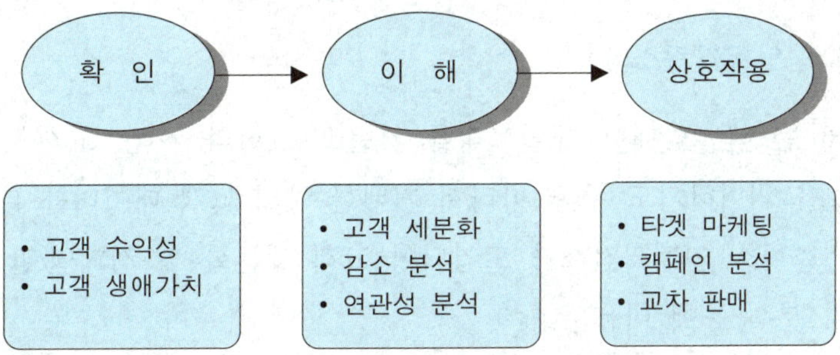

비즈니스 인텔리전스는 고객 데이터베이스를 지역별로 분석하여 해당 지역에서 필요로 하는 보험 대리인을 적절히 배치하거나 조정할 수 있으며, 보험 대리인들의 행동패턴을 분석하여 보상 및 훈련에 이러한 분석 정보를 사용할 수 있다. 또한 채널별로 성과를 분석하거나, 온라인에서의 고객 행동패턴을 분석함으로써, 고객별 마케팅을 실시할 수도 있다.

● 비즈니스 인텔리전스와 클레임관리

보험업에서 클레임 관리는 굉장히 중요하다. 빠르고 효과적으로 클레임을 처리함과 동시에 사기성 클레임을 방지해야 한다. 효과적이지 못한 클레임 관리로 인해 발생되는 비용은 고객의 보험료에 적용되며, 이로 인해 보험회사들은 고객 유지에 어려움을 겪게 된다. 이러한 이유로 보험업체는 클레임관리에 비즈니스 인텔리전스를 활용하여 클레임간의 연관성을 도출하고 비즈니스 트랜드를 이해할 수 있다. 또한 클레임에 대한 보상이 정확히 책정되었는지를 비즈니스 인텔리전스를 통해 면밀히 평가할 수 있다.

2) 소매업의 비즈니스 인텔리전스

고객의 기호와 선호가 지속적으로 변화하고 업체 간 경쟁이 치열한 경영환경에서 소매업체들이 고객을 장기간 확보하는 것은 쉬운 일이 아니다. 때문에 혁신적인 소매업체들은 경쟁우위를 확보하기 위해 비즈니스 인텔리전스를 적극적으로 활용하고 있다. 비즈니스 인텔리전스를 통해 기업은 공급망을 효율적으로 조직하고 상점운영을 효과적으로 개선할 뿐만 아니라, 인터넷과 같은 대안 채널을 적극적으로 모색할 수 있게 되었다.

● 비즈니스 인텔리전스와 CRM

소매업체의 운영은 방대한 개별고객을 기반으로 한다. 이는 고객의 니즈가 매우 다양하다는 것을 의미하기도 한다. 따라서 거대한 양의 고객 데이터를 분석할 수 있는 수단으로써 비즈니스 인텔리전스가 도입되어 고객 세분화 및 캠페인/판촉 효과 분석, 고객 생애가치 분석 등에 이용된다.

● 비즈니스 인텔리전스와 SCM

SCM은 소매업의 재고관리와 조달에 있어서 기존의 어떤 관리방법보다도 효율적인 방법을 제시하고 있다. 그러나 대부분의 SCM 시스템은 재고관리와 조달을 위한 거래기반 기능만을 제공한다. 이러한 기능만으로는 공급망의 통합적 관리를 위한 세부적 분석을 하기에는 역부족이다. 공급업체의 성과분석(비용, 운송시간, 전달된 상품의 질, 소요되는 리드타임), 재고관리(재고량, 창고크기, 리드타임 분석), 상품의 판매 분석의 예측과 같이 기존의 시스템이 제공하지 못하는 기능들을 비즈니스 인텔리전스는 제공한다.

● **비즈니스 인텔리전스와 매장운영**

소매업에서는 매장에 방문하는 고객들의 구매 패턴 및 개별고객의 선호도 획득에 따라 수익이 크게 좌우되기 때문에 매장을 효과적으로 운영하기 위해 비즈니스 인텔리전스가 사용될 수 있다. 상품간의 연관성 분석 및 카테고리 관리, 재고량 관리 등 다양한 방법을 통해 매장을 효과적으로 운영할 수 있게 된다.

3) 물류업의 비즈니스 인텔리전스

몇 년 동안 물류관리는 패러다임의 전환이 이루어졌다. 많은 회사들이 물류활동을 제3물류제공자(3PL: Third Party Logistics)에게 아웃소싱하게 되면서, 3PL들은 고객의 공급사슬상에서 핵심역할을 수행하게 되었다. 또한 이들은 공급사슬을 최적화시키고 그로 인해 경쟁우위를 점할 수 있는 중추 역할을 수행할 수 있는 전략적인 파트너로서 각인되고 있다. 효과적으로 고객의 공급사슬을 관리하기 위해서, 3PL들은 지속적으로 데이터를 분석하고 그것을 정보로 전환해야 하는데, 비즈니스 인텔리전스 도구가 이 기능을 수행할 수 있다.

● **비즈니스 인텔리전스와 운송관리**

운송계획과 관리는 3PL이 제공하는 기본 서비스이다. 또한 3PL은 인바운드/아웃바운드 교통제어, 경로최적화, 지불서비스 등의 추가 서비스도 제공한다. 비즈니스 인텔리전스는 운송관리와 복잡한 프로세스에서 기업이 통찰력을 가질 수 있도록 도움을 준다. 즉, 운송방법에 따른 비용과 운송수단에 따른 효과성 및 효율성 분석을 통해, 상황에 가장 적절한 운송수단과 운송회사를 선택할 수 있도록 하고, 최적의 운송 경로 설정 및 운전자의 스케줄 관리, 클레임 분석 등을 실시할 수 있게 된다.

● **비즈니스 인텔리전스와 창고관리**

창고관리 또한 3PL이 제공하는 핵심 서비스이다. 재고관리, 창고운영에 대한 성과분석, 창고비용의 분석, 창고 공간의 효율적 이용에 대한 분석에 비즈니스 인텔리전스가 적극적으로 활용될 수 있다.

물류 산업은 상당히 유동적이다. 인터넷, SCM, 글로벌화로 인해 물류업계는 기존 비즈니스 모델을 점점 변화시키고 있다. 물류시장에서 경쟁하기 위해서 3PL은 지속적으로 기존 서비스를 향상시키고, 새로운 서비스와 기술을 결합시키며, 내부 조직 기능을 좀 더 효과적으로 만들어야 한다. 비즈니스 인텔리전스는 3PL이 이러한 목적을 달성하는 데 확실하게 도움을 줄 수 있다.

15.1.5 비즈니스 인텔리전스의 고려사항

비즈니스 인텔리전스가 기업에서 성공적으로 안착을 하기 위해서는 다음의 사항들을 고려해야 한다.

첫째, 데이터의 품질과 정확성 확보가 선행되어야 한다. 정확성이나 신뢰성을 상실한 데이터는 어떠한 정보 시스템 구축에서도 장벽이 되지만 데이터에 기반한 분석이 중요한 기능인 비즈니스 인텔리전스에서는 특히 장벽이 된다. 비즈니스 인텔리전스 시스템 구축 이전에 데이터의 통합, 데이터의 품질향상을 위한 방안이 강구되어야 한다. 특히 레거시 시스템의 부실은 비즈니스 인텔리전스 시스템의 부실로 이어진다. 따라서 기존 시스템의 정비, 데이터 웨어하우스의 구축, 영역별 인텔리전스 구현절차에 관한 전사적 차원의 세밀한 준비단계를 거친 후 비즈니스 인텔리전스의 구현을 추진해야 한다.

둘째, 시스템의 활용도를 제고해야 한다. 아무리 정교하고 체계적으로 개발된 시스템일지라도 사용자가 활용하지 않는다면 이내 사장되고 만다. 특히, 비즈니스 인텔리전스와 같은 분석 시스템은 OLTP와는 달리 '안쓰면 그만'이고, 그렇다고 트랜잭션에 치명적인 장애요인이 발생하는 것도 아니기 때문에 적극적인 활용방안을 강구하지 않으면 무용지물이 되고 만다. 온라인과 오프라인의 연계를 통해 비즈니스 인텔리전스를 적극적으로 활용하는 노력이 필요하다. 그리고 비즈니스 인텔리전스가 취급할 수 있는 영역은 매우 광범위하고, 사용자들의 요구 또한 매우 다양하다. 비즈니스 인텔리전스 시스템은 사용자 요구사항 변화에 대응하여 Ad-hoc 질의로부터 상세한 분석정보, 명세성 정보까지 용이하게 제공할 수 있어야 하며 다양한 사용자 계층을 지원할 수 있도록 충분한 기능을 갖추어야 한다.

셋째, 비즈니스 인텔리전스는 시스템의 효율적인 관리 및 확장을 염두에 두고 설계되어야 한다. 개발 후 사용되지 않는 정보는 삭제해야 하고, 사용도가 높은 정보는 튜닝(tuning) 등을 통해 응답속도를 개선해야 한다. 또한 보안 측면에서 특정 정보에 대한 접근 권한을 설정해야 하고, 사용자와 사용자의 조회내역을 추적할 수 있는 기능도 설정되어야 한다. 또한 효율적인 관리를 위해 기본적인 비즈니스 인텔리전스 시스템은 동일한 기술기반 하에서 공통적으로 사용될 수 있도록 확장성을 감안해 전사적인 관점에서 선정되어야 할 것이다.

15.2 정보시스템 통제와 정보보호 관리

15.2.1 정보시스템 통제의 필요성

조직의 핵심성공요인 중의 하나는 정보와 관련 정보시스템을 얼마나 효과적으로 관리/통제하느냐의 여부이다. 그동안 정보시스템에 대한 계획, 설계, 구축에 대한 많은 노력을 통해 정보화에 상당한 진전이 있었다. 그러나 기업의 정보시스템에 대한 의존도가 높아짐에 따라 정보시스템에 대한 투자 규모 및 비용이 급속히 증가하고 있으며, 최근의 사이버 범죄나 정보전 등과 같은 다양한 종류의 위협 증가와 더불어 정보기술이 새로운 변화와 기회를 창출하는 동인(動因)으로서의 역할 변화 등의 이유로 정보시스템에 대한 적절한 통제의 필요성이 대두되기 시작했다.

특히 오늘날과 같이 시간과 공간의 제약 없이 사이버 공간에서 정보의 유통이 자유로운 정보사회에서는 정보시스템을 효과적으로 관리하기 위한 통제기법의 구축이 어느 때보다도 절실히 요구되고 있다. 대부분의 조직에서는 정보시스템을 통해 실현 가능한 잠재적 효과를 인식하고 있다. 그러나 성공적인 조직들은 새로운 정보시스템을 구현하는데 수반되는 위험을 이해하고 이를 관리하고 있다.

15.2.2 정보시스템 통제 개념 및 유형

● **정보시스템 통제 개념**

"통제"라는 용어는 COSO(Committee of Sponsoring Organizations of the Treadway Commission, - Internal Control Integrated Framework)의 정의에 의하면 '경영 목표를 달성하고 원하지 않는 사건의 발생을 방지, 적발, 수정할 수 있다는 것을 적절하게 보증하기 위해서 수립된 정책, 절차, 업무수행방법, 그리고 조직구조'를 의미한다. 따라서 정보시스템 통제란 경영목표를 달성하기 위한 특정 정보시스템의 구축과 운영에 따른 많은 위협요인에 대하여 정보시스템 자산을 보호하기 위한 대비책이라고 정의할 수 있다.

정보시스템 통제의 목적은 첫째, 주어진 관련법규, 기준, 표준 등을 준수하여 요건의 미 준수로 인한 불이익이나 제재 등을 회피하기 위함이고, 둘째, 정보의 기밀성, 무결성, 및 가용성을 보장하여 안전성(security)을 향상시키기 위함이고, 셋째, turnaround time, transaction time, throughput, capacity 등과 같은 척도를 이용하여 투입된 자원의 활용도를 평가하는 효율성(efficiency)을 향상시키고, 마지막으로 사전에 설정된 목적의 달성정도를 평가하는 효과성(effectiveness)을 제고하기 위함이다.

● **정보시스템 통제의 유형**

정보시스템 통제는 보는 관점에 따라 일반 통제와 응용 통제, 논리적 통제와 기술적 통제, 그리고 예방 통제, 검출 통제 및 교정 통제 등 여러 가지로 분류된다.

통제의 범위에서 보면 일반 통제(general control)는 정보시스템의 전반적인 조직이나 절차와 관련되는 것으로 전산운영 통제, 시스템개발 통제 등이 있고, 응용 통제(application control)는 특정 응용시스템의 완전하고 정확한 처리를 위한 것으로 입력, 처리, 출력 통제 등이 있다.

논리적 통제(logical control)는 정보시스템의 구현으로 통제위치의 변화가 있을 수 있으나 그 기능은 변하지 않는 기능상의 통제로, 검토와 승인이 대표적 예이다. 또한 기술적 통제(technical control)는 컴퓨터의 도입에 따라 새로이 채택된 통제로서 패리티 체크 등이 대표적 예이다.

예방 통제(preventive control)는 정보시스템에 대한 위험을 사전에 방지하기 위한 통제로서 상호견제 기능을 갖도록 정보처리부문의 조직을 구성하기 위해 직무분장(separation of duty), 교차훈련(cross-training), 표준 개발방법론의 적용 등이 대표적 예이다.

검출 통제(detective control)는 시스템 처리 중에 문제점들을 발견하기 위한 통제로서, 입력할 배치 자료의 금액이나 건수합계와 실제로 컴퓨터가 처리한 금액이나 건수합계를 비교하는 배치합계(batch total) 비교, 특정 필드에 허용되는 최대(최소)값이 정해져 있을 때 컴퓨터 프로그램의 편집이나 유효성 체크 루틴에서 검사하는 한계치 체크(limit check) 등이 있다.

교정 통제(corrective control)는 발견된 문제점을 조치하기 위한 통제로서, 정보시스템 내부에서 발생한 처리과정의 기록을 유지하여 거래처리의 종료에서부터 거래처리의 시작까지 추적할 수 있도록 하는 감사추적(audit trail), 하드웨어, 소프트웨어, 데이터의 백업 및 복구 절차가 대표적 예이다.

15.2.3 정보보호 관리

정보보호란 조직의 중요한 자산인 정보 및 정보자산이 처해있는 각종 위험으로부터 보호하는 것을 의미한다. 이들 위험은 크게 세 가지로 나누어 볼 수 있는데, 첫째, 정보의 비인가된 공개의 경우이다. 예를 들면, 기술의 노하우, 원가 정보 등이 경쟁 회사에 알려지는 경우이다. 둘째, 정보의 변조, 파괴 등으로 인한 잘못된 정보를 근거로 경영층이 잘못된 의사결정을 내리는 경우이다. 셋째, 언제든지 필요한 정보를 필요한 때에 얻을 수 없는 경우이다. 그러므로 정보보호의 정의를 “데이터 및 시스템을 고의적 혹은 실수에 의한 불법적인 공개(노출), 변조, 파괴 및 지체로부터의 보호”라고 할 수 있다.

위의 정보보호의 정의 중 하나인 ‘데이터 및 시스템을 고의적 혹은 실수에 의한 불법적인 공개(노출), 변조, 파괴 및 지체로부터의 보호’를 다르게 표현한다면, 데이터 및 시스템의 기밀성(confidentiality), 무결성(integrity), 가용성(availability)을 확보하는 것이며 이들은 정보보호의 속성 또는 목표가 될 수 있다. 영어의 첫 자를 따서 C.I.A.로 부르기도 한다.

● 기밀성(Secrecy or confidentiality) 보장

정보보호 시스템은 컴퓨터 시스템에 대한 비인가자 및 불법침입자의 액세스를 제어하고, 비밀자료의 비밀성이 노출되지 않도록 반드시 인가된 자에게만 접근이 가능하도록 하여야 한다. 이러한 기밀성을 보장하기 위한 방법으로는 접근제어와 파일 암호화를 들 수 있다

● **무결성(Integrity) 유지**

무결성 유지는 단지 인가된 자에 의해서만 파일자료를 변경할 수 있도록 하여 비인가자 및 불법사용자의 파일에 대한 기록, 삭제, 생성, 변경 등의 액세스로부터 자료를 보호할 수 있어야 한다. 즉 정보의 무결성이란 확인된(인증된) 실체로서의 사용자가 정보를 이동시키거나 통신을 할 때, 처음과 마지막 상태가 같으며 정보의 어느 부분도 예기치 않은 방법에 의해 손상되지 않은 상태를 의미한다. 무결성 통제는 손실된 필드, 레코드를 검사하는 수단(예: check bits and bytes, hash totals, transaction sequence check 등)으로 가능하다.

● **가용성(Availability) 확보**

가용성은 넓은 의미로 정의를 내리면 필요한 정보가 존재하며, 접근가능하며, 사용가능한 상태이면서 유용하며 특정 목적에 적합하도록 되어 있는 상태를 의미한다. 가용성은 정보보호 목적에서 가장 잘 이해 안 되어 있고 비상대책과 백업을 제외하고는 공식 보안정책에서는 무시되고 있다고 볼 수 있다. 비상계획은 최근 그 중요성이 부각되고 업무지속성 계획(business continuity plan)의 일부로 취급되기도 한다. 가용성을 확보하기 위한 통제 수단으로는 데이터의 백업, 중복성(redundancy) 유지, 물리적 위협요소로부터의 보호 등이 있다.

15.2.4 정보보호 관리의 핵심요인

정보보호관리의 계획, 구현 및 유지에 있어서 그 효과를 극대화시키고 안정적으로 이끌어가기 위해서는 특히 필요한 몇 가지 사항들에 대해 주의를 기울여야 한다. 이는 정보보호 목적과 전략, 최고경영층의 의지 및 지원, 정보보호 위험과 정보보호 수준에 대한 충분한 이해, 정보보호 정책/표준/지침의 문서화와 조직 구성원의 인식수준 제고를 위한 노력 등이 있으며 구체적으로는 아래와 같다.

1) 비즈니스 목적과 요구사항과 연계된 정보보호 목적과 전략 수립

정보보호 목적과 전략은 비즈니스 목적과 요구사항과 연계되어 작성되어야 하며 업무관리자에 의해 주도적으로 수립되어야 한다. 과거에는 정보보호를 기술적 관점에 치우친 나머지 정보보호의 근본 목적인 비즈니스 수행에 필요한 중요 정보자산의 보호라는 측면을 무시하여 비즈니스 목적과 전략과 관계없이 정보보호 시스템이 구축된 경우가 많아, 결국 자원낭비와 정보보호에 대한 부정적인 인식을 낳게 한 원인을 제공하기도 하였다.

2) 최고 경영층의 의지와 가시적인 지원

대부분의 정보기술 프로젝트와 마찬가지로 정보보호도 최고 경영층의 의지와 지원이 절대적이다. 특히 정보보호는 사업적 측면에서 그 자체로서 고유한 가치를 생성해 내기가 어려우며 일종의 부대비용(overhead)으로서 인식되기 때문에 투자 우선순위에서 유리한 위치를 차지하기가 힘들다. 그러나 정보보호가 조직 인프라의 일부분으로서 일상적인 관리활동의 하나로 인식되는 시점에서 간과할 수 없는 분야이다. 따라서 조직 내 정보보호가 조직문화로 정착되기 위해서는 조직 구성원 모두의 노력이 있어야 하지만, 특히 최고 경영층의 확고한 의지와 가시적 지원이 뒷받침되어야 한다.

3) 정보보호 관련 위험과 조직의 정보보호 수준에 대한 충분한 이해

정보보호 대책을 선택하고 구현하기 위해서는 정보자산과 관련된 위험수준을 파악해야 되고 정보시스템의 취약성 수준에 대한 현황을 분석하는 것이 우선되어야 한다. 즉, 해당 조직에 적절한 정보보호 대책을 선택하기 위해서는 우선 보호 대상인 자산에 대한 식별과 가치평가, 관련 위협과 취약성 분석, 영향평가 등의 위험분석 과정이 요구된다. 또한, 조직의 기술적·관리적·물리적 차원에서의 취약성 점검을 통한 전반적인 정보보호 현황에 대한 명확한 이해가 있어야만 정보보호에 대한 투자나 조직 구성원의 인식제고에도 기여할 수 있다.

4) 정보보호 정책/표준/지침의 문서화와 조직 구성원의 이해

정보보호 정책/표준/지침은 모든 조직 구성원의 지식수준과 요구되는 능력수준에 적합하게 각종 문서를 작성되어 이를 조직 구성원들이 교육 및 훈련을 통해 충분히 그 내용을 숙지할 수 있도록 해야 한다. 일반적으로 정보보호에 관련된 문서가 충분히 존재하지 않으며, 그나마 이해하기 어려운 상태로 되어있어 이를 일반 조직 구성원이 이해하기가 쉽지 않은 형편이다. 모든 관련 조직 구성원이 숙지되고 이해되지 않은 문서는 사실 그 작성 의미를 상실할 수밖에 없다.

5) 정보보호 인식제고 프로그램의 개발

높은 정보보호 인식수준은 효과적인 정보보호에 필수적이다. 정보보호 인식수준을 제고시키고 유지하기 위해서는 효과적인 정보보호 인식제고 프로그램을 개발, 유지하는 것이 무엇보다도 중요하다. 정보보호 인식제고 프로그램의 목표는 사원들, 파트너, 그리고 공급 업자들에게 정보보호 목표와 전략, 정책, 그리고 관련 역할과 책임의 필요성 등을 설명하는 데 있다.

15.3 정보시스템의 예산 통제

본 절에서는 정보시스템 부서에서 운영 지출 및 예산에 대해 다룬다. 즉 예산에 대한 접근 방식 그리고 정보기술의 활용에 따른 예산의 요소 및 컴퓨팅 자원의 통제에 대한 논의를 한다.

15.3.1 예산의 접근 방식

정보화 조직에는 다음과 같이 세 가지 형태의 정보기술의 예산운용 형태가 가능하나. 첫째, 기업의 경영진은 정보화 부서의 예산요구를 그대로 인정하거나 둘째, 일방적으로 예산을 할당하거나 셋째, 주기별로 정보조직의 예산에 대해 예산 부서와 협상하는 방법이 있다.

기업에서 정보화를 도입하는 초기에는 기업 경영자는 컴퓨팅에 있어 경험이 없기 때문에 정보화 시스템 부서에서 예산을 요구하면 기업에 여유가 있는 한 수용하여 예산을 수립한다. 이 형태는 기업이 조직원들이 컴퓨터를 활용하도록 하는 동기를 유발시켜 정보화 지식의 습득 기간을 줄일 수 있으나 정보부서의 책임자가 필요한 예산보다 더 많은 예산을 요구하게 되는 단점을 갖고 있다.

반대로 최고 경영자가 정보부서의 예산을 결정하는 경우는 정보화 예산을 충분히 확보하기 어렵게 된다. 이러한 단점들을 보완하는 방법으로서 하드웨어 및 소프트웨어의 운영에 대해 주기적인 재평가에 근거한 셋째의 협상 예산이 있다. 이 예산 형태는 정보화 부서나 경영자가 정보시스템 예산을 이해하는데 도움이 된다. 그러나 최고 경영자와 정보화 부서 책임자 쌍방이 예산 책정에 많은 시간을 소비해야 하는 문제가 있다.

참고로, 5장 정보시스템기획에서 살펴본 바와 같이 기획의 여섯 단계 중 요구분석 및 마스터플랜구축(3단계)과 자원계획 수립(4단계)에서 공식적 예산 의사결정과정을 거쳐 정보시스템 예산을 확정한다.

15.3.2 운영예산의 기획

정보화 부서의 운영예산은 년 간 기업이 정보처리를 위해 필요한 만큼 충분히 확정되어야 한다. 일반적으로 예산을 수립하기 위해서는 정보시스템 부서의 책임자는 현재 진행 중인 업무들과 장기 계획을 리뷰하고 예산한도 내에 진행할 수 있는 프로젝트를 선정하는 작업을 수행해야 한다.

예산을 수립하기 위해서는 먼저 년 단위의 정보처리 운영 계획이 준비되어야 하고 이 계획은 각 응용 시스템의 요구사항들을 충족시켜야 한다. 물론 현 시스템의 유지 및 새로운 시스템의 개발뿐만 아니라 개발된 응용프로그램에 대한 지원과 서비스가 기술되어야 한다.

15.5.3 정보서비스에 대한 사용자 부담금

정보시스템 부서의 예산에 대한 수입은 각 실무 부서에서의 정보서비스에 대한 활용에 따라 부과하는 부담금으로 충당된다. 정보서비스를 많이 활용을 하면 그만큼 그 부서에 부과되는 비용이 많게 되는데 이러한 비용 부과 방식은 기업의 정보자원을 효율적으로 관리할 수 있는 통제 수단이 된다. 그러나 만약 정보서비스에 대한 부담금이 지나치게 높게 책정되거나 내부의 정보서비스의 질이 떨어진다면 각 실무부서에서는 오히려 외부의 정보서비스 업체에게 서비스 받는 아웃소싱을 선택할 것이다. 따라서 정보처리 서비스에 대한 비용부담을 적용하게 되면 각 부서의 정보 서비스의 활용을 통제할 수 있고 또한 기업 내 정보시스템 부서의 경쟁력을 높이는 결과를 얻을 수 있게 된다.

그러나 아직 대부분의 기업들은 정보 서비스 활용에 따른 비용부과에 대해 통일된 방식을 갖추고 있지 않다. 단지 정보시스템 부서에서 수입보다 큰 지출이 있을 경우 이를 해결하는 방안으로 기업이 컴퓨팅 비용의 일부를 담당하거나 기업의 여유 비용을 활용하는 등 적절한 방안을 책정하여 활용하고 있다.

15.3.4 운영지출에 대한 통제

정보화 예산이 수립되면 정보화 부서의 책임자는 설정된 예산을 집행할 책임을 갖게 되며 경영자는 예산 집행에 대해 보고를 통하여 예산 지출에 대한 통제를 하게 된다. 즉 정보화 부서의 책임자는 정보시스템에 대한 예산과 실제 지출액의 차이를 분석하고 만약 문제점이 도출되면 이를 경영에 반영하게 된다. 예컨대, 과도한 지출액을 줄이기 위해 업무 프로세스를 단순화하거나 컴퓨터 사용에 대한 새로운 적용률을 산정한다.

예산 운용으로부터 도출되는 각 통계 자료는 차후 예산을 수립하는데 활용된다. 예컨대, 시스템 구축에 있어서 예산초과에 대한 피드백(feedback) 자료가 구축 팀에 제공되었을 때, 팀은 잘못 책정된 예산에 대해 분석하여 동일한 실수를 하지 않도록 다음의 프로젝트 팀에게 가이드라인을 세우게 된다. 잦은 요구사항의 변경으로 지출액이 예산을 초과했다면, 다음에는 요구사항 조정을 어렵게 함으로써 막을 수 있다.

주요용어

- ⊡ 비즈니스 인텔리전스(Business intelligence)
- ⊡ 비즈니스 성과관리(BPM : Business Performance Management)
- ⊡ 가치경영(VBM : Value Based Management)
- ⊡ 균형성과관리(BSC : Balanced ScoreCard)
- ⊡ OLAP(On-Line Analytic Processing)
- ⊡ OLTP(On-Line Transaction Processing)
- ⊡ 고객관계관리(CRM : Customer Relation Management)
- ⊡ 공급망관리(SCM : Supply Chain Management)
- ⊡ ETL(Extraction, Transformation, Loading)
- ⊡ 데이터 웨어하우스(Data warehouse)
- ⊡ 데이터 마트(Data mart)
- ⊡ 전사포털(Enterprise portal)
- ⊡ 경보 시스템(Alert system)
- ⊡ 통제
- ⊡ 정보보호
- ⊡ 시스템의 기밀성(Confidentiality)
- ⊡ 시스템의 무결성(Integrity)
- ⊡ 시스템의 가용성(Availability)

복습문제

1. 지능적인 기업은 어떤 기업인가?
2. 비즈니스 인텔리전스를 도입해야 하는 이유는 무엇인가?
3. 비즈니스 인텔리전스와 ERP를 비교 분석하시오.
4. 인텔리전스 인프라가 필요한 이유는 무엇인가?
5. 데이터 웨어하우스와 데이터 마트의 차이는 무엇인가?
6. OLAP과 OLTP의 차이는 무엇인가?
7. 정보시스템 통제의 중요성과 유형을 기술하시오.

8. 정보보호의 속성에 대해 기술하시오

9. 정보보호관리의 핵심성공요인을 5가지만 나열하고 각각에 대해 간단히 설명하시오.

토론/프로젝트 문제

1. 비즈니스 인텔리전스를 실제로 도입한 사례와, 그 기업이 어느 영역에 초점을 두어 도입하였는지 조사하시오.
2. 기존의 원가관리 시스템의 문제점을 나열하고 ABC/ABM의 장점을 설명하시오
3. BSC의 네가지 관점에 대해 설명하고, BSC가 기업에 필요한 이유에 대해 토의해 보시오
4. 조직 내 정보보호관리 기능을 수행하는 경영자로서 CIAO(Chief Information Assurance Officer)의 역할과 책임 등을 토론하고 기타 경영조직과의 관계에 대해 기술하시오.
5. 조직 내 정보화 부서 책임자로서의 역할과 책임에 대해 토의해보시오.

참고문헌

- 강효석, 이원흠, 조장연, 기업가치 평가론: EVA와 가치창조경영, 홍문사, 1999
- 김궁헌, "정보시스템 감사", 법문사, 1995.
- 김정덕 · 이경석 외 2인, "정보보호시스템 구축에 관한 연구", 산업연구원, 1999.
- 김정덕 · 김종기, "정보통신기반의 위험관리 표준모델 연구", 한국정보보호진흥원, 2001.
- 김재경, 이주연, 박상곤, 비즈니스 인텔리전스, 시그마인사이트, 2004
- 유춘번, 김창은, 오재인, 김재경, 권순범, 이주연, e비즈니스 시스템, 율곡출판사, 2004
- 닐슨 고란 올브, 잰 로이, 매그너스 웨터 편저, 캘럽앤컴퍼니, 송경근 옮김, BSC 구축 & 실행 사례, 한국언론자료간행회, 2000
- 신준용, 정명환, 원과관리회계, 2001
- 안일준, 유희경, 정영기, 현대원가회계, 박영사, 1997
- 이윤규, 정명환, 원과관리회계, 학현사, 2001
- 최경찬, BSC 성과평가시스템 국내도입 동향 및 사례연구, 2001

- 캐플란 노튼 편저, 송경근, 성시중 옮김, 가치실현을 위한 통합경영지표 BSC, 한언, 2000
- 피터 드러커 외, 성과측정, 21세기북스, 2000
- Information Systems Audit and Control Foundation, "COBIT", 2000.
- ISACA, "2001 CISA Review Technical Information Manual", 2000
- Peltier, T. R., "Information Security Risk Analysis", CRC Press-Auerbach Publications, 2001.

◇ 찾 아 보 기 ◇

[한 글 편]

[ㄱ]

[ㅅ]

[ㅇ]

[ㅈ]

[ㅊ]

[ㅋ]

[ㅌ]

[ㅍ]

[ㅎ]

[영 문 편]

[A]

[B]

[C]

[D]

[E]

[F]

[G]

[H]

[I]

[J]

[K]

[L]

[M]

[N]

[O]

[P]

[Q]

[R]

[S]

[T]

저 자 소 개

☞ **권 순 범**[편저자, 본서 1장 담당]

서울대학교에서 경영학 학사, KAIST에서 경영정보학 석사와 박사를 취득하고, 국방부 산하 국방정보체계연구소 선임연구원을 거쳐 현재 **국민대학교 경영정보학부 교수**로 재직하고 있다. 국제전자상거래연구센터(ICEC)의 연구교수이며 '경영정보학연구', 'Information System Review', '한국전자거래학회지'의 편집위원과 '지능정보연구'의 편집위원장을 역임하였다. 주요 연구분야는 지능정보시스템의 설계, 인터넷 비즈니스 전략, e-비즈니스모델, IT 기반의 서비스 비즈니스 기획, 모델링, 개발 등이다. 주요 저서로 '서비스사이언스(2006)', 'ERP와 경영혁신(2008)', '인터넷과 마케팅(2003)', '인터넷비즈니스(2001) 등 20여권이 있다. Expert Systems with Applications, 지능정보연구, 경영정보학연구, 경영과학, IT서비스학회지 등에 논문을 발표하고 있다.

☞ **김 영 걸**[본서 2장 담당]

서울대학교 산업공학과에서 공학학사, 공학석사, Univ. of Minnesota에서 경영학 박사학위를 취득하였으며 Univ. of Pittsburgh Katz경영대학원 교수를 거쳐, 1993년부터 KAIST 테크노경영대학원에서 교수로 재직하고 있다. 현재 **KAIST 지식경영연구센터 센터장**을 맡아 국내 50여개 회원사들과 함께 지식경영 분야의 산학연구를 활발하게 진행하고 있다. MIS Quarterly, Communications of ACM, Journal of MIS, IEEE Transactions on Engineering Management, 경영학연구, 경영정보학연구 등의 국내외 학술지에 논문을 게재하였고 ICIS, HICSS, DSI 국제학술대회 등에 연구결과를 발표하고 있다.

☞ **김 효 근**[본서 3장 담당]

서울대학교에서 경제학 학사, 동대학원 경영학과에서 경영학 석사, 미국 피츠버그대학교 경영대학원에서 경영학 박사를 취득하고, 캐나다 Univ. of Alberta 경영대학 조교수를 거쳐 현재 **이화여대 경영학과 교수로 재직**하고 있다. 이화여대 대외협력실장, 정보통신연구소장국제교류처장과 기획처장으로 봉직하고 현재 지식혁신연구센터장을 맡고 있다. 한국경영학회, 한국경영정보학회 및 한국지식경영학회 이사, 학술위원장 등으로 활동하고 있다. 주요 연구분야는 Business & Organizational Transformation, 미래조직, 지식경영, 정보화전략계획, e-Business전략계획 등이다. 주요 저서로 '정보화전략(시그마인사이트, 1998), 신지식인(매경, 1999), 한국 100대기업의 지식경영(정보산업연합회, 1999), T-Commerce; 전략과 기술(시그마인사이트컴, 2002) 등이 있고, 경영학연구, 경영정보학연구, Information Systems Review, 지식경영연구, Canadian Journal of Administraative Sciences, Information; An Internatioanl Interdisciplianry Jouranl, International Journal of Electronic Commerce 등에 논문을 싣고 있다.

☞ **이 병 태**[본서 4장 담당]

서울대학교에서 산업공학과에서 학사, 한국과학기술원(KAIST)에서 경영과학으로 석사를 취득하였으며 University of Texas at Austin에서 경영학박사 (경영정보학 전공)을 취득하고 The University of Arizana, The University of Illinois의 경영대학의 교수를 거쳐 현재 **한국과학기술원(KAIST)의 경영대학 학장**으로 재직하고 있다. 정보경제학을 주 연구분야로 MIS Quarterly, Information Systems Research, Journal of MIS, Journal of Productivity Analysis등 주요 MIS와 경제학 저널에 논문을 발표하고 Information Systems Research, Electronic Commerce Research and Applications등 다수의 국제 학술지의 편집위원을 역임하고 30여개의 한국기업과 공공부문, 다국적 기업의 자문교수를 역임하였다.

저자소개

☞ **김 상 훈**[본서 5장 담당]
서울대학교 경제학과를 졸업하고 한국과학기술원(KAIST) 경영과학과에서 석사 및 박사를 취득하였다. 현재 **광운대학교 경영학부 교수**로 재직 중이며 광운대 연구처장, 기획처장 및 부총장을 역임하였으며 아시아공과대학원(Asian Institute of Technology)에서 초빙교수로 재직한 바 있다. 한국경영정보학회 및 한국경영과학회에서 운영위원, 이사, 편집위원 및 학술대회조직위원장으로 활동하였으며 현재는 한국IT서비스학회 부회장 및 편집위원장을 맡고 있다. Information & Management, Information Processing & Management, Computer Personnel(ACM SIGCPR), Information Resources Management Journal, Electronic Commerce Research and Applications, Journal of Organizational Computing and Electronic Commerce 등의 국제학술지 및 경영학연구, 한국경영과학회지, 경영정보학 연구, 경영과학 등의 국내학술지에 다수의 논문을 게재한 바 있으며, 주요 관심분야는 정보화전략, 정보기술 활용을 통한 경영혁신, 정보시스템 평가, 중소기업 정보화정책, ERP 시스템 구축 및 운영, S/W개발 프로젝트관리 등이다.

☞ **이 영 환**[본서 6장 담당]
서울대학교 상과대학에서 경영학 학사, 미국 뉴욕주립대학교(State University of New York at Albany)에서 경제학 석사 및 박사를 취득하였다. 주요 경력으로는 한국 외환은행 근무, 뉴욕주 정부 근무, 씨티은행 뉴욕본점 근무 등이 있고, 현재 **한국외국어대학교 경영정보학과 교수**로 재직중이다. 주요 저서 및 논문으로는 컴맹탈피(법영사, 1998), 시스템 분석과 설계(법영사, 1998), 정보시스팀 분석·설계 및 구현(법영사, 1995), (增補版) 시스팀 분석과 설계(법영사, 1992), 컴퓨터를 아십니까?(譯書, 1984) 등이 있다.

☞ **이상곤**[본서 7장 담당]
연세대학교에서 경영학 학사, 한국과학기술원(KAIST) 경영과학과에서 석사 및 박사를 취득하였다. 태국의 Asian Institute of Technology에서 강의와 연구를 수행하였으며, 현재 **한국기술교육대학교 산업경영학부 교수**로 재직하고 있다. 한국IT서비스학회, 한국지식경영학회에서 이사 및 편집위원을 맡고 있다. 주요 연구분야는 정보시스템 관리, 서비스혁신, 지식경영, 그리고 기술경영 등이다. 저서로는 IT 아웃소싱사례집(한국소프트웨어산업협회, 2005), 기술전략(한국기술재단, 2007), 창의적 신제품개발(한국기술교육대학교, 2007) 등이 있고, Journal of Information Technology management, The Asia-Pacific Education Researcher, 경영정보학연구, IT서비스학회지, 지식경영연구 등의 국내외 학술지에 다수의 논문을 발표하고 있다.

☞ **손 명 호**[본서 8장 담당]
서울대학교 산업공학과에서 학사, KAIST(한국과학기술원)에서 석사와 박사학위를 받았다. 쌍용정보통신(주)에서 프로그램 개발과 컨설팅 업무를 여러 해 동안 담당하였으며, 현재는 **명지전문대학에서 경영대학 교수**로 근무하고 있다. 경희대학교, 명지대학교, 동양공전 등에서 ASP 프로그래밍, HTML, 데이터베이스 구축, 전자상거래 개론 등을 수년 간 강의하였다. 연구논문은 European Journal of Operational Research, Lecture Notes on Artificial Intelligence (LNAI), Expert Systems with Applications, 경영학연구, 경영정보학 연구 등의 전문 학술지에 여러 편 게재하였다.

☞ **이 희 석**[본서 8장 담당]
서울대학교에서 산업공학 학사(1981), 한국과학기술원 산업공학 석사, Univ. of Arizona 경영정보학 박사를 취득하고, 대우엔지니어링㈜, 선임엔지니어, 미네소타 주립대학교 전산정보학과, 조교수, 네브라스카 주립대학교 경영정보학과, 조교수, 현재 **한국과학기술원(KAIST) 테크노경영대학원 교수**로 재직하고 있다. 활발한 학술활동과 여러 산업체에서 정보화 전략 및 ERP 자문으로 현재까지 활동하고 있다.

저 자 소 개

☞ **황 재 훈**[본서 9장 담당]

연세대학교에서 경영학 학사, 미국 네브라스카 주립대학교에서 경영학 석사와 경영정보학 박사를 취득하고, 삼성SDS에서 4년간 근무하였으며, 현재 **연세대학교 원주캠퍼스 경영학부 교수**로 재직하고 있다. ERP시스템 구축 및 e-비즈니스 전략 수립 등과 관련하여 여러 기업 현장의 자문 및 컨설팅을 수행하였다. 주요 연구관심 분야는 ERP, 정보기술과 경영전략, 정보기술 투자 및 평가 등이며, 저서로 '비지니스 시나리오를 통한 SAP R/3 이해(어람출판사, 1999)', 'e-비즈니스: B2B(어람출판사, 2002)' 등이 있다.

☞ **이 경 전**[본서 10장 담당]

KAIST 경영과학 학/석/박사, 서울대 행정학 석, 박사(수료)를 취득하였고, **경희대 경영대학 정교수**로 재직중이며, 비즈니스 모델 연구소(BMER.net)장으로 있다. CMU 초빙과학자, 고려대 경영대 조교수, 서울대 행정대학원 초빙조교수, MIT와 UC 버클리 풀브라이트 초빙교수를 역임하였고, 세계인공지능학회(AAAI)의 혁신적 인공지능응용상을 2회 수상하였으며, 28편의 국제학술지 논문을 게재하였다. KT, SK텔레콤, NHN, BC카드, 다날, 한국인터넷기업협회 등과 전자상거래 관련 연구프로젝트와 자문을 수행하였으며, 한국의 전자상거래 대표기업(주)예스이십사의 사외이사를 역임하고 있다. 2010년 국제전자상거래학회의 프로그램 공동위원장을 역임하였으며, 국제학술저널 Electronic Commerce: Research and Applications의 Area Editor를 역임하고 있다. 2010년에는 NFC(Near-Field Communication)기반 전자상거래 회사 LoveisTouch.com을 창업하였다.

☞ **이 건 창**[본서 11장 담당]

성균관대학교에서 경영학 학사, 한국과학기술원(KAIST) 경영과학과에서 경영정보학 석사와 박사를 취득하였고, 경기대학교 경영정보학과 부교수를 거쳐 현재 **성균관대학교 경영학부 및 인터랙션 사이언스 학과 교수**로 재직하고 있다. 홍콩과학기술대학 및 하바드 대학 초빙교수로 활동하였고 ICIS, HICSS, AMCIS, PACIS, WORLDCOMP, IASTED등 학회에서 논문발표 또는 조직위원으로 활동한 바 있다. ME Sharpe, Springer등 유수의 출판사에서 발행되는 전문서적에 북챕터를 여러편 게재한 바 있다. Online Information Review, Journal of Universal Computer Science, Scientia, Information 등 저널에서 편집위원으로 활동하고 있다. 주요 연구분야는 창의성 공학, 지식경영, 지능형 의사결정지원시스템의 설계와 구현 등이다. Journal of Management Information Systems, Fuzzy Sets and Systems, Decision Support Systems, Information & Management, IEEE Transactions on Engineering Management 등에 논문을 싣고 있다.

☞ **김 우 주**[본서 12장 담당]

연세대학교 상경대학 경영학과를 졸업하고, 한국과학기술원(KAIST) 경영과학과에서 경영정보학 석사 및 박사를 취득하였고, 한국과학기술원 경영정보공학과에서 대우교수, 전북대학교 산업시스템공학과 교수로서 재직 경력을 가지고 있으며, 현재 **연세대학교 정보산업공학과 교수**로 재직 중이다. 미국 George Manson Univ.의 ECEB(E-Center for E-Business)의 연구 교수로 활동한 바 있고, 현재 대표적으로 국제 저널인 ECRA(Electronic Commerce Research and Applications)의 편집위원, 웹코리아 포럼 시맨틱웹분과 위원장, 산업자원부 전자거래분쟁조정위원회 조정위원 및 국제전자상거래연구센터(ICEC) 이사 등으로 활동 중이다. 최근의 주요 연구 관심 분야는 지능형 웹(Intelligent Web)을 위한 시맨틱 웹, 웹 서비스, 온톨로지 기반 검색, 웹 에이전트, e-마켓플레이스 에이전트 등이며, Decision Support Systems, Electronic Commerce Research and Applications, Expert Systems with Applications, New Review of Applied Expert Systems, AI Magazine 등의 국제학술지를 포함한 약 90여 건의 국내외 학술 논문, 학술 발표, 및 저서 실적을 보이고 있다.

저자소개

☞ **이호근**[본서 13장 담당]

서울대학교에서 산업공학 학사, 한국과학기술원(KAIST) 경영과학과에서 경영정보학 석사를 취득하고 University of Texas at Austin에서 경영학 박사학위를 취득하였다. 네덜란드의 Erasmus University 와 홍콩과학기술대학에서 강의와 연구를 수행하였으며, 현재 **연세대학교 경영학과 교수**로 재직하고 있다. 국제학술지인 International Journal of Electronic Markets과 Pacific Asia Journal of AIS 편집위원을 맡고 있으며, International Conference on Electronic Commerce 와 Pacific Asia Conference on Information Systems 등 다수의 국제활술대회 조직위원으로 활동하고 있다. 인터넷 비즈니스, 전자상거래, 모바일 상거래 등의 분야에서 연구를 수행하고 있으며 Information Systems Research, Communications of the ACM, Journal of Management Information Systems, International Journal of Electronic Commerce, Information & Management 등의 국제학술지에 다수의 논문을 발표하고 있다.

☞ **임규건**[편저자, 본서 14장 담당]

KAIST 전산학 학사, POSTECH 전자계산학 석사, KAIST 경영공학 박사학위를 취득하였고, 삼성전자, KT 연구개발본부 전임연구원, 국제전자상거래연구센터(ICEC)의 연구위원, 세종대학교 경영학과 교수로 재직하였으며 현재 **한양대학교 경영대학/기술경영전문대학원 교수**로 재직하고 있다. 한국지능정보시스템학회, 한국IT서비스학회, 한국전자거래학회, 한국경영정보학회 등 주요학회 임원 및 UCI협의회 정책위원장, 국가DB포럼 운영위원 등의 활동을 하고 있다. 주요 저서로는 경영을 위한 정보기술(2007, 교보문고), e-비즈니스 경영(2005, 이프레스), 디지털경제시대의 경영정보시스템(2003, 사이텍미디어) 등이 있으며, 관심분야는 e-Business, 기술경영, Intelligent IT Service 등 이며, 다수의 프로젝트 참여 경력과 Electronic Commerce Research and Applications, Journal of Artificial Societies and Social Simulation, Journal of Organizational Computing, 한국전자거래학회지, 한국IT서비스학회지, 경영정보학회지 등의 논문과 관련 특허가 있다.

☞ **김재경**[본서 15장 담당]

서울대학교에서 산업공학 학사, 한국과학기술원에서 경영정보시스템 전공으로 산업공학 석사 및 박사학위를 취득하였으며 현재 **경희대학교 경영대학 교수**로 재직하고 있다. 미국 미네소타 주립대학교 경영정보학과에서 교환교수를 역임하였으며, 경희대학교 경영대학 정보센터 소장을 맡고 있다. 주요 연구분야로는 비즈니스 인텔리전스, 상품추천시스템, e비즈니스 모형 및 전략 등이며, 주요저서로, e비즈니스 시대의 경영정보시스템(한경사, 2004), e비즈니스 시스템(율곡출판사, 2004), 비즈니스 인텔리전스(시그마 인사이트, 2004), e-Business(McGraw-Hill Korea, 2002), 의사결정분석 및 응용(영지문화사, 1999) 등이 있으며, Applied Artificial Intelligence, Artificial Intelligence Review, Electronic Commerce Research and Applications, European Journal of Operational Research, Group Decision and Negotiation, International Journal of Human-Computer Studies(International Journal of Man-Machine Studies) 등의 외국 학술지 및 다수의 국내 학술지에 논문을 게재하고 있다.

편저자 **이 재 규**(李在奎) *http://iis.kaist.ac.kr/~jklee*

서울대학교 공과대학 산업공학과 학사, 한국과학기술원 산업공학과 석사, University of Pennsylvania, The Wharton School 경영정보전공 박사를 취득하고 **KAIST 경영대학 교수**로 재직하고 있다. KAIST 경영대학장, Singapore Management University, School of Information Systems의 부학장을 역임하였으며, 현재 KAIST EEWS (Energy, Environment, Water and Sustainability) 기획단장(학장)을 맡고 있다. Carnegie Mellon University, University of Texas at Austin, University of Pennsylvania, City University of Hong Kong의 교환 교수를 역임하였다.
The Third World Congress on Expert Systems(1996), International Conference on Electronic Commerce 의장 1998, 2000, 2001)을 역임하였다. Electronic Commerce Research and Applications (Elsevier)의 초대 Editor-in-Chief를 역임하였고 International Journal of Electronic Commerce, Decision Support Systems, Organizational Computing and Electronic Commerce, Expert Systems with Applications 등 국제 학술지 편집위원으로 활동하고 있다. 한국경영정보학회장, 한국지능정보시스템학회 초대회장, 전자산업 CIO 협의회장등을 역임하였고, International Center for Electronic Commerce의 Director를 맡아 ICEC국제학술대회를 지원하고 있다.
주요 저서로는 Electronic Commerce : Managerial Perspective(Prentice-Hall, 2010); Artificial Intelligence in Finance and Investing(Irwin, 1995), 전자상거래원론(법영사), 인터넷환경의 지식시스템(법영사)가 있으면 국내외 논문 100여편을 게재하였다. 주요학술상은 Hawaii International Conference on System Science, 한국경영정보학회, 한국지능정보시스템학회, 한국경영과학회 등에서 최우수 논문상을 수상함. 최근에 "맑고 푸른 나라 설계"를 편저하였고, 시집 "너는 나의 시인이라"를 출간하였다.

[제 3 판] 경영정보시스템원론

2011년 9월 10일 제3판1쇄인쇄
2011년 9월 15일 제3판1쇄발행

편 저 자 李在奎 · 權純範 · 林圭建
발 행 인 高 晙 英
발 행 처 法 英 社

(135-280) 서울특별시 강남구 대치동 6
전화 (501)8898 FAX (501)8895
등록 1987. 11. 5 제3-125호(윤)
Homepage : www.bubyoungsa.co.kr
E-mail : bypuco@chol.com

파본은 교환해 드립니다. **정가 30,000원**

ISBN 978-89-7032-277-3